Bibliographie. – G. Bannier, fascinus: TLL 6,1 (1912-1926) 300sq. – W. Bauer, *Griechisch-deutsches Wörterbuch zu den Schriften des Neuen Testaments und der frühchristlichen Literatur* (hrsg. von K. Aland/B. Aland), Berlin ⁶1988. – L. Bieler, *Die Namen des Sprichworts in den klassischen Sprachen*: RhM 85 (1936) 240-253. – P. Bright, *Proverbs*: EEC 2 (1997) 956. – F.W. Danker, παροιμία: *A Greek-English Lexicon of the New Testament and other Early Christian Literature*, Chicago, Ill./ London ³2000, 779sq. – J.-L. Feiertag, Quelques commentaires patristiques de Proverbe 22,2. Pour une nouvelle approche du problème richesses et pauvreté dans l'église des premiers siècles: VigChr 42 (1988) 156-178. – H. Frisk, *Griechisches etymologisches Wörterbuch* 2, Heidelberg 1970. – R. Funari, proverbium: TLL 10,2 (1980-2009) 2316-2318. – F. Hauck, παραβολή: ThWNT 5 (1954) 741-759. – Id., παροιμία: ib. 852-855. – A.-M. La Bonnardière, Quelques remarques sur les citations scripturaires du *De gratia et libero arbitrio*: REAug 9 (1963) 77-85. – Ead., Anima iusti sedes Sapientiae dans l'œuvre de saint Augustin: *Epektasis. Mélanges patristiques offerts au cardinal J. Daniélou*, Paris 1972, 111-120. – Ead., *Biblia Augustiniana. Le livre des Proverbes*, Paris 1975. – C. Lambot, Le sermon de saint Augustin sur la Femme Forte du livre des proverbes: RB 65 (1955) 208-217. – E. Lamirande, Ecclesiae figurae: AL 2 (1996-2002) 721-732. – H. Lausberg, *Handbuch der literarischen Rhetorik. Eine Grundlegung der Literaturwissenschaft*, Stuttgart ⁴2008. – C. Müller/Red., Femina: AL 2 (1996-2002) 1266-1281. – A. Otto, *Die Sprichwörter und sprichwörtlichen Redensarten der Römer*, Hildesheim 1962 (Leipzig 1890). – K. Pollmann, *Doctrina christiana. Untersuchungen zu den Anfängen der christlichen Hermeneutik unter besonderer Berücksichtigung von Augustinus, De doctrina christiana*, Fribourg 1996. – S. Poque, L'Exégèse augustinienne de Proverbes 23,1-2: RB 78 (1968) 117-127. – U. Schnelle, *Das Evangelium nach Johannes*, Leipzig ³2004. – E. Schwyzer, *Griechische Grammatik* 2, München 1950. – H. Thyen, *Das Johannesevangelium*, Tübingen 2005. – J. Wackernagel, Lateinisch-Griechisches: *Kleine Schriften* 2, Göttingen 1952, 1239-1244 (IGF 31 (1912/13) 251-271). – K. Wengst, *Das Johannesevangelium* 2. *Kapitel 11-21*, Stuttgart/Berlin/Köln ²⁷2001.

Wolfgang Hübner

Prouidentia

I. General meanings of p. – II. Predecessors of A. – 1. Explicit references – 2. Philosophical background – III. P. in A. – 1. Preliminary remarks – 2. P. and ‹ordo› – 3. P. and ‹fortuna›/‹fatum› – 4. The universal character of p. – 5. P. as undeniable, but secret – 6. P. as an active factor – 7. Twofold p. – 8. P. and history – 9. P. and mercy

I. General meanings of p. – The word p. is attested in Latin prose from the early 1st c. BC onward. It denotes the action or the virtue of a powerful person who ‹cares for› or ‹directs› [1]. It can also be used about gods [2]. P. appears in the official titles of emperors [3] and sometimes as a goddess: «aedes Prouidentiae, quam ναὸν Προνοίας Ἀθηνᾶς appellant» (Macr. *Sat.* 1,17,55). The last quotation shows that p. can also serve as rendering of πρόνοια. This is specifically the case in philosophical texts. A connotation of foresight is sometimes implied or even explicitly mentioned [4], but it is by no means essential [5].

Notes. – [1] Cic. *Catil.* 3,14: «quod uirtute, consilio, prouidentia mea res publica maximis periculis sit liberata»; Tac. *hist.* 2,19,1: «prouidentia ducis». – [2] Cic. *nat. deor.* 2,75: «dico igitur prouidentia deorum mundum et omnes mundi partes et initio constitutas esse et omni tempore administrari»; Apul. *Met.* 11,15: «Isidis magnae prouidentia». – [3] CIL 11,4170: «prouidentiae Ti. Caesaris Augusti»; ib. 10,6310 (= ILS 282): «prouidentiae imp. Caesaris Neruae Traiani Augusti Germanici ex s.c.». – [4] Cic. *inu.* 2,160: «prouidentia, per quam futurum aliquid uidetur ante quam factum est». – [5] For further evidence regarding the non-Christian use of p., cf. Frings and OLD s.v. For some general surveys, cf. Blanchet; Eisenhut; Jentel.

II. Predecessors of A. – *1. Explicit references.* – A. does not often refer to the views of pagan or Christian predecessors concerning (God's) p. In *ciu.* 10,17 he praises the philosophers in the Platonic tradition, because «diuinam prouidentiam haec quoque rerum infima atque terrena administrare docuerunt». Some pages earlier he had ascribed this conviction to ↗Plotinus: «de prouidentia certe Plotinus Platonicus disputat eamque a summo deo, cuius est intelligibilis atque ineffabilis pulchritudo, usque ad haec terrena et ima pertingere flosculorum atque foliorum pulchritudine conprobat» (ib. 10,14) [6]. In the case of the Stoa, A. does not often use the term p. Instead he notes that according to the Stoics «omnia fato fieri» (ib. 5,9), which is not flattering in view of his aversion to the term ‹fatum›. Although A.'s familiarity with the works of his Christian Latin predecessors was considerable [7], he almost never quotes or refers to passages in which they speak about (God's) p. [8].

Notes. – [6] This undoubtedly refers to Plot. 3,2 (47) 13,18-27. For the context, cf. Thonnard; Scholl 61-120.137-143; Parma; for the difference between p. in Plotinus and in A., cf. especially ib. 147-155. – [7] Cf. Bastiaensen; Bergjan 28sq.38. – [8] As e.g. Min. Fel. 20,2: «prouidentia mundus regitur»; Lact. *inst.* 1,8,1: «his igitur tot ac tantis testibus comprobatur unius dei potestate ac prouidentia mundum gubernari»; Ambrose combating the view of those «qui deum putant curam mundi nequaquam habere, sicut Aristoteles adserit usque ad lunam eius descendere prouidentiam» (*off.* 1,13,48; cf. *hex.* 3,17,71). For the Bible («Mit der Rede von Gottes Willen ... ist der Gedanke von seinem vorsorglichen Handeln zwar oft verbunden, aber der Begriff ‹V(orsehung)› ist der biblischen Vorstellungswelt fremd» (Köhler 1208sq.)) and the early Christian writers, cf. ib. 1208-1210.

2. Philosophical background. – In spite of the scarcity of A.'s direct references to earlier authors, a brief survey of some views of philosophical predecessors can show the relevant traditional questions which had to be answered [9]. As was noted above, p. can be seen as the rendering of πρόνοια, and there is a tendency to interpret the term as (some form of) premeditation, care or solicitude, but far more often it denotes an active care of something. The word πρόνοια is rarely used in this way by Plato [10]; in fact, in his œuvre divine providence and its relation to evil, human free will and fate are, strictly speaking, not thematically discussed. According to ancient doxography Aristotle assumed that the influence of p. did not reach further than the lunar sphere [11]. In Epicurean philosophy there was, of course, no room for p. [12]. In the Stoa p. is regarded as belonging to the essence of God (SVF 2,1118). The formula ‹God's providence pervades everything›, which is quoted by Hippolytus [13], summarises the boundless range of Stoic p. The pantheistic colour of the phrase is characteristic of the Stoa and contrasts with Platonic metaphysics. It tallies with the view ascribed to Zeno, the founder of the Stoa, concerning fate (εἱμαρμένη): τὴν δὲ αὐτὴν καὶ πρόνοιαν καὶ φύσιν ὠνόμασεν (ib. 1,176) [14].

The Stoa's systematic attention to p. influenced the Platonic tradition [15]. Apuleius, who devotes a chapter to p. in his *Plat.*, provides this definition: «prouidentiam esse diuinam sententiam, conseruatricem prosperitatis eius, cuius causa tale suscepit officium» (ib. 1,12) and then briefly expounds a doctrine of three levels of p. and its relation to ‹fatum›. In spite of the increasing interest of Platonists in the problems connected with the all-embracing care and rule of p., the first treatise in which the role of p. is cohesively placed within a metaphysical Platonic system is Plotinus' Περὶ προνοίας (Plot. 3,2 (47); 3,3 (48)). It is an impressive effort, the first sentence of which has the character of a ‹confessional› statement: «To attribute the being and structure of this All to accident and chance is unreasonable and belongs to a man without intelligence or perception; this is obvious even before demonstration» [16]. A.'s position is, in fact, identical. As to those who deny the beauty of the All, Plotinus argues that, in viewing the whole, one should not look to tiny details (Plot. 3,2 (47) 3).

Notes. – [9] For an overview, cf. Köhler 1206-1208. – [10] It does indeed occur in a crucial passage of Pl. *Ti.* 30b: τὸν κόσμον διὰ τὴν τοῦ θεοῦ γενέσθαι πρόνοιαν. However, «divine *pronoia*, as metaphysical ground of all reality does not, so to speak, take thought to care» (Bos 18). – [11] Chalc. *comm.* 250; cf. Diels 131 n. 2. – [12] Lact. *epit.* 31,1: «Epicuri doctrina haec est inprimis, nullam esse prouidentiam». – [13] *Haer.* 1,21,1 (= SVF 2,1029): διὰ πάντων δὲ διήκειν τὴν πρόνοιαν αὐτοῦ. – [14] This formula implies that p. was entirely woven into Stoic philosophy in its various departments. This becomes e.g. clearly visible in Cicero's *nat. deor.* 2 and in the Stoa's earnest attempts to come to terms with the problem of evil in relation to p. Three types of argument were developed: (a) education of man, (b) cosmological (the whole prevails against the individual), (c) the bad is the correlate of the good (cf. De Vogel 3,77-81). – [15] Cf. Dörrie 69-84; id./Baltes 86-89.320-327 (Nr. 94). – [16] Plot. 3,2 (47) 1,1-4: τὸ μὲν τῷ αὐτομάτῳ καὶ τύχῃ διδόναι τοῦδε τοῦ παντὸς τὴν οὐσίαν καὶ σύστασιν ὡς ἄλογον καὶ ἀνδρὸς οὔτε νοῦν οὔτε αἴσθησιν κεκτημένου, δῆλόν που καὶ πρὸ λόγου (translation by A.H. Armstrong, LCL 442, p. 43).

III. P. in A. – 1. Preliminary remarks. – P. in a purely human sense occurs in two biblical texts quoted by A. [17]. Apart from these texts human p. occurs rarely [18]. In contrast there are more than 300 occurrences of God's p., in three quarter of the cases explicitly mentioned as such by the addition of ‹dei› or, more often, ‹diuina› [19]. A.'s thoughts on God's providence can be found in his theological reflections [20] and in the wake of these in his pastoral practice as this appears in his sermons. The only works entirely devoted to p. are the succinct *De ↗diuersis quaestionibus octoginta tribus* 27 and *De ↗prouidentia dei* (= s. Dolbeau 29) [21]. There are, however, passages in various other works in which some of the aspects involved in the belief in God's p. come to the fore, e.g. throughout *uera rel.*, often in *Gn. litt.*, throughout *ciu.* [22].

Notes. – [17] *Rm* 13,14 (in A.'s version): «carnis prouidentiam ne feceritis in concupiscentiis» (cf. e.g. *conf.* 8,29; *en. Ps.* 118,20,3; *ep.* 130,7; *s.* 230); *Sap* 9,14: «incertae prouidentiae nostrae» (cf. e.g. *c. Faust.* 22,52; *trin.* 14,14; *ciu.* 22,29). – [18] Cf. e.g. *diu. qu.* 31,1: «prouidentia per quam futurum aliquid uidetur antequam factum est» (borrowed from Cic. *inu.* 2,160, cf. [4]); *ciu.* 1,31: «senatoria prouidentia»; ib. 5,12: «paucorum bonorum prouidentia». – [19] Which should not be interpreted as denoting a quality of p., but as the equivalent of the genitive ‹dei›; cf. Mohrmann 64. – [20] Rascol 961.967 argues that in the course of time the apologetic defence of p. against adversaries gradually became the prime interest of those who were convinced of the decisive role of p., both in the universe and in its details; A. is no exception. – [21] Cf. Dolbeau (219)-(240).(624)sq. – [22] For introductions into p. in A., cf. e.g. Madec; Pacioni, Providence.

2. P. and ‹ordo›. – In many passages in which ↗‹ordo› [23] is the main topic, God's p. for his creation is implied [24]. In some cases both terms occur in the same context, for instance in *De ↗ordine*: «duos etiam libros de ordine scripsi, in quibus quaestio magna uersatur, utrum omnia bona et mala diuinae prouidentiae ordo contineat» (*retr.* 1,3,1). The term ‹ordo› denotes the structure of everything that is created by God and is ruled by his p. [25]; inversely, p. is the force by which ‹ordo› is guaranteed and by which any disruption of order is punished [26] and repaired [27]. God's p. is even able to integrate the ↗‹malum› [28]: not only the natural, but also the moral evil, as A. typifies relating to the devil (*Gn. adu. Man.* 2,42) and to bad human beings and angels (*agon.* 8). However, A. underlines that God's p. only integrates the evil, but doesn't make it [29].

Notes. – [23] In A. ‹ordo› occurs almost five times as often as p. – [24] Cf. the phrase ‹ordo diuinae prouidentiae› (e.g. *exp. prop. Rm.* 52). – [25] *Mus.* 6,56: «id agi per prouidentiam dei, per quam cuncta creauit et regit, ut etiam peccatrix et aerumnosa anima numeris agatur et numeros agat usque ad infimam carnis corruptionem» (↗Numerus); *agon.* 9: «omnia, et animalia et corporalia, in genere suo et in ordine suo diuinae prouidentiae legibus subdita administrantur» (the connection between p., ‹ordo› and the divine ↗‹lex› (3,931-943) is also pronounced in *doctr. chr.* 2,35). According to van Geest 376, ‹ordo› is sometimes «almost synonymous» with p. – [26] *Exp. prop. Rm.* 52; *qu.* 6,8. Cf. the relation of p. and the divine ↗‹iudicium› in *adn. Iob* 9; *Gn. litt.* 5,22,43; *ciu.* 2,29, and of p. and ↗‹iustitia› in *an. quant.* 73; *Gn. adu. Man.* 2,42; *exp. prop. Rm.* 52. – [27] *Ord.* 2,11: «namque omnis uita stultorum quamuis per eos ipsos minime constans minimeque ordinata sit, per diuinam tamen prouidentiam necessario rerum ordine includitur et quasi quibusdam locis illa ineffabili et sempiterna lege dispositis nullo modo esse sinitur, ubi esse non debet». – [28] *Cura mort.* 16: «per dispensationem prouidentiae dei bene utentis et bonis et malis». For the question of p. and ‹malum› in A., cf. CHADWICK; PACIONI, *Provvidenza.* – [29] *S.* 125,5 (relating to ↗Iudas): «operante utique diuina prouidentia, quia per malam uoluntatem malus esse uoluit, non autem deus malum ordinando fecit»; *en. Ps.* 29,2,6: «unusquisque enim malus apud se habet uoluntatem nocendi; ut autem possit nocere, non habet in potestate. ut uelit, iam reus est; ut possit, occulta dispensatione prouidentiae dei in alium permittitur ad poenam, in alium permittitur ad probationem, in alium permittitur ad coronam». For the context, cf. ZIMARA; ↗Etiam peccata.

3. P. and ‹fortuna›/‹fatum›.

– In *retr.* 1,1,2 A. excuses himself for his too frequent use of the word ↗‹fortuna› in his early work *Acad.* In itself it was not wrong, but A.'s use might suggest his acceptance of often heard phrases as ‹hoc uoluit fortuna› [30]. For the similar relation of p. and ↗‹fatum›, cf. e.g. *ciu.* 5,1 [31] and *en. Ps.* 31,2,18: «alia doctrina est: fatum mihi fecit. alia doctrina: casus mihi fecit, fortuna fecit. si casibus reguntur homines, nulla prouidentia aliquid geritur» (cf. *ep.* 194,32). For A. however, the all including reign of p. admits only one conclusion: «nihil igitur casu fit in mundo» (*diu. qu.* 24), because «quidquid casu fit, temere fit; quidquid temere fit, non fit prouidentia. si ergo casu aliqua fiunt in mundo, non prouidentia uniuersus mundus administratur» (ib.) [32].

Notes. – [30] For p. and ‹fortuna› in A., cf. JOLIVET. – [31] Ib.: «prorsus diuina prouidentia regna constituuntur humana. quae si propterea quisquam fato tribuit, quia ipsam dei uoluntatem uel potestatem fati nomine appellat, sententiam teneat, linguam corrigat». – [32] At the end of his career A. warns the Pelagians: «timeo ... ut quicquid homines patiuntur uel adipiscuntur siue in corporibus suis siue in rebus externis, ad diuinam negetis prouidentiam pertinere ac per hoc, quicquid malorum perpetiuntur et paruuli, ita incertis casibus deputetis» (*c. Iul. imp.* 3,109).

4. The universal character of p.

– There is no limit to God's providence (*lib. arb.* 2,45: «omnia prouidentia gubernari») [33], as the Bible underlines: «usque ad passerum administrationem, sicut dominus in euangelio dicit, et usque ad faeni decorem, usque ad numerum etiam capillorum nostrorum diuina prouidentia pertendente atque ueniente. de qua etiam dictum est: ‹pertendit a fine usque ad finem fortiter et disponit omnia suauiter› (*Sap* 8,1)» (*diu. qu.* 53,2) [34]. God's p. manifests itself everywhere, in various ways, as is expressed in characteristic Roman terms: «aliud enim est quod diuina prouidentia quasi priuatim cum singulis agit, aliud quod generi uniuerso tamquam publice consulit» (ib. 44; cf. *uera rel.* 46).

Notes. – [33] *Gn. litt.* 5,21,42: «non solum totam istam mundi partem rebus mortalibus et corruptibilibus deputatam, uerum etiam uilissimas eius abiectissimasque particulas diuina prouidentia regi»; cf. *diu. qu.* 36; *ciu.* 10,17. – [34] Even the pagans «dei prouidentia istam uniuersitatem regi et administrari a summis usque ad ima concedunt» (*c. Faust.* 22,19).

5. P. as undeniable, but secret.

– In a number of cases A. argues against the denial of p., often with a polemical aspect: «illi autem alii stulti non desunt qui dixerint: ‹non uidebit dominus› (*Ps* 93,7), id est prouidentiam suam in haec terrena non tendit» (*ep.* 184A,6); «quid ergo absurdius, quid insulsius sentiri potest quam eam totam esse uacuam nutu et regimine prouidentiae, cuius extrema et exigua uideas tanta dispositione formari» (*Gn. litt.* 5,22,43). According to *en. Ps.* 148,12 (cf. e.g. *diu. qu.* 52), an assumed ‹disorder› of the divine providence is only caused by the restricted perspective of the finite creature [35].

On the other hand, A. recognizes evil and injustice in the world, and he admits: «haec et alia in hominum uita cogunt homines plerumque inpie credere nullo nos ordine diuinae prouidentiae gubernari» (*ord.* 2,15) [36]. The possibility to deny the universal character of p. is its secrecy, which is often mentioned by A.: «nouit dominus in occulto prouidentiae suae quemadmodum iuste quibusque dispenset» (*qu.* 6,8) [37]. This secrecy of God's p. is also a part of A.'s own biography: «me tunc agebas abdito secreto prouidentiae tuae» (*conf.* 5,11). Therefore, the divine p. is both: ‹admirabilis et ineffabilis› (*Gn. litt.* 11,15,20).

Notes. – [35] For the context, cf. the publications of BOUTON-TOUBOULIC. – [36] Cf. *qu.* 4,23: «et inpiis occulta dispensatione diuinae prouidentiae datur tempus florendi atque regnandi». – [37] Cf. *diu. qu.* 40: «diuersa autem uisa ordo rerum facit, occultus quidem, sed sub diuina prouidentia certus tamen»; *cons. eu.* 3,30; *ciu.* 2,29; *gr. et lib. arb.* 44: «fiunt uero ista per occultam dei prouidentiam, cuius inscrutabilia sunt iudicia, et inuestigabiles uiae».

6. P. as an active factor.

– P. is an ever active force. This is expressed by verbs and their cognates denoting management, government etc., inter alia ‹administrare›, ‹dispensare›, ‹gubernare›, ‹moderari›, ‹regere›; cf. e.g. *Gn. litt.* 8,23,44: «dei prouidentia regens atque administrans uniuersam creaturam» [38]. According to Frings the use of the verb ‹prouidere› contains the meaning: «pertinet ad actionem mentis» [39], which in many instances is quite apt also in A.'s works. However, Frings introduces a series of passages in which p. itself is «tamquam agens» [40]. This active role of p. suits an even larger number of passages in A.'s writings. Not least it is prominent in the context of the maintenance of creation, a vital task of God's p.: «Selbstredend gehört das Thema Vorsehung zur Lehre von der Aufrechterhaltung der Schöpfung» [41].

Notes. – [38] Further instances: *diu. qu.* 53,2: «ex hac igitur ineffabili atque sublimi rerum administratione, quae fit per diuinam prouidentiam» (cf. *doctr. chr.* 2,36); *Gn. litt.* 11,15,20: «sub admirabili et ineffabili prouidentia dei cuncta, quae creat, administrantis et ordinantis»; *ep. Rm. inch.* 13: ‹occultissima ↗dispensatio diuinae prouidentiae› (cf. *ep.* 153,19; *s.* 150,5); *ciu.* 12,28: «quid autem sub tanta gubernatione diuinae prouidentiae, quamuis eius causa lateat, frustra gignitur?» (cf. *s. Erfurt* 1,1); *c. Adim.* 26: «diuina enim prouidentia cuncta moderante et gubernante»; *uera rel.* 43: «conditricem uero ac moderatricem temporum diuinam prouidentiam»; *lib. arb.* 1,1: «diuina prouidentia hoc uniuersum regi credimus»; *en. Ps.* 9,2: «diuinae prouidentiae regimen» (cf. *Gn. litt.* 5,22,43). – [39] Frings 2323. – [40] Frings 2319. – [41] Mayer 94; ↗Creatio, creator, creatura, 2,93-100.

7. Twofold p.

A remarkable idea can be found in *Gn. litt.* 8,9,17: «gemina operatio prouidentiae reperitur, partim naturalis, partim uoluntaria. et naturalis quidem per occultam dei administrationem, qua etiam lignis et herbis dat incrementum, uoluntaria uero per angelorum opera et hominum; secundum illam primam caelestia superius ordinari inferiusque terrestria. ... in hac autem altera signa dari, doceri et disci, agros coli, societates administrari, artes exerceri. ... inque ipso homine eandem geminam prouidentiae uigere potentiam: primo erga corpus naturalem, scilicet eo motu, quo fit, quo crescit, quo senescit; uoluntariam uero, quo illa ad uictum, tegumentum curationemque consulitur». A. attached considerable interest to this idea of a twofold p., as is clear from his return to it ib. 8,12,25 [42]. He also uses the adjective ‹bipertitus›, e.g. ib. 8,19,38: «opus diuinae prouidentiae bipertitum» [43].

Notes. – [42] Ib.: «(sc. deus) operatur omnem salutem gemino illo opere prouidentiae, de quo supra locuti sumus». – [43] Cf. also ib. 9,14,24 and 9,15,28; cf. Agaësse/Solignac 511-513.

8. P. and history.

Although God's p. is timeless, it rules the processes in time and history [44]: «ut autem quaedam latenter, quaedam uero per uisibilem creaturam uisibiliter deus operetur, pertinet ad gubernationem prouidentiae, qua omnes diuinae actiones locorum temporumque ordines distinctione pulcherrima peraguntur, cum ipsa diuinitas nec teneatur nec migret locis, nec tendatur uarieturue temporibus» (*diu. qu.* 62) [45]. It is, in fact, a manifestation of a principle which is fundamental for the entire concept of *De ↗ciuitate dei*: «diuinae prouidentiae placuit ordinare temporum cursum» (ib. 10,15) [46]. Power and subordination are not merely the result of human endeavour and failure: «factum est, ut non sine dei prouidentia ... quidam essent regnis praediti, quidam regnantibus subditi» (ib. 18,2; ↗Historia).

Notes. – [44] *Ep.* 138,2: «haec omnia mutantur nec mutatur diuinae prouidentiae ratio, qua fit, ut ista mutentur»; ↗Mutabile-inmutabile. – [45] Cf. ib. 53,1: «diuina enim prouidentia pulchre

omnia moderante, ita uniuersa generationum series ab Adam usque ad finem saeculi administratur tamquam unius hominis a pueritia usque ad senectutem temporis sui tractum aetatis gradibus terminantis». A. sometimes connects p. with his idea of ↗‹dispensatio temporalis› (2,491-497) (e.g. *uera rel.* 13; *s. dom. m.* 1,49; *doctr. chr.* 1,39). For the temporal aspect of p., cf. Galeani 29-40. – [46] Cf. *util. cred.* 6: «horum autem temporum uices atque ordinem mira quadam diuinae prouidentiae dispositione digestum atque conpositum longum est explanare».

9. P. and mercy.

In A.'s view, p. is generous: «quid beneficentius, quid liberalius diuina prouidentia dici potest» (*mor.* 1,12). P. can become manifest in God's mercy: «domini nostri misericordissima prouidentia» (*ep.* 19; ↗Misericordia) [47]. At times p. takes the form of medical care: «ipsa quoque animae medicina, quae diuina prouidentia et ineffabili beneficentia geritur gradatim distincteque pulcherrima est» (*uera rel.* 45) [48]. A.'s five references to *Sap* 6,17 about wisdom («et in uiis ostendit se illis hilariter et in omni prouidentia occurrit illis») could also be registered in this section, especially in the case of *en. Ps.* 144,11: «uidete uocem desperantis ad augenda peccata, et uidete uocem sperantis ad augenda peccata, et quomodo utrique uoci occurrit prouidentia et misericordia dei», where the reference has the status of an allusion. Seldom, however, does A. use p. to describe the salvation in Christ. In some few cases we can find a combination of p. and ↗‹gratia›: «secundum maiestatem suam, secundum prouidentiam, secundum ineffabilem et inuisibilem gratiam, impletur quod ab eo (sc. Christo) dictum est: ecce ego uobiscum sum usque in consummationem saeculi» (*Io. eu. tr.* 50,13; cf. *Mt* 28,20) [49].

Notes. – [47] Cf. *s.* 20,4: «undique te circumdedit prouidentia dei misericorditer»; *en. Ps.* 7,1. – [48] Cf. *cont.* 32: «per medicinalem prouidentiam»; ↗Medicina, medicus. – [49] Cf. *gr. et lib. arb.* 44. Cf. also *ciu.* 10,29, where A. confirms a Platonic doctrine: «in hac uita hominem nullo modo ad perfectionem sapientiae peruenire, secundum intellectum tamen uiuentium omne quod deest prouidentia dei et gratia post hanc uitam posse compleri». – The connection between p. and ↗‹praedestinatio› is very rare (*en. Ps.* 84,3; cf. *corrept.* 23).

Bibliography. – P. Agaësse/A. Solignac, La parole de Dieu à Adam et la Providence divine: BA 49 (1972) 510-516. – A.A.R. Bastiaensen, Augustin et ses prédécesseurs latins chrétiens: *Augustiniana Traiectina*, Paris 1987, 25-57. – S.-P. Bergjan, *Der fürsorgende Gott. Der Begriff der* ΠΡΟΝΟΙΑ *Gottes in der apologetischen Literatur der Alten Kirche*, Berlin/New York 2002. – A. Blanchet, Providentia: DAGR 4,1 (1907) 715sq. – A.P. Bos, *Providentia divina. The Theme of Divine Pronoia in Plato and Aristotle*, Assen/Amsterdam 1976. – A.-I. Bouton-Touboulic, Ordre manifeste et ordre caché dans le *Sermon sur la Providence* de saint Augustin: *AugPréd* 303-319. – Ead., *L'ordre caché. La notion d'ordre chez saint Augustin*, Paris 2004. – H. Chadwick, Providence and the Problem of Evil in Augustine: CIA 1,153-162. – C.J. De Vogel, *Greek Philosophy. A Collection of Texts selected and supplied with some Notes and Explanations* 1-3, Leiden 1950-1959. – H. Diels, *Doxographi Graeci*, Berolini 1965 (⁴1879). – H. Dörrie, Der Begriff «Pronoia» in Stoa und Platonismus: FZPhTh 24 (1977) 60-87. – Id./M. BALTES, *Der Platonis-mus in der Antike 3. Der Platonismus im 2. und 3. Jahrhundert nach Christus: Bausteine 73-100*, Stuttgart/Bad Cannstatt 1993. – F. DOLBEAU, *Augustin et la prédication en Afrique. Recherches sur divers sermons authentiques, apocryphes ou anonymes*, Paris 2005. – W. EISENHUT, Providentia: RE Suppl. 14 (1974) 562-565. – I. FRINGS, providentia: TLL 10,2 (1980-2009) 2318-2322. – P. GA-LEANI, *Provvidenza e beni temporali secondo Sant'Agostino*, Diss. Roma 1952. – P. VAN GEEST, Ordo: AL 4 (2012-2018) 373-379. – M.-O. JENTEL, Pronoia: LIMC 7,1 (1994) 553sq. – R. JOLIVET, Fortune et Providence: BA 4 (²1948) 207. – J. KÖHLER, Vorse-hung: HWPh 11 (2001) 1206-1218. – G. MADEC, Thématique au-gustinienne de la Providence: REAug 41 (1995) 291-308. – C. MAYER, Creatio, creator, creatura: AL 2 (1996-2002) 56-116. – C. MOHRMANN, Les éléments vulgaires du latin des chrétiens: *Etudes sur le latin des chrétiens 3*, Roma 1965, 33-66 (VigChr 2 (1948) 89-101.163-184). – V. PACIONI, La Provvidenza divina e il male nella storia: a proposito di un testo controverso, *De ordine* I,1,2: *Il mistero del male e la libertà possibile: lettura dei Dialoghi di Agostino* (a cura di L. ALICI/R. PICCOLOMINI/A. PIERETTI) (SEAug 45), Roma 1994, 137-148. – Id., Providence: AthAg 686-688. – C. PARMA, *Pronoia und Providentia. Der Vorsehungsbe-griff Plotins und Augustins*, Leiden 1971. – A. RASCOL, La Provi-dence selon Saint Augustin: DThC 13 (1936) 961-984. – N. SCHOLL, *Providentia. Untersuchungen zur Vorsehungslehre bei Plotin und Augustin*, Freiburg 1960. – F.-J. THONNARD, La Providence selon Plotin et saint Augustin: BA 7 (1947) 525-528. – C. ZIMARA, Die Lehre des hl. Augustinus über die sog. Zulassungen Gottes: DT 19 (1941) 269-294.

JAN DEN BOEFT

Prouidentia dei (De –) (= *s. Dolbeau* 29)

1. Title, manuscript tradition and authenticity – 2. Content and structure – 3. Argument and intention

1. Title, manuscript tradition and authenticity. – A comprehensive treatise on ↗‹prouidentia› is lacking in A.'s extant œuvre. Nevertheless, in *ep.* 231,7 he writes to Darius: «misi et alios libros, quos non petisti, ne hoc tantum modo facerem, quod petisti: de fide rerum, quae non uidentur, de patientia, de continentia, de prouidentia, et unum grandem de fide et spe et caritate. hos omnes si, dum es intra Africam, legeris, iudicium tuum mitte de illis». More than a century later Eugippius composed a florilegium of excerpts chosen from A.'s œuvre (*exc. Aug.*), which also contains a passage of some forty lines on ‹prouidentia›. This passage was cop-ied by several medieval readers. Making use of the information provided by these copies François Dolbeau finally found the complete text of a ‹sermo de prouidentia› in the 12th c. manuscript Mantova, Bibl. Comunale 213 (B III 9); it is now known as *s. Dolbeau* 29 [1]. The content of the sermon, the choice of words and the style of the argument are characteristic of A. Taking into account that A. only spread his writings after a thorough examina-tion of his manuscripts [2], it is therefore justified to assume that also *prou. dei* is no ‹mere› sermon,

but rather a ↗‹liber›, just like the other writings re-ferred to in *ep.* 231,7.

As to the circumstances of the sermon *prou. dei*: ib. 1 only *Rm* 2 is mentioned, date and place can-not be ascertained. There are no clear indications in the traditional content of the argument. Dolbeau tentatively suggests a date somewhere in the de-cade 405-415 [3].

Notes. – [1] Cf. DOLBEAU (219)-(232).(624)sq. The edition of the Latin text (ib. (233)-(240)) is accompanied by an ‹apparatus criticus› and further information. For the direct and indirect tra-dition of *prou. dei*, cf. ib. (220)-(222). For the content of the deci-sive manuscript at Mantova, cf. *Überlieferung* 1,2,127sq. – [2] *Ep.* 101,1: «ideo non misi, quia non emendaui, …»; ib. 101,4: «sextum sane librum, quem emendatum repperi, … non distuli mittere». – [3] DOLBEAU (226).

2. Content and structure. – A summary of the sermon on the basis of Dolbeau's division into 12 sections may bring out its content and structure: (1) Many people ascribe everything that happens to men as due to mere chance without any steering by providence; if God was really guiding human life, criminals would not be alive. (2) Such impious ideas betray disbelief in what is written in Scripture. What inspires them to such disbelief? In the final reckoning this is their complaint about the ab-sence of a proper order: some wicked men excel above good men and some good men excel above wicked men. (3) Our answer is an exhortation to study the matter more seriously and turn to an ex-amination of themselves, in order to see the orderly structure of their own nature. (4) Man consists of body and soul, with the soul in command (↗Anima, animus, ↗Corpus). (5) The entire body is well struc-tured in a praiseworthy manner and this is specifi-cally true for the head. (6) All these details cause man's admiration of the maker. (7) Man is a living being whose soul is in command, but animals have also been made by the same Creator. (8) Our faith preaches a future judgment: God will then punish the wicked and reward the good; if those atheists would be willing to take this to heart, they would not deny God's providence. (9) God also takes care of animals. (10) Just think of the bees: God has taught them to make an orderly use of their hives; for a comparable reason we praise the work of craftsmen. (11) Apart from what can be clearly seen our faith guarantees that God takes care of human affairs. This has been proved by Christ, who humbled himself for our sake. (12) Let us not pay attention to the lies of those who reject God's providence, but pray that they believe.

3. Argument and intention. – At the beginning of the sermon A. summarizes the complaint of those who fail to detect any system in the activities and events in human life, therefore ascribe these to mere chance (*prou. dei* 1: «casibus fieri») [4] and then conclude that «haec ipsa inconstantia nullum ordinem pandit» (ib. 2; ↗Fortuna). Their main argument is: «omne ... quod prouidentia gubernatur, ordinatum oportet esse atque dispositum» (ib.). As such this brief formula brings out well the difference between ↗‹ordo›, which denotes the ordered structure of God's creation, and ‹prouidentia›, which expresses God's active role in maintaining this order, but his handling of it is entirely different. As Dolbeau notes, A. places «la notion d'*ordo* au cœur de son discours» [5]. Even a cursory reading makes this manifest: in the more than 200 lines of the text the noun ‹ordo› and the verb ‹ordinare› taken together occur thirty times, twice as often as p. In a more careful reading the notion of order indeed appears at the heart of the various parts of the argument. Basically, A.'s strategy focuses on man himself, in whom the «ordo naturae» (ib. 3) manifests itself in various ways, for instance the leading role of the soul in its relation to the body (ib. 4), the latter's functional structure and indeed its beauty [6]. Even man's inclination to doubt God's ordering because of the ‹inordinatio› he is witnessing proves his innate love of order (ib. 10). Put into rhetorical terms, A. is engaged in a sustained ‹a minore ad maius› argument [7], which leads to the conclusion: «rerum diuinitus institutarum ordines manifesti, ex quibus coniciantur occulti, feriunt etiam oculos impiorum» (ib.) [8]. Using the human being itself as point of departure is, of course, more opportune in a sermon than any theory about the workings of the universe.

The summary and various details clearly show that the sermon does not at all have the character of an exhaustive treatise, like for instance Plotinus' Περὶ προνοίας (Plot. 3,2 (47); 3,3 (48)). It dresses philosophical and theological ideas in the pastoral style of a ↗‹sermo› the audience was accustomed to. In this way the sermon shows in its own manner the high value the preacher attached to the order provided by ‹prouidentia› on which he wanted the faithful to rely. At the same time he provided them with arguments which they could use in discussions with unbelievers [9]. This adds a protreptic element to the sermon's content [10].

Notes. – [4] Cf. DEN BOEFT 57. – [5] DOLBEAU (230). – [6] In this domain, A. borrows from a long tradition, to which inter alia Balbus' Stoic exposition in Cic. *nat. deor.* bears testimony (e.g. ib. 2,133-140). For the context, cf. DAL CHIELE. – [7] Ib. 7: «qua tandem stultitia dei prouidentiam negamus in magnis, quam miramur in paruis». – [8] For A.'s argumentation, cf. BOUTON-TOUBOULIC. – [9] Cf. MADEC 307sq. – [10] DOLBEAU (624)sq. contains some further remarks.

Bibliography. – *Editions and translations*: NBA 1,35,2 (2002) 762-780 (F. DOLBEAU). – Paris 2005, (233)-(240) (REAug 41

(1995) 281-288) (F. DOLBEAU). – Dutch: Budel 2012, 11-27 (J. GEHLEN-SPRINGORUM/V. HUNINK/H. VAN REISEN/A. SIX-WIENEN). – Engl.: Works(NY) 3,11 (1997) 55-63 (E. HILL). – Fr.: Conférence(M) 19 (2004) 428-438 (C. CARRAUD). – It.: NBA 1,35,2 (2002) 763-781 (V. TARULLI). – Mantova 2003, 23-38 (G. VIGINI). – Sp.: Augustinus 46 (2001) 17-27 (J. AÑOZ). – *Studies*: J. DEN BOEFT, Fortuna: AL 3 (2004-2010) 56-58. – A.-I. BOUTON-TOUBOULIC, Ordre manifeste et ordre caché dans le Sermon sur la Providence de saint Augustin: AugPréd 303-319. – E. DAL CHIELE, *Mirabilis Ordinatio. Soul and Body in Augustine's Sermo de Providentia Dei (S. Dolbeau 29,4-5)*: Rosetta 13 (2013) 16-31. – F. DOLBEAU, *Augustin et la prédication en Afrique. Recherches sur divers sermons authentiques, apocryphes ou anonymes*, Paris 2005, especially (201)-(217).(219)-(240).(623)-(625). – G. MADEC, Thématique augustinienne de la Providence: REAug 41 (1995) 291-308. – G. VIGINI (ed.), *Agostino. Discorso sulla provvidenza di Dio*, Mantova 2003.

JAN DEN BOEFT

Proximus

1. Identity of the neighbor – 2. Love for one's neighbor

1. Identity of the neighbor. – «diliges proximum tuum tamquam teipsum»: A. uses this text of *Lv* 19,18 LXX over 150 times [1], mainly as it is cited in the New Testament as part of the double commandment of love [2] and at other key places [3] (↗Dilectio). The Latin translation of the LXX text, as A. reproduces it, renders the Greek ὁ πλησίος as p. [4]. In secular Latin, p. indicates close family and kinship bonds [5]. In Christian usage, the term is given an enriched and expanded sense in light of Christ [6]. Even so, the view persisted that p. should be limited to kinsmen and friends, and exclude strangers and enemies, leading A., in citing *Rm* 13,9sq., to characterize as ‹absurdissimum› and ‹sceleratissimum› the position that it is permissible to take the wives, lives and property of non-Christians or enemies on the grounds that such people do not fall within the common definition of p. (*doctr. chr.* 1,32) [7].

Explaining the second part of the double commandment of love (*Mt* 22,39 = *Lv* 19,18), A. can speak of p. in terms of the human spirit (‹animus›) or soul (‹anima›): «tenet ordinem ipsa tota diligens quod se supra est, id est deum, socias autem animas tamquam seipsam» (*mus.* 6,46) [8]. While this leaves him open to the charge of having over-spiritualized love of neighbor, neglecting its material dimensions [9], A., like Justin and Irenaeus, derives his interpretation from the Stoic notion of a common rational nature, beyond the blood ties of family and ethnicity [10]. This he sees as making all people neighbors to one another, implying that no one is excluded from receiving the works of mercy [11].

For A., humankind's having a single father and mother constitutes further grounds for universalizing the identity of the p. [12]. In light of a common origin the p. is not in the first place one's own parents and children, but each and every person without exception [13]. Thus it is not necessary to be a brother Christian (↗Frater), already sharing the hope of a heavenly inheritance, in order to be considered a p.; rather, «proximum tuum debes putare omnem hominem, et antequam sit christianus» (*en. Ps.* 25,2,2). A.'s commentary on *Ecli* 25,2 shows how ‹↗amor proximorum› summons Christians beyond the ‹↗concordia fratrum› to include in the company of those to be loved also the pagan and the Jew, for each is «tamen proximus, quia homo est» (*s.* 359,9) [14]. Elaborating in *ep. Io. tr.* 8,4 on the commandment to love one another (cf. *1 Io* 3,23), A. charts the extension of love from p. [15], firstly to those who are unknown [16], and then, in a move signaled by the intensified imperative ‹transcende›, to the enemy [17] (↗Inimicitia, inimicus), love of whom is ‹perfecta dilectio› [18]. There is no excuse for lying to non-Christians on the grounds that they are not ‹inuicem membra› (*Eph* 4,25) [19].

In his early writings, under the influence of Neo-Platonic and Ciceronian notions, A. tended to situate p. as a rung on the ladder of spiritual ascent. Soon, however, moved by Ambrose's biblical exegesis, and especially by that of Origen, he came to consider p. in a clearly Christological context [20]. Central to A.'s understanding of the identity of the neighbor is Christ, who not only commanded but also exemplified and – as the redeemer – enabled true neighbor-love [21]. The Word who is God himself has become flesh (*Io* 1,14) «ut esset et proximus meus» (*en. Ps.* 118,12,5) [22]. With reference to the parable of the Good Samaritan (*Lc* 10,25-37), A.'s argument begins with the definition of the p. as the one who shows mercy to ‹homo quidam›, then moves to the premiss that Christ in reviving humankind fulfils this definition, thus leading to the conclusion that the Lord God himself «proximum se nostrum dici uoluit» (*doctr. chr.* 1,33) [23]. The same parable prompts A. to reflect on the two-sidedness of the term p.: «proximi enim nomen ad aliquid est nec quisquam esse proximus nisi proximo potest» (ib. 1,31), suggesting that Christ as p. is not only the one who shows mercy but also the one to whom mercy is to be shown. It is against this background that A. responds to the question «proximum uis diligere? habes in Christo» (*s.* 261,8). In this regard also, his commentary on *Mt* 25,40 («cum/quando uni ex minimis meis fecistis, mihi fecistis») provides a widely used synonym for p. [24]. Because of Christ's

self-identification with the ‹minimi mei›, A. urges those who would show love for God: «attende iuxta te, ne forte proximo praestare debeas quod perueniat ad deum» (*s.* 296,13; cf. *Io. eu. tr.* 17,9), the p. in this particular case being a Donatist seeking readmission to the Catholic Church. Finally, reflection on *Ecli* 22,28 LXX («fidem posside cum proximo in paupertate ipsius, ut et bonis eius perfruaris») leads A. to align the term p. with the name of Christ, as he summons his listeners to match Christ's humility in responding to a neighbor in his poverty [25].

Notes. – [1] The Vulgate version «... amicum tuum ...» is only found in *spec.* 2. – A. uses forms of p. approximately 1300 times. – [2] *Mt* 22,39; *Mc* 12,31; *Lc* 10,27. – [3] *Mt* 5,43; 19,19; *Rm* 13,9; *Gal* 5,14; *Iac* 2,8. – [4] The word is a superlative adjective derived from the adverb ‹prope›; cf. RAMMINGER 2031. ‹Propinquus› was a possible alternative translation, but p. was almost universally preferred by Latin translators of the Greek Bible; cf. PÉTRÉ 145. – [5] Cf. PÉTRÉ 144; RAMMINGER 2039-2042. – [6] For the development of this usage up to and including A., cf. LIÉBART; ↗Homo. – [7] Cf. Hier. *in Ezech.* 18,5-9 ll. 218sq.229sq.; cf. PÉTRÉ 146-149. «Il faut arriver à Jérôme et Augustin pour trouver la notion de ‹prochain› clairement définie, telle qu'elle se maintiendra dans le christianisme: le *proximus* que nous devons aimer, c'est tout homme quel qu'il soit» (ib. 156). – [8] Cf. also *an. quant.* 78; *diu. qu.* 36,1; *uera rel.* 93. – [9] Cf. HULTGREN 178. – [10] *Ep.* 155,14: «proximus sane hoc loco non sanguinis propinquitate sed rationis societate pensandus est, in qua socii sunt omnes homines. ... ita quippe affectum omnium naturaliter attigit humanorum societas animorum, ut nullus ibi hominum nisi cuiuslibet hominis proximum se esse sentiret». A similar definition is found already in Justin: man's neighbor is man, τὸ ὁμοιοπαθὲς καὶ λογικὸν ζῷον (*dial.* 93,3); cf. Iren. 4,13,4; cf. also LIÉBART 64-68; ↗Stoici. – [11] *En. Ps.* 118,8,2: «omnis quippe homo est omni homini proximus, nec ulla cogitanda est longinquitas generis, ubi est natura communis»; ↗Humanitas. – [12] *S. Denis* 16,1: «sed si consideremus unum nos habuisse patrem et unam matrem, quis erit alienus?»; cf. *s.* 90,7; 149,18; *en. Ps.* 25,2,2; ↗Adam. – [13] *Disc. chr.* 3: «nihil tam proximum, quam homo et homo». – [14] Cf. DODARO 61-63. Similarly, *ciu.* 19,14: «sic uxori, sic filiis, sic domesticis, sic ceteris quibus potuerit hominibus». – [15] Used in this immediate context as a synonym for the ‹propinquior frater›. – [16] *En. Ps.* 102,13: even if they might be sinners. – [17] Citing Christ's commandment «diligite inimicos uestros» (*Mt* 5,44; *Lc* 6,27.35); cf. *s. Denis* 16,1; cf. LIÉBART 75; CANNING 205-215. Similarly, if the enemy and sinner stand to benefit, how much more so should the stranger: «admittatur et indignus, ne excludatur dignus» (*s. Lambot* 4). – [18] *Ep. Io. tr.* 8,10; *s. dom. m.* 1,69. For *In ↗epistulam Iohannis ad Parthos tractatus decem*, cf. VAN BAVEL; DIDEBERG, *Augustine*; LAGOUANÈRE, Ecoute. For A.'s concept of p. in early writings and commentaries, cf. id., Notion; id., Amour. – [19] *C. mend.* 15: «proximus ergo habendus est, non alienus, cum quo id agendum est, ne remaneat alienus». – [20] Cf. LAGOUANÈRE, Notion 265sq. Cf. TESKE, Love, who compares the concepts of *uera rel.* and *doctr. chr.*: «Augustine came to realize that the authority of Christ demanded a much more positive view of the body and, consequently, a radically different view of love of neighbor» (ib. 98; for p. and body, cf., e.g., *doctr. chr.* 1,27). – [21] Cf. CANNING 191-198; ↗Christus. For Christ as redeemer, who enables ‹dilectio proximi›, cf., e.g., *exp. Gal.* 43-45 (David's mercy to Saul); *c. Faust.* 18,7. – [22] Cf. *cat. rud.* 8: «Christus aduenit ... qui non proximum, sed longe peregrinantem diligendo factus est proximus»; *s.* 171,3: «descendit ad nos, ut fieret nobis proximus ille longinquus»; *Io. eu. tr.* 57,4: «de accessu meo proxima mea»; *ciu.* 20,29: «formam serui accipiens esse dignatus est etiam proximus noster». – [23] Cf. *s. Denis* 16,2; *s.* 265,9 (Christ is ‹proximis proximus›); cf. TESKE, Good. For the angels as ‹proximi›, cf. *doctr. chr.* 1,31.33; for the ‹contingency› of our neighbors («tibi quasi sorte iunguntur»), cf. ib. 1,29. – [24] Cf. CANNING 342-420. The Vulgate version of *Mt* 25,40 «… ex his fratribus meis minimis …» is found only in *ciu.* 20,5; *spec.* 25. – [25] *S.* 41,7: «pro nomine proximi, accipe nomen Christi, et humilis accipe … humilis accipe et intellege proximum»; cf. *en. Ps.* 93,16.

2. Love for one's neighbor.

– Love for neighbor in A.'s thought is presented schematically under the word ↗‹caritas› [26]. In the ‹ordo faciendi› the commandment of love for neighbor is prior, whereas the ‹ordo praecipiendi› begins with love for God [27]. A. stresses that both commandments are fulfilled with the same love [28]; and «bene intellegentibus utrumque inuenitur in singulis» (*Io. eu. tr.* 65,2) [29]. A. points out that Scripture often places just one of them – love for neighbor – for both [30], and asks whether the reason why Paul mentions only neighbor-love in *Rm* 13,8-10 and *Gal* 5,14 is «quia de dilectione dei possunt mentiri homines, quia rariores temptationes eam probant» (*exp. Gal.* 45); by contrast, «in dilectione autem proximi facilius conuincuntur eam non habere, dum inique cum hominibus agunt» (ib.). In this regard, A. holds that *1 Io* 4,20 [31] gives us a rule to follow: «a proximo incipiamus, ut ad deum perueniamus» (*s. Dolbeau* 11,5).

A. warns against an exploitative love for neighbor (*uera rel.* 87). Giving aid to the needy should be done «de misericordia … non de iactantia» (*Io. eu. tr.* 51,12). Even the act of dying for others may be motivated by «iactantia nominis comparandi, non uisceribus dilectionis» (*ep. Io. tr.* 6,2). Love for neighbor is to be fertile in succoring others in their bodily needs, «sicut lignum fructiferum, id est beneficum ad eripiendum eum, qui iniuriam patitur, de manu potentis» (*conf.* 13,21). A., however, is conscious of the temptation to dominate the needy neighbor and subject him to oneself as giver; therefore he counsels: «opta aequalem, ut ambo sub uno sitis cui nihil praestari potest» (*ep. Io. tr.* 8,5).

Right love of neighbors will mean acting towards them so that they too will come to love God with all their heart, soul and mind (*doctr. chr.* 1,21). A. realizes that the self is not only to be a giver but also a beneficiary of such neighbor-love [32]; and he emphasizes that love for neighbor too is a gift of God [33]. Ultimately, neighbor-love will be sound only insofar as it brings others to God as the common good [34], where its sincerity and transparency will be ensured ‹in illo deo› and ‹propter illum›, thus safeguarding the concord of the Heavenly City (*ep.* 137,17).

Notes. – [26] Cf. DIDEBERG, Caritas 731-739. – [27] *Io. eu. tr.* 17,8; *s.* 265,9. At *doctr. chr.* 3,16 and *ciu.* 19,13 this topic is linked to the ↗‹frui-uti› distinction: «caritatem uoco motum animi ad fruendum deo propter ipsum et se atque proximo propter deum; cupiditatem autem motum animi ad fruendum se et proximo et quolibet corpore non propter deum» (*doctr. chr.* 3,16; cf. also ib. 1,33). – [28] *S.* 265,9: «qua caritate proximum, ipsa caritate diligimus et deum»; *trin.* 8,12: «ex una igitur eademque caritate deum proximumque diligimus, sed deum propter deum, nos autem et proximum propter deum»; cf. *Io. eu. tr.* 87,1; for the context, cf. VAN BAVEL. – [29] One cannot be kept without the other: «ita ex alterutro conexa reperiuntur» (*f. et op.* 16). – [30] *Trin.* 8,10; *Io. eu. tr.* 83,3; *disc. chr.* 5 («ecce quae duo erant, unum factum est. prorsus proximum dilige, et sufficit»); *s.* 9,14; *s. Dolbeau* 11,4sq.12. – [31] Ib.: «qui enim non diligit fratrem suum quem uidit, deum quem non uidit quomodo potest diligere». – [32] *Ciu.* 10,3: «ad hoc bonum debemus et a quibus diligimur duci, et quos diligimus ducere». – [33] *Exp. Gal.* 45; cf., e.g., *cat. rud.* 55; *ep.* 196,16. – [34] *Vera rel.* 88; *s. Dolbeau* 11,8; *s. Wilm.* 2,4; ↗Commune-proprium.

Bibliography. – T.J. VAN BAVEL, The Double Face of Love in Augustine. The Daring Inversion: Love is God: CIA 3,69-80. – R. CANNING, *The Unity of Love for God and Neighbour in St. Augustine*, Heverlee/Leuven 1993. – D. DIDEBERG, *Saint Augustine et la première épître de saint Jean. Une théologie de l'agapè,* Paris 1975. – Id., Caritas: AL 1 (1986-1994) 730-743. – R. DODARO, Frater: ib. 3 (2004-2010) 60-64. – G. HULTGREN, *Le commandement d'amour chez Augustin. Interprétation philosophique et théologique d'après les écrits de la période 386-400,* Paris 1939. – J. LAGOUANÈRE, La notion de prochain dans les premiers écrits d'Augustin. Esquisse de réflexion: REAug 57 (2011) 239-267. – Id., Augustin, à l'écoute de la *Prima Iohannis*. La définition augustinienne de la notion de prochain: BLE 113 (2012) 149-166. – Id., L'amour du prochain dans les premiers commentaires pauliniens d'Augustin d'Hippone: Aug 54 (2014) 137-172. – J. LIÉBART, Ancienneté et nouveauté de l'amour chrétien du prochain selon les Pères de l'Eglise: MSR 45 (1988) 59-82. – H. PÉTRÉ, *Caritas. Etude sur le vocabulaire latin de la charité chrétienne,* Louvain 1948. – J. RAMMINGER, proximus: TLL 10,2 (1980-2009) 2031-2047. – R.J. TESKE, Love of Neighbor in St. Augustine: CIA 3,81-102. – Id., St. Augustine on the Good Samaritan: *Augustine of Hippo. Philosopher, Exegete, and Theologian,* Milwaukee, Wis. 2009, 167-192 (cf. *CollAug Exegete* 347-367).

RAYMOND CANNING

Prudentia

I. Bedeutung und Gebrauch von p. – II. Der spezifische Gebrauch von p. bei A. – 1. P. als geistige Eigenschaft – 2. P. als Kardinaltugend – 3. P. als christliche Tugend

I. Bedeutung und Gebrauch von p. – Das Adjektiv ‹prudens› (wissentlich, vorsichtig, kundig, klug) und entsprechend das Substantiv p. (Erfahrung, Einsicht, Vorherwissen, Klugheit) [1] sind durch Vokalwandel und Synkope aus dem Participium ‹prouidens› entstanden [2]. In der philosophischen Literatur erscheint p. (griechisch vor allem φρόνησις) trotz der Möglichkeit ihres Mißbrauchs als eine der vier Kardinaltugenden (↗Virtus) [3].

A. gebraucht Formen von p. gut 300mal, von ‹prudens› ca. 500mal.

Anmerkungen. – [1] Cic. *inu.* 2,160 definiert: «prudentia est rerum bonarum et malarum neutrarumque scientia. partes eius: memoria, intellegentia, prouidentia». Auch die Voraussicht kann so durch p. unter Gleichsetzung mit ↗‹prouidentia› ausgedrückt sein (cf. Cic. *diu.* 1,111). Cf. weiterhin id., *off.* 1,153: p. ist «rerum expetendarum fugiendarumque scientia». Zur Semantik des Wortfeldes cf. GALDI/WICK; HAJDÚ. – [2] Cf. LEUMANN 99; WALDE/HOFMANN 2,378 s.v. p. In ‹prouidens/prouidentia› hat gegenüber p. die Bedeutungsnuance der Fürsorge Vorrang. – [3] So *Rhet. Her.* 3,2,3: «rectum … diuiditur in prudentiam, iustitiam, fortitudinem, modestiam»; cf. ib. 3,6,10; Cic. *inu.* 2,159. Zur ‹Klugheit› in der paganen Antike cf. BECKER, Klugheit 99-134.

II. Der spezifische Gebrauch von p. bei A. –

1. P. als geistige Eigenschaft. –

In der antiken Tradition stehend, kennt A. Minerva als Göttin der p. (*c. Faust.* 20,9); er fragt bei den heidnischen Römern nach politischer p. (*ciu.* 3,8; cf. *ord.* 2,22) und erwähnt auch eine ‹religiosa p.› Platons (*ciu.* 8,21). In einer theologischen Auseinandersetzung kann A. von ‹p. naturalis› sprechen (*c. Iul. imp.* 4,41).

Aus dem Alten Testament (*Is* 29,14; *Prv* 16,16) stammt die Kombination von p. mit ‹sapientia› (*ciu.* 10,28; *spec.* 7), die Gott zugesprochen wird (*Eph* 1,8 in *praed. sanct.* 35), den Menschen aber nicht zum wahren Heil verhilft (*Mt* 11,25 in *c. Iul. imp.* 1,57) [4]. A. weiß sehr wohl um den Unterschied der beiden dahinter stehenden Bedeutungsakzente von p. (*loc.* 1,8); denn ‹prudentes› können in der Hl. Schrift nicht nur die Guten, sondern auch die Bösen genannt werden (*c. Gaud.* 1,6), so die Schlange aus *Gn* 3: Sie als ↗‹sapiens› zu bezeichnen, lehnt A. jedoch entschieden ab, denn diese Eigenschaft kommt nur Gott, den Engeln und den vernünftigen Seelen zu (*Gn. litt.* 11,2,4). Unter negativem Vorzeichen eingesetzt, kann p. sich hingegen als ‹astutia› – das p. zugeordnete Laster der ‹Gerissenheit› – zeigen [5].

Zur Kommunikation unter gebildeten Leuten gehört der verehrende Appell an die p. des Partners [6]. Voller Spott spricht A. in *c. Iul. imp.* 2,117 von ‹haeretica p. uestra›, andererseits bei seinen Briefpartnern auch von ‹sancta› oder ‹fidelis castaque p.› (z.B. *ep.* 74; 188,10). Allerdings weiß er auch um die unterschiedliche p. der Diener Gottes (*bapt.* 5,16) und beruft sich auf die ‹doctior p.› von Bischöfen (ib. 2,4).

2. P. als Kardinaltugend. –

In der antiken philosophischen Diskussion erscheint p. im Verein mit den drei anderen Kardinaltugenden [7] oft als deren Voraussetzung. Dieser Vorrang der p. wirkt bei den Kirchenvätern weiter [8]; so dient p. in *mus.* 6,51 (cf. ib. 6,37) der grundlegenden Orientierung der ↗‹anima› bei der ↗‹ascensio›. Doch steht zumal beim späteren A. der Gehorsam des Willens [9] aus Liebe zu Gott vor aller Erkenntnis [10]. Die Klugheit ist diese Liebe, die unterscheidet, was der Zuwendung zu Gott hilfreich und was hinderlich ist [11]. Im Himmel freilich gehen die Kardinaltugenden auf in der Schau Gottes [12].

3. P. als christliche Tugend. –

A. sieht im Anschluß an Paulus (*Rm* 8,4-7) ein Gegenüber von ‹p. spiritus› und ‹p. carnis› [13]. Die fleischliche Gesinnung kann dem Gesetz Gottes nicht gehorsam sein (*c. Fort.* 22; s. 155,10), sie hofft und fürchtet Vergängliches (*exp. prop. Rm.* 49; *c. Faust.* 16,17). Gemäß *1 Cor* 15,50 setzt A. ‹caro› der Sünde gleich (*c. Iul. imp.* 6,40); die ‹p. carnis› stirbt aber durch die Erkenntnis Christi (*c. Faust.* 16,17).

Weiterhin ist bei A. die christliche Klugheit vom traditionellen Verständnis der p. als Fähigkeit bestimmt, im Kampf gegen das Laster zwischen Gut und Böse zu unterscheiden [14]. Hinzu kommt nicht selten das Element der vorausschauenden Beherzigung der Lehren Christi und Weisungen Gottes [15].

Anmerkungen. – [4] Zur ‹Klugheit› im Alten Testament cf. BECKER, Klugheit 134-140, im Neuen Testament ib. 147-150. – [5] *Sent. Iac.* (= *ep.* 167) 6. Zu den Tugenden und ihrer Einheit, besonders im Blick auf *sent. Iac.*, cf. LANGAN. – [6] *Simpl.* 2,1,1: «et res prudentiae tuae notissimas loquor»; cf. *ep.* 43,15; 82,2. – [7] Diese Lehre wurde von Plato *R.* 433b thematisiert und vor allem von den Stoikern entfaltet; je nach Argumentationszusammenhang konnte eine Tugend höher gewichtet werden. – [8] Ambr. *off.* 1,27,126 bezeichnet p. als ‹primus officii fons›, er setzt ihr allerdings die ‹pietas› gleich; cf. BECKER, *Kardinaltugenden* 31-35. Zur ‹Klugheit› bei den Kirchenvätern cf. auch ead., Klugheit 150-171 (A.: ib. 167-171). – [9] Der griechischen optimistischen Hochschätzung des Verstandesurteils steht nach biblischem Denken – schon im Alten Testament – der Gehorsam, ein Akt des Willens, gegenüber Gottes Weisungen entgegen; cf. DIHLE 24-30.138-149; ↗Oboedientia, ↗Voluntas. – [10] Zur diachronen Akzentverlagerung in der Tugendlehre A.s cf. BECKER, Klugheit 167-175 und passim; zu *ep.* 155 cf. DODARO; TORNAU. Eng verwandt ist p. in diesem Kontext mit der ‹uigilantia› (z.B. *mor.* 1,46; *ciu.* 19,4). – [12] *Gn. litt.* 12,26,54; *en. Ps.* 83,11; cf. auch schon die differenzierte Argumentation in *mus.* 6,52; cf. DOIGNON 180-190; BECKER, Klugheit 170sq. – [13] ↗Caro-spiritus; zu dieser Spannung sowie dem damit zusammenhängenden Entwicklung des a. p.-Begriffs VAN RIEL; cf. auch DAVIS. Der ‹p. carnis› steht die ↗‹caritas› gegenüber (*exp. Gal.* 46; *spir. et litt.* 29). – [14] A. führt in *diu. qu.* 31,1 und *trin.* 14,14 Ciceros Definition aus *inu.* 2,159sq. an, in *trin.* 14,12 (mit eschatologischer Ausdeutung) Cic. *Hort.* frg. 110 GRILLI. Cf. weiter *Gn. litt.* 8,14,32; *lib. arb.* 1,27; *mor.* 1,45. – [15] A. bezieht sich auf Jesu Gleichnisse vom klugen Mann, der sein Haus auf Felsen baut (*s. dom. m.* 2,87; cf. *Mt* 7,24), und von den klugen Jungfrauen (*diu. qu.* 59,2; cf. *Mt* 25,1-13).

Bibliographie. – M. BECKER, *Die Kardinaltugenden bei Cicero und Ambrosius: De officiis*, Basel 1994. – Ead., Klugheit: RAC 21 (2006) 97-175. – G.S. DAVIS, The Structure and Function of the Virtues in the Moral Theology of St. Augustine: CIA 3,9-18. – A. DIHLE, *Die Vorstellung vom Willen in der Antike*, Göttingen 1985. – R. DODARO, Political and Theological Virtues in Augus-

tine, Letter 155 to Macedonius: Aug(L) 54 (2004) 431-474. –
J. DOIGNON, La problématique des quatre vertus dans les pre-
miers traités de saint Augustin: *L'umanesimo di Sant'Agostino*,
Bari 1988, 169-191. – G. GALDI/C. WICK, prudens: TLL 10,2
(1980-2009) 2370-2377. – I. HAJDÚ, prudentia: ib. 2377-2382. –
J.P. LANGAN, Augustine on the Unity and the Interconnection of
the Virtues: HThR 72 (1979) 81-95. – M. LEUMANN, *Lateinische
Laut- und Formenlehre*, München 1977 (ib. ⁵1926-1928). –
C. TORNAU, Augustinus und die neuplatonischen Tugendgrade.
Versuch einer Interpretation von Augustins Brief 155 an Mace-
donius: *Plato Revived. Essays on Ancient Platonism in Honour
of D.J. O'Meara*, Berlin/Boston, Mass. 2013, 215-240. –
G. VAN RIEL, Augustine on Prudence: AugStud 41 (2010) 219-240.

HANS ARMIN GÄRTNER

Psalmi

I. Terminologie – II. Rolle der P. in A.s Leben und Werk –
1. Biographische Relevanz im Kontext der Bekehrung – 2. Psalmauslegungen – 3. Prämissen der a. Psalmenhermeneutik –
III. Psalmen in der Liturgie – 1. Psalmen im Wortgottesdienst
der Messe – a) Art des Vortrags – b) Stellung und Funktion –
c) Auswahl von Psalm und Kehrvers – d) Musikalische Gestalt –
2. Psalmen als Begleitgesänge in der Messe – 3. Psalmen in anderen liturgischen Vollzügen – a) Tagzeitenliturgie – b) Taufliturgie

I. Terminologie. – Der Begriff ‹psalmus› bezeichnet meist, jedoch nicht exklusiv einen Text
aus dem biblischen Psalmenbuch, das als ganzes P.,
‹liber Psalmorum› (z.B. *Cresc.* 1,18; *en. Ps.* 39,14)
oder ‹Psalterium› (z.B. ib. 118, prooem.) genannt
wird. A. ist sich der griechischen Wortbedeutung
‹von einem Saiteninstrument begleiteter Gesang›
bewußt und interpretiert sie dahingehend, der
Lobgesang der P. müsse von entsprechenden Taten
begleitet werden (ib. 70,2,11; 146,2.14) [1]. Mit
dem Terminus ‹psalmus› bezeichnet A. außerdem
die nichtbiblischen Gesänge der Manichäer (*mor.*
2,36.55; *en. Ps.* 140,12) sowie sein eigenes Streit-
gedicht ↗*Psalmus contra partem Donati* (cf. *retr.*
1,20).

Anmerkung. – [1] Ib. 4,1; 67,1 diskutiert A. auf dieser Basis
eine Abgrenzung der Gattungsbezeichnungen ‹psalmus› und
‹canticum›.

*II. Rolle der P. in A.s Leben und Werk. – 1. Bio-
graphische Relevanz im Kontext der Bekehrung.* –
Die intensive Beschäftigung A.s mit den P. begann
386 bald nach seiner Hinwendung zum katholischen Glauben [2]. Ausweislich seines Berichts in
conf. 9,8-11 spielte die Psalmenlektüre eine zentrale Rolle während des Aufenthalts in Cassicia-
cum [3]: «quas tibi uoces dabam in Psalmis illis et
quomodo in te inflammabar ex eis et accendebar
eos recitare, si possem, toto orbe terrarum aduersus typhum generis humani» (ib. 9,8). Die im
folgenden exemplarisch präsentierte Auslegung

von *Ps* 4 zeigt, wie die Aneignung des Psalters «die
Bekehrung der Affekte und Gefühle» [4] A.s
leistet. Entsprechend erweisen sich nicht nur die
ganzen ↗*Confessiones* (1,1149.1180-1183) in Spiritualität und Sprache aufs höchste von den Psalmen geprägt [5]; vielmehr geben die weit über
10.000 Psalmzitate im a. Gesamtwerk nicht zuletzt
ein eindrückliches Zeugnis der ausgeprägten Psal-
menfrömmigkeit des Autors [6].

Anmerkungen. – [2] Zu Bedeutung und Auslegung der P. in
der Alten Kirche cf. die Beiträge bei DALEY/KOLBERT, speziell zu
Ambrosius/A. cf. BOERSMA. Zum Psalmengesang der Manichäer
(cf. *conf.* 3,14) und dessen Attraktivität für den jungen A. cf.
↗Manichaei, 3,1139. – [3] Cf. SIEBEN 3-14; FELDMANN 299-313. –
[4] SIEBEN 9. – [5] Cf. KNAUER; RUTTEN. – [6] Cf. FIEDROWICZ,
Psalmus 47sq.

2. Psalmauslegungen. – Unter den Psalmauslegungen A.s ragen die ↗*Enarrationes in Psalmos*
hervor, die in den Jahren 392-422 entstanden und
vornehmlich Predigten, aber auch diktierte Kom-
mentare unterschiedlichen Stils umfassen [7].
Dazu treten 37 weitere ↗*Sermones* über Psalmen
bzw. Psalmverse [8] sowie immer wieder umfängli-
chere Psalmexegesen als Bestandteil von Trakta-
ten (z.B. die ausführliche Kommentierung von
Ps 88 in *ciu.* 17,9-13). Hinsichtlich der Textfassung
stützt sich A. auf einen italischen Psalter, den er
wohl aus Mailand mitbrachte und sukzessive anhand des griechischen Wortlauts verbesserte [9].

Anmerkungen. – [7] Detaillierter Überblick zu Entstehung,
Datierung, Lokalisierung und Stil der *en. Ps.* bei MÜLLER. – [8]
S. 13-34.279; *s. Denis* 9.20.21.23; *s. Dolbeau* 6.8.9.20.28; *s. Lambot*
24; *s. Mai* 15-17; *s. Morin* 12. Cf. MARGONI-KÖGLER, *Perikopen*
224sq. – [9] Cf. FIEDROWICZ, *Psalmus* 25sq.

3. Prämissen der a. Psalmenhermeneutik. – A. ist
davon überzeugt, daß sämtliche P. von König
↗Dauid (*ciu.* 17,14) als prophetisches Wort (z.B.
cat. rud. 38; *ciu.* 17,19) verfaßt sind, aus dem letztlich der Geist Gottes spricht (*en. Ps.* 62,1: «spiritu
dei dictante») [10]. Die Einteilung des Psalters in
fünf Bücher lehnt er ab (ib. 150,2). Programmatische Aussagen zur Psalmenauslegung finden sich
gebündelt anläßlich der Erwähnung Davids beim
Durchgang durch die Geschichte der ↗‹ciuitas dei›
in *ciu.* 17: Wie generell in der Schrifthermeneutik
ist zwischen Literalsinn (‹propriae locutiones›)
und geistlichem Sinn (‹tropicae locutiones›) zu unterscheiden (ib. 17,16; ↗Interpretatio) [11]. Ihren
vollen Sinn entfalten die P. als christologische und
ekklesiologische Prophetie (ib. 17,15: «quid in
Psalmis Dauid de domino Iesu Christo uel eius
ecclesia prophetauerit»). Die daraus entwickelten
Grundsätze und Methoden einer prosopolo-
gischen Psalmenexegese, die in der Deutung der P.

als Stimme des ‹totus Christus›, des Hauptes und der Glieder [12], gipfeln, lassen sich exemplarisch anhand der *en. Ps.* erheben [13]; sie bestätigen sich beim Blick auf die übrigen Psalmauslegungen [14] und müssen hier nicht erneut entfaltet werden.

Anmerkungen. – [10] *Ep. Io. tr.* 10,8; *s.* 26,1; ↗Scriptura sacra. – [11] *En. Ps.* 103,1,1: «quamquam etiam cuncta quae dicta sunt, possint ad litteram religiose accipi … tamen in omnibus quae dicta sunt, quaerendus est etiam intellectus spiritalis». – [12] Z.B. *en. Ps.* 56,1: «quia ergo totus Christus caput est et corpus eius, propterea in omnibus Psalmis sic audiamus uoces capitis, ut audiamus et uoces corporis»; weiterhin ib. 3,9; 17,51; 39,5; 62,2; 83,5; 131,2; 142,3; ↗Christus, 1,879-882. – [13] Cf. dazu FIEDROWICZ, Enarrationes und umfassend id., *Psalmus* sowie summarisch id., Saint Augustin; CANTY. – [14] Cf. z.B. DROBNER.

III. Psalmen in der Liturgie. – Wie sehr A. den liturgischen Gesang und hier speziell die Psalmodie wertschätzte (cf. *inq. Ian.* 2 (= *ep.* 55),34), erhellt bereits aus der großen Zahl überlieferter Psalmpredigten. Vielfach ist nicht eindeutig erkennbar, welcher Art der Gottesdienst war, in dem die Predigt ihren Ort hatte, so daß eine Zuordnung zu eucharistischen oder tagzeitlichen Liturgien diskutiert wird [15]. Aus liturgievergleichender Perspektive erscheint jedoch am plausibelsten, daß Psalmpredigten «im allgemeinen auf Eucharistiefeiern oder Vigilien oder katechetische Versammlungen zurückschließen lassen, nicht aber auf die Tagzeitenliturgie (ausgenommen vielleicht an bedeutenden Festen)» [16].

Anmerkungen. – [15] Cf. ZWINGGI 102.129-140; MARGONI-KÖGLER, *Perikopen* 383-390. – [16] MARGONI-KÖGLER, *Perikopen* 388; ↗Cultus, ↗Deuotio, ↗Dies dominicus, ↗Preces, ↗Sacrificium offerre, ↗Vigilia.

1. Psalmen im Wortgottesdienst der Messe. – *a) Art des Vortrags.* – Alle einschlägigen Hinweise in den Predigten lassen auf die responsoriale Ausführung des Psalms im Wortgottesdienst schließen: Eine einzelne Person [17], von A. niemals als ‹cantor›, sondern stets als ↗‹lector› bezeichnet [18], trug die Psalmverse vor, auf die die Gemeinde mit einem zuvor vom Vorsänger intonierten psalmogenen Kehrvers antwortete [19]. Die responsoriale Psalmodie war A. bereits aus Mailand vertraut [20] und dort auch im persönlichen Umfeld gepflegt worden [21]. Für die in der Forschung vertretene Vermutung, erst A. habe sie in Hippo eingeführt [22], fehlen verwertbare Hinweise. Ebenso kann die Bemerkung in *conf.* 9,15 über eine psalmodische Innovation nach ostkirchlichem Vorbild [23], die A. in Mailand kennengelernt hatte, nicht als Indiz dafür gewertet werden, er habe dann später die antiphonale (wechselchörige) Psalmodie in seiner eigenen Gemeinde eingeführt [24]; die Neuerung in Mailand bezog sich mit hoher Wahrschein-

lichkeit nicht auf die Vortragsweise der Psalmen, sondern auf die erstmalige Verwendung nichtbiblischer Kehrverse [25] – solche sind jedoch in den *a.* Predigten nicht belegt. Die zwischen ‹legere› [26] und ‹cantare› [27] schwankende Terminologie für den Psalmvortrag weist nicht auf unterschiedliche Ausführungsarten hin; vielmehr betrachtet A. den Psalm stets als gesungene Lesung [28].

b) Stellung und Funktion. – In der die statistische Norm darstellenden dreigliedrigen Reihe von Schrifttexten steht der Psalm zwischen der alt- oder (in der Mehrzahl der Fälle) neutestamentlichen nichtevangelischen und der evangelischen Lesung [29] (↗Lectio). Die wenigen Indizien für die gelegentliche Verwendung einer viergliedrigen Reihe sind zu undeutlich, um daraus fixe Aussagen über die Stellung des Psalms in ihr abzuleiten [30]. Ausdrücklich steht der Psalm für Augustinus im Rang einer Lesung [31], nicht etwa eines ‹Zwischengesangs›. Hinsichtlich seiner Eigenschaft als inspiriertes Gotteswort (cf. oben II 3) bleibt er nicht hinter den anderen Lesungen zurück und kommt daher ebenso wie diese als Gegenstand der Predigt in Frage. Im Blick auf die Deutung der P. als ‹↗uox totius Christi› (*en. Ps.* 118,20,1), was ihre Sinnebene als ‹uox ecclesiae› einschließt, kommt der liturgischen Psalmodie, insbesondere dem Kehrvers, nicht zuletzt die Funktion der Aneignung der im Schriftwort enthaltenen Affekte zu: «eius uocem in omnibus Psalmis uel psallentem uel gementem, uel laetantem in spe, uel suspirantem in re, notissimam iam et familiarissimam habere debemus, tamquam nostram» (ib. 42,1) [32].

c) Auswahl von Psalm und Kehrvers. – Unbeschadet einer sich für die geprägten Zeiten herausbildenden Leseordnung [33] wählt der Prediger den Psalm und den Kehrvers daraus ebenso wie die übrigen Lesungen in der Regel frei aus [34]. Dabei strebt A. eine inhaltliche Konsonanz des gesamten Formulars an [35]. Unter Anwendung einer elaborierten Kriteriologie hat die Forschung für viele der in den Predigten ausgelegten Psalmen den zugehörigen Responsorialvers identifizieren können [36].

d) Musikalische Gestalt. – Die häufige Bezeichnung des Psalmvortrags durch den Lektor mit ‹legere› (cf. oben III 1 a) läßt darauf schließen, daß sein Gesang noch nicht artifiziell ausgestaltet war [37], sondern in einer textdienlichen Rezitation auf einfache Melodiemodelle bestand [38]. Dies befände sich in Einklang mit den grundsätzlichen Überlegungen A.s zum ambivalenten Charakter gottesdienstlicher Musik, deren künstlerischer Reiz die Wahrnehmung des Inhalts überlagern könne und daher zugunsten einer schlichten Rezitation zurücktreten solle [39].

Anmerkungen. – [17] *Io. eu. tr.* 10,7: «quod cantabatur ab uno, de omnibus cordibus resonabat». – [18] Z.B. *en. Ps.* 84,3: «legente lectore Psalmum». – [19] *En. Ps.* 46,1: «in hoc Psalmo quem cantatum audiuimus, cui cantando respondimus»; *s.* 18,1: «de domino nostro Iesu Christo prophetatum est in isto Psalmo, ubi audiuimus et cantauimus: ‹deus manifestus ueniet, deus noster, et non silebit› (*Ps* 49,3)»; cf. ferner *en. Ps.* 26,2,1; 40,1; 119,1; *s.* 30,1; 352,1. Eine technische Bemerkung scheint *Io. eu. tr.* 22,5 darzustellen: «aliquando in Psalmo uersus ipse in diapsalmate ponitur, qui praebeatur a lectore, et respondeatur a populo»; ‹diapsalma› ist die Übertragung der hebräischen Vortragsanweisung ‹sela› (z.B. *en. Ps.* 4,4): Wenn der nachzusingende Vers erklingt, tritt eine Pause ein. Den Kehrvers seines eigenen Abecedarius bezeichnet A. mit dem Terminus ‹hypopsalma› (*retr.* 1,20), den er im Zusammenhang mit der Psalmodie nur an einer Stelle verwendet (*s. Denis* 11,5). – [20] Cf. Leeb 53-62. – [21] Cf. *conf.* 9,31 (die Szene spielt nach dem Tode Monnicas, nachdem man Adeodatus wegen seines Weinens getadelt hatte): «cohibito ergo a fletu illo puero Psalterium arripuit Euodius et cantare coepit Psalmum. cui respondebamus omnis domus: ‹misericordiam et iudicium cantabo tibi, domine› (*Ps* 100,1)». – [22] Cf. Schrama 154. – [23] Ib.: «tunc hymni et psalmi ut canerentur secundum morem orientalium partium, ne populus maeroris taedio contabesceret, institutum est: ex illo in hodiernum retentum multis iam ac paene omnibus gregibus tuis et per cetera orbis imitantibus». – [24] So vertreten z.B. durch Roetzer 227; Zwinggi 101. – [25] Cf. Franz 275sq. – [26] Z.B. *en. Ps.* 34,1,15; 93,1; *s.* 29,3; 47,17; *s. Lambot* 22,1. – [27] Z.B. *cath. fr.* 21; *en. Ps.* 50,1; 96,1; 123,1; 146,1; *s.* 47,8; 266,1. – [28] Daher können beide Begriffe auch unmittelbar zusammen gebraucht werden, cf. *en. Ps.* 138,1: «Psalmum nobis breuem paraueramus, quem mandaueramus cantari a lectore; sed ad hora, quantum uidetur, perturbatus, alterum pro altero legit»; ⟋*Cantatio, canticum, cantus.* – [29] Cf. neben den in [31] genannten Stellen z.B. noch *s.* 32,4; *s. Wilmart* 2,1; *s. Dolbeau* 9,4. – [30] Zwinggi 98sq. und Schrama 150 gehen davon aus, der Psalm sei – wohl als Reflex der christologischen Psalmenhermeneutik – auch in diesem Fall direkt vor dem Evangelium gesungen worden. – [31] *S.* 112,1: «lectiones sanctae propositae sunt ... in lectione apostolica gratias aguntur deo ... in Psalmo diximus ... in euangelio ad cenam uocati sumus»; ib. 165,1: «apostolum audiuimus, Psalmum audiuimus, euangelium audiuimus; consonant omnes diuinae lectiones»; ib. 176,1: «primam lectionem audiuimus apostoli ... deinde cantauimus Psalmum ... post haec, euangelica lectio decem leprosos mundatos nobis ostendit ... has tres lectiones, quantum pro tempore possumus, pertractemus». Von der ‹lectio Psalmi› spricht A. *en. Ps.* 38,11; 118,30,1. Cf. McKinnon 13. – [32] Cf. ib. 59,1; 93,27; 122,3; 130,3. – [33] Cf. Margoni-Kögler, Lectio 917sq. So gehört beispielsweise *Ps* 21 fest zur Karwoche; cf. *Io. eu. tr.* 13,14: «qui Psalmus omni anno legitur nouissima hebdomada intento uniuerso populo, imminente passione Christi». – [34] An zwei Stellen kommt A. anläßlich von Pannen in der Kommunikation mit dem Lektor ausdrücklich auf diese Praxis zu sprechen: *en. Ps.* 138,1; *s.* 352,1: «neque enim nos istum Psalmum cantandum lectori imperauimus». – [35] Cf. Roetzer 102. – [36] Cf. McKinnon; Margoni-Kögler, *Perikopen* 378-383 zur Methode sowie ib. passim die umfangreichen Tabellen zu den unterschiedlichen Predigt-Corpora bzw. ib. 647-650 zusammenfassend den Bibelstellen-/Perikopenindex mit Angabe der (sicheren bzw. möglichen) Responsorialverse; cf. ferner zur Weihnachtsliturgie Schrama 164sq. 171. – [37] Cf. Stuiber 397. – [38] Cf. den *inq. Ian.* 2,34 referierten Vorwurf der Donatisten, die Katholiken psallierten allzu nüchtern. – [39] Cf. *conf.* 10,49sq.; ⟋*Musica.* Mit der Wendung «melos omne cantilenarum suauium, quibus Dauidicum Psalterium frequentatur» (ib. 10,50) ist der Psalmengesang selbst gemeint, wie aus dem anschließenden Positivbeispiel des Athanasius von Alexandrien hervorgeht: «tutiusque mihi uidetur, quod de Alexandrino episcopo Athanasio saepe mihi dictum commemini, qui tam modico flexu uocis faciebat sonare lectorem Psalmi, ut pronuntianti uicinior esset quam canenti» (ib.).

2. Psalmen als Begleitgesänge in der Messe. – In der verlorenen Schrift *Contra* ⟋*Hilarum* verteidigte A. die von Bischof ⟋*Aurelius* in Karthago eingeführte und mutmaßlich sich von dort aus in Nordafrika verbreitende Verwendung von Psalmen als Begleitgesängen an zwei Stellen der Meßliturgie, wohl zur Gabenprozession und zur Kommunionausteilung [40]. Ob die Psalmen auch in dieser Funktion responsorial gesungen wurden, ist nicht ersichtlich; im Blick auf die weitere Entwicklung der Meßantiphonie in der Westkirche erscheint auch eine antiphonale Ausführung denkbar [41].

Anmerkungen. – [40] *Retr.* 2,11: «ut hymni ad altare dicerentur de Psalmorum libro, siue ante oblationem siue cum distribueretur populo quod fuisset oblatum». Zu den sich mit der Interpretation dieser Formulierungen verbindenden Forschungsfragen cf. Klöckener, Liturgiereform 135-139. – [41] Cf. Margoni-Kögler, *Perikopen* 374 n. 926.

3. Psalmen in anderen liturgischen Vollzügen. – *a) Tagzeitenliturgie.* – Über die regelmäßige Praxis des Kathedraloffiziums geben A.s Schriften nur vage Auskünfte. Aus liturgiekomparativer Sicht wird man mit dem Gesang feststehender, tagzeitlich passender Psalmen im Morgen- und Abendgebet rechnen dürfen; genauere Aussagen lassen sich nicht treffen, da A. an den wenigen einschlägigen Stellen ⟋‹hymnus› als Kollektivbegriff für die liturgischen Gesänge verwendet [42]. Bei außergewöhnlichen gottesdienstlichen Zusammenkünften spielten Psalmen eine herausragende Rolle, wie der Bericht über eine nachmittägliche Versammlung zum Fest des Leontius, die die abgeschafften Totenmähler ersetzen sollte, exemplarisch zeigt (*ep.* 29,10sq.) [43]. Im monastischen Stundengebet, wie der in A.s Umfeld bekannte ‹ordo monasterii› es regelt, ist für die einzelnen Horen sowohl responsoriale als auch antiphonale Psalmodie vorgesehen (*reg. 2* 2) [44].

b) Taufliturgie. – A. bezeugt den Gesang von auf die Situation der Täuflinge gedeuteten Psalmen im Rahmen der Initiationsliturgie (⟋*Baptismus*). *Ps* 41 wurde von den Katechumenen auf dem Weg zum Taufbrunnen gesungen, um ihre Sehnsucht nach Sündenvergebung auszudrücken (*en. Ps.* 41,1). Die Auslegung von *Ps* 22 in der Auseinandersetzung mit ⟋*Petilianus* (*c. litt. Pet.* 2,110) deutet darauf hin, daß A. diesen Psalm als Prozessionsgesang der Neugetauften kannte, wie es in der Alten Kirche vielerorts Brauch war [45].

Anmerkungen. – [42] Cf. Klöckener, Hymnus 457. Es erscheint nicht ausgeschlossen, daß die Wendung «dicam unum hymnum matutinum, alium uespertinum» (*en. Ps.* 49,23) sich auf diese tagzeitlichen Psalmen bezieht. – [43] Für Einzelbelege zum Psalmengebrauch in nichteucharistischen Gottesdiensten cf. Zwinggi 129-138. – [44] Cf. Taft 94-96. Zur monastischen Beschäftigung mit den P. cf. *op. mon.* 2.20; ⟋*Monachus,* ⟋*Monasterium.* – [45] Cf. Quasten.

Bibliographie. – G. BOERSMA, Participation in Christ: Psalm 118 in Ambrose and Augustine: Aug 54 (2014) 173-197. – H. BUCHINGER, Psalm (liturgisch): RAC 28 (2018) 459-496. – A. CANTY, Augustine's *Totus Christus* Hermeneutic for Interpreting the Psalms: BR 53 (2008) 59-67. – B.E. DALEY/P.R. KOLBERT (ed.), *The Harp of Prophecy. Early Christian Interpretation of the Psalms*, Notre Dame, Ind. 2015. – H.R. DROBNER, Psalm 21 in Augustine's *Sermones ad populum*: Catecheses on *Christus totus* and rules of interpretation: AugSt 37,2 (2006) 145-169. – E. FELDMANN, Psalmenauslegung der Alten Kirche: Augustinus: *Der Psalter in Judentum und Christentum* (hrsg. von E. ZENGER), Freiburg et al. 1998, 297-322. – M. FIEDROWICZ, Enarrationes in Psalmos B. Theologische Aspekte: AL 2 (1996-2002) 838-858. – Id., *Psalmus vox totius Christi. Studien zu Augustins «Enarrationes in Psalmos»*, Freiburg/Basel/Wien 1997. – Id., Saint Augustin, lecteur des Psaumes: *Saint Augustin et la Bible* (ed. par G. NAUROY/M.-A. VANNIER), Bern et al. 2008, 141-151. – A. FRANZ, Musik II (Vokalmusik) D. Christlich: RAC 25 (2013) 269-283. – M. KLÖCKENER, Liturgiereform in der nordafrikanischen Kirche des 4./5. Jahrhunderts: *Liturgiereformen. Historische Studien zu einem bleibenden Grundzug des christlichen Gottesdienstes 1. Biblische Modelle und Liturgiereformen von der Frühzeit bis zur Aufklärung* (hrsg. von id./B. KRANEMANN), Münster 2002, 121-168. – Id., Hymnus: AL 3 (2004-2010) 456-463. – G.N. KNAUER, *Psalmenzitate in Augustins Konfessionen*, Göttingen 1955. – H. LEEB, *Die Psalmodie bei Ambrosius*, Wien 1967. – M. MARGONI-KÖGLER, Lectio: AL 3 (2004-2010) 914-922. – Id., *Die Perikopen im Gottesdienst bei Augustinus. Ein Beitrag zur Erforschung der liturgischen Schriftlesung in der frühen Kirche*, Wien 2010. – J.W. MCKINNON, Liturgical Psalmody in the Sermons of St. Augustine: An Introduction: *The Study of Medieval Chant. Paths and Bridges, East and West. In Honor of K. Levy*, Cambridge 2001, 7-24. – H. MÜLLER, Enarrationes in Psalmos A. Philologische Aspekte: AL 2 (1996-2002) 804-838. – S. POQUE, Les Psaumes dans les «Confessions»: *Saint Augustin et la Bible* (éd. par A.-M. LA BONNARDIÈRE), Paris 1986, 155-166. – J. QUASTEN, Der Psalm vom Guten Hirten in altchristlicher Kultmystik und Taufliturgie: LiLe 1 (1934) 132-141. – W. ROETZER, *Des heiligen Augustinus Schriften als liturgie-geschichtliche Quelle*, München 1930. – T. RUTTEN, Augustinus en de spiritualiteit van de Psalmen: De Confessiones als een aan de Psalmen ontleed rollenspel: *Augustiniana Neerlandica. Aspecten van Augustinus' spiritualiteit en haar doorwerking* (ed. P. VAN GEEST/J. VAN OORT), Leuven/Paris/Dudley, Mass. 2005, 113-129. – M. SCHRAMA, *Prima lectio quae recitata est*. The liturgical pericope in light of Saint Augustine's sermons: Aug(L) 45 (1995) 141-175. – H.-J. SIEBEN, Der Psalter und die Bekehrung der *voces* und *affectus*. Zu Augustinus, *Confessiones* IX 4, IX 6 und X 33: *Augustinus. Studien zu Werk und Wirkungsgeschichte*, Münster 2013, 3-21 (cf. ThPh 52 (1977) 481-497). – A. STUIBER, Psalmenlesung oder Zwischengesang?: *Pietas. Festschrift für B. Kötting*, Münster 1980, 393-398. – H. SUNDÉN, Saint Augustine and the Psalter in the Light of Role-Psychology: JSSR 26 (1987) 375-382. – R. TAFT, *The Liturgy of the Hours in East and West. The Origins of the Divine Office and its Meaning for Today*, Collegeville, Minn. ²1993. – A. ZWINGGI, Der Wortgottesdienst bei Augustinus: LJb 20 (1970) 92-113.129-140.250-253.

ALEXANDER ZERFAß

Psalmus contra partem Donati

I. Title, time of composition and target audience. – Ps. c. Don. is the only major text of A. that belongs to the field of poetry [1]. In *retr.* 1,20, A. himself refers to the poem as the «psalmus contra partem Donati», and this is now widely accepted by modern editors as the title [2]. The normal Latin word ‹pars› is obviously used here in a special, negative sense: party, faction [3].

Being the first of A.'s writings against the ↗‹Donatistae›, *ps. c. Don.* was composed only shortly after A. had been ordained as a priest and had come to live in Hippo. The date of composition is generally put at 393 [4].

Notes. – [1] Three extant short poems are also ascribed to A.: (1) *uers. mens.*, two lines warning against gossip, which he had written on his table (Possid. *uita Aug.* 22,6); (2) ‹laus cerei›, from which A. himself briefly quotes in *ciu.* 15,22; (3) *uers. Nab.*, an epigram of eight lines devoted to the martyr Naborius, who had been killed by Donatists; ↗Versus. – [2] In Possid. *indic.* 6,1 (MA 2, p. 168) it is (probably rightly) listed as «Psalmus abecedarius» (cf. *retr.* 1,20; cf. also *en. Ps.* 118,32,8) while several MSS in their incipit call it ‹abecedarium›, e.g. ‹abecedarium beati Augustini de Donatistis› (V) or ‹abecedarium Augustini (sic!) contra Donatistas› (C); other variants listed by LAMBOT 318. – [3] Cf. TESSMER 474,34-477,36. – There are abundant other passages for ‹pars Donati› in A. – [4] Otherwise O'DONNELL 117: «In the late 390s».

II. Character and performance. – A.'s primary concern in this work is to clarify the problem of the Donatists to all common believers, even the least educated and simplest folk (*retr.* 1,20). In accordance with this aim, A. adopts a very simple and repetitive style, using common words and plain imagery, duly explaining problematic concepts and hammering home his moral and doctrinal points. As A. explicitly states (ib.), the text was given this particular form to aid the memory of his audience. It was obviously not meant for personal reading but for public performance. The term ‹psalm› would suggest that such performance probably took place in a church, possibly before or after a liturgical service.

Its exact circumstances remain, however, unclear. A.'s statement «psalmum qui eis cantaretur per latinas litteras feci» (ib.) can be rendered as ‹I made a Psalm in Latin that might be sung for them› or, alternatively, ‹by them›. This leaves in doubt who would actually perform which sections of the poem. Some alternation between parts sung or recited to the audience and sung by the whole community seems likely. Whether the psalm was performed only once or on repeated occasions and in different places cannot be established.

III. Historical background. – Although the poem addresses an unusually wide audience, it deals with partly complex historical and theological subject matter: the conflict with the Donatists, which remained unresolved until A.'s time. The *ps. c. Don.* resembles A.'s other anti-Donatist works in presenting the conflict between Donatists and Caecilianists (↗Caecilianus Carthaginiensis episcopus) as dependent on the history of the conflict's origins. The poem makes the historical case in concise form. Remarkably, A. first sought dialogue with the movement in hopes of reconciliation, but the present text shows a rather more polemical stand, starting from the claim in the ‹hypopsalma› that he will discuss ‹uerum› with all those who love peace (ib. 1.7).

IV. Structure, contents and sources. – 1. Structure. – The text counts 297 lines (including repetitions) and has the following structure. It opens on a line that is called ‹hypopsalma› in *retr.* 1,20 (where it is quoted as «omnes qui gaudetis de pace, modo uerum iudicate»). This line will be repeated as much as 21 times and so functions as a refrain. The opening ‹hypopsalma› is followed by a prologue of 5 lines, followed by the first repetition of the ‹hypopsalma›. Next come 20 stanzas of 12 lines each, starting with subsequent letters of the alphabet from A until V (the so called abecedarian pattern) [5], and each one rounded off by the ‹hypopsalma›. An epilogue of 30 lines without any further instance of the ‹hypopsalma› is both formally and thematically marked off from the rest.

Each of the 297 lines shows a strong caesura that divides it in two halves of, normally, eight syllables. Most lines form syntactic and semantic unities, each amounting to a complete sentence, and all lines are systematically marked by rhyme of final ‹-e› [6]. The details of spelling and metre are studied closely as evidence at some remove of popular pronunciation of Latin in A.'s Africa [7].

In *ps. c. Don.* A. speaks as the defender of the Catholic church [8]. The text is written in the first person plural (probably in the sense of ‹us the true church›) and has many addresses in the second person plural and descriptions about ‹them› in the third person plural. Some variations are possible: often it is the absent Donatists who are addressed, and in the epilogue it is the personalised ‹Mother Church› herself who speaks.

2. Contents. – In the prologue (ib. 2-6(7)), A. immediately sets the tone, both in terms of style and content. He refers to schismatics (↗Schisma) who tear up a garment, a clear image for the peace of Christ, and he tries to mobilize the hearers against them. It is only in ib. 101h that ↗Donatus (2,644-646) is first named, but to the audience (resp. the singing congregation) it must have been clear who was targeted.

In the course of the 20 stanzas (ib. 8a-267u), A. explains the history of the conflict, adding many details, e.g. on a Donatist attempt to gain the upper hand through an intermediary from Rome, whom they rejected as soon as the outcome did not suit them. Much attention too is devoted to the vexed question of Donatist rebaptism (ib. 216r-266u; ↗Rebaptizare).

In the course of his plea, A. combines severe reprimands and harsh criticism with softer notes and even urgent appeals to restore unity, as in the final speech by Mother Church (ib. 268-297) [9], who expresses A.'s view that perfection, such as aimed by the Donatists, is impossible on earth; within the church believers should learn how to support each other's weakness, leaving the final judgment to Christ himself (↗Corpus permixtum).

3. Sources. – In its form, the psalm is without a direct paradigm in classical literature [10]. A. was obviously inspired by the model of abecedarian Hebrew psalms, and possibly by the hymns of ↗Ambrosius (↗Hymnus, 3,461). Most importantly, the Donatist movement appears to have used new ‹psalms› for propagandistic purposes, as emerges from *inq. Ian.* 2 (= *ep.* 55),34 [11]. Thus A. appears to employ an effective Donatist model in his fight against the movement itself [12].

Notes. – [5] Cf. ib.: «quales abecedarias appellant». – [6] Mostly the short ‹-e› of an infinitive, imperative plural or third declension ablative, but in 25 cases long ‹-e› or even ‹-ae›, e.g. *ps. c. Don.* 105h ‹Romae› or ib. 191p ‹scripturae›. – [7] The count of syllables is sufficiently regular to make it clear that there are some specific assumptions about pronunciation, notably synizesis of -ti-, as where ‹abundantium› is counted as four syllables regularly. For the whole context, cf. below V. – [8] According to NODES, A. used the organizational pattern of forensic oratory. – [9] Cf. SPRINGER, *Prosopopoeia*; cf. also ALFONSI; GEERLINGS; ↗Vnitas. In *ps. c. Don.* 60e, *Ps* 132,1 («ecce quam bonum et iocundum fratres in unum habitare») is quoted. – [10] For certain precedental elements, cf. e.g. SCHILLING (refrain); VOGT; DORNSEIFF 146-181 (abecedarian pattern); cf. also below V. – [11] Cf. *Praedest.* 1,44 ll. 10-14. – [12] Cf. e.g. LUISELLI 46sq.; SPRINGER, Artistry 68.

V. Some formal aspects. – In secondary literature, the *ps. c. Don.* has drawn most attention because of its formal aspects. Most 20th c. scholars have attempted to analyze the text within the framework of Latin metrics, taking the number of syllables as the key for analysis: 16 for every verse. The *ps. c. Don.*, then, would be an early example of rhythmical poetry, involving a pattern of stressed and non-stressed syllables, with a major role for the natural word accent. The metrical scheme would have to be analyzed as a trochaic acatalectic tetrameter [13]. As a consequence, recent editors have made numerous small changes to make seemingly anomalous lines fit into the pattern.

Most strikingly, the ‹hypopsalma› is now universally printed as «uos qui gaudetis de pace, modo uerum iudicate», against initial ‹omnes› of nearly all MSS and A.'s testimony in *retr.* 1,20 [14]. In the latter passage, A. explicitly argues that he does not wish to compose a ‹carmen›, so as to avoid any ‹necessitas metrica›. The model of a psalm, perhaps partly recited rather than sung, may well have allowed for a more flexible form and hence for metrical variations between lines. A new study of the MSS' evidence, in the light of A.'s remarks, may well lead to a reconsideration of the *ps. c. Don.* as a whole [15].

Notes. – [13] Cf. Pizzani 31sq. Among earlier studies, cf. Vroom 33-47; Pighi; Luiselli 35sq.; Norberg; Moreno. – [14] ‹Omnes› was still printed, however, by Lambot (e.g. ib. 318). – [15] Detailed discussion of the metrical problem in Hunink, Singing.

VI. Reception, manuscripts, editions. – Within A.'s œuvre the *ps. c. Don.* stands isolated. A. wrote many more works against the Donatists, but none in a similar form of a psalm. From antiquity, we know of one clear imitation by the African bishop Fulgentius of Ruspe (462/467-527/533), who fought against the teachings of the Arians in a poem that closely parallels A.'s *ps. c. Don.* in both form and structure [16].

The oldest MSS of *ps. c. Don.* originate from the 9th c. (Leiden, ‹Vossianus latinus› [17]) and the 12th c. (Cologne, Dom 77; Fulda Aa 23; Klosterneuburg 223; Lilienfeld 72; Stuttgart Theol. 2°,207) [18].

Ps. c. Don. was included in the complete editions of Amerbach, Petri and Froben (vol. 3, Basel 1506), Erasmus (vol. 7, Basel 1528), the Lovanienses (vol. 7, Antwerp 1576) and the Maurini (vol. 9, Paris 1688). The actually best critical edition has been published by Anastasi in 1957.

Notes. – [16] Fulg. Rusp. *c. Arian.* deviates from it, however, in having 23 stanzas, representing the full alphabet, and a refrain of two lines instead of one: «domine redemptor noster, quod rogamus tu concede, / ut in catholica fide nos digneris custodire»; cf. Bianco. – [17] This MS is the only one including the whole text of *ps. c. Don.* and was exploited for the first time by Lambot; cf. ib. 314sq. – [18] Cf. Lambot 312-317; Anastasi 7-9. For further MSS of the rather tenuous transmission, cf. *Überlieferung* 3,61; 5,1,190; 6,1,138; 7,1,122; 8,1,130; 10,1,143.

Bibliography. – *Editions and translations*: PL 43,23-32. – CSEL 51,3-15. – RB 47 (1935) 318-328 (C. Lambot). – Heidelberg 1956, 139-146.197sq. (W. Bulst). – Padova 1957, 44-70 (R. Anastasi). – Dutch: Nijmegen 1933, 7-15 (H. Vroom). – Budel 2005, 27-73 (V. Hunink). – Fr.: Œuvres compl. (B) 15 (1870) 1-7 (Burleraux). – Œuvres compl. (P) 28 (1872) 25-35 (Charpentier). – BA 28 (1963) 150-191 (G. Finaert). – Ger.: Freiburg/Basel/Wien 1994, 45-65 (W. Geerlings). – Tübingen 2004, 175-195 (J. Trelenberg). – It.: Padova 1957, 45-71 (R. Anastasi). – Ib. 1985, 164-195 (L. Dattrino). – NBA 1,15,1 (1998) 20-41

(A. Lombardi). – Sp.: BAC 32 (1988) 178-194 (M.F. Lanero). – *Studies*: L. Alfonsi, Unità cattolica e romana nel *Psalmus contra partem Donati* di sant'Agostino: StRo 6 (1958) 407-412. – R. Anastasi, *Psalmus contra partem Donati. Introduzione, Testo critico, Traduzione e Note*, Padova 1957. – M.G. Bianco, Abecedarium Fulgentii episcopi ecclesiae Ruspensis: Orpheus 1 (1980) 152-171. – W. Bulst, *Hymni latini antiquissimi LXXV, Psalmi III*, Heidelberg 1956. – Y.M.-J. Congar, Introduction; Notes complémentaires: BA 28 (1963) 139-146.711-718. – F. Dornseiff, *Das Alphabet in Mystik und Magie*, Leipzig 1985 (ib./Berlin ²1925). – W. Geerlings, Augustini Psalmus contra partem Donati. Ein Versuch zur Überwindung der Kirchenspaltung: *Kirche sein. Nachkonziliare Theologie im Dienst der Kirchenreform. Für H.J. Pottmeyer*, Freiburg/Basel/Wien 1994, 39-65. – V. Hunink, *Aurelius Augustinus. Psalm tegen de donatisten (Psalmus contra partem Donati). Bezorgd, vertaald en toegelicht door V.H.*, Budel 2005. – Id., Singing together in church: Augustine's *Psalm against the Donatists: Sacred Words: Orality, Literacy and Religion* (ed. by A.P.M.H. Lardinois/J.H. Blok/M.G.M. van der Poel), Leiden/Boston, Mass. 2011, 389-403. – C. Lambot, Texte complété et amendé du «Psalmus contra partem Donati» de saint Augustin: RB 47 (1935) 312-330. – A. Lombardi, Introduzione: NBA 1,15,1 (1998) 3-11. – B. Luiselli, Metrica della tarda latinità. I salmi di Agostino e Fulgenzio e la versificazione trocaica: QUCC 1 (1966) 29-91. – J.L. Moreno, El psalmus de S. Agustín: texto, prosodia, métrica: *Latin vulgaire, latin tardif* 5 (éd. par H. Petersmann/R. Kettemann), Heidelberg 1999, 419-428. – D.J. Nodes, The Organization of Augustine's *Psalmus contra Partem Donati*: VigChr 63 (2009) 390-408. – D. Norberg, *Les vers latins iambiques et trochaïques au Moyen Age et leurs répliques rythmiques*, Stockholm 1988, 125-132. – J.J. O'Donnell, *Augustine, a new biography*, New York 2005. – G.B. Pighi, De uersu Psalmi Augustiniani: *Studi di ritmica e metrica*, Torino 1970, 159-167 (*Mélanges C. Mohrmann*, Utrecht/Anvers 1963, 262-269). – U. Pizzani, Agostino e il *Psalmus contra partem Donati*: *Agostino e il Donatismo. Lectio Augustini XIX. Settimana Agostiniana Pavese (2003)*, Roma 2007, 23-44. – R. Schilling, Le refrain dans la poésie latine: *Musik und Dichtung. Neue Forschungsbeiträge. V. Pöschl zum 80. Geburtstag*, Frankfurt a.M. 1990, 117-131. – C.P.E. Springer, The Artistry of Augustine's *Psalmus contra Partem Donati*: AugStud 16 (1985) 65-74. – Id., The *prosopopoeia* of Church as Mother in Augustine's *Psalmus contra Partem Donati*: ib. 18 (1987) 52-65. – R. Tessmer, pars: TLL 10,1 (1982-2009) 448-488. – E. Vogt, Das Akrostichon in der griechischen Literatur: AuA 13 (1967) 80-95. – H. Vroom, *Le psaume abécédaire de saint Augustin et la poésie latine rythmique*, Nijmegen 1933.

Vincent Hunink

Pudicitia, pudor

I. P. und p.a im lateinischen Sprachgebrauch – 1. Das Bedeutungsfeld von p. – 2. Das Bedeutungsfeld von p.a – II. Der spezifische Gebrauch von p. bei A. – 1. P. in allgemeinen Zusammenhängen – 2. P. in theologischer Argumentation – a) In pastoraler Sicht – b) Unterscheidung von p. und p.a – c) P. als Zeichen für das Fortwirken der Erbsünde – III. Der spezifische Gebrauch von p.a bei A. – 1. P.a in allgemeinen Zusammenhängen – 2. Die ‹p.a coniugalis›

I. P. und p.a im lateinischen Sprachgebrauch. – Die Bedeutungsfelder von ‹pudor› (= p., ‹Scham›) und ‹pudicitia› (= p.a, ‹keusche Gesinnung›) unterscheiden sich deutlich [1].

1. Das Bedeutungsfeld von p. – P. ist semantisch reichhaltig und bezeichnet allgemein den Zustand der Scham [2]. Fragt man nach der Instanz, vor der man sich schämt, spielt sehr oft die Rücksicht auf die Geltung in der gesellschaftlichen Öffentlichkeit – vertreten u.a. durch den Vater (Ter. *Andr.* 262; Cic. *rep.* 1,67) bis hin zur staatlichen ‹censura› (id. *Pis.* 9) – eine große Rolle. Der moralische Maßstab, auf den die Scham sich bezieht, liegt im allgemeinen außerhalb der engeren persönlichen Lebenssphäre der Akteure [3]. Man findet allerdings auch besonders beim p. der Frauen den Bezug auf die engere persönliche Lebensführung; hier kommt p. der p.a nahe [4].

2. Das Bedeutungsfeld von p.a. – Im Gegensatz zu p. ist p.a auf die Bezeichnung vor allem der ‹keuschen Gesinnung›, überwiegend von Frauen, beschränkt. P.a ist somit eine Tugend, ein Prinzip der Lebensführung, das konstitutiv für die Person ist [5]. Muster für die keusche Ehefrau ist Lucretia (Liu. 1,58,5.7; Val. Max. 6,1,1). Selbstverständlich forderte man von einer Vestalin p.a (Sen. *contr.* 1,2,1; Symm. *epist.* 9,147) [6].

Anmerkungen. – [1] Cf. Wick und Cipriani (p.a synonym mit ↗‹castitas›, cf. id. 2483,43sq.55-59); cf. auch Massaro. – [2] P. kann auch als Tugend bezeichnet werden (Cic. *Mur.* 30). – [3] Z.B. die Forderung einer korrekten Amtsführung (Cic. *Verr.* 2 2,40), der sieghaften Tapferkeit (Vell. 2,5,3), der Bündnistreue (Caes. *ciu.* 3,60,3; wenn Caesar hier vom ‹Gewissen› spricht, erhebt er sich selbst zu einer Instanz, vor der man sich schämt. – [4] Dido, in Aeneas verliebt, verpflichtet sich unter Anrufung des p. (hier fast ‹Gewissen›), ihrem ersten Gatten treu zu bleiben (Verg. *Aen.* 4,27); bei Seru. *Aen.* findet man zu dieser Stelle: «pudore pro pudicitia abutimur». – [5] Cf. Sen. *epist.* 49,12; frg. 79 Haase; Val. Max. 8,15,12. – [6] In Rom wurde p.a als ‹Pudicitia patricia› und ‹plebeia› seit dem 3. Jh. v. Chr. – ihre Statue durfte nur von einer nur einmal verheirateten Frau (‹uniuira›) berührt werden –, p. aber erst seit Augustus kultisch verehrt; cf. Radke, Pudicitia; id., Pudor.

II. Der spezifische Gebrauch von p. bei A. – 1. P. in allgemeinen Zusammenhängen. – A. verwendet traditionelle Bedeutungen von p. (‹Scham›; cf. oben I 1), wobei die Instanz, vor der man sich schämt, die gesellschaftliche, auch die kirchliche Öffentlichkeit ist, besonders vertreten durch gebildete Zeitgenossen (*rhet.* 4), vor allem Theologen [7].

2. P. in theologischer Argumentation. – a) In pastoraler Sicht. – ↗‹Timor› und p. haben eine korrigierende Wirkung (*ciu.* 2,28; *ep.* 92,4), andererseits kann p. als Scham bei öffentlicher Zurechtweisung vor der Kirchengemeinde die Besserung beeinträchtigen (s. 82,7sq.).

b) Unterscheidung von p. und p.a. – In *ciu.* 1,16 beschäftigt sich A. mit den Nonnen, die bei der Eroberung Roms durch die ↗‹Gothi› vergewaltigt

worden waren: Ihnen werde die Tugend (↗Virtus), hier die p.a des Geistes, bei fremder Gewalteinwirkung auf den Körper nicht geraubt, sofern sie innerlich unerschüttert bleibt (↗Foris-intus); dennoch könne bei den Opfern Scham (p.) entstehen, da man ihnen eventuell ein willenhaftes Einverständnis mit der Vergewaltigung unterstellen könnte (ib.). Die von den Römern wegen ihrer p.a verehrte Lucretia beging Selbstmord nicht aus Liebe zur p.a, sondern – sie war eine adelsstolze Frau – aus von Schwäche diktierter Scham (p.) vor der römischen Öffentlichkeit, die Lucretias Zustimmung vermuten könnte [8]. Die vergewaltigten christlichen Frauen dagegen haben in ihrem Inneren den Ruhm ihrer Keuschheit, das Zeugnis ihres Gewissens (↗Conscientia, 5,1223sq.) vor den Augen Gottes, der die entscheidende Instanz ist (*ciu.* 1,19), nicht die römische Gesellschaft [9].

c) P. als Zeichen für das Fortwirken der Erbsünde. – In seiner Auseinandersetzung mit den Pelagianern, besonders mit ↗‹Iulianus Aeclanensis› (2,840-843), bekämpft A. deren Behauptung, ↗‹concupiscentia› habe es schon im Paradies gegeben [10]. Vielmehr erröteten die ersten Menschen, weil sie merkten, daß ihre Zeugungsglieder ihrem Willen (↗Voluntas) nicht mehr gehorchten – eine Strafe Gottes für ihren Ungehorsam und Ursache des p., mit dem jeder Mensch geboren werde [11]. A. spricht von ‹p. naturalis›: Die ↗‹natura humana›, die durch die Ursünde zum Schlechten hin gewandelt worden war, schämt sich ihrer Begierde (*ciu.* 14,20).

Anmerkungen. – [7] *C. Iul.* 1,5; 5,39; *c. Iul. imp.* 2,9.59; 3,177; 4,118. Zu Erfahrungen von p. und p.a in A.s Biographie bzw. in *conf.* cf. Capps. – Insgesamt verwendet A. Formen von p. ca. 235mal, von ‹pudeo› ca. 460mal, von p.a ca. 230mal (‹impudicitia› ca. 40mal) und von ‹pudicus› ca. 80mal (‹impudicus› ca. 95mal). – [8] A. verwendet aber nicht nur p.a, sondern bisweilen auch p. für weibliche Keuschheit (*doctr. chr.* 4,50; *ciu.* 2,2; s. 225,2; 343,1), auch in der Ehe (*c. Iul.* 5,24). – [9] Cf. Trout 60-66.69sq. Bei Tertullian und Hieronymus gilt, anders als bei A., Lucretia auch für Christen als Keuschheitsvorbild; cf. Wu 6. Zu A.s Auffassung von p. im Verhältnis zur modernen Vorstellung von ‹shame-culture› cf. ib. passim (Diskussion der einschlägigen Aussagen A.s in *ciu.*). – [10] Es geht um das Verständnis von *Gn* 2,25 und 3,7. – [11] *C. ep. Pel.* 1,32; *c. Iul.* 4,82; *c. Iul. imp.* 3,74; 4,26; cf. *Gn. litt.* 11,32,42; cf. Müller 56-62; ↗Peccatum originale.

III. Der spezifische Gebrauch von p.a bei A. – 1. P.a in allgemeinen Zusammenhängen. – Traditionell ist die Auffassung von p.a als ‹keusche Gesinnung› der Frauen (cf. I 2) [12]; sie ist bei A. eine Tugend des Geistes (*lib. arb.* 1,12; *c. Faust.* 22,33) und setzt dessen Unverdorbenheit voraus (*mend.* 10). A. spricht von p.a einer Jungfrau, einer Witwe und von Eheleuten [13]; in allen drei Fällen ist es nur dann erlaubt, von echter Tugend zu sprechen, wenn sie sich in den Dienst des wahren Glaubens begeben hat (*nupt. et conc.* 1,5). Verwerflich ist hingegen, daß auf den Bühnen Jupiter zum Wohlgefallen des Publikums als ‹corruptor pudicitiae› dargestellt wurde (*ciu.* 4,26).

2. Die ‹p.a coniugalis›. – Die christliche Ehe hat ihr Ziel in der Erzeugung von Kindern (↗Coniugium (coniux), ↗Nuptiae); dazu ist die Mitwirkung der ‹concupiscentia› unvermeidlich. Ihre Bedeutung wird aber durch die ‹p.a coniugalis› verwandelt «in usum iustitiae» (*De ↗nuptiis et concupiscentia* 1,5), denn die Christen haben die Absicht, Kinder zu zeugen, die zwar Kinder der Welt sind, aber als Kinder Gottes wiedergeboren werden sollen [14].

Anmerkungen. – [12] ↗Femina, ↗Sexus; cf. auch ↗Adulterium, ↗Fornicatio. Zum ‹oculus impudicus› und der p.a der Mönche (*reg. 3* 4,4.6) cf. NARDI. – [13] Freilich ist die ‹castitas› einer Jungfrau und einer Witwe der ‹coniugalis p.a› vorzuziehen (*uirg.* 11.46; *ciu.* 15,26); ↗Abstinentia-continentia, ↗Viduitas, ↗Virginitas, uirgo. – [14] Ib.; *c. Iul. imp.* 1,70; cf. *De ↗bono coniugali*; ↗Regeneratio.

Bibliographie. – D. CAPPS, Augustine's *Confessions*: The Scourge of Shame and the Silencing of Adeodatus: *The Hunger of the Heart: Reflections on the Confessions of Augustine* (ed. by id./J.E. DITTES), West Lafayette, Ind. 1990, 69-92. – M. CIPRIANI, pudicitia: TLL 10,2 (1980-2009) 2483-2487. – M. MASSARO, pudicus: ib. 2488-2492. – J. MÜLLER, Scham und menschliche Natur bei Augustinus und Thomas von Aquin: *Zur Kulturgeschichte der Scham* (hrsg. von M. BAUKS/M.F. MEYER), Hamburg 2011, 55-72. – C. NARDI, Lo sguardo impudico nella *Regula ad servos Dei* di Agostino: ViHo 9 (1998) 407-436. – G. RADKE, Pudicitia: RE 23,2 (1959) 1942-1945. – Id., Pudor: ib. 1947. – D. TROUT, Re-Textualizing Lucretia: Cultural Subversion in the *City of God*: JECS 2 (1994) 53-70. – C. WICK, pudor: TLL 10,2 (1980-2009) 2492-2502. – T. WU, Shame in the Context of Sin: Augustine on the Feeling of Shame in *De civitate Dei*: RechThPhM 74 (2007) 1-31.

HANS ARMIN GÄRTNER

Pulchritudo, pulchrum

1. Vocabulaire du beau – 2. Beauté de la création et des corps – 3. Beauté de l'âme – 4. Beauté de l'homme – 5. Beauté de Dieu – 6. Beauté du Christ – 7. L'amour de la beauté

1. Vocabulaire du beau. – Si A. utilise régulièrement l'adjectif ‹pulcher› (environ 600 fois, parfois au neutre substantivé ‹pulchrum›) et le substantif dérivé ‹pulchritudo› (= p., environ 470 fois) [1] pour qualifier un objet de beau ou dire sa beauté, outre ces deux termes généraux il recourt très souvent à d'autres mots classiques, qui, chacun, expriment la beauté sous un angle plus précis. Ainsi ↗‹species› (adjectif ‹speciosus›) exprime plus particulièrement l'effet et l'éclat de la beauté, qui délecte le regard. ↗‹Forma› (adjectif ‹formosus›), qui désigne d'abord, comme le grec μορφή, le contour

qui (dé-)finit une matière, évoque proprement la beauté comme forme. A. emploie aussi ‹decus› ou son doublet ‹decor› (adjectif ‹decorus›) pour mettre en valeur la notion de convenance: une chose a du ‹decus› (du ‹decor›) en raison de son harmonie essentielle, parce qu'elle est convenablement ordonnée et parce qu'elle est ce qu'il lui convient d'être. Toutefois, il arrive que ces vocables soient substitués à p./‹pulcher› pour des raisons simplement stylistiques, ou sous l'influence de réminiscences scripturaires ou classiques, cicéroniennes en particulier [2].

Notes. – [1] Pour le champ sémantique chez A., cf. HENSELLEK/SCHILLING; pour le contexte latin en général, cf. GROSSARDT; KRUSE. – [2] Cf. FONTANIER 25-39. Pour les sources d'esthétique a., cf. SVOBODA. Pour p. dans la philosophie ancienne, cf. MOST; pour p. chez les Pères d'Eglise, cf. SHERRY 240-243 et 247 (littérature).

2. Beauté de la création et des corps. – A. est sensible à la beauté de la création et des créatures, même si elle appartient à l'‹inferior pars mundi›: «omnia ergo ista uidetis qualia sunt, mutabilia, turbata, terribilia, corruptibilia; tamen habent locum suum, habent ordinem suum, implent et ipsa uniuersi pulchritudinem pro modo suo, et ideo laudant dominum» (*en. Ps.* 148,9) [3]. Cette beauté de la terre (*s. Dolbeau* 25,8) est d'un ordre particulier (ib. 26,31: ‹propria sui generis p.›), qui peut conduire des créatures au créateur [4].

Dans son trop bref résumé du *De ↗pulchro et apto*, A. définissait moins la beauté qu'il ne distinguait les deux points de vue d'où elle peut être considérée: de manière autonome, comme un tout, ou de manière relative, comme rapportée à une totalité. Cependant, cette problématique présupposait et impliquait une définition de la beauté comme harmonie des parties les unes par rapport aux autres et par rapport à l'ensemble. A. la formule deux fois explicitement, et identiquement à une quarantaine d'années de distance (*ep.* 3,4; *ciu.* 22,19), à propos du corps humain, en ajoutant à la ‹congruentia partium› ‹quaedam coloris suauitas› (ib.; ↗Corpus). Lieu commun, sans aucun doute, relayé par Cicéron (*Tusc.* 4,31), mais le terme ‹congruentia›, auquel A. donnera pour synonyme le néologisme ‹coaptatio› [5], renvoie d'abord à l'ἁρμονία pythagoricienne. Déjà, dans *ord.*, c'était à travers la musique que la raison, lors de son ascension graduelle vers la Beauté, découvrait que le beau est fondé sur des rapports numériques, et c'est ce modèle musical qui la conduisait à penser la beauté visible, comme la beauté audible, en termes de nombres [6]. Pour autant, on ne confondra pas cette ἁρμονία avec la simple συμμετρία, commensurabilité, où, d'après Galien, réside, selon médecins et philosophes, la beauté du corps [7].

Certes, la beauté du corps requiert la juste mesure – au double sens du mot – de ses parties, mais, pour A., elle requiert d'abord cette proportion qualitative qu'est l'articulation organique, cette ‹coaptatio›, cette ‹harmonia› où les membres se fondent distinctement. Car la beauté humaine apparaît au moment où l'informité du fluxus génital se constitue en la forme distincte d'un corps (*b. coniug.* 23), de même que, dans la *Genèse*, à partir de la matière sans forme, Dieu crée le ↗‹mundus›: «ordinatio singularum quarumque rerum formatarum et distinctarum» (*Gn. litt. inp.* 3,10). En effet, un corps n'est beau que parce qu'il est contenu par une forme: «omne quod species continet speciosum est. omne autem corpus, ut corpus sit, specie aliqua continetur» (*diu. qu.* 10); un corps est d'autant plus beau (‹speciosior›) qu'il est plus unifié par sa forme (‹species›) – corrélation qu'A. put remarquer dans le traité plotinien *Sur le beau* (Plot. 1,6 (1) 2,18-28; ↗Plotinus), ainsi que dans Porph. *Sent.* 37. Cela implique des membres bien distincts, la différenciation de la chair, la διάρθρωσις, que décrivaient les embryologistes (Hp. *Nat. Puer.* 17) et dont les physiognomonistes faisaient un critère esthétique (*Physiogn.* 61). Le corps ne peut présenter une forme totale parfaitement définie (‹totum›) que si les éléments qui le constituent, sont correctement articulés (‹apta›) les uns aux autres, et donc eux-mêmes parfaitement définis. L'unité que l'âme confère au corps (*Gn. litt.* 3,16,25) n'empêche pas qu'il soit un assemblage d'éléments divers, une ‹compages›. Mais la différenciation organique est le signe même de cette unité vitale, comme le montre, a contrario, la liquéfaction des membres dans l'indistinction, post mortem, exacte antithèse de la solidification du flux génital (*an. et or.* 4,6) et de sa progressive distinction, lorsque la matière se laisse pénétrer par la forme (cf. Plot. 6,7 (38) 14,1-23).

Un corps est beau en particulier parce qu'il est vivifié par une ↗‹anima› (*an. quant.* 70), c.-à-d. parce qu'il a une chair – la chair ne désignant pas nécessairement l'antithèse de l'âme, mais aussi la consistance vitale du corps, et son expression même, la carnation, ‹suauitas coloris›. Beauté fugace donc, et l'on devine que celui qui apparaît dans les premiers livres de *conf.* comme un ‹philosomatos›, celui que captivait avant toute chose, avant même les richesses, avant même les honneurs, la beauté d'une femme (*util. cred.* 3), en fit l'expérience: en ce monde, toute beauté vieillit et meurt (*conf.* 4,15).

Notes. – [3] Cf. ib. 148,3.15: «adtende caelum, pulchrum est; adtende terram, pulchra est; utrumque simul ualde pulchrum est. ipse (sc. deus) fecit …, per seipsum instaurat. omnia ergo ista laudant illum, siue in statu, siue in motu, siue de terra deorsum, siue de caelo sursum, siue in uetustate, siue in renouatione. cum uides haec et gaudes, et adtolleris in artificem, et inuisibilia eius,

per ea quae facta sunt, intellecta contueris». Pour le contexte, cf. ANTONI; UÑA JUÁREZ. – [4] Ib.: ‹tanti operis artifex›; ↗Creatio, creator, creatura. Pour des détails, cf. par ex. *Gn. litt.* 5,23,44 (‹p. arboris in robore, ramis, frondibus, pomis›); *s. Dolbeau* 25,9 (‹p. cultorum agrorum, exstirpatarum siluarum, insitorum fructuosorum, quaeque in agris uidemus et amamus›). Sur la beauté relative des corps, des grandeurs et de leurs successions, qui sont soumis à la temporalité, et sur leur rapport à la Beauté intemporelle, à laquelle renvoie l'art, cf. *uera rel.* 41sq.; *diu. qu.* 78; ↗Ars (cf. HOFMANN), ↗Temporalia-aeterna. – [5] *Ciu.* 22,24; cf. *prou. dei* (= *s. Dolbeau* 29) 6; *s.* 243,6 sur la fonction uniquement décorative des seins masculins. – [6] Ib. 2,41sq. Pour p. et ↗‹musica›, cf. MASSIN; pour p. et ↗‹numerus›, cf. BROWN; cf. aussi SCHMITT. – [7] Gal. *Plac. Hp. Pl.* 5,3.

3. Beauté de l'âme. – La supériorité de la beauté de l'âme sur celle du corps découle de la supériorité essentielle de celle-là sur celui-ci (*lib. arb.* 3,15), l'âme se situant entre l'immutabilité absolue de Dieu et la mutabilité absolue des corps [8]. Autrement dit, selon l'échelle ontologique d'*imm. an.* [9], qui définit deux stades d'information par le ‹summum bonum›, ou – les deux schèmes coïncident – deux stades de vivification par la ‹summa uita› [10], l'âme occupe la position intermédiaire puisque, informée elle-même par la forme suprême, elle a rôle, en vertu de cette parenté, de communiquer forme à la matière (↗Materia, materies). On pourrait donc s'attendre, selon cette continuité du vivant, à trouver la beauté de l'âme, ou ↗‹uirtus› (*Gn. litt.* 7,6,9), définie aussi par A. selon un modèle harmonique, celui que Platon empruntait aux pythagoriciens [11]. Mais A. l'utilise sous sa forme hiérarchisée: on pensera la beauté de l'âme, la ‹uirtus›, en termes d'ordre. Notion esthétiquement inséparable de celle d'harmonie (cf. Vitr. 1,2,2), mais qui implique entre les parties d'un tout, outre des rapports de commensurabilité, des relations de subordination: «ordo est parium dispariumque rerum sua cuique loca tribuens dispositio» (*ciu.* 19,13) [12]. Ainsi l'ordre de l'âme exige que chacune de ses parties remplisse sa fonction propre et se tienne à son rang pour commander ou pour obéir; il est fondé sur la subordination des désirs à la raison. Dans l'état de ‹prima natura› [13], l'‹homo rectus› était un ‹homo ordinatus›: l'âme avait un pouvoir absolu sur le corps, la partie rationnelle gouvernait, sans aucun encombre, la partie irrationnelle (*pecc. mer.* 2,36). Par contre, dans l'état de nature viciée, l'ordre d'excellence demeure, indépendamment (*mus.* 6,46), identique, mais l'ordre des puissances est perverti, puisqu'une réalité inférieure peut dominer une réalité supérieure. L'âme devient alors vincible et par elle-même et par le corps (*ciu.* 14,23). Ce double désordre implique de définir la beauté de l'âme, à la fois de façon interne – comme l'unité que lui confère l'ordre retrouvé de ses parties désaccordées –, et de façon externe – comme l'ordre retrouvé de son rapport au corps (inférieur) et à Dieu (supérieur). Or, que l'âme, essentiellement constituée à l'image de Dieu, ne puisse trouver sa ‹forma›, sa beauté, qu'en s'harmonisant avec son Archétype (*Gn. litt.* 1,4,9), cela paraît une évidence dans la perspective a. Mais le corps – qu'A., comme Ambroise (par ex. *hex.* 6,8,44sq.), tributaire de la réduction anthropologique opérée par Platon en *Alc. 1* (cf. ib. 129e-133c), exclut en principe de l'‹homo ad imaginem› [14] – faut-il, paradoxalement, l'intégrer à la définition de la beauté de l'âme? Une phrase du dernier livre du *De ↗musica* le donne à penser: «ut ergo tuta (sc. anima) esse sine domino, sic excellere sine seruo non potest» (ib. 6,13). Dès lors, si la beauté de l'âme est nécessairement dans le corps, de même qu'il n'y pas de beauté du corps sans l'âme, comment se définit la beauté de l'homme?

Notes. – [8] *Mus.* 6,44; *Gn. litt.* 7,6,9; ↗Mutabile-inmutabile. En *s.* 159,3, A. oppose, pour les hiérarchiser, la beauté corporelle d'un esclave infidèle à la beauté intérieure d'un esclave laid, mais fidèle: «quid fide pulchrius? quid infidelitate deformius?». – [9] Ib. 24; cf. Plot. 1,2 (19) 2,18-26. – [10] Le second schéma, qui évoque un mouvement vital descendant, créateur de toute réalité et de toute forme, est d'allure nettement victorinienne. – [11] Cf. Pl. *Phd.* 93e; Apul. *Plat.* 2,5 p. 227; ↗Pythagoras. Sur la beauté de l'âme comme συμμετρία, cf. Pl. *Sph.* 228a-d; ↗Plato, Platonici. – [12] Pour p. et ↗‹ordo›, cf. BETTETINI; BOUTON-TOUBOULIC. – [13] Au sens qu'A. dit ‹proprius›, c.-à-d. désignant la condition première de l'homme (*retr.* 1,10,3). – [14] *Gn. litt. inp.* 16,55-62; ↗Homo.

4. Beauté de l'homme. – En effet, A. trouvait un antidote à son platonisme chez Platon lui-même, qui, en *Ti.* 87c-88c, réhabilite explicitement le corps, dont il recommande d'observer la parfaite συμμετρία avec l'âme. L'harmonie du corps et de l'âme, A. ne la décrit pas, lui, sur un modèle mathématique de ‹symmetria› [15], mais analogiquement (en retournant la comparaison d'*Eph* 5,28) sous la forme d'une relation conjugale (*s.* 155,15), qui implique donc à la fois une réciprocité amoureuse et la subordination d'un élément du couple à l'autre: quoi de plus beau (‹quid pulchrius›) que la soumission de la chair, épouse et servante, à son âme (*en. Ps.* 143,6) [16]? Il importe cependant de savoir si cette beauté est simplement morale, de l'ordre de l'↗‹honestas›, ou si la ↗‹concordia› de l'âme et du corps informe le corps lui-même et apparaît en lui? N'est-il pas, en effet, possible de transposer esthétiquement l'affirmation que «potest corpus tuum melius fieri per meliorem, quia subiectum est corpus animo» (ib. 32,2,2,16): l'âme embellit le corps qui s'ordonne à elle? Autrement dit, la beauté de l'homme ne serait-elle pas légitimement définie par l'idéal grec du καλὸς κἀγαθός?

Mais, hormis une allusion, isolée, au Joseph de l'*Exode*, belle âme dans un beau corps (*s.* 343,6), on ne voit pas qu'A. se démarque ici de ses prédé-cesseurs – un Clément d'Alexandrie notamment [17] –, qui convertissent moins l'idéal classique, et aristocratique, de la ‹mens pulchra in corpore pulchro›, qu'ils ne le subvertissent: le corps signifie la beauté intérieure, non par sa grâce propre, mais par son ‹habitus›, sa tenue (mise et maintien). Car la καλοκἀγαθία ne peut se réaliser que dans le corps glorieux, chair si parfaitement informée par l'âme (*ench.* 91), qu'elle la laisse totalement apparaître (*s.* 243,4sq.). Le corps doit devenir spirituel pour ne plus occulter la beauté de l'âme, mais, d'autre part, la parfaite beauté de l'homme requiert cette glorification du corps. Car si le corps de l'homme n'est réellement beau qu'en tant qu'épiphanie de l'âme, l'âme de l'homme ne trouve sa vraie beauté que rehaussée par son corps: «caro resurget incorruptibilis, caro resurget sine uitio, sine deformitate, sine mortalitate, sine onere, sine pondere. quae nunc tibi facit tormentum, postea tibi erit ornamentum» (ib. 240,3; ↗Caro-spiritus) [18].

La pensée d'A., qui projette dans le corps reformé ce qu'il dénie au corps terrestre, illustre ainsi l'ambiguïté inhérente à l'anthropologie chrétienne, partagée entre le mépris de la chair et sa glorification, préoccupée de sauver la totalité de l'Adam créé, mais en l'ordonnant à l'âme, principe de son excellence et de sa conformation à Dieu, une anthropologie qui greffe le réalisme chrétien – fondé sur le double dogme de l'incarnation de Dieu et de sa résurrection ‹cum carne› [19], exemplaire de la résurrection de l'homme (ib. 241,1) – sur le spiritualisme platonicien. On peut sans doute tenter d'évacuer le corps, comme un élément contingent de l'homme, devenu inutile hors de son histoire terrestre: «caro non prodest quicquam» (*Io* 6,64). Mais le corps est justement sauvé afin que son inutilité manifeste sa seule beauté, il est sauvé (justifié) par sa beauté, et sauvé (conservé) pour sa beauté; pour la beauté de l'homme, dont il ne serait plus seulement l'ornement, mais l'unique, totale et véridique ‹species›, une forme qui ne serait pas l'avers apparent d'une autre, mais celle-ci même, rendue visible.

Notes. – [15] Pour la symétrie chez A., cf. PAPARAZZO. – [16] Cf. *prou. dei* 4: «primum quod homo ex anima constat et corpore et inuisibili potiore substantia subiectam uisibilem mouet, nempe naturale imperium, quod est anima praedita, et naturale seruitium, quod est caro subdita, praeclari ordinis pulchritudinem monstrant»; pour le contexte, cf. aussi JÉRUMANIS. – [17] Cf. Clem. *paed.* 2,121,2sq. – [18] Cf. *trin.* 15,44: «constituuntur autem purgati ab omni contagione corruptionis in placidis sedibus donec recipiant corpora sua, sed iam incorruptibilia quae ornent non onerent»; ↗Corruptio-incorruptio. – [19] *Ep.* 205,10; ↗Incarnatio, ↗Resurrectio.

5. Beauté de Dieu. – L'exaltation de la ‹diuina p.›, tout au long de l'œuvre d'A., apparaît, elle, singulière, du moins côté latin [20], et comme résumée par le cri de louange adressé par le narrateur des ↗*Confessiones* au Dieu transcendant, inconnu des manichéens: «pulchritudo pulchrorum omnium» (ib. 3,10). Ce polyptote a deux significations: il énonce Dieu comme principe de toute beauté, et, corrélativement – le redoublement ayant valeur hyperbolique – il attribue à Dieu une beauté suréminente [21].

A., non plus que les autres Pères, ne doute que la beauté de la création, par son ‹euidentia› même (ib. 11,6), ne révèle immédiatement au regard, si du moins il n'est pas enténébré, la présence d'un artiste divin; encore qu'il ne présente jamais cette évidence comme une preuve de l'existence de Dieu, mais comme un ‹testimonium› ou un ↗‹uestigium› (ib. 8,2), qu'il est de la raison d'interpréter. Or si le monde atteste l'existence de Dieu, il permet d'affirmer aussi sa beauté (*en. Ps.* 103,1,1), suivant une double induction. Premièrement, parce que la beauté des créatures implique, par voie de causalité, celle de leur créateur [22]. Deuxièmement, parce que nos jugements esthétiques sur les créatures impliquent la notion d'une beauté parfaite, comme le jeune A. en fit l'expérience, lorsque, stimulé par la lecture des ↗‹Platonicorum libri›, il tenta de concevoir Dieu, et sa beauté, à la fois ‹ex mundo et trans mundum›. A partir du monde, parce que la beauté muable des créatures visibles fait voir à l'homme l'immuable beauté de leur cause. Au-delà du monde, parce que cette beauté incomparable ne se donne à voir à travers la beauté sensible que si celle-ci est réfractée par l'intelligence de l'âme, qui elle-même ne peut rendre cette beauté proprement intelligible qu'en voyant au-dessus d'elle la raison de son intelligibilité: Dieu [23].

Beauté incomparable: A. insiste non seulement sur l'incommensurabilité de la beauté créée et de la beauté créatrice, mais sur cette essentielle incomparabilité, qui résulte de leur hétérogénéité ontologique (*conf.* 11,6). Dès *ord.* 2,51, il soulignait la contradiction: la Beauté divine est à la fois perceptible, en tant qu'elle est leur cause efficiente et exemplaire, à travers les beautés créées et participées, et irréductiblement dissemblable d'elles. Néanmoins, pour que la beauté du monde soit une métaphore de Dieu, il faut bien que son principe soit lui-même beau. L'anagogie a. s'achève en cette identité de Dieu et de la Beauté [24], alors que celle-ci ne constitue pour Plotin que l'échelon pénultième, inférieur au terme même de l'anabase, l'Un-Bien [25]. Dans l'hénologie plotinienne, le Beau, identique à l'Intellect, c.-à-d. à l'Etre, ne peut provenir de l'Un que parce que l'Un est autre que le Beau [26]; dans la perspective ontologique qui est celle d'A., les créatures ne peuvent être – c.-à-d.,

équivalemment, être unes ou être belles – que parce que Dieu est l'Etre, l'Un, le Beau. A. fait ainsi du Beau un transcendantal avant la lettre [27].

Car en raison de la simplicité de sa nature [28], Dieu, sans qualités [29], sans substance (*trin.* 7,10), n'est pas beau, il est le Beau [30] – ce qu'ignorait encore le jeune étudiant de Carthage, à l'époque où il prenait connaissance des Catégories d'Aristote [31]. Dieu est la Beauté de l'↗‹aequalitas› parfaite de l'Un avec lui-même [32], ou plus exactement, de l'Un avec l'Un de l'Un (‹inter se unum et de uno unum›) (*mus.* 6,56). Cependant, tout en définissant la beauté divine comme l'‹harmonia› de l'Un Principe à l'Un engendré, du Père au Fils, A. l'approprie au second terme de la relation, ainsi que le montre le commentaire, en *trin.* 6,11, de la formule hilarienne ‹species in imagine› (cf. Hil. *trin.* 2,1).

De fait, la Beauté dont la vision constitue la fin de l'homme, la condition de sa béatitude, n'est autre que celle de la Sagesse (*trin.* 2,28; ↗Sapiens, sapientia), de la Forme de Dieu, du Fils ‹in forma dei› (*Io. eu. tr.* 21,14). Cependant, «ubi non separatur natura et substantia, uisio separari non potest» (*en. Ps.* 85,21; ↗Natura, ↗Substantia). Aussi n'est-ce, à proprement parler, ni le Père ni le Fils qui constitue la fin de la vision eschatologique: la beauté ultimement désirée – du moins désirable –, c'est cette égalité même [33], cette gémellité paradoxale qui se révèle en la ‹forma dei› (*Io. eu. tr.* 21,14) [34], où se touchent l'invisibilité et la visibilité de Dieu [35].

Notes. – [20] Car, parmi les Pères grecs, on trouve d'éminents héritiers de la tradition ‹théo-kalique› platonicienne (cf. Pl. *Phdr.* 246d), notamment les trois Cappadociens. – [21] Cf. Kreuzer; cf. aussi Manferdini. – [22] *S. Lambot* 2; *ciu.* 11,4; *conf.* 11,6; ↗Creatio, creator, creatura; cf. Mayer. – [23] *Conf.* 7,23; *ciu.* 8,6; ↗Deus. Pour l'artiste divin et la nécessité de ne pas s'arrêter aux ‹uestigia›, mais de découvrir ‹l'artiste› qui en est le principe, cf. aussi *uera rel.* 55sq.; *lib. arb.* 3,42sq.; cf. Müller; ↗Operatio, opus, 4,303sq. – [24] *Sol.* 1,3; *diu. qu.* 44. – [25] En effet, malgré Plot. 6,7 (38) 32sq., qui assimile le Bien, en tant qu'objet d'amour, au Beau du Banquet, Plotin distingue nettement le Beau, qu'il identifie à l'Intellect, de la première Hypostase: cf. ib. 1,6 (1) 9,32-43; 5,5 (32) 12,9-19; 5,8 (31) 8,1-23; 6,9 (9) 4,10-16. – [26] Cf. Gilson 45. – [27] Mondin. – [28] *Ciu.* 11,10; *Io. eu. tr.* 99,4; *trin.* 7,10; 15,7sq.28; cf. Mar. Victorin. *adu. Arium* 3,1. – [29] Par ex. *trin.* 15,8; *s. Dolbeau* 22,17; cf. Mar. Victorin. *adu. Arium* 1,49. – [30] Dieu n'est pas beau ‹participatione pulchritudinis› (*Gn. litt. inp.* 16,58; *diu. qu.* 23; cf. *trin.* 5,11: la participation impliquerait composition). – [31] *Conf.* 4,29; ↗Aristoteles. – [32] Application de deux principes, combinés: (1) «nihil est quippe tam aequale aut simile quam unum et unum» (*mus.* 6,38); (2) «numerus autem et ab uno incipit et aequalitate ac similitudine pulcher est» (ib. 6,56); cf. Beierwaltes. – [33] Cf. *trin.* 1,18; *s.* 27,6; et surtout *Gn. litt.* 4,24,41. – [34] Cf. Mar. Victorin. *adu. Arium* 4,30: «ergo forma dei, aliud forma, aliud deus est. et est quidem deo forma, sed filius dei forma in manifesto, dei uero in occulto». – [35] Contre les Ariens, opposant à l'invisibilité du Père la visibilité du Fils, les tenants de la consubstantialité et de l'égalité parfaite des Personnes affirmaient l'invisibilité essentielle du Verbe – A. en particulier (ib. 53,12). Mais, d'une part, «uerbum … ostendit patrem sicuti est pater» (*trin.* 7,4; cf. *ep.* 232,5sq.), et d'autre part, le fait qu'il n'ait pas été vu par les hommes en sa nature propre ne permet pas de conclure à l'invisibilité de son essence, mais seulement que son essence n'est pas visible «nisi purgatissimo et simplicissimo corde» (*c. Adim.* 9,1).

6. Beauté du Christ. – Mais que devient cette beauté de Dieu en son incarnation? Les Pères se trouvaient confrontés à deux ‹testimonia› scripturaires apparemment contradictoires: *Ps* 44,3 («decore pulchrior es filiis hominum, effusa est gratia in labiis tuis»), et *Is* 53,2 («uidimus eum, et non habebat speciem neque decorem»). On pouvait certes, comme Jérôme, rapporter le second à la défiguration du Fils de Dieu en sa passion, et le premier à la beauté physique du Messie, en conjecturant que ‹si le Christ n'avait eu dans le visage et dans les yeux quelque chose de sidéral, jamais les apôtres ne l'auraient suivi immédiatement, et ceux qui étaient venus l'arrêter ne se seraient effondrés› (Hier. *epist.* 65,8). Mais cette affirmation est un hapax dans la littérature patristique latine, et on ne lui trouve guère d'écho en Orient, sinon, isolé, dans un sermon de Jean Chrysostome [36]. A. suit une interprétation plus courante: le Christ est beau ‹in forma dei›, laid parce qu'il s'est anéanti en prenant la ‹forma serui› [37]. Si A. ne donne jamais au témoignage d'Isaïe un sens plénier, c.-à-d. incluant nécessairement l'aspect physique [38], par contre il récuse explicitement l'interprétation littérale du témoignage psalmique (*en. Ps.* 118,31,3). Les rares images qui pourraient sembler suggérer une irradiation de la divinité à travers la chair humaine du Christ, n'ont qu'un sens figuré (par ex. ib. 138,14). Pour A., la justification esthétique de l'Incarnation [39] ne doit pas être recherchée dans l'éclat d'une ‹diaphanie›, d'une ‹transparition›, encore moins dans l'évidence d'une épiphanie ‹numineuse›, mais dans la ‹coaptatio› de la nature humaine à la nature divine (*s.* 67,7) – ‹coaptatio› signifiant (cf. ci-dessus 2) l'ajustement des parties ou des formes et l'harmonie de leur rapport mathématique. Ainsi A. assimile-t-il le rapport entre la mort-résurrection du Verbe incarné, indemne de la mortalité spirituelle, et la mort-résurrection de l'homme, extérieur et intérieur, à la raison numérique 1:2 [40]. Cette notion de ‹coaptatio›, primordiale dans l'esthétique a., on la retrouvera amplifiée aux dimensions du Christ total.

Déjà, vers la fin du dialogue de 386, *De* ↗*ordine*, l'antithèse esquissée entre l'univers sensible, où la laideur apparente d'une partie se résorbe dans la beauté de l'‹uniuersitas›, et l'univers intelligible, où la partie est belle et parfaite comme le tout (ib. 2,51), suggérait assez ce que la véritable totalité apparaissait à A.: une harmonie constituée non tant de l'unité d'éléments contraires [41], que de l'unité de similitudes diverses, selon un modèle

qu'on pourrait dire empédocléen [42]. Or, d'une telle totalité, le type s'offrira à lui dans la Sagesse divine, multiplicité simple (*ep.* 169,7), que chacune de ses diverses Idées, s'incluant réciproquement, réfléchit. La Sagesse constitue une médiation ontologique entre Dieu, dont elle réfléchit la simplicité multiple (*trin.* 6,6), et le créé qu'elle conforme à l'image de cette unité; mais aussi, en tant qu'elle s'incarne, une médiation sotériologique. Car, en assumant la nature humaine, elle récupère la multiplicité des êtres qui la composent, et dont elle contenait, comme Forme divine exemplaire, les raisons individuelles (*ep.* 14,4), unifiées en leur origine séminale, ↗Adam (*ciu.*12,22); elle réunifie les créatures humaines disséminées, ou, plus exactement, la créature humaine en pièces, comme pulvérisée (*en. Ps.* 95,15), en l'intégrant à son propre Corps (*trin.* 4,11sq.). L'harmonie de ce Christ total (‹Christus totus›), «unitas plena atque perfecta» (*Io. eu. tr.* 26,17) [43], l'évêque d'Hippone la décrit non pas comme une ‹concordia discors› – pour reprendre le célèbre oxymore horatien (Hor. *epist.* 1,12,19) – mais comme une ‹diuersitas concordissima› [44]: «habebunt enim etiam tunc sancti dei differentias suas consonantes, non dissonantes, id est, consentientes, non dissentientes; sicut fit suauissimus concentus ex diuersis quidem, sed non inter se aduersis sonis. ‹stella enim a stella differt in claritate› (*1 Cor* 15,41)» (*en. Ps.* 150,7).

Notes. – [36] Chrys. *hom.* 8 *in Mt.* 18; cf. aussi *exp. in Ps.* 44,2. – [37] *Ep. Io. tr.* 9,9 (cf. *Phil* 2,7). Pour p. et le Christ, cf. Kouam; cf. aussi Smalbrugge. – [38] Seule est affirmée expressément une difformité de situation, ‹deformis positio› (*s.* 27,6; 95,4; cf. *Is* 53,2sq.), qui n'implique pas une difformité de ‹nature›. – [39] Ib. 44,3: «intellegentibus autem et uerbum caro factum est magna pulchritudo est». – [40] Cf. le commentaire de ‹uerbum caro factum› (*Io* 1,14) en *trin.* 4,4-6. – [41] Cf. Plot. 1,8 (51) 7,2-7; 2,3 (52) 16,41-46; 3,2 (47) 16,49-58; 4,4 (28) 10,13-20. – [42] Cf. VS 31B22.26. – [43] Sur l'expression ‹Christus totus›, cf. *en. Ps.* 58,1,2; 74,4; 90,2,1; *ep. Io. tr.* 1,2; *Io. eu. tr.* 28,1; *s.* 22,10; 137,1; ↗Christus, 1,879-882. – [44] *En. Ps.* 150,7. Chez A., ‹diuersitas› ne signifie pas opposition mais différence (cf. ib. 44,24).

7. L'amour de la beauté. – Cependant, la question première – celle qui, d'après *conf.*, inaugurait les recherches théoriques du jeune A. sur l'essence du beau: «num amamus aliquid nisi pulchrum?» (ib. 4,20) – se heurte, d'abord, à la Passion du Christ. Le problème ne tient pas tant à l'incongruité de l'amour de l'homme pour un Dieu défiguré, qu'à celle de l'amour de Dieu pour l'homme difforme, qu'A. décrit notamment en *ep. Io. tr.* 9,9. Est-il impertinent de tracer une analogie entre la figure de Socrate attirant l'amour de son éromène, suscitant le désir de celui-ci pour sa beauté, celle que recèle son apparence de Silène, et qui n'est autre que celle d'Eros, et le contre-amour [45] que le Christ crée en l'homme, par l'abnégation amoureuse [46] qu'il lui montre en sa Passion, lui le seul très-beau voilant sa forme jusqu'à la laideur: contre-amour qu'A. définit équivalemment comme l'amour de la beauté immuable, ou l'amour de l'amour [47], c.-à-d. non seulement l'amour d'un Dieu identique à l'amour même, mais le désir de l'âme d'attirer, par la croissance infinie de son propre amour, et donc de sa beauté, le contre-amour infini de son Epoux divin. Ainsi la ↗‹dilectio› a., où s'harmonisent déjà l'ἔρως platonicien et l'ἀγάπη johannique, préfigure ce circuit spirituel sans fin, de la Beauté divine à la créature, que décrira Ficin, s'inspirant du Ps.-Denys [48]. Cependant, la hardiesse et l'originalité d'A. est de suggérer que l'amour n'est pas seulement l'intermédiaire entre la beauté et l'amant, entre Dieu et l'homme, qu'il est Dieu même, la Beauté même de Dieu attirant [49] à soi la beauté créée: «anima uero nostra … foeda est per iniquitatem: amando deum pulchra efficitur. … (sc. deus) amauit nos prior qui semper est pulcher; et quales amauit, nisi foedos et deformes? … quomodo erimus pulchri? amando eum qui semper est pulcher. quantum in te crescit amor, tantum crescit pulchritudo; quia ipsa caritas est animae pulchritudo» (*ep. Io. tr.* 9,9) [50].

Notes. – [45] Sur l'ἀντέρως, cf. Pl. *Phdr.* 255b-256a; cf. *cat. rud.* 7. – [46] Sur les correspondances païennes du sacrifice d'amour, cf. notamment Pl. *Smp.* 179b-180a. – [47] Il ne s'agit pas, en l'occurrence, de la complaisance dans la privation de l'objet dont le manque alimente l'amour, mais de l'aspiration à une accélération de l'amour, du désir d'être porté toujours plus loin, plus près de l'objet aimé (cf. *diu. qu.* 35,1). Ces deux formes de l'‹amour de l'amour› se trouvent décrites en *conf.*: la forme pervertie en ib. 3,1, la forme authentique en ib. 13,9. – [48] Cf. Ficinus, *Commentarium in conuiuium Platonis* 2,2. – [49] L'on connaît le jeu de mots étymologique de Pl. *Cra.* (416b-d), qu'aimaient à réutiliser les philosophes néoplatoniciens: τὸ καλόν = τὸ καλοῦν, ‹le beau est ce qui appelle›; cf. par ex. Procl. *Theol. Plat.* 1,24. – [50] Cf. *conf.* 10,38: ↗«sero te amaui, pulchritudo tam antiqua et tam noua, sero te amaui!»; cf. Sánchez Tapia.

Bibliographie. – G. Antoni, Un cantique de la création: beauté du Verbe et beauté du monde: *Saint Augustin* (sous la dir. de M. Caron), Paris 2009, 453-474. – W. Beierwaltes, Aequalitas numerosa. Zu Augustins Begriff des Schönen: WW 38 (1975) 140-157. – M. Bettetini, Agostino e l'estetica: un punto: Quaestio 6 (2006) 57-79. – I. Bochet, *Saint Augustin et le désir de Dieu*, Paris 1982. – A.-I. Bouton-Touboulic, L'esthétique de l'ordre chez saint Augustin: les images du discours et du tableau: StPatr 38 (2001) 16-24. – M. Brown, Augustine on Beauty, Number, and Form: ib. 43 (2006) 33-38. – E. Chapman, *Saint Augustine's Philosophy of Beauty*, New York/London 1939. – J.-M. Fontanier, *La beauté selon saint Augustin*, Rennes ²2008. – E. Gilson, *L'être et l'essence*, Paris ²1962. – P. Grossardt, pulc(h)-ritudo: TLL 10,2 (1980-2009) 2572-2576. – C. Harrison, *Beauty and Revelation in the Thought of Saint Augustine*, Oxford 1992. – W. Hensellek/ P. Schilling, pulchritudo: SLA 15 (2001). – F. Hofmann, Universale Schönheit in der Kunst bei Augustinus: *Das Schöne in Theologie, Philosophie und Musik … Beiträge des IX. Würzburger Augustinus-Studientages … (hrsg. von C. Mayer/C. Müller/ G. Förster), Würzburg 2013, 15-24. – A.-M. Jérumanis, Dimen-

sion esthétique de la théologie morale de saint Augustin: Aug(L) 50 (2000) 197-234. – M. Kouam, Christ, beauté de Dieu: recherche du beau et montée vers Dieu, d'après les Confessions de Saint Augustin: *Les titres christologiques dans la patristique* (éd. par les Facultés Catholiques de Kinshasa et l'Association des Patrologues Africains), Kinshasa 2001, 73-81. – J. Kreuzer, *Pulchritudo. Vom Erkennen Gottes bei Augustin. Bemerkungen zu den Büchern IX, X und XI der Confessiones*, München 1995. – K.-H. Kruse, pulc(h)er: TLL 10,2 (1980-2009) 2560-2572. – T. Manferdini, *Comunicazione ed estetica in Sant'Agostino*, Bologna 1995. – M. Massin, L'esthétique augustinienne: LThPh 61 (2005) 63-75. – C.P. Mayer, «Amat deus creaturam suam» und «Disce amare in creatura creatorem». Augustins Lehre über die Dignität der Kreatur: *Creatio ex amore. Beiträge zu einer Theologie der Liebe. Festschrift für A. Ganoczy zum 60. Geburtstag*, Würzburg 1989, 193-209. – B. Mondin, La bellezza come trascendentale in Platone, Agostino e Tommaso: Sapienza 55 (2002) 385-397. – G.W. Most, Schöne (das) I. Antike: HWPh 8 (1992) 1343-1351. – P.F. Müller, *Ars diuina. Eine Interpretation der Artifex-Deus-Lehre des heiligen Augustinus*, München 1956. – E. Paparazzo, Augustine on Symmetry: AugStud 40 (2009) 49-74. – M. Sánchez Tapia, Belleza tan antigua y tan nueva. San Agustín y la estética teológica: CDios 223 (2010) 305-336. – A. Schmitt, Zahl und Schönheit in Augustins De musica VI: WJA 16 (1990) 221-237. – P.J. Sherry, Schönheit II. Christlichtrinitarisch: TRE 30 (1999) 240-247. – M. Smalbrugge, Beauté obscure. Esthétique théologique chez Augustin: *Saint Augustin* (sous la dir. de T.J. van Bavel), Bruxelles/Heverlee 2007, 301-311. – K. Svoboda, *L'esthétique de saint Augustin et ses sources*, Brno 1933. – A. Uña Juárez, *Cántico del universo (Carmen uniuersitatis). La estética de San Agustín*, Madrid 2000. – A. Wikman, *Beiträge zur Ästhetik Augustins*, Weida 1909.

Jean-Michel Fontanier

Pulchro et apto (De –)

De cet ouvrage perdu (ca. 380), dédié à Hierius, ‹Romanae urbis orator› [1], nous ne connaissons que ce qu'Augustin veut bien – ou peut encore – nous en dire, une vingtaine d'années après sa rédaction, en ↗Confessiones 4,20-27: «scripsi libros de pulchro et apto, puto, duos aut tres … non enim habemus eos, sed aberrauerunt a nobis nescio quo modo» (ib. 4,20) [2].

Même si l'auteur de *conf.* désavoue cet essai de jeunesse, qu'il écrivit à l'âge de 26 ou 27 ans [3], du moins le matérialisme qui le fausse, on y trouvait défini un binôme fondamental, qui contient en germe toute la réflexion a. sur le beau (↗Pulchritudo, pulchrum): «et animaduertebam et uidebam in ipsis corporibus aliud esse quasi totum et ideo pulchrum, aliud autem, quod ideo deceret, quoniam apte accommodaretur alicui, sicut pars corporis ad uniuersum suum aut calciamentum ad pedem et similia» (ib. 4,20); «pulchrum, quod per se ipsum, aptum autem, quod ad aliquid accommodatum deceret, definiebam» (ib. 4,24). Aucun élément textuel précis dans les fragments de Médînêt Mâdi, mis en avant par T. Katô [4], ne permet d'établir l'influence d'écrits manichéens sur l'esthétique du jeune rhéteur de Carthage [5]. L'exemple de la chaussure ne nous renvoie pas non plus nécessairement à Plato *Hp. Ma.* 294a, s'agissant d'un topos scolaire, ou proverbial, utilisé par Cicéron [6], et il paraît d'autant moins pertinent de superposer la distinction ‹pulchrum›/‹aptum› à l'antithèse platonicienne καλόν/πρέπον, qu'‹aptum› n'est pas l'équivalent de πρέπον, malgré sa parasynonymie avec ‹decens› [7]. En fait ‹pulchrum› et ‹aptum› sont les deux formes du ‹decens›: l'‹aptum› est la convenance harmonique d'un objet à un autre, le ‹pulchrum› la conformité d'un objet à ce qu'il lui convient d'être.

M. Testard [8] eut raison de souligner le caractère stoïco-cicéronien du vocabulaire. De fait, la distinction entre la convenance de la totalité (‹pulchrum›) et la convenance de la partie (‹aptum›), ne paraît pas étrangère à la distinction panétienne, reprise dans Cic. *off.*, entre la beauté morale et la beauté des divers actes singuliers qui la réalisent (ib. 1,96-98), pas étrangère non plus à l'opposition entre les deux sortes de καθήκοντα, ou, selon les termes de Cic. *orat.*, entre l'‹oportet› et le ‹decet›, ce qui est de soi toujours convenable et ce qui est convenable par rapport à certaines circonstances, ce qui est adapté (‹aptum›) et accordé au temps et à la personne (ib. 73sq.). Cependant Cic. *orat.* montrait assez que l'‹aptum› ne se réduit pas à l'adaptation externe de l'expression au sujet ou aux circonstances, mais relève également de l'organisation interne du discours: il requiert la cohésion nombrée des membres de la phrase [9]. L'‹aptum› ne peut donc se réduire à l'‹utile›, malgré une évidente analogie entre la différence ‹pulchrum›/‹aptum› et la différence ‹honestum›/‹utile›, telle qu'A., qui l'a probablement rencontrée d'abord dans le contexte rhétorique de Cic. *inu.*, manuel alors en vogue, la définira en *diu. qu.* 30 (d'une part, «quod propter se ipsum expetendum est», d'autre part, «quod ad aliud aliquid referendum est») – et donc, corrélativement, l'opposition ↗‹frui›/‹uti›. Quand Isidore de Séville définit le ‹pulchrum›: ce qui est beau par soi-même – ainsi un homme constitué d'une âme et de tous ses membres –, et l'‹aptum›: ce qui est beau par rapport à autre chose – ainsi de la nourriture ou un vêtement – (Isid. *sent.* 1,8,18), ce qui est ‹utile› pour un temps donné (id. *diff.* 1,1), il se situe dans une problématique différente de celle de *pulch.*, en substituant, pour illustrer la notion d'‹aptum›, l'image du vêtement et de la nourriture aux deux exemples proposés par A., à savoir l'adaptation d'une chaussure à la forme d'un pied ou d'un membre à la configuration du corps. Isidore pense en termes de finalité fonctionnelle là où A. pensait en termes de finalité harmonique: connexion des parties d'une

totalité organique (*conf.* 4,20: «pars corporis ad uniuersum suum») ou, si de la considération d'un objet naturel on passe à celle d'un artefact, assemblage des parties d'un ensemble concerté (ib.: «calciamentum ad pedem»).

Cette notion de finalité harmonique traversera toute l'œuvre d'A., qu'elle soit figurée sous la forme de la jointure, de l'articulation, de la structure, de la contexture. Dans tous les cas, il s'agit d'adaptation, ou, pour être plus exact, de ‹coaptatio›. Comment des tesselles variées peuvent-elles se combiner en une belle mosaïque (cf. *ord.* 1,2)? Un bois courbe s'adapter à une surface plane, ou la volonté du pécheur à la volonté de Dieu (cf. *en. Ps.* 44,17)? Des pierres vives s'entre-adapter pour constituer l'architecture du Temple mystique (cf. *s.* 27,1)? La divinité du Fils s'adapter, dans l'union hypostatique, à notre humanité (cf. *trin.* 4,4)? Comment les créatures et les événements qui se succèdent depuis l'origine du monde, s'harmonisent-ils pour tisser la beauté des siècles (cf. *ciu.* 12,4)? Car l'art divin, que l'homme ne peut percevoir que temporellement, sous l'angle de l'opportunité, de l'εὐκαιρία, se définit idéalement en termes d'εὐταξία, d'ordre: à qui serait capable d'appréhender ‹omnia simul›, apparaîtrait la disposition de toutes choses, placées aux lieux adaptés, de manière à être adaptées entre elles (cf. Iren. 2,15,3). *Pulch.* préfigurait toute la réflexion d'A. sur l'harmonie de la création et de l'économie divine.

H.U. von Balthasar décrivit la conversion d'A. comme «une conversion de l'esthétique inférieure à l'esthétique supérieure» [10]. En effet, le jeune rhéteur devait encore dépasser la dualité ‹pulchrum›/‹aptum›, pour penser, au-delà du monde des corps, où toute beauté est un ‹aptum› intégrable à un ensemble plus grand, au-delà du monde créé, où il n'est que des quasi ‹tota› – totalité d'une créature à laquelle il ne manque rien pour convenir à sa propre idée –, la beauté du Dieu «mirabiliter simplicem» (*conf.* 4,29), «sub quo totum, in quo totum, cum quo totum est» (*sol.* 1,4), et trouver dans la ‹congruentia› parfaite du Fils au Père – harmonie d'un tout sans parties –, le principe même de la beauté. A. devait encore découvrir l'↗‹unitas›.

Notes. – [1] *Conf.* 4,21: «quid est autem, quod me mouit, domine deus meus, ut ad Hierium, Romanae urbis oratorem, scriberem illos libros? quem non noueram facie, sed amaueram hominem ex doctrinae fama, quae illi clara erat, et quaedam uerba eius audieram, et placuerant mihi. sed magis, quia placebat aliis et eum efferebant laudibus stupentes, quod ex homine Syro, docto prius graecae facundiae, post in latina etiam dictor mirabilis extitisset et esset scientissimus rerum ad studium sapientiae pertinentium, mihi placebat». Pour Hierius, cf. Solignac 670sq.; cf. aussi Cress 160-163. – [2] Cf. Solignac 673. Il est certes loisible d'évoquer une sorte de ‹respect humain› d'auteur;

cf. Bonner 65: «Augustine's vagueness about this work is hardly surprising. Many literary men of distinction are reluctant to recall too exactly their earliest publication; and it can easily be believed that, on purely literary grounds, the bishop of Hippo might be unsympathetic to the work of the young Manichaean rhetorician, who had no better taste, after writing his book, than to dedicate it to Hierius, an orator of Rome, whom he had never seen, but whose work he admired, and who (we may easily conjecture) might be a very useful friend for a rising young scholar, anxious to better himself»; voire une «damnatio memoriae» (Brix). ‹Oubli affecté› (Courcelle 35 n. 3)? Mais garde-t-on toujours un souvenir précis de ses premières dissertations ou élucubrations philosophiques? Cf. aussi Cress 153 avec nn. 3-8. – [3] Ib. 4,27: «et eram aetate annorum fortasse uiginti sex aut septem, cum illa uolumina scripsi, uoluens apud me corporalia figmenta obstrepentia cordis mei auribus, quas intendebam, dulcis ueritas, in interiorem melodiam tuam, cogitans de pulchro et apto et stare cupiens et ‹audire› te et ‹gaudio gaudere propter uocem sponsi› (*Io* 3,29), et non poteram, quia uocibus erroris mei rapiebar foras et pondere superbiae meae in ima decidebam». – [4] Cf. Katô. – [5] Cf. par ex. les affirmations d'A. sur ‹monade› (principe/substance d'unité et du bien; cf. Trelenberg) et ‹dyade› (principe/substance de la multiplicité et du mal) (*conf.* 4,24; cf. Solignac 672); ⁊Manichaei, ⁊Vnum-multum. Pour diverses influences potentielles en *pulch.*, cf. Svoboda; Fontanier 413-418; mais cf. aussi Solignac 671: «De fait l'écrit d'Augustin laisse entrevoir non seulement l'orientation philosophique de ses réflexions, mais encore l'originalité de sa pensée». – [6] Cic. *fin.* 3,46; cf. Hor. *epist.* 1,10,42; Epict. *Ench.* 39. – [7] *Ep.* 138,5 adressée, en 411, à Flavius Marcellinus. – [8] Testard 61. – [9] Ib. 232; cf. *Brut.* 68sq. – [10] Von Balthasar 85.

Bibliographie. – H.U. von Balthasar, *La gloire et la croix. Les aspects esthétiques de la Révélation 2. Styles 2. D'Irénée à Dante*, Paris 1968. – G. Bardy, Introduction aux Révisions: BA 12 (1950) 11-251. – G. Bonner, *St. Augustine of Hippo. Life and Controversies*, Norwich ²1986. – L. Brix, c.r. de D.A. Cress, Hierius & St. Augustine's Account …: REAug 24 (1978) 337. – K.-Y. Burchill-Limb, «Philokalia» in Augustine's *De pulchro et apto*: Aug(L) 53 (2003) 69-75 (cf. ead., ‹De pulchro et apto› de san Agustín: ¿obra perdida y nada más?: Augustinus 48 (2003) 27-33). – P. Courcelle, *Recherches sur les Confessions de saint Augustin*, Paris ²1968. – D.A. Cress, Hierius & St. Augustine's Account of the lost De Pulchro et Apto: Confessions IV,13-15: AugStud 7 (1976) 153-163. – J.-M. Fontanier, Sur le traité d'Augustin De pulchro et apto: convenance, beauté et adaptation: RSPhTh 73 (1989) 413-421. – T. Katô, Melodia interior. Sur le traité De pulchro et apto: REAug 12 (1966) 229-240. – A. Solignac, Le *De pulchro et apto*: BA 13 (²1992) 670-673. – K. Svoboda, *L'esthétique de saint Augustin et ses sources*, Brno 1933, 10-16. – M. Testard, *Saint Augustin et Cicéron 1. Cicéron dans la formation et dans l'œuvre de saint Augustin*, Paris 1958. – J. Trelenberg, *Das Prinzip «Einheit» beim frühen Augustinus*, Tübingen 2004, 7-18 (‹Einleitung. Die μονάς der verschollenen Jugendschrift De pulchro et apto›).

Jean-Michel Fontanier

Purgatio

I. P. in pre-Augn. sources – II. A.'s use of p. – 1. General use – 2. The agents of p. – 3. Faith, illumination, and vision – 4. Ecclesiology and eschatology – 5. Metaphors – 6. ‹Pseudo-p.›

I. P. in pre-Augn. sources. – ‹Purgare›, the root of p., is derived from ‹purus› [1]. Often p. is related to (resp. is the translation of) κάθαρσις (e.g. Pl. *Phd.* 66d-67c) [2]. P. is widely attested in classical sources, where it enjoys a broad range of meanings. In its most basic sense p. is a form of cleansing, whether physical or spiritual. P. also admits of technical senses in contexts related to law, ritual, and medicine [3]. P. also appears in Christian literature, e.g. in Origen, Clement, and Ambrose, where it pertains to purification from sin [4].

Notes. – [1] Spoth 2681. – [2] Cf. Cipriani 2677. – [3] Cf. Cipriani 2677.2679; cf. also Renger/Quack/Podella; Heinze/Sallaberger/Felber; Weckwerth. – [4] Cf. Moreschini; Maritano.

II. A.'s use of p. – 1. General use. – A. uses p. in the general sense of cleaning something, and freely moves between this and a spiritual sense [5]. One would purge one's house, and so one should also seek to purge oneself, the house of God (*s.* 58,8; 85,6). However, the spiritual sense dominates: People [6] and their faculties are purged, as well as the Church.

A. usually speaks of something good being purged from some flaw, such as ⁊‹peccatum› [7], ‹uitium› (*trin.* 13,17), ‹delictum› [8], ‹cupiditas› (*qu. eu.* 1,17) [9], ‹consuetudo mala› (*conf.* 3,16), ‹superbia› (*doctr. chr.* 2,62), ‹impietas› (*en. Ps.* 134,14), ‹haeresis› (*s.* 46,30) [10], ‹sacrilegium›, and ‹blasphemia› (*c. Fel.* 2,18). He presents several means of p., e.g. ‹ignis› [11], ‹uerax confessio› (*bapt.* 1,18) [12], ‹uirtus› (*uera rel.* 6) [13], ‹pia praecepta› (*ep.* 235,2) [14], ‹fides› [15], ‹diuina miseratio› (*ciu.* 10,22).

Notes. – [5] He uses forms of p. ca. 130 times, of ‹purgare› nearly 800 times. Cf. also ‹purificare› (ca. 35 times), ‹purificatio› (ca. 25), ‹purgamentum› (ca. 20), ‹purgatorius› (ca. 15), and ‹purgator› (ca. 5). – [6] *En. Ps.* 134,18: ‹homines›. – [7] *Diu. qu.* 68,3; *pecc. mer.* 1,50 (cf. *Hbr* 1,3); *nupt. et conc.* 2,44; cf. also *cat. rud.* 34. – [8] *Pecc. mer.* 1,42 (cf. *1 Io* 1,7); ‹iniquitas›: *uirg.* 49 (cf. *1 Io* 1,9). – [9] Cf. *ep.* 118,17: ‹labes humanarum cupiditatum›; cf. also *correct.* (= *ep.* 185) 42; *en. Ps.* 7,7. – [10] A. also speaks of p. from ‹falsitates› (*trin.* 1,2) and ‹opiniones et errores› (*s.* 214,2); cf. Moreschini 416sq. – [11] *Mus.* 6,59; *conf.* 11,39. – [12] Cf. *en. Ps.* 42,7; 113,1,5; *s.* 29,4. – [13] Cf. *diu. qu.* 79,1; *ciu.* 2,29; 8,3. – [14] Cf. *en. Ps.* 8,5; 25,2,3. The Christian life prepares one for the vision of spiritual truths (*uera rel.* 13); love of God and neighbour can provide a means of p. (*trin.* 4,31; *ep. Io. tr.* 9,10; *Io. eu. tr.* 17,8). – [15] *Trin.* 4,31; *ciu.* 11,2; cf. *diu. qu.* 68,3; *trin.* 4,24; *en. Ps.* 42,7; *s.* 4,7.

2. The agents of p. – Christ is often the agent of p. [16], especially in his incarnation, passion [17], and blood [18]. This does not exclude (implicit) references to the Father [19] and the Holy Spirit [20]. God himself purges the eye of the heart (*doctr. chr.* 2,11) from whatever «nos impedit ab aspectu dei» (*s.* 88,5) [21]; the divine truth itself exercises a purgative effect on the soul (ib. 153,10). At times A. suggests that God's grace is solely responsible for our p. (*ciu.* 10,22); elsewhere, he allows for human potential for p. (*s. Dolbeau* 6,11sq.).

Notes. – [16] E.g. *s. Dolbeau* 26,38; *ciu.* 10,24. – [17] *Ciu.* 10,24; *Io. eu. tr.* 55,7; cf. *conf.* 10,67. Cf. also *doctr. chr.* 2,62: ‹yssopum› (= ‹humilitas crucis›). – [18] *1 Io* 1,7 in *pecc. mer.* 1,42 and *ep. Io. tr.* 1,5. – [19] *Doctr. chr.* 2,11; *ciu.* 7,12. – [20] *F. et op.* 47; *c. Max.* 1,11; *en. Ps.* 18,2,7. – [21] Cf. *Io. eu. tr.* 1,19; *s.* 4,7; 214,2. A. describes his thoughts as being torn apart, a process counteracted by the purgative effects of God's love, enabling A. to stand firm in truth (*conf.* 11,39sq.; for the context, cf. JEANMART 23-134: ‹La purification de la faute au miroir des écritures›).

3. Faith, illumination, and vision. – A. often links p. with faith. ↗‹Fides› purges the soul from temporal contaminations, and p. leads one from faith to understanding, from the ‹temporalia› to the ‹aeterna› [22]. The authority of the Bible purges the mind step by step [23].

P. is also related to ↗‹illuminatio› and ↗‹uisio›: «purgate cor, ut ipse (sc. deus) illuminet» (*en. Ps.* 30,2,3,8) [24]. P. is required in order to cling to the divine light [25]. God's light constitutes the object of a unique type of vision, the perfection of which requires p. of the mind [26]. The p. of vision takes place gradually [27]. P. perfects the mind's vision, enabling it to perceive and contemplate the things of God [28]. The pure of heart see God by ‹purgatus oculus› (*s. dom. m.* 1,11) [29].

Notes. – [22] *Exp. Gal.* 36; *conf.* 6,6; *trin.* 4,24.26; 7,12; *cons. eu.* 1,53; *Io. eu. tr.* 24,1; *en. Ps.* 43,16; cf. also p. and ↗‹credere› (e.g. *diu. qu.* 68,3; *agon.* 14; *s.* 4,7). For ‹Glaube als Reinigung›, cf. SVENSSON 198-201. – [23] *Trin.* 1,2: «ut ... ab huiusmodi falsitatibus humanus animus purgaretur, sancta scriptura paruulis congruens nullius generis rerum uerba uitauit ex quibus quasi gradatim ad diuina atque sublimia noster intellectus uelut nutritus assurgeret»; cf. *c. Faust.* 12,46. For p. and ↗‹auctoritas›, cf. also, e.g., *util. cred.* 34. – [24] Cf. ib. 61,11; 124,9. – [25] *Doctr. chr.* 1,10; *spir. et litt.* 41; *ep.* 92,2; *s.* 189,1; for the context, cf. CHRÉTIEN 46-53; GIRAUD. The expulsion of temporal desires from the soul enables one to receive the simplicity of the divine light (*s. dom. m.* 2,14; *ep.* 242,4; *en. Ps.* 96,10). – [26] *Ep. Io. tr.* 7,10; *s.* 4,4; 126,14; 188,1. – [27] *C. ep. Man.* 42,48; cf. *trin.* 4,31. A. often uses a comparative form of the adjective ‹purgatus›. – [28] *S. dom. m.* 1,11; *en. Ps.* 25,2,3; cf. *s. dom. m.* 2,9: ‹una intentione rerum aeternarum purificare›. A high degree of p. is necessary for the ‹perception› of God (*trin.* 1,3sq.). In his divine nature and as ‹principium› of all reality, also Christ is hidden for ‹humana mens nondum purgata› (*ep.* 242,4; cf. *uera rel.* 1; *c. Adim.* 9; *s.* 143,3; *s. Dolbeau* 22,10; 26,38). – [29] A. quotes *Mt* 5,8, according to which the pure of heart see God (*s.* 4,4; 117,15; *s. Mai* 15,4). For the context, cf. GILLETTE.

4. Ecclesiology and eschatology. – A. associates p. with ↗‹baptismus› [30]. This p. is described as rebirth, regeneration, and cleansing, and is linked with the entire Church's p. [31]. A.'s ecclesiology of the ↗‹corpus permixtum› is apropos of p. (*Io. eu. tr.* 15,32) [32]. The sinners who are tolerated within the Church will finally be separated from the ‹massa purgata› (*s.* 259,2) [33]. P. acts as a penalty for sin which prepares us for heaven [34]. After death one can expect either ↗‹ignis purgatorius› or ↗‹poena aeterna› (*Gn. adu. Man.* 2,30).

A. suggests a distinction between p. on earth and perfect p. (*adn. Iob* 7), as even purged vision is limited in this life [35]. Growth in knowledge requires p. and leads to the beatific vision [36]. In eternity one is thoroughly ‹purgatus›. The whole person is purged, body and soul (*inq. Ian.* 2 (= *ep.* 55),31). Once the righteous have been proven, there will be no more use for the instruments of p. [37].

Notes. – [30] *S.* 51,31; 294,17; *c. Iul.* 4,49. – [31] *S.* 264,5; *s. Mai* 94,2. – [32] Christ purges ↗‹ecclesia› so that she may be his spotless bride (*diu. qu.* 57,2; *doctr. chr.* 1,15; 2,25). – [33] Cf. *cath. fr.* 48; cf. also *qu. Mt.* 11,1,9; *en. Ps.* 147,3; *s.* 111,3; 223,2; 259,2. – [34] *Mus.* 6,43; *ciu.* 21,16. – [35] *Doctr. chr.* 2,11; *c. ep. Man.* 42,48. – [36] *Gn. litt.* 5,14,32; *c. Prisc.* 10; *s.* 122,5; for the Church, cf. *en. Ps.* 8,1. – [37] *En. Ps.* 36,1,11; 54,22.

5. Metaphors. – Metallurgy provides a framework for A.'s ecclesiology and eschatology, with God as the ‹aurifex› (*en. Ps.* 61,11) [38]. Fire serves as a means of p. for metals, and figuratively for the soul [39] (↗Ignis). Citing the Bible, A. sees punishment for sin in terms of p. through fire [40]. The p. of precious metal is the other side of the coin of the process of obliterating what is evil: «ardet palea, ut aurum purgetur» (ib. 36,1,11) [41]. A. writes of p. in relation to the image of Christ as the true vine and the disciples the branches, drawing upon *Io* 15,1sq.6 [42]. The good branches are purged, in contrast to the evil ‹palea›, which will be permanently severed [43]. P. implies a sense of medical precision (*s. Lambot* 5). One is not only purged *from* evil but purged *for* bearing more fruit (cf. *Io* 15,2) [44]. The medical sense of p. often pertains to the physician's treatment of wounded eyes, with a clear spiritual implication included [45].

Notes. – [38] Cf. *qu. uet. t.* 8; *s.* 15,4sq. – [39] *Mus.* 6,46; *adn. Iob* 28; *cons. eu.* 1,46; *qu.* 6,9,2; *en. Ps.* 37,3; 62,2; *s.* 227. – [40] Ib. 118,25,3 (cf. *1 Cor* 3,15); *s.* 15,4sq. (cf. *2 Tm* 2,19); 327,1. – [41] Cf. *agon.* 8; *s.* 327,1; *s. Denis* 24,11. – [42] *Bapt.* 1,28; *c. Gaud.* 2,9; *ep.* 52,2; 93,40; *Io. eu. tr.* 80,2; *s. Denis* 19,7; *s. Guelf.* 28,6. – [43] *En. Ps.* 92,5; *s. Guelf.* 28,6. – [44] *C. Gaud.* 2,9; *bapt.* 5,23; *ep.* 52,2; *Io. eu. tr.* 28,11; 80,2; 81,3; *en. Ps.* 8,1; *s. Guelf.* 28,6. – [45] *Io. eu. tr.* 1,19; *en. Ps.* 25,1,3.

6. ‹Pseudo-p.›. – A. often uses the p.-topic in apologetic contexts. He states that the Manichees cannot offer true p. [46]. He criticises their notion that one purges the divine ‹trapped› in nature by eating [47]. The ‹pars Donati› superciliously views itself as purged, in contrast to its brethren [48]. Pagan culture contains various forms of ‹pseudo-p.›, e.g., Porphyry's theurgy [49]. The pagans thought themselves to be purged through philosophy or their worship (*s. Dolbeau* 26,36.38.40sq.), in virtue of which they became sacrilegious devil-worshippers (ib. 26,27sq.; ↗Paganus).

Notes. – [46] *Mor.* 2,19; *c. Faust.* 2,6; ↗Manichaei. – [47] *C. Faust.* 5,10; 6,4; 13,18; 16,9.28; 20,11; *nat. b.* 45; *haer.* 46,2.12; *en. Ps.* 140,12. – [48] *C. ep. Parm.* 3,26; ↗Donatistae. – [49] *Ciu.* 10,9sq.27sq.; ↗Porphyrius; cf. Clark 134.137-140; for the context, cf. Förster. Porphyry's dictate ‹omne corpus fugiendum› is for A. a part of the former's doctrine of p. (*ciu.* 12,27; cf. Chase 38-42.48sq.; Clark 139).

Bibliography. – M. Chase, «Omne corpus fugiendum?» Augustine and Porphyry on the body and the post-mortem destiny of the soul: Chora 2 (2004) 37-58. – J.-L. Chrétien, *L'appel et la réponse*, Paris 1992. – M. Cipriani, purgatio: TLL 10,2 (1980-2009) 2677-2679. – G. Clark, Augustine's Porphyry and the Universal Way of Salvation: *Studies on Porphyry* (ed. by G. Karamanolis/A. Sheppard), London 2007, 127-140. – G. Förster, Ein universaler Heilsweg? Die Auseinandersetzung des hl. Augustinus mit Porphyrios in *De civitate Dei* X: «*Lebendige Gemeinde*». *Beiträge aus biblischer, historischer, systematischer und praktischer Theologie* (hrsg. von M. Neubrand), Regensburg 2005, 284-313. – G. Gillette, Purity of Heart in St. Augustine: *Purity of Heart in Early Ascetic and Monastic Literature. Essays in Honor of J. Raasch, O.S.B.*, Collegeville, Minn. 1999, 175-195. – V. Giraud, Delectatio interior. Plaisir et pensée selon Augustin: EPh (109) (2014) 201-217. – T. Heinze/W. Sallaberger/H. Felber, Kathartik: DNP 6 (1999) 351-354. – G. Jeanmart, *Herméneutique et subjectivité dans les Confessions d'Augustin*, Turnhout 2006. – M. Maritano, Purgatorio: NDPAC 4414-4416. – C. Moreschini, Purificazione: ib. 4416-4418. – J. Renger/J. Quack/ T. Podella, Reinheit: DNP 10 (2001) 851-854. – F. Spoth, purgo: TLL 10,2 (1980-2009) 2681-2693. – M. Svensson, *Theorie und Praxis bei Augustin. Eine Verhältnisbestimmung*, Freiburg/ München 2009, 196-205 (‹Das aktive Leben: Reinigung, Glaube und Handlung›). – A. Weckwerth, Reinheit, kultische: RAC 28 (2018) 870-914.

Matthew William Knotts

Pythagoras

Der junge A. schätzte P. und die Pythagoreer [1]. Freilich hat er später seine Meinung revidiert (*retr.* 1,3,3) [2]. Gleichwohl ist der Pythagoreismus für A. z.B. mit Blick auf Erkenntnistheorie (Mathematik), Psychologie, Musik (↗Musica), aber auch für die Gestaltung des Lebens einflußreich. Italien ist für A. unter anderem Ort der pythagoreischen Philosophie (↗Italia, 3,757).

A. hielt P. für einen Wegbereiter ↗Platons [3] und folgte der Legende einer Bekanntschaft Platons mit süditalischen Pythagoreern [4]. Aufgrund dieser vermeintlichen Vorläuferschaft konnte er Kosmologisches und Theologisches, das unter dem Namen Platons vermittelt wurde, als ‹Pythagorica› ansehen [5]. A. schätzte P. als Schöpfer des Begriffs ↗‹philosophia› [6]. P. oder Pherekydes, den er (fälschlich) als dessen Lehrer ansah, galten ihm als Gewährsleute für die Lehre von der Unsterblichkeit der Seele [7]. A. teilte die Auffassung, daß Platon zwischen Sokrates und P. inhaltlich und formal vermittelt habe: Platon hat demnach die Naturphilosophie des P. mit der Moralphilosophie des Sokrates verbunden (*Acad.* 3,37) und die Dogma-tik des P. mit Hilfe der sokratischen Dialektik weitervermittelt.

P. ist von großer Bedeutung als Autorität für die von A. aufgestellten Lebensregeln (*ord.* 2,53: ‹uitae regulae›; ↗Regula, regula fidei) zum Erlangen von Wissen, die er in *De* ↗*ordine* darstellt [8] und als Vorbild für eine nach Normen ablaufende Lebensgemeinschaft anbietet [9]. Alypius' Dank am Ende der Schrift *ord.* macht einen Bezug zu den Pythagoreern deutlich, wenn er in Lebensregeln und Studienplan Maximen des P. sieht [10]. Die Regeln, die A. für das Kloster in Hippo aufschrieb, konvergieren in wichtigen Punkten mit den Angeboten in *ord.* [11].

Besonders wichtig ist für A. die pythagoreische Lehre vom ↗‹numerus› und der Zahlartigkeit dessen, was ist [12]. Die Gleichsetzung von Zahl und Vernunft und die Lehre von den Zahlenverhältnissen in der Kunst sind von Bedeutung für A.s Erkenntnistheorie (cf. ib. 2,35-43) und werden mit P. in Verbindung gebracht. Die doppelte Zahldimension (‹numeri intellegibiles/intellectuales› und ‹numeri sensibiles›) [13] darf als Erbe des Neupythagoreers Nikomachos aus Gerasa gelten [14].

Für A.s Vertrautheit mit der Lehre des P. sind mehrere Zugänge denkbar. Ein Vermittler war sicherlich ↗Cicero [15], doch stellte ↗Varro, wie A. selbst andeutet (ib. 2,35.54) [16], die wichtigste Quelle dar. Da A. von der pythagoreischen Platoninterpretation im Mittelplatonismus Kenntnis gehabt hat, vermutet man neben Varro einen weiteren Vermittler [17].

Anmerkungen. – [1] A.s Freund ↗Alypius hält die Lehre des P. für ehrwürdig (‹uenerabilis›) und nahezu göttlich (‹prope diuina›) (*ord.* 2,53). – [2] Wie hinsichtlich Platons (ib. 1,1,4). – [3] *Acad.* 3,37; cf. Fuhrer, *Contra Academicos* 407sq. – [4] Cf. Erler 49sq. Quelle ist vermutlich Cicero, cf. *rep.* 1,16: «ut Pythagorae inuenta perdisceret (sc. Plato)» (in *ciu.* 8,4); cf. Dörrie 539-541 (Nr. 31.4). – [5] *Ciu.* 8,2-4; *doctr. chr.* 2,43; cf. Trelenberg 17sq. – [6] *Ciu.* 8,2; *trin.* 14,2; cf. Cic. *Tusc.* 5,9. – [7] *Acad.* 3,37, wohl nach Cic. *Tusc.* 1,38; cf. Fuhrer, *Contra Academicos* 408; ↗Anima, animus, 1,328-330. – [8] Cf. Trelenberg 17. – [9] P. ist relevant für das in ↗Cassiciacum angestrebte Ideal eines religiös-philosophischen ↗‹otium›; cf. Frend 253sq. – [10] Ib. 2,53sq.; cf. Trelenberg 369sq. In der Tat gehörten derartige Lebensregeln zum Themenbereich der Pythagoreer. Eine Beeinflussung A.s durch die P.-Vita des Jamblich ist jedoch nicht sicher; cf. Staab 429 n. 1061. – [11] Cf. Fuhrer, *Augustinus* 171-173; Verheijen; ↗Praeceptum, ↗Regula. In *ord.* werden Regeln für Studierende auf dem Weg zu Weisheit, Gebote für das Sexualleben, für Eßgewohnheiten, Körperpflege, Kleidung, Freizeit und Schlafgewohnheiten aufgegriffen (ib. 2,25) und als pythagoreisch verstanden. – [12] Ib. 2,44; *ciu.* 6,5; cf. Trelenberg 18. – [13] Am ausgeprägtesten in *De* ↗*musica* (z.B. ib. 6,34.58; cf. Keller 247-256); cf. auch *ord.* 2,41.44 (cf. Trelenberg 18). Zum Zusammenhang von *mus.* und der Trinitätstheologie von *trin.* 4 cf. Scully. Pythagoreisches spielt ebenfalls bei der Diskussion über Inkarnation und ‹memoria› in *trin.* 12,24 eine Rolle. – [14] Nikomachos (cf. O'Meara 14-23) hat A. wohl auch

für seine Schrift *De ↗pulchro et apto* herangezogen (cf. Soli-
GNAC, *De pulchro* 673). – [15] So findet sich A.s Lehre von der
Einigkeit guter Freunde (ib. 2,48) und der Lebensgemeinschaft
(↗Amicitia) bei Cicero (*off.* 1,56; dazu Trelenberg 18; cf. auch
Cic. *Lael.* 92), der sie auf P. zurückführt. – [16] Cf. Fuhrer,
Augustinus 172. – [17] Cf. Trelenberg 18; Dyroff 46sq.; Soli-
GNAC, Doxographies 125sq.

Bibliographie. – W. Burkert, *Weisheit und Wissenschaft.
Studien zu Pythagoras, Philolaos und Platon*, Nürnberg 1962. –
H. Dörrie, *Die geschichtlichen Wurzeln des Platonismus.
Bausteine 1-35: Text, Übersetzung, Kommentar*, Stuttgart-
Bad Cannstatt 1987. – A. Dyroff, Über Form und Begriffs-
gehalt der augustinischen Schrift De ordine: *AurAug* 15-62. –
M. Erler, *Die Philosophie der Antike 2/2. Platon*, Basel 2007. –
W.H.C. Frend, Pythagoreanism and Hermetism in Augustine's
«Hidden Years»: *StPatr* 22 (1989) 251-260. – T. Fuhrer, *Augustin
Contra Academicos (vel de Academicis) Bücher 2 und 3. Ein-
leitung und Kommentar*, Berlin/New York 1997. – Ead., *Augusti-
nus*, Darmstadt 2004. – A. Keller, *Aurelius Augustinus und die
Musik. Untersuchungen zu «De musica» im Kontext seines
Schrifttums*, Würzburg 1993. – D.J. O'Meara, *Pythagoras Revived. Mathematics and Philosophy in Late Antiquity*, Oxford
1989. – E.R. Scully, *De Musica* as the Guide to Understanding
Augustine's Trinitarian Numerology in the *De Trinitate*: AugStud
44 (2013) 93-116. – A. Solignac, Doxographies et manuels dans
la formation philosophique de saint Augustin: RechAug 1 (1958)
113-148. – Id., Le *De pulchro et apto*: BA 13 (1962) 670-673. –
G. Staab, *Pythagoras in der Spätantike. Studien zu De Vita Pythagorica des Iamblichos von Chalkis*, München/Leipzig 2002. –
J.C. Thom, Pythagoras (Pythagoreer): RAC 28 (2018) 496-522. –
J. Trelenberg, *Augustins Schrift De ordine. Einführung, Kommentar, Ergebnisse*, Tübingen 2009. – L.M.J. Verheijen, Eléments
d'un commentaire de la Règle de saint Augustin VI. Par les
praecepta uiuendi à la spiritalis pulchritudo. «Pythagore», le De
Ordine de saint Augustin et sa Règle: Aug(L) 22 (1972) 469-510.

Michael Erler

Quadragesima, quadraginta dies

I. Terminologie bei A. – II. Die q. in der Alten Kirche vor A. –
III. Abgrenzung und Dauer der q. bei A. – IV. Die Bedeutung
der q. bei A. – 1. Die biblische Begründung der q. – 2. Fasten,
Almosen und Gebet als Inhalt der q. – a) ‹Humilitas› als Grundhaltung – b) Fasten – c) Almosen – d) Gebet – 3. Die Feier der
‹passio domini› als Zielpunkt der q. – 4. Der Zusammenhang
von q. und ‹quinquaginta dies› nach Ostern – V. Die liturgische
Begehung der q. bei A. – 1. Allgemeines – 2. Die Taufvorbereitung in der q.

I. Terminologie bei A. – A. spricht von der q. als
Vorbereitungszeit auf die jährliche Osterfeier
(↗Pascha) in vielfältigen Kontexten, am ausführ-
lichsten in seinen Predigten zu Beginn und während der q. (vor allem *s.* 205-211) [1]. Gemäß dem
allgemeinen kirchlichen Sprachgebrauch bezeichnet er die bei ihm klar ausgeprägte liturgische Zeit
als ‹quadragesima› (*qu.* 1,169; *s.* 270,3), gelegentlich mit dem präzisierenden Zusatz ‹ante pascha›
[2], analog zu den ↗‹quinquaginta dies› nach Ostern
auch mit dem numerischen Begriff ‹quadraginta
dies›. Beide Begriffe sind von der 40-tägigen Dauer
abgeleitet. Verschiedene Ausdrücke qualifizieren
die q. näher als ‹q. ieiuniorum› (*inq. Ian.* 2 (= *ep.*

55),28), «ieiuniorum dies» (*Emer.* 4), «humiliationis
solemnitas» (*s.* 210,8), «quadraginta dies sacratis-
simi» (ib. 209,1) und ‹solemne tempus› [3] und
weisen auf ihren herausgehobenen Charakter hin.
Ib. 210,9 wird die q. als ‹tota paschalis solemnitas›
bezeichnet, was ihre Zugehörigkeit zum Osterfest-
kreis unterstreicht; ähnlich schließen in *en. Ps.* 98,5
die «dies paschae» auch die q. ein. Für deren Begehen verwendet A. oft das Verb ‹celebrare› [4] oder
‹concelebrare› (*s.* 209,1); den Tag des Beginns der
q. nennt er ‹solemnitas› (ib. 206,1) [5].

Anmerkungen. – [1] Cf. die soweit wie möglich vollständige
Zusammenstellung von A.s Predigten in der q. (mit der Hl. Woche) bei Margoni-Kögler 81-100. – [2] *Emer.* 4; *Io. eu. tr.* 17,4;
s. 243,8. – [3] Ib. 208,1; 209,1; 210,1. Andere ähnliche Begriffe:
‹quadragesimae tempus› (ib. 206,1), «tempus humiliandae animae» (ib. 210,10), ‹dies sancti› (ib. 211,1.5) oder ‹solemnes dies›
(ib. 208,1). – [4] So in *diu. qu.* 81,2; *Io. eu. tr.* 17,4; cf. *s.* 206,1;
252,12; ↗Celebrare, celebratio, 1,829-831. – [5] Ib. 267,3 benutzt
A. das Wort q. ausnahmsweise für die 40 Tage zwischen Auferstehung und Himmelfahrt Christi, die er ansonsten immer
‹quadraginta dies› (innerhalb der ‹quinquaginta dies›) nennt;
cf. Klöckener, Quinquaginta dies 1064.

II. Die q. in der Alten Kirche vor A. – Zum zwei-
tägigen Paschafasten des frühen Christentums als
unmittelbarer Vorbereitung auf Ostern tritt ab
dem 3. Jh. mit regionalen Varianten eine längere
Zeit hinzu, die sich, aus verschiedenen Quellen ge-
speist, über Zwischenstufen bis zur Mitte des 4. Jh.s
zu einer im Westen zumeist 40-tägigen liturgischen
Zeit entwickelt, die auf die Feier der zentralen
Christusmysterien im Jahreszyklus vorbereitet [6].
Sie ist einerseits von Fasten, Almosen und Gebet
der Getauften, andererseits von der Vorbereitung
der Taufbewerber auf ihre Eingliederung in die
Kirche in der Ostervigil bestimmt. Trotz spärlicher
Quellenlage ist davon auszugehen, daß die nordafrikanische Kirche vor A. im wesentlichen an diesen Entwicklungen teilnimmt.

Anmerkung. – [6] Überblick bei Auf der Maur 144-151;
Bradshaw/Johnson 89-108; Arbesmann 512-518.

III. Abgrenzung und Dauer der q. bei A. – Betreffs der 40-tägigen Dauer der q. ist in der Forschung umstritten, ob es sich um exakt 40 Tage
handelt oder ob die Zahl symbolisch zu verstehen
ist [7]. Beginn der q. [8] dürfte am sechsten Sonntag vor Ostern sein, das Ende mit dem Donnerstag
der Hl. Woche. Karfreitag und Karsamstag gehören nicht zur q., sondern bilden zusammen mit
dem Ostersonntag eine eigene liturgische Zeiteinheit [9]. Für die Abgrenzung von genau 40 Tagen
(und nicht von 42 Tagen, die sich beim Ende der q.
mit der Ostervigil ergäben) sprechen die wiederholt von A. hervorgehobene Ausrichtung der q. auf
die ‹passio dominica› Christi oder die ‹domini cru-

cifixi passio› (*inq. Ian.* 2,28; *s.* 205,1), den ersten Tag des ‹triduum›, sowie die große Bedeutung von A.s Zahlensymbolik [10], die keine Abweichung von den genauen Zahlenangaben erlauben würde [11]. Daß am Donnerstag der Hl. Woche das Fasten aufgehoben wird und man ein Bad nimmt, deutet ebenfalls auf das Ende des 40-tägigen Fastens hin [12].

Anmerkungen. – [7] Aus der älteren Forschung cf. besonders CALLEWAERT 464-470; cf. auch den Forschungsbericht von FRANK 1-6; für die jüngere Zeit guter Überblick bei BRADSHAW/JOHNSON 109-113, jedoch ohne Berücksichtigung Nordafrikas und A.s. – [8] A. gibt diesen niemals an. – [9] Das ‹sacratissimum ↗triduum crucifixi, sepulti, suscitati› (*inq. Ian.* 2,24); cf. KLÖCKENER, Sacrum Triduum 193-196. – [10] Hier besonders in Form der Allegorese; ↗Numerus, 4,234-236. – [11] Cf. etwa die Bedeutung der Zahlen 4 und 40, die sich unter anderem aus den Elementen der Welt, den Jahreszeiten etc. ergibt (cf. *s.* 210,8; 264,5; *doctr. chr.* 2,25). In *en. Ps.* 110,1 und ähnlich in *s.* 210,8 gewinnt die 40 ihre Symbolik aus den zehn Geboten, die in den vier Teilen der Welt, das heißt überall, verkündet werden; durch Multiplikation der beiden Zahlen miteinander gelangt man wiederum zur 40. A. kennt viele andere Beispiele solcher Berechnungen; cf. MAYER, Zeichen 411sq. 425sq. 431. Im Blick auf die Dauer der q. versteht FRANK die 40 als symbolische Zahl und beruft sich dafür z.B. auf *s.* 252,12 («quadraginta illos dies, antequam uigilemus»), wonach die q. mit der Paschavigil ende; allerdings übergeht er völlig die große Bedeutung der a. Zahlensymbolik sowie die Aufhebung des Fastens am Donnerstag der Hl. Woche. Auch geht aus *inq. Ian.* 1 (= *ep.* 54),6 («quid per quintam feriam ultimae hebdomadis quadragesimae fieri debeat?») nicht zwangsläufig hervor, daß die ganze Hl. Woche zur q. gerechnet wird. Zur Problematik auch VAN REISEN 492sq.; MARGONI-KÖGLER 95-97. – [12] Cf. *inq. Ian.* 1,6 sowie den Konzilsbeschluß von Hippo (393) (*Breu. Hippon.* 28 (CCL 149, p. 41)); cf. VAN REISEN 490-492. Wenn A. an anderer Stelle von der Ausrichtung der q. auf die Feier von Leiden und Kreuz Christi von jener auf das bevorstehende ‹pascha› spricht (z.B. *s.* 207,1; 209,1), ist darin das Kreuzesgeschehen eingeschlossen. Ib. 210,8 scheint A. die ‹solemnitas dominicae passionis› vom ‹dies resurrectionis eius› zu unterscheiden. Im übrigen findet sich in der a. Verwendung des Begriffs ‹pascha› eine gewisse Unschärfe; cf. KLÖCKENER, Pascha 481sq. 485sq.

IV. Die Bedeutung der q. bei A. – 1. Die biblische Begründung der q. – Die Zahl 40, die in vielen kulturellen Zusammenhängen eine symbolische Bedeutung hat, ist bei A. vor allem durch ihre biblische Verankerung geheiligt [13]; sie ist ein ‹mysticus numerus› (*s.* 205,1) und beinhaltet ein ‹mysterium numeri› (ib. 210,1). Ausgehend von der 40, unterstreicht A. häufig die biblische Verankerung der q. im Einklang von Altem und Neuem Testament (↗Congruentia testamentorum). Die wichtigsten Vorbilder stellen das 40-tägige Fasten des Mose (vor dem Empfang des Dekalogs am Sinai; cf. *Ex* 24,18) als Repräsentant des Gesetzes, des Elia vor der Gottesbegegnung am Berg Horeb (cf. *3 Rg* 19,8) als Prophet und Jesus selbst während seines Aufenthalts in der Wüste nach der Taufe durch Johannes vor Beginn seines öffentlichen Wirkens dar (cf. *Mc* 1,13parr.) [14]. So beglaubigt

das Evangelium das Alte Testament, das seinerseits auf Jesus zuläuft; dieser bildet mit dem Evangelium das Zentrum zwischen Gesetz und Propheten, wie die Verklärung Jesu zeigt [15]. Ein weiteres biblisches Fundament der 40-tägigen q. sieht A. in der Buße der Bewohner von Ninive nach dem Aufruf des Propheten ↗Ionas (cf. *Ion* 3,4); diese ist Vorbild für die Demut derer, die in der q. durch Fasten Buße tun, um ihre Sünden zu beweinen und das Erbarmen Gottes zu erlangen (*qu.* 1,169). Ebenfalls sind die 40-jährige Wüstenwanderung des Volkes Israel nach dem Auszug aus Ägypten (*s.* 252,11; 264,5; cf. *Nm* 32,13) sowie die 40-tägige Sintflut (cf. *Gn* 7,4.12) ein Sinnbild dieses Lebens in Mühsal, wie es in der q. erfahren wird (*s.* 264,5).

Anmerkungen. – [13] Cf. z.B. *Io. eu. tr.* 17,4: Hier stellt A. die ‹vollkommene 40› in Anlehnung an *Io* 5,5 der ‹unvollkommenen 38› gegenüber. Zur Zahl 40 in der Antike allgemein cf. die Beiträge von ROSCHER. – [14] Z.B. *qu.* 1,169; *inq. Ian.* 2,28; *Io. eu. tr.* 17,4; *en. Ps.* 110,1; *s.* 210,2.9; 252,10; 270,3. – [15] *Inq. Ian.* 2,28; *Io. eu. tr.* 17,4; *s.* 252,10. Vor diesem Hintergrund ist das Fasten der Gläubigen eine Form der ‹imitatio Christi› (cf. VAN REISEN 493-495).

2. Fasten, Almosen und Gebet als Inhalt der q. – a) ‹Humilitas› als Grundhaltung. – Charakteristisch für die q. ist die biblische und altkirchliche Trias von Fasten, Almosen und Gebet [16], um sich dadurch in Erwartung der Feier von Tod und Auferstehung Christi von neuem auf Gott auszurichten und für die Mitmenschen zu öffnen. Die Gläubigen sollen «humiles corde» (*s.* 206,1) sein, gilt doch die q. insgesamt als ein «tempus humilitatis nostrae» (ib.) [17]. Dadurch werden Versuchungen und die Anhänglichkeit an das Irdische überwunden [18].

b) Fasten. – Das Fasten (↗Ieiunium) wird in der q. von fast allen Christen im Rahmen des ihnen Möglichen geübt (*c. Faust.* 30,5; *s.* 210,9.12) und ist eine solidarische Übung (ib. 205,2). Es besteht im Verzicht auf Fleisch und Wein, in der Auslassung des ‹prandium› als der ersten Tagesmahlzeit (ib. 207,2) sowie in allgemeiner Mäßigung. Die Sonntage der q. waren davon ausgenommen (↗Dies dominicus); wenn einzelne dennoch in der q. am Sonntag fasten, akzeptiert A. dies wegen der Einheit der q. (*ep.* 36,27) [19]. Fasten besteht nicht nur in der Enthaltung von Nahrung, sondern auch im Verzicht auf Streit und Zwietracht (*s.* 205,3), in der Sorge um die Gerechtigkeit und impliziert eine moralisch einwandfreie Lebensführung sowie die Distanzierung vom Weltlichen [20]. Dazu gehört gemäß dem Gebet des Herrn (↗Oratio dominica) auch, anderen zu vergeben (ib.; ib. 208,2). Durch die äußere Züchtigung des Leibes soll der innere Mensch genährt (ib. 205,1), die ↗‹caritas› verwirklicht (ib. 209,1), die ‹concordia fratrum› bestärkt werden (ib. 211,1.6). Damit fordert A. von seinen Gläubigen in der q. eine Lebensweise, die in gesteigerter Form das verwirklicht, was die christliche Existenz grundsätzlich verlangt (ib. 205,1sq.; 206,1) [21]. Darüber hinaus sollen Eheleute sexuelle Enthaltsamkeit üben, um sich intensiver dem Gebet widmen zu können (ib. 205,2; 207,2; 208,1; 209,3; 210,9); das Erheben der Hände zu Gott soll die körperliche Umarmung ersetzen (ib. 205,2; 208,1).

c) Almosen. – Das Fasten geht einher mit dem Almosen (↗Eleemosyna), durch das das Ersparte den Armen zukommen soll [22]. Es ist zugleich eine Gabe an den «esuriens Christus», durch die sich die Gläubigen einen Schatz im Himmel erwerben (*s.* 210,12). Das Almosen findet sein unüberbietbares Vorbild in Christi Inkarnation und seiner vollkommenen Selbsthingabe am Kreuz für die Menschen (ib. 207,1). A. unterscheidet zwei Arten des Almosens: die materielle Gabe an die Armen aus Erbarmen und Nächstenliebe (ib. 208,2) und das Verzeihen anderen gegenüber (ib. 206,2; 210,12), um selbst Vergebung zu erlangen (cf. *Lc* 6,37sq.) [23].

d) Gebet. – Das Gebet (↗Oratio (deprecatio), ↗Preces) ist Frucht des Fastens und Almosens und bewährt sich wiederum in diesen. Aufrichtiges Beten verbindet sich mit Demut durch Fasten und mit Nächstenliebe durch Almosen, von denen es getragen wird [24]. Fasten und Almosen sind die Flügel des Gebetes, mit denen es zu Gott fliegt [25]. Vor Ostern ist das Gebet von Seufzen geprägt, nach Ostern wird es zum Lob Gottes (*s.* 206,1) [26].

Anmerkungen. – [16] Z.B. *s.* 208,1; 210,9. Zum Zusammenhang cf. Roetzer 28-32; Poque 56-59; Harmless 299-308; van Reisen 495-501. – [17] Cf. ib. 210,8; prägnant auch ib. 209,3: «omnibus ferueat deuotio, comprimatur elatio ... adsit uinculum caritatis»; ↗Humiliatio, humilitas. – [18] Ib. 207,1: «adiutorio misericordiae domini dei nostri, tentationes saeculi, insidiae diaboli, mundi labor, carnis illecebra, turbulentorum temporum fluctus, et corporalis omnis atque spiritualis aduersitas, eleemosynis, et ieiuniis, atque orationibus superandae sunt». – [19] Gegen die Manichäer, aber auch gegenüber seiner Gemeinde unterstreicht A., daß das Fasten keine Geringschätzung der Gaben der Schöpfung bedeutet oder diese als unrein gelten (*c. Faust.* 30,5; *s.* 207,2; 208,1; 209,3); cf. Roetzer 29sq.; Poque 56sq. – [20] *Io. eu. tr.* 17,4: «ieiunium autem magnum et generale est, abstinere ab iniquitatibus et illicitis uoluptatibus saeculi quod est perfectum ieiunium: ‹ut abnegantes impietatem et saeculares cupiditates, temperanter, et iuste, et pie uiuamus in hoc saeculo› (*Tit* 2,12)»; cf. *s.* 207,3; 208,1sq.; 209,1. – [21] Vom Quadragesimalfasten zu unterscheiden ist das Fasten, das die Gläubigen gemeinsam mit den Taufkandidaten vor der Ostervigil halten (ib. 210,2). – [22] *S.* 205,2; 208,2; 209,2sq. – [23] Cf. van Reisen 496-500. – [24] *S.* 206,3; 207,3; 209,2; 210,7. – [25] *S.* 205,3: «hae sunt duae alae orationis, quibus uolat ad deum»; cf. ib. 206,2. – [26] Ob die ib. 211,6 genannten Gebetshaltungen spezifisch für die q. oder allgemeiner Brauch sind, ist nicht sicher zu entscheiden.

3. Die Feier der ‹passio domini› als Zielpunkt der q. – Die q. läuft zeitlich auf das Leiden des Herrn zu [27]. Neben der zeitlichen besteht zwischen beiden eine enge inhaltliche Verbindung. Denn die q. bezeichnet das irdische Leben voller Mühsal und Leiden, angesichts derer die Enthaltsamkeit und Distanzierung von der Welt die rechte Lebenshaltung sind (*inq. Ian.* 2,28) [28]. Dadurch nehmen die Gläubigen am Kreuz Christi teil, von dessen Anspruch her sie ihr ganzes Leben zu gestalten haben (*s.* 205,1; 211,6). Das Fasten als Ausdruck der Demut entspricht der Erniedrigung Christi bis zum Tod am Kreuz (ib. 207,2). Wer seinen Zorn sonst nicht bändigen kann, tue dies wenigstens angesichts der kommenden Tage des Leidens des Herrn, der sogar für die, die ihn töteten, gebetet hat (ib. 208,2; cf. *Lc* 23,34).

Anmerkungen. – [27] *S.* 205,1: «qui domini crucifixi passionem iam propinquantem celebraturi sumus»; cf. *inq. Ian.* 2,28; *s.* 210,1.4.6; ↗Passio domini (dominica). – [28] Innerhalb des österlichen Triduum versinnbildet der Karfreitag ebenfalls das diesseitige Leben und Leiden; cf. Klöckener, Pascha 485.

4. Der Zusammenhang von q. und ‹quinquaginta dies› nach Ostern. – Die q. als Zeit der Entbehrung, des Verzichts und des geistlichen Kampfes vor Ostern ist ein Abbild des irdischen Lebens insgesamt, weil in dieser Zeit die Weisheit nur ‹temporaliter›, noch nicht ewig geschenkt wird (*s.* 252,10). Die Christen leben zugleich in der Hoffnung auf den Lohn durch Teilhabe an der Freude über das Offenbarwerden der Herrlichkeit Gottes und die ewige Glückseligkeit, die in den ‹quinquaginta dies› nach Ostern vorausgebildet werden [29]. So stehen die Enthaltsamkeit, die Mühsal, die Trauer und das Seufzen ‹ante pascha› in hoffnungsvoller Spannung zur Freude, Ruhe und Glückseligkeit der 50-Tage-Zeit ‹post pascha› [30].

Anmerkungen. – [29] *Io. eu. tr.* 17,4; *en. Ps.* 110,1; *s.* 243,8; ↗Beatitudo. – [30] Ib. 254,5: «significatur enim nobis duo tempora: unum ante domini resurrectionem, alterum post domini resurrectionem; unum in quo sumus, alterum in quo nos futuros esse speramus»; cf. *en. Ps.* 110,1; *s.* 125,9; 210,8; 243,8; ↗Nunc-tunc.

V. Die liturgische Begehung der q. bei A. – *1. Allgemeines.* – Die 40-tägige q. wird nach A. auf dem ganzen Erdkreis begangen [31]. Als Bischof, der «in persona Christi» predigt (*s.* 210,9), eröffnet A. regelmäßig die q. mit einer ausführlichen ‹exhortatio› über die rechte Begehung dieser Zeit [32]; dabei richtet er sich vermutlich gemeinsam an die Getauften und die Kandidaten für die Taufe in der Ostervigil [33]. Die Gläubigen nehmen in der q. eifriger als sonst am Gottesdienst teil (*ep.* 29,3). Dem Hören des Wortes Gottes kommt eine hohe Bedeutung zu (ib.); eine Reihe von Schriftlesungen läßt sich aus den Predigten eruieren [34]. In Karthago, Hippo und einigen anderen Kirchen werden ebenfalls ‹gesta collationis› von Karthago (411) ‹sollenniter› vorgetragen, was A. für alle Kirchen Afrikas wünscht [35].

Am letzten Tag der q., dem Donnerstag der Hl. Woche, Tag der ‹cena dominica› (*inq. Ian.* 1,10) [36], wird der Einsetzung der Eucharistie gedacht. Die Kirchen pflegen unterschiedliche Bräuche betreffs Zeitansatz und Anzahl der Eucharistiefeiern (am Morgen und am Abend; ib. 1,5sq.9), was unter anderem mit der variierenden Fastenpraxis an diesem Tag zusammenhängt. Laut Konzilsbeschluß von Hippo (393) wird das Fasten in Nordafrika an diesem Tag aufgehoben [37]. Üblich war der Brauch eines Bades analog zum Bad der Taufkandidaten [38].

Schon bei A. zeigt sich die generelle Tendenz der Liturgie, daß die q. weithin von Festen der Heiligen und Märtyrer frei bleibt, was den Vorrang der Osterfeier vor Heiligenfesten unterstreicht [39].

Anmerkungen. – [31] *Inq. Ian.* 2,32; *s.* 209,1; 210,8. – [32] Ib. 205,1; 206,1; 208,1; 209,1; 210,1. – [33] Cf. HARMLESS 300sq., der dazu besonders auf die Taufthematik in *s.* 210 verweist. – [34] Cf. MARGONI-KÖGLER 81-100. – [35] Ib. 28*,2; *Emer.* 4; ↗Conlatio Carthaginiensis, ↗Gesta. – [36] Cf. ROETZER 32-34. – [37] *Breu. Hippon.* 28 (CCL 149, p. 41). – [38] Cf. KLÖCKENER, Pascha 487; ROETZER 32-36 (teils korrekturbedürftig). – [39] ↗Festa sanctorum et martyrum, 2,1284sq.1291.

2. Die Taufvorbereitung in der q. – Die q. ist nicht nur für die Getauften eine verdichtete Zeit der Vorbereitung auf das ‹pascha domini›, sondern auch Intensivzeit der ‹competentes›, die in der folgenden Ostervigil durch Taufe und Eucharistie in die Kirche aufgenommen werden. Über das Hören der an die ganze Gemeinde gerichteten Predigten A.s hinaus gab es für die Taufkandidaten (↗Catechumenus) eigene Formen der Unterweisung und ein geistlich-liturgisches Programm mit Bußübungen, speziellen liturgischen Feiern an bestimmten Tagen (Skrutinien, Exorzismen (↗Exorcismus), Übergaben von Glaubensbekenntnis und Vaterunser sowie der letzten unmittelbaren Taufvorbereitung [40].

Anmerkung. – [40] Cf. zu den einzelnen Riten und zu ihrer zeitlichen Einordnung in die q. POQUE 59-70; LAMIRANDE 791-793; MAYER, Ostern 2-4; GROSSI, Baptismus 587sq.; id., *Catechesi* 49-81; vor allem HARMLESS 291-347; Gesamtüberblick über A. und Nordafrika hinaus bei KLEINHEYER 68-70.

Bibliographie. – R. ARBESMANN, Fasttage: RAC 7 (1969) 500-524. – H. AUF DER MAUR, *Feiern im Rhythmus der Zeit* 1. *Herrenfeste in Woche und Jahr* (GdK 5), Regensburg 1983. – P.F. BRADSHAW/M.E. JOHNSON, *The Origins of Feasts, Fasts, and Seasons in Early Christianity*, London/Collegeville, Minn. 2011. – C. CALLEWAERT, La durée et le caractère du Carême ancien dans l'Eglise latine: *Sacris erudiri. Fragmenta liturgica collecta a monachis Sancti Petri de Aldenburgo in Steenbrugge ne pereant*, Steenbrugis 1962, 449-506 (ib. 1940). – H. FRANK, Die Paschavigil als Ende der Quadragesima und ihr Festinhalt bei Augustinus: ALW 9,1 (1965) 1-27. – V. GROSSI, Baptismus: AL 1 (1986-1994) 583-591. – Id., *La catechesi battesimale agli inizi del V secolo. Le fonti agostiniane*, Roma 1993. – W. HARMLESS, *Augustine and the Catechumenate*, Collegeville, Minn. ²2014. – B. KLEINHEYER, *Sakramentliche Feiern 1. Die Feiern der Eingliederung in die Kirche* (GdK 7,1), Regensburg 1989. – M. KLÖCKENER, Pascha: AL 4 (2012-2018) 481-494. – Id., Quinquagina dies: ib. 1063-1066. – Id., «Sacrum Triduum paschale Passionis et Resurrectionis Domini». Zur Verwurzelung eines liturgietheologischen Begriffs in der Theologie und Verkündigung des Augustinus: *Cantare amantis est. Festschrift F.K. Praßl*, Purkersdorf 2014, 188-198. – E. LAMIRANDE, Catechumenus: AL 1 (1986-1994) 788-794. – M. MARGONI-KÖGLER, *Die Perikopen im Gottesdienst bei Augustinus. Ein Beitrag zur Erforschung der liturgischen Schriftlesung in der frühen Kirche*, Wien 2010. – C.P. MAYER, *Die Zeichen in der geistigen Entwicklung und in der Theologie Augustins 2. Die antimanichäische Epoche*, Würzburg 1974. – Id., Ostern bei Augustinus: Cor unum 60 (2002) 1-25. – S. POQUE, Introduction: *Augustin d'Hippone, Sermons pour la Pâque. Introduction, texte critique, traduction, notes et index* (SC 116), Paris ²2003, 9-143. – H. VAN REISEN, Estar alerta en beneficio de los demás. La predicación de Agustín al inicio de la cuaresma: Augustinus 54 (2009) 489-502. – J. REXER, Inquisitiones Ianuarii (Ad –) (= *ep.* 54.55): AL 3 (2004-2010) 620-630. – W. ROETZER, *Des heiligen Augustinus Schriften als liturgie-geschichtliche Quelle*, München 1930. – W.H. ROSCHER, *Die Tessarakontaden und Tessarakontadenlehren der Griechen und anderer Völker* (BSGL 61,2), Leipzig 1909. – Id., *Die Zahl 40 in Glauben, Brauch und Schrifttum der Semiten* (ASAL 27,4), Leipzig 1909. – L. VERHEIJEN, Les Sermons de saint Augustin pour le Carême (205-211) et sa motivation de la vie «ascétique»: *Nouvelle approche de la Règle de saint Augustin 1*, Bégrolles en Mauges 1980, 153-200 (Aug(L) 21 (1971) 357-404).

MARTIN KLÖCKENER

Quaestio (quaerere)

1. Semantik – 2. Begriffsgeschichte – 3. Verwendung in A.s Schriften

1. Semantik. – Das transitive Verb ‹quaerere› bedeutet zunächst ‹(auf)suchen›, ‹sich zu verschaffen suchen›, ‹zu erfahren suchen› [1] und ‹untersuchen›, ‹erforschen›. Davon abgeleitet ist das Substantiv q. mit der Grundbedeutung ‹Suche›, ‹Befragung›, ‹Untersuchung› [2]. Der Begriff findet vor allem in der forensischen Rhetorik und in philosophischen bzw. theologischen Texten Anwendung. – Zur q.-Literatur ↗Quaestiones et responsiones.

Anmerkungen. – [1] Aus dieser Bedeutung entwickelt sich die häufige Präpositionalkonstruktion ‹quaerere ab/ex/de aliquo›: ‹von jemandem wissen wollen/jemanden fragen›. – [2] Cf. WALDE/HOFMANN 396. Es scheint keine gesicherte Etymologie zu q. zu geben.

2. Begriffsgeschichte. – In der Rhetorik wird unter qu. eine Untersuchung bzw. Befragung verstanden, die zum Ziel hat, einen ungewissen Sachverhalt, ein ‹dubium›, zu klären [3]. Man unterscheidet dabei zwei Konkretheitsgrade: Während die ‹q.

finita› eine konkrete Rechtsfrage (meist in einem
Gerichtsprozeß) zum Gegenstand hat, mithin in
ihrem genuin rhetorischen Bereich als ↗‹causa›
auftritt, behandelt die ‹q. infinita› als abstrakt-
generell-theoretische q. insbesondere philosophische Fragestellungen, die freilich auch in rhetorischen Kontexten eine Rolle spielen können [4].

Für christliche Autoren ist die Auseinandersetzung mit dem Begriff q. schon allein aufgrund
des Jesuswortes vom ‹Suchen und Finden› [5] zentral. Gleichwohl wird der Stellenwert des philosophisch-theologischen Suchens kontrovers diskutiert [6]. So vertreten Irenäus und Tertullian eine
dezidiert antignostische Position und wenden sich
gezielt gegen jegliche theologische Spekulation, da
nach der Offenbarung der Wahrheit in Christus
die Suche obsolet geworden sei. Innerhalb der
Parameter gnostischer Lehren werde der Mensch
‹immer suchen, niemals aber finden› [7], während
der Christ die Wahrheit bzw. Gott gerade dadurch
finde, daß er nicht suche, sondern die autoritativ
vermittelte christliche Offenbarung gläubig an-
nehme (Tert. *praescr.* 7-14). Demgegenüber betont
die alexandrinische Theologie, daß der christliche
Glaube dahingehend angelegt sei, in vernünftiger
Erkenntnis durchdrungen zu werden. So werten
Clemens und Origenes das Suchen deutlich auf
und argumentieren dafür, die Glaubensinhalte
dialektisch zu erforschen und mit einem vernünftigen Wissen zu verbinden [8]. In eben diese Tradition stellt sich A. [9].

Anmerkungen. – [3] Zu den verschiedenen Definitionen und
Einteilungen der q. cf. Lausberg 61-64. – [4] Quint. *inst.* 3,5,5:
«item conuenit quaestiones esse aut infinitas aut finitas. infinitae
sunt quae remotis personis et temporibus et locis ceterisque
similibus in utramque partem tractantur, quod Graeci ϑέσιν
dicunt, Cicero propositum, alii quaestiones uniuersales ciuiles,
alii quaestiones philosopho conuenientis». Nach Cic. *inu.* 1,8
unterscheidet der Rhetor Hermagoras von Temnos zwischen
‹causa› und q. in dem Sinn, daß ‹causa› die genuin rhetorisch-
forensische ‹q. finita› bezeichne, während der nicht weiter bestimmte Begriff q. die Bedeutung einer verallgemeinerten, insbesondere philosophischen Fragestellungen vorbehaltenen ‹q.
infinita› habe; cf. dazu Lausberg 63sq. – [5] *Mt* 7,7; *Lc* 11,9:
«quaerite et inuenietis». – [6] Cf. Brox 25-35; Koschorke
58-61. – [7] Iren. 2,27,2: «semper inquiret, numquam autem inueniet». – [8] Cf. Clem. *str.* 5,11sq.; Or. *Cels.* 6,7 (unter Berufung
auf *Prv* 10,17; *Eccli* 21,18; *Io* 5,39; *Tit* 1,9). – [9] *Acad.* 3,43: «non
credendo solum sed etiam intelligendo».

3. Verwendung in A.s Schriften. – Charakteristisch für A.s Gebrauch von q. [10] ist die Kombination des Verbs mit den Objekten ‹uerum›/‹ueritatem› bzw. ‹deum› (↗Veritas, uerum, ↗Deus). Insbesondere in De ↗*Academicis* und De ↗*beata uita*
wird die Frage nach der Wahrheits- bzw. Gottsuche
ausführlich diskutiert. Während den Skeptikern im
ersten Buch von *Acad.* vorgeworfen wird, sie un-

terliefen ihr eigenes Ziel, die Wahrheit zu suchen,
indem sie zugleich die These verträten, die Wahrheit sei letztlich unauffindbar, erbringt das dritte
Buch vorgeblich den Nachweis, die Wahrheit (in
der Form gesicherten Wissens) könne gefunden
werden – allerdings nur im Bereich der intelligiblen
Welt [11].

In *beata u.* wird die Gottsuche eng an das
menschliche Glücksstreben gekoppelt, indem das
‹deum habere› zur Bedingung für das Glück gemacht wird (ib. 11). Allerdings entsteht in der Diskussion das Problem, wie es zu denken sei, daß
Gott zwar wolle, daß man ihn suche, zugleich jedoch derjenige, der Gott suche, Gott (noch) nicht
habe, mithin unglücklich sei (ib. 19-22). Gelöst
wird das Problem schließlich durch den Gedanken, daß Gott, der mit der Wahrheit identifiziert
werden könne [12], sich durch die ↗‹incarnatio›
Christi offenbart habe und so jedem Suchenden
prinzipiell zugänglich sei. Die Suche wird so zwar
zur notwendigen Bedingung, das Finden ermöglicht jedoch Gott selbst [13].

Auch in den ↗*Confessiones* (1,1170sq.), besonders in den Büchern 4-6, spielt das Motiv des Suchens und (Nicht-)Findens eine zentrale Rolle.
Infolge eines äußeren Schicksalsschlags [14] ver-
zweifelt das biographische Ich nicht nur an Gott,
sondern verliert auch sich selbst [15]. So wird die
Gottsuche gleichsam untrennbar mit der q. nach
dem eigenen Selbst verbunden [16]. Nach der ge-
scheiterten Suche als Anhänger der ↗‹Manichaei›,
wie sie im fünften Buch geschildert wird [17], läßt
auch der Skeptizismus A. am Finden Gottes bzw.
der Wahrheit verzweifeln [18]. Als ursächlich für
die Erfolglosigkeit der q. wird deren Ausrichtung
nach außen, d.h. die Orientierung an vergäng-
lichen Gütern, konstatiert [19]. Erst die Wendung
nach innen, die gleichbedeutend mit der (Wieder-)
Entdeckung des eigenen ↗‹cor› ist [20], eröffnet
die Möglichkeit einer erfolgreichen Gottsuche
[21]. Indes markiert der Weg nach innen nicht
deren Abschluß; vielmehr müsse der Mensch sich
sogar selbst übersteigen, damit sich Gott in ihm
offenbaren und finden lassen könne [22].

Doch auch ein so geartetes Finden Gottes bedeutet paradoxerweise nicht das Ende der Suche,
wie A. in De ↗*trinitate* deutlich macht. Denn Gott
sei so unbegreiflich, daß ein Finden Gottes sich
stets mit dem Imperativ verbinde, ihn immer weiter zu suchen [23]. Auch in zahlreichen weiteren
Werken des späteren A. findet sich dieses Motiv,
häufig mit pastoraler und paränetischer Ausrichtung [24]. Somit versteht A. die Gottsuche als
einen dynamischen Prozeß, der im irdischen Le
ben niemals endet, sondern erst im eschatologischen ↗‹finis› an sein Ziel kommt [25].

Anmerkungen. – [10] Laut CAG-online kommen im Volltext der a. Schriften Formen des Substantivs ‹quaestio› über 2000mal, des Verbs ‹quaerere› über 8500mal vor. – [11] Zur Problematik der Argumentation in *Acad.* cf. Voss 46-49; Uhle 40-114. – [12] Auf der Basis des Christuswortes «ego sum ueritas» (*Io* 14,6), das A. in *beata u.* 34 zitiert. – [13] Zu A.s christlicher Lösung der Glücksfrage in *beata u.* cf. Uhle 115-153. – [14] Es handelt sich um den Tod eines geliebten Jugendfreundes; cf. Fischer 96-98. – [15] Ib. 4,9: «factus eram ipse mihi magna quaestio». – [16] Cf. Katz 760 (mit Verweis auf *conf.* 1,2; 10,35-37): «In the case of God the object sought is not entirely distinct from the subject doing the seeking ... Seeking God is closest to seeking oneself, where subject and object are conflated». – [17] Zu A.s kritischer Auseinandersetzung mit dem Manichäismus cf. Raffelt, der das fünfte Buch als «Wendepunkt auf dem Weg der Gottsuche» (ib. 199) bezeichnet. – [18] Ib. 6,1: «non inueniebam ‹deum cordis mei› (*Ps* 72,26); ... et diffidebam et desperabam de inuentione ueri». – [19] Ib. 6,1: «quaerebam te foris a me». – [20] Cf. bereits ib. 4,18: «ecce ubi est: ubi sapit ueritas. intimus cordi est, sed cor errauit ab eo. ‹redite, praeuaricatores, ad cor› (*Is* 46,8) et inhaerete illi, qui fecit uos. ... quaerite quod quaeritis, sed ibi non est, ubi quaeritis»; ↗*Foris-intus*. – [21] Zum Begriffspaar ‹quaerere – inuenire› als Leitmotiv im sechsten Buch der *conf.* und zu den Ursachen für eine erfolglose bzw. den Möglichkeiten einer erfolgreichen Gott- bzw. Wahrheitssuche cf. Fuhrer 243-246. – [22] *Vera rel.* 72: «noli foras ire, in te ipsum redi. in interiore homine habitat ueritas. et si tuam naturam mutabilem inueneris, transcende et te ipsum». Zu A.s Wendung nach innen und dem Übersteigen der eigenen (wiederum wandelbaren) Innerlichkeit cf. Fischer 108-113. – [23] Ib. 15,2: «cur ergo sic quaerit si incomprehensibile comprehendit esse quod quaerit nisi quia cessandum non est quamdiu in ipsa incomprehensibilium rerum inquisitione proficitur, et melior meliorque fit quaerens tam magnum bonum et inueniendum quaeritur et quaerendum inuenitur? nam et quaeritur ut inueniatur dulcius et inuenitur ut quaeratur auidius». Zum Paradox des Findens, ohne zu finden, cf. bereits *ord.* 2,44: «de summo illo deo, qui scitur melius nesciendo»; *conf.* 1,10: «gaudeat etiam sic et amet non inueniendo inuenire potius quam inueniendo non inuenire te». – [24] Z.B. *Io. eu. tr.* 63,1: «quaeramus inueniendum, quaeramus inuentum. ut inueniendus quaeratur, occultus est; ut inuentus quaeratur, immensus est ... satiat enim quaerentem in quantum capit; et inuenientem capaciorem facit ut rursus quaerat impleri, ubi plus capere coeperit»; der gesamte Paragraph stellt eine Predigtmeditation über das Gottsuchen und -finden dar. – [25] Z.B. *Io. eu. tr.* 63,1: «tunc enim ostendetur nobis quod sufficit nobis. hic autem semper quaeramus, et fructus inuentionis non sit finis inquisitionis»; cf. Katz 760: «Discovering God does not complete the search, as it is an ongoing, dynamic process that does not cease during this mortal life»; ↗*Inquietum est cor nostrum*; cf. auch den Abschluß der *conf.* (ib. 13,53).

Bibliographie. – N. Brox, *Suchen und Finden. Zur Nachgeschichte von Mt 7,7b/Lk 11,9b: Orientierung an Jesus. Zur Theologie der Synoptiker. Für J. Schmid*, Freiburg 1973, 17-36. – N. Fischer, Augustins Weg der Gottessuche («*foris, intus, intimum*»): TThZ 100 (1991) 91-113. – T. Fuhrer, Zwischen Glauben und Gewißheit: Auf der Suche nach Gott und dem ‹uitae modus›: *Die Confessiones des Augustinus von Hippo. Einführung und Interpretation zu den dreizehn Büchern* (hrsg. von N. Fischer/C. Mayer), Freiburg/Basel/Wien 1998, 241-281. – S. Katz, Seek–Find: AthAg 760sq. – K. Koschorke, «Suchen und Finden» in der Auseinandersetzung zwischen gnostischem und kirchlichem Christentum: WuD 14 (1977) 51-65. – H. Lausberg, *Handbuch der literarischen Rhetorik. Eine Grundlegung der Literaturwissenschaft*, Stuttgart ⁴2008. – A. Raffelt, ‹Pie quaerere› – Augustins Weg der Wahrheitssuche: *Die Confessiones des Augustinus von Hippo. Einführung und Interpretation zu den dreizehn Büchern* (hrsg. von N. Fischer/C. Mayer), Frei-

burg/Basel/Wien 1998, 199-240. – T. Uhle, *Augustin und die Dialektik. Eine Untersuchung der Argumentationsstruktur in den Cassiciacum-Dialogen*, Tübingen 2012. – B.R. Voss, Academicis (De –): AL 1 (1986-1994) 45-51.

Tobias Uhle

Quaestiones (in heptateuchum)

I. Umstände der Entstehung – II. Titel und Umfang – III. Charakteristik – 1. Allgemeines – 2. Themen – 3. Bibeltext – 4. Intention – IV. Überlieferung und Ausgaben

I. Umstände der Entstehung. – Die *qu.* gingen wie die parallelen ↗*Locutiones* aus einem Studium des Heptateuch hervor, für das A. einen von Mai bis August 419 dauernden Aufenthalt in Karthago nutzte [1]. Ob er die Arbeit schon bei seiner Rückkehr im September 419 beendet hatte [2] oder noch einige Jahre weiterführte [3], ist umstritten. Die Anordnung in *retr.* 2,54sq., wo *qu.* unmittelbar auf *loc.* folgen, läßt keine Rückschlüsse auf die relative Chronologie beider Werke zu, weil sie nur der logischen Abfolge (zuerst sprachliche, danach inhaltliche Probleme) entspricht. Zahlreiche Querverweise, mit denen A. aus *loc.* auf bereits geschriebene oder noch zu schreibende Stellen der *qu.* verweist [4], bezeugen, daß A. an beiden Werken gleichzeitig arbeitete.

Anmerkungen. – [1] *Loc.* und *qu.* sind in *retr.* 2,54sq. an chronologisch nicht exakter Stelle zwischen den im Herbst 419 begonnenen Werken *c. s. Arrian.* (*retr.* 2,52) bzw. *nupt. et conc.* (*retr.* 2,53) und *an. et or.* (*retr.* 2,56) genannt. Zum Aufenthalt in Karthago cf. Perler/Maier 363; Rüting 4-16. – [2] Cf. Pollastri, Introduzione 290-294; Rüting 5. – [3] Bardy, Locutiones spricht sich für eine Fertigstellung ca. 422/423 aus. – [4] Cf. Weber, Locutiones 1048. Verweise aus *qu.* auf *loc.* fehlen.

II. Titel und Umfang. – Aus den Bemerkungen über *loc.* [5] ist zu schließen, daß A. auch den *qu.* keinen Gesamttitel, sondern jedem der sieben Bücher einen eigenen Titel gab [6]. In unterschiedlicher Dichte und Ausführlichkeit behandelt A. – nach Zählung der Textausgaben [7] – 173 Quaestiones zu *Gn* [8], 177 zu *Ex* [9], 94 zu *Lv*, 65 zu *Nm*, 57 zu *Dt*, 30 zu *Ios* und 56 zu *Idc*. Da die Kommentierung mit ib. 15,12 endet, A. aber keine Erklärung über das Fehlen von ib. 16-21 gibt, ist zu vermuten, daß entweder A. die letzten Kapitel von *Idc* wie *Rt* den Königsbüchern zurechnete [10] oder der Schluß im Zuge der handschriftlichen Überlieferung verloren ging [11]. Der Plan, auch die Königsbücher zu behandeln, konnte wegen anderer dringender Beschäftigungen nicht realisiert werden [12]. Dennoch ist *qu.* eines der längsten Werke des A. Dem Werk geht ein kurzer Prolog mit Informationen zu Entstehung, Sprache und Stil voraus.

Anmerkungen. – [5] *Retr.* 2,54: «huius operis titulus est locutiones de Genesi atque ita de singulis libris». – [6] Cf. DOLBEAU 204; die Bezeugung der Schrift im ↗*Indiculum* ist unsicher. Der von den Maurinern auf *qu.* bezogene Eintrag Possid. *indic.* 10³,11 (MA 2, p. 179) «de ueteri testamento aliqua exposita» verweist wohl auf *qu. uet. t.*; cf. WEIDMANN 124 n. 36. – [7] Gliederung und Numerierung der einzelnen Kapitel gehen wohl nicht auf A. zurück. Sie widersprechen an manchen Stellen der Intention des Verfassers, weil einerseits einige aufeinander folgende Quaestiones eine gedankliche (z.B. ib. 2,16sq.19sq.68sq.110sq. 125sq.; 3,1-3) und mitunter sogar syntaktische (z.B. ib. 3,5sq.) Einheit bilden, andererseits einzelne Kapitel mehrere verschiedene Themen (z.B. ib. 2,115; 3,27,1-3) behandeln; cf. WEIDMANN 128 n. 55. – [8] Unter Auslassung der in anderen Schriften oft kommentierten ersten drei Kapitel; cf. *qu.* 1, praef.: «exceptis ergo his quae a principio, ubi deus caelum et terram fecisse narratur, usque ad dimissionem duorum primorum hominum de paradiso tractari multipliciter possunt, de quibus alias, quantum potuimus, disseruimus». A. denkt wohl an *Gn. adu. Man.*, *Gn. litt. inp.*, *Gn. litt.* und *conf.* 11-13. – [9] In der letzten Quaestio wird eine aus ib. 26sq.38 zusammengetragene topographische Beschreibung des ‹tabernaculum› und ein abschließender ‹virtueller Rundgang› geboten. – [10] Cf. WEBER, Beobachtungen 331sq. – Das Schlußkapitel *qu.* 7,56 ist mit seiner programmatischen Aussage über *loc.* möglicherweise bewußt als provisorischer Schluß des Doppelwerks (*loc.* und *qu.*) an das Ende von *qu.* gesetzt. – [11] WEIDMANN 132-135 ergänzt den fragmentarischen Schluß mit Hilfe der Handschrift Cambrai, bibl. mun. 545 (503) um die Worte «ita nec modi locutionum». – [12] *Retr.* 2,55: «regnorum quoque libros eodem modo iam considerare coeperamus; sed non multum progressi in alia, quae magis urgebant, animum intendimus».

III. Charakteristik. – 1. Allgemeines.

– A. wählt aus dem lateinischen vorhieronymianischen Heptateuch jene Stellen aus, in denen er über die Sprachebene (↗‹locutio›) hinaus auf inhaltlicher Ebene (‹sensus›; ↗Sensibilia, sensus) ein Problem erkennt [13]. Die einzelnen Quaestiones werden jeweils entweder mit dem lateinischen Bibellemma oder stereotypen Formulierungen wie ‹quaeritur›, ‹quaeri solet›, ‹quaestio est›, ‹quid est quod ait› eingeleitet. A. unterscheidet drei Typen der Kommentierung: Ungelöste (meist nur kurz angedeutete [14]), unentschiedene (oft in Form verschiedener Fragen präsentierte [15]) und gelöste (meist ausführlich diskutierte und begründete [16]) Quaestiones [17]. Da A. ausdrücklich erklärt, das Werk in Eile abzufassen [18], begnügt er sich oft damit, eine Frage aufgeworfen zu haben [19]. Eine Systematisierung ist nicht angestrebt; für das Verständnis wichtige Informationen werden erst bei der Besprechung konkreter Einzelstellen geboten [20] oder durch einen der zahlreichen Rückverweise [21] evoziert. Konkrete Quellen nennt A. nur in Ausnahmefällen [22]; meist begnügt er sich mit unbestimmten Angaben wie ‹quidam›, ‹multi›, ‹aliqui›, die kaum einem bestimmten Autor zugeschrieben werden können [23].

Anmerkungen. – [13] Cf. LIENHARD. – [14] Z.B. *qu.* 1,38; 2,34. – A. verfolgt einige Themen über einen längeren Abschnitt hindurch, z.B. die Nennung von ↗‹spiritus sanctus› (ib. 1,9.134:

«ecce iam, nisi fallor, tertio insinuatur nobis in hoc libro spiritus sanctus»; ib. 2,25.55: «ecce iam quinto commemoratur spiritus dei»; ib. 2,138: «nondum legitur spiritus sanctus») oder das Erheben der Hand bzw. des Stabes (ib. 2,25.34.38: ‹tertio› etc.). – [15] Z.B. *qu.* 1,31.33: «quaeritur ... quomodo singulariter dominum appellet ... an intellegat ... an potius»; ebenso ib. 1,71. – [16] Am umfangreichsten sind neben der ‹quaestio tabernaculi› (*qu.* 2,177) die allegorische Exegese des in *Nm* 19,1-22 angeordneten Opfers einer roten Kuh (*qu.* 4,33) und die ausführliche Diskussion über den Eid Iephtes (ib. 7,49 zu *Idc* 11,29-31). – [17] *Qu.* 1, praef.: «siue breuiter commemorando uel etiam pertractando tantummodo proponerentur siue etiam qualitercumque tamquam a festinantibus soluerentur»; cf. *retr.* 2,55,1: «ea quae ibi disputantur magis quaerenda proposui quam quaesita dissolui, quamuis multo plura in eis mihi uideantur ita pertractata, ut possint etiam soluta et exposita non inmerito iudicari»; cf. dazu RÜTING 201-339; ↗Quaestiones et responsiones. – [18] Cf. *qu.* 1, praef.; 2,21; 2,71,6; 4,33,1; 7,49,23. – Einige Behauptungen werden nicht verifiziert (z.B. ib. 2,153: «sed diligentius requirendum est in prioribus scripturae partibus, an uere sit ita») oder korrigiert (z.B. ib. 2,123 durch ib. 3,32.81 zur Bedeutung von ‹cidara›). – [19] *Qu.* 1, praef.: «nonnulla enim pars inuentionis est nosse quid quaeras»; cf. ib. 1,145: «admonere tantum uoluimus quid hic oporteat inquiri». – [20] Z.B. die Information, daß zahlreiche Widersprüche in der biblischen Chronologie durch Annahme einer ‹recapitulatio› (cf. POLLASTRI, Introduzione 353sq.) gelöst werden können (*qu.* 1,25,1: «recapitulatio itaque ista, si aduertatur in scripturis, multas quaestiones soluit»), oder der ib. 4,30 gebotene Hinweis, daß der Pentateuch keine fortlaufende historische Erzählung darstellt. – [21] Z.B. verweisen *qu.* 1,151 und 6,22 auf ib. 1,117 sowie ib. 2,164 auf ib. 2,90.154; cf. WEIDMANN 119. – Mehrmals verweist A. auf eigene Werke (z.B. *qu.* 1,26; 2,2.144 auf *c. Faust.*; *qu.* 7,49,14 auf *ciu.* 1,21). – [22] Unter den christlichen Autoren werden Origenes (*qu.* 1,4), Hieronymus (ib. 1,26; cf. CAVALLERA), Didymus (*qu.* 2,25), Tychonius (ib. 2,47,3) und Eusebius (ib. 2,47,4) genannt; als heidnische Autoritäten fungieren Gellius (ib. 1,30), Horaz (ib. 1,31), ‹medici› (ib. 1,35), Hippocrates (ib. 1,93) und Terenz (ib. 4,49: «in comoedia»). – [23] Cf. RÜTING 160-201; POLLASTRI, Introduzione 303-334.

2. Themen.

– A. diskutiert vorwiegend solche Stellen, die er noch nicht in anderen Werken behandelt hat [24]. Das Spektrum der behandelten Themen reicht von sprachlichen [25] (grammatikalischen [26], lexikalischen [27], etymologischen [28] und stilistischen [29]) Problemen der lateinischen Bibel, für deren Diskussion er oft das lateinische und griechische Vokabular von Parallelstellen heranzieht [30], über scheinbare logische Widersprüche (*qu.* 1,1) und Fragen zu Geographie (ib. 1,171), Chronologie [31], Kulturgeschichte [32] und Anthropologie [33] bis hin zu Problemen der Ethik und Theologie; breiten Raum nehmen (vor allem in *qu.* 2 und 3) Erörterungen des Kults ein (↗Cultus). Zwar steht bei der Auslegung des Bibeltexts die Literalexegese im Vordergrund [34], doch werden zahlreiche Stellen als zeichenhafte Ankündigung der neutestamentlichen Heilsgeschichte interpretiert [35]; ↗Congruentia testamentorum, ↗Figura(e), ↗Interpretatio, ↗Vetus-nouus.

Anmerkungen. – [24] In *qu.* findet sich z.B. die einzige zusammenhängende Darstellung des Dekalogs bei A.; cf. SÁNCHEZ MANZANO; ↗Decalogus. – [25] Trotz der generellen Differenzierung zwischen *loc.* und *qu.* weisen zahlreiche Quaestiones Form und Inhalt einer Locutio auf (z.B. ib. 1,132) oder enthalten Elemente, die jeweils auch an der entsprechenden Parallelstelle aus *loc.* behandelt wurden (z.B. *qu.* 1,71: «notanda locutio est»; cf. *loc.* 1,91; 2,119.123.142.163; 3,1.4); ↗Locutionum modi. – [26] Z.B. Kasus (*qu.* 7,32.47) und Numerus (ib. 3,27,3; 3,78) des Nomens, Tempus (ib. 4,16,3) des Verbums. – [27] Erklärung unbekannter Wörter (z.B. *qu.* 2,69: γϱαμματοεισαγωγούς). – [28] Z.B. *qu.* 1,24 mit Diskussion der Etymologie von ‹Hebraeus› (aus ‹Abraham› oder ‹Heber›); ib. 4,33,5 mit Herleitung von ‹cremare› aus dem Griechischen; ↗Lingua graeca. – [29] Auslassungen (z.B. *qu.* 2,153: «non omnia esse scripta»); Wortstellung (z.B. ib. 3,89; 4,14); Satzgliederung (z.B. ib. 2,139.166). – [30] Cf. *qu.* 3,41 mit Diskussion der Begriffe ἁφή, μῶμος, σπίλος, ‹tactus›, ‹macula› und Verweis auf *Eph* 5,27; *qu.* 3,53 mit Benützung von mindestens sechs Bibelcodices. – [31] Cf. ib. 1,25 (‹recapitulatio›); 7,3 (‹prolepsis›). – [32] Cf. ib. 2,69 zum Gebrauch der Schrift; ib. 2,169 zur Metallverarbeitung. – [33] Cf. ib. 1,150: ‹corpus› ist hier mit ‹anima› gleichzusetzen. – [34] Ib. 1,73: «sed etiam historica proprietate hoc responsum inuenitur esse completum»; ib. 3,24: «nec tamen hinc tamquam allegorice aliquid significatum, quod non fieret, sed intellegeretur, cogendi sumus accipere, sed potius agnoscere locutionem scripturarum». – [35] Z.B. ib. 4,33,6; cf. ib. 2,73: «in uetere nouum lateat et in nouo uetus pateat»; 2,112; 4,33,1: «eadem quippe sunt in uetere et nouo: ibi obumbrata, hic reuelata» (↗Reuelatio, ↗Vmbra); oft wird Zahlensymbolik (↗Numerus, 4,234-236) nutzbar gemacht; cf. Rüting 266-281.

3. Bibeltext.

– A. zieht neben verschiedenen lateinischen Übersetzungen, die in ihrer Textform dem Codex Alexandrinus nahestehen, mehrere Fassungen der griechischen ↗Septuaginta sowie punktuell die Vulgata [36] zum Vergleich heran [37] (↗Scriptura sacra). Er bemüht sich, allen Varianten der Bibelhandschriften einen Sinn abzugewinnen [38]; insbesondere nimmt er die Septuaginta ausdrücklich gegen die Übersetzung aus dem Hebräischen in Schutz [39], obwohl er mitunter dieser leichtere Verständlichkeit attestiert [40].

Anmerkungen. – [36] *Qu.* 6,19; 7,25.37: ‹interpretatio ex Hebraeo›; ↗Lingua hebraea. – [37] Cf. Rüting 140-151; La Bonnardière; Pollastri, Introduzione 330-334. – [38] Cf. *qu.* 3,53,3; 6,24. – [39] *Qu.* 1,169: «non ergo dicamus unum horum falsum esse»; cf. ib. 6,25. – [40] *Qu.* 5,20; 7,37: «interpretatio ex Hebraeo planius id habet».

4. Intention.

– Unmittelbarer Anlaß zur Abfassung von *qu.* war wohl das längere ‹otium› in Karthago, das A. aus eigenem Antrieb für das kritische Studium des Heptateuchs nutzte. Er beabsichtigte, mit *qu.* eine Gedächtnisstütze für spätere Weiterarbeit zu schaffen [41]; zahlreiche Probleme bleiben daher ausdrücklich ungelöst [42]. Konkret hatte er, wie zahlreiche Übereinstimmungen in der Erklärung der biblischen Geschichte (vor allem *Gn*) zeigen, wohl schon die Bücher 15 und 16 von *De ↗ciuitate dei* im Auge, für die ihm *qu.* als Vorstudie diente [43]. Über den Eigenbedarf hinaus zielt A. nur auf einen sehr beschränkten Kreis von Benutzern, deren Sachkompetenz er die vertiefende Behandlung und Klärung ungelöster

Probleme anheimstellt [44]. Aus der privaten, nichtpastoralen Grundhaltung [45] resultiert der bewußte Verzicht auf Literarisierung [46] und antihäretische Polemik [47].

Anmerkungen. – [41] Ib. 1, praef.: «ne de memoria fugerent: non ut eas satis explicaremus, sed ut, cum opus esset, possemus inspicere, siue ut admoneremur quid adhuc esset requirendum, siue ut ex eo quod iam uidebatur inuentum, ut poteramus, essemus ad cogitandum instructi et ad respondendum parati». – [42] Ib. 2,173: «quod otio discutiendum est quid ista significent». Ebenfalls um eine derartige Markierung für weitere Studien handelt es sich bei dem Satz «sed considerandum est quemadmodum hoc dicat A. Gellius et diligenter inserendum» (ib. 1,30), den Hagendahl 2,696sq. und nach ihm viele andere als eine nicht für die Niederschrift bestimmte Anweisung A.s an einen Stenographen verstehen (cf. z.B. *qu.* 2,135.153: «diligentius requirendum»). – [43] Cf. Rüting 7-10; Pollastri, Introduzione 286-289.297 n. 50; ead., *Quaestiones.* In *qu.* 2,1 («sed diligentius de hac quaestione disserendum est propter alia exempla quae in scripturis reperiuntur») deutet A. ein Problem an, das er in *Contra ↗mendacium* 32 eingehend behandelt wird; cf. Rüting 10sq. – [44] Ib. 5,55: «dicam ergo interim quid mihi in praesentia uideatur. intellegent fortasse aliquid melius qui melius hoc sapiunt». – [45] A. verweist abgesehen von *retr.* 2,55, wo er drei Stellen bespricht, nie auf *qu.* – [46] Ib. 1, praef.: «uile ... eloquium»; cf. ib.: «non enim disputatio ueritate sed ueritas disputatione requiritur». – [47] Cf. Pollastri, Introduzione 355-373. Widerlegungen häretischer Positionen werden nur beiläufig und ohne Polemik vorgetragen, an einigen Stellen spiegeln sich aktuelle Kontroversen zur Gnadenlehre (cf. ib. 361-366) und zur Herkunft der Seele (z.B. *qu.* 1,150; 2,80) wider. Explizit polemische Bemerkungen sind eine Ausnahme, z.B. ib. 2,117: «fabulantur tamen quidam»; ib. 7,46: «quidam idiotae».

IV. Überlieferung und Ausgaben.

– Das Werk ist in ca. 40 Handschriften enthalten [48], die meist analog zu *retr.* 2,54sq. *qu.* als geschlossenen Block auf *loc.* folgen lassen. Davon abweichend enthalten zwei eng verwandte Handschriften aus Padua (Cod. 182, 9. Jh.) und Novara (Cod. 82, 9./10. Jh.) *qu.* 1sq. (die in den anderen Handschriften meist mit einem eigenen Titel versehene ‹expositio tabernaculi› = ib. 2,177 fehlt), *loc.* 1sq. und danach für *Lv* bis *Idc* jeweils ein Buch *loc.*, gefolgt vom entsprechenden Buch *qu.* Die älteste erhaltene Handschrift ist der aus Corbie stammende Codex Paris BNF 12168 vom Ende des 8. Jh.s, der nur die ersten vier Bücher, denen jeweils das entsprechende Buch *loc.* folgt, überliefert. Ein Schreibervermerk («abhinc scribendum») und eine Interpolation aus *qu. uet. t.* beweisen, daß er auf jenes Exemplar zurückgeht, welches von Eugipp für seine mehr als 50 Exzerpte aus *qu.* verwendet wurde [49]. Einzelne Kapitel aus *qu.* sind in mittelalterlichen Florilegien und Kommentaren zu Büchern des Heptateuch überliefert [50]. Die Kommentierung zu den ersten vier Kapiteln von *Lv* ist wohl durch einen Fehler des Archetypus verloren gegangen [51]. Die in zahlreichen Handschriften überlieferten Kapitelüberschriften und deren Zählung sind mit Sicherheit nicht authentisch [52].

Die Editio princeps von *qu.* erfolgte 1497 in Lyon durch den Humanisten Jodocus Badius (Ascensius) [53]; danach erschien *qu.* in allen maßgeblichen Gesamtausgaben: Amerbach, Petri und Froben (Bd. 8, Basel 1506); Erasmus (Bd. 3, Basel 1528); Lovanienses (Bd. 3, Antwerpen 1576); Mauriner (Bd. 3, Paris 1680). Kritische Editionen besorgten J. Zycha 1895 im CSEL und I. Fraipont 1958 im CCL.

Anmerkungen. – [48] Zu den Handschriften cf. *Überlieferung* 1,1,96; 2,1,101; 4,46; 6,1,140; 8,1,132; 9,1,87; 10,1,145; 11,65; cf. auch Zycha; Fraipont; Weidmann 120-123; allgemein zur Überlieferung Beeson. – Das von Fraipont erstellte Stemma wurde von Lee anhand einer kladistischen Untersuchung des textkritischen Apparats zu *qu.* 1,20-39 korrigiert. – [49] Cf. Fraipont VIII*. – [50] Z.B. bei Iohannes Diaconus, Beda, Florus, Claudius von Turin und Hrabanus Maurus. Cassiodor *inst.* 1,1,4 nennt *qu.* unter den patristischen lateinischen Kommentaren zum Oktateuch. – [51] Cf. Weidmann 113-132. – [52] Cf. Weidmann 128. – [53] Cf. Fraipont XIII* mit n. 30.

Bibliographie. – *Ausgaben und Übersetzungen*: PL 34,547-823. – CSEL 28,2,3-506. – CCL 33,1-377. – Dt.: AOW 57 (2018) 1,97-265.305-557; 2,25-169.185-283.297-381.393-445.461-563 (W. Groß). – Frz.: Œuvres compl. (B) 4 (1866) 375-589 (Pognon). – Œuvres compl. (P) 7 (1873) 469-652; 8 (1871) 1-109 (A. Charpentier). – It.: NBA 1,11,1-2 (1997) 407-785.799-1277 (L. Carrozzi/ A. Pollastri). – Poln.: PSP 46-47 (1990) 13-291.19-124 (J. Sulowski/E. Stanula). – Span.: BAC 504 (1991) (O.G. de la Fuente). – *Untersuchungen*: G. Bardy, La littérature patristique des «Quaestiones et Responsiones» sur l'Ecriture sainte: RBi 41 (1932) 210-236.341-369.515-537; 42 (1933) 14-30.211-229.328-352. – Id., Les «Locutiones» et les «Quaestiones»: BA 12 (1950) 590. – C.H. Beeson, Insular Influence in the Quaestiones and Locutiones of Augustine: *Mélanges Mandonnet. Etudes d'Histoire Littéraire et Doctrinale du moyen âge* 2, Paris 1930, 7-13. – A. Bianchi, *Le Quaestiones in Genesim di Agostino. Aspetti formale e problematiche esegetiche*, Pisa 1993-1994. – F. Cavallera, Les «quaestiones hebraicae in Genesim» de s. Jérôme et les «Quaestiones in Genesim» de s. Augustin: MA 2,359-372. – F. Cocchini, Le *Quaestiones* di Agostino sull'*Esodo*: osservazioni storiche, esegetiche, dottrinali: ASEs 5 (1988) 77-95. – F. Dolbeau, Brouillons et textes inachevés parmi les œuvres d'Augustin: Sacris Erudiri 45 (2006) 191-221. – A.D. Fitzgerald, *Quaestiones in Heptateuchum*: AthAg 692sq. – I. Fraipont, Praefatio: CCL 33 (1958) VII*-XVI*. – A.-M. La Bonnardière, Augustin a-t-il utilisé la «Vulgate» de Jérôme?: *Saint Augustin et la Bible*, Paris 1986, 303-312. – A.R. Lee, Numerical Taxonomy Revisited: John Griffith, Cladistic Analysis and St. Augustine's *Quaestiones in Heptateuchum*: StPatr 20 (1989) 24-32. – J.T. Lienhard, *Locutio* and *sensus* in Augustine's Writings on the Heptateuch: ib. 70 (2013) 79-83. – A. Pollastri, Le *Quaestiones* di Agostino su *Genesi*: struttura dell'opera e motivazioni storico-dottrinali: ASEs 5 (1988) 57-76. – Ead., Introduzione generale: NBA 1,11,1 (1997) 283-376. – W. Rüting, *Untersuchungen über Augustins Quaestiones und Locutiones in Heptateuchum*, Paderborn 1916. – M.A. Sánchez Manzano, Comentario semántico de mandato en las *Quaestiones in Heptateuchum*: Augustinus 37 (1992) 353-362. – D. Weber, Locutiones: AL 3 (2004-2010) 1048-1054. – Ead., Beobachtungen zu Augustinus' *Locutiones in Heptateuchum*: StPatr 49 (2010) 329-334. – C. Weidmann, Zwei Lücken in den *Quaestiones in Heptateuchum* des Augustinus: REAug 53 (2007) 113-139. – J. Zycha, Praefatio: CSEL 28,2 (1895) V-XXVI.

Clemens Weidmann

Quaestiones et responsiones

1. Precedents – 2. The ‹quaestio› genre in A. – 3. Works with ‹quaestiones› in the title – 4. ‹Quaestiones› in letters – 5. Other treatises

1. Precedents. – ‹Quaestio(nes) (et responsiones)› [1] is a literary type (since the beginning of the fourth c.: a genre) in which material is presented in the form of questions and answers [2]. The ‹quaestio› type arose in didactic literature, especially in the treatment of scholarly topics. Among pagan authors, the most important category of ‹quaestio› literature was the explanation of a text [3]. In *part.* 2, Cicero insinuated that he modeled his work on Greek archetypes, and that question-and-answer literature had not previously been represented in Latin. Unique in Jewish literature was Philo of Alexandria's Ζητήματα καὶ λύσεις, an inquiry into verses of the Pentateuch, without attempting a complete commentary [4].

The Christian tradition of question-and-answer literature [5] as a genre began with Eusebius of Caesarea's *Quaestiones euangelicae ad Marinum* and *... ad Stephanum*, which dealt with problems in the infancy narratives and the Resurrection accounts. The Christian Latin tradition of question-and-answer literature is first accessible in Ambrosiaster's *Quaestiones ueteris et noui testamenti*. Besides biblical questions, Ambrosiaster treated dogmatic and controversial issues – typical for the extension of the genre during the fourth c. In parallel, the genre often got a didactical and catechetical dimension including monastic rules [6].

Notes. – [1] For the Greek terminological equivalences, e.g. Ἐρωταποκρίσεις, cf. Broszio 605. – [2] For an overview, cf. Dörrie/Dörries; Garzya; Hörandner. For important developmental stages of the literary type, cf. Bussières. – [3] Beginning with Homer, in the form, «What does Homer mean with the words ...?»; cf., e.g., Porph. *ad Il.* and *ad Od.* (fragmentary). – [4] Cf. Dörrie/Dörries 344. – [5] Cf. Bardy; Curti; Perrone; Broszio; Volgers; Volgers/Zamagni. – [6] For the Late Antiquity, cf. Marone; Papadoyannakis.

2. The ‹quaestio› genre in A. – A. stands out among Latin Fathers for his frequent use of the question-and-answer genre. Almost all of A.'s ‹quaestio› literature is based on real questions: either a correspondent wrote him a letter asking questions, or one or more acquaintances asked him questions, or he raised questions himself while reading the Scripture [7]. He seldom quoted the questions verbatim, but they can often be reconstructed from his answers.

Apart from works with the word ‹quaestio› or its equivalent in the title, others of A.'s works can rightly be judged to belong to the ‹quaestio› type. At least five letters qualify; in the case of four of them, A. refers to them by title as treatises, although they are printed among his letters. Several other treatises may also be considered ‹quaestio› literature [8].

Notes. – [7] For the context, cf. Fuhrer; ↗Interpretatio, ↗Scriptura sacra. – [8] Teske has proposed the fullest list of such works.

3. Works with ‹quaestiones› in the title. – (1) *De ↗diuersis quaestionibus octoginta tribus.* A. writes in the *retr.* that, soon after his conversion, when he returned to Africa, his brethren began to ask him questions when he was at leisure. A. dictated his answers, which were written on separate sheets. When he became a bishop, he had them collected and numbered, and added a table of contents (ib. 1, 26). Each of the eighty-three questions in this book has a title, given by A., and many (but far from all) of the questions begin with ‹utrum›, ‹quare›, or ‹quemadmodum›. Others begin with an interrogative ‹quid› or ‹quae›, or a phrase like ‹quo documento›. The majority, however, simply announces the topic: ‹de malo›, ‹de filio›, ‹de metu›. In other words, A. conceived these chapters as questions in a wider sense. A. also notes (ib.) that the questions were dictated without any orderly arrangement. Not all answers are by A.; question 12 is by Fonteus of Carthage, and 31 is from Cicero's *De inuentione.* Question 46, on the Platonic ideas, is justly famous. A. thought enough of the work to transcribe the complete table of contents into the *retr.*

(2) *Ad ↗Simplicianum de diuersis quaestionibus.* *Simpl.* is A.'s best-known ‹quaestio› work. Simplician addressed a letter to A. with seven questions, two on Paul's Epistle to the Romans and five on the books of Samuel and Kings. A. does not quote Simplician's questions. As he attests in *retr.* 2,1,1, this was the first work he wrote as a bishop. Book 1, the answers to the questions on Romans, marked a turning point in A.'s intellectual life. In the course of his meditation on *Rm* 9, he came to realize that all good actions, even the ‹initium fidei›, are the result of grace (cf. *perseu.* 52; *retr.* 2,1,1). Later, in the course of the Pelagian controversy, A. referred back to this book several times [9].

(3) *↗Quaestiones euangeliorum* [10] and (4) *↗Quaestiones XVI in Matthaeum.* In *retr.* 2,12, A. mentions a work, ‹quaestiones euangeliorum› (*qu. eu.*), and notes that it treats some passages from *Mt* and *Lc.* The prologue implies that A. read these gospels with one of his acquaintances, who asked questions about points that seemed to him obscure. A. answered, but for lack of time the answers are extemporaneous and hasty. He pre-

served the questions in the order in which they were treated but numbered them and made a table of contents. Book 1, on Matthew, contains 47 answers, most of them short. Book 2, on Luke, contains 51 (resp. 53) answers, many of them quite long. The second work (*qu. Mt.*) may rightly be regarded as authentic and considered an appendix to *qu. eu.* It comprises 16 [11] questions on *Mt.* The title stems from the Maurists. There is no indication of the questioner's identity.

(5) *↗Quaestiones (in heptateuchum).* A.'s most massive work of ‹quaestio› literature was written in 419, perhaps in preparation for writing books 15 and 16 of *ciu.* He read and compared several codices of the Latin Bible; he also had a copy of the Septuagint to consult and, from about the middle of his work on Deuteronomy on, a copy of Jerome's new translation from Hebrew. The work comprises 173 questions on *Gn*, 177 on *Ex*, 94 on *Lv*, 65 on *Nm*, 57 on *Dt*, 30 on *Ios*, and 56 on *Idc.* A. began his treatment of *Gn* at 4,17, explaining that he had already covered the opening section of *Gn* in earlier writings. In the preface, A. notes that he read the seven books quickly and noted down questions that came into his mind, lest he forget them; some he answered, others he simply recorded. His introductory phrases, like ‹quaeri solet›, ‹quaeritur›, or ‹quaestio est›, clearly suggest the questions he was asking. His concerns are most often with the coherence and historicity of the biblical text; in some cases he takes up theological or moral points (e.g., lying, or human sacrifice), but allegorical interpretation is nearly absent from the work. *Qu.* is complemented by ↗*Locutiones.*

(6) *De ↗octo Dulcitii quaestionibus.* Dulcitius, brother of the Laurentius to whom A. addressed *ench.*, wrote a letter (lost) to A. in which he posed eight questions. In his answer, A. quotes Dulcitius' questions verbatim. The first three concerned life after death; the others dealt with the exegesis of passages from the Old Testament. Except for question 5, A. answered by excerpting passages from his own earlier writings. Thus, less than one-third of the work is new composition. This work is unique among A.'s writings, both because he quotes the inquirer's questions verbatim and because he answers with excerpts from earlier writings.

(7) *De ↗octo quaestionibus ex ueteri testamento.* This work was first published complete by Morin [12], and de Bruyne first defended its authenticity [13]. The work may be a notebook in which A. recorded short comments that he planned to incorporate into other works. The first two paragraphs deal with sin and with language. The first three numbered questions treat the Word, the concept of an image, and death. The next three treat verses

from the Wisdom literature. Question 7 is an allegorical interpretation of the levirate law. Question 8 treats the Old Testament prohibition against boiling a kid in its mother's milk; this interpretation, too, is allegorical. The role of the questioner is not indicated.

Notes. – [9] E.g. *praed. sanct.* 8 refers to *Simpl.* and to *retr.*; *Dulc. qu.* 6,2-4 quotes *Simpl.* 2,3. – [10] Recently REQUIN 1,20-22.78 questioned the ‹quaestio› genre of the work. – [11] Early printed editions divided ‹quaestio› 11 (thus 17 questions). – [12] Cf. MORIN. – [13] Cf. DE BRUYNE.

4. ‹Quaestiones› in letters. – (8) *Ad ↗inquisitiones Ianuarii* (= *ep.* 54.55). Januarius asked questions about the celebration of the sacraments, and particularly why their celebration differed in different places (cf. *retr.* 2,20; *↗Epistulae*, 2,956sq.). – (9) *↗Quaestiones expositae contra paganos numero sex* (= *ep.* 102). Deogratias sent A. six questions that had been posed by pagans on various topics from Scripture and Christian theology (*retr.* 2,31; *↗Epistulae*, 2,967). – (10) *Ep.* 135.137 and 136.138 [14]. Volusianus and Marcellinus addressed several questions to A. on the person of Christ, especially on the Incarnation and the infancy of Jesus, and on Christ's miracles (*↗Epistulae*, 2,975sq.). – (11) *De ↗gratia testamenti noui ad Honoratum* (= *ep.* 140). Honoratus had asked A. five questions about Scripture, and A. added a sixth (cf. *retr.* 2,36; *↗Epistulae*, 2,976). – (12) *Ep.* 197-199 [15]. Hesychius had written a letter to A. and asked about passages from the gospels on the end of the world (*↗Epistulae*, 2,990sq.).

Notes. – [14] TESKE 129sq. was the first to include these letters in the ‹quaestio› genre. – [15] Cf. *ciu.* 20,5, where A. mentions *ep.* 199 with the title ‹de fine saeculi›.

5. Other treatises. – (13) *↗Expositio quarundam propositionum ex epistula apostoli ad Romanos* [16] provides answers that A. gave to questions on the Epistle to the Romans during a discussion with clergy in Carthage. – (14) *Contra ↗Faustum Manicheum.* The voluminous work responds to the ‹capitula› of Faustus of Milevis, concerning biblical, ontological, and Christological questions. – (15) *De ↗peccatorum meritis et remissione et de baptismo paruulorum.* Marcellinus had forwarded some questions about the Pelagians that had arisen in Carthage, specifically three propositions (cf. *retr.* 2,33). – (16) *De ↗spiritu et littera* is the response to a further question from Marcellinus, on the impossibility of leading a sinless life. – (17) *Contra ↗Priscillianistas.* A. assumed that the *Commonitorium Orosii* implied a request for responses on issues that were troubling the Church in Spain. – (18) *De ↗cura pro mortuis gerenda* is the answer to a question sent by

Paulinus of Nola, about burying the dead at the shrine of a martyr.

Note. – [16] BARDY (1932) 515.528sq. includes this work under ‹quaestio› literature.

Bibliography. – G. BARDY, La littérature patristique des «*Quaestiones et Responsiones*» sur l'Ecriture sainte: RBi 41 (1932) 210-236.341-369.515-537; 42 (1933) 14-30.211-229.328-352. – G. BROSZIO, Quaestiones et responsiones: LACL³ 605sq. – D. DE BRUYNE, De octo quaestionibus ex veteri testamento: Un écrit authentique d'Augustin: MA 2,327-340. – M.-P. BUSSIÈRES (Ed.), *La littérature des questions et réponses dans l'Antiquité profane et chrétienne: De l'enseignement à l'exégèse*, Turnhout 2013. – C. CURTI, Quaestiones et Responsiones sulla Sacra Scrittura: DPAC 2958-2962. – H. DÖRRIE/H. DÖRRIES, Erotapokriseis: RAC 6 (1966) 342-370. – T. FUHRER, Zu Form und Funktion von Augustins exegetischen Schriften: StPatr 38 (2001) 136-152. – A. GARZYA, Appunti sulle *erotapocriseis*: VetChr 29 (1992) 305-314. – W. HÖRANDNER, Erotapokríseis: HWRh 2 (1994) 1417-1419. – P. MARONE, Le *Quaestiones et Responsiones* sulla Bibbia nella letteratura cristiana di IV-VI secolo: *Comunicazione e ricezione del documento cristiano in epoca tardoantica*, Roma 2004, 43-73. – D.G. MORIN, Un traité inédit attribué à Saint Augustin: Le *de VIII quaestionibus ex Vet. Test.* du catalogue de Lorsch: RB 28 (1911) 1-10. – Y. PAPADOYANNAKIS, Instruction by Question and Answer: The Case of Late Antique and Byzantine *Erotapokriseis: Greek Literature in Late Antiquity. Dynamism, Didacticism, Classicism* (ed. by S.F. JOHNSON), Aldershot 2006, 91-105. – L. PERRONE, Il genere delle *Quaestiones et Responsiones* nella letteratura cristiana antica fino ad Agostino: «De diversis quaestionibus octoginta tribus». «De diversis quaestionibus ad Simplicianum» di Agostino d'Ippona. Lectio Augustini. Settimana Agostiniana Pavese 12, Roma 1996, 11-44. – N. REQUIN, *Etude de l'exégèse d'Augustin d'Hippone sur les Evangiles de Matthieu et de Luc: traduction et commentaire des Quaestionum euangeliorum libri duo (CPL 275)* 1-2, Diss. Paris 2014. – R.J. TESKE, Augustine of Hippo and the Quaestiones et Responsiones Literature: VOLGERS/ZAMAGNI 127-144. – A. VOLGERS, *A Church in Search of Answers. A study of the Latin Quaestiones-tradition*, Utrecht 2005. – Id./C. ZAMAGNI (Ed.), *Erotapokriseis. Early Christian Question-and-Answer Literature in Context*, Leuven/Paris/Dudley, Mass. 2004.

JOSEPH T. LIENHARD

Quaestiones euangeliorum

I. Titre, contenu, texte biblique – II. Interlocuteur, datation, transmission, édition – III. Analyse – 1. Premières exégèses réutilisées ensuite par A. – 2. Exégèses absentes du reste de l'œuvre a. – 3. Exégèses inconnues de la tradition antérieure – 4. Exégèses de portée plus limitée – IV. Sources

I. Titre, contenu, texte biblique. – Le titre de *qu. eu.* est celui qu'A. lui-même a donné à ces notes exégétiques, qui ne sont pas un commentaire suivi (*retr.* 2,12). L'*Indiculum* enregistre le recueil sous le nom d'«Adnotationes euangeliorum» (Possid. *indic.* 10³,4 (MA 2, p. 179)). Dans le premier livre, 47 ‹quaestiones› portent sur *Mt* 11-26, et 51 sur l'ensemble de *Lc* dans le livre 2 [1]. Le second livre a vraisemblablement été composé avant le premier, mais placé après lui pour suivre l'ordre

canonique des évangiles [2]. Ces explications, improvisées en fonction des difficultés et du savoir
préalable de l'interlocuteur, ont été prises en note
par un ‹notarius› et peu ou pas revues par A.;
elles ne relèvent pas du genre conventionnel des
↗‹quaestiones et responsiones› [3]. Le texte évangélique, commenté à livre ouvert, est une Vetus
Latina, et non la traduction de Jérôme utilisée
dans *cons. eu.*; peut-être s'agit-il du texte couramment utilisé par l'interlocuteur d'A. [4].

Notes. – [1] En réalité 53 car deux sont à subdiviser: 2,29A.B
et 2,48A.B. – [2] Cf. Requin 1,20sq. – [3] Opinion contraire de
Bardy 515sq.; Perrone 14 n. 6; Marone 50. – [4] Cf. Requin
1,48-69.

II. Interlocuteur, datation, transmission, édition. –
Les adresses à la deuxième personne du singulier
et la part d'implicite contenue dans les réponses
concises suggèrent que les deux livres s'adressent
à un même interlocuteur qui n'est ni fictif ni un
débutant en exégèse [5]. Les indications du prologue et le contenu des *qu. eu.* laissent entendre
qu'il pourrait s'agir d'un familier d'A. et d'un pair,
moine-évêque [6]. Les échos entre les deux livres
prouvent l'homogénéité du recueil [7] et font
penser que quelques semaines seulement les ont
séparés.

Les Mauristes, suivis par Mutzenbecher, si-
tuaient le recueil autour de 400 [8]. L'étude des parallèles textuels permet d'établir une chronologie
relative: les *qu. eu.* sont postérieures à *Contra
↗Faustum Manicheum* et contemporaines de *De
↗consensu euangelistarum* [9]. On peut les situer
entre fin septembre 403 et début janvier 404 [10].
Les entretiens ont pu avoir lieu à Carthage où A.
fait de longs séjours à cette période [11].

Les *qu. eu.* ont connu trois éditions antiques. Le
recueil a d'abord circulé à l'insu d'A. Vers 413,
vraisemblablement [12], A. supervise une deuxième
édition, pour laquelle il rédige un prologue et fait
ajouter des ‹tituli› numérotés, sans corriger le texte
[13]; c'est la recension utilisée par Eugippe et
Isidore. Cet ouvrage de circonstance, qu'A. n'a pas
renié, devient un instrument de travail où l'on peut
se repérer aisément. Les ↗*Quaestiones XVI in
Matthaeum* furent placées en appendice dans une
troisième édition, posthume, dont ont disposé
Bède et les exégètes carolingiens. Dans l'édition
de référence CCL 44B, en 1980, Mutzenbecher
dresse la liste de 52 manuscrits comportant le texte
complet des *qu. eu.* et de 33 autres qui présentent
un texte partiel [14].

Dionysius Bertochus imprime l'Editio princeps
des *qu. eu.* à Venise en 1491; par la suite, les *qu. eu.*
sont publiées dans toutes les grandes éditions
d'Opera omnia d'A.: Amerbach, Petri et Froben

(vol. 4, Bâle 1506); Erasme (vol. 4, Bâle 1528);
Lovanienses (vol. 4, Anvers 1576); Bénédictins de
Saint-Maur (vol. 3, Paris 1680) [15].

Notes. – [5] Opinion contraire de Bardy 524; Volgers 139;
Mutzenbecher XIX. – [6] Cf. Requin 1,33-41. – [7] Présentent
des échos d'un livre à l'autre: *qu. eu.* 1,12 et 2,44,1 (cf. Folliet
(AM); id. (AThA) 81-85); 1,20 et 2,27; 1,26 et 2,47; 1,27 et 2,14;
1,28 et 2,48A; 1,29 et 2,39; 1,31 et 2,30; 1,32 et 2,49; 2,45,1 renvoie
explicitement à 2,34,1 au sein du même livre. – [8] Mutzenbecher XXXIsq. – [9] Cf. *qu. eu.* 2,5,1, *c. Faust.* 3,3, et *cons. eu.* 2,5;
qu. eu. 2,6,1, *c. Faust.* 3,4, et *cons. eu.* 2,4 (sur la généalogie de
Jésus). L'exégèse de *Lc* 5,35-37 (*qu. eu.* 2,18) suppose la réfuta-
tion de Fauste en *c. Faust.* 8,1sq.; *qu. eu.* 1,37 suppose *cons.
eu.* 2,151. – [10] Cf. Hombert 33-37; Requin 1,26-32. – [11] Cf.
Dolbeau 325. – [12] Cf. Requin 1,32sq. – [13] En 427, dans
retr. 2,12, A. apporte deux corrections (*qu. eu.* 1,27; 2,5,2). – [14]
Cf. Mutzenbecher XXXIII-L; cf. aussi *Überlieferung* 1,1,147sq.;
2,1,153; 4,61; 5,1,190sq.; 6,1,139sq.; 7,1,123; 8,1,131sq.; 9,1,86sq.;
10,1,144sq.; 11,65. Les manuscrits les plus importants sont les
suivants: Vindobonensis Bibl. Nat. 795 (s. VIII); Vaticanus Pal.
lat. 209 (s. IX); Parisinus Bibl. Nat. lat. 12193 (s. IX); Sangallensis 154 (s. IX); Vaticanus Reg. lat. 286 (s. IX); Parisinus Bibl. Nat.
lat. 2717 (s. IX). – [15] Cf. Mutzenbecher IXsq.LVsq.

III. Analyse. – Les *qu. eu.* n'offrent aucune allusion historique, de rares développements philosophiques et très peu de traits polémiques: leur
intérêt principal est exégétique. On peut distinguer
trois catégories de questions en fonction de l'exégèse qu'elles présentent: (1) exégèses qu'A. reprend
par la suite; (2) exégèses rares: A. improvise à la
demande de l'interlocuteur; (3) exégèses originales,
qu'A. peut se permettre face à un interlocuteur
versé en exégèse. Sont indiqués les numéros des
questions pour chaque catégorie mais seules les
plus intéressantes des *qu. eu.* sont brièvement ex-
posées.

1. Premières exégèses réutilisées ensuite par A.
[16]. – (a) *Qu. eu.* 1,5 – *Mt* 12,29: Explication de la
parabole du ‹fort lié› [17]. (b) *Qu. eu.* 2,21 – *Lc*
11,5-7: La parabole de l'ami importun est référée à
l'union de l'homme avec Dieu, promise en pléni-
tude pour l'éternité, parfois goûtée par anticipa-
tion dans la prière au milieu des peines présentes
[18]. (c) *Qu. eu.* 2,33,1-7 – *Lc* 15,11-32: Commentaire intégral de la parabole du fils prodigue [19],
où A. s'inscrit dans les différentes traditions d'interprétation [20], ethnique, éthique et péniten-
tielle, mais adopte une position originale sur trois
points: la prétention du fils aîné à n'avoir jamais
désobéi, le symbole du chevreau, et la réponse du
père.

Notes. – [16] *Qu. eu.* 1,5.18.25; 2,1.4.21sq.29B.33.45 (cf. Marin
365sq.).49. – [17] A. exploite fréquemment *Mt* 12,29 à partir de
412: par ex. *en. Ps.* 67,16; 73,18; *s.* 130,2. – [18] Cf. *en. Ps.* 102,10;
s. 61,6. – [19] Cf. *s. Dolbeau* 11,10; *s. Caillau* 2,11,2-14. – [20] Cf.
Tissot 248.

2. Exégèses absentes du reste de l'œuvre a. [21]. – (a) *Qu. eu.* 1,1 – *Mt* 11,27b: Seul commentaire a. d'un verset important dans la polémique anti-arienne: le Verbe co-éternel au Père révèle à la fois le Père et le Fils en illuminant l'esprit de l'homme [22]. (b) *Qu. eu.* 1,20 et 2,27 – *Mt* 16,2-4 et *Lc* 12,54: Exégèse symbolique des signes des temps où les différentes couleurs du ciel renvoient aux étapes du salut (Passion, Résurrection, prédication évangélique, parousie). (c) *Qu. eu.* 1,4 – *Mt* 26,15: Exégèse symbolique des trente pièces d'argent lors de la trahison de Judas, figure des Juifs qui n'ont pas accueilli le Christ. (d) *Qu. eu.* 1,45 – *Mt* 26,69-75: Le triple reniement de Pierre correspond aux trois types d'hérésies christologiques, sur la nature divine du Christ, sur sa nature humaine ou sur les deux. (e) *Qu. eu.* 1,47 – *Mt* 26,39-44: A la triade des convoitises est opposée une triade des peurs, toutes vaincues par le Seigneur à Gethsémani. (f) *Qu. eu.* 2,51,1 – *Lc* 24,28 (Jésus feint de s'éloigner des disciples à Emmaüs): A. avance une exégèse originale: il y a ‹feinte› – à distinguer du mensonge – au sens où, après l'Ascension, le Seigneur est encore présent, quoique d'une autre manière [23].

Notes. – [21] *Qu. eu.* 1,1.10.17.20-24.30.32.37-42.44-47; 2,2.7. 14.23.26-29A.32.35sq.39.42.50sq. – [22] Repris sans commentaire dans *trin.* 7,4; cf. *Io. eu. tr.* 47,3. – [23] Présence du Seigneur dans les frères en *s.* 89,7: dans la fraction du pain.

3. Exégèses inconnues de la tradition antérieure [24]. – (a) *Qu. eu.* 1,2 – *Mt* 12,1: Arracher les épis et en ôter la bale en les froissant pour les manger, c'est se dépouiller du vieil homme pour être intégré dans le Corps du Christ. (b) *Qu. eu.* 1,15 – *Mt* 14,26-33: Lecture eschatologique de la marche de Jésus sur l'eau. (c) *Qu. eu.* 1,28 – *Mt* 20,29-34: Jésus qui s'arrête pour rendre la vue aux aveugles de Jéricho est le Verbe donnant l'intelligence des réalités éternelles à ceux qui ont cru en lui tandis qu'il passait, c.-à-d. qui ont eu foi dans la ‹dispensatio temporalis› de l'Incarnation [25]. (d) *Qu. eu.* 2,13 – *Lc* 8,26-33: Le possédé de Gérasa est la figure des païens convertis qui ont mission d'évangéliser leurs frères. (e) *Qu. eu.* 2,18 – *Lc* 5,33-37: Il y a deux sortes de jeûne: dans l'épreuve, pour obtenir le pardon du péché; au temps de la joie, quand la jouissance des plaisirs spirituels fait perdre l'appétit pour les plaisirs charnels. (f) *Qu. eu.* 2,19 – *Lc* 10,30-35 [26]: Exégèse allégorique de la parabole du bon Samaritain, traditionnelle dans ses grandes lignes, mais dont certains éléments sont originaux. Le blessé à demi-mort est l'homme partiellement vivant parce qu'il peut connaître Dieu, partiellement mort en raison de ses péchés; les deux deniers signifient le double commandement de l'amour ou la promesse de vie pour le présent

et le futur; le supplément requis par l'aubergiste, identifié à Paul, signifie soit le célibat [27], soit le travail pour n'être pas à la charge de la communauté. (g) *Qu. eu.* 2,37 – *Lc* 16,14-16: La violence de ceux qui veulent s'emparer du royaume est la force de renoncer aux séductions des biens terrestres en dépit des moqueries. (h) *Qu. eu.* 2,47 – *Lc* 18,25-27: Le chameau qui passe par le chas de l'aiguille est une allégorie de la kénose et de la Passion du Christ.

Notes. – [24] *Qu. eu.* 1,2.7-9.12.15.28sq.35.38.46; 2,5sq.8.10. 13.18-20.32.37sq.40.42.44.46sq.48A. – [25] Cf. *s.* 88,11-14; *en. Ps.* 109,5. – [26] Cf. GEERLINGS. – [27] Cf. Optat. 6,4; cf. aussi *op. mon.* 6; *uirg.* 30.

4. Exégèses de portée plus limitée. – Certaines ‹quaestiones› présentent un moindre intérêt parce qu'elles portent sur un détail [28], ou qu'on ne saisit pas l'enjeu de la question posée par l'interlocuteur [29], ou bien parce que le commentaire d'A. est très concis [30], et qu'il l'a déjà développé par ailleurs [31]. (a) *Qu. eu.* 1,33 – *Mt* 22,40: A propos de la Loi suspendue (‹pendet›) au commandement du double amour, A. justifie en une ligne le choix du verbe par une idée qui lui est familière, à savoir que le poids entraîne un corps à son lieu propre. (b) *Qu. eu.* 1,31 – *Mt* 22,1-14: Dans la parabole du roi qui célèbre les noces de son fils, seuls trois points sont expliqués: les noces figurent le mystère de l'incarnation, les bêtes sacrifiées les chefs des peuples, et l'invitation lancée aux issues des chemins la vocation des païens. (c) *Qu. eu.* 2,15 – *Lc* 11,35: La lumière qui peut devenir ténèbres dans l'homme représente l'‹intentio› de l'action; l'exégèse est originale et a connu un grand succès, mais est déjà formulée en *s. dom. m.* 1,17.

Notes. – [28] *Qu. eu.* 1,31; 2,30.34. – [29] *Qu. eu.* 1,4.6.13sq. 19.27.34; 2,7.9.16.29B.31.48B. – [30] *Qu. eu.* 1,3.11.16.33.42.44; 2,24sq. – [31] *Qu. eu.* 1,26.36; 2,3.11sq.15.17.41.43.

IV. Sources. – Ces explications improvisées laissent entrevoir l'influence de commentaires latins des évangiles: celui de Fortunatien récemment découvert [32], d'Hilaire sur Matthieu [33], d'Ambroise sur Luc [34], de Jérôme sur Matthieu, et sur Luc dans l'*epist.* 21 [35]. Le recueil atteste aussi la lecture d'autres ouvrages dont on connaît par ailleurs l'influence sur A.: les *hom. in Ezech.* d'Origène lues dans la traduction latine de Jérôme [36], le commentaire sur l'Apocalypse de Victorin [37], l'homélie du Pseudo-Cyprien *tract.* [38], le traité anti-donatiste d'Optat [39] et le *Liber regularum* de Tyconius [40]. On peut aussi relever trois points de contact avec des auteurs grecs, qui ne suffisent pas toutefois à prouver une influence directe [41].

Les *qu. eu.* sont une œuvre de circonstance, composée pour un interlocuteur particulier, mais leur objet leur a assuré une large postérité [42].

Notes. – [32] Cf. *qu. eu.* 1,20 et Fortun. Aquil. *in euang.* Mt. 82 (Ms. Köln, Dombibliothek 17, fol. 57va-58vb); *qu. eu.* 2,2 et Fortun. Aquil. *in euang.* Lc. 9 (ib., fol. 84^{ra-b}); *qu. eu.* 2,46 et Fortun. Aquil. *in euang.* Mt. 117 (ib., fol. 77^{rb-va}); cf. DORFBAUER. – [33] Cf. *qu. eu.* 1,15 et Hil. *in Matth.* 14,14; cf. REQUIN 1,157. – [34] Cf. *qu. eu.* 2,19 et Ambr. *in Luc.* 7,81sq.; *qu. eu.* 2,33,5 et Ambr. *in Luc.* 7,239; cf. ROLLERO. – [35] Cf. *qu. eu.* 1,11 et Hier. *in Matth.* 13,31sq.; *qu. eu.* 1,43 et Hier. *in Matth.* 26,29; *qu. eu.* 2,33,5 et Hier. *epist.* 21,34.37. – [36] Cf. *qu. eu.* 1,6 et Hier. *hom. Orig. in Ezech.* 4,4 (cf. REQUIN 1,105); *qu. eu.* 2,38,5 et *hom. Orig. in Ezech.* 12,3 (cf. ead. 1,585); *qu. eu.* 2,44,1sq. et *hom. Orig. in Ezech.* 4,4-8. – [37] Cf. *qu. eu.* 1,21 et Victorin. Poetou. *in apoc.* 7; *qu. eu.* 2,19 et Victorin. Poetou. *in apoc.* 12,1. – [38] Cf. *qu. eu.* 1,9 et Ps. Cypr. *tract.* 26 (PLS 1, col. 61) (cf. REQUIN 1,130); *qu. eu.* 2,31 et Ps. Cypr. *tract.* 19 (PLS 1, col. 59). – [39] Cf. *qu. eu.* 2,19 et Optat. 6,4,2sq. – [40] Cf. *qu. eu.* 1,7 et Tycon. *reg.* 5 p. 56; *qu. eu.* 1,38 et Tycon. *reg.* 1 p. 4. – [41] Cf. *qu. eu.* 1,1 et Iren. *haer.* 4,6,3; *qu. eu.* 2,19 et Or. *fr. 71 in Lc.* (cf. REQUIN 1,469); *qu. eu.* 2,19 et Gr. Nyss. *hom. 14 in Cant.* – [42] Cf. FOLLIET (AThA) 85-96; GERSBACH; REQUIN 1,70-680.

Bibliographie. – *Editions et traductions*: PL 35,1321-1364. – CCL 44B,1-118. – Angl.: Works (NY) 1,15-16 (2014) 359-415 (R. TESKE). – Esp.: BAC 187 (²2003) 31-125 (J. COSGAYA). – Fr.: Œuvres compl. (B) 5 (1867) 318-350 (FRESNOIS/POGNON). – Œuvres compl. (P) 9 (1869) 135-193 (PÉRONNE). – Paris 2014, 2,9-219 (N. REQUIN). – It.: NBA 1,10,2 (1997) 303-417 (V. TARULLI). – Pol.: Warszawa 1989, 193-251 (S. RYZNAR). – *Etudes*: G. BARDY, La littérature patristique des «Quaestiones et responsiones» sur l'Ecriture sainte: RBi 41 (1932) 210-236.341-369.515-537; 42 (1933) 14-30.211-229.328-352. – F. DOLBEAU, *Augustin d'Hippone. Vingt-six Sermons au Peuple d'Afrique*, Paris ²2009. – L.J. DORFBAUER, Der Evangelienkommentar des Bischofs Fortunatian von Aquileia (Mitte 4. Jh.). Ein Neufund auf dem Gebiet der patristischen Literatur: WSt 126 (2013) 177-198. – B. FENATI, Introduzione: NBA 1,10,2 (1997) 289-301. – A. FITZGERALD, *Quaestiones Evangeliorum*: AthAg 691. – G. FOLLIET, Les trois catégories de chrétiens. A partir de Luc (17,34-36), Matthieu (24,40-41) et Ezéchiel (14,14): AM 2,631-644. – Id., Les trois catégories de chrétiens. Survie d'un thème augustinien: AThA 14 (1954) 81-96. – W. GEERLINGS, Sanctus Aurelius Augustinus. *Quaestiones euangeliorum*: *Corpus Christianorum 1953-2003. Xenium Natalicium. Fifty Years of Scholarly Editing* (ed. by J. LEEMANS), Turnhout 2003, 253-258. – K.A. GERSBACH, *Quaestiones evangeliorum* and *Quaestiones XVI in Mattheum*: OGHRA 1,453-456. – P.-M. HOMBERT, *Nouvelles recherches de chronologie augustinienne*, Paris 2000. – M. MARIN, Note patristiche: VetChr 35 (1998) 361-369. – P. MARONE, Le *Quaestiones et Responsiones* sulla Bibbia nella letteratura cristiana di iv-vi secolo: *Comunicazione e ricezione del documento cristiano in epoca tardoantica*, Roma 2004, 43-73. – A. MUTZENBECHER, Ausgewählte Bibliographie; Einleitung: CCL 44B (1980) IX-XVII.XIX-LXII. – L. PERRONE, Il genere delle *Quaestiones et Responsiones* nella letteratura cristiana antica fino ad Agostino: «De diversis quaestionibus octoginta tribus...» di Agostino d'Ippona (Lectio Augustini 12), Roma 1996, 11-44. – N. REQUIN, *Etude de l'exégèse d'Augustin d'Hippone sur les Evangiles de Matthieu et de Luc: traduction et commentaire des Quaestionum euangeliorum libri duo (CPL 275)* 1-2, Diss. Paris 2014. – P. ROLLERO, *La «Expositio evangelii secundum Lucam» di Ambrogio come fonte della esegesi agostiniana*, Torino 1958. – Y. TISSOT, Allégories patristiques de la parabole lucanienne des deux fils (Luc 15,11-32): *Exegesis* (éd. par F. BOVON/ G. ROUILLER), Neuchâtel/Paris 1975, 243-272. – A. VOLGERS, *A Church in Search of Answers. A Study of the Latin Quaestiones-tradition*, Utrecht 2005.

MARTINE DULAEY
NATHALIE REQUIN

Quaestiones expositae contra paganos numero sex (= *ep.* 102)

I. Titre, destinataire, genre et datation – II. Les six questions – 1. Contenu – 2. Des questions d'origine porphyrienne? – III. La réponse d'A. – IV. Tradition manuscrite et éditions

I. Titre, destinataire, genre et datation. – Le titre du livre est «quaestiones contra Porfyrium expositae sex» en Possid. *indic.* 1,21 (MA 2, p. 162); «sex quaestiones contra paganos expositae» en *retr.* 2,31, où A. précise qu'il a ajouté ensuite une lettre en tête du traité (= *ep.* 102). Le destinataire de l'*ep.* 102 est le prêtre ↗Deogratias qui a transmis à A. six questions posées par un ami païen [1]; il semble à identifier au destinataire du *De ↗catechizandis rudibus* et à celui qui deviendra évêque de Carthage en 454 [2].

L'ouvrage paraît relever du genre des ↗«quaestiones et responsiones», mais on le range le plus souvent parmi les lettres (↗*Epistulae*, 2,967) [3]. La mention de *qu. c. pag.* en *retr.* 2,31 après celle de *Cresc.* (*retr.* 2,26), qui se réfère aux lois de 405 contre les donatistes, et avant celle de *pecc. mer.* (*retr.* 2,33), conduit à le situer entre février 405 et juin 411; le traité est habituellement daté de 408 ou 409 [4].

Notes. – [1] Selon LA BONNARDIÈRE 29, il pourrait s'agir de ↗Volusianus; MADEC, *Introduction* 99 dit seulement que cet ami païen «partageait les idées du ‹cercle de Volusianus›, si même il n'en faisait pas partie». – [2] Cf. Deogratias 1. – [3] BARDY 515 ne mentionne pas *qu. c. pag.*; selon ZAMAGNI 256 il s'agit plutôt d'une lettre utilisant le format question et réponse, même si A. a soigneusement composé l'ouvrage et le traite comme un volume séparé. – [4] Mais cf. ANOZ 249: éventuellement 403 ou 404.

II. Les six questions. – 1. Contenu. – (1) ‹De resurrectione› (*qu. c. pag.* 2-7): ni la résurrection du Christ, ni celle de Lazare ne sont des modèles pertinents pour notre résurrection; que le Christ ait mangé et montré ses blessures est incompatible avec l'état de félicité d'un corps ressuscité. (2) ‹De tempore christianae religionis› (ib. 8-15): «si Christus, inquiunt, salutis se uiam dicit, gratiam et ueritatem in seque solo ponit animis sibi credentibus reditum, quid egerunt tot saeculorum homines ante Christum?» (ib. 8). (3) ‹De sacrificiorum distinctione› (ib. 16-21): la religion chrétienne proscrit un culte qu'elle a elle-même requis. (4) ‹De eo quod scriptum est: in qua mensura mensi fueritis, remetietur uobis› (ib. 22-27): l'idée de mesure énoncée en *Mt* 7,2 est incompatible avec la menace d'un supplice sans fin. (5) ‹De filio dei secundum Salomonem› (*qu. c. pag.* 28sq.): Salomon a-t-il vraiment dit: «filium deus non habet» (ib. 28)? (6) ‹De Iona propheta› (ib. 30-38): il est incroyable que Jonas ait passé trois jours dans le ventre de la baleine; que signifie la cucurbite qui a poussé au-dessus de Jonas vomi par le monstre?

2. Des questions d'origine porphyrienne? – Selon *retr.* 2,31, l'ami païen (↗Paganus) disait quelques-unes des questions tirées de Porphyre (↗Porphyrius), mais A. ajoute: «sed non esse arbitror Porphyrium illum Siculum, cuius celeberrima est fama» (ib.) [5]. A. n'a jamais eu entre les mains Porph. *Chr.* et n'en a pas lu les réfutations grecques; il peut donc au mieux transmettre des textes de *Chr.* de façon indirecte, à travers l'œuvre d'un ‹excerptor› latin dont son ami païen aurait eu connaissance. Harnack a néanmoins retenu ces questions comme fragments de *Chr.* (frgg. 46.79.81.85.91sq.) [6]. D'après les indications de *qu. c. pag.* [7], A. n'exclut pas que les ‹quaestiones› 1-4 puissent provenir de Porphyre, même s'il met en cause leur valeur; la ‹quaestio› 5 lui paraît plutôt une addition de son ami et la ‹quaestio› 6 une objection habituelle aux païens. Quelques mentions postérieures du traité [8] laissent penser que le traité a peut-être circulé sous le titre ‹quaestiones contra Porfyrium expositae sex› et qu'A. en a rectifié le titre en *retr.*, par souci d'exactitude [9]. L'examen des ‹quaestiones› rend plausible leur provenance porphyrienne, au moins indirecte. Elles dénoncent une incohérence ou une invraisemblance, elles témoignent d'une lecture critique de l'Ecriture, et leur formulation s'apparente à celle des fragments attestés de Porph. *Chr.* Leur contenu correspond à des centres d'intérêt de Porphyre: la comparaison des religions et la quête de la voie du salut; la réflexion sur le culte; le souci de la destinée de l'âme après la mort, en excluant l'éternité des peines et la résurrection du corps [10].

Notes. – [5] Phrase d'interprétation difficile: selon VON HAR-NACK 398, la remarque est sans valeur et s'explique par la haute estime qu'A. avait de Porphyre. PÉPIN 460 n. 1 parle d'une «dénégation feinte», mais cela est peu probable en *retr.* où A. cherche à corriger ses erreurs. – [6] Opinion contraire de MAGNY. BECKER 406-416 retient seulement le frg. 81 de VON HARNACK (= *ep.* 102,8) parmi les textes sûrement attribuables à Porphyre et il range ib. 520-533 les frgg. restants de VON HARNACK parmi les ‹dubia›. – [7] Ib. 8: «item alia proposuerunt, quae dicerent se contra Porphyrio contra christianos tamquam ualidiora decerpta»; ib. 23: «istam quaestionem a qualicumque philosopho esse obiectam atque propositam difficile est credere»; ib. 28: «post hanc quaestionem, qui eas ex Porphyrio proposuit, hoc adiunxit»; ib. 30: «postrema quaestio proposita est de Iona nec ipsa quasi ex Porphyrio sed tamquam ex inrisione paganorum»; cf. BOCHET, *Quaestiones* 375-378. – [8] Possid. *indic.* 1,21; *retr.* 2,31; *praed.*

sanct. 17; cf. Hil. A. *ep.* 226,3 («quod dixit sanctitas tua in quaestione contra Porphyrium de tempore christianae religionis»); mais cf. aussi *perseu.* 23: «in libro illo …, ubi sex quibusdam quaestionibus paganorum … respondi». – [9] Cf. BOCHET, *Quaestiones* 378-380. – [10] Cf. BOCHET, *Quaestiones* 380-393. Sur la large diffusion des arguments des ‹quaestiones› 1 et 2, cf. DRE-COLL, en particulier 322-326, pour le cas de Grégoire de Nysse.

III. La réponse d'A. – ‹Quaestio› 1: La résurrection (↗Resurrectio) qui nous est promise sera à l'image de celle du Christ: une naissance différente n'implique ni une mort, ni une résurrection différentes (*qu. c. pag.* 3sq.). Le retour du corps à la confusion générale n'exclut pas la possibilité de sa résurrection: ces miracles qui semblent incroyables sont très faciles à accomplir par la puissance divine (↗Potestas); les miracles de la nature en sont le signe (ib. 5). L'état du corps ressuscité n'exclut pas le fait de manger et d'avoir des cicatrices, car le Christ a, comme les anges [11], mangé non par nécessité, mais en usant d'une capacité, et il a gardé ses cicatrices parce qu'il l'a voulu, pour montrer que c'était son corps qui était ressuscité, et non un autre corps (ib. 6sq.).

‹Quaestio› 2: Pour justifier l'apparition tardive de la religion chrétienne, A. utilise l'argument de rétorsion: la critique vaut de toute religion instituée qui a eu un commencement (ib. 9sq.). Puis il se réfère à *Io* 1,1-3 pour affirmer l'éternité du Verbe qui régit tous les temps et peut donc sauver tous les hommes qui l'ont connu, en quelque temps et quelque lieu qu'ils fussent (*qu. c. pag.* 11sq.). La considération du plan divin à l'œuvre dans l'histoire (ib. 13-15; ↗Dispensatio, ↗Historia) permet enfin d'expliquer par la prescience de Dieu le moment choisi pour la venue du Christ; cette venue, en un moment déterminé, n'exclut pas le salut des hommes qui ont vécu avant sa venue [12], car il y a toujours eu des hommes pour croire en lui en Israël et dans les nations [13]: «ita salus religionis huius, per quam solam ueram salus uera ueraciterque promittitur, nulli umquam defuit, qui dignus fuit, et, cui defuit, dignus non fuit» (ib. 15) [14].

‹Quaestio› 3: A. répond que les sacrifices sont dûs à Dieu seul et ont tous un sens symbolique (ib. 17); il critique le culte païen à partir de l'Ecriture (ib. 18-20) [15] et expose le rapport entre le culte de l'Ancien et du Nouveau Testament (ib. 21; ↗Cultus, ↗Sacrificium). Il renverse ainsi ce qu'insinuait la ‹quaestio›: les sacrifices païens ne sont pas identiques aux sacrifices juifs, et le culte du Nouveau Testament ne contredit pas celui de l'Ancien.

‹Quaestio› 4: Par une analyse minutieuse de *Mt* 7,2, A. lève la contradiction supposée (*qu. c. pag.* 23-25) et conclut que la volonté libre est la mesure qui permet d'évaluer l'acte et de peser la peine ou la récompense qu'il mérite (ib. 26sq.; ↗Meritum) [16].

‹Quaestio› 5: A. répond que Dieu a un Fils en citant *Prv* 8,25, qui dit de la Sagesse (et donc du Christ) «ante omnes colles genuit me» (*qu. c. pag.* 29), et *Prv* 30,3sq., qu'il applique au Christ par un jeu de correspondances avec des citations du Nouveau Testament [17].

‹Quaestio› 6: A. défend la réalité du miracle (*qu. c. pag.* 31sq.; ↗Mirabilia, miraculum); il en expose le sens prophétique – ↗‹Ionas› figure le Christ, puis le peuple d'Israël selon la chair (ib. 33-35) [18] –, avant de montrer que l'Ecriture a prophétisé le rire des païens, mais aussi leur conversion (ib. 36sq.).

A. a vraiment pris au sérieux les quatre premières questions posées par son ami païen et a eu le souci de leur apporter une réponse argumentée en *ciu.*: *qu. c. pag.* en esquisse déjà des thèmes majeurs [19]. C'est dire l'importance de ce traité auquel A. renvoie aussi son lecteur en *praed. sanct.* 17 et *perseu.* 23.

Notes. – [11] Cf. *Gn* 18,8; cf. *ciu.* 13,22; 22,19. – [12] Cf. Mazzolini 195-200. – [13] *Ciu.* 18,47 donne l'exemple de Job; cf. Bochet, Role 36-39. – [14] Affirmation corrigée en *retr.* 2,31 et *praed. sanct.* 18sq. – [15] Cf. *en. Ps.* 113,2,4; *s. Dolbeau* 26,17-24; cf. Bochet, Role 39-42. – [16] Cf. Larrieu Regnault 73-77. – [17] Cf. Bochet, Role 46sq. – [18] A. s'inspire de Hier. *in Ion.*; cf. Duval, Augustin. – [19] Cf. Bochet, *Quaestiones* 383-389.

IV. Tradition manuscrite et éditions. – Qu. c. pag. est principalement transmis à l'intérieur de la correspondance d'A. Les plus anciens manuscrits dont le texte soit complet sont le Monacensis 6266 (s. X) et l'Audomaropolitanus 76,8,9 (s. X-XI). Dans le Palatinus 211 (s. X), il manque la partie introductive: *qu. c. pag.* 1. Parmi les recueils de lettres, les Parisini latini 12193 et 12226, tout comme le Sangallensis 174, qui datent du IX s., transmettent seulement la ‹quaestio de resurrectione› [20].

L'édition princeps parut dans l'édition des lettres de Mentelin (Strasbourg, ca. 1471) [21]. Amerbach inclut *qu. c. pag.* à la fois dans son édition de la correspondance (Bâle, 1493) et, en 1506, dans le vol. 6 de son édition complète comme une œuvre autonome, en raison de son caractère de traité. Ensuite, la lettre-traité fut reprise dans toutes les éditions complètes importantes, toujours parmi les lettres [22]. Les éditions critiques modernes datent de 1898 pour Goldbacher (CSEL) et de 2009 pour Daur (CCL).

Notes. – [20] Sur les manuscrits les plus importants, cf. CSEL 34,2, p. 544 app. et CCL 31B, p. 8 app.; description partielle par Goldbacher XI-L. Sur ces manuscrits et sur d'autres, cf. aussi *Überlieferung* 1,1,265sq.; 2,1,259sq.; 3,87; 4,109; 5,1,307sq.; 6,1,238sq.; 7,1,166; 8,1,205; 9,1,123; 10,1,215; cf. ib. 11,147sq. – [21] Cf. Folliet 35 (no. 44). – [22] Erasme (vol. 2, Bâle 1528); Lovanienses (vol. 2, Anvers 1576); Bénédictins de Saint-Maur (vol. 2,

Paris 1679); cf. aussi Goldbacher LXXXI-LXXXVIII; ↗*Epistulae*, 2,917-919.

Bibliographie. – *Editions et traductions*: PL 33,370-386. – CSEL 34,2,544-578. – CCL 31B,8-33. – Angl.: Works(E) 13,2 (1875) 32-60 (J.G. Cunningham). – FaCh 18 (1966 (1953)) 148-177 (W. Parsons). – NPNF 1,1 (1995 (1886)) 414-425 (J.G. Cunningham). – Works(NY) 2,2 (2003) 21-39 (R. Teske). – Esp.: BAC 69 (³1986) 709-744 (L. Cilleruelo). – Fr.: Œuvres compl. (B) 2 (1864) 175-186 (Poujoulat). – Œuvres compl. (P) 4 (1873) 702-724 (H. Barreau). – Paris 2004, 96-128 (J. Larrieu Regnault). – It.: NBA 1,2,21 (1969) 951-993 (L. Carrozzi). – *Etudes*: J. Anoz, Cronología de la producción agustiniana: Augustinus 47 (2002) 229-312. – G. Bardy, La littérature patristique des «*Quaestiones et Responsiones*» sur l'Ecriture sainte: RBi 41 (1932) 210-236.341-369.515-537; 42 (1933) 14-30.211-229.328-352. – M. Becker, *Porphyrios, Contra Christianos. Neue Sammlung der Fragmente, Testimonien und Dubia mit Einleitung, Übersetzung und Anmerkungen*, Berlin/Boston, Mass. 2016. – I. Bochet, The Role of Scripture in Augustine's Controversy with Porphyry: AugStud 41 (2010) 7-52. – Ead., Les *quaestiones* attribuées à Porphyre dans la *Lettre* 102 d'Augustin: Morlet (Ed.), *Traité* ..., 371-394. – J.G. Cook, *The Interpretation of the Old Testament in Greco-Roman Paganism*, Tübingen 2004. – Id., Porphyry's *Contra Christianos* and the *crimen nominis Christianorum*: Morlet (Ed.), *Traité* ..., 231-275. – P. Courcelle, *Les Lettres grecques en Occident. De Macrobe à Cassiodore*, Paris ²1948. – Id., Propos antichrétiens rapportés par saint Augustin: RechAug 1 (1958) 149-186. – Deogratias 1: PAC 271-273. – V.H. Drecoll, Existe-t-il des traces de l'argumentation antichrétienne de Porphyre dans l'œuvre de Grégoire de Nysse?: Morlet (Ed.), *Traité* ..., 307-328. – Y.-M. Duval, Saint Augustin et le *Commentaire sur Jonas* de saint Jérôme: REAug 12 (1966) 9-40. – Id., *Le livre de Jonas dans la littérature chrétienne grecque et latine. Sources et influence du Commentaire sur Jonas de saint Jérôme* 1-2, Paris 1973. – G. Folliet, L'Edition princeps des lettres de saint Augustin parue à Strasbourg chez Mentelin vers 1471: Sacris erudiri 34 (1994) 33-58. – A. Goldbacher, Praefatio: CSEL 58 (1923) V-XCIV. – A. von Harnack, Porphyrius, «Gegen die Christen», 15 Bücher. Zeugnisse, Fragmente und Referate: *Kleine Schriften zur alten Kirche* 2, Leipzig 1980, 362-474 ((APAB 1916,1) Berlin 1916). – A.-M. La Bonnardière, *Biblia Augustiniana. A.T. Les douze petits prophètes*, Paris 1963. – P. de Labriolle, *La réaction païenne. Etude sur la polémique antichrétienne du Ier au VIe siècle*, Paris 1948. – J. Larrieu Regnault, *Saint Augustin, Lettre 102. Exposition de six questions contre les païens. Présentation et traduction*, Thèse Paris 2004. – G. Madec, Augustin et Porphyre. Ebauche d'un bilan des thèmes et des conjectures: ΣΟΦΙΗΣ ΜΑΙΗΤΟΡΕΣ – «Chercheurs de sagesse». Hommage à J. Pépin, Paris 1992, 367-382. – Id., *Introduction aux «Révisions» et à la lecture des œuvres de saint Augustin*, Paris 1996. – A. Magny, How Important were Porphyry's Anti-Christian Ideas to Augustine?: StPatr 70 (2013) 55-61. – S. Mazzolini, *Chiesa e salvezza. L'extra Ecclesiam nulla salus in epoca patristica*, Città del Vaticano 2008. – S. Morlet (Ed.), *Le traité de Porphyre contre les chrétiens. Un siècle de recherches, nouvelles questions*, Paris 2011. – J. Pépin, *Théologie cosmique et théologie chrétienne (Ambroise, Exam. I 1,1-4)*, Paris 1964. – G. Rinaldi, *La Bibbia dei Pagani* 2. Testi e Documenti, Bologna 1998. – C. Zamagni, Is the Question-and-Answer Literary Genre in Early Christian Literature a Homogeneous Group?: *La littérature des questions et réponses dans l'antiquité profane et chrétienne: de l'enseignement à l'exégèse* (éd. par M.-P. Bussières), Turnhout 2013, 241-268.

Isabelle Bochet

Quaestiones XVI in Matthaeum

1. Titre; tradition manuscrite et éditions; authenticité – 2. Datation – 3. Contenu et parallèles – 4. Sources

1. Titre; tradition manuscrite et éditions; authenticité. – Le recueil n'est mentionné ni en *retr.* ni dans l'*Indiculum*; celui qui a rédigé les ‹capitula› des ↗*Quaestiones euangeliorum* l'ignore [1]. Les *qu. Mt.* n'ont jamais circulé de façon indépendante des *qu. eu.* [2] et n'ont pas eu de titre propre avant l'édition d'Amerbach, Petri et Froben, reprise par les Mauristes, qui comptaient 17 ‹quaestiones›, en subdivisant la ‹quaestio› 11; certains manuscrits et éditions présentent une question finale qui est en fait le début de *De ↗octo quaestionibus ex ueteri testamento* [3].

L'authenticité des *qu. Mt.* a été démontrée de façon convaincante par Mutzenbecher, qui argue de l'identité de style et d'idées avec les autres œuvres d'A., dont les *qu. eu.* [4]. L'hypothèse ancienne qui y voyait des extraits des *qu. eu.* détachés par A. ou un disciple ne tient pas; Mutzenbecher suppose des circonstances analogues, voire identiques, à celles de *qu. eu.* [5]. Mais, dans *qu. Mt.*, A. ne répond pas aux questions d'un interlocuteur; il est plus vraisemblable qu'on a affaire à des brouillons d'A. rassemblés après sa mort [6].

Notes. – [1] Eugippe n'en présente aucun extrait et semble donc ne pas les connaître; mais Bède, Claude de Turin, Raban Maur, Paschase Radbert et Thomas d'Aquin les citent au même titre que les *qu. eu.*; cf. Mutzenbecher, Einleitung XXVI. – [2] Comme appendice; cf. Mutzenbecher, Einleitung XXV. Les manuscrits les plus importants sont les suivants: cod. Paris Bibl. Nat. lat. 12193 (s. IX), cod. Vaticanus Pal. lat. 209 (s. IX) et cod. Paris Bibl. Nat. lat. 1958 (s. XI). Pour les détails, cf. Mutzenbecher, Einleitung XXXIII-L; cf. aussi *Überlieferung* 1,1,148; 6,1,140; 8,1,132; 10,1,145; 11,65. – [3] L'editio princeps des *qu. Mt.* fut imprimée en 1491 à Venise par Dionysius Bertochus (comme appendice des *qu. eu.*). Ensuite, les *qu. Mt.* parurent dans les œuvres complètes d'A.: Amerbach, Petri et Froben (vol. 11, Bâle 1506); Erasme (vol. 4, Bâle 1528); Lovanienses (vol. 4, Anvers 1576); Bénédictins de Saint-Maur (vol. 3, Paris 1680). Pour les détails, cf. Mutzenbecher, Einleitung LVsq. – [4] Cf. Mutzenbecher, Zuschreibung; ead., Einleitung XXIII-XXV. – [5] Cf. Mutzenbecher, Einleitung XXIVsq.; pour le contexte, ↗Quaestiones et responsiones. – [6] Cf. Dolbeau 208sq.; Requin 1,25. Certains passages montrent qu'A. a en vue un enseignement: cf. *qu. Mt.* 9.14.

2. Datation. – Les *qu. Mt.* ne se sont guère échelonnées dans le temps: la plupart présentent des parallèles frappants avec des œuvres de 403/404 [7]. Plusieurs formules de la ‹quaestio› 11 ne se trouvent que dans les ouvrages anti-donatistes de cette période [8]; les très longues réflexions sur l'ivraie de la parabole (hérétiques, schismatiques ou mauvais catholiques?) se comprennent bien dans ces années d'intense activité contre les ↗‹Donatistae›. La ‹quaestio› 13 est postérieure à *cons.*

eu., car son contenu, tout en étant dans la ligne de ce traité, n'y a pas été intégré. Les *qu. Mt.* ont plusieurs thèmes communs avec cet ouvrage [9] et pourraient être nées dans le cadre des relectures de *Matthieu* qu'il a nécessitées en 403/404 [10].

Notes. – [7] *S. Dolbeau* 26,50 et *qu. Mt.* 10; *s. Dolbeau* 26,44.52 et *qu. Mt.* 12; *en. Ps.* 26,2,18 et *qu. Mt.* 3; *en. Ps.* 117,1 et *qu. Mt.* 9. Rapprochements aussi avec *c. Faust.* 16,31 et *qu. Mt.* 13,1-4; *c. Faust.* 12,11 et *qu. Mt.* 15. – [8] Par ex.: ‹unius ecclesiae communio› (ib. 11,1); ‹boni/mali catholici› (ib. 11,1.4); ‹propria conuenticula› (ib. 11,8). Pour la ‹quaestio› 11, cf. Scorza Barcellona. – [9] Par ex. *cons. eu.* 1,5sq. et *qu. Mt.* 10; *cons. eu.* 2,90 et *qu. Mt.* 14. – [10] Datations précédentes: Mutzenbecher, Einleitung XXXII, entre 400 et 411; Lettieri 93, avant 400; Scorza Barcellona 222 donne une date antérieure à *c. Cresc.* (405/406).

3. Contenu et parallèles. – Les *qu. Mt.* couvrent essentiellement *Mt* 10-13 et suivent l'ordre des versets, à l'exception des ‹quaestiones› 4-6, qui portent sur *Mt* 8. Les premières et la dernière sont très brèves. Les ‹quaestiones› 11-15 portent toutes sur les paraboles et le style parabolique (↗Allegoria).

(a) *Qu. Mt.* 1 – *Mt* 2,16: Interprétation symbolique des enfants de deux ans mis à mort par Hérode: ils sont les hommes que l'humilité acquise par la pratique du double commandement d'amour rend capables de mourir pour le Christ [11]. (b) *Qu. Mt.* 2 – *Mt* 10,27: L'injonction de prêcher sur les toits vaut pour le temps après la Pentecôte, quand la prédication hardie que font les apôtres au péril de leur vie succède à leurs craintes humaines; marcher sur le toit, c'est fouler aux pieds la chair qui abrite l'âme. (c) *Qu. Mt.* 3 – *Mt* 10,34-36: Ce ne sont pas les liens familiaux que Jésus est venu anéantir, mais ce qui liait l'homme au mal: quand il renonce à Satan (au baptême), l'homme est par Jésus coupé de son père, le diable, et de sa mère, la cité de ce monde ennemie de Dieu. (d) *Qu. Mt.* 4 – *Mt* 8,1-3: La lèpre, qui fait perdre à la peau son uniformité, suggère des dispositions changeantes [12]. La guérison du lépreux succédant immédiatement au sermon sur la montagne, celui-ci représente l'homme qui, à peine entendus les préceptes de Jésus, hésite déjà à les mettre en pratique. (e) *Qu. Mt.* 5 – *Mt* 8,19sq.: Dans le scribe qui prétend vouloir le suivre, Jésus décèle l'orgueil et la simulation; ce sont là les oiseaux et les renards qui ont en lui leur domicile, et ne laissent pas place à l'humilité du Christ, symbolisée par la tête inclinée [13]. (f) *Qu. Mt.* 6 – *Mt* 8,22: A. définit seulement ces morts qui doivent enterrer leurs morts: les hommes qui n'ont pas la foi [14]. (g) *Qu. Mt.* 7 – *Mt* 10,14: En quittant un lieu qui ne les a pas accueillis, les apôtres secouent la poussière de leurs pieds: ce geste symbolique reçoit deux interprétations. La terre locale attachée à leurs semelles atteste aux habitants leur labeur dont il ne reste rien. Ou bien les prédicateurs manifestent que leur désintéressement est si total qu'ils ne veulent même pas emporter la poussière du lieu [15]. (h) *Qu. Mt.* 8 – *Mt* 10,16: Les comparaisons animalières sont explicitées en des lignes qui reprennent rapidement la double interprétation spirituelle du comportement du serpent de *doctr. chr.* 2,24 [16]: il faut comme lui protéger sa tête (le Christ) plutôt que son corps, et se renouveler en passant par la porte étroite comme le serpent se faufile dans une fente pour se débarrasser de sa mue. La non-violence de la colombe dans la société des animaux doit être imitée dans la société des hommes. (i) *Qu. Mt.* 9 – *Mt* 11,25: Ce verset, complété par le parallèle de *Lc* 10,21 et par *Sir* 39,20sq., appuie l'idée, souvent répétée par A., que la confession renvoie à la louange et pas seulement à la pénitence. (j) *Qu. Mt.* 10 – *Mt* 12,1-8: Jésus est maître du sabbat en tant que roi et prêtre; c'est ce qu'il veut signifier en alléguant l'exemple du roi David mangeant les pains de proposition et les privilèges des prêtres du Temple [17]. (k) *Qu. Mt.* 11 – *Mt* 13,24-30.36-43: Dans cette méditation sur la parabole (la plus longue conservée), A. se demande si l'ivraie qu'il faut supporter jusqu'au jugement représente les seuls hérétiques, les schismatiques étant plutôt des épis arrachés ou la bale de l'épi, tandis que les mauvais catholiques seraient la paille. Il part de la distinction classique entre schisme et hérésie [18], mais finit par admettre, avec ib. 13,41, que tous les fauteurs de scandale et d'iniquité sont symbolisés par l'ivraie. Par la suite, ses hésitations des premiers temps sur le sujet n'auront plus cours [19], l'ivraie englobera les trois groupes et A. continuera à voir dans le champ où elle pousse (cf. ib. 13,24) le monde ou l'Eglise selon les cas, voire les deux [20]. (l) *Qu. Mt.* 12 – *Mt* 13,45sq.: Qu'est-ce que la perle précieuse? A. formule trois hypothèses, puis approfondit son interprétation en réfléchissant sur la nature de cette perle, et conclut en appliquant la parabole à la vie du chrétien: il faut, comme le marchand, vendre tout ce qu'on possède, c.-à-d. se donner soi-même, pour l'acquérir (cf. *ep. Io. tr.* 5,7). La perle exceptionnelle est à identifier au Christ (cf. *conf.* 8,2), au commandement d'amour [21], au Verbe, principe d'intelligence du monde [22]. (m) *Qu. Mt.* 13 – *Mt* 13,15 («oculos suos clauserunt, ne quando oculis uideant»): Dans cette citation d'*Is* 6,9sq., qu'utilisent tous les évangélistes pour justifier l'usage des paraboles par Jésus, *Mt* précise *Io* 12,40 (chez qui Dieu est dit avoir aveuglé les yeux des hommes), en affirmant la responsabilité de l'homme. *Mc* 4,12 suggère une autre idée: l'inintelligence est méritée par le péché, mais elle a une fonction dans le plan de Dieu; c'est ce que suggèrent au grammairien, attentif au détail de l'expression, l'introduction de la notion de conversion et le ‹ne quando›. La conclusion d'A. est que les discours obscurs de Jésus ont été comme le collyre qu'on met sur des yeux malades; ils ont d'abord aveuglé l'homme pour le guérir et le convertir (cf. *en. Ps.* 43,14). L'idée d'un aveuglement miséricordieux n'est pas incompatible avec les propos de *Io*. Cette réflexion d'A. sur un problème difficile qui n'est guère abordé par ses prédécesseurs et que lui-même ne fera ensuite qu'effleurer en *Io. eu. tr.* 53,5sq., est à situer dans le prolongement de *cons. eu.*, où A. cherche à rendre compte des apparentes contradictions des Evangiles. (n) *Qu. Mt.* 14 – *Mt* 13,34 («sine parabolis non loquebatur eis»): ‹Parabola› désigne ici le style figuré en général [23]. Le verset ne signifie pas que Jésus ne parlait qu'en parabole, mais qu'il n'y a presque aucun de ses discours construits (‹sermo explicatus›) qui soit ‹totus proprie dictus›. La réflexion finale sur l'ordre de la narration correspond exactement à *cons eu.* 2,90. (o) *Qu. Mt.* 15 – *Mt* 13,51sq.: Après avoir rappelé l'interprétation traditionnelle qui voit dans les ‹noua et uetera› que le père de famille tire de son trésor les deux Testaments [24], A. explique que ces versets sont la conclusion de tout le discours parabolique de *Mt* 13: aux disciples qui disent avoir compris les paraboles, Jésus laisse entendre que, pour la lecture de l'Ancien Testament, que les Juifs prennent à la lettre, les chrétiens, depuis que la Passion a déchiré le voile du Temple, trouvent les règles leur permettant d'en découvrir le sens spirituel, dans le Nouveau Testament (p) *Qu. Mt.* 16 – *Mt* 13,55: On appelle frères de Jésus ceux qui lui sont liés par un même degré de parenté. A. adopte la solution de Victorin de Poetovio reprise par Jérôme, et non, comme Hilaire [25], l'idée fréquente qu'ils seraient fils d'un premier mariage de Joseph.

Notes. – [11] Se retrouve seulement en *s.* 202,2. – [12] Cf. *s.* 176,6: ‹doctrina inconstans›. – [13] Cf. *c. Faust.* 22,48; *s.* 100,1; *en. Ps.* 90,2,7. – [14] Interprétation commune dès Fortunatien, reprise dans *s.* 62,2; 100,2; *en. Ps.* 118,7,1. – [15] Les deux interprétations se trouvent dans Hier. *in Matth.* 10,14. – [16] Cf. déjà Hil. *in Matth.* 10,11; Hier. *in Matth.* 10,16. – [17] Cf. *c. Faust.* 12,33; *cons. eu.* 1,5; *s. Dolbeau* 26,50. – [18] Cf. DUNN 572-574; SCHINDLER 233: distinction adoptée par les donatistes; cf. *Cresc.* 2,4sq.; ↗Haeresis, haeretici, ↗Schisma. – [19] ‹Zizania› ou ‹palea›: *mor.* 1,76; *ep.* 43,21; 53,6. Donatistes: ib. 76,2sq.; *c. ep. Parm.* 1,21. Mauvais catholiques: *bapt.* 4,13 (‹interiora/exteriora zizania›). – [20] Cf. *s. Caillau* 2,5,1, vraisemblablement prêché peu après ce texte. On retrouve seulement là l'interprétation des ‹fasciculi› d'ivraie de *qu. Mt.* 11,8. – [21] Cf. *ep. Io. tr.* 5,7; *s.* 212,1. – [22] La perle ne se trouve qu'enfermée dans la coquille de l'huître, qui figure soit l'humanité assumée par le Verbe, soit la lettre de l'Ecriture (cf. *s. dom. m.* 2,68); ce n'est qu'en passant par ces enveloppes que l'homme a accès à la divinité du Christ et à la vérité. – [23] De même en *c. Adim.* 15; *c. Faust.* 16,31; *c. mend.* 24; ↗Figura(e). – [24] Depuis Iren. 4,9,1; 4,26,1; cf. *Gn. litt.* 1,1,1; *c. Faust.* 4,2. – [25] Cf. Hier. *uirg. Mar.* 14.17; Hil. *in Matth.* 1,4.

4. Sources. – La lecture du commentaire de Jérôme sur Matthieu transparaît dans la ‹quaestio› 7, et peut-être aussi en ‹quaestio› 8 et 11 [26]; ‹quaestio› 12 montre une influence origénienne indirecte. La ‹quaestio› 11 se ressent de celle d'Optat [27], et la ‹quaestio› 14 de celle de Victorin de Poetovio [28].

Notes. – [26] *Qu. Mt.* 11,1: identification des ‹serviteurs› aux ‹praepositi ecclesiae›; cf. Hier. *in Matth.* 13,37-44 (l'expression est de plus peu courante chez A.). – [27] Optat. 1,10sq. pp. 11,11-14,7; 5,1 pp. 118,2-121,22. – [28] Victorin. Poetou. *in apoc.* 1,4. – Pour les sources des *qu. Mt.*, cf. aussi MUTZENBECHER, Einleitung XXVII-XXIX.

Bibliographie. – *Editions et traductions*: PL 35,1365-1376. – CCL 44B,119-140. – Angl.: Works(NY) 1,15-16 (2014) 431-443 (R. TESKE). – Esp.: BAC 187 (²2003) 143-166 (M. FUERTES LANERO). – Fr.: Œuvres compl. (B) 5 (1867) 351-359 (POGNON). – Œuvres compl. (P) 9 (1869) 194-211 (PÉRONNE). – BA 54B (à paraître). – It.: NBA 1,10,2 (1997) 429-457 (V. TARULLI). – *Etudes*: F. DOLBEAU, Brouillons et textes inachevés parmi les œuvres d'Augustin: Sacris erudiri 45 (2006) 191-221. – G.D. DUNN, Heresy and Schisma according to Cyprian of Carthage: JThS 55 (2004) 551-574. – G. LETTIERI, Tollerare o sradicare? Il dilemma del discernimento. La parabola della zizzania da Ambrogio a Leone Magno: CrSt 26 (2005) 65-121. – A. MUTZENBECHER, Über die Zuschreibung der von den Maurinern so benannten *Quaestiones XVII in euangelium secundum Matthaeum* an Augustin: Sacris erudiri 23 (1978-1979) 95-122. – Ead., Einleitung: CCL 44B (1980) XIX-LXII. – N. REQUIN, *Etude de l'exégèse d'Augustin d'Hippone sur les Evangiles de Matthieu et de Luc: traduction et commentaire des Quaestionum euangeliorum libri duo (CPL 275)* 1-2, Diss. Paris 2014. – A. SCHINDLER, Die Unterscheidung von Schisma und Häresie in Gesetzgebung und Polemik gegen den Donatismus (mit einer Bemerkung zur Datierung von Augustins Schrift Contra Epistulam Parmeniani): *Pietas. Festschrift für B. Kötting* (= JbAC Erg.-Bd. 8), Münster 1980, 228-236. – F. SCORZA BARCELLONA, La parabola della zizzania in Agostino. A proposito di *Quaestiones in Matthaeum* 11: ASEs 5 (1988) 215-223.

MARTINE DULAEY
NATHALIE REQUIN

Qualitas

I. Philosophischer Hintergrund – II. Q. bei A. – 1. Q. als Kategorie – 2. Q. als körperlicher Beschreibungsmodus – 3. Q. als seelischer Beschreibungsmodus – 4. Q. als negativer Beschreibungsmodus Gottes

I. Philosophischer Hintergrund. – Q. ist der lateinische Fachterminus für ποιότης, eine der zehn aristotelischen Kategorien, die in allgemeinster Form die unterschiedlichen Seinsweisen der sensiblen Realität benennen (↗Aristoteles, ↗Praedicamentum (categoria)). Die erste Kategorie der Substanz bildet die Basis der ‹Qualität› und der weiteren akzidentellen Seinsweisen Quantität (↗Quantitas), Relation, Ort, Zeit, Lage, Haben, Tun und Erleiden [1]. Für eine Analyse der intelligiblen Wirklichkeit scheinen die Kategorien freilich nicht geeignet, da

die im sensiblen Bereich gültigen Unterscheidungen dort keine Entsprechung haben. Q. umfaßt nach Aristoteles mehrere, wenngleich verwandte Bedeutungsfacetten: (1) dauerhafte psychische Zustände wie Tugend oder Wissen oder vorübergehende physische Zustände wie Erwärmung und Abkühlung, Gesundheit und Krankheit; (2) die Eignung zur Ausübung von etwas, z.B. Ringen und Laufen; (3) die Eignung zur Einwirkung auf sinnliche Wahrnehmung etwa als Süße und Säure; (4) die Gestalt z.B. als Drei- oder Viereckigkeit, Krumm- oder Geradheit. Derartige ‹Beschaffenheiten› können meistens durch entgegengesetzte Zustände ersetzt werden, wobei sich der Wechsel in zeitlicher Folge und zumeist gleitend vollzieht [2].

Anmerkungen. – [1] Arist. *Cat.* 4,1b25-2a10; cf. BAUMGARTNER 715sq.; ↗Accidens, ↗Esse, essentia, ↗Substantia. – [2] Arist. *Cat.* 8,8b25-11a38.

II. Q. bei A. – 1. Q. als Kategorie. – A. legt das Verständnis von q. (insgesamt ca. 250 Nennungen) als Kategorie nicht systematisch dar, setzt es jedoch voraus, wie etwa die Unterscheidung sekundärer Kategorien von der primären (*trin.* 5,5sq.), die Bindung sekundärer Kategorien an ein Subjekt [3] sowie speziell bei q. die Zuweisung zum Bereich von Körper und Seele (s. *Dolbeau* 22,14) und das Vorhandensein konträrer Gegensätze (*c. Iul.* 6,64) zeigen.

Anmerkung. – [3] *C. Iul.* 5,51: «ea quae in subiecto sunt, sicut sunt qualitates, sine subiecto in quo sunt, esse non posse»; cf. *praes. dei* (= *ep.* 187) 18.

2. Q. als körperlicher Beschreibungsmodus. – Veränderbare qualitative Merkmale charakterisieren primär den Bereich des Körperlichen (*ciu.* 11,10). Deshalb verwendet A. q. zu positiver Beschreibung uneingeschränkt nur hier. Zunächst gestaltlos und ohne q. [4], wurde die körperliche Materie anfangs zu vier Grundelementen (Feuer, Wasser, Luft, Erde; ↗Elementum) geformt, die A. nach Aristoteles als Kombinationen der vier Grundqualitäten (warm, kalt, feucht, trocken) ansieht [5]. Durch Veränderung der kombinierten q. gehen diese Elemente, die der Formlosigkeit der Materie noch nahe stehen (*Gn. litt.* 2,11,24), ständig ineinander über (*ciu.* 12,4). Werden aus den Elementen komplexere Körper gebildet, werden auch die Qualitäten spezifischer. So wird z.B. mit Erde vermischtes Wasser vom Weinstock in Holz und weiter in Traube und Wein verwandelt (*Gn. litt.* 6,13,24). Dabei bezeichnet q. nicht immer nur physikalische Eigenschaften, sondern, oft in Verbindung mit ↗‹species›, ↗‹forma› (3,46-48) oder ⁊‹figura› (3,3) [6], die der Wahrnehmung und Vorstellung zugänglichen Merkmale (*ep.* 162,5), für die A. stellvertretend Farbe, Gestalt oder Gesundheit nennt [7]. Der Intensitätsgrad einer q. ist nicht von der unterschiedlichen Größe der Körper(teile) abhängig, denen sie inhäriert (*praes. dei* 13.18). Die Veränderung der Qualitäten vollzieht sich immer innerhalb derselben Art (z.B. als Farbe von schwarz zu weiß), und zwar nicht durch Ersetzung einer Qualität durch eine andere, sondern durch Wandel der Qualität selbst (*trin.* 5,5). Auf die Qualität anderer Körper wirkt sich q. nicht durch Ortswechsel, sondern durch angleichende Einwirkung aus (*c. Iul.* 5,51).

A.s Interesse entsprechend, kommt q. besonders häufig im Zusammenhang mit dem menschlichen Körper vor (⁊Corpus). Er besteht, bei Überwiegen der Erde, aus allen vier Elementen samt ihren q. [8], deren harmonisches Verhältnis Gesundheit, Unausgewogenheit hingegen Krankheit bewirkt (ib. 5,28). Die q. der Körper verändert sich in den drei heilsgeschichtlichen Phasen. Ursprünglich waren die Körper zwar veränderlich, aber ohne Krankheit und Vergänglichkeit. Sie wären nach Erreichen einer bestimmten Menschenzahl zur q. geistiger Körper nach Art der Engel verwandelt worden [9]. Doch durch den Sündenfall der Menschen «corpus eorum duxit morbidam et mortiferam qualitatem, quae inest etiam pecorum carni» (*Gn. litt.* 11,32,42). Nach der Auferstehung werden jedoch die Körper der Heiligen, wie bereits der auferstandene Leib Christi (*s. Morin* 17,5), unter Wahrung substantieller Identität (*c. Faust.* 22,17) eine himmlische, engelhafte Qualität (‹caelestis q.›) erhalten [10]. Durch Aufhebung der ⁊‹concupiscentia› übertrifft die reinigende Wirkung dieser ‹q. regenerationis› selbst die der Taufe [11]. Die nun durch ⁊‹participatio› am wahrhaft Unvergänglichen erreichte Unvergänglichkeit ist unverlierbar (*ciu.* 11,10).

Anmerkungen. – [4] *Conf.* 12,25; *nat. b.* 18. – [5] *En. Ps.* 6,2; *Gn. litt.* 2,1,3; 9,17,32. – [6] *Conf.* 12,25; *trin.* 9,5; cf. Cypr. *hab. uirg.* 15 in A. *doctr. chr.* 4,49. – [7] *C. Faust.* 21,4; *praes. dei* 13; *c. Iul.* 5,51. – [8] *Gn. litt.* 7,13,20; ⁊Elementum, 2,768-770. – [9] *Gn. litt.* 9,3,6; 9,10,17; *b. coniug.* 2. – [10] *Exp. prop. Rm.* 51; *en. Ps.* 143,9; ⁊Resurrectio. – [11] *Nupt. et conc.* 1,28; cf. Ambr. *in Is.* frg. 4 Ballerini (CCL 14, p. 406sq.) in A. *c. ep. Pel.* 4,31.

3. Q. als seelischer Beschreibungsmodus. – Für die Seele gilt die Kategorienlehre nur eingeschränkt, da sie weder ein Körper noch eine q. des Körpers (‹corporea q.›) ist (*Gn. litt.* 10,21,37; ⁊Anima, animus). In übertragenem Sinn gibt es jedoch durchaus spezifische, moralische q. der Seele, die akzidentell und veränderlich sind [12]. Dabei können mit q. die verschiedenen Stationen zwischen

Wille und Handlung bezeichnet werden. Kausal am Anfang stehen Intentionen des Willens, aus deren guter oder schlechter q. die moralische q. des Menschen insgesamt resultiert [13]. Aus den Intentionen des Willens formen sich selbst zu verantwortende charakterliche q. der Tugend (*mor.* 1,9) oder des Lasters (*qu.* 2,18). Es handelt sich um Dispositionen, z.B. Furchtsamkeit, zur Empfindung bestimmter Affekte, z.B. Furcht (‹affectionales q.›) [14]. Nach Adams Sünde ist die moralische q. der Menschen erblich von sinnlicher Begierde bestimmt, die selbst die Taufe nicht aufheben, sondern nur vom Vorwurf der Schuld befreien kann [15]. Die Frage, ob diese krankhafte q. den Menschen zur Sünde determiniert und damit die Willensfreiheit einschränkt, ist Gegenstand der Erbsündenlehre und der Auseinandersetzung mit ⁊‹Iulianus Aeclanensis› [16]. Aus den habituellen q. gehen schließlich die konkreten Handlungen mit entsprechender moralischer q. hervor [17], oder sie unterbleiben (*c. Iul.* 6,60).

Anmerkungen. – [12] *Io. eu. tr.* 2,2: «non solum corpora uariari per qualitates ... sed etiam ipsas animas per affectum diuersarum uoluntatum distendi atque discindi»; cf. *c. Iul.* 6,58. – [13] *C. Iul.* 1,37: «tantum ualent eaedem uoluntates, ut earum naturarum, quarum sunt, faciant qualitates». – [14] So die unwidersprochene Darlegung von Julian von Aeclanum: Iulian. A. *c. Iul.* 6,54. – [15] *Pecc. mer.* 2,44; *nupt. et conc.* 1,28. – [16] Cf. Lam Cong Quy; ⁊Liberum arbitrium, ⁊Peccatum originale. – [17] Ib. 2,29: «mouentur ... corda hominum ... secundum proprias qualitates, quae ex uoluntatibus ueniunt».

4. Q. als negativer Beschreibungsmodus Gottes. – Am wenigsten geeignet ist q. in Anwendung auf Gott (⁊Deus) [18]. Zwar dient q. bisweilen zur positiven Beschreibung mittels Analogie: Wie z.B. die q. eines Körpers mit unterschiedlich großen Teilen in jedem Körperteil jeweils als ganze vorliegt, so ist umso mehr auch Gott in allen Teilen der Schöpfung ohne Minderung als ganzer präsent [19]. Doch meist wird die Unangemessenheit der Prädikation von q. bei Gott betont, da sie die Zuweisung von sachlich Differentem, Vielfalt und Veränderlichkeit bedeuten. Gott aber ist mit sich selbst identisch (*en. Ps.* 121,5sq.), einfach [20] und unveränderlich [21]. Daher wird nichts akzidentell über Gott ausgesagt [22], so daß scheinbar qualitative Aussagen wie «aeternus, immortalis, incorruptibilis, immutabilis, uiuus, sapiens, potens, speciosus, iustus, bonus, beatus» nicht als q., sondern «secundum substantiam uel essentiam» (*trin.* 15,8; cf. *ciu.* 11,10) verstanden werden müssen. Entsprechend übersteigt das Verhältnis der göttlichen Personen zueinander körperliche q. (*ep.* 120,12). Wenn etwa der Hl. Geist als ‹sanctitas› von Vater und Sohn bezeichnet wird, meint dies keine gemeinsame q. beider (*ciu.* 11,24: «non amborum quasi qualitatem»), sondern die Substanz Gottes und dritte Person in der Trinität (ib.). Der Rekurs auf q. demonstriert, wie Gott *nicht* gedacht werden darf und von seiner Schöpfung abzugrenzen ist.

Anmerkungen. – [18] Cf. Baumgartner 721. – [19] *Praes. dei* 14: «in se ipso ubique totus». – [20] *Trin.* 7,2; ↗Simplex, simplicitas. – [21] *Ciu.* 12,2; ↗Mutabile-inmutabile. – [22] *Trin.* 5,6: «nihil in eo secundum accidens dicitur»; cf. ib. 5,2.

Bibliographie. – H.M. Baumgartner et al., Kategorie, Kategorienlehre: HWPh 4 (1976) 714-725. – J. Lam Cong Quy, Agustín y Juliano: la *qualitas* aristotélica, en la controversia cristológica: Augustinus 59 (2014) 341-367.

Christian Pietsch

Quantitas

I. Philosophischer Hintergrund – II. Q. bei A. – 1. Q. als körperlicher Beschreibungsmodus – 2. Q. als seelischer Beschreibungsmodus – 3. Q. als negativer Beschreibungsmodus Gottes

I. Philosophischer Hintergrund. – Q. ist der lateinische Fachterminus für ποσότης, eine der zehn aristotelischen Kategorien (↗Aristoteles, ↗Praedicamentum (categoria)), die als allgemeinste begriffliche Unterscheidungen der unterschiedlichen Seinsweisen der sinnlich erfaßbaren, raumzeitlichen Wirklichkeit fungieren. Die ‹Quantität› benennt, wie die anderen Sekundärkategorien Qualität (↗Qualitas), Relation, Ort, Zeit, Lage, Haben, Tun und Erleiden, kein definitorisches, sondern nur ein akzidentelles, mithin veränderliches Merkmal an der Primärkategorie Substanz, über die es ausgesagt wird [1]. Dabei werden diskrete, aus ungleichartigen Elementen bestehende Größen im Sinne der Menge (Zahlen) und kontinuierliche, aus gleichartigen Elementen bestehende Größen im Sinne der meßbaren Ausdehnung (Linie, Fläche, Körper, Zeit, Ort) unterschieden [2]. Die q. kennt wie die Kategorie der Substanz kein konträres Gegenteil.

Anmerkungen. – [1] Arist. *Cat.* 5,2a27-34; cf. Baumgartner 715sq.; ↗Esse, essentia, ↗Substantia. – [2] Arist. *Cat.* 6,4b20-5a14.

II. Q. bei A. – A. behandelt die Kategorienlehre nie systematisch, aber kennt sie und setzt sie voraus. Dabei wird q. als Terminus meist gebraucht (insgesamt ca. 100 Nennungen), wenn der Bezug zur Kategorienlehre sichtbar werden soll, ansonsten oft durch die Synonyme ‹spatium (locorum/temporum)› und ‹magnitudo› ersetzt.

1. Q. als körperlicher Beschreibungsmodus. – Primär gibt q. eine Eigenschaft der raumzeitlichen Wirklichkeit an [3]. So wird die q. der Welt insge-

samt (*uera rel.* 80) oder ihrer Teile wie etwa des Himmels (*en. Ps.* 101,2,13) erwähnt, von Massen, etwa eines Steines (*an. quant.* 37), von Zeiträumen [4] oder einer Menschenmenge (*ciu.* 15,8), aber auch von Artefakten wie etwa das Raummaß der Arche Noah (ib. 15,27), der Umfang eines Buches (*ep.* 205,18) oder menschlicher Arbeit (*c. ep. Pel.* 2,13). Am häufigsten wird in diesem Bereich die q. des menschlichen Körpers thematisiert, die theologische Bedeutung im Rahmen der eschatologischen Lehre von der Auferstehung des Leibes erhält (↗Corpus, ↗Resurrectio). Nach A. erhalten die Auferstandenen ihren erneuerten Leib in seinem ursprünglichen Ausmaß zurück, allerdings ohne identische Lage der Materieteilchen und so idealisiert, wie sie ihn als junge Leute hatten oder, im Falle frühzeitig Verstorbener, gehabt hätten, zumindest aber ohne körperliche Schwäche [5].

Anmerkungen. – [3] Näherhin Unterscheidung von ‹longitudo›, ‹latitudo› und ‹altitudo›: z.B. *an. quant.* 23. – [4] *Ciu.* 12,13; 15,20. – [5] *Ciu.* 22,14.16.19; *cat. rud.* 46; *ench.* 89.

2. Q. als seelischer Beschreibungsmodus. – In den werthaft die Körperlichkeit übersteigenden Wirklichkeitsbereichen nimmt der beschreibende Wert von q., wie der Kategorien insgesamt, ab. Im Gegensatz zu selbst bei Christen wie Tertullian verbreiteten, scheinbar experimentell etwa bei Tieren durch die Lebensfähigkeit einzelner Körperteile belegbaren (*an. quant.* 64) Vorstellungen, die in der Seele (↗Anima, animus) eine feine, räumlich im Körper verteilte Materie sahen [6], zeigt A., daß die menschliche Seele zwar Zeit, doch keine q. kennt [7]. Bereits die Vorstellung räumlicher Gegenstände beruht auf einem unräumlichen Vermögen (*c. ep. Man.* 17,20). Umso mehr gilt dies bei unräumlichen Erkenntnisinhalten wie Linie oder Punkt (*an. quant.* 23) und erst recht für den ↗‹intellectus›, der jenseits aller räumlichen Ausdehnung und Bewegung steht (*trin.* 17,2) und dessen geistige Aktivität ihm substantiell eignet, nicht wie eine ‹qualitas› oder q. [8]. Auch die Bewegung der Körperteile bedeutet keine räumliche Bewegung des seelischen Impulses (*Gn. litt.* 8,21,42). Nur im übertragenen Sinn kann ethisch der Seele positiv Wachstum oder Größe als Erreichen bzw. Vorliegen eines Zustandes der Vollendung (‹uirtus›) im Sinne innerer Stimmigkeit und Harmonie [9] zugesprochen werden, negativ hingegen die Größe einer Sünde (‹peccatum›) oder Schuld (‹culpa›) [10].

Anmerkungen. – [6] Cf. ib. 7,26; *Gn. litt.* 10,26,45; ↗Materia, materies. – [7] Ib. 28; cf. Pascucci 169. – [8] Ib. 9,5; ↗Amor, ↗Mens, ↗Notitia (nosse). – [9] *An. quant.* 27sq.; cf. Pascucci 179-181. – [10] *Ciu.* 21,17; *c. Iul. imp.* 6,23.

3. Q. als negativer Beschreibungsmodus Gottes. – Bei Gott (↗Deus) entfällt die Möglichkeit kategorialer Prädikation selbst in uneigentlicher Weise. Gottes Eigenschaften kommen ihm wesenhaft (‹substantialiter›, ‹essentialiter›) zu, denn man bezeichnet ihn deshalb als einfach, weil er das, was er (als Eigenschaften) hat, (wesenhaft) ist [11]. Gott ist ohne Qualität gut, ohne Quantität groß, er ist ohne Relation, Ort, Zeit usw. [12]. Entsprechend ist von Gott jede, selbst eine unendlich gedachte quantitativ-räumliche Vorstellung auszuschließen [13]. Er selbst ist seine Größe [14]. Aber auch seine Relation zur Schöpfung darf nicht als materiale Durchdringung verstanden werden. Er ist vielmehr «substantia creatrix mundi» (*praes. dei* (= *ep.* 187) 14) in transzendenter Omnipräsenz [15].

Anmerkungen. – [11] *Ciu.* 11,10: «sed ideo simplex dicitur, quoniam quod habet hoc est»; cf. BAUMGARTNER 721. – [12] *Trin.* 5,2: «sine quantitate magnum»; cf. BOUTON-TOUBOULIC 170-173. – [13] *Mor.* 1,17: «credere deum loco aliquo quamuis infinito per quantitatis quaecumque spatia contineri, quam sit stultum docetur»; cf. *ep.* 120,12; *s.* 23,5. – [14] *Trin.* 5,11: «ipse sua est magnitudo»; cf. VIOLA 411-418. – [15] Ib.: «est deus per cuncta diffusus ... non tamen per spatia locorum ... nullo contentus loco, sed in se ipso ubique totus».

Bibliographie. – H.M. BAUMGARTNER et. al., Kategorie, Kategorienlehre: HWPh 4 (1976) 714-725. – A.-I. BOUTON-TOUBOULIC, *L'ordre caché. La notion d'ordre chez saint Augustin*, Paris 2004. – P. PASCUCCI, Il *De quantitate animae: Deum et animam scire cupio. Agostino alla ricerca del vero su Dio e l'uomo* (a cura di G. DI PALMA), Napoli 2010, 163-181. – C.E. VIOLA, *Hoc est enim Deo esse, quod est magnum esse.* Approche augustinienne de la grandeur divine: ΣΟΦΙΗΣ ΜΑΙΗΤΟΡΕΣ. *«Chercheurs de sagesse». Hommage à J. Pépin*, Paris 1992, 403-420.

CHRISTIAN PIETSCH

Quid sunt regna nisi magna latrocinia

Die Frage: «quid sunt regna nisi magna latrocinia?», ergänzt um ihr Pendant: «latrocinia quid sunt nisi parua regna?», stellt A. in *De ↗ciuitate dei* 4,4 im Kontext der Debatte über Gerechtigkeit und leitet sie deshalb mit der Voraussetzung ‹remota ↗iustitia› ein. Gegenüber der römischen Staatsideologie bestreitet A. der mit militärischer Gewalt errichteten Herrschaft der Römer, auf Gerechtigkeit gegründet zu sein (↗Imperium Romanum, 3,553sq.), und greift dabei auf die Seeräuber-Anekdote aus Cic. *rep.* 3,24 zurück [1]. Auch der Gedanke, daß Gesetze ohne Gerechtigkeit sich nicht von Abmachungen unter Räubern unterscheiden, findet sich schon in Cic. *leg.* 2,13. Darüber hinaus stellt A. die antike Überzeugung von Gerechtigkeit als Fundament eines Staates (Platon, Aristoteles, Cicero) in Frage, indem er an die

Stelle einer rechtsmoralischen eine vertragstheoretische Staatsbegründung setzt: Grundlage für ein Gemeinwesen sei der Konsens einer Gruppe von Menschen, ihr Leben gemeinschaftlich nach allgemein akzeptierten Regeln zu organisieren [2]. In *ciu.* 19, wo A. dieses Thema erneut aufgreift, bindet er ein Gemeinwesen aber doch an Gerechtigkeit und verschärft diese Forderung zur Bindung an die wahre Gerechtigkeit (ib. 19,24: ‹iustitiae ueritas›), die es nur in Beziehung zum wahren Gott der Christen gebe (ib. 19,21sq.25sq.; cf. schon ib. 2,21) [3]. Da die unmoralischen Götter Roms (cf. ib. 2,3-22; ↗Paganus) keine Gerechtigkeit fundieren könnten, sei die falsche Gottesbeziehung und Religionsausübung der Römer (und anderer Völker wie der Athener, Ägypter oder Assyrer) der Grund dafür, daß für ihren Staat nicht von Gerechtigkeit geredet werden könne und es sich beim Römischen Reich daher nach Ciceros Definition nicht einmal um einen Staat handle (ib. 19,21) [4]. Da wahre Gerechtigkeit erst im Eschaton verwirklicht werden kann (ib. 19,27) [5], doch «auf Erden unerreichbar ist, erscheint jeder irdische Staat als relativ ungerecht, nämlich von der wahren Gerechtigkeit so weit entfernt, daß er nicht anders als eine Räuberbande aussieht» [6].

Anmerkungen. – [1] *Ciu.* 4,4: «eleganter enim et ueraciter Alexandro illi Magno quidam comprehensus pirata respondit. nam cum idem rex hominem interrogaret, quid ei uideretur, ut mare haberet infestum, ille libera contumacia: quod tibi, inquit, ut orbem terrarum; sed quia ⟨id⟩ ego exiguo nauigio facio, latro uocor; quia tu magna classe, imperator»; cf. Nonius Marcellus pp. 125,12; 318,18; 534,15; ↗Cicero. – [2] *Ciu.* 4,4: «manus et ipsa hominum est, imperio principis regitur, pacto societatis astringitur, placiti lege praeda diuiditur»; cf. ib. 19,24: «populus est coetus multitudinis rationalis rerum quas diligit concordi communione sociatus»; ↗Ciuis, ciuitas, ↗Populus, ↗Respublica, ↗Societas; cf. DUCHROW 288; BROWN 42. O'DONOVAN 96-103 hebt hervor, daß A. damit moderne kontraktualistische Staatstheorien antizipierte. – [3] Cf. HADDOCK 75sq.90-92; O'DALY 206-210; TORNAU 215-218.295sq.; FÜRST 268-278. – [4] Cf. ib. 2,18.21 mit Cic. *rep.* 1,39; 2,70; cf. BROWN 25-45, besonders 44; BAIER 135-139; FORTIN 48sq. – [5] Darauf insistieren zu Recht DUCHROW 291-298 und O'DALY 83sq. gegen die Annahme, christliche Staatswesen seien vom Vergleich mit Räuberbanden ausgenommen, wie CHRISTES 173 fälschlich meint. – [6] HÖFFE 275.

Bibliographie. – T. BAIER, Cicero und Augustinus. Die Begründung ihres Staatsdenkens im jeweiligen Gottesbild: Gymnasium 109 (2002) 123-140. – P. BROWN, *Religion and Society in the Age of Saint Augustine*, London 1972. – J. CHRISTES, Christliche und heidnisch-römische Gerechtigkeit in Augustins Werk «De civitate dei»: RhM 123 (1980) 163-177. – U. DUCHROW, *Christenheit und Weltverantwortung. Traditionsgeschichte und systematische Struktur der Zweireichelehre*, Stuttgart ²1983. – E.L. FORTIN, Justice as the Foundation of the Political Community. Augustine and his Pagan Models: *Augustinus. De civitate dei* (hrsg. von C. HORN), Berlin 1997, 41-62. – A. FÜRST, Wahrer Gott – wahre Gerechtigkeit. Politische Implikationen des Monotheismus in der Spätantike: *Fragen nach dem einen Gott. Die Monotheismusdebatte im Kontext* (hrsg. von G. PALMER), Tübingen 2007, 251-282. – B. HADDOCK, Saint Augustine. *The City of*

God: A Guide to the Political Classics. Plato to Rousseau (ed. by M. FORSYTH/M. KEENS-SOPER), Oxford 1988, 69-95. – O. HÖFFE, *Positivismus plus Moralismus. Zu Augustinus' eschatologischer Staatstheorie: Augustinus. De civitate dei* (hrsg. von C. HORN), Berlin 1997, 259-287. – G. O'DALY, *Augustine's City of God. A Readers Guide*, Oxford 1999. – O. O'DONOVAN, *Augustine's City of God XIX and Western Political Thought: Dionysius* 11 (1987) 89-110. – C. TORNAU, *Zwischen Rhetorik und Philosophie. Augustins Argumentationstechnik in De ciuitate Dei und ihr bildungsgeschichtlicher Hintergrund*, Berlin/New York 2006.

ALFONS FÜRST

Quies, requies

I. Vora. – II. Entfaltung bei A. – 1. Frühphase – 2. Mittlere Phase – 3. Spätphase – III. Zusammenschau – 1. Gott und Ruhe – 2. Mensch und Ruhe

I. Vora. – Der profane Gebrauch von nûaḥ und menûḥāh ist im Alten Testament selten, die beiden Wörter für ‹ruhen› und ‹Ruhe› bezeichnen vorwiegend verschiedene Heilsgüter, nie indes die eschatologische Hoffnung [1]. In der LXX steht für das Verbum καταπαύειν (*Gn* 2,2) – in der Vetus Latina und in der Vulgata mit ‹requiescere› wiedergegeben –, für das Nomen ἀνάπαυσις (*Ex* 16,23), wiedergegeben durch r. [2]. Im Neuen Testament sind *Mt* 11,29c und *Hbr* 3,7-4,11 die wichtigsten Stellen über die Ruhe im theologischen Sinn. *Mt* bezeichnet mit ἀνάπαυσις das gesamte Heilswerk Jesu Christi [3]. «Im Hebr(äerbrief) gewinnt der Begriff der Ruhe ... bes(ondere) Bedeutung und führt zu theol(ogisch) entscheidenden Aussagen über den Weg Gottes mit seinem Volk, über dessen Ziel und Hoffnung» [4].

In der philosophischen Tradition wird ‹Ruhe› neben physikalisch-kosmologischen Aspekten insbesondere als ‹innere Seelenruhe› thematisch [5], z.B. bei Platon und im Platonismus [6], aber auch bei Epikur und in der Stoa. In der lateinischen Literatur bezeichnet q. schon früh eine innere Ruhe [7]. Für Cicero ist die ‹sapientia› der einzige Weg zur q. (*fin.* 1,46). Es ist dann Seneca, der den Terminus q. geradezu zum Terminus technicus für die Seelenruhe macht [8].

Die Bedeutung des Ruhegedankens in der Gnosis erhellt daraus, daß «alle wesentlichen Gedanken der gnostischen Theologie ... unter Verwendung der ‹Ruhe›-Terminologie zum Ausdruck gebracht werden können» [9]. So heißt es vom göttlichen Urgrund, daß er in sich allein ruhte [10] und sein Paradies sein Ruheort [11] ist.

In der Alten Kirche [12] werden philosophische Traditionen aufgegriffen, aber eigene Akzente gesetzt. Z.B. spricht Hilarius von der ‹aeterna q.› der Toten (*c. Const.* 27). ‹Q. aeterna› und ‹q. sempiterna› finden sich auf den christlichen Grabinschriften, in der Variante ‹r. aeterna› gelangt der Terminus in die Liturgie, ebendort werden die Toten als ‹requiescentes› bezeichnet (z.B. *Greg.* 224,5). Für Sulpicius Severus bezeichnet q. die mönchische Lebensweise (*dial.* 1,2), für Rufinus sind die ‹quiescentes› ein Synonym für Eremiten (Eus. *h. e.* 11,3).

Anmerkungen. – [1] Cf. PREUSS; HENSEL/KREUZER. – [2] Philo von Alexandrien spitzt den Ruhegedanken des Alten Testaments unter dem Einfluß griechischer Philosophen zu: Gott allein kommt das Ruhen (ἀναπαύεσθαι) zu (*Cher.* 90); höchstes Gut ist allein die Ruhe (ἀνάπαυσις) in Gott (*Fug.* 174). – [3] Cf. BAUERNFEIND. – [4] HENSEL/KREUZER 1504; zum Zusammenhang cf. HOFIUS. – [5] Cf. die Übersicht bei PROBST. – [6] Zu Plotin und den a. Parallelen cf. FERWERDA 111-113. – [7] Cf. LECLERCQ 15. So bezeugt Ovid die ‹q. animi› (*Pont.* 4,9,91), Velleius Paterculus die ‹summa q. animi› (Vell. 2,6,2). – [8] Cf. LECLERCQ 15-18. Seneca kennt das «inaestimabile bonum» der «quies mentis in tuto collocatae» (*dial.* 7,4,5); er fragt: «quid est animi quiete otiosius» (ib. 4,13,2), sieht in der Beschäftigung mit den philosophischen Grundfragen den Weg zur «alta rerum quies» (ib. 10,19,2) und im Tod die ‹aeterna r.› (ib. 6,24,5). – [9] HOFIUS 75. – [10] Hipp. *haer.* 6,29,5: ἀναπαυόμενος. – [11] *Eu. uer.* f. XVIIIʳ, p. 36,38 (MÉNARD): τόπος ἀναπαύσεως. – [12] Zu griechischen und lateinischen Kirchenvätern, aber auch schon zur Bibel, cf. DIERSE 95-97.

II. Entfaltung bei A. – Wie bei anderen Themen A.s, so ist auch bei dem der Ruhe [13] eine Entwicklung festzustellen.

Anmerkung. – [13] Zum folgenden cf. SIEBEN; cf. auch ↗Actio-contemplatio, ↗Otium-negotium, ↗Tranquillitas. – Für q. finden wir bei A. ca. 290 Belege, für r. ca. 510, für ‹quiescere› ca. 320, für ‹requiescere› ca. 580. Weitere Belege für das Wortfeld: ‹inquietare› (15mal), ‹inquietudo› (ca. 40mal), ‹inquietus› (über 100mal). A. stellt q. und r. gerne antonyme Begriffe gegenüber; cf. z.B. *conf.* 1,1; 13,10; *cat. rud.* 24; *ciu.* 19,4; *cura mort.* 16; *en. Ps.* 114,6; *s.* 68,12; *s. Dolbeau* 28,9; ↗Mutabile-inmutabile.

1. Frühphase. – In einer ersten Phase bezeichnet A. mit den synonym gebrauchten Termini q. und r. zunächst nur die Seelenruhe [14]. In *sol.* 1,22 bringt er den Wunsch nach q. zum Ausdruck. Auch in *lib. arb.* ist wohl noch ausschließlich von der philosophischen Seelenruhe die Rede. Während *mus.* 6,13 von der Seelenruhe des Philosophen spricht, kann man sich ib. 6,43 fragen, ob nicht auch die ewige Ruhe bei Gott anklingt.

In *Gn. adu. Man.* kommen völlig neue Aspekte zur Sprache. A. pariert hier die auf *Gn* 2,2 basierende Kritik der Manichäer am Alten Testament, es mache anthropomorphe Aussagen über Gott, mit der Behauptung, die Stelle handle gar nicht von der Ruhe Gottes, sondern von der Ruhe der Menschen, die diese nach Vollbringung guter Taten bei Gott genießen werden (*Gn. adu. Man.* 1,33). Ein falsches Verständnis der Ruhe Gottes und damit des Geheimnisses des Sabbats haben sowohl die Juden als auch die Manichäer, die einen, weil sie seine figürliche Bedeutung nicht sehen, die anderen, weil sie ihn verwünschen (ib.; ↗Sabbatum). Die q. bzw. r. ist Gegenstand christlicher Heilshoffnung. Schon hier ist ausdrücklich von ‹q. perpetua› die Rede (ib. 1,43).

In *uera rel.* 76 wendet A. das Adjektiv ‹quieti› auf Mönche an, die sich der Anschauung Gottes widmen. In *c. Adim.* 2 präzisiert A. seine Auslegung von *Gn* 2,2: Die dort genannte Ruhe Gottes besagt, daß Gott keine neuen Werke mehr schafft, jedoch das Geschaffene weiter verwaltet. Er beruft sich hier auch zum ersten Mal auf *Mt* 11,28-30, verbindet also den Gedanken der Ruhe mit der Heilstat Christi. *Ep.* 36,31 vertritt A. die Anschauung, daß die Ruhe Gottes nach seinem Schöpfungswerk ihre Entsprechung in Christi Grabesruhe am Karsamstag habe.

In *cat. rud.* [15] geht es erstens um das richtige Motiv des Taufbewerbers, nämlich die zukünftige Ruhe (ib. 24). Von ihr heißt es zweitens, daß sie auch hier auf Erden, mitten in den Bitternissen, schon geschmeckt werden kann (ib. 25). Neu ist drittens, daß die ‹Ruhe› nicht mehr nur das Ziel des Menschen, sondern auch sein Ursprung ist. Durch die Sünde hat er diese ursprüngliche Ruhe bei Gott verloren (ib. 28).

Anmerkungen. – [14] Mit Epikur unterscheidet A. *Acad.* 3,16 zwei Arten der ↗‹uoluptas›, die kinetische Lust, die ‹suauitas›, und die statische Lust, die q. – [15] Dazu cf. Madec.

2. Mittlere Phase. – In einer zweiten Phase, dem Höhepunkt der Entwicklung, geht A. in drei Werken – *conf.*, *inq. Ian.* 2 (= *ep.* 55) und *Gn. litt.* 4 – intensiver als vorher und nachher auf das Thema der Ruhe ein. In den ↗*Confessiones* umgibt es die ‹Biographie› wie mit einem Rahmen [16] und ist damit auch für die formale Komposition des Werkes bedeutsam. Außerdem hat es eine existentiell-emotionale Note; so heißt es gleich zu Beginn: «fecisti nos ad te et inquietum est cor nostrum, donec requiescat in te» (ib. 1,1). Auch die folgenden Bücher durchzieht das Thema wie ein Leitmotiv [17].

Bei *Ad ↗inquisitiones Ianuarii* (= *ep.* 54.55) 2,17-30 handelt es sich fast um einen kleinen Traktat ‹De quiete›. A. beginnt mit einer genaueren Beschreibung der Ruhe, die uns am Ziel unseres Lebens erwartet (ib. 2,17). Sinnbild für diese Ruhe ist der Sabbat (ib.), den das Volk der Juden im wörtlichen Sinn beachtet und der für die Christen eine vorbildliche Bedeutung hat (ib. 2,18; ↗Figura(e)). Neu ist dann: Von der Sabbatvorschrift sei deswegen im Rahmen des dritten Gebotes die Rede, weil so auf den Hl. Geist hingewiesen werde, durch

den wir jene Ruhe erlangen, die wir überall lieben, die wir aber nirgends finden außer in der Liebe zu Gott (ib. 2,20). Da die treibende Kraft, Ruhe zu finden, die Liebe ist und die Entflammung der Liebe eher durch die bildliche als durch die wörtliche Redeweise erreicht wird, ist das Sabbatgebot – im Unterschied zu den anderen Geboten – nicht wörtlich, sondern im figürlichen Sinn zu interpretieren (ib. 2,21).

De ↗Genesi ad litteram 4,8,15-17,30 bringt vor allem die bisher noch nicht gründlich behandelte Frage zur Sprache, auf welche Weise auch Gott selbst geruht hat [18]. *Gn* 2,2 wird jetzt nicht mehr nur figürlich, sondern wörtlich ausgelegt, und zwar in zwei Schritten: Die Ruhe Gottes bedeutet einerseits, daß Gott keine neuen Arten mehr schafft, aber natürlich fortfährt, die an den ersten sechs Tagen geschaffene Welt weiterhin zu verwalten [19]. Den zweiten Schritt vollzieht A. mit Hilfe des Analogiegedankens: Wenn schon vom Menschen gilt, daß er in sich selbst und nicht in seinen Werken seine Ruhe findet, um wieviel mehr gilt das von Gott (*Gn. litt.* 4,15,26). Gott ist seine Ruhe innerlich und wesentlich, sie fehlt ihm also niemals [20]. A. verbindet den figürlichen Sinn von *Gn* 2,2 mit dem wörtlichen, indem er feststellt: Wenn es für uns schon etwas Großes ist, von Gott her zu existieren, so etwas noch Größeres, in ihm unsere Ruhe zu finden (*Gn. litt.* 4,17,29).

Anmerkungen. – [16] Es entsprechen sich ib. 1,1 und ib. 13,53. Zum ‹Ruhe›-Topos in *conf.* cf. auch Colot; Maccagnolo; Müller; Stammkötter. – [17] Z.B. ib. 2,13.18; 4,16.18; 6,26; 9,11; 12,36; 13,5.8-10.51-53; cf. Ferwerda 112. – [18] Zu diesen a. Passagen cf. die Erläuterungen bei Solignac. – [19] *Gn. litt.* 4,12,22; ↗Creatio, creator, creatura, 2,93-100. – [20] Ib. 4,16,27: «requies igitur dei recte intellegentibus ea est, qua nullius indiget bono; et ideo certa et nobis in illo est, quia et nos beatificamur bono, quod ipse est, non ipse bono, quod nos sumus».

3. Spätphase. – Die dritte Phase bringt Nachklänge in Briefen [21], Homilien zum Psalter [22] und zum Johannesevangelium [23] sowie in Einzelpredigten [24], oft in überraschenden Zusammenhängen. Erhalten bleibt das Thema auch in Werken dieser Phase. In *De ↗ciuitate dei* 4,16 heißt es ironisch von der römischen Göttin Quies, sie habe ihren Tempel bezeichnenderweise außerhalb Roms, denn sie könne die Menschen nicht zur Ruhe führen, im Unterschied zu Christus, wie *Mt* 11,29 zeige («tollite iugum meum super uos et discite a me, quia mitis sum et humilis corde et inuenietis requiem animabus uestris»). *Ciu.* 10,3 erwähnt im Zusammenhang einer Definition des Begriffs der ↗‹religio› die Ruhe als das Ziel, nach dem wir streben. Besonders virulent ist das Thema der Ruhe dann ib. 11, in dem es insgesamt um den Ursprung der Gottesstadt geht. A. bringt hier die

Ruhe mit dem ‹totum› in Verbindung und den ‹labor› mit dem aus *1 Cor* 12,9 bekannten ‹ex parte› unserer Erkenntnis (*ciu.* 11,31). Ib. 19,14 heißt es im Zusammenhang von Ausführungen über die ‹pax terrena› und die ‹pax aeterna›, die Menschen würden sich mit der ‹q. carnis› zufrieden geben, wenn sie bloß irrationale Lebewesen wären (↗Pax). Ib. 22,30 bringt dann in den feierlichen Schlußsätzen des gesamten Werkes die ‹ewige Ruhe› noch einmal bedeutsam zur Sprache [25].

Anmerkungen. – [21] Z.B. *ep.* 120,4; 145,2; 155,10. – [22] Z.B. *en. Ps.* 19,22; 37,12.28; 48,2,6; 55,6; 62,15; 65,17; 80,2; 83,3.6; 85,18; 86,1.9; 91,1sq.; 92,1.6; 93,23sq.; 94,15; 99,13; 106,4; 131,22. – [23] Z.B. *Io. eu. tr.* 16,5; 17,15; 20,2; 47,12; 124,5.7. – [24] Z.B. *s.* 8,6.17; 9,3; 68,12; 326,1; 362,29sq.; *s. Mai* 128,1.3. – [25] In weiteren Werken aus A.s letztem Lebensjahrzehnt kommt das Thema der Ruhe zwar immer wieder vor, doch es enthält keine wesentlich neuen Aspekte mehr; z.B. *qu.* 2,139; *an. et or.* 1,11; *ench.* 109; *cura mort.* 21; *Dulc. qu.* 2,1; *praed. sanct.* 26; *c. Iul. imp.* 6,23.27.31.

III. *Zusammenschau.* – 1. *Gott und Ruhe.* –

«tu solus requies» oder «in te requies obliuiscens laborum omnium» heißt es *conf.* 6,26 bzw. 9,11 in bezug auf Gott [26]. Neben persönlichen Anreden wie diesen kann es auch heißen: «quae uero quies certa praeter dominum?» (ib. 2,13). Das sind kaum nur poetische Personifizierungen, sondern philosophische Aussagen: Gott ist von seinem Wesen her Ruhe, weil er nichts außer seiner selbst bedarf (*Gn. litt.* 4,17,30). In bezug auf die Schöpfung und ihre Erhaltung heißt das: Gott wirkt und ruht zugleich (*conf.* 13,51sq.), und dies ohne Anfang und Ende (*Gn. litt.* 4,19,36) [27]. Dieser Gott verheißt in *Gn* 2,2 den Menschen Ruhe. Sie sollen einmal nach ihren eigenen guten Werken ruhen, so wie auch er es nach seinen Werken, d.h. nach der Erschaffung der Welt, getan hat (*Gn. litt.* 4,8,16). Die Erinnerung an diese Verheißung stellt das Sabbatgebot dar, das die Juden richtigerweise beachtet haben und die Christen im figürlichen Sinn verstehen (*ep.* 36,5). Gott selbst schenkt den Menschen die Ruhe (*Gn. litt.* 4,8,16), und zwar durch Christus und den Hl. Geist. Was die Vermittlung durch Christus angeht, so spielt *Mt* 11,29 von früh an (ab *c. Adim.* 2 ca. 15 Zitationen) eine zentrale Rolle. Bild für diese Vermittlung ist das Ruhen des Johannes an der Brust Christi (*Io. eu. tr.* 124,7). Der Hl. Geist vermittelt die Ruhe dadurch, daß er Liebe zur Ruhe in den Herzen der Menschen entfacht (*Gn. litt.* 4,8,16).

Anmerkungen. – [26] Zur ‹Ruhe Gottes› cf. besonders Raveaux 199-204; cf. aber auch Zelasco. – [27] Cf. *ciu.* 12,18: «(sc. deus) nouit quiescens agere et agens quiescere»; cf. zum Zusammenhang Mayer 76-78.

2. *Mensch und Ruhe.* –

Der Mensch ist nicht in der Ruhe, er sucht die Ruhe und findet sie in Gott – so die programmatische Formulierung von *conf.* 1,1: ↗«inquietum est cor nostrum donec requiescat in te» [28]. Immer wieder intoniert A. diesen Gedanken. Der Mensch sucht die Ruhe bald im eigenen Haus, bald in der Öffentlichkeit, bald im eigenen Herzen (*en. Ps.* 35,5). Gute und Böse streben nach Ruhe (*inq. Ian.* 2,18). In *lib. arb.* 3,23 spricht A. sogar von einem «naturale desiderium quietis». Diese Suche des Menschen nach Ruhe hängt damit zusammen, daß der Mensch aus der Ruhe stammt (*cat. rud.* 28). Entsprechend bezeichnet A. das Paradies als einen Ort unaussprechlicher Ruhe (*c. Iul. imp.* 6,27). Um die Ruhe wiederzufinden, ist die Rückkehr zu Gott notwendig (*inq. Ian.* 2,17). Die meisten Menschen wissen nicht, wie sie wieder zur Ruhe gelangen (ib. 2,18). Bezeichnend ist hier das Schicksal der Philosophen: Sie haben zwar schon eine gewisse Ahnung von der Ruhe, können aber nicht zu deren innerstem Bereich vordringen, weil sie den Weg dorthin, Christus, nicht kennen (*ep.* 120,4). A. selbst sucht in seinen Frühschriften noch nach der Ruhe der Philosophen, ist es doch die Philosophie, die das ersehnte ruhevolle Leben (*beata u.* 2) lehrt. Schon bald rechnet A. jedoch nicht mehr damit, im irdischen Leben zu wirklicher Ruhe zu finden (*inq. Ian.* 2,20). Es ist die Ruhe der transzendenten Heimat, zu der wir streben und in der wir die wahre Ruhe (‹q. uera›) finden werden (*s. Mai* 12,1) [29]. Von ihr gilt, daß kein Auge sie gesehen und kein Ohr sie gehört hat (*1 Cor* 2,9 in *s.* 259,2). Öfter nennt A. die Ruhe als erstes der eschatologischen Heilsgüter (ib. 259,1) [30]. Ein Vorbild für die Erlangung dieser ewigen Ruhe ist Maria, die – anders als ihre Schwester Martha – zu Füßen des Herrn aufmerksam auf sein Wort hörte (*trin.* 1,20; ↗Maria et Martha). Ihrem Vorbild folgen speziell die Mönche, die als ‹quieti› bezeichnet werden (*uera rel.* 76) und die in der Welt und in ihren Geschäften Lebenden an die ewige Ruhe erinnern sollen (*ep.* 145,2). Der konkrete Weg dorthin ist Christus [31].

Anmerkungen. – [28] Wie fallende Körper erst zur Ruhe kommen, wenn sie ihren Fall beendet haben, so ist die Liebe erst am Ziel, wenn sie Ruhe gefunden hat (*inq. Ian.* 2,18). – [29] Zur Dominanz dieses Gedankens in *conf.* 13 cf. Müller. – [30] A. beschreibt sie näherhin als eine von jeder Mühe befreite heilige und ewige Ruhe (*inq. Ian.* 2,17). – [31] Z.B. *ep. Io. tr.* 10,1: «per illum curris, ad illum curris, in ipso requiescis. sed ut curreremus per illum, extendit se usque ad nos: longe enim eramus, et longe peregrinabamur»; ↗Peregrinatio, peregrinus.

Bibliographie. – O. Bauernfeind, ἀνάπαυσις: ThWNT 1 (1933) 353. – B. Colot, Une approche des *Confessions* d'Augustin à travers l'étude d'*otium* et *quies*: BAGB 53 (1994) 167-186. – U. Dierse, Seelenruhe II.1. Frühes Christentum und Mittelalter: HWPh 9 (1995) 95-99. – R. Ferwerda, Plotinus' Presence in Augustine: *Augustiniana Traiectina*, Paris 1987, 107-

118. – R. HENSEL/S. KREUZER, ἀνάπαυσις: TBLNT 2 (2000) 1502-
1505. – O. HOFIUS, *Katapausis. Die Vorstellung vom endzeitlichen
Ruheort im Hebräerbrief*, Tübingen 1970. – J. LECLERCQ, *Otia
monastica. Etudes sur le vocabulaire de la contemplation du
moyen âge*, Rom 1963. – E. MACCAGNOLO, «Inquietudo», «firma-
mentum» e «quies». Nota sull'escatologia nelle *Confessioni* di
S. Agostino: RFNS 71 (1979) 314-325. – G. MADEC, Le bonheur
et le repos: BA 11,1 (1991) 253-256. – C. MAYER, Creatio, creator,
creatura: AL 2 (1996-2002) 56-116. – C. MÜLLER, Der ewige
Sabbat. Die eschatologische Ruhe als Zielpunkt der Heimkehr
zu Gott: *Die Confessiones des Augustinus von Hippo. Einführung und Interpretation zu den dreizehn Büchern* (hrsg. von
N. FISCHER/C. MAYER), Freiburg/Basel/Wien 1998, 603-652. –
H.D. PREUSS, nûaḥ, menûḥāh: ThWAT 5 (1986) 297-307. –
P. PROBST, Seelenruhe I. Antike: HWPh 9 (1995) 94sq. – T. RA-
VEAUX, Augustinus über den Sabbat: Aug(L) 31 (1981) 197-246;
33 (1983) 58-85. – H.-J. SIEBEN, Augustinus zum Thema ‹Ruhe›
unter Berücksichtigung der Termini *quies* und *requies*. Ein chronologischer und systematischer Überblick: *Augustinus. Studien
zu Werk und Wirkgeschichte*, Münster 2013, 132-171 (ThPh 87
(2012) 161-192). – A. SOLIGNAC, Le repos de Dieu au septième
jour: BA 48 (1972) 639-644. – F.-B. STAMMKÖTTER, Das Ideal der
Ruhe in den Bekenntnissen. *Tranquillitas philosophiae gegen
requies christiana: Unruhig ist unser Herz. Interpretationen zu
Augustins Confessiones* (hrsg. von M. FIEDROWICZ), Trier 2004,
25-39. – R.M. ZELASCO, L'inquiétude de Dieu chez saint Augustin: Sapientia 57 (2002) 3-38.

HERMANN-JOSEF SIEBEN

Quinquaginta dies

1. Die q. d. in der Alten Kirche vor A. – 2. Terminologie, Charakter und Abgrenzung der q. d. bei A. – 3. Liturgische Elemente
und theologische Deutung der q. d. bei A.

1. Die q. d. in der Alten Kirche vor A. – Die
Osterfeier als Zentrum des Jahresrhythmus wird,
wie Zeugnisse ab Mitte des 2. Jh.s aus verschiedenen Regionen belegen, bereits im frühen Christentum durch eine sich anschließende fünfzigtägige
Freudenzeit erweitert [1], die mit dem Fest der
Geistsendung zum Abschluß kommt; sowohl die
50-Tage-Zeit als auch – mit zunehmender Tendenz – der 50. Tag werden als ‹Pentecoste› bezeichnet [2]. Nur wenige Details sind über Verständnis
und Begehung dieser Zeit bekannt; daß sie primär
als Ausdehnung der Osterfreude verstanden wurde,
zeigt z.B. Tertullian, bei dem diese Tage ‹exultatio-
nis solemnitas› (*orat.* 23,2; cf. *ieiun.* 14,2) und
‹laetissimum spatium› (*bapt.* 19,2) heißen. Die Er-
höhung Christi im umfassenden Sinn und die
Erwartung seiner Wiederkunft sind inhaltlich prägende Motive, und A. steht in dieser Tradition.

Anmerkungen. – [1] Cf. BOECKH; CABIÉ 37-45; AUF DER MAUR,
Herrenfeste 68; besonders id., *Osterfeier* 124-134; BRADSHAW/
JOHNSON 69-74. Zur jüdischen 50-Tage-Zeit nach dem Pascha-
fest cf. CABIÉ 15-31; AUF DER MAUR, *Osterfeier* 22-31. – [2] Cf.
CANTALAMESSA XXXIIIsq; LEONHARD/BUCHINGER.

*2. Terminologie, Charakter und Abgrenzung der
q. d. bei A.* – Während A. mit dem Begriff ↗‹Pente-

coste› nur den 50. Tag als Fest der Geistsendung
meint, bezeichnet er die 50-Tage-Zeit ab dem Fest
der Auferstehung des Herrn (↗Pascha, ↗Resurrec-
tio) zumeist mit dem unspezifischen numerischen
Begriff q. d., teilweise unter Angabe ihres Beginns
und Endes [3]; in *diu. qu.* 81,2 und *Io. eu. tr.* 17,4
findet sich der Begriff ‹quinquagesima› für diese
kirchlich-liturgische Zeiteinheit [4]. A. unterstreicht
deren freudigen Charakter als Frucht der Auferstehung Christi [5]. Verschiedentlich deutet er die
tiefere Symbolik, das ↗‹sacramentum› der Zahl 50
(i.e. 7x7+1) [6] und bezieht die 7 auf die Anzahl der
Wochen oder auf die sieben Gaben des Hl. Geistes
(*en. Ps.* 150,1; cf. *Is* 11,1sq.), während die zusätz-
liche 1, analog zur 8, die Rückkehr zum Anfang
und damit zugleich die Vollendung (*inq. Ian.* 2,28;
s. 259,2) kennzeichnet [7].

Wie die Alte Kirche vor ihm, kennt A. innerhalb
der q. d. die ‹octo dies neophytorum›; diese ersten
acht Tage dienen in Liturgie und Pastoral besonders der Vertiefung des christlichen Lebens der in
der Osternacht Getauften (↗Octauae). Im 4. Jh.
kam gemäß der biblischen Chronologie (*Act* 1,3)
am 40. Tag nach Ostern das selbständige Fest der
Himmelfahrt Christi auf (↗Ascensio Christi); bei
A. ist es fest verankert: Die ganze auf der Erde
verbreitete Kirche feiert es (*s. Lambot* 25,4). Bis zu
diesem Tag ist der auferstandene Herr seinen Jüngern auf der Erde erschienen, weshalb die Zahl 40
das Zeitliche andeutet; nach weiteren zehn Tagen
und der Vollendung der 50-Tage-Einheit beginnt
mit der Geistsendung das eigentlich Neue.

Anmerkungen. – [3] *Ep.* 36,18: «dies illi quinquaginta post
pascha usque ad pentecosten». – [4] In *s. Lambot* 25,4 wird der
Begriff ‹quinquagesima› jedoch für den 50. Tag gebraucht. –
[5] *Diu. qu.* 81,2; *ep.* 36,18; *s.* 243,8; 254,5. – [6] *C. Faust.* 12,15; *Ad
↗inquisitiones Ianuarii* (= *ep.* 54.55) 2,28. – [7] Die Zahlensymbolik kennt bei A. noch andere Ausdeutungen; cf. z.B. *diu.
qu.* 81,2; *s.* 8,7; *s. Mai* 94,6; cf. auch MAYER, *Zeichen* 411-415;
↗Numerus, 4,234-236.

*3. Liturgische Elemente und theologische Deu-
tung der q. d. bei A.* – Wie schon Tertullian, nennt
A. als Charakteristikum der q. d., daß kein Fasten
gehalten wird (*s.* 210,2.4) [8] und daß die Christen
nicht kniend, sondern im Stehen beten, was ein
«signum resurrectionis» (*inq. Ian.* 2,28; cf. ib. 2,32)
ist. Ebenso wird in dieser Zeit in allen Kirchen das
↗Alleluia als Lobgesang und Ausdruck österlicher
Freude gesungen [9]; A. nennt dies eine ‹consuetudo antiquae traditionis› der Kirche (*s.* 252,9.12)
[10]. Abgesehen von der Osteroktav und den
Festen der Ascensio Christi und Pentecoste, sind
nur wenige Schriftlesungen der Messe eindeutig
den q. d. zuzuweisen [11]. Andere gemeinsame
liturgische Bräuche lassen sich nicht erheben.

Die q. d. sind in die Spannung von Auferstehung Christi und Sendung des Hl. Geistes hineingestellt und streben auf ihren Zielpunkt, die Geistsendung, zu. In diesem Zusammenhang deutet A. die 50-Tage-Zeit oft typologisch: Im Alten Testament lagen zwischen dem ‹Paschafest› (Auszug aus Ägypten) und dem ‹Wochenfest› (Gabe des Gesetzes durch den ‹digitus dei›) 50 Tage (cf. *Lv* 23,4-22; *Dn* 16,1-12); im Neuen Testament liegen ebenso viele Tage zwischen der Auferstehung Jesu, dem wahren Paschalamm, und der Gabe des neuen ‹Gesetzes› durch die Sendung des Hl. Geistes (cf. *Act* 2,1-13) als dem endgültigen ‹digitus dei›, durch die das alttestamentliche Gesetz erfüllt und aufgehoben wird [12].

Im Gegensatz zur vorausgehenden Fastenzeit (↗Quadragesima, quadraginta dies), die von Mühsal und Verzicht geprägt ist und damit das gegenwärtige Leben mit dem unerlösten Zustand des Menschen darstellt [13], erhalten im Rahmen der a. Zeichenlehre die q. d. eine eschatologische Bedeutung: Sie sind schon auf Erden Angeld (‹pignus›: *inq. Ian.* 2,30) und Abbild jener Ruhe und Freude, die genauso wie das ununterbrochene Lob Gottes dem ewigen Leben eigen sein werden [14]. Auf dieser Linie bezeichnet die Zahl 50 nicht irgendeine begrenzte Zeiteinheit, sondern «beata illa ... aeternitas» (*en. Ps.* 110,1) oder ‹futura uita, ubi erimus cum domino regnaturi› (*s.* 243,8); dieses zukünftige Leben wird im irdischen Leben erhofft und in der Hoffnung geliebt (ib.; ib. 254,5). Zur Erlangung der ‹requies alterius uitae› bedarf es der vom Hl. Geist geschenkten Liebe (*inq. Ian.* 2,30); insofern ist die Geistausgießung die endgültige Überbietung des Gesetzes sowie die Erfüllung des ‹pascha› und der q. d. (*s.* 125,9).

Anmerkungen. – [8] Zum Fasten bzw. Fastenverzicht cf. LAMBOT; ↗Ieiunium. – [9] *Ep.* 36,18.22; 55,32; *en. Ps.* 110,1; *s.* 254,5.8. – [10] Zu Alleluia, Stehen beim Gebet und Verzicht auf das Fasten in den q. d. cf. CABIÉ 105-113; ROETZER 26-28; VAN DER MEER 310sq.; MAYER, Ostern 15-18. Diese Charakteristika stimmen mit jenen des Sonntags als wöchentlichem Auferstehungsgedächtnis überein (↗Dies dominicus). – [11] Cf. MARGONI-KÖGLER 119-142.614-616.619sq. – [12] *Trin.* 2,26; *spir. et litt.* 28; *qu.* 2,70; *inq. Ian.* 2,29; *s.* 8,18; 155,5; ↗Decalogus, 2,248sq. – [13] *S.* 125,9; 243,8; 252,8.12. – [14] Ib. 2,28; *s.* 252,9.12. Cf. ib. 254,5: «laetitiae uero quae posterior erit, quietis, felicitatis, uitae aeternae, regni sine fine quod nondum est, his diebus quinquaginta, quibus diebus laudes deo dicuntur, significatur»; ähnlich *diu. qu.* 81,2. Cf. HUBER 176-178; ↗Vita aeterna.

Bibliographie. – H. AUF DER MAUR, *Feiern im Rhythmus der Zeit* 1. *Herrenfeste in Woche und Jahr* (GdK 5), Regensburg 1983. – Id., *Die Osterfeier in der alten Kirche*, Münster 2003. – J. BOECKH, Die Entwicklung der altkirchlichen Pentekoste: JLH 5 (1960) 1-45. – P.F. BRADSHAW/M.E. JOHNSON, *The Origins of Feasts, Fasts, and Seasons in Early Christianity*, London/Collegeville, Minn. 2011. – R. CABIÉ, *La Pentecôte. L'évolution de la Cinquantaine pascale au cours des cinq premiers siècles*, Tournai 1965. – R. CANTALAMESSA, *Ostern in der Alten Kirche*, Bern/Frank-

furt a.M./Las Vegas, Nev. 1981. – W. HUBER, *Passa und Ostern. Untersuchungen zur Osterfeier der alten Kirche*, Berlin 1969. – C. LAMBOT, Un «ieiunium quinquagesimae» en Afrique au IVe siècle et date de quelques sermons de saint Augustin: RB 47 (1935) 114-124. – C. LEONHARD/H. BUCHINGER, Pentecoste: RAC 27 (2016) 87-108. – M. MARGONI-KÖGLER, *Die Perikopen im Gottesdienst bei Augustinus. Ein Beitrag zur Erforschung der liturgischen Schriftlesung in der frühen Kirche*, Wien 2010. – C.P. MAYER, *Die Zeichen in der geistigen Entwicklung und in der Theologie Augustins* 2. *Die antimanichäische Epoche*, Würzburg 1974. – Id., Ostern bei Augustinus: Cor unum 60 (2002) 1-25. – F. VAN DER MEER, *Augustinus der Seelsorger. Leben und Wirken eines Kirchenvaters*, Köln ³1958. – W. ROETZER, *Des heiligen Augustinus Schriften als liturgie-geschichtliche Quelle*, München 1930.

MARTIN KLÖCKENER

Quoduultdeus

1. Généralités – 2. Le correspondant d'A. – 3. L'évêque de Carthage – 4. L'auteur de *prom.* – 5. L'auteur des sermons africains

1. Généralités. – On considère comme un personnage unique [1] le diacre correspondant d'A. (↗*Epistulae*, 2,997sq.) auquel ce dernier dédie le *De* ↗*haeresibus ad Quoduultdeum*, l'évêque qui siège à Carthage (↗Carthago) après Capreolus et avant Deogratias, l'auteur du *Liber promissionum et praedictorum dei* [2] et souvent l'auteur d'un groupe de 12 sermons prononcés à Carthage au moment de l'invasion vandale [3]. Ce personnage composite est actif entre 421 et 455.

Notes. – [1] Cf. Quoduultdeus 5. – [2] Cf. MORIN; BRAUN, Problèmes; id., Introduction V-VII; VAN SLYKE, Devil 59 n. 30; cf. aussi DATTRINO 17-23. Contra: SIMONETTI, Studi; id., Riflessione. – [3] BRAUN, Introduction a donné valeur de norme à cette attribution; cf. VAN SLYKE, *Quodvultdeus* 53-56. Utile discussion dans ALTANER/STUIBER 449.

2. Le correspondant d'A. – Q. est un diacre de Carthage qui vers 427, conscient de vivre au milieu d'un clergé largement ignorant, demande à A. de composer un traité, destiné «ad cuiuslibet gradus ministerium ecclesiae undecumque promotis» (*ep.* 221,3), sur les hérésies, leur contenu contre l'Eglise et son enseignement, leur position face au baptême. A. écrit une réponse dilatoire (ib. 222) qui le renvoie aux œuvres d'Epiphane de Salamine (↗Epiphanius) et de Philastre de Brescia (↗Filastrius Brixiensis) et l'interroge sur la découverte d'un groupe manichéen dans une église de Carthage (↗Manichaei). C'est peut-être en réponse à cette lettre que Q. envoie à A. les actes épiscopaux d'un procès épiscopal contre des manichéens arrêté par le tribun Ursus, attesté en 421 [4]. Parce que Q. réitère sa demande dans une deuxième lettre (ib. 223), A. promet de rédiger ‹de haeresibus aliquid› (ib. 224). Q. est ensuite le dédicataire du traité *haer.* (ib. praef. 1).

Note. – [4] Cf. *haer.* 46,9. Le tribun Ursus est aussi mentionné dans Quodu. *prom.* 3,38,44.

3. L'évêque de Carthage. – Q. accède à l'épiscopat avant ou après 434, selon qu'on reconnaît en lui l'évêque anonyme qui guérit miraculeusement à cette date une jeune femme possédée ou l'un des diacres, également anonymes, qui joue un rôle dans cet épisode rapporté dans *prom.* [5]. La promotion à l'épiscopat d'un diacre carthaginois correspondant d'A. est plausible. Q. siège après le concile d'Ephèse de 431, où son prédécesseur Capreolus est attesté, et avant 439, puisqu'il est présent lorsque la ville tombe sous la domination vandale. Exilé par Geiseric, il trouve refuge en Campanie (Vict. Vit. 1,15). Il meurt sans doute antérieurement au 24 octobre 454 [6] en Campanie; sa mémoire est célébrée dans des calendriers locaux [7].

Notes. – [5] Ib. 4,6,9sq.; cf. Van Slyke, *Quodvultdeus* 30-44; Strobl 194-201. – [6] Date à laquelle ↗Deogratias fut consacré évêque de Carthage (Addit. Prosp. *chron.* I p. 490). – [7] Par ex. *Kal. Carth.* (PL 13,1228D); cf. Quoduultdeus 5 949.

4. L'auteur de prom. – Q. a été identifié comme l'auteur du *Liber promissionum et praedictorum dei* [8], texte transmis par la tradition manuscrite sous le nom de ↗Prosper d'Aquitaine [9]. L'œuvre est écrite par un Africain qui a connu l'épreuve de l'invasion barbare, qui a lutté contre la propagande arienne, qui est profondément imprégné de l'œuvre d'A. [10]. Il était jeune homme lorsque le temple de Caelestis à Carthage fut transformé en église et il y participa à une célébration présidée par ↗Aurelius (Quodu. *prom.* 3,38,44). En 434, il assiste à un miracle dans la cathédrale de Carthage (ib. 4,6,9sq.). Q. compose son texte lorsqu'il est établi en Campanie sous le règne de Valentinien III (mort en 455) et sous le pontificat de Léon (440-461) dont il connaît la lutte contre les manichéens et les partisans de Julien d'Eclane (ib. 4,6,12).

Notes. – [8] L'œuvre est un recueil de ‹testimonia› scripturaires organisé en trois parties: ‹ante legem› (de la création du monde à la loi de Moïse), ‹sub lege› (jusqu'à la naissance du Christ), ‹sub gratia› (après la naissance du Christ), suivi de deux chapitres eschatologiques, l'un intitulé ‹dimidium temporis in signis antichristi› (la période contemporaine), l'autre ‹de gloria regnoque sanctorum capitula›; cf. Braun, Problèmes 24-32; Nazzaro, Introduzione 21-24; Dattrino 10-12. – [9] Cf. Braun, Problèmes 15-24; Nazzaro, Introduzione 17sq.; Dattrino 12-16. – [10] Cf. Inglebert 309-312.

5. L'auteur des sermons africains. – Plusieurs sermons imprégnés de la pensée et de la technique d'A. et souvent connus comme pseudo-a. ont été attribués à Q. [11]. Leur auteur est un évêque qui prêche dans une grande ville africaine sur le baptême [12], contre les Juifs et les hérétiques [13], sur

la dureté des temps marqués par le péril militaire [14], sur la grâce [15]. D'autres textes ont été rapprochés de ce corpus [16]. L'œuvre de Q. est utilisée pour documenter la vie des chrétiens d'Afrique à l'époque de l'invasion vandale [17] ou la théologie africaine [18].

Notes. – [11] Cf. Braun, Introduction Vsq.; Dattrino 33-39; Nazzaro, Vescovo 38-49. – [12] Quodu. *symb.* 1-3; *catacl.* (= *sermones* 1-3.6). – [13] Quodu. *cant. nou.*; *fer.*; *temp. barb.* 1; *grat.* 1 (= *sermones* 4.5.7.10). – [14] Quodu. *grat.* 2; *temp. barb.* 2 (= *sermones* 11.12). – [15] Quodu. *haer.*; *c. Iud. pag. Ar.* (= *sermones* 8.9). – [16] Cf. Bogaert; CPL 414-417. – [17] Cf. Isola, Temi; id., *Cristiani*; Eno; González Salinero, Anti-Judaism; id., *Poder* 49-131; Van Slyke, Devil. – [18] Cf. De Simone.

Bibliographie. – B. Altaner/A. Stuiber, *Patrologie. Leben, Schriften und Lehre der Kirchenväter*, Freiburg ⁹1980. – M. Bogaert, Sermon sur le cantique de la vigne attribuable à Quodvultdeus: RB 75 (1965) 109-135. – R. Braun, Problèmes historiques et littéraires: *Quodvultdeus, Livre des promesses et des prédictions de Dieu* 1 (SC 101), Paris 1964, 13-113. – Id., Introduction: CCL 60 (1976) V-CVI. – Id., Quodvultdeus: DSp 12 (1986) 2882-2889. – L. Dattrino, Introduzione: *Quodvultdeus, Il Libro delle Promesse e delle Predizioni di Dio*, Città del Vaticano 2002, 5-39. – R.J. De Simone, The Baptismal and Christological Catechesis of Quodvultdeus: Aug 25 (1985) 265-282. – R.B. Eno, Christian reaction to the barbarian invasions and the sermons of Quodvultdeus: *Preaching in the Patristic Age: Studies in honor of W.J. Burghardt*, New York/Mahwah, N.J. 1989, 139-161. – R. González Salinero, The Anti-Judaism of Quodvultdeus in the Vandal and Catholic Context of the 5th Century in North Africa: REJ 155 (1996) 447-459. – Id., *Poder y conflicto religioso en el norte de Africa: Quodvultdeus de Cartago y los vándalos*, Madrid 2002. – H. Inglebert, Un exemple historiographique au Ve siècle: La conception de l'histoire chez Quodvultdeus de Carthage et ses relations avec la *Cité de Dieu*: REAug 37 (1991) 307-320. – A. Isola, Temi di impegno civile nell'omiletica africana di età vandalica: VetChr 22 (1985) 273-289. – Id., *I cristiani dell'Africa vandalica nei Sermones del tempo (429-534)*, Milano 1990. – G. Morin, Pour une future édition des opuscules de S. Quodvultdeus, évêque de Carthage au Ve siècle: RB 31 (1914-1919) 156-162. – A.V. Nazzaro, Introduzione: *Quodvultdeus. Promesse e predizioni di Dio*, Roma 1989, 5-39. – Id., Quodvultdeus: un vescovo dell'Africa vandalica a Napoli: *Società multiculturali nei secoli V-IX. Scontri, convivenza, integrazione nel Mediterraneo occidentale* (a cura di M. Rotili), Napoli 2001, 33-51. – Quoduultdeus 5: PAC 947-949. – G. Röwekamp, Quodvultdeus: LACL³ 530. – M. Simonetti, Studi sulla letteratura cristiana d'Africa in età vandalica: RIL 83 (1950) 407-424. – Id., Qualche riflessione su Quodvultdeus di Cartagine: RSLR 14 (1978) 201-207. – W. Strobl, Notitiolae Quodvultdeanae: VigChr 52 (1998) 193-203. – D.G. Van Slyke, *Quodvultdeus of Carthage. The Apocalyptic Theology of a Roman African in Exile*, Strathfield 2003. – Id., The Devil and His Pomps in Fifth-Century Carthage: Renouncing Spectacula with Spectacular Imagery: DOP 59 (2005) 53-72.

Claire Sotinel

Ratio

I. Usage and meanings of the word in classical and patristic literature – II. The concept of λόγος from Heraclitus to Plotinus – III. R. in A.'s thought – 1. R. in A.'s philosophy of mind: ‹mens›, ‹intellectus›, ‹aspectus animi› – 2. R. in A.'s epistemology: the relation to ‹fides›, ‹auctoritas›, and ‹ars› – 3. R. in A.'s metaphysics: ‹causa›, ‹idea›/‹forma›, ‹rationes seminales›

I. Usage and meanings of the word in classical and patristic literature. – The Latin word r. has an extremely wide range of meanings [1]. (1) The basic meaning is ‹supputatio›, ‹calculus› (a ‹reckoning›, ‹account›, ‹calculation›, ‹computation›, from ‹reor›, ‹to reckon›) [2]. (2) In a figurative sense, the word first of all refers to all those things which in some way have to do with calculation, such as a ‹register›, ‹sum›, or ‹business›. In this sense the word is used in the verbal phrase ‹reddere rationem›, ‹to give an account›, which also means ‹to give an explanation› of something. (3) Another group of meanings concerns the way things are or the way people behave (a word synonymous with ‹modus›). In the objective sense, referred to things, r. thus means ‹sort›, ‹nature›, ‹condition›, etc. In the subjective sense, referred to human beings, it means ‹conduct›, ‹course›, ‹method›, etc. (4) A further cluster of meanings relates to the faculty of computing and calculating, and hence to the ‹mind›, its capacity for rational thought, and what is based upon this (‹knowledge›, ‹judgment›, ‹argumentation›, etc.). In this sense, r. also means a ‹reasonable cause› of a thing, opinion, or action.

In patristic literature before A., the word broadly retains the same meanings as in classical Latin authors [3], with the addition of a theological sense derived from the prologue to the Gospel of John [4]. In *adu. Prax.* 5, Tertullian argues that r. would be a better translation of λόγος in *Io* 1,1 than ↗‹sermo›, which was already usual, because God was not ‹sermonalis› from the beginning, but He was ‹rationalis› even before the beginning of creation, having in Himself his r., and because His ‹sermo› itself, depending upon r., shows that r. is prior to ‹sermo› and is God's substance. On the contrary, in *diu. qu.* 63 A. observes that in translating *Io* 1,1 ↗‹uerbum› must be preferred to r., since what is meant in John's Prologue is not only the relationship of the divine λόγος to the Father, but also His relationship to creatures, which are all made through Him, «ratio autem, et si nihil per illam fiat, recte ratio dicitur» (*diu. qu.* 63) [5]. In a handful of other passages, however, A. himself uses the term r. for referring to the divine Word [6].

Notes. – [1] Cf. Wick/Beikircher, especially the overview ib. 152-154; Lewis/Short 1525-1527. – [2] Cf. Yon. – [3] On the usage of r. in Cicero, cf. Frank; in Roman literature, cf. Krömer 40-44. –

[4] Cf. Blaise/Chirat s.v. ratio 696sq. On the use of this word among Latin translators of the Bible, especially Jerome, cf. Bogaert. – [5] On r. and ‹uerbum› as two different meanings of the Greek λόγος, cf. *rhet.* 9; *qu.* 2,116. – [6] Cf. [85] below. In *ep.* 160,4 Evodius expressly identifies the Son with God's r.

II. The concept of λόγος *from Heraclitus to Plotinus.* – The concept of λόγος, for which r. is one Latin translation (the others being ‹sermo› or ‹uerbum›), has a long history in ancient thought [7]. A philosophical theory of the λόγος appears for the first time in Heraclitus [8]. Apparently, he called with this name the divine, firelike principle that rules the world, the universal law according to which everything happens and can be understood by men [9].

This idea was borrowed and developed by the Stoics (↗Stoici). In their physics, λόγος is synonymous with nature (φύσις) and God, signifying the immanent principle that penetrates and orders the entire world and is equated with fate and providence [10]. In so far as He is the active principle of generation both of the universe as a whole and of the particular beings populating it, the Stoic God is also called the ‹seminal reason› (σπερματικὸς λόγος) of the universe and is said to contain all the seminal reasons according to which each thing is produced in conformity with its destiny [11]. The divine λόγος (‹r. diuina›), prescribing what has to be done and forbidding the contrary, is the supreme law of the universe and is named ὀρθὸς λόγος (‹recta r.›) [12]. It is r. that makes man superior to animals and close to gods [13].

In the work of ↗Philo of Alexandria the Stoic doctrine of the λόγος is combined with the biblical account of creation-through-the-word and with Plato's theory of the demiurgic making of the cosmos in *Timaeus*. The result is a multifaceted concept of λόγος, referring to various levels of reality [14]. Philo calls λόγος both the divine mind as the place of Ideas and its contents, i.e. the intelligible (and created) archetype of this world (κόσμος νοητός) (*Op.* 20.24sq.). But he calls with the same name also the instrument through which God creates (supposedly, His word) (*Cher.* 127), and ‹the glue and bond› that fastens all things together [15]. The main function of λόγος in Philo's metaphysics is to mediate between God's transcendence and the world (e.g. *Her.* 205sq.).

In the New Testament, a crucial text is the prologue to the fourth Gospel, where the term λόγος means the Word of God, i.e. his only begotten Son, who ‹was in the beginning with God› and then ‹became flesh› [16]. Christian apologists such as Justin Martyr underemphasized the Hebrew connotation of λόγος as ‹word› and used its sense of ‹reason› in order to present Christianity as true philosophy, given that to be a philosopher is to live according to reason (that is, according to Christ, who is the true λόγος) [17].

The concept of λόγος plays a complex role in the philosophy of ↗Plotinus [18]. In general, this term in the *Enneads* seems to indicate the representative of a superior and more unitary kind of reality at a lower level of the metaphysical hierarchy [19]. More specifically, Plotinus calls λόγοι the principles, proceeding from the soul, that form the bodies by transferring the images of the intelligible Forms into the physical world [20]. Contrary to the Stoic λόγοι σπερματικοί, the Plotinian λόγοι are incorporeal [21]. In the treatises on providence (Plot. 3,2sq. (47sq.)), the universal λόγος looks like a sort of fourth hypostasis in Plotinus's system, but it may simply be an aspect of the cosmic soul [22].

Notes. – [7] Cf. e.g. Fattal, *Philosophie grecque*; Opsomer; Löhr. – [8] Cf. Verdenius; Bollack. – [9] VS A,8.16.20; B,1sq.50. – [10] SVF 1,85; 2,913.937.997. – [11] SVF 1,102; 2,580.1027. – [12] E.g. SVF 3,315sq.325 (taken from Cicero). – [13] SVF 3,200a.343 (taken from Seneca and Cicero). – [14] Cf. Soulier; Mack 108-184. Clement of Alexandria's metaphysics, according to which the λόγος has several roles, parallels Philo's doctrine: cf. Osborne 278sq.; Edwards. – [15] *Her.* 188; *Fug.* 112. – [16] On the concept of λόγος in the New Testament, cf. Debrunner et al. 69-140. – [17] Cf. e.g. *2 apol.* 13,3-5. Human reason, in Justin's view, is a seed of the divine λόγος, that is, participates in Christ, so that even non-Christian philosophers were able to glimpse the truth, and whatever they have said that is true belongs to the Christians: cf. Holte; Waszink; Minns 263-267. – [18] Cf. Turlot; Brisson; Fattal, *Logos et image*; id., *Logos et langage.* – [19] Cf. Chiaradonna 153. – [20] Plot. 2,3 (52) 17; 3,8 (30) 2; 4,3 (27) 10; 6,7 (38) 5. – [21] Cf. Plot. 2,7 (37) 3; 5,9 (5) 6; 6,3 (44) 16. – [22] Cf. Rist, *Plotinus* 84-102. On the idea of r. in pagan, Latin literature contemporary with A., cf. Spinosa.

III. R. in A.'s thought. – A.'s extensive usage of the word r. [23] is deeply influenced by the philosophical tradition. All the fundamental kinds of meanings distinguished above are present in his writings, but the best represented is the last one, which is most closely connected to Stoic and Neo-Platonic themes (cf. above I), though reformulated in conformity with Christian creationism [24]. In *De ↗immortalitate animae* 10 (heavily indebted to Plotinus and Porphyry), A. states that r. can be defined in three ways: (1) as the sight of the soul (‹aspectus animi›), by which the soul contemplates the truth (‹uerum›) by means of itself, not of the body; (2) as the very contemplation of the truth (‹ipsa ueri contemplatio›), not by means of the body; or (3) as the truth itself which is contemplated. R., in other words, means (1) a cognitive power of the soul, (2) intellectual knowledge, or (3) intelligible reality. Accordingly, we can group A.'s statements about r. into three classes: (1) psychological statements, in which r. means the mind or one of its faculties; (2) epistemological statements,

in which r. means a form or way of knowledge; and (3) metaphysical statements, in which r. means an intelligible cause.

Notes. – [23] According to the CAG-online, A.'s works include nearly 2800 occurrences of r., 590 of ‹rationalis›, 120 of ‹rationabilis› and 160 of ‹ratiocinari›/‹ratiocinatio›/‹ratiocinator›. – [24] In the opinion of Pépin, Doctrine, A. was preceded by Origen in adapting the philosophical doctrine of eternal reasons (cf. below III 3) to suit the Christian idea of creation.

1. R. in A.'s philosophy of mind: ‹mens›, ‹intellectus›, ‹aspectus animi›. – In the psychological sense, r. is one of the terms A. often uses for meaning either the mind or, more precisely, a power of the mind [25]. In the first sense, it is synonymous with ↗‹mens› [26], ↗‹intellectus› [27], ‹intellegentia› [28], and sometimes ↗‹spiritus› [29]. This is particularly clear in passages such as *Gn. litt.* 3,20,30 [30] and ib. 12,3,6 [31]. In so far as it means the mind, r. indicates that part of the human soul (‹animus›) which makes this different from the soul of beasts [32]. It is by virtue of r. that the human soul is, and is called, rational [33]. The human soul is always rational, even when its r. is still asleep, as in infants and children [34]. As every human soul is rational, everyone of us has his or her own r. (*lib. arb.* 2,15). As an ‹animal rationale›, man (↗Homo) is superior to the beasts [35], partly equal to the angels [36], and similar to God [37]. The beasts lack a power capable to judge upon sense data, and that is why they are inferior to us [38]. A. is aware that this idea is shared by materialistic thinkers (such as the Stoics) [39] and adapts it to suit Christian creationism [40]. As evidence of our superiority over animals because of r., he cites, on one hand, the fact that we are able to command beasts whereas no beast is able to command us (ib. 1,16; *diu. qu.* 13), and, on the other hand, the biblical account of the imposition of names to animals by Adam according to *Gn* 1,19sq. (*Gn. adu. Man.* 2,16). Placing us above animals, r. is the best part of man, and is therefore entitled to dominate the other parts of the soul and the ‹animalis pars› of man [41], especially lusts of the flesh [42]. It can do so only if submitted to God, to whom it is inferior because of its mutability [43].

In many other passages, the term r. is not just an equivalent of ‹mens›, but refers to a specific power or activity of the mind [44]. In *De ↗ordine* 2,30, the definition of r. is: «mentis motio ea, quae discuntur, distinguendi et conectendi potens». Further on in the same dialogue, A. similarly defines r. as the power (↗‹uis›) which enables the soul to separate or connect the things to be learned (ib. 2,48).

In *imm. an.* 10, as said above, r. is described as the ‹aspectus animi›. The comparison between r.

and sight is developed in *sol.* 1,12sq. R. is in the mind as sight is in the eyes. R. can be called the sight of the soul [45], just as the mind (‹mens›) can be called the eye of the soul [46] and understanding (‹intellectus›) can be called the vision (↗Visio) of the soul [47]. Mind, r. and understanding must therefore be distinguished [48]. They cannot be separated, though, because vision requires sight and sight requires eyes [49]. Moreover, in order to see something well you need to look straight at it, and in order to look straight at something you need to have healthy eyes. The health of the eyes corresponds to the purity of the mind, and the straightness of sight corresponds to the virtue of r. This explains why ↗‹uirtus› is either right or perfect r. – actually, a Stoic definition [50]. So, perfect understanding requires virtue and purity, whose preconditions are faith, hope, and love.

In *an. quant.* 53 r., as the sight of the mind, is distinguished from ‹ratiocinatio›, which is defined as the inquiry done by r. (‹rationis inquisitio›), that is, the motion of that sight (r.) through the things to be looked at [51]. Unlike ‹ratiocinatio›, r. is always present in a healthy mind, so it cannot consist in being occasionally led to something unknown through things already known [52]. In the same passage of *an. quant.*, intellectual vision is called ↗‹scientia›, and consequently r. is described as that which enables man to have scientific knowledge. According to a Stoic definition of science, you have scientific knowledge of something only if you know it by means of ‹firma r.› [53]. Another definition of science is found in *trin.*, where ‹scientia› means that kind of knowledge of temporal and mutable things which is essential to action in this life. This knowledge is distinguished from wisdom and pertains to a specific part of r. [54].

Understood as a power of the mind, r. is described as the faculty of judgment and discernment, superior not only to the five senses of the body, but also to inner sense (‹sensus interior›) [55] and imagination [56]. It is r. which distinguishes between the five senses and the ‹sensus interior› and judges that the latter is superior to the former; this means that r. is better than both of them [57]. And it is r. which is able to discern those things that neither the senses nor imagination can perceive – for example, that a true sphere is touched by a true plane at only one point (*sol.* 2,35), or that the form of a sensible thing stored in our memory is different from the form which occurs to us when we think of that thing (*trin.* 11,6sq.), or that bodies are infinitely divisible (ib. 11,17). On the other hand, r. can judge bodily things only in so far as they are connected to incorporeal and eternal reasons, which are above r. [58].

Notes. – [25] On A.'s philosophy of mind, cf. O'DALY, which is also an excellent study on A.'s epistemology. – [26] *Acad.* 1,5 (‹mens aut r.›; cf. *retr.* 1,1,2); *lib. arb.* 2,20.29.35; *uera rel.* 78; cf. *diu. qu.* 35,2; 46,2; *duab. an.* 24; *s. dom. m.* 1,9; 2,42; *cons. eu.* 4,15; *Gn. litt.* 1,9,17 (concerning angels); 12,25,52; *trin.* 15,6; *ciu.* 7,31; 9,4; 14,19.23; 19,18; 22,24; *qu.* 4,59,5; *c. adu. leg.* 1,9; *ep.* 13,4; 120,10; 137,5; *Io. eu. tr.* 15,21; *en. Ps.* 4,6; 42,6; *s.* 43,3; 342,2. The chronology of these texts clashes with the suggestion made by PIAZZA STO-RONI 270 that A. cast aside the term r. in favor of ‹mens› and ‹intellectus› as his study of Scriptures increased. – [27] *Gn. adu. Man.* 1,28; *trin.* 14,6; *Gn. litt.* 7,14,20 («intellectu atque ratione», as in *ciu.* 7,3); *ep.* 120,10. In *ord.* 2,26 intellect is distinguished from r., but the term ‹intellectus› in that passage refers to the divine Intellect, not the human one: cf. TRELENBERG 277sq. – [28] *Lib. arb.* 1,16sq.; 2,13.20; *conf.* 13,47; *trin.* 15,1; *ciu.* 12,24 (cf. ib. 11,2; 19,4; 22,24); *an. et or.* 4,37. – [29] *Gn. adu. Man.* 2,16; *s. dom. m.* 1,11; *an. et or.* 4,37. – [30] Ib.: «ratio uel mens uel intelligentia uel si quo alio uocabulo commodius appellatur». – [31] Ib.: «ipsa mens hominis uel intellegentia uel ratio». Cf. also, for ‹mens› and ‹spiritus› together with r., *lib. arb.* 1,18.19: «ratio ... quam postea et mentem et spiritum uocari recordati sumus»; *s. dom. m.* 1,9: «rationi, id est menti et spiritui»; for ‹mens› and ‹intellectus› together, cf. *mag.* 40: «mente conspicimus, id est intellectu atque ratione»; *en. Ps.* 48,2,11; *s.* 237,4. – [32] ↗Anima, animus, ↗Animal 1,356-361. In *an. quant.* 22 the ‹animus› is defined as «substantia quaedam rationis particeps regendo corpori adcommodata». – [33] *Pecc. mer.* 1,38. In *ord.* 2,31 A. makes a distinction between ‹rationale› and ‹rationabile› and ascribes it to unspecified «doctissimi uiri» (e.g. Plotinus?). According to this distinction, what makes or can make use of reason is ‹rationale›, whereas what is made or said by reason is ‹rationabile›: «ergo procedit ratio ab anima rationali scilicet in ea, quae uel fiunt rationabilia uel dicuntur» (ib.); cf. TRELENBERG 297sq.; cf. also VAN DER MEEREN; cf. also GROSSARDT, rationabilis; id. rationalis. – [34] Ib. 7,7,10; *ep.* 98,4; *praes. dei* (= *ep.* 187) 26. The age in which r. begins to prevail in man is ‹adulescentia› (*Gn. adu. Man.* 1,42; *diu. qu.* 64,7; cf. *Io. eu. tr.* 15,22). – [35] Beasts have no mind and therefore no r.: ib. 1,16; *diu. qu.* 7; *agon.* 21. – [36] *Ciu.* 9,13; *gest. Pel.* 18; *s. Lambot* 9: «habet (sc. homo) aliquid angelis simile ... mentem, rationem, intellegentiam, sapientiam». Even rebellious angels retain r. (*Gn. litt.* 11,2,4). - [37] *Gn. litt. inp.* 16,55: «propter excellentiam rationis, secundum quam ad imaginem dei et similitudinem efficitur homo»; *conf.* 13,47; *trin.* 14,6; *en. Ps.* 42,6; 48,2,11. The idea of man's likeness to God through the ↗‹potestas› represented by r. is explicitly associated with the idea of the superiority of man over animals in *Gn. adu. Man.* 1,28; *c. Faust.* 24,2; *Gn. litt.* 3,20,30; *trin.* 15,1; *s.* 43,3; ↗Imago. – [38] *Conf.* 10,10: «non enim praeposita est in eis nuntiantibus sensibus iudex ratio». – [39] *An. quant.* 25; cf. SVF 3,20 (= Cic. *fin.* 4,28).200a (= Sen. *epist.* 76,9).343 (= Cic. *leg.* 1,30). – [40] *An. quant.* 54: «mente autem, ratione, scientia nos illis (sc. bestiis) deus praeposuit»; *s.* 126,3: «dedit tibi deus oculos in corpore, rationem in corde». – [41] Ib. 2,15.31; cf. *Acad.* 1,5; *lib. arb.* 2,13; *s. dom. m.* 1,9; *ep.* 36,11. – [42] *Mor.* 2,28; *Gn. adu. Man.* 2,16.20sq.; *uera rel.* 49; *qu. eu.* 2,21; *s.* 8,8. – [43] *Lib. arb.* 2,35; *s. dom. m.* 1,9; *ciu.* 19,21; ↗Mutabile-inmutabile. – [44] In this sense, r. is distinct from mind, but cannot be separated from it: «si aliud ratio, aliud mens, constat certe nonnisi mentem uti posse ratione» (*lib. arb.* 1,19). R. is in mind: «ratio mentibus inest» (*ciu.* 9,13). – [45] *An. quant.* 24: «animus humanus, cuius excellentior et paene solus aspectus est ipsa ratio». For the use of the platonic metaphor of the Sun in *sol.* 1,12-15, cf. UHLE 159-164. – [46] R. itself is called the eye of the soul when is synonymous with mind: cf. *lib. arb.* 2,13; *diu. qu.* 46,2. – [47] The act of understanding (‹intellegere›) is the act of seeing something through the ‹mentis certa r.›, therefore we owe to r. all we understand (*util. cred.* 25; cf. CAMELOT), as in *s.* 43,3: «intellegere non ualemus, nisi rationem habeamus». – [48] Ib. 1,12: «non enim hoc est habere oculos quod aspicere aut item hoc est aspicere quod uidere». – [49] On the relationship between r. and ‹intellectus›, cf. ZOTTELE; SCIUTO; FERRI. – [50] Ib. 1,13: «uel recta uel perfecta ratio»; cf. SVF 3,198 (= Cic. *Tusc*. 4,34).200a (= Sen. *epist*. 76,10). Cf. also *an. quant*. 27; *lib. arb*. 2,50; *util. cred*. 27; *diu. qu*. 30. – [51] Ib.: «aspectus illius per ea quae aspicienda sunt motio». – [52] *Imm. an*. 1: «est enim recta ratiocinatio a certis ad incertorum indagationem nitens cogitatio». For ‹ratiocinatio›, cf. SPOTH. – [53] Cf. SVF 1,68; 2,90.93.95.130; 3,112. A. learns this definition via Cicero (cf. *an. ac*. 1,41; 2,23); cf. *an. quant*. 49.57sq.; *lib. arb*. 2,9. Animals, which are devoid of r., are therefore devoid of ‹scientia› (*diu. qu*. 5). – [54] Ib. 12,12.17; ↗Sapiens, sapientia. – [55] *Lib. arb*. 2,8sq.12sq.; ↗Sensibilia, sensus. – [56] ↗Imaginatio(nes). The opposition between r., belonging to the mind (‹r. mentis›), and sense, belonging to the body or the flesh (‹sensus carnalis›), is more emphasized in ethical or epistemological contexts: cf. *Gn. adu. Man*. 1,26; *mus*. 6,23; *doctr. chr*. 2,41; *trin*. 13,4; *ciu*. 1,11; 10,6. – [57] *Lib. arb*. 2,12: «nulli autem dubium est eum qui iudicat eo de quo iudicat esse meliorem». R. makes use of what it judges upon – that is, of everything except God (*diu. qu*. 30). – [58] Ib. 12,2 (cf. below III 3).

2. R. in A.'s epistemology: the relation to ‹fides›, ‹auctoritas›, and ‹ars›.

– There are many passages in A.'s works where the term r. refers to something that can be broadly defined as a cognitive process (↗Cognitio). In this sense, r. is related especially to faith or authority [59]. This relationship is usually a distinction, with emphasis on the differences between r. and other cognitive factors. But sometimes A. wants to stress that, despite their specificity, r. and those factors actually converge.

As far as ↗‹fides› is concerned, its difference from r. emerges in *Acad*. 2,4; *util. cred*. 22.31.35; *s*. 190,2; its convergence e.g. in *Gn. litt*. 1,14,28 [60] and *ep*. 120. A.'s statements in *util. cred*. 31 are particularly significant: In opposition to Manichaean rationalism, he judges it indispensable for restoring spiritual health to believe before r. («credere ante rationem») when the soul is not fit (‹idoneus›) to perceive r., that is, to receive rational explanations. The text where A. develops this theme most extensively is perhaps *ep*. 120 [61]. First of all, A. argues that ↗Consentius, asking for help to understand what he believes, is not rejecting his faith, but is seeking to behold in the light of r. what he already holds by faith (ib. 120,2). Besides, Consentius should think neither that God hates that part of us which makes us superior to the other animals, i.e. r., nor that we must believe so as not to accept or seek r. We could not believe, in fact, unless we had a rational soul. Moreover, it is reasoned that faith precedes r. concerning things we are not yet able to perceive with r.: in this way, r. is purified and prepared to grasp and sustain the light of r. (ib. 120,3). Ib. 120,5 A. considers the case of things we do not believe before we are given their r. [62]. Faith prepares our soul for understanding (‹intellegentia›), which is the same goal to which ‹r. uera› leads us (ib. 120,6).

Even more, in A.'s writings r. is frequently coupled with ↗‹auctoritas›. The first explicit statement concerning the cognitive function of authority and

r. is found in *Acad*. 3,43: authority and r. are the twofold weight by which we are spurred on to learn [63]. In *ord*. 2,16, authority and r. are introduced as two different paths we follow when troubled by the obscurity of things, and r. is said to be promised by ↗‹philosophia› [64]. A little further on in the same dialogue, the relationship between authority and r. is discussed explicitly (ib. 2,26sq.). A. claims that authority comes first in time, whereas r. is first in value and suitable for already educated people (ib. 2,26).

In the context of *ord*. 2, authority is both human and divine (ib. 2,27). In other contexts, r. is related only to one kind of authority, either human or divine. In the field of liberal arts, authority is solely human and represents only one factor, alongside r. and sometimes usage [65]. In grammatical matters authority prevails over r., which depends on art [66], but in the case of music it is r. which must be preferred, because r. grasps truth itself, which is superior to all human authority (*mus*. 5,10). It takes a lot of hard work and exercise, however, to reach truth through r. (*an. quant*. 12). In the field of religion, the authority in question is the divine. Against the Manichees, who used to promise to lead their followers to God through r. alone [67], A. argues that our mind, accustomed to the darkness of sin, is unable to look directly at the light of truth and needs the support of authority (*mor*. 1,3). Divine authority surpasses our r. (ib. 1,24).

In *De ↗uera religione*, authority (of Scriptures) and r. are depicted as two elements of a spiritual remedy arranged by divine Providence and intended for man's return to the eternal [68]. The path of r. goes from visible to invisible reality (↗Ascensio, ascensus, ↗Visibilia-inuisibilia). It mainly consists in showing that the judgments made by r. upon sensible things depend on unchanging criteria (which are therefore superior to human mind) and, ultimately, on an absolutely simple unity, which is God himself (ib. 52-106; ↗Vnitas).

According to *ep*. 118,32sq., God has endowed the Church not only with authority, but also with the apparatus of r., so that «totum culmen auctoritatis lumenque rationis» (ib. 118,33) is placed in the Church of Christ. In his argumentation, A. sometimes adds rational arguments for reinforcing arguments ‹ex auctoritate› [69], sometimes considers both the types of argument equally valuable and looks for one of them at least [70], and sometimes approves of the recourse to authority when r. cannot be found out (*s*. 48,7; 294,7). In *ep*. 143,7 he states an important rule for resolving conflicts between the authority of ↗‹scriptura sacra› and r.: r. given in contrast to the authority of Scriptures is certainly fallacious, no matter how acute [71]; on the other hand, if one adduces the authority of

Scriptures against most manifest r., he is not in fact adducing the true sense of Scriptures, but rather his wrong interpretation of them. Even r., if really clear, has its own authority [72].

In A.'s early writings, r. sometimes has the specific meaning of theory, science, discipline, and art [73]. In *sol.* 2,20 it is said that grammar teaches a true r. even about fictions. In the same book, the term ‹r. disputandi› designes dialectics [74]. In *imm. an.* 5.7 r. is also used as synonym for ↗‹ars› [75]. The same happens in *mor.* 1,27, where r. and ‹ars› are synonymous with ↗‹disciplina›, with reference however to Christ as God's wisdom (according to *1 Cor* 1,24). In *Gn. litt. inp.* 7,28 r. and art are related to creation [76]. The theological meaning of ‹ars› clearly emerges in *trin.* 6,11, where the Word is described as «ars quaedam omnipotentis atque sapientis dei plena omnium rationum uiuentium incommutabilium» [77].

Notes. – [59] According to PIAZZA STORONI 257, r. is understood by A. as «órgano y fuente de conocimiento» when opposed to ‹auctoritas›, and as «función y actividad del conocimiento» when opposed to ‹fides›. On the relationship between r. and faith or authority, cf. LÜTCKE 182-195; GUNDERSDORF VON JESS; MARCHESI; MANZIN; O'CONNELL; ECHEVERRIA; PACIONI; RIST, Faith; VIGNA. – [60] *Gn. litt.* is a work which programmatically associates r. with faith, authority, and the Scriptures. – [61] The prologue to *trin.* 1 is also important (cf. ib. 1,1-3). On the relationship between faith, r., and understanding in this work, cf. CATAPANO, Saggio XXVIII-XXXII. – [62] I.e. their cause (cf. below III 3). – [63] Cf. the couple ‹auctoritas› – ‹r. subtilissima› ib. 3,42sq.; *mor.* 2,55. – [64] Analysis of this passage in CATAPANO, *Concetto* 234; cf. VAN FLETEREN 43. – [65] ↗‹Consuetudo›, ‹usus›; cf. *gramm. ars* 1; *rhet.* 19; *mus.* 2,1.14sq.21; 5,1.10.21 (cf. *lib. arb.* 3,17; cf. DOIGNON); *mag.* 15; ↗Disciplinae liberales. – [66] *Gramm. ars* 21; *gramm. reg.* 5. – [67] *Vtil. cred.* 2; ↗Manichaei. A. was attracted by this promise, being persuaded that we must yield to those who teach rather than those who order (*beata u.* 4). Teaching is an act of r., whereas giving precepts is an act of authority (*uera rel.* 20). – [68] Cf. CAMISASCA; RAIMONDI. «auctoritas fidem flagitat et rationi praeparat hominem. ratio ad intellectum cognitionemque perducit, quamquam neque auctoritatem ratio penitus deserit, cum consideratur cui credendum sit, et certe summa est ipsius iam cognitae atque perspicuae ueritatis auctoritas» (*uera rel.* 45). – [69] E.g. *Gn. litt. inp.* 16,62: «uerum tamen ut non sola ratione id agere uideamur, et auctoritas apostoli Iacobi adhibenda est, qui cum de lingua hominis loqueretur ait». – [70] E.g. *c. Faust.* 11,5; *Gn. litt.* 7,1,1. Cf. also *spir. et litt.* 64: «per scripturam eius siue certa et perspicua ratione». – [71] In this case, r. means explanation, account. This is a frequent meaning of r. in A.'s works, especially in the phrase ‹reddere rationem›, which is occasionally quoted from *Rm* 14,12 (cf. *mor.* 1,71; 2,32; *c. Adim.* 14). – [72] *Gn. litt.* 10,3,6: «nec diuini eloquii nec perspicuae rationis auctoritas». – [73] A similar acceptation is found also in *ciu.* 6,8; 8,1, concerning the meaning of the Greek word ↗‹theologia›. – [74] Ib. 2,21.27.32; ↗Dialectica, dialecticus. – [75] Ib. 5sq. is a shining example of the polysemy of r. in A., for this term has there at least five different meanings: numerical r. (‹r. numerorum›; cf. *mor.* 2,24; *ord.* 2,50; *imm. an.* 2 (‹harmonia›); *lib. arb.* 2,20.23sq.27.29), knowledge (‹ars›), reasoning (‹uita cum ratione›), essential quality (‹circuli r.›), intelligible principle (‹uerae r.›). On art as a certain r., cf. *mus.* 1,6. – [76] Ib.: «omnia … tamquam in arte atque ratione perfecta sunt deo». – [77] Behind this definition we can perhaps recognize the (Stoic) concept of art as

gathering of many notions (cf. *imm. an.* 5; SVF 2,56.93-97). Cf. also *trin.* 9,11: «rationes artemque ineffabiliter pulchram talium figurarum super aciem mentis simplici intellegentia capientes». In these passages, the word ‹rationes› refers to archetypal Forms or Ideas, conceived as thoughts of the divine mind (cf. below III 3).

3. R. in A.'s metaphysics: ‹causa›, ‹idea›/‹forma›, ‹rationes seminales›. – In A.'s writings, r. is also synonym for ↗‹causa› in general. The two terms are sometimes joined in hendiadys denoting a rational cause [78]. R. often means a subjective, mental cause, that is to say, a motive for acting or thinking in a certain way. But r. can mean an objective, extramental cause, too, in opposition to pure chance [79]. Besides, there are more specific senses, which we might call ontological or metaphysical, wherein r. (usually declined in the plural) refers to either a transcendent or an immanent cause of mutable things. In transcendent sense, r. amounts to ‹idea› (in Platonic acceptation) [80]; in immanent sense, its meaning is comparable (but not coincident) with the Stoic notion of seminal reason or the Plotinian idea of λόγος [81].

The most important passage for the meaning of r. as a transcendent cause or ↗‹idea› is definitely *De ↗diuersis quaestionibus octoginta tribus* 46,2 [82]. To begin with, A. observes that, properly speaking, the Latin word ‹rationes› corresponds to the Greek λόγοι, not to ‹ideae›. In Latin, the Ideas could be named as ↗‹formae› or ↗‹species›. Although not a literal translation, however, the term ‹rationes› is not at odds with the reality which the name ‹ideae› signifies, for the Ideas are a sort of primordial forms or stable and unchangeable reasons of things. They are not formed themselves, and hence are eternal and always identical to themselves. It is in conformity with them that all that can or does arise and perish is said to be formed. Religious people must admit the existence of such ideal reasons, because, once accepted that God created everything, it would be absurd to believe that He created everything with no r. (‹inrationabiliter›) or that He created two different things (e.g. a man and a horse) according to the same r. Moreover, it would be impious to think that God contemplated something placed out of Himself for creating what He was going to create. We must therefore conclude that the ‹rationes› of all creatures are contained in God's mind [83]. And since everything in the divine mind is eternal and unchangeable, it follows that these ‹rationes›, which ↗Plato called ‹Ideas›, are really true, because they remain eternally the same (↗Temporalia-aeterna). It is by virtue of ↗‹participatio› in them that everything that is, is in whatever way is. Only the mind of the rational soul [84], and only if pure, is fit to see those ‹rationes›, the vision of which makes the soul supremely happy.

The account made ib. 46 is substantially confirmed by many other passages in A.'s works. The earliest statements concerning the existence of true, eternal ‹rationes› are found in *imm. an.*, where it is said that we discover them in our soul, although they are superior to us because immutably permanent (ib. 6.23sq.). In *conf.* 1,9, the ‹rationes› are described as stable and everlasting, in contrast to the instable and temporal things of which they are causes. A. also speaks of an eternal r., in the singular, where nothing begins or ends, in which one comes to know when something has to begin or end. This r. seems to be nothing else than God's Word [85]. According to *trin.*, the ‹rationes› are eternal in that they have always had and will always have ‹idipsum esse›; they are incorporeal, timeless, and intelligible causes (↗Intellegibilis (intelligibilia)) both of sensible things extended in space and of movements developing over time (ib. 12,23; 15,16). Only a few can reach those causes with the gaze of their mind [86], and even when they manage to do so, they are not able to keep their gaze fixed on them (ib. 12,23). Even the best philosophers were unable to know the variety of living beings and the succession of events through sole contemplation in the supreme and eternal reasons, without resorting to experience and history [87]. A. therefore does not say that we see eternal reasons directly, but rather that we know something when we watch it ‹in› them or ‹in› the truth (ib. 9,9; 10,2.4sq.). Whatever this means, A. acknowledges that we could not judge upon bodily things according to incorporeal, sempiternal ‹rationes›, if something of us were not joined to those reasons from below (ib. 12,2: «nisi subiungeretur») [88].

From *De ↗Genesi ad litteram* it emerges very clearly that such reasons, according to (‹secundum›) and through (‹per›) and by which (‹quibus›) things are made [89], are internal to God's Word or Wisdom and, indeed, concide with it [90]. Existing in the Word, the ‹rationes› are begotten, not made; they share the same life and nature of God, and can be called his words [91]. There is a significant difference between knowing things in their eternal reasons and knowing things in themselves. The first kind of knowledge is clearer than the second, as is symbolized, in A.'s interpretation, by the alternation between day and evening in the biblical account of creation, with figurative reference to the angels' knowledge of the other creatures [92]. A very important section is ib. 5,12,28-16,34. First of all, A. distinguishes between three levels of reality: «aliter se habeant omnium creaturarum rationes incommutabiles in uerbo dei, aliter eius illa opera, a quibus in die septimo requieuit, aliter ista, quae ex illis usque nunc operatur» (ib. 5,12,28). The first

two kinds of reality, unlike the third, are not knowable through the senses, but must first be believed on the basis of divine authority, then known through things which are already known to us. A. then discusses the topic of the divine ‹rationes› and the mode of existence of creatures in the Word. Such ‹rationes› are attested both by *Io* 1,1-3 and the following reasoning: God knew his creatures before creating them, because He could not create things He did not know; moreover, He could not know them outside Himself, because otherwise who would have taught Him (cf. *Rm* 11,34-36). Before being created, creatures therefore existed in God, that is, in his Word, and were in Him not as creatures, but as his own life [93]. Once purified by the grace of the Word, rational minds are able to achieve the vision of God, which is for them the culmination of happiness.

In *Gn. litt.* 9,15,28 A. makes a clear distinction between the ‹r. non creatae›, existing in the Word, and the ones ‹causaliter creatae›. The latter represent A.'s version, so to say, of the ancient notion of seminal reasons and, indeed, are usually referred to with the term ‹r. seminales› (or ‹causales›) [94]. The basic idea of this doctrine is as follows. Such as the growth of a living being is regulated from the beginning by a formal principle (the ‹r. seminis›) [95] hidden in the matter of the seed from which that living being grows up, so the development of universe over time is regulated by some causal principles that God inserted into the material elements of the world at the first instant of creation [96]. These hidden, invisible, incorporeal [97] ‹rationes› were created instantaneously and simultaneously with matter [98]. At the beginning, God disseminated such ‹r. primordiales› (ib. 6,11,19) in matter like a sower scatters seeds in the earth [99]. It is from these reasons that creatures move to their manifest forms, each according to its own specific nature [100]. The seminal reasons determine both the natural course of events and the possibility of rare or miraculous things: they have been created «ad utrumque modum habiles» (ib. 6,14,25). God has in Himself the power to make something which goes beyond the natural course of things, not however anything which the nature of things, according to their immanent reasons, does not allow as possible [101]. A fortiori, the power of the magicians of Egypt (*Ex* 7,11) simply comes from the demons' knowledge of the seminal reasons [102] and can produce nothing more than what these reasons allow. God alone, who created seminal reasons, is the true creator of everything. Angels, demons, and men just act on things from outside, either facilitating or impeding the development of the natural potential of things [103].

A. pays special attention to the role played by seminal reasons in the creation of man [104]. The bodies of Adam and Eve were originally created in their seminal reasons. As for their souls, A. believes that the soul of ↗Adam was fully created at the first instant of creation, but regarding the soul of Eve and the other human beings he hesitates between creationism and traducianism [105]. The verse of *Hbr* 7,10, saying that Levi was in the loins of Abraham when his ancestor paid tithes to Melchizedek, attests for sure only to the presence of a seminal reason of Levi in Abraham, but it is not clear whether it was the seminal reason of his body alone or of his soul as well. In any case, Christ was in Abraham only according to the matter of his flesh, not even according to the seminal reason of his body, for Christ was not conceived by human semen [106].

Notes. – [78] *Acad.* 1,1; *c. litt. Pet.* 2,88; *ep.* 162,7; *Io. eu. tr.* 124,8. – [79] *Acad.* 1,1; *duab. an.* 17. – [80] On the concept of ‹idea› in patristic literature, cf. PÉPIN, Ἰδέα/*idea*. – [81] On A.'s doctrine of causal reasons compared with Plotinus's theory of λόγος, cf. SOLIGNAC, Double. – [82] Cf. SOLIGNAC, Analyse; PÉPIN, Augustin et Atticus; id., Augustin, *Quaestio* (1992); id., La quaestio (2005). – [83] On this point, cf. PÉPIN, Inhabitation. – [84] Ib.: «anima rationalis … per intellegentiam suam». – [85] Cf. ib. 11,10 and, for the same meaning, *imm. an.* 10-12; *trin.* 10,2; *retr.* 1,3,2; 1,4,4; *ep.* 138,7sq. *Retr.* 1,3,2 is quite an interesting passage, in which A. affirms that Plato called the intelligible world «ipsam rationem sempiternam atque incommutabilem, qua fecit deus mundum». A. argues that to deny such r. would result in conceding that God created with no reason or that He did not know what He was going to create. – [86] I.e. with their own r. (cf. above III 1). – [87] Ib. 4,21; cf. CATAPANO, Augustine's Criticism; ↗Historia. – [88] On the other hand, even ignorant people, if well questioned, can realize immutable truths in «lumen rationis aeternae» (*retr.* 1,4,4). – [89] Ib. 2,8,16; 4,25,42; 4,34,53. On A.'s use of prepositions, cf. PÉPIN, Maniement. – [90] E.g. ib. 1,10,20; 1,18,36; 2,6,12sq.; 2,8,19; 3,12,18; 4,28,45; 4,32,49sq.; 5,12,28-16,34; 9,15,28. Similar statements are found in *ciu.* 11,10.29; *ep.* 14,4; *s.* 141,1. In *ep.* 14,4 A. tackles a difficult question asked by ↗Nebridius: whether the highest truth and wisdom, i.e. the Son of God, contains only the r. of man in general or also the r. of each of us. In his answer, A. admits that the Word contains a sort of collective r. of many individual human beings (the idea of mankind?) and distinguishes this r. from the r. of human being as such; cf. KARLÍKOVÁ. The question concerning the existence of ideas of individuals was also discussed by the Platonists (e.g. Plot. 5,7 (18); cf. CHIARADONNA 104sq.), but in addition A. has to take into account the implications of the Christian faith in God Creator and Provident, according to which even the hairs of our head are all numbered (*Lc* 12,7; cf. *s.* 117,17); ↗Creatio, creator, creatura, ↗Prouidentia. – [91] Ib. 2,2,12; 2,8,16; 9,15,28; *c. Prisc.* 9; *ciu.* 16,6; *gr. et pecc. or.* 2,40. – [92] Cf. ib. 4 passim; ↗Angelus. Our mind, on the contrary, is not capable of seeing bodily things in the ‹rationes› according to which these things were made (ib. 5,16,34). – [93] Cf. *Io* 1,3sq., read with this punctuation: «quod factum est, in illo uita est». – [94] Cf. HOLL; BRADY; MAZZARELLA; MORO, Eternità. The term ‹causalis r.› occurs in *Gn. litt.* 6,14,25sq.; 7,6,9; 7,22,32-24,35; 7,28,40; 8,3,7; 9,1,2; 9,18,34; 10,2,3; 10,3,5; ↗Creatio, creator, creatura, 2,86-91. – [95] Ib. 5,4,9 (the seeds of plants); 10,21,37 (the semen of man); ↗Semen. At the resurrection, the body of infants will have the size it would have had if they had come to maturity. Even infants have their mature size ‹in ratione›, that is, in that r. which is placed in the matter of their body (*ciu.* 22,14). – [96] A comparison between the development of universe and the growth of a tree is drawn ib. 5,23,44sq. – [97] Ib. 6,10,17: «ex occultis atque inuisibilibus rationibus»; ib 4,33,52: «ipsae numerosae rationes incorporaliter corporeis rebus intextae». – [98] Ib. 6,11,18sq.; 6,14,25; ↗Materia, materies. – [99] Ib. 4,33,51: «ex illis rationibus … quas tamquam seminaliter sparsit deus in ictu condendi». – [100] Ib. 4,33,51; 6,10,17. – [101] Ib. 9,17,32: «neque enim ex eis uel ipse faceret, quod ex eis fieri non posse ipse praefigeret, quoniam se ipso non est nec ipse potentior». – [102] *Gn. litt.* 5,4,9: «seminum semina», as it were. – [103] Cf. *trin.* 3,12-18; *qu.* 2,21; cf. MORO, Miracolo. – [104] *Gn. litt.* 6,15,26; 7,22,32-23,34; 10,2,3. – [105] *Gn. litt.* 7 and 10 passim; cf. *ep.* 143.190.202A; *De* ↗*origine animae* (= *ep.* 166), *De* ↗*anima et eius origine*, ↗Anima, animus, 1,319-322, ↗Traducianus. – [106] *Gn. litt.* 10,20,35; cf. *c. Iul. imp.* 4,104; 6,9.

Bibliography. – P.-M. BOGAERT, «Caelorum ratio, ratio sub sole». L'emploi de *ratio* chez les traducteurs latins de la Bible et notamment chez Saint Jérôme: FATTORI/BIANCHI (ed.) 69-83. – J. BOLLACK, Réflexions sur les interprétations du logos héraclitéen: *La naissance de la raison en Grèce* (éd. par J.-F. MATTÉI), Paris 1990, 165-185. – L. BRISSON, *Logos* et *logoi* chez Plotin. Leur nature et leur rôle: CPhSt 8 (1999) 87-108. – P.-T. CAMELOT, «Quod intellegimus, debemus rationi». Note sur la méthode théologique de saint Augustin: HJb 77 (1958) 397-402. – M. CAMISASCA, Auctoritas e ratio nel *De vera religione* di S. Agostino 1. La «dispensazione» della Provvidenza. Actio, ratio, dilectio: CIA 2,539-545. – G. CATAPANO, *Il concetto di filosofia nei primi scritti di Agostino. Analisi dei passi metafilosofici dal Contra Academicos al De uera religione*, Roma 2001. – Id., Ragioni causali e ordine della natura in Agostino. A proposito di una tesi di Robert Markus: StPat 48 (2001) 133-141. – Id., Saggio introduttivo: *Agostino, La Trinità. Testo latino a fronte*, Milano 2012, IX-CL. – Id., Augustine's Criticism of Philosophers in *De Trinitate*, Book IV, and Its Epistemological Implications: *Festschrift J. Rist* (ed. by B. DAVID), Washington, D.C. (in press). – R. CHIARADONNA, *Plotino*, Roma 2009. – A. DEBRUNNER et al., λέγω, λόγος …: ThWNT 4 (1942) 69-197. – J. DOIGNON, La raison et l'usage: Une ‹synkrisis› d'inspiration cicéronienne dans le De libero arbitrio de Saint Augustin: WSt 96 (1983) 181-188. – E.J. ECHEVERRIA, Augustine on Faith and Reason: CollAug Presbyter 279-294. – M.J. EDWARDS, Clement of Alexandria and his Doctrine of the Logos: VigChr 54 (2000) 159-177. – M.B. EWBANK, Algunas consideraciones sobre *ratio* y *uoluntas* en el pensamiento de San Agustín: CDios 192 (1979) 35-56. – M. FATTAL, *Logos et image chez Plotin*, Paris/Montréal 1998. – Id., *Logos, pensée et vérité dans la philosophie grecque*, Paris et al. 2001. – Id. (éd.), *Logos et langage chez Plotin et avant Plotin*, Paris 2003. – M. FATTORI/M.L. BIANCHI (ed.), *Ratio. VII Colloquio Internazionale*, Firenze 1994. – E. FELDMANN, Der Begriff der Augustinischen «ratio» im existenziellen Vollzug innerhalb und außerhalb des manichäischen Mythos: *Studia Manichaica. IV. Internationaler Kongreß zum Manichäismus* (hrsg. von R.E. EMMERICK/W. SUNDERMANN/P. ZIEME), Berlin 2000, 179-206. – R. FERRI, *Mens, ratio e intellectus* nei primi dialoghi di Agostino: Aug 38 (1998) 121-156. – H. FRANK, *Ratio bei Cicero*, Frankfurt et al. 1992. – P. GROSSARDT, rationabilis: TLL 11,2 (2012sqq.) 211-217. – Id., rationalis: ib. 221-228. – W. GUNDERSDORF VON JESS, Reason as Propaedeutic to Faith in Augustine: IJPhR 5 (1974) 225-233. – A. HOLL, *Seminalis ratio. Ein Beitrag zur Begegnung der Philosophie mit den Naturwissenschaften*, Wien 1961. – R. HOLTE, Logos Spermatikos. Christianity and Ancient Philosophy according to St. Justin's *Apologies*: StTh 12 (1958) 109-168. – L. KARLÍKOVÁ, Augustine to Nebridius on the Ideas of Individuals (*ep.* 14,4): StPatr 70 (2013) 477-485. – G. KENDEFLY, Rationes chez saint Augustin. Problèmes épistémologiques et anthropologiques: *Il logos di Dio e il logos dell'uomo. Concezioni antropologiche nel mondo antico e riflessi contemporanei* (a cura di A.M. MAZZANTI), Milano 2014, 299-313. – J.P. KENNEY, Faith and reason: *The*

Cambridge Companion to Augustine (ed. by D.V. MECONI/ E. STUMP), Cambridge ²2014, 275-291. – D. KRÖMER, Römische *ratio*: FATTORI/BIANCHI (ed.) 37-45. – W. LÖHR, Logos: RAC 23 (2010) 327-435. – K.-H. LÜTCKE, ‹*Auctoritas*› *bei Augustin. Mit einer Einleitung zur römischen Vorgeschichte des Begriffs*, Stuttgart 1968. – B.L. MACK, *Logos und Sophia. Untersuchungen zur Weisheitstheologie im hellenistischen Judentum*, Göttingen 1973. – M. MANZIN, L'autorità della ragione e le ragioni dell'autorità. Il *De utilitate credendi* di S. Agostino: RIFD 67 (1990) 412-431. – A. MARCHESI, La circolarità del rapporto ragione-fede nell'umanesimo di S. Agostino: *L'umanesimo di Sant'Agostino* (a cura di M. FABRIS), Bari 1988, 527-536. – P. MAZZARELLA, Le «rationes seminales» di S. Agostino: RFNS 70 (1978) 3-9. – D. MINNS, Justin Martyr: *The Cambridge History of Philosophy in Late Antiquity* 1 (ed. by L.P. GERSON), Cambridge 2010, 258-269. – E. MORO, *Eternità e tempo. Studio della dottrina agostiniana delle ragioni causali nel De Genesi ad litteram*, Thesis Padua 2011 (http://tesi.cab.unipd.it/42410/). – Id., Miracolo, natura e *rationes causales*. Il libro III del *De trinitate* e i libri VI e IX del *De Genesi ad litteram*: Medioevo 37 (2012) 27-56. – R.J. O'CONNELL, Faith, Reason, and Ascent to Vision in St. Augustine: AugStud 21 (1990) 83-126. – G.J.P. O'DALY, *Augustine's Philosophy of Mind*, London 1987. – J. OPSOMER, logos: WAPh 254-261. – C. OSBORNE, Clement of Alexandria: *The Cambridge History of Philosophy in Late Antiquity* 1 (ed. by L.P. GERSON), Cambridge 2010, 270-282. – V. PACIONI, Auctoritas e ratio: la via alla vera libertà: *Il mistero del male e la libertà possibile. Linee di antropologia agostiniana* (a cura di L. ALICI/R. PICCOLOMINI/ A. PIERETTI), Roma 1995, 81-109. – J. PÉPIN, Le maniement des prépositions dans la théorie augustinienne de la création: REAug 35 (1989) 251-274. – Id., Augustin et Atticus. La *quaestio* «*De ideis*»: *Herméneutique et ontologie. Hommage à P. Aubenque*, Paris 1990, 163-180. – Id., Ἰδέα/*idea* dans la Patristique grecque et latine. Un dossier: *Idea. VI Colloquio Internazionale* (a cura di M. FATTORI/M.L. BIANCHI), Roma 1990, 13-42. – Id., Augustin, *Quaestio* ‹*De ideis*›. Les affinités plotiniennes: *From Athens to Chartres. Neoplatonism and Medieval Thought. Studies in Honour of E. Jeauneau*, Leiden/New York/Köln 1992, 117-134. – Id., La doctrine augustinienne des *rationes aeternae*. Affinités, origines: FATTORI/BIANCHI (ed.) 47-68. – Id., La *quaestio De ideis* de saint Augustin et la doxographie platonicienne: *Philosophy and Doxography in the Imperial Age* (ed. by A. BRANCACCI), Firenze 2005, 131-155. – Id., Saint Augustin et l'inhabitation des idées en Dieu: *Agonistes. Essays in honour of D. O'Brien*, Aldershot/Burlington, Vt. 2005, 243-257. – A.M. PIAZZA STORONI, El concepto de «ratio» en las obras de san Agustín: Augustinus 24 (1979) 231-288. – M. RAIMONDI, Auctoritas e ratio nel «De uera religione» en Agustín 2. I presupposti logico-teoretici: CIA 2,547-552. – J.M. RIST, *Plotinus. The Road to Reality*, Cambridge 1967. – Id., Faith and reason: *The Cambridge Companion to Augustine* (ed. by E. STUMP/N. KRETZMANN), Cambridge 2001, 26-39. – I. SCIUTO, «Ratio» e «intellectus» in S. Agostino e S. Anselmo: CIA 3,139-145. – A. SOLIGNAC, Analyse et sources de la Question «De ideis»: AM 1,307-315. – Id., Le double moment de la création et les «raisons causales»: BA 48 (1972) 653-668. – H. SOULIER, *La doctrine du Logos chez Philon d'Alexandrie*, Roma et al. 1876. – G. SPINOSA, *Ratio* nella cultura pagana tardoantica: FATTORI/BIANCHI (ed.) 85-114. – F. SPOTH, ratiocinatio: TLL 11,2 (2012sqq.) 204-206. – C. TORNAU, *Ratio in subiecto? The Sources of Augustine's Proof of the Immortality of the Soul in the Soliloquia and its Defense in De immortalitate animae*: Phronesis 62 (2017) 319-354. – J. TRELENBERG, *Augustins Schrift De ordine. Einführung, Kommentar, Ergebnisse*, Tübingen 2009. – F. TURLOT, Le «logos» chez Plotin: EPh (1985) 517-528. – T. UHLE, *Augustin und die Dialektik. Eine Untersuchung der Argumentationsstruktur in den Cassiciacum-Dialogen*, Tübingen 2012. – S. VAN DER MEEREN, *Rationale* et *rationabile* dans le *De ordine* de saint Augustin. Ou comment Augustin fait d'une distinction lexicale un outil à la fois philosophique et pédagogique: Kairos(T) 25 (2005) 235-278. – F.E. VAN FLETEREN,

Authority and Reason, Faith and Understanding in the Thought of St. Augustine: AugStud 4 (1973) 33-71. – W.J. VERDENIUS, Der Logosbegriff bei Heraklit und Parmenides: Phronesis 11 (1966) 81-98; 12 (1967) 99-117. – C. VIGNA, Ragione e fede *ad mentem Augustini*. Cinque annotazioni: *Diuinarum rerum notitia. La teologia tra filosofia e storia. Studi in onore del Cardinale W. Kasper*, Roma 2001, 605-618. – J.H. WASZINK, Bemerkungen zu Justins Lehre vom Logos Spermatikos: *Mullus. Festschrift T. Klauser*, Münster 1964, 380-390. – C. WICK/H. BEIKIRCHER, ratio: TLL 11,2 (2012sqq.) 152-204. – A. YON, *Ratio et les mots de la famille de reor. Contribution à l'étude historique du vocabulaire latin*, Paris 1933. – G. ZOTTELE, Ragione, intelletto e fede nel pensiero di S. Agostino: StPat 20 (1973) 464-490.

GIOVANNI CATAPANO

Reatus

1. Terminology – 2. R. in the pre-Pelagian period – 3. R. in the Pelagian controversy

1. Terminology. – According to Quintilian, r. was for the first time used by Messala [1]. Literally, it meant ‹the condition of an accused person, a state of impeachment›. A secondary meaning was that of a ‹charge›, brought against a defendant, or the ‹offence› for which she/he might stand trial. The meaning ‹guilt› is rather late, often related to Latin translations of Biblical texts such as *Dt* 21,8 or *Ex* 32,35 [2]. In A.'s writings, r. has the meaning of ‹guilt› [3]. The term most frequently appears in A.'s anti-Pelagian works or in letters written or sermons held after 411.

Notes. – [1] Quint. *inst.* 8,3,34. – [2] Cf. LEWIS/SHORT 1529. For the range of meanings of r., cf. especially GUTIÉRREZ. – [3] That the concept r. is only one of the concepts is made clear by, e.g., FOLLIET 118. Nouns such as ‹debitum› (cf. *en. Ps.* 140,3), which is often used in Biblical quotations, or ↗‹culpa› (cf. *c. Iul. imp.* 6,21) more or less cover the same idea; cf. WETZEL 407. A. uses forms of r. about 400 times.

2. R. in the pre-Pelagian period. – In the beginning of his Christian literary activity, A. argued that no guilt is attributed to the soul in case one ‹naturaliter› does not know or cannot know what should be done (*lib. arb.* 3,64). A. thus was of the opinion that guilt presupposes freedom of choice [4].

In A., gradually, guilt becomes more and more an aspect of our moral behavior and of our natural condition as mortal, sinful human beings. Just as temporality is linked to sin, so mortality is related to guilt: because of our guilt we are kept in mortality [5]. R. is related to personal sins (*ep.* 126,1) or crimes [6]. There are gradations in guilt (*s. dom. m.* 1,22.24), a given that quite evidently will also be present in writings dated into the anti-Pelagian period [7]. In *conf.*, A. explains that his baptism was postponed because the guilt of his sins would be greater and more serious if committed after baptism (ib. 1,17), thus suggesting that committing sin after baptism is indeed a serious matter. A. further mentions the guilt of prevarication [8] – a result of the gift of the law, which increases our guilt (*c. litt. Pet.* 2,9) – as well as the crimes, committed against nature, such as was the case with the people in Sodom (*conf.* 3,15).

A. also related guilt to the law: living under the law, we become aware of our guilt, for we experience that we are not able to do what it requires [9]. The law makes all people guilty [10], but it does not set them free from guilt [11].

In the Donatist controversy, A. emphasizes that in baptism guilt is forgiven, even if the baptizer should happen to be ‹perfidus› [12], for Christ is the one who baptizes (*c. litt. Pet.* 2,9) and the baptized thus receives faith, not guilt (ib. 3,37).

Simpl. is one of the few places where the early A. connected guilt with our origin from ↗Adam. Indeed, he related carnal concupiscence's dominating force with the original guilt, an idea which will be largely developed in the Pelagian controversy [13]. The link to Adam is also present in *ep.* 98 [14]. In this letter, A. states that every baby has contracted from Adam a chain of guilt [15], which only baptism can take away to regenerate man in Christ [16].

Notes. – [4] Cf. WETZEL 408; ↗Liberum arbitrium. – [5] *Ep. Io. tr.* 2,9: «sic in ista mortalitate nos reatu tenebamur»; ↗Mors, mortalitas, ↗Peccatum. – [6] E.g. the guilt of perjury: ib. 125,3sq.; *qu. Mt.* 13,2. – [7] Cf., e.g., *sent. Iac.* (= *ep.* 167) 17. – [8] *Simpl.* 1,1,4sq.12.17; ↗Praeuaricatio. – [9] *Io. eu. tr.* 3,2; ↗Lex, 3,931-943. – [10] Christ being the exception; cf., e.g., *c. Faust.* 14,4; *en. Ps.* 140,3; *s.* 170,3. – [11] *En. Ps.* 30,2,1,6. Cf. also *s. Mai* 158,3: «lex ergo reos ostendit, gratia liberat a reatu». – [12] Cf., e.g., *c. litt. Pet.* 1,3; 3,32; ↗Baptismus. – [13] Ib. 1,2,20. It might well be that this is the first time A. connected guilt and concupiscence; cf. NISULA 79; SFAMENI GASPARRO; ↗Concupiscentia, ↗Peccatum originale (cf. *pecc. mer.* 3,11.21; *perseu.* 27: ‹r. peccati originalis›). – [14] ↗*Epistulae*, 2,966; cf. DUPONT 204-206 who offers a very detailed analysis of this letter and discusses its uncertain date. – [15] Ib. 98,6: «... reatus uinculum ex Adam tractum»; cf. also ib. 98,1. Cf. GROSSI passim, especially ib. 54-61. – [16] Ib. 98,2; *c. Iul.* 6,61; *s.* 152,3. The presence of the guilt in generation and its taking away in the regeneration, is a «formulation typique» of A.; cf. FOLLIET 119.125-129; ↗Generatio, ↗Regeneratio.

3. R. in the Pelagian controversy. – In the Pelagian controversy, the concept of r. is constantly related to the fall of Adam [17] and its consequences for his progeny [18]. All human beings are bound by this guilt [19], which is inherited from the first man (*c. Iul. imp.* 6,22) and results in damnation (*perseu.* 4). Guilt, just like death, vices, enslavement, and darkness of sins, is present in all human beings, including babies who did not commit personal sins. Personally innocent (*s.* 115,4), they are nevertheless related to original sin [20]. This ‹r. propaginis› [21] is linked to the ‹regnum mortis›, introduced

by Adam (*Rm* 5,14), for all are marked by the guilt of sin which excludes them from eternal life, and (without baptism) results in a second death [22] and eternal punishment (*nupt. et conc.* 1,37).

Being Adam's progeny, children receive both their existence and their guilt from him [23], and are thus in need of remission (ib. 1,25) [24]. It is a guilt contracted by the soul and thus leads to condemnation and death for the unbaptized ones [25]. It is an inherited guilt, but one affecting babies in their personal life for it is in a sense also a personal guilt [26]: even children of baptized parents are born with it [27]. Babies are born out of the flesh, and need to be reborn from above [28], a guarantee that they will enter into the kingdom of heaven [29].

Guilt is often related to concupiscence [30]: all attract (‹trahere›) [31] the ‹r. concupiscentiae› [32] from Adam, in whom we have our origin (*c. Iul. imp.* 2,73). This guilt, inherited through carnal concupiscence, necessarily present in intercourse (ib. 4,95), is forgiven to all in baptism [33] and no longer imputed (*nupt. et conc.* 1,29), even although its agitating force [34] continues to exist [35] in our weakness (*c. Iul.* 2,3.5). However, this force is diminishing from day to day and is no longer imputed as guilt (*nupt. et conc.* 1,36), although the struggle continues [36].

Given the fact that guilt is to be situated on the level of the soul (and its origin [37]), A. later had to react to people like Julian of Aeclanum, who questioned the goodness of a creator who creates souls which are born with guilt [38]. In *pecc. mer.* A. stated that not only the body but also the soul needs the help of Christ, but admitted that it was such a serious topic that it deserved more a prudent inquiry than hasty assertions [39]. Also in letters to Jerome, A. discussed in 415 at length why the soul inherited guilt in such a way that even un-baptized babies would be condemned [40], a position questioned by some people [41]. A. underlined that it belongs to the Catholic faith that this guilt, present in all, will be taken away by Christ's liberating grace (*sent. Iac.* 2).

Also in the Pelagian controversy, r. is not only related to original sin, but also dealt with in the context of personal sins: baptism through Christ's grace takes away guilt both in case of original and personal sins [42]. In this regard, A. qualifies false oaths as great sins and states that the Lord forbade the swearing of oaths because of the guilt related to it (*s.* 307,2). A. also speaks of the guilt and bounds of sins which are committed after baptism and are forgiven through acts of mercy (*pecc. mer.* 2,3). It is also in the context of the remaining weakness and inclination to sinfulness that the bishop of Hippo underlines the importance of almsgiving and praying [43].

Notes. – [17] E.g. *c. Iul.* 2,32. Time and again, A. repeats that his position is based on Scriptural evidence. – [18] Sometimes, the guilt is related to sins, even in case of babies; cf., e.g., *c. Iul. imp.* 1,50. – [19] *Pecc. mer.* 1,34; on this matter, cf. COUENHOVEN 29-31. – [20] *Pecc. mer.* 1,39; *s.* 294,12; ↗Innocentia. – [21] Ib. 151,5; cf. ib. 153,14. – [22] *Pecc. mer.* 1,13; cf. COUENHOVEN 30-40. – [23] *Ep.* 98,1; 157,3; 194,26. – [24] Without it, damnation will be the fate of all, including adults and children alike: «paruulus non baptizatus pergit in damnationem» (*s.* 294,7); on the quite complicated context of such statements, cf. DUPONT 222-231. – [25] *Orig. an.* (= *ep.* 166) 6; *c. Iul. imp.* 3,82. – [26] Cf. COUENHOVEN 97sq. – [27] *Gr. et pecc. or.* 2,44sq.; *nupt. et conc.* 2,58; *ciu.* 13,4; *c. Iul.* 3,54. – [28] Ib.; *c. ep. Pel.* 1,27. – [29] *Pecc. mer.* 1,25; cf. ib. 3,21. – [30] Cf. DONAU 415sq.; NISULA 293-307. – [31] *Ep.* 6*,7; *c. Iul. imp.* 2,31. – [32] *S.* 152,3; *ench.* 34. – [33] *Pecc. mer.* 2,4.45sq.; *nupt. et conc.* 1,21; *retr.* 1,13,5. – [34] A. sometimes speaks of a ‹lex peccati› (e.g. *c. Iul.* 2,12). – [35] *Pecc. mer.* 1,70; 2,4; *c. Iul.* 6,60. – [36] *C. Iul. imp.* 1,71; 5,13. Indeed, the guilt is taken away, not the cause of our guilt. – [37] On this matter, cf. O'DALY 319-322; cf. also FÜRST 1,60-70; DELAROCHE. – [38] Cf. LAMBERIGTS; ↗Iulianus Aeclanensis. – [39] Ib. 2,59: «magna quaestio est aliamque disputationem desiderat, eo tamen, quantum arbitror, moderamine temperatam, ut magis inquisitio cauta laudetur quam praecipitata reprehendatur assertio». – [40] *Orig. an.* 6: «ubi contraxerit anima reatum, quo trahitur in condemnationem etiam infantis morte praeuenti». – [41] A. did not mention the names of Pelagius or Pelagians, but probably had them in mind; cf. FÜRST 2,355 n. 604; ↗Pelagius, Pelagiani. – [42] *C. Iul.* 6,44; *c. Iul. imp.* 2,97.119. – [43] *C. ep. Pel.* 1,13sq.27sq.; ↗Paenitentia.

Bibliography. – J. COUENHOVEN, *Stricken by Sin, Cured by Christ. Agency, Necessity, and Culpability in Augustinian Theology*, Oxword 2013. – B. DELAROCHE, La question de l'origine des âmes et de leur mode d'implication dans la condition pécheresse: BA 20A (2013) 469-474. – F. DONAU, La pensée de Saint Augustin sur la nature du péché originel: RAp 34 (1922) 414-425.486-495. – A. DUPONT, *Gratia in Augustine's Sermones ad Populum during the Pelagian Controversy. Do Different Contexts Furnish Different Insights?*, Leiden/Boston, Mass. 2013. – G. FOLLIET, ‹Trahere›/‹contrahere peccatum›. Observations sur la terminologie augustinienne du péché: *Homo spiritalis. Festschrift für L. Verheijen OSA*, Würzburg 1987, 118-135. – A. FÜRST, *Augustinus – Hieronymus. Epistulae mutuae – Briefwechsel* 1-2 (FC 41,1-2), Turnhout 2002. – V. GROSSI, Il battesimo e la polemica pelagiana negli anni 411/413 (De peccatorum meritis et remissione – Ep. 98 ad Bonifacium): Aug 9 (1969) 30-61. – R. GUTIÉRREZ, reatus: TLL 11,2 (2012sqq.) 246-249. – M. LAMBERIGTS, Julian and Augustine on the Origin of the Soul: Aug(L) 46 (1996) 243-260. – R. MESSNER, Paenitentia: AL 4 (2012-2018) 413-446. – T. NISULA, *Augustine and the Functions of Concupiscence*, Leiden/Boston, Mass. 2012. – G.J.P. O'DALY, Anima, animus: AL 1 (1986-1994) 315-340. – G. SFAMENI GASPARRO, Concupiscenza e generazione: Aspetti antropologici della dottrina agostiniana del peccato originale: CIA 2,225-255. – J. WETZEL, Guilt, Fault: AthAg 407sq.

MATHIJS LAMBERIGTS

Rebaptizare

Das Wort r., ‹wiedertaufen›, begegnet im Werk A.s ca. 200mal [1], wofür er auch den Ausdruck ‹iterum baptizare› (ca. 20mal) [2] oder ähnliche Junkturen verwendet [3]. Abgesehen von den eher

theoretischen Fragen des r. im Fall der Rekonziliation eines Apostaten (*bapt.* 1,2) oder eines schweren Sünders (*c. Faust.* 12,20), begegnen diese Begriffe ganz überwiegend im Kontext der Auseinandersetzung mit den ↗‹Donatistae›. R. gilt A. als deren unterscheidendes Merkmal [4], wobei es von ihnen wie ein Exorzismus verstanden werde [5]. Scharf verurteilt er den von ihnen gegenüber Katholiken ausgeübten Zwang zum r. [6]. Die donatistische Berufung auf ↗Cyprianus für diese Praxis weist A. in *De* ↗*baptismo* 2-5 zurück, und er verwirft prinzipiell jede Form von Wiedertaufe [7], falls die bereits empfangene in trinitarischer Form gespendet wurde [8].

Anmerkungen. – [1] Cf. auch ‹rebaptizatio› und ‹rebaptizator›, jeweils 9mal. – [2] Alternierend begegnen beide Begriffe z.B. in *c. ep. Parm.* 2,31 und *bapt.* 5,7. – [3] Cf. ‹baptismum reddere/iterare› (*bapt.* 1,2; 3,16). – [4] *Haer.* 69,1: «audent etiam rebaptizare catholicos»; cf. *ep.* 23,2; dazu GAUMER 221sq.; THOLEN 97-108. Seit 373 verboten kaiserliche Gesetze diese Praxis: *Cod. Theod.* 16,6,1-5; 16,7,4. – [5] *Ep.* 34,3: «uadam mihi ad eos, qui nouerunt exsufflare gratiam, in qua ibi natus sum»; cf. *Io. eu. tr.* 11,13; *s. Guelf.* 2,2; cf. THOLEN 142sq. – [6] *Ep.* 111,1: «(sc. clerici Donatistarum et circumcelliones) multos etiam rebaptizari compellunt». – [7] Z.B. *Io. eu. tr.* 5,13: «unde tibi displicet quem uis rebaptizare? dare non potes quod iam habet, sed facis negare quod habet»; cf. ib. 6,14sq. – [8] *Io. eu. tr.* 6,9. Bereits das Konzil von Arles hatte 314 (nach dem ‹Ketzertaufstreit› und gegen die ältere nordafrikanische Tradition) eine Neutaufe ehemaliger Schismatiker untersagt: *Conc. Arel.* a. 314 c. 9 (CCL 148, p. 6); cf. KIRCHNER; ↗Baptismus.

Bibliographie. – G. BAVAUD, La réitération du baptême est-elle plus grave que son absence?: BA 29 (1964) 596sq. – F.J. CHÁVARRY GARCÍA, La cuestión del rebautismo de los herejes (La controversia con los Donatistas sobre el rebautismo en las conferencias de Cartago A.D. 411): RTLi 41 (2007) 49-63. – M.A. GAUMER, The Evolution of Donatist Theology as Response to a Changing Late Antique Milieu: Aug(L) 58 (2008) 201-233. – A. HOGREFE, *Umstrittene Vergangenheit. Historische Argumente in der Auseinandersetzung Augustins mit den Donatisten*, Berlin/New York 2009. – H. KIRCHNER, Der Ketzertaufstreit zwischen Karthago und Rom und seine Konsequenzen für die Frage nach den Grenzen der Kirche: ZKG 81 (1970) 290-307. – I. THOLEN, *Die Donatisten in den Predigten Augustins. Kommunikationslinien des Bischofs von Hippo mit seinen Predigthörern*, Münster 2010.

GREGOR WURST

Reconciliatio ↗Paenitentia

Rectitudo

1. Terminology – 2. R. as characteristic of God and as human virtue – 3. R. and the original state of man – 4. R. as path of life – 5. R. in doctrine

1. Terminology. – The noun r. was used at the first time in the Vetus latina, where it meant the right and good direction of a path of life [1]; some

Church Fathers such as Tertullian and Jerome adopted this use [2]. Derived from ‹rectus› (‹straight›) and related to the verb ‹regere› (‹to regulate›, ‹to guide›), in Late Antiquity r. acquired the meaning of ‹straightness› (of a line or side), ‹righteousness›, ‹correctness›.

A. uses r. about 55 times. He follows the biblical meaning [3], but also knows the Late Antiquity's use [4].

Notes. – [1] Cf., e.g., *Ps* 25,12; *Lc* 3,5. – [2] For the range of meanings of r., cf. HAJDÚ; for the origins of the noun, cf. ib. 424. – [3] Cf. especially below 4. POUCHET studied the way in which A. regarded ‹recte facere›, ‹recte uiuere›, ‹recta intentio› and ‹r. rationis/uoluntatis› (ib. 35-44); cf. *lib. arb.* 2,54; 3,43sq.52; *conf.* 5,2; *ench.* 107; he concluded that A. based himself on Scripture and on Church Fathers and that he used the term r. mainly in theological polemics (POUCHET 41; for the importance of the Bible, cf. ib. 29-34). – [4] Cf. *ciu.* 11,29 (‹r. linearum›; cf. *Schol. Pers.* 1,66); *c. ep. Man.* 26,28; 27,30; *s. Dolbeau* 24,9. In a single case (*cons. eu.* 2,10), A. uses the term to indicate direct descent in the male line. For r. in A., cf. VAN GEEST, Rechtzinnigheid.

2. R. as characteristic of God and as human virtue. – Analogous to the way in which in *beata u.* A. considers the correct ↗‹modus› to be the onset of insight in God as ‹summus modus›, or in *c. mend.* speaking the truth as onset of knowledge of God as the highest ↗‹ueritas› [5], he regards r. as an essential feature of God, to which the ‹rectus corde› [6] becomes susceptible. But whoever persists in ‹prauitas›, the opposite [7] of God's r., grows away from His ‹righteousness› [8]. A.'s notion of ↗‹ordo› resonates when he says that the ugliness of those who want to flee from God does not detract from beauty as a whole, nor from God's justice (‹offendentes in rectitudinem tuam›), which becomes concrete in God's striving not to let any of His creation be lost (*conf.* 5,2). Along this line, A. also speaks about the r. of God's word, the hearing of which presumes life in accordance with God's will and not in accordance with one's own will (*en. Ps.* 48,1,1).

Notes. – [5] *Beata u.* 32-34; *c. mend.* 40; cf. VAN GEEST, Stoic; id., *Liegen* 28sq. – [6] Cf. A.'s quotation of *Ps* 7,5.11; 10,3; 31,11; 35,11; 72,1; 93,15; 111,4; 124,4, especially in *en. Ps.*. – [7] Cf. *Schol. Pers.* 5,27,1. – [8] *Pat.* 1sq.; *en. Ps.* 31,2,25; 44,17; 63,18sq. (Christological); 103,1,3; *ep.* 155,13.

3. R. and the original state of man. – A. uses r. to indicate man's state of being before the Fall, often in combination with the nouns ‹beatitudo›, ‹integritas› or ‹felicitas› [9]. Especially around 420-426, A. emphasises that by a wrong act of the will, man has robbed himself of this r. [10]. In addition to the discontinuity between the period before and after the Fall as a result of ↗Adam abusing his freedom of will, A., by using r., also emphasises the conti-

nuity in the state of man by showing that in certain respects man remains in the r. in which he was created. A. points to the ‹concubitus coniugum›, which took place before and after the Fall, to substantiate this continuity, which he sees as inherent in human r., that is righteousness in the sense of creation theology (*c. Iul. imp.* 5,16). He does recognise, however, that after the Fall death is inherent in man's created nature and r. [11].

Notes. – [9] E.g. *c. Iul. imp.* 6,12sq.; 4,44. However, this original r. does not imply the impossibility to sin, but only the ability not to sin (ib. 6,12sq.27; cf. *ciu.* 22,30). – [10] *Corrept.* 9.26; cf. *ench.* 107. One of the results of the loss of this r. is war (*ciu.* 21,15). – [11] Ib. 6,27.30; *ench.* 104.

4. R. as path of life. – By ‹r. uitae› A. means the general way to the liberation of the soul, that is the path leading to the vision of God [12]. On this path, A. places not only great and divine realities (‹magna atque diuina›), like the Second Coming of Christ, the Last Judgment, the Resurrection, the rejection of the wicked and the eternal dominion of the glorious City of God, but also, between the coming of Christ and the four last things, among other things men's penance, men turning their will to God, exercise by afflictions (*ciu.* 10,32) [13]. In the ↗*Enarrationes in Psalmos* especially, r. means the path set out by God, but also God himself, from which man hopes not to deviate in spite of obstacles and enemies [14].

In the sphere of personal life, A. makes the ‹r. uiae› concrete as the path that is first characterised by self-chastisement [15], but finally by helpfulness and by performing the works of mercy. The basis of this path is formed by the theological virtues (*perf. iust.* 18). Setbacks on the path try the personal r. (*s. Denis* 21,4). Sometimes A. uses r. in combination with the noun ↗‹innocentia› to represent the inner predisposition of the man who, innocent and righteous, has not deviated from God's righteousness [16]. In *adn. Iob* 29, A. uses r. in combination with the nouns ‹honor› and ‹celsitudo› to represent the quality of being of the man, who will be raised and justified by God at the end of his life.

Notes. – [12] *Ciu.* 10,32: ‹huius uiae r. usque ad deum uidendum›; ↗Via, uiator. – [13] So the personal path of life is embedded in the history of salvation; together they form the right path. – [14] E.g. ib. 25,1,12; 25,2,13; 26,1,11. – [15] For the early A., cf. DJUTH. – [16] *En. Ps.* 24,21 (cf. *Ps* 24,21; cf. also ib. 25,12 in the Vetus latina version).

5. R. in doctrine. – In the phrase ‹r. fidei christianae› A. uses r. to indicate orthodoxy as opposed to heresies, as a synonym for ‹sana ↗fides› [17]. He also uses r. to describe a person's belonging to the ‹catholica› rather than to the Donatists (*ep.* 56,2) or to emphasise the correctness of the way of the Cross, which is recognised by faith and not by philosophy (ib. 120,6). Usually A. associates the ‹r. fidei› with the correct approach to life [18]; apart from ‹r. fidei› heretics also lack ‹r. spei uel caritatis› (*bapt.* 4,14). A mistaken doctrinal belief, such as the Donatists for instance held on baptism, also leads to the opposite of ‹r. cordis› (ib. 6,1).

Notes. – [17] *Ep.* 40,9 (to Jerome about Origen). Cf. synonymous use in, e.g., *Gn. litt.* 1,21,41. In *c. Iul. imp.* 2,24, A. indicates the correct interpretation of a specific place in the Scriptures with the word r., as opposed to the ‹warped› interpretation of an opponent. – [18] Sometimes it is unclear whether in using r. he refers to doctrinal orthodoxy or the correct way of life (e.g. *s. Dolbeau* 24,9).

Bibliography. – M. DJUTH, Where there's a Will, there's a Way. Augustine on the Good Will's Origin and the *recta uia* before 396: UDR 22 (1994) 237-250. – P. VAN GEEST, Stoic against His Will? Augustine on the Good Life in *De Beata Vita* and the *Praeceptum*: Aug(L) 54 (2004) 533-550. – Id., *Aurelius Augustinus. Liegen en leugens*, Budel 2010. – Id., Rechtzinnigheid en rechtschapenheid. Augustinus' visie op de *rectitudo*: *Verlangen naar geestelijke schoonheid. Opstellen aangeboden aan M. Schrama, O.S.A.,* (Bergambacht) 2014, 55-63. – I. HAJDÚ, Rectitudo: TLL 11,2 (2012sqq.) 424-426. – R. POUCHET, *La Rectitudo chez Saint Anselme. Un Itinéraire Augustinien de l'Ame à Dieu,* Paris 1964.

PAUL VAN GEEST

Redemptio, redemptor

I. Vora. Gebrauch – 1. In der griechisch-römischen Antike – 2. In der Bibel – 3. In der vora. christlichen Literatur – II. R., ‹redemptor› bei A. – 1. Die Wortgruppe um r., ‹redemptor› im a. Sprachgebrauch – 2. Metaphorischer Gebrauch von r. als Freikauf – a) Das Menschengeschlecht ist durch die Ursünde verkauft – b) Christus kauft die Menschen los – c) Der Teufel wird gebunden und besiegt – d) Der Teufel wird überlistet – 3. ‹Redemptor› als Terminus technicus für Christus

I. Vora. Gebrauch. – 1. In der griechisch-römischen Antike. – R. (= ‹redemptio›) und ‹redemptor› sind Derivate des Verbs ‹redimere›, das sich etymologisch aus ‹emere› (‹nehmen›, ‹kaufen›) und der Partikel ‹re-› (‹zurück›, ‹entgegen›) zusammensetzt und ‹loskaufen›, ‹erkaufen›, ‹wieder kaufen› bzw. ‹auslösen› [1] bedeutet [2], im Deutschen wörtlich auch ‹(er)lösen›. R. meint zum einen wie bei Cicero die ‹Erkaufung›, demgemäß ‹Bestechung(svertrag)› [3] oder ‹(Steuer-)Pachtung›, ‹Mietung› [4], zum anderen wie bei Seneca die ‹Loskaufung› aus Gefangenschaft [5]. Das Nomen agentis [6] ‹redemptor› bezeichnet als Terminus technicus im römischen Recht einen ‹Käufer› von Forderungen, um bei Fälligkeit Profit zu erzielen; des weiteren meint es einen ‹Loskäufer› aus Sklaverei, Gefangenschaft oder Strafe (Sen. *benef.* 2,21,1), einen ‹Bestecher›/‹Erkaufer› oder ‹Pächter› [7]. Erst in

christlichem Kontext wird ‹redimere› zum Erlösungsbegriff [8].

Anmerkungen. – [1] Seit Plautus, cf. DAUBE 30 n. 1. – [2] Cf. WALDE/HOFMANN 1,402 sowie die Artikel von PIERONI. – [3] *Verr.* 1,16: «ut primum e prouincia rediit, redemptio est huius iudicii facta grandi pecunia». – [4] *Prou.* 11: «itaque patres conscripti uidetis, non temeritate redemptionis aut negotii gerendi inscitia sed auaritia superbia crudelitate Gabini paene adflictos iam atque euersos publicanos». – [5] *Benef.* 2,21,1: «illud magis uenire in aliquam disputationem potest, quid faciendum sit captiuo, cui redemptionis pretium homo prostituti corporis et infamis cum promittit. patiar me ab inpuro seruari? seruatus deinde quam illi gratiam referam? uiuam cum obsceno? non uiuam cum redemptore?». – [6] Cf. EIJKENBOOM 234. – [7] Cf. MEISSEL. – [8] Cf. ANDRESEN 59.

2. In der Bibel. – R. wird in der lateinischen Bibel häufig synonym zu ‹salus› verwendet [9]. Im Alten Testament nimmt r. einen technischen Sinn an, um die ‹Befreiung› des Volkes Israel aus der ägyptischen Knechtschaft auszudrücken, von Jahwe aus ein ‹Erwerb› seines Volkes [10]. Mit der Bedeutung von ‹Befreier› findet sich ‹redemptor› z.B. in *Ps* 18,15 oder in *Iob* 19,25. Bei den Propheten wird Jahwe selbst ‹redemptor› seines Volkes genannt, der es ‹zurückkauft› [11]; zudem ist ‹redemptor› mit ‹saluator› (*Is* 43,11sq.) und ‹creator› (ib. 43,15) verbunden.

Das Neue Testament knüpft an den alttestamentlichen Gedanken der r. an und stellt ihn in einen messianischen Zusammenhang [12]. Christus gibt sein Leben als Lösegeld [13]; wer dieses allerdings erhält, bleibt offen. Die Apostelgeschichte und einige Briefe heben das Blut Christi als Kaufpreis hervor [14]. Demgemäß weist Paulus in *1 Cor* 6,20 und 7,23 die Korinther darauf hin, daß sie um einen teuren Preis erkauft worden seien. Das Wort λυτρωτής (‹Erlöser›) findet sich im Neuen Testament nur einmal (*Act* 7,35, bezogen auf Mose). *Rm* 6,16-22 greift die Rechtsfigur der Schuldsklaverei aus der Antike zur Beschreibung des Verhältnisses zwischen Teufel und Sünder auf [15].

Insgesamt ist der Begriff der r. für den christlichen Gebrauch (als ‹Befreiung›) mehr der Militärsprache (Kriegsgefangenschaft) als dem juristisch-merkantilen Bereich (Sklaverei) entnommen [16].

Anmerkungen. – [9] Cf. SESBOÜÉ 264. – [10] Z.B. *Ex* 6,6; *Dt* 7,8; *2 Rg* 7,23; *1 Mcc* 4,11; *Ps* 25,11; 110,9; aus der Knechtschaft der Sünde: ib. 129,7sq.; außerdem z.B. *Lv* 25,24: Rückkaufrecht («sub redemptionis condicione uendetur»). – [11] *Is* 41,14; 43,1.14; 44,6; 48,17. – [12] R. = λύτρωσις (*Lc* 1,68; 2,38; *Hbr* 9,12) oder ἀπολύτρωσις (z.B. *Lc* 21,28; *Rm* 3,24; 8,23; *1 Cor* 1,30; *Eph* 1,7). – [13] *Mc* 10,45; *Mt* 20,28; *1 Tm* 2,6. – [14] *Act* 20,28; *Eph* 1,7; *Hbr* 9,12; *1 Pt* 1,18-20. – [15] Cf. DROBNER 237 n. 57. – [16] Cf. ELERT 268-270.

3. In der vora. christlichen Literatur. – Bei Irenäus, der von ἀπολύτρωσις vor allem im Zusammenhang der ‹falschen Gnosis› spricht [17], findet sich mit Bezug auf *Col* 1,14 und *1 Tim* 2,6 die Loskauftheorie, der gemäß das Wort Gottes die gefangenen Menschen, die sich um den Preis der Sünde an den Teufel verkauft hatten, erlöst und sich selbst als Lösegeld, als gerechten Preis, gegeben hat [18]. Diese Theorie, die dem Teufel ein erworbenes Recht einräumt, findet bei Origenes volle Entfaltung [19]. Tertullian gebraucht r. im Zusammenhang des Freikaufs von Verfolgungen [20] und der Erlösung des Fleisches [21], Cyprian spricht vom ‹Geheimnis der Erlösung› [22] und verwendet ‹redemptor› im Sinne des Erlösers Christus [23].

Anmerkungen. – [17] *Haer.* 1,13,6; 1,21,1-4. – [18] *Haer.* 5,1,1: «sanguine suo rationabiliter redimens nos, redemptionem semet-ipsum dedit pro his qui in captiuitatem ducti sunt». – [19] *Hom. 6 in Ex.* 9: «ueniens autem Christus redemit nos, cum seruiremus illi domino, cui nosmet ipsos peccando uendidimus. ... sed fortasse recte quidem dicitur redemisse nos Christus, qui pretium nostri sanguinem suum dedit – quid tale autem, ut nos mercaretur, etiam diabolus dedit? ... paulo latius progressi sumus, dum uolumus exponere quomodo deus, quae sua sunt, dicatur acquirere, et redimere Christus sanguine pretioso quos emerat diabolus uili mercede peccati»; cf. z.B. *comm. in Mt.* 16,8; *comm. in Rom.* 2,13; 3,7 (cf. ib. 5,10). – [20] *Fug.* 12,2: «ceterum sicut fuga redemptio gratuita est, ita redemptio nummaria fuga est». – [21] *Pudic.* 11,3: «a redemptione carnis id est domini passione censetur»; Christus ist Erlöser des Fleisches: «de deo carnis auctore et de Christo carnis redemptore ... et deo carnis auctori et Christo carnis redemptori» (*resurr.* 2,6). – [22] *Epist.* 63,14,3: «ad ipsum dominicae passionis et nostrae redemptionis sacramentum». – [23] *Hab. uirg.* 2: «qui per sanguinem Christi redempti sumus per omnia seruitutis obsequia redemptoris imperio pareamus»; cf. *epist.* 55,22,1.

II. R., ‹redemptor› bei A. –
1. Die Wortgruppe um r., ‹redemptor› im a. Sprachgebrauch. –
Das CAG 3 zählt für r. ca. 225 Treffer, davon etwa zwei Drittel in direkten Bibelzitaten – besonders *Rm* 8,23, *1 Cor* 1,30 und *Col* 1,14, was auf eine vorwiegend neutestamentlich geprägte Verwendung hinweist [24]. Für ‹redemptor› finden sich ca. 160 Treffer, dabei nur 7 innerhalb von Bibelzitaten (alle den Psalmen entnommen: *Ps* 17,3; 18,15; 77,35), außerdem gut 640 Belege für das Verb ‹redimo› (davon ca. 145 in Bibelzitaten). Die gesamte Wortgruppe ist besonders stark in A.s Predigten präsent.

R. wird mit ‹salus› [25] und ‹liberatio› [26] stellenweise verbunden oder geradezu gleichgesetzt, jeweils einmal mit ↗‹illuminatio› (*pecc. mer.* 1,39) und ‹uenditio› [27]. ‹R. corporis› ist Teil des häufigen Zitates von *Rm* 8,23 [28]. A. kombiniert r. und ‹redemptor› oft mit ↗‹iustitia› oder ↗‹iustus›. Aufgrund der stark biblisch geprägten Verwendung bezeichnet r. bei A. (anders als der heutige Begriff ‹Erlösung›) in der Regel nicht das Gesamt des Heilswerks Christi.

‹Redemptor›, ein bevorzugter Titel für ↗Christus (1,874sq.), wird synonym mit ‹liberator› [29] und ‹saluator› [30] verwendet, des weiteren im Zusammenhang mit ‹humilitas› und deren Derivaten [31]. Außerdem findet sich ‹redemptor› in Kombination mit ‹creator› [32], ‹praeceptor› [33], mit ↗‹mediator (dei et hominum)› [34], jeweils einmal mit ‹manumissor› [35], ‹uentilator› [36] und ‹effusor pretii› (s. 179,10). ‹Redemptor› wird ‹captiuator› [37], ‹deceptor› [38], ‹uenditor› [39], ‹praesumptor› [40] direkt entgegengesetzt.

Anmerkung. – [24] Cf. Poque, *Langage* 1,290: «Ce faible pourcentage donne à penser que les termes ne sont pas encore séparés de leur matrice imaginaire, et qu'ils sont employés à bon escient». – [25] *S.* 185,2; 214,3; *qu. eu.* 2,1; *pecc. mer.* 1,39. – [26] *Pecc. mer.* 1,39; *qu. c. pag.* (= *ep.* 102) 35; *en. Ps.* 142,17; ↗Seruitus-libertas. – [27] *En. Ps.* 93,28: «Christi uenditio sit nostra redemptio». – [28] Hingegen findet sich kein gemeinsamer Gebrauch mit ‹alienatio› oder ‹creatio›, auch die Wendung ‹r. mundi› kommt nicht vor. – [29] *C. Iul.* 3,9; *ciu.* 20,8; *Io. eu. tr.* 79,2; *s.* 134,4; *s. Lambot* 24,2. – [30] *Pecc. mer.* 1,33; 2,59; *gest. Pel.* 21; *c. Iul.* 3,9.18; *ep.* 177,11; 186,27; 199,21; *Io. eu. tr.* 55,4; *s.* 21,7; 23,5; 107,4; 131,1; 152,11; 184,2; 213,3. – [31] *Gr. et pecc. or.* 2,46; *Emer.* 7; *ep.* 128,3; *Io. eu. tr.* 55,7; *s.* 207,1; ↗Humiliatio, humilitas. – [32] *Nupt. et conc.* 1,21; *c. ep. Pel.* 1,11; *c. Iul.* 2,22; *Io. eu. tr.* 79,2; *s.* 21,10; 207,1; 220; 359,2; *s. Denis* 12,1; *s. Guelf.* 23,1; *s. Lambot* 24,2; 27,5. – [33] *S.* 128,9; *s. Guelf.* 26,1. – [34] *C. ep. Pel.* 1,12; *c. Iul.* 6,81sq.; *ep.* 177,11. – [35] *S.* 86,7; cf. *en. Ps.* 34,1,15; cf. Poque, *Langage* 1,292sq. – [36] *En. Ps.* 149,3: ‹Worfler›. – [37] *Gr. et pecc. or.* 2,45sq.; *nupt. et conc.* 1,22; *s.* 130,2; 134,4; *s. Wilm.* 2,7. Auch beim Verb ‹redimo› erscheinen häufig Formen von ‹captiuitas› oder ‹captiuus›. – [38] Ib. 130,2; 134,4; *nupt. et conc.* 1,21; *Io. eu. tr.* 55,7; 79,2. – [39] *Io. eu. tr.* 55,4; 63,2; *s.* 30,2; 336,4. – [40] Ib. 284,6: Petrus.

2. Metaphorischer Gebrauch von r. als Freikauf. –
Neben weiteren Theorien für die ↗‹saluatio› und die ‹salus› des Menschen findet sich bei A. im engeren Sinn des Wortes r. vor allem die klassische Redemptions- und Loskauftheorie.

a) Das Menschengeschlecht ist durch die Ursünde verkauft. – Durch die Sünde Adams (*s.* 130,2; ↗Adam, 1,80-87) wird das Menschengeschlecht an den Teufel veräußert, dem Gott es aufgrund seiner Gerechtigkeit überläßt [41]. ↗‹Diabolus› verfügt daraufhin über einen rechtsgültigen Schuldschein (‹chirographum›) gegen den Sünder [42]. Wer sündigt, verkauft dem Teufel die eigene Seele und gewinnt dafür die Süße zeitlicher Vergnügen; Christus hingegen befreit davon, sich selbst verkauft zu haben [43].

b) Christus kauft die Menschen los. – Weil der Mensch den Schuldschein nicht selbst bezahlen kann, dient Christi Tod am Kreuz als Lösegeld (‹pretium›) [44] bzw. sein unschuldiges Blut als Preis [45]. Im Anschluß an *1 Tm* 2,5sq. [46] und *Ps* 21,28 (*en. Ps.* 21,2,28sq.) verdeutlicht A., daß der ‹redemptor› sein Blut für alle Menschen eingesetzt hat. Wer allerdings den Lösepreis bekommt, wird bei A. nicht mehr explizit erwähnt [47]; der Teufel jedenfalls muß seine Gefangenen ziehen lassen.

Sozusagen auf seiner Reise in das Land der Barbaren befreit der ‹redemptor› Christus von der durch Sünde verursachten ‹secunda ⁊mors›, die A. mit der durch Barbaren [48] (die für den Teufel und dessen Engel stehen) bewirkten ‹captiuitas›, ‹seruitudo› und ‹mors› vergleicht [49]. Christus wird auch als ‹mercator› [50] (unterwegs in unsere elende Gegend) [51] bezeichnet, sein Erlösungshandeln als ‹commercium› [52]. Ausgehend von *Ps* 29,12 bzw. 34,13 geht die Vorstellungskraft A.s noch weiter, und er greift bewußt Realien [53] auf: Gott habe seinen Sohn gesandt und ihn beauftragt, einen ‹saccus› mit sich zu tragen, ein ‹Sackgewand› [54] bzw. einen ‹(Geld-)Beutel›: Gemeint ist Christi Leib mit dem Kaufpreis des kostbaren Blutes zur Erlösung der Menschen darin [55]. Aufgehängt am Kreuz, wird der ‹saccus› mit der Lanze durchbohrt, um unser Lösegeld auszugießen [56]: «egit enim in cruce grande commercium; ibi solutus est sacculus pretii nostri: quando latus eius apertum est lancea percussoris, emanauit inde pretium totius orbis» (*s.* 329,1) [57].

c) Der Teufel wird gebunden und besiegt. – Indem er Christi Blut annimmt, wird der Satan nicht bereichert, sondern gebunden [58]. Auch wenn nicht die Macht, sondern die Gerechtigkeit Gottes den Teufel bezwingt [59], verdeutlicht A. zugleich, daß die Metapher r. den Sieg des Stärkeren bedeutet (cf. *Mt* 12,29; *Mc* 3,27) [60]. Häufig verbindet A. damit auch die Auferstehung (*trin.* 13,18) und stellt den Triumph über den Teufel in den Zusammenhang zu Sündenvergebung und Rechtfertigung. Christus wird Mensch (das vom Teufel besiegte Geschlecht) und sorgt seinerseits durch seinen Sieg für eine Revanche [61].

d) Der Teufel wird überlistet. – In einigen Texten greift A. die Lehre von der Überlistung des Teufels auf und spricht vom Blut Christi metaphorisch als ‹Köder› (‹esca›), vom Kreuz oder Tod Christi als ‹(Mause-)Falle› (⁊‹muscipula›): «et quid fecit redemptor noster captiuatori nostro? ad pretium nostrum tetendit muscipulam crucem suam: posuit ibi quasi escam sanguinem suum» (*s.* 130,2) [62].

Anmerkungen. – [41] *C. Fel.* 2,11; *trin.* 13,16. – [42] *Pecc. mer.* 1,47; 2,49; *c. Iul.* 6,82; *Io. eu. tr.* 52,6; *en. Ps.* 138,2; *s. Dolbeau* 17,7; *s. Morin* 17,4; cf. *trin.* 4,17: «quocirca etiam ipso domino se credebat diabolus superiorem in quantum illi dominus in passionibus cessit quia et de ipso intellectum est quod in Psalmis legitur: ‹minuisti eum paulo minus ab angelis› (*Ps* 8,6), ut ab iniquo uelut aequo iure aduersus nos agente ipse occisus innocens eum iure aequissimo superaret atque ita captiuitatem propter peccatum factam captiuaret nosque liberaret a captiuitate propter peccatum iusta suo iusto sanguine iniuste fuso mortis chirographum delens et iustificandos redimens peccatores»; ⁊Iustificatio. – [43] *Exp. prop. Rm.* 42; *en. Ps.* 125,2. – [44] *S.* 263,1; *Io. eu. tr.* 52,6. – [45] *Conf.* 9,36: «quis ei refundet innocentem sanguinem? quis ei restituet pretium, quo nos emit, ut nos auferat ei?»; cf. *ep.* 149,20; *s.* 27,2; 30,1; 86,7; 107,4; 125,6; 222; 336,4;

344,4; *en. Ps.* 34,1,15; 95,5; 146,4; 147,16; *s. Denis* 24,9; *s. Dolbeau* 26,2; ⁊Innocentia. – [46] *Pecc. mer.* 1,48; 2,1; *spir. et litt.* 47sq. – [47] EIJKENBOOM 239: «St. Augustine has recourse to terms referring to contracts and trade-agreements, but at a certain point the comparison stops short: there is no one who receives the ransom». Es ist z.B. in *s.* 263,2 bezüglich des Teufels von «escam accepit» die Rede; cf. auch *trin.* 13,19. – [48] LEPELLEY 470: «On trouve dans les textes du temps de nombreuses allusions à ces rachats de captifs aux barbares»; ⁊Barbarus, 1,607. – [49] *S.* 134,3sq.; 344,4; *en. Ps.* 84,4; 125,1; cf. POQUE, *Langage* 1,289-292. – [50] *S.* 130,2; 330,4; *c. Iul.* 3,9; *en. Ps.* 21,2,28. – [51] *S.* 231,5; 233,4; *s. Guelf.* 12,2; *en. Ps.* 148,8. – [52] *S.* 213,3sq.; *en. Ps.* 102,6; *s. Guelf.* 26,1; *s. Lambot* 27,5; cf. POQUE, *Christus.* – [53] Cf. GENÉLLE. – [54] *S.* 336,4: «saccus eius erat similitudo carnis peccati»; gemeint ist also das (sündige) Fleisch des Menschen. – [55] *En. Ps.* 146,4: «misit ergo ad captiuitatem nostram redemtorem filium suum. porta, inquit, tecum saccum, ferto ibi pretium captiuorum. induit enim se ille mortalitatem carnis, et ibi erat sanguis quo fuso redimeremur»; cf. *ib.* 21,2,28; 29,2,21; *s.* 163,3; 336,4; *s. Dolbeau* 26,5. – [56] Cf. POQUE, *Langage* 1,291. – [57] Cf. z.B. *ib.* 296,2; 336,4. – [58] *Trin.* 13,19: «in hac redemptione tamquam pretium pro nobis datus est sanguis Christi, quo accepto diabolus non ditatus est sed ligatus». – [59] *Lib. arb.* 3,31; *trin.* 13,17. – [60] Z.B. *trin.* 13,19; *s.* 130,2; cf. STUDER, *Redenzione* 4476. – [61] Ib. 13,22sq.; *agon.* 1; *ench.* 108; cf. STUDER, *Soteriologie* 167sq. – [62] Cf. *ib.* 134,6; 263,2; *s. Morin* 17,5; cf. STUDER, *Soteriologie* 168.

3. ‹Redemptor› als Terminus technicus für Christus. – A. ist mit der gebräuchlichen christlichen Verwendung des Idioms ‹redemptor› vertraut [63]. Als theologischen Fachausdruck für Christus setzt er ihn teilweise formelhaft ein [64]: «redemptorem tuum, pastorem tuum attende» (*s.* 296,8) [65]. Dementsprechend erscheint er auch als liturgischer Ausdruck für Christus: «dominus omnium, redemptor uitae» (ib. 345,6) [66].

Anmerkungen. – [63] Cf. EIJKENBOOM 233; POQUE, *Langage* 1,290. – [64] Cf. EIJKENBOOM 237sq. – [65] Cf. ib. 86,14; 203,1; *en. Ps.* 103,3,22. – [66] Gewissermaßen eine liturgische Anrede; cf. ib. 216,6: «quod in uobis adiurato uestri redemptoris nomine facimus, hoc uestri cordis scrutatione et contribulatione complete».

Bibliographie. – C. ANDRESEN, Erlösung: RAC 6 (1966) 54-219. – L. AYRES, Augustine on Redemption: *CompAug* 416-427. – E. BAILLEUX, La sotériologie de saint Augustin dans le *De Trinitate*: MSR 23 (1966) 149-173. – J.P. BURNS, How Christ Saves. Augustine's Multiple Explanations: *Tradition and the Rule of Faith in the Early Church. Essays in Honor of J.T. Lienhard S.J.*, Washington, D.C. 2010, 193-210. – J. CAVADINI, Jesus' Death is real: An Augustinian Spirituality of the Cross: *The Cross in Christian Tradition: From Paul to Bonaventure* (ed. by E.A. DREYER), New York et al. 2000, 169-191. – F.G. CLANCY, Redemption: AthAg 702-704. – D. DAUBE, *Roman Law. Liguistic, social and philosophical aspects*, Aberdeen 1969. – H.R. DROBNER, *Augustinus von Hippo. Predigten zu Neujahr und Epiphanie (Sermones 196/A-204/A)*, Frankfurt a.M. 2010. – P. EIJKENBOOM, Christus Redemptor in the Sermons of St. Augustine: *Mélanges offerts à Mademoiselle C. Mohrmann*, Utrecht 1963, 233-239. – W. ELERT, Redemptio ab hostibus: ThLZ 72 (1947) 265-270. – G. GÉNELLE, Un exemple de l'utilisation des *realia* chez Augustin. Du sac d'argent au rachat de l'humanité: REAug 53 (2007) 65-80. – W. HAUBECK, *Loskauf durch Christus. Herkunft, Gestalt und Bedeutung des paulinischen Loskaufmotivs*, Gießen/Basel/Darmstadt 1985. – S. LANCEL, Les réalités rurales dans les Nouvelles Lettres: BA 46B (1987) 474-478. – C. LEPELLEY, Présentation générale de la Lettre 10*: ib. 469-472. – F. MALI, Versöhnt und losgekauft durch Christus. Skizze zur Theologie der Erlösung durch Sühne in der Alten Kirche: *Versöhnt durch den Opfertod Christi. Die christliche Sühnopfertheologie auf der Anklagebank* (hrsg. von B. Acklin Zimmermann/F. Annen), Zürich 2009, 27-55. – F.-S. Meissel, Redemptor: DNP 10 (2001) 824. – J. Moingt, Sotériologie. Les «droits du démon»: BA 16 (²1991) 627sq. – P. Pieroni, redemptio: TLL 11,2 (2012sqq.) 500-503. – Id., redemptor: ib. 503-506. – Id., redimo: ib. 545-554. – S. Poque, Christus mercator. Notes Augustiniennes: RechSR 48 (1960) 564-577. – Ead., *Le langage symbolique dans la prédication d'Augustin d'Hippone. Images héroïques* 1-2, Paris 1984. – J. Rivière, Le dogme de la rédemption chez saint Augustin: RevSR 7 (1927) 429-451.600-640; 8 (1928) 24-49. – O. Scheel, Zu Augustins Anschauung von der Erlösung durch Christus: ThStKr (1904) 401-433.491-555. – B. Sesboüé, Salut: DSp 14 (1990) 251-283. – B. Studer, *Soteriologie in der Schrift und Patristik*, Freiburg/Basel/Wien 1978. – Id., Redenzione: NDPAC 3 (2008) 4474-4477. – F.-J. Thonnard, Les «droits du démon» et la rédemption: BA 6 (²1952) 534sq.

Notker Baumann

Reditus, regressus

1. Philosophischer Ursprung und existentieller Kontext bei A. –
2. Heilsgeschichtliche Bedeutung von r. bei A.

1. Philosophischer Ursprung und existentieller Kontext bei A. – Anstöße zur Entfaltung der Konzeption von r. erhielt A. schon früh durch die Lektüre neuplatonischer Schriften. Seit Plotin verbindet sich mit dem Begriff ἐπιστροφή der Gedanke, daß «Seele und Geist aus der Dimension des Mannigfaltigen in das in sich verharrende Eine als ihren Ursprung und Grund zurückkehren, indem sie ihres Grundes als ihres Selbst bewußt werden» [1]. Eine bedeutsame Rolle für die Aufnahme des Modells spielte bei A. die wohl von ↗Marius Victorinus ins Lateinische übersetzte Schrift *De regressu animae* des ↗Porphyrius, die bereits in den Frühschriften rezipiert [2] und vor allem in *ciu.* 10,29-32 ausdrücklich thematisiert wird, wo A. sich vom christlichen Standpunkt aus kritisch mit den neuplatonischen Vorstellungen von der Seele, ihrem Urgrund und ihrer Erlösung auseinandersetzt [3]. Die existentielle Bewegung des neuplatonischen Ansatzes wird von A. positiv aufgenommen und schlägt sich – vermittelt mit biblischem Denken – z.B. in seinen Modellen von ↗‹conuersio› und ↗‹ascensio›/‹ascensus› nieder.

Hinsichtlich des Begriffsfeldes r. gilt diese a. Adaptation besonders für das Verb ‹redire›, und zwar mit der Zielrichtung hin auf die ‹Innerlichkeit› des Subjekts (↗Foris-intus, 3,40-42), speziell auf das ‹Herz› als dessen existentielle und ethische ‹Mitte› (↗Cor, 2,2-5): «intus inspice, redi ad penetralia cordis tui» (*s. Mai* 22,3) [4]. Diese Bewegung des Subjekts wird oft als ‹zurückkehren zu/in sich selbst› bezeichnet, so in der vielrezipierten Stelle

«noli foras ire, in te ipsum redi. in interiore homine habitat ueritas» (*uera rel.* 72) [5]. Aus der Fortsetzung dieses Satzes (ib.: «et si tuam naturam mutabilem inueneris, transcende et te ipsum») wird ersichtlich, daß für A. die wahre Rückkehr zu sich selbst zugleich diejenige zu Gott ist: «redi ad cor, et inde ad deum» (*s.* 311,13). Ebenso häufig wie das ‹redire ad/in me› findet sich bei A. daher das ‹redire ad/in te (sc. deum)›: «te duce in me redeam et in te» (*sol.* 2,9). Diesen Gedanken vermittelt A. mitunter mit dem lukanischen Gleichnis vom ‹verlorenen Sohn›, speziell mit dessen ‹In-sich-Gehen› und dessen ‹Zurückkehren› zum Vater [6]; in den ↗*Confessiones* verwendet er diesen Gedanken und dieses Gleichnis zur Interpretation seines eigenen Lebensweges [7].

Anmerkungen. – [1] Beierwaltes, *Proklos* 160. Die Rückwendung der Seele auf sich selbst entspricht «einem sich potenzierenden Bewußtsein der eigenen *Herkunft* …, das sich als innerer Aufstieg des Denkens zu seinem göttlichen Grunde verwirklicht» (id., *Platonismus* 181; cf. ib. 180-187). – [2] Cf. Doignon. – [3] Verschiedentlich geht A. auch auf das Modell von r. in gnostischen Systemen ein, womit die Rückkehr des göttlichen Seelenanteils aus der Verstrickung in die Körperlichkeit gemeint ist, z.B. *mor.* 2,36 (Manichäer) oder *haer.* 6 (Borboriten). – [4] Implizit und explizit ist das bei A. häufig vorkommende Motiv des ‹Zurückkehrens zum Herzen› auch von biblischen Vorstellungen beeinflußt (↗Cor, 2,1sq.), wie etwa vom appellativen Vers *Is* 46,8 («redite, praeuaricatores, ad cor»): z.B. *conf.* 4,18sq.; *Io. eu. tr.* 18,10; *en. Ps.* 57,1.3; 76,15; 101,1,10; *s. Caillau* 2,11,4; *s. Dolbeau* 11,10; 14,7; cf. Anoz; Deléani. – [5] Cf. auch *en. Ps.* 65,22: «redi ad te; intus esto tibi iudex. ecce in cubiculo tuo abscondito, in ipsa uena intima cordis, ubi tu solus es». – [6] *Lc* 15,11-32, besonders ib. 15,17.20; cf. *s.* 330,3; *s. Dolbeau* 11,10; weiter *ciu.* 11,28; *s. Mai* 94,5 (mit eschatologischer Note); cf. Frot; ↗*Filia-filius*, 3,16. – [7] Expliziter Bezug z.B. ib. 1,28: «nam longe a uultu tuo in affectu tenebroso. non enim pedibus aut spatiis locorum itur abs te aut reditur ad te, aut uero filius ille tuus minor equos uel currus uel naues quaesiuit aut auolauit pinna uisibili aut moto poplite iter egit, ut in longinqua regione uiuens prodige dissiparet quod dederas proficiscenti dulcis pater, quia dederas, et egeno redeunti dulcior: in affectu ergo libidinoso, id enim est tenebroso atque id est longe a uultu tuo»; cf. Ferrari; Raffelt; zum Zusammenhang cf. Knauer.

2. Heilsgeschichtliche Bedeutung von r. bei A. – Die Substantive ‹reditus› und ‹regressus›, die A. synonym verwendet [8], stellen ein biblisch-heilsgeschichtliches Pendant zum existentiellen Kontext dar [9]. Bezogen auf ↗Christus kann ‹reditus› die Auferstehung [10] bzw. Himmelfahrt [11] bezeichnen, mithin also die Rückkehr zum Vater, der ihn gesandt hat (cf. *Io* 16,28). Bezogen auf die Christen wird der ‹reditus› als personales Geschehen zwischen dem die Rückkehr gnadenhaft ermöglichenden Schöpfer und dem die Rückkehr in Freiheit ergreifenden Geschöpf [12] gedacht. Konkret meint ‹reditus› in diesem Zusammenhang die Erlösung als die durch das Kreuz ermöglichte Rückkehr des Menschen zu Gott (*doctr. chr.* 1,16), der dämonische Kräfte entgegenstehen [13]. Die

in der Taufe Jesu verbürgte Sündenvergebung eröffnet jedoch «et reditus et tamquam ascensus ad
deum, cui post peccatorum abolitionem reconci-
liamur» (*qu. eu.* 2,6,1). Nur in Christus, dem Weg
(*Io* 14,6), ist diese Rückkehr möglich [14].

In der bildhaften Entfaltung des ‹reditus› bei A.
lassen sich zwei Grundmuster ausmachen. Das erste
ist protologisch akzentuiert und faßt den ‹reditus›
in das Bild von der durch göttliches Erbarmen er-
möglichten Rückkehr ins Paradies [15]. Die entscheidende Rolle dabei spielt Christus als «exemplum humilitatis» (*s.* 50,11), der ‹superbia›, die Ursache der Vertreibung aus dem Paradies, heilt [16].
Der ‹reditus› der Seele hängt mit der rechten Ordnung der Liebe zusammen: Der ‹affectus libidino-
sus› steht der Rückkehr entgegen [17], die ‹pietas
humilis› ermöglicht sie (*conf.* 3,16) [18].

Das zweite Grundmuster ist eschatologischer
Natur und zeichnet den ‹reditus› als Pilgerreise
zum ‹himmlischen Jerusalem›: «ab illa peregrinamur
in hac uita, ad eius reditum suspiramus; tamdiu
miseri et laborantes, donec ad illam redeamus»
(*en. Ps.* 125,1) [19]. Häufig wird dabei ein Bezug
zum Exilsmotiv hergestellt [20], der auch ethisch
gefaßt werden kann: Der ‹regressus› erscheint so
als Rückkehr aus der Babylonischen Gefangenschaft des Animalischen und Sinnlichen (ib. 136,18).
Das Leben als ‹peregrinatio› fern des himmlischen
Vaterlands (*s.* 378) zielt auf die Überschreitung des
Zeitlichen auf das Ewige hin: «haec est a temporа-
libus ad aeterna regressio et ex uita ueteris hominis
in nouum hominem reformatio» (*uera rel.* 101).

Anmerkungen. – [8] Wobei ‹reditus› überwiegt: laut CAG 3
ca. 65 Belege gegenüber rund 10 für ‹regressus›. – [9] Gelegentlich verwendet A. beide Ausdrücke als ekklesiologische Termini,
um die Heimkehr von Häretikern bzw. Schismatikern in die Gemeinschaft der katholischen Kirche zu bezeichnen (z.B. *bapt.*
2,19; *Cresc.* 3,21; *c. ep. Parm.* 2,34; cf. *c. Max.* 2,23,1; *correct.* (= *ep.*
185) 23). In diesem Sinne gebraucht die Begriffe auch das von
A. zitierte Konzil von Bagai im Jahr 394 (cf. *Cresc.* 4,5.45). – [10]
En. Ps. 102,21: «misit et filium suum, qui factus est secundus
homo, qui ante omnia deus. secundus enim in aduentu, prior in
reditu: post multos mortuus est, ante omnes resurrexit»; ↗Resur-
rectio. – [11] *En. Ps.* 7,6: «regressus ergo in altum propter congregationem populorum, misit spiritum sanctum»; ib. 7,8: «in
altum regressus est, cum post resurrectionem adscendit in
caelum». – [12] Cf. MÜLLER 618. – [13] Ib. 2,36; *c. Sec.* 10; *trin.*
4,18. – [14] *Qu. c. pag.* (= *ep.* 102) 8. – [15] *En. Ps.* 24,5: «neque
enim dimissus a te de paradiso, et in longinquam regionem per-
egrinatus, per meipsum redire possum, nisi occurras erranti; nam
reditus meus toto tractu temporis saecularis misericordiam
tuam sustinuit»; ↗Paradisus. Anstöße in dieser Richtung erhielt
A. möglicherweise durch ↗Ambrosius, dessen Aussagen über die
Rückkehr der Seele zum unbefleckten Zustand vor dem Sündenfall (Ambr. *in Luc.* 7,142) A. wörtlich zitiert (*c. Iul. imp.* 1,71;
cf. *c. Iul.* 2,10sq.). – [16] Ib.: «dominus noster Iesus Christus, propter reditum hominis qui per superbiam de paradiso exierat, se
ipsum exemplum humilitatis praebere dignatus est»; ↗Exem-
plum, ↗Humiliatio, humilitas. – [17] *Conf.* 1,28; cf. *s.* 142,3: «superbia ergo impediebat animae reditum». – [18] Cf. HEIM. – [19]
Cf. *conf.* 9,37: «in aeterna Hierusalem, cui suspirat peregrinatio

populi tui ab exitu usque ad reditum»; cf. ferner *en. Ps.* 145,1;
147,22; ↗Hierusalem (Hierosolyma), ↗Peregrinatio, peregrinus. –
[20] Ib. 64,1: «debemus nosse Babyloniam, in qua captiui sumus,
et Ierusalem, ad cuius reditum suspiramus»; cf. *c. Faust.* 12,36:
«etiam nobis, id est ecclesiae dei, ad illam caelestem Hierusalem
ex huius saeculi peregrinatione redeundum».

Bibliographie. – J. ANOZ, *Redite ad cor*. Una fórmula proféti-
ca en la predicación agustiniana: Augustinus 32 (1987) 205-229. –
W. BEIERWALTES, *Proklos. Grundzüge seiner Metaphysik*, Frankfurt a.M. ²1979. – Id., *Platonismus im Christentum*, ib. 1998. –
S. DELÉANI, Un emprunt d'Augustin à l'Ecriture: «Redite,
praeuaricatores, ad cor» (*Isaïe* 46,8b): REAug 38 (1992) 29-49. –
J. DOIGNON, Allégories du retour dans le *Contra Academicos* de
saint Augustin: Latomus 52 (1993) 860-867. – L.C. FERRARI, The
Theme of the Prodigal Son in Augustine's *Confessions*: RechAug
12 (1977) 105-118. – Y. FROT, Note sur l'utilisation de la parabole de l'enfant prodigue dans l'œuvre de saint Augustin: *Memoriam sanctorum venerantes. Miscellanea … V. Saxer*, Città del Vaticano 1992, 443-448. – F. HEIM, Parabole évangélique et images
néoplatoniciennes dans l'évocation des fautes (*Confessions*
I-IV): *Saint Augustin et la Bible. Actes du colloque de l'université
Paul Verlaine-Metz (7-8 avril 2005)* (éd. par G. NAUROY/
M.-A. VANNIER), Bern et al. 2008, 277-284. – G.N. KNAUER, Peregrinatio animae (Zur Frage der Einheit der augustinischen
Konfessionen): Hermes 85 (1957) 216-248. – C. MÜLLER, Der
ewige Sabbat. Die eschatologische Ruhe als Zielpunkt der
Heimkehr zu Gott: *Die Confessiones des Augustinus von Hippo.
Einführung und Interpretationen zu den 13 Büchern* (hrsg. von
N. FISCHER/C. MAYER), Freiburg/Basel/Wien 1998, 603-652. –
A. RAFFELT, «profectus sum abs te in regionem longinquam»
(*conf.* 4,30). Das Gleichnis vom «verlorenen Sohn» in den *Con-
fessiones* des Aurelius Augustinus: *Freiheit und Gnade in Augu-
stins Confessiones* (hrsg. von N. FISCHER/D. HATTRUP/C. MAYER),
Paderborn et al. 2003, 82*-96* (= ThGl 93 (2003) 208-222).

ALEXANDER ZERFAß

Referre ad

I. Allgemein – II. R. a. bei A. – 1. In der Exegese – 2. Definition
des höchsten Strebensziels – 3. Beschreibung der Trinitätsrelation

I. Allgemein. – Aus dem breiten semantischen
Spektrum des Verbs ‹referre› (Grundbedeutung:
‹zurücktragen›, ‹zurückbringen›) interessiert hier
die Bedeutung der Referenz und Relation, für die
der Präpositionalausdruck r. a. (‹beziehen auf›),
auch im Passiv und reflexiv (‹sich beziehen auf›),
verwendet wird [1]. Die Präposition ‹ad› (mit
Akkusativ) bezeichnet das Objekt des Bezugs, auf
das auch adverbial mit ‹eo› (‹dahin›, ‹darauf›) oder
‹quo› (‹wohin›, ‹worauf›) verwiesen werden kann.

Anmerkung. – [1] Cf. insgesamt SPOTH; die Bedeutungen
‹(jemandem) berichten, etwas vorlegen› und ‹(bei einer Instanz)
einen Antrag stellen› werden hier also nicht behandelt.

II. R. a. bei A. – 1. In der Exegese. – Ausgehend
von der sprachtheoretisch reflektierten Vorstellung, daß eine sprachliche Äußerung zeichenhaft
ist und sich auf einen Gegenstand bezieht, ist nach

A. jede Textinterpretation ein ‹In-Beziehung-Setzen› von Wort und Sinn (cf. *mend.* 7: «omnis enim enuntiatio ad id, quod enuntiat, referenda est»). Da die Relation zwischen ‹signum› und ‹res› jedoch nicht immer eindeutig bestimmbar ist, ist zu entscheiden, ob der Text ‹ad historiam› oder auf eine weitere Bedeutung («ad aliam significationem») bezogen, also figurativ (‹ad allegoricam significationem›) ausgelegt werden kann; dann wird das r. a. zum ‹transferre ad› (↗Allegoria, ↗Figura(e)) [2]. Konkret kann Gegenständen [3], Handlungen [4] und Zahlen [5] ein Bezug auf eine weitere Sinnebene zugeschrieben werden. Der Bezugspunkt ist im Text nicht immer eindeutig bestimmbar, beispielsweise wenn er sowohl mit Gott Vater als auch mit Gott Sohn identifiziert werden kann [6]. Ohne Referenz auf eine andere Ebene bleibt ein Text möglicherweise ohne Sinn [7]. Auch eine fiktionale Erzählung läßt sich als ‹figura ueritatis› verstehen, wenn sie sich ‹ad aliquam ueritatem› bezieht [8]. Der exegetische Grundsatz, daß jede Auslegung auf das doppelte Liebesgebot und die Glaubensregel ausgerichtet sein soll, wird auch mit r. a. beschrieben [9].

Anmerkungen. – [2] *Gn. adu. Man.* 2,19: «quomodo referatur ad historiam non inuenio»; *doctr. chr.* 3,9: «qui enim sequitur litteram, translata uerba sicut propria tenet neque illud, quod proprio uerbo significatur, refert ad aliam significationem»; ib. 3,17; *mend.* 26: «his factis, quae potest quisque ad allegoricam significationem referre» ib. 42; *uera rel.* 99; *Gn. litt.* 12,11,24; *ciu.* 17,3; *en. Ps.* 77,12; dazu Strauss 126-130. – [3] *Doctr. chr.* 4,46: «scriptum est: ‹bibebant de consequenti petra, petra autem erat Christus› (*1 Cor* 10,4). quod utique non ad diuinitatem eius sed ad carnem relatum est». – [4] *Exp. Gal.* 15: «‹circumcisio ...› (*1 Cor* 7,18-20). hoc enim ad eas consuetudines uel conditiones uitae retulit, quae nihil obsunt fidei bonisque moribus»; *qu.* 7,49,13: «proinde si propterea peccatum non fuit siue cuiuslibet necis humanae siue etiam parricidale sacrificium uel uouere uel reddere ... utique ad aliquam significationem rerum spiritalium magnarumque referuntur»; cf. ib. 1,50. – [5] *Exp. Gal.* 13: «uel certe ad septenariam operationem spiritus sancti magis refertur septenarius numerus columnarum»; *doctr. chr.* 2,42: «tunc enim uidebitur non frustra esse dictum quod quadraginta sex annis templum aedificatum sit, ut cum referri iste numerus ad aetatem domini non potuerit, ad secretiorem instructionem humani corporis referatur»; cf. *diu. qu.* 55; *s. Wilm.* 2,3. – [6] *Trin.* 2,4: «sunt ergo quaedam in sanctis libris, ut dicere coeperam, ita posita ut ambiguum sit quonam referenda sint, utrum ad illud quod propter assumptam creaturam minor est filius, an ad illud quod quamuis aequalis tamen quia de patre sit indicatur»; ib. 5,14. – [7] *Trin.* 12,11: «manifestum est quid apostolus significare uoluerit, ideo figurate ac mystice quia de uelando muliebri capite loquebatur, quod nisi ad aliquod secretum sacramenti referatur inane remanebit». – [8] *Qu. eu.* 2,51,1: «cum autem fictio nostra refertur ad aliquam significationem, non est mendacium sed aliqua figura ueritatis ... fictio igitur quae ad aliquam ueritatem figura est, quae non refertur mendacium est»; *c. mend.* 26: «cum referuntur ad eas res, propter quas significandas ita facta uel dicta sunt, reperiuntur significationes esse ueraces, ac per hoc nullo modo esse mendacia»; ib. 28; *cat. rud.* 10. Zur höchsten hermeneutischen Regel, alles Veränderliche auf das Unveränderliche zu beziehen, cf. Mayer 125-130; ↗Mutabile-inmutabile. – [9] *Doctr. chr.* 1,44: «quapropter, cum quisque co-

gnouerit finem praecepti esse caritatem, de corde puro et conscientia bona et fide non ficta, omnem intellectum diuinarum scripturarum ad ista tria (sc. fidem, spem, caritatem) relaturus ad tractationem illorum librorum securus accedat»; ib. 3,22; *cat. rud.* 6.10.50; *ep. Io. tr.* 5,7; ↗Regula, regula fidei.

2. Definition des höchsten Strebensziels. – A. kennt die klassische Definition des ‹höchsten Guts› der philosophischen Ethik als das, worauf sich alles ‹bezieht›, das sich selbst auf nichts weiteres ‹bezieht› und auf das das moralisch gute Handeln zu ‹beziehen› ist (z.B. Cic. *fin.* 1,29: «extremum et ultimum bonorum, quod omnium philosophorum sententia tale debet esse, ut ad id omnia referri oporteat, ipsum autem nusquam»; ib. 2,5: «finem siue extremum siue ultimum ... quo omnia, quae recte fierent, referrentur neque id ipsum usquam referretur»; ↗Finis, ↗Beatitudo) [10]; r. a. ist hier Terminus technicus. Diesen ethischen Referenzpunkt identifiziert A. mit dem ‹frui/adhaerere deo› (*doctr. chr.* 1,30; *ciu.* 10,3), in Buch 19 von *ciu.* mit dem ewigen Frieden, der die in der Philosophie als Strebensziel definierte ‹Seelenruhe› transzendiert (↗Pax) [11]. In der Bibel wird der Bezugspunkt des r. a. beschrieben als ‹uitae modus› oder als ‹unum principium›, auf das sich Jesus beruft [12]. Wenn die Ausrichtung auf Gott (↗Conuersio) fehlt, ist jede Handlung verfehlt, selbst Tugenden werden zu Lastern [13]. Diese Finalisierung jeden Tuns wird auch mit dem ‹uti-frui›-Bezug beschrieben (*doctr. chr.* 1,35: «nam nos res, quibus utimur, ad id referimus ut dei bonitate perfruamur; deus uero ad suam bonitatem usum nostrum refert»; ↗Frui-uti) [14]. Im Dienst der Ausrichtung auf Gott steht auch der Genuß des sinnlich Schönen (*lib. arb.* 2,41: «pulchritudinis leges ad quas referas quaeque pulchra sentis exterius») [15]. Dementsprechend muß alles, was in der sichtbaren Welt als ‹gut› wahrgenommen wird, als Verweis auf den Schöpfer und als sein Lob verstanden werden [16]. Auch das an Menschen gerichtete Lob soll durch die Vorbildfunktion des Gelobten [17] oder durch den Dienst am Nächsten auf Gott bezogen sein [18]. Falsch sind Welt- [19] und Selbstbezogenheit (*exp. Gal.* 3: «quanto igitur magis homines non debent arroganter ad seipsos referre, si quid operantur boni») [20]. Leitend bei der Orientierung des Strebens und Handelns ist auch in der Ethik das (doppelte) Liebesgebot (*ench.* 121 zu *1 Tm* 1,5: «ad caritatem refert omne praeceptum») [21], das der Schöpfungsordnung immanent ist (*Gn. litt.* 5,5,15; ↗Ordo).

Anmerkungen. – [10] A. referiert die Telos-Formel öfter, z.B. *rhet.* 2: «finis est, ut opinor, in omnibus rebus, ad quem cuncta referuntur, cuius causa fiunt reliqua omnia; a Graecis τέλος dicitur»; *mor.* 2,27: «finis enim quo referuntur ea quae facimus, id est propter quem facimus quicquid facimus»; *ciu.* 8,8; 11,25;

trin. 12,17; *mus.* 1,3. – [11] Ib. 19,10: «sed tunc est uera uirtus, quando et omnia bona ... et se ipsam ad eum finem refert, ubi nobis talis et tanta pax erit, qua melior et maior esse non possit»; ib. 19,17.20.27. Zum a. Friedensbegriff im Sinn der philosophischen Ataraxie cf. GEERLINGS 212sq. Zu A.s Auseinandersetzung mit den philosophischen Telos-Formeln cf. KENT 205-212. – [12] *Mor.* 1,34: «uidete testamenti utriusque concordiam, qui sit in moribus uitae modus et quo sint referenda omnia, satis aperientem et docentem»; *diu. qu.* 69,6: «dominus in euangelio ... amat enim ad unum principium referre omnia». – [13] *C. Iul.* 4,25: «hoc tamen peccantes, quod homines sine fide, non ad eum finem ista opera retulerunt, ad quem referre debuerunt»; *Io. eu. tr.* 45,2; *ciu.* 19,25: «uirtutes, quas habere sibi uidetur, per quas imperat corpori et uitiis, ad quodlibet adipiscendum uel tenendum rettulerit nisi ad deum, etiam ipsae uitia sunt potius quam uirtutes»; dazu DODARO 207sq. – [14] Cf. ib. 1,37; *diu. qu.* 30; *ciu.* 19,14; dazu auch KREUZER 428sq. – [15] Cf. *mus.* 1,28; *trin.* 12,14. – [16] Ib. 2,46: «quicquid igitur laudabile aduertitur in rerum natura ... ad excellentissimam et ineffabilem laudem referendum est conditoris»; ib. 3,25; *s. dom. m.* 1,18; *en. Ps.* 148,3. – [17] *S. dom. m.* 2,3: «sic apostolus conuenienter diceret: in hac opera qua hominibus placeo non hominibus sed deo placeo, quia non hoc appeto, sed ad id refero ut me imitentur quos saluos fieri uolo». – [18] *S. dom. m.* 2,76: «qui finem bonorum operum suorum ... non in eo constituit, ut hominibus placeat, ... ad eorum salutem potius hoc refert et ad gloriam dei, non ad inanem iactantiam suam»; cf. ib. 2,1.38. – [19] *Ciu.* 7,26: «sed haec omnia, inquit, referuntur ad mundum. uideat ne potius ad in- mundum»; ib. 7,29. – [20] Cf. *doctr. chr.* 1,21: «si autem se propter se diligit, non se refert ad deum, sed ad se ipsum». – [21] Cf. *ciu.* 10,3: «ut enim homo se diligere nosset, constitutus est ei finis, quo referret omnia quae ageret, ut beatus esset»; ib. 10,18; *trin.* 9,13; *mus.* 6,43; *s.* 9,14; dazu KENT 213-217.

3. Beschreibung der Trinitätsrelation. – Die göttliche Trinität manifestiert sich in den drei Personen, die durch das Vater-Sohn-Verhältnis (*trin.* 5,7: «sicut autem filius ad patrem sic genitus ad genitorem refertur, et sicut pater ad filium ita genitor ad genitum») und den Geist, der beiden eigen ist, aufeinander bezogen sind (ib. 5,12: «sed tamen ille spiritus sanctus ... relatiue dicitur cum et ad patrem et ad filium refertur quia spiritus sanctus et ‹patris et filii spiritus› (Ps. Vigil. Thaps. *trin.* 9,3) est»; ↗Trinitas). Zur Bezeichnung dieses Relationsgefüges (*trin.* 9,1: «credamus ... trinitatem relatarum ad inuicem personarum et unitatem aequalis essentiae») hat A. in Ableitung von r. a. den Ausdruck ‹relatiuum› bzw. ‹relatiue› geprägt (ib. 7,2sq.; ↗Praedicamentum (categoria)) [22]. Eine weitere, allerdings kategorial andere Relation besteht zwischen Gott und Mensch: Der menschliche Geist ist ‹gleichsam ein Bild›, das seine Betrachter ‹irgendwie› auf den trinitarischen Gott beziehen können (ib. 15,44: «qui eam (sc. mentem) tamquam imaginem uident ut possint ad eum cuius imago est quomodocumque referre quod uident»; ↗Imago) [23].

Anmerkungen. – [22] Ib. 5,8: «quia uero relatiue aio cum dico: filius est, ad patrem enim refero; relatiue nego si dico: non filius est, ad parentem enim eandem negationem refero uolens ostendere quod ei parens non sit»; ib. 5,13sq.; 7,2sq.; 9,2. Das Adverb

‹relatiue› verwendet A. (von *ciu.* 11,10 abgesehen) nur in *trin.* (über 80mal), das substantiuierte Adjektiv ‹relatiuum› dort 12mal (sonst nur in *gramm. reg.* 2,23 und *ep.* 170,6). – [23] Dazu SCHINDLER 212-217; BRACHTENDORF 56-117; FUHRER.

Bibliographie. – J. BRACHTENDORF, *Die Struktur des menschlichen Geistes nach Augustinus. Selbstreflexion und Erkenntnis Gottes in «De trinitate»*, Hamburg 2000. – R. DODARO, Auseinandersetzung mit dem ‹Heidentum›: AH 203-208. – T. FUHRER, Räume der Erkenntnis. Zur Raummetaphorik in der augustinischen Erkenntnistheorie: *Spatial Metaphors. Ancient Texts and Transformations* (ed. by F. HORN/C. BREYTENBACH), Berlin 2016, 187-203. – W. GEERLINGS, *De civitate dei* XIX als Buch der Augustinischen Friedenslehre: *Augustinus, De civitate dei* (hrsg. von C. HORN), Berlin 1997, 211-233. – B. KENT, Augustine's ethics: *The Cambridge Companion to Augustine* (ed. by E. STUMP/ N. KRETZMANN), Cambridge 2001, 205-233. – J. KREUZER, Der Gottesbegriff und die *fruitio dei* (das Genießen Gottes): AH 428-434. – C. MAYER, *Die Zeichen in der geistigen Entwicklung und in der Theologie Augustins* 2, Würzburg 1974. – A. SCHINDLER, *Wort und Analogie in Augustins Trinitätslehre*, Tübingen 1965. – F. SPOTH, refero: TLL 11,2 (2012sqq.) 602-630. – G. STRAUSS, *Schriftauslegung und Schriftbeweis bei Augustin*, Tübingen 1959.

THERESE FUHRER

Refrigerium

1. R. before A. – 2. A.'s use of r. – 3. Commemoration meals: A.'s vocabulary

1. R. before A. – Whereas ‹refrigerare› is used widely already in classical Latin, both in a literal sense and metaphorically, its cognate r. first occurs, in a literal sense of ‹period of coolness›, in Plin. *nat.* 18,351. Subsequently, r. occurs in early Christian texts, in a literal sense and in a range of metaphorical meanings.

As a technical term, ‹refrigerare› is used in pagan funerary inscriptions, in the sense of ‹refreshing›, in particular by the commemoration meal [1]. This use probably has led to the use of r. in the sense of material ‹refreshment›. More in general, r. is used in pagan funerary inscriptions to indicate the rest in the afterlife [2].

Early Christian authors adopt ‹refrigerare› in the sense of ‹refreshing› [3]. Tertullian (*apol.* 39,16) is the first author after Pliny to use r. [4], in the sense of ‹refreshment› and, more specifically, to indicate the sharing of food with the poor as a common element in the early Christian ἀγάπη [5]. In the context of care for the deceased, it is used in funerary inscriptions for refreshment offered to the deceased, commemoration meal [6]. The sense of refreshment for the deceased is confirmed by several biblical narratives which were, in early Christianity, read as images of the deceased in the hereafter [7].

Used metaphorically, r. occurs in early Christian literature in the sense of ‹relief›, specifically in the context of the afterlife [8]. The first instance is Tert. *apol.* 49,2, in a contrast between fear of eternal punishment, ‹supplicium›, and hope for eternal bliss, r. In funerary inscriptions, it occurs as a general indication of rest after death [9]. Tert. *adu. Marc.* 4,34,13 also uses r. for the state of the deceased in the interim abode between death and Last Judgement [10], for which Ambrose and A. prefer ‹requies› [11].

Notes. – [1] Leclercq 2180sq. – [2] E.g. CIL 6,2,11005: ‹r. laboris›. – [3] E.g. *Pass. Perp.* 8,1: «uideo ... Dinocraten ... refrigerantem»; cf. ib. 13,5. – [4] Delehaye 135-137; cf. Mohrmann, Locus (1961) 82 n. 3. – [5] Finn 25. – [6] Both in commemoration of the common dead (Mohrmann, Locus (1961) 83) and of the martyrs (Leclercq 2189); ↗Festa sanctorum et martyrum. For the distinction between these, cf. Childers 976. – [7] Such as the three young men in the fiery furnace. Leclercq 2183 refers to Cypr. *epist.* 6,3: «quibus inclusis in caminum ... refrigerium flammae dederunt»; cf. Mohrmann, Locus (1961) 84. – [8] For examples in Tertullian's texts, cf. Leclercq 2185 n. 1sq.; for inscriptions, ib. 2185-2188. – [9] Cf. Leclercq 2187. For r. in liturgical texts, cf. Mohrmann, Locus (1961) 90sq. – [10] Leclercq 2184sq. For the relationship between Tertullian's opposition to Marcion and r. in the sense of the interim abode between death and resurrection, cf. Buonaiuti 64-66. – [11] Mohrmann, Locus (1958) 207.

2. A.'s use of r. – A. differs from earlier Christian writers in not using r. to refer to commemoration meals (cf. below 3); he does use r. of the afterlife (↗Vita aeterna); and he has a handful of other settings in which he employs the word. Generally he uses forms of r. (overall ca. 40 times) mostly in the context of preaching, and often in relation to certain Bible verses [12].

R. is used in the sense of ‹rest› in the hereafter. In *en. Ps.* 65,17, A. discusses *Ps* 65,12: «transiuimus per ignem et aquam et eduxisti nos in refrigerium». In this sermon, in which A. reads *Ps* 65 with a view to the Resurrection (*en. Ps.* 65,1), r. refers to eternal rest after the tribulations and temptations of the earthly life [13]. For r. opposite to the hardships of earthly life, cf. also *exc. urb.* 5sq.; *s.* 367,2, where Lazarus is given relief after poverty (ib.: ‹r. pro paupertate›). More specifically, A. (probably restating Dulcitius in his question letter) uses r. in the sense of ‹relief› for the deceased in the state between death and resurrection [14]. Ib. 46,40, in an interpretation of *Hab* 3,3 («operiet montes umbra eius»), the ‹shadow› is interpreted as Christ in his Second Coming, who offers r. or ‹protectio›. In *s. Morin* 12,1, r. is a metaphor for redemption in the ↗‹iudicium ultimum›.

In a literal sense of ‹cooling›, r. occurs in *Gn. litt.* 8,5,9: ‹illa stilla refrigerii›, asked for by the rich man in torture in *Lc* 16,24 [15]. In a metaphorical sense, r. indicates ‹relief› after the death of a tyrant

in *en. Ps.* 33,2,17, and the ‹comfort› of the Apostle's utterances in *Rm* 14,8sq. in *s. Lambot* 23,3. Other metaphorical use, often defined in an opposition: deliverance from Mosaic Law [16]; the cooling effect of chastity [17]; the chastity of Mary (*s. Dolbeau* 22,25); r. in the fiery furnace as a metaphor for ‹uirginitas› (*uirg.* 57); deliverance from profane temptations [18] or from idolatry [19]; the calm of the martyr in contrast with ‹facibus furoris›, the murderous heat of torture (*s.* 276,3); a calming joy, after the example of the martyrs and opposite to destructive greed (ib. 331,5). In liturgy, the cooling water of baptism after the fire of exorcism (*en. Ps.* 65,17) denotes eternal rest.

Notes. – [12] E.g. *Ps* 65,12 (*en. Ps.* 65,17); *Sap* 4,11 (*s. Lambot* 23,1sq.); *Lc* 16,24 (*s.* 367,2). – [13] Ib. 65,17: «refrigerium propter quietem dicitur»; ↗Quies, requies. For a comparable interpretation of *Sap* 4,7, cf. *s. Lambot* 23,1sq., a sermon in memory of the martyrs; cf. *praed. sanct.* 26. – [14] Dulc. A. *Dulc. qu.* 2,1; cf. Rose 27. – [15] For the rich man asking Abraham to send Lazarus «ut refrigeret linguam meam» (ib.; cf. *s.* 367,2), cf. Buonaiuti 61; Leclercq 2181; Mohrmann, Locus (1958) 209sq. Cf. also the heat-cold contrast in *ciu.* 21,5. – [16] *S. Morin* 6,4: «inuocate refrigerium, ne in aestu praeceptorum laboretis». – [17] *En. Ps.* 57,12: ‹r. castitatis› in contrast with ‹flamma libidinis›. – [18] *S.* 302,3: «non inde aspersa est aestibus tuis aura refrigerii». – [19] In *en. Ps.* 61,23, an astrologer giving up his scrolls is said to pass into r.

3. Commemoration meals: A.'s vocabulary. – Although many scholars while discussing A.'s opposition to the commemoration meals refer to r. [20], A. uses other words to indicate the meals celebrated at the graves of the martyrs (↗Cura mortuorum, 2,179-181). In two letters, A. describes how he has combatted the drunkenness with which the commemoration meals were often accompanied and how he has replaced the celebrations with psalmody. In *ep.* 22,6, A. uses ‹conuiuia› to indicate the meals in honour of the martyrs; ib. 29,2 he states that the participants call this ritual ‹laetitia›. In *conf.* 6,2, A. narrates how Monnica in Milan, following Ambrose's instructions, transforms her ‹sollemnes epulae› at the graves of the martyrs into giving alms and participating in the celebration of the Eucharist [21].

Notes. – [20] Cf. Quasten (especially 256-266); Delehaye 137-139; Mohrmann, Locus (1961) 83; Childers 976; Finn 25. For the persistence of the commemoration meals in A.'s time and for A.'s (op)position, cf. van der Meer 515-526; Saxer 133sq.; MacMullen 60-63; Rose 562sq. – [21] Cf. Solignac. Van der Leeuw 131 already signals that r. does not occur in this passage.

Bibliography. – E. Buonaiuti, Refrigerio pagano e refrigerio cristiano: RicRel 5 (1929) 60-67. – J.W. Childers, Refrigerium: EEC 2 (1997) 975sq. – H. Delehaye, *Sanctus. Essai sur le culte des saints dans l'Antiquité*, Bruxelles 1927. – T.M. Finn, Agape (Love Feast): EEC 1 (1997) 24sq. – H. Leclercq, Refrigerium: DACL 14,2 (1948) 2179-2190. – G. van der Leeuw, Refrigerium:

Mnemosyne 3 (1936) 125-148. – R. MacMullen, *The Second Church. Popular Christianity A.D. 200-400*, Atlanta, Ga. 2009. – F. van der Meer, *Augustine the Bishop: The Life and Work of a Father of the Church*, London ³1983. – C. Mohrmann, «Locus refrigerii lucis et pacis»: QLP 39 (1958) 196-214. – Ead., «Locus refrigerii»: *Etudes sur le latin des chrétiens* 2, Roma 1961, 81-91 (*L'ordinaire de la Messe* (éd. par B. Botte/ead.), Paris/Louvain 1953, 123-132). – J. Quasten, «Vetus superstitio et nova religio». The Problem of *Refrigerium* in the Ancient Church of North Africa: HTR 33 (1940) 253-266. – P.J. Rose, *A Commentary on Augustine's De cura pro mortuis gerenda*, Leiden/Boston, Mass. 2013. – V. Saxer, *Morts, martyrs, reliques en Afrique chrétienne aux premiers siècles. Les témoignages de Tertullien, Cyprien, et Augustin à la lumière de l'archéologie africaine*, Paris 1980. – A. Solignac, Le «refrigerium»: BA 13 (²1992) 676sq.

Paula Rose

Regeneratio

1. Terminology and sources – 2. The ‹new Adam› – 3. Sacraments, baptism – 4. Moral r. among the Church – 5. R. and repentance – 6. Political regeneration

1. Terminology and sources. – Along with its Greek equivalents (ἀναγέννησις, παλιγγενεσία), r. – being etymologically linked to ↗‹generatio› – generally connoted the restoration of a corrupt entity or a fallen order to its pristine perfection [1]. When describing the baptized Christian's new life in Christ, A. clearly prefers r. [2] over the use of other equivalent terms [3]. This predominance may be ascribed to the flexibility of r., which can carry meanings of recapitulation, rebirth, and resurrection [4]. Thereby the Augn. understanding of r. is decisively influenced by the Bible, especially by the meaning of παλιγγενεσία in *Mt* 19,28 (with its future eschatology) and first of all in *Tit* 3,5 (with its present eschatology) [5].

Notes. – [1] Cf. Forcellini 3,621 s.v. ‹REGENERATIO› and ‹REGENERO›. The word is rarely used in non-Christian authors. – [2] Used ca. 430 times; cf. ‹regenerare› (ca. 280 times). In about 80 phrases, A. combines ‹generatio› and r. For r. in the Fathers of the Church, cf. Blaise/Chirat 706sq. – [3] Like ‹deificatio› (↗Deificare), ‹reformatio›, or ↗‹renouatio›. – [4] For the theological context, cf. Meconi. – [5] Ca. 5 quotations of *Mt* 19,28 («amen, dico uobis, quod uos, qui secuti estis me, in regeneratione, cum sederit filius hominis in sede maiestatis suae sedebitis et uos super sedes duodecim iudicantes duodecim tribus Israel»); ca. 20 quotations of *Tit* 3,5 («non ex operibus iustitiae quae nos fecimus, sed secundum suam misericordiam saluos nos fecit (sc. deus per Christum), per lauacrum regenerationis et renouationis spiritus sancti»). Cf. the quotation of *1 Pt* 1,3 in *pecc. mer.* 1,41: «benedictus est … deus, pater domini nostri Iesu Christi, secundum multitudinem misericordiae suae qui regenerauit nos in spem uitae aeternae per resurrectionem Iesu Christi». – For the Biblical and patristical background, cf. M'Clintock/Strong; Bardy; Ladner.

2. The ‹new Adam›. – In A.'s theological macro-structure, the created person is precariously poised between decay and death on one side, and r. and

↗‹resurrectio› on the other. These are the ‹two events› [6] that occur within the single created soul and are thus the source of a divided heart: birth and rebirth [7], the ‹first ↗Adam› and the ‹new, second Adam› – the first being ‹only man›, the second is ‹both God and man›: ↗‹Christus› [8]. One moves from the first and former Adam to ‹spiritalis conexio› with the ‹new Adam› through the life-giving waters of baptism (*praes. dei* 30).

Notes. – [6] *Praes. dei* (= *ep.* 187) 30: «duo ista, quae in uno fiunt homine». – [7] E.g. *s.* 189,3: ‹nasci et renasci›; cf. *Io. eu. tr.* 42,16 (‹regenerationis adoptione renascor ex deo›); *ep.* 202A,17: «… scio ex Adam per seriem generationis sine peccato neminem nasci, unde et paruulis necessarium est per gratiam regenerationis in Christo renasci». For the junction of ‹trahere/contrahere peccatum› and r., cf. Folliet 125-129. – [8] E.g. *nupt. et conc.* 2,35; *c. Iul.* 2,33: «qui ergo generatur in Adam, regenerandus in Christo, mortuus in Adam, uiuificandus in Christo»; cf. Clark.

3. Sacraments, baptism. – Instances of r. in A.'s works are overwhelmingly liturgical and sacramental. Especially ↗‹baptismus› is the ‹regenerationis sacramentum› par excellence [9]. Such an ecclesial rite for A. signifies the passing over from death to life; baptismal immersion symbolizes the old condition that leads to only suffering, while our rising from the waters brings about a new way of being human (*praes. dei* 30). R. for A. has to do first with the deifying effects of the Word assuming created human nature to himself [10]. We are in need of r. since we have been condemned by our first birth [11]. Through baptism, r. is realized as a divine rebirth as well as a divine adoption [12] which allows human creatures not only to call God ‹Father›, but to call themselves ‹co-heirs› with Christ (cf. *Rm* 8,17) [13] and ‹temples of the Holy Spirit› (cf. *1 Cor* 6,19) [14].

Notes. – [9] *Pecc. mer.* 2,43: «sacramentum … baptismi profecto sacramentum regenerationis est»; cf. *bapt.* 4,31; *cath. fr.* 60; *ep.* 194,44; ↗Sacramentum. About 140 times A. uses the phrase ‹lauacrum regenerationis› (already a ‹terminus technicus› in *Tit* 3,5 and in former Fathers of the Church); cf. similar phrases like ‹r. per baptismum/lauacrum› etc. – [10] *S.* 189,3: «in principio uerbum, deus apud deum, habet natalem? habet. nisi haberet ille humanam generationem, nos non perueniremus ad diuinam regenerationem: natus est, ut renasceremur». – [11] *S.* 189,3: «cui enim necessaria erat regeneratio, nisi cuius est damnata generatio?». – [12] *Io. eu. tr.* 42,16; *haer.* 88,6. – [13] *S. dom. m.* 1,78: «apostolica disciplina adoptionem appellat qua in aeternam hereditatem uocamur, ut coheredes Christi esse possimus. filii ergo efficimur regeneratione spiritali et adoptamur in regnum dei, non tamquam alieni sed tamquam ab illo facti et creati, hoc est conditi, ut unum sit beneficium quo nos fecit esse per omnipotentiam suam, cum ante nihil essemus, alterum quo adoptauit, ut cum eo tamquam filii uita aeterna pro nostra participatione frueremur»; cf. *s. Mai* 94,1: «collaetari nos oportet, cum idem filii hominum per gratiam sancti baptismi regenerati fiunt filii creatoris sui, cum ad illam hereditatem nascamur»; ↗Hereditas, heres. – [14] *Nupt. et conc.* 1,20; cf. *praes. dei* 37: «congregaret in unum› (*So* 2,11) dictum est in unum spiritum et in unum corpus, cuius unum caput est Christus. talis congregatio aedificatio est templi dei, talem congregationem non generatio carnalis sed regeneratio spiritalis facit»; ↗Caro-spiritus.

4. Moral r. among the Church. – Christ enables human creatures to live godly lives, with the result that they move from the paradisiacal possibility of not sinning and not dying (‹posse non peccari›/‹posse non mori›) to the heavenly inability to sin and to die [15]. Being lifted out of Adam's original natural immortality as well as the deleterious effects of his disobedience, the regenerated Christian in the Church is liberated from the constraints of sin: «remissio peccatorum si in ecclesia non esset, nulla futurae uitae et liberationis aeternae spes esset … ecce uenturi estis ad fontem sanctum: diluemini baptismo salutari, lauacro regenerationis renouabimini; eritis sine ullo peccato, ascendentes de illo lauacro» (*s.* 213,9). This is an ecclesial rite that even the Pelagians dare not reject for their little ones, even though their theology fails to recognize that babies are presented for such regeneration (*gr. et pecc. or.* 2,45). This does not mean, however, that the regenerated Christian is free from the temptations and missteps that are concomitant with the fallen order: «reatus eius regeneratione solutus est, conflictus eius ad agonem relictus est» (*c. Iul. imp.* 1,71) [16]. Therefore A. differentiates between r. in the present life and ↗‹perfectio›, «cum et nostra corpora fuerint immortalitate renouata» (*c. Iul.* 2,22 with reference to Ambrose); ↗Nunc-tunc.

Notes. – [15] *Gn. litt.* 6,25,36: ‹non posse peccari›/‹non posse mori›. – [16] Cf. *gr. et pecc. or.* 2,44: «manet quippe in prole, ita ut ream faciat originis uitium, etiamsi in parente reatus eiusdem uitii remissione ablutus est peccatorum, donec omne uitium, cui consentiendo peccatur, regeneratione nouissima consumatur, id est ipsius etiam renouatione carnis, quae in eius resurrectione futura promittitur, ubi non solum nulla peccata faciamus, sed nec habeamus ulla desideria uitiosa, quibus consentiendo peccemus, ad quam beatam perfectionem huius quod nunc datur sancti lauacri gratia peruenitur».

5. R. and repentance. – Because of the inevitability of sin, A. links r. with repentance (↗Paenitentia), incorporating within it a sense of contrition, penance, and atonement. Against Pelagian self-reliance and theology of ‹impeccantia› [17], A. taught that all have sinned in Adam and that division and death are the inescapable punishments of this universal rebellion. Preaching around 417 on Christ's words to the Pharisees (*Mt* 12,32), the Bishop of Hippo explains – using the couplet ‹r. uel reconciliatio› – why the unpardonable sin is committed against the Spirit and not the Son: The Spirit is the final connection between sinful humanity and God, and the sin of impenitence against the Spirit is to blaspheme the one who gives access to the

Church's unity where all sins are forgiven, including blasphemy against the Son [18].

Notes. – [17] In the sense that no human person is compelled to sin but can simply choose not to follow Adam's disobedience; ↗Peccatum, ↗Pelagius, Pelagiani. A.'s use of r. and ‹regenerare› is disproportionately high in his anti-Pelagian works. – [18] *S.* 71,23: «quia peccato ignorantiae siue contumaciae uel cuiuscumque blasphemiae non addidit peccatum impaenitentiae contra donum dei et gratiam regenerationis uel reconciliationis, quae fit in ecclesia spiritu sancto». The couplet appears again, e.g., in *c. ep. Pel.* 4,8: «haec reconciliatio est in lauacro regenerationis et Christi carne et sanguine, sine quo nec paruuli possunt habere uitam in semet ipsis».

6. Political regeneration. – Throughout *De* ↗*ciuitate dei*, A. consistently uses r. to emphasize true transformation in Christ, as opposed to temporary ameliorations of the human condition brought about by revolutions of material prosperity and military might. The crisis of the ↗‹imperium Romanum› and the symbolic end of the city of Rome in 410 provided A. with a unique occasion to demonstrate that temporal peace and security sought from ersatz deities and marked by the carnage of enemies, cannot be compared to the true ↗‹pax› offered by ↗‹redemptio› in Christ. Thus while the ‹ciuitas terrena› relies only on ‹generatio›, the ↗‹ciuitas dei› is based on r., which promises infinitely more than mortal progeny [19]. For A., this rebirth most often occurs in the waters of baptism [20], but it also happens without being carried to the font in the confession of faith made by martyrs by the act of shedding blood (cf. ib. 13,7).

Notes. – [19] Ib. 15,16: «copulatio igitur maris et feminae, quantum adtinet ad genus mortalium, quoddam seminarium est ciuitatis; sed terrena ciuitas generatione tantummodo, caelestis autem etiam regeneratione opus habet, ut noxam generationis euadat»; ib. 15,20: «‹filii saeculi huius generant et generantur› (*Lc* 20,34). ciuitatem uero dei peregrinantem in hoc saeculo regeneratio perducit ad alterum saeculum, cuius filii nec generant nec generantur». Cf. ib. 21,16; 22,12; for the historical and political context, cf. STRAUB. – [20] Ib. 20,17.26; 21,14; 22,8.

Bibliography. – G. BARDY, Divinisation III 3. Chez les Pères latins: DSp 3 (1957) 1389-1398. – E.A. CLARK, Generation, Degeneration, Regeneration: Original Sin and the Conception of Jesus in the Polemic between Augustine and Julian of Eclanum: *Generation and Degeneration: Tropes of Reproduction in Literature and History from Antiquity through Early Modern Europe* (ed. by V. FINUCCI/K. BROWNLEE), Durham, N.C./London 2001, 17-40. – G. FOLLIET, ‹Trahere›/‹contrahere peccatum›. Observations sur la terminologie augustinienne du péché: *Homo spiritalis. Festgabe für L. Verheijen*, Würzburg 1987, 118-135. – G.B. LADNER, *The Idea of Reform. Its Impact on Christian Thought and Action in the Age of the Fathers*, Eugene, Oreg. 2004 (Cambridge, Mass. 1959). – J. M'CLINTOCK/J. STRONG, Regeneration: CBTEL 8 (1883) 1016-1018. – D.V. MECONI, *The One Christ. St. Augustine's Theology of Deification*, Washington, D.C. 2013. – J. STRAUB, Augustins Sorge um die regeneratio imperii: *Regeneratio imperii*, Darmstadt 1972, 271-295 (HJb 73 (1954) 36-60).

DAVID VINCENT MECONI

Regio dissimilitudinis

1. Occurrence et signification – 2. Sources

1. Occurrence et signification. – A. présente une seule occurrence de l'expression r. d., néanmoins célèbre pour sa portée symbolique et par la fortune qu'elle a connue au Moyen Age. Elle apparaît au livre 7 des ↗‹Confessiones›, après qu'A. a relaté sa lecture des ↗‹Platonicorum libri›: l'effort pour s'élever vers Dieu est alors aussitôt suivi de la prise de conscience de l'abîme qui le sépare de son créateur: «et inueni longe me esse a te in regione dissimilitudinis» (ib. 7,16; ↗Similitudo-dissimilitudo). C'est quand elle commence à se retourner vers Dieu que l'âme perçoit sa dissemblance. Il ne s'agit pas seulement d'une distance éthique, mais aussi ontologique. Le contexte représente un moment de transition vers la ↗‹conuersio›: comme les Hébreux sortant d'Egypte, A. trie entre la vérité et l'erreur qu'il a trouvées chez les néoplatoniciens (ib. 7,15), et par une «ironique bravade» [1], il reprend une expression reçue de Plotin. Mais le passage renvoie aussi à des harmoniques bibliques: ‹longe› fait référence à la parabole de l'Enfant prodigue, exilé dans la ‹regio longinqua› (*Lc* 15,13) [2], ce qui explique le choix du terme ‹regio›, là où Plotin parlait de τῆς ἀνομοιότητος τόπος (Plot. 1,8 (51) 13,17). Sont citées également les paroles de *Ex* 3,14 (↗«ego sum qui sum») et de *Ier.* 31,15 («uox in excelso audita est»). Plus largement, dans *conf.*, la notion de dissemblance renvoie à la ‹terra incomposita› de *Gn* 1,2; elle est la caractéristique propre de la matière corporelle (*conf.* 12,7sq.), mais aussi de la vie des créatures spirituelles avant leur ‹information par la conversion› [3]. Eloignée de Dieu par cette dissemblance (ib. 12,7.13), l'âme doit revenir à l'Identique et à la Ressemblance absolue qu'est le Fils, pour retrouver la similitude effacée par le péché [4].

Notes. – [1] CHÂTILLON 96; ↗Plato, Platonici. – [2] Cf. la ‹regio egestatis› de *conf.* 2,18. – [3] Cf. SOLIGNAC 692; TESELLE 155. – [4] Le motif complémentaire de la ressemblance renvoie à *Gn* 1,26: «faciamus hominem ad imaginem et similitudinem nostram»; ↗Creatio, creator, creatura, 2,100-103, ↗Imago.

2. Sources. – Les sources de l'expression r. d. sont tout d'abord platoniciennes [5]. Selon l'allégorie cosmologique de *Plt.* 273d, une fois que le ‹pilote› (dieu) a lâché les commandes du monde, ce dernier, oubliant les instructions du dieu, risque de se perdre εἰς τὸν τῆς ἀνομοιότητος ἄπειρον ὄντα τόπος [6], de sorte que le ‹pilote› doit reprendre les commandes [7]. Dès l'Antiquité, ce texte a fait l'objet de nombreux commentaires, d'auteurs tant païens (Plotin, Proclus) que chrétiens (en particulier Athanase [8]).

A. tient certainement l'expression r. d. de ↗‹Plotinus›. Expliquant que le mal ne vient pas de l'âme, celui-ci peint la catabase de l'âme ‹au-dessous du vice›, là où se trouve le mal en soi; si elle s'y assimile, l'âme perd sa nature et se retrouve complètement dans le lieu de dissemblance (Plot. 1,8 (51) 13,12-18), plongeant ἐν βορβόρῳ (Pl. *Phd.* 69c), identifié à la matière (motif que Plotin introduit ici). Le lien avec l'idée d'une dissemblance de soi-même à soi [9] se retrouve chez A. Mais même si ce dernier s'appuie sur cette «donnée technique d'origine plotinienne», il impose une «modification chrétienne» [10] à ce que Plotin avait déjà élaboré comme une «aventure spirituelle» [11], loin de l'allégorie cosmologique de Platon [12].

Notes. – [5] Cf. TAYLOR. – [6] La leçon τόπος est à préférer à celle de πόντος, attestée par Procl. *in Ti.* 1,24d,21-26; cf. CHÂTILLON 87; GILSON 110-113; contra: TAYLOR. – [7] Cf. aussi l'exigence d'ὁμοίωσις θεῷ en Pl. *Tht.* 176a-b (cf. GILSON 118.125-127). – [8] Cf. TESELLE 153-158. – [9] Cf. DUMEIGE 1331. – [10] GILSON 127sq. – [11] DUMEIGE 1332. – [12] Pour la tradition extensive et des parallèles platoniciens et chrétiens, cf. COURCELLE, Tradition; id., Région; GILSON; TESELLE (avec bibliographie: ib. 153sq. n. 1).

Bibliographie. – F. CHÂTILLON, Regio dissimilitudinis: *Mélanges E. Podechard. Etudes de sciences religieuses offertes pour son éméritat au doyen honoraire de la faculté de théologie de Lyon*, Lyon 1945, 85-102. – P. COURCELLE, Tradition néo-platonicienne et traditions chrétiennes de la «région de dissemblance» (Platon, *Politique*, 273d): AHDL 32 (1957) 5-23. – Id., Appendice VII. La région de dissemblance dans la tradition néo-platonisante: *Recherches sur les Confessions de saint Augustin*, Paris 1968, 405-440. – G. DUMEIGE, Dissemblance (Regio dissimilitudinis): DSp 3 (1957) 1330-1346. – E. GILSON, *Regio Dissimilitudinis* de Platon à Saint Bernard de Clairvaux: MS 9 (1947) 108-130. – M. SCHMIDT, *Regio dissimilitudinis*. Ein Grundbegriff mittelhochdeutscher Prosa im Lichte seiner lateinischen Bedeutungsgeschichte: FZPhTh 15 (1968) 63-108. – A. SOLIGNAC, «Regio dissimilitudinis»: BA 13 (²1992) 689-693. – A.E. TAYLOR, Regio dissimilitudinis: AHDL 9 (1934) 305sq. – E. TESELLE, ‹Regio dissimilitudinis› in the Christian Tradition and its Context in Late Greek Philosophy: AugStud 6 (1975) 153-179.

ANNE-ISABELLE BOUTON-TOUBOULIC

Regnum

I. Basic conceptions – II. R. and ‹the world› – III. R. and Israel – IV. R. as theological image – 1. Trinity – 2. Christ – V. R. and church – VI. R. and the Christian life – 1. Early perspectives – 2. Prayer – 3. Humility, faith, hope, love – 4. Temporal relationships – 5. Good works – 6. Mixed bodies – VII. R. and heresy – 1. Manicheans – 2. Donatists – 3. Pelagians – 4. Devil – VIII. R. and the eschaton

I. Basic conceptions. – A. used the term r. [1] for any kind of organized territory under a ruler. It could refer to bodies of people that were bound together in various configurations under a ruler in a city, region, or an empire [2]. The organization of a r. structurally approximated that of a city (‹ciuitas›);

though the concepts were not strictly equivalent, they did overlap (*en. Ps.* 26,1,10) [3].

The term r. applied to actual historical r., mythical, e.g., r. of the pagan gods, or real r. past or present, that is, all kinds of real world political arrangements, from the despotic to the democratic, from fiefdoms to empires, biblical and non-biblical (e.g., Egypt, Assyria, Rome, Israel, and Judah), from small regional domains (*qu. c. pag.* (= *ep.* 102) 8) to the parade of empires through time (*ciu.* 20,23). Naturally those in the Bible, both Israelite (e.g., ib. 17,6) and non-Israelite (e.g., *ep.* 93,9), are most prominent. But A. mostly uses r. in an extended and figurative sense to refer to ideas, principles, or images that approximate the picture and dynamics of a state with a king. A range of conceptions about governance assimilate to the concept of r., often under the influence of the abundant biblical imagery about kings and kingdoms.

A. uses the word as a literary metaphor, often with spiritual implications, e.g., as in speaking of ‹r. huius saeculi› (*en. Ps.* 144,16). A. identified the city of Jerusalem with the kingdom of Israel or the Jews (*qu. c. pag.* 35) and the spiritualized version of the city paralleled the ‹r. caelorum› [4]. The phrase ‹r. Iudaeorum› suggested a theological judgment [5] beyond historical fact; it became a spiritual title that mediated past history into a collective whole within a spiritual perspective for serving an exegetical and theological function. The metaphorical expression that appeared with overwhelming frequency was the biblically rooted phrase ‹r. dei›. A late treatise contains a sentence that comes close to a definition of this phrase: «regnum dei dicitur, ubi cum illo fidelis familia eius beate et sempiterne tota regnabit» (*an. et or.* 3,17). ‹R. dei› appears along with its somewhat less frequent but equally important counterpart, ‹r. caelorum›. These expressions were equivalent [6], though the absence of ‹r. caelorum› from the Old Testament once suggested to A. that the spiritual promise embedded in that phrase had been reserved for the Christian revelation (*c. Faust.* 19,31). Closely allied is ‹r. Christi›, which carried a special double meaning that distinguished between temporal and eternal senses.

A brief sample of the variety of the term's figurative extensions, even aside from ‹r. dei›, ‹r. caelorum›, and ‹r. Christi›, can suggest its breadth in A.'s work. He addressed issues of redemption and spiritual combat using images of ‹r. uitae› and ‹r. mortis› (*pecc. mer.* 1,17); he condensed the entire economy of salvation in the phrase ‹r. gratiae dei› (*en. Ps.* 105,28); he imaginatively pictured ethical teaching as a body of laws operating in a ‹r. caritatis› (*doctr. chr.* 3,23); to picture evil, sin, and error

he spoke of the ‹r. cupiditatis› (ib. 3,16), ‹uoluptatis r.› (*uera rel.* 74), ‹r. temporalium errorum› (*en. Ps.* 18,1,6), ‹r. iniquitatis› (ib. 16,13), and ‹r. diaboli› (*s.* 71,4); and he gave future hope some specificity by projecting images of an ‹aeternae uitae r.› (*ep.* 157,13) and an eschatological ‹r. omnium saeculorum› (*en. Ps.* 144,16). Most important was his portrayal of different aspects of the church by modulating images of it as a ‹r. sanctorum› (*ep.* 202A,16; *ciu.* 20,13). These images stressed his idealized picture of the church, deviations from which (i.e., for the mixed body of sinners and saints in its temporal form) were carefully qualified and explained. A. did not use the phrase ‹r. ecclesiae› (cf. Ambr. *in Luc.* 7,91), but he did speak of a ‹r. christianorum› (*Io. eu. tr.* 25,2).

Notes. – [1] About 3400 Augn. occurrences (thereof more than 1000 from the Bible); cf. ‹r. caelorum› (ca. 600 occurences, ca. 250 from the Bible) and ‹r. dei› (ca. 450 occurrences, ca. 200 from the Bible). For the general use and meaning of r., cf. FORCELLINI 3,623sq.; HAJDÚ. – [2] Cf. LADNER 242; MARSHALL 75; cf. also STOCKMEIER. – [3] Cf. MARSHALL 87; LADNER 243; cf. also DEL ESTAL/ROSADO; LEPELLEY. – Occurences of ‹ciuitas› in A.: about 2150; ↗Ciuis, ciuitas. – [4] *Cat. rud.* 11; *en. Ps.* 51,6; 119,7; ↗Caelum. – [5] E.g., «carnale illud regnum» (*Gn. adu. Man.* 1,40). – [6] *Gest. Pel.* 15; *an. et or.* 3,17; cf. CRANZ 418sq. nn. 18.21.

II. R. and ‹the world›. – Human ‹regna› are established by the providence of God (*ciu.* 5,1), in whose ↗‹potestas› they all remain (ib. 1,36), and by which he endows some persons with ‹regna› and makes others subject to them (ib. 18,2) [7]. All human beings are born into the ‹r. saeculi huius› [8]. This is not a friendly or neutral environment from A.'s perspective. A. famously asked how societies can be anything else without justice but bands of robbers (ib. 4,4; ↗Quid sunt regna nisi magna latrocinia): ‹regna idolorum› and ‹regna daemoniorum› (*en. Ps.* 98,14), stamped by demonic worship (*ep.* 105,15). Christians are neither to trust earthly rulers (*Ps* 145,2sq.) nor fear the tottering kingdoms whose destruction was long ago foretold (*s.* 105,9).

Notes. – [7] For the social and ‹political› conceptions and convictions of A., cf., e.g., COMBÈS; DEAN; MARKUS; ↗Imperium, ↗Respublica, ↗Societas. – [8] *En. Ps.* 26,1,10; ↗Saecularia, saeculum.

III. R. and Israel. – A. addressed often the fate of the Israelite and later Jewish kingdoms as actors in God's unfolding drama for salvation, particularly in the light of the devastating post-biblical history of the Jews (↗Israel, Israelitae, ↗Iudaei). Theirs was merely a «temporale atque carnale regnum» (*c. Faust.* 11,8), which A. imagined as surviving to his day, as it were, on life support [9]. Jews, he thought, «amisso Hierosolymitano regno» (*qu. c. pag.* 35) [10], had remained in constant mourning for their loss after being scattered throughout the world (*c. Faust.* 12,12). This catastrophe had opened a gaping hole in their historical and spiritual landscape. «regnum Iudaeorum quaeris: non est» (*en. Ps.* 88,2,7). The reason, from A.'s perspective, emerges in the psalmist's prayer that his enemy's children may become orphans (*Ps* 108,9). What remained of Israel's r. was the scriptural image that ‹carried› the image of the spiritual r. [11].

Notes. – [9] *Gn. adu. Man.* 1,40: «quasi extremam uitam trahit». – [10] Cf. *ep.* 199,12; ↗Hierusalem (Hierosolyma). – [11] *Cat. rud.* 36: «regnum terrenum regni spiritalis imaginem gessit»; cf. *uera rel.* 50; *doctr. chr.* 3,20; *ciu.* 17,6. Cf. CRANZ 417 n. 14; ↗Figura(e), ↗Imago.

IV. R. as theological image. – *1. Trinity.* – Typically for A., ‹r. dei› and ‹r. caelorum› invoked the regency of the entire Godhead; but discussion of the kingdom could occasion reflections about inner Trinitarian relations (↗Trinitas). He spoke of ‹r. dei patris› (*en. Ps.* 33,1,6). The ‹r. caelorum› is the dwelling place of the eternal Word (ib. 77,40) who has reigned with the Father from eternity; thus Christians pray for the coming of a r. (*Mt* 6,10) that has always existed (*Io. eu. tr.* 25,2; *c. Prisc.* 8). It is the Holy Spirit who leads believers into the ‹r. caelorum› (*s. dom. m.* 1,12).

2. Christ. – A.'s many references to ‹r. Christi› invoke the dominion that arose in the wake of the incarnation of the divine-human mediator (*1 Tm* 2,5). From one angle, ↗‹Christus› himself is the ‹r. dei› (*s.* 6,7); from another, he is its foundation [12]; from another, he received the ‹r. caelorum› as an inheritance after dying and rising again, doing so on behalf of the ‹totus Christus› in the present age (ib. 22,10). From yet another angle, ‹r. Christi› refers to the church being gathered out of the world that he will deliver back to God at time's end (*1 Cor* 15,24; cf. *Io. eu. tr.* 68,2), i.e., when he will bring the church to the contemplative vision of God (*trin.* 1,16sq.), which includes contemplation of his own divine form (ib. 1,28) [13]. But it also invokes the final destiny of humanity alongside the angels, «quibus erimus aequales in regno Christi et dei» (*Io. eu. tr.* 107,2).

Notes. – [12] *En. Ps.* 81,5; cf. *1 Cor* 3,11. For the relation of ‹r. dei› and ‹r. Christi› in *en. Ps.*, cf. ACHILLI. – [13] Cf. BERROUARD, Royaume du Christ.

V. R. and church. – For A., the ‹r. dei› is nothing else than the people of God [14], whose ultimate perfection in eternity he stressed by variously calling them ‹r. beatorum› (*ep.* 2*,8), ‹r. iustorum atque fidelium› (*cat. rud.* 11; cf. *trin.* 1,21), ‹r. aeternum

societati sanctorum› (*qu. c. pag.* 19), and ‹r. caeleste sanctorum› [15].

However, A. oscillated between the present and eschatological realities of the church as ‹r. dei›. His baseline eschatological sense declared that the church will be perfected to become the ‹r. dei› at the end of the age: «gaude, quia tibi regnabit; gaude, quia tu eris regnum eius» (*en. Ps.* 145,20; cf. *s.* 57,5). Christ made a way for the church to enter the ‹r. dei› (*trin.* 1,24). Nevertheless, the church is already the ‹r. dei› because God already reigns there [16]; and the ‹r. dei› therefore resides in the church (*s.* 78,4), not only the perfected church of the future but also the mixed church of the present [17].

It remains odd, then, that church which is already ‹r. caelorum› should pray, «ueniat regnum tuum» (*Mt* 6,10). The church is a kingdom, A. explains, only to the extent that it is being drawn out of the world (*Io. eu. tr.* 68,2). Then at last the church will have not only ‹regni nomen› but also ‹regnandi potestas› (ib.) [18].

Notes. – [14] *S.* 8,3; *c. Prisc.* 8; ↗Populus. – [15] *S.* 312,5; cf. *ep.* 202A,16; *ciu.* 20,13. – [16] *Ep.* 36,17 and especially *ciu.* 20,9 (cf. the detailed studies by KAMLAH; KINDER; LOHSE; cf. also BONNER). – [17] Ib. 251,3; *Io. eu. tr.* 25,2; ↗Ecclesia, ↗Nunc-tunc. – [18] Cf. DUCHROW 146-148; BERROUARD, Etats; for the context, cf. LAMIRANDE; BORGOMEO.

VI. R. and the Christian life. – *1. Early perspectives.* – In A.'s earliest formulations, ‹r. dei› refers to the unseen, transcendent reality reserved for spiritual eyes only, that world of God «cuius regnum est totus mundus, quem sensus ignorat» (*sol.* 1,3) [19]. In this sense Christ spoke of his kingdom which «non est de mundo hoc» (*Io* 18,36), that is, «alium mundum ab istis oculis remotissimum» (*ord.* 1,32). At the time A. equated the ‹r. dei› with Plato's ↗‹mundus intelligibilis› (cf. ib. and *retr.* 1,3,2), though late in life he criticized this. Though not exactly wrong, A. wrote, it would have been better portrayed in terms of Scripture's eschatological «caelum nouum et terra noua» (ib.; cf. *Apc* 21,1) [20].

2. Prayer. – After closely rereading Paul during his priesthood, alongside his philosophical-spiritual perspective A. began to refer to the temporal, historical, and especially the eschatological dimension of the ‹r. caelorum›. A. meshed the r.'s two comings by interrelating them as a fulfillment-in-progress. Thus he acknowledges that the first three petitions of the Lord's prayer properly concern the eternal r.; but one's prayer begins to be answered in the present (*s. dom. m.* 2,36; cf. *ench.* 115). The media of this meshing are desire and increase of virtue. Indeed, we ourselves shall become God's kingdom then, provided that we make progress in him by believing in him now [21]. In sum, we pray that God may make us good so that ‹r. dei› may find us good [22], that is, worthy to be included among saints for whom it is about to come (*s.* 59,4).

3. Humility, faith, hope, love. – The Lord taught that the ‹r. caelorum› belongs first of all to the poor in spirit (*Mt* 5,3; cf. *s. dom. m.* 1,3), because «apta est humilitas ad habendum regnum caelorum» (*s.* 53,9). Humility first enters the ‹r. Christi› by believing [23]; it is an entire kingdom of believers – «quod est enim eius regnum nisi credentes in eum» (*Io. eu. tr.* 115,2; cf. *s.* 232,6) – whose faith leads to understanding. Yet from another angle, in hope they already reign with him (*Io. eu. tr.* 68,2) while they practice the work of love, to which the promise of the ‹r. dei› was made (*c. Faust.* 19,27). By love they already «proprie pertinent ad regnum caelorum» (*en. Ps.* 103,1,9) and make steady progress toward it (*ep.* 189,3).

4. Temporal relationships. – A. early on explored the implications of belonging to the ‹r. dei› for temporal relationships. Jesus told an inquirer who wanted to bury his father, «sine ut mortui sepeliant mortuos suos tu autem uade adnuntia regnum dei» (*Lc* 9,60), revealing a qualitatively different commitment that transcended temporal bonds. This cuts across the grain of natural human affections. The ‹r. caelorum› suffers violence (*Mt* 11,12) as it forces the heart to love one's enemies (*s.* 5,6) or to hate one's family (*s. dom. m.* 1,40).

5. Good works. – The Lord marveled at how difficult it was for the rich to enter the ‹r. caelorum›, even if all things are possible for God [24]. But no simple equation applies for discerning poverty of spirit; rich people may humbly help the poor and poor people may proudly envy the rich (*en. Ps.* 132,4; *s.* 14,5). But the kingdom is freely and equally open to all: «uere liberorum regnum est, quia et pauperibus et diuitibus aequaliter datur» (*s. Dolbeau* 5,11; cf. *en. Ps.* 111,3).

6. Mixed bodies. – The political dimension of the concept r. reemerges when A. thinks of believers as ‹ciues regni caelorum› [25]. The earthly r. stands alongside a heavenly r., each with their respective citizens (↗Ciuitas dei). The two kinds of ‹ciues› can be confusingly ‹mixti› (*en. Ps.* 51,6; ↗Corpus permixtum), perhaps even within the same person. We may see, A. said, a ‹ciuis regni caelorum› engaged in the secular affairs (ib.) [26].

Notes. – [19] Cf. DEANE 98. – [20] Cf. VAN OORT 109sq. – [21] *S.* 57,5: «regnum ipsius nos erimus, si in illum credentes in eo profecerimus». – [22] *S.* 58,3: «oramus ut nobis ueniat. quid est ut nobis ueniat? ut bonos nos inueniat. hoc ergo oramus, ut bonos nos faciat: tunc enim nobis ueniet regnum eius». – [23] *Io. eu. tr.* 115,2: «uenite ad regnum quod non est de hoc mundo; uenite credendo». – [24] *Mt* 19,23-26; cf. *ep.* 157,27; ↗Diuitiae, ↗Paupertas. – [25] *S.* 38,9; *uirg.* 9; *en. Ps.* 51,4; *ep.* 189,5. – [26] Cf. DEANE 129; CRANZ 417sq. n. 15.

VII. R. and heresy. – The imagery of r. played a role in each of A.'s controversies with major groups that he considered heretical and so part of the world's great ‹r. erroris› (*c. ep. Man.* 1,1; ↗Haeresis, haeretici).

1. Manicheans. – R. imagery resonated for ↗‹Manichaei› in a special way. Considering themselves above all part of the supreme ‹religion of light›, Manicheans told their constitutive story of ‹duae naturae› at war, «regnum uitae contra regnum mortis» (*c. Faust.* 6,8), an eternal conflict between «regnum lucis et regnum tenebrarum» (*mor.* 2,5; cf. *c. Sec.* 3).

2. Donatists. – As a new bishop, A. appealed to Donatist leaders to end the schism for the sake of striving to attain God's ‹spiritale r.› (*ep.* 43,27). Later he pointed to the decisive legal actions of Christian emperors ‹contra haereticos›, as fulfillments of ancient prophecy about «conueniendo populos in unum, et regna ut seruiant domino» (*Ps* 101,23; cf. *en. Ps.* 101,2,9; ↗Donatistae).

3. Pelagians. – For A., original sin alone, before any actual sin, was enough to separate humanity from the ‹r. dei› (*pecc. mer.* 1,15; *ep.* 215,1). Baptism is therefore critically necessary; only those born anew by water and the Spirit will enter the ‹r. dei› (*Io* 3,3.5; cf. *pecc. mer.* 3,8). But Pelagians made a distinction between eternal life and the ‹r. dei›. Though all infants are entitled to eternal life, they enter the ‹r. dei› only when baptized (*ep.* 194,31) [27]. For A., the essential issue turned not on semantics, or even exegesis, but on the reality of the ‹ecclesia›: eternal life is not accessible to anyone «praeter regnum dei, quo sola Christi societas introducit» (*pecc. mer.* 1,15).

4. Devil. – God's power in Christ subdues errors of spirit, all of which A. ascribed to the ‹r. iniquitatis› (*en. Ps.* 16,13) that in the present age wages war on the ‹r. dei› (ib. 18,2,14sq.). Ultimately the ‹r. temporalium errorum› (ib. 18,1,6) is an outpost in the ‹r. diaboli›. For its part, the church casts down the ‹r. diaboli› by its love and devotion to the cross of Christ (*c. Faust.* 12,32; ↗Diabolus).

Note. – [27] A. calls this a ‹noua et mirabilis praesumptio› (*pecc. mer.* 1,26); «hoc nouum in ecclesia, prius inauditum est» (*s.* 294,3); ↗Baptismus paruulorum, ↗Pelagius, Pelagiani.

VIII. R. and the eschaton. – A. described with varied detail his conception of the eschatological ‹r. dei› [28]. These descriptions are a strenuous spiritual exercise for the faithful, whose serious business is to fortify faith, hope, and love for the difficult pilgrimage to the ‹r. dei›. That said, it was also about tasting joy in the present for the sake of the future (*ciu.* 22,30). One kind of statement celebrates the removal of impediments and troubles in the ‹r. dei› (*s. frg. Verbr.* 24sq.; *c. Iul.* 6,45); a different kind speaks about the stupendous joys that will be realized (*en. Ps.* 144,15; cf. ib. 36,2,16), and a third kind projects different forms of activity centered upon the vision of God (*trin.* 14,23).

Note. – [28] ↗Finis, 3,24-28; for secondary literature, cf. above [16].

Bibliography. – A. ACHILLI, *Il regno di Dio e il regno di Cristo nelle «Enarrationes in Psalmos» di S. Agostino*, Roma 1974. – M.-F. BERROUARD, Les deux états du Royaume: BA 74A (1993) 440-443. – Id., Le royaume du Christ est dans le monde, mais il n'est pas du monde: ib. 75 (2003) 480sq. – G. BONNER, Augustine and millenarianism: *The making of orthodoxy. Essays in honour of H. Chadwick*, Cambridge 1989, 235-254. – P. BORGOMEO, *L'Eglise de ce temps dans la prédication de saint Augustin*, Paris 1972. – G. COMBÈS, *La doctrine politique de saint Augustin*, Paris 1927. – F.E. CRANZ, De Civitate Dei, XV,2, and Augustine's Idea of the Christian Society: *Augustine. A Collection of Critical Essays* (ed. by R.A. MARKUS), New York 1972, 404-421 (Speculum 25 (1950) 215-225). – H.A. DEANE, *The Political and Social Ideas of St. Augustine*, New York/London 1963. – U. DUCHROW, Reino de Dios, Iglesia y sociedad humana, en san Agustín: Augustinus 12 (1967) 139-160. – G. DEL ESTAL/J.J.R. ROSADO, Equivalencia de «civitas» en el «De Civitate Dei»: CDios 167 (1954) 367-454. – I. HAJDÚ, regnum: TLL 11,2 (2012sqq.) 780sqq. – W. KAMLAH, Ecclesia und regnum Dei bei Augustin (Zu De civitate Dei XX,9): Philologus 93 (1938) 248-264. – E. KINDER, *Reich Gottes und Kirche bei Augustin. Eine Studie über das Verhältnis von Kirche und Eschatologie ... Antrittsvorlesung ... am 19. Mai 1953*, Berlin 1954. – G.B. LADNER, *The Idea of Reform. Its Impact on Christian Thought and Action in the Age of the Fathers*, New York ²1967. – E. LAMIRANDE, *L'Eglise céleste selon saint Augustin*, Paris 1963. – C. LEPELLEY, Ciuis, ciuitas: AL 1 (1986-1994) 942-957. – B. LOHSE, Zur Eschatologie des älteren Augustin (DE CIV. DEI 20,9): *Evangelium in der Geschichte 2. Studien zur Theologie der Kirchenväter und zu ihrer Rezeption in der Reformation*, Göttingen 1998, 117-135 (VigChr 21 (1967) 221-240). – R.A. MARKUS, *Saeculum: History and Society in the Theology of St. Augustine*, Cambridge ²1988. – R.T. MARSHALL, *Studies in the Political and Socio-Religious Terminology of the De Civitate Dei*, Diss. Washington, D.C. 1952. – J. VAN OORT, *Jerusalem and Babylon. A study into Augustine's City of God and the sources of his doctrine of the two cities*, Leiden 1991. – P. STOCKMEIER, Herrschaft: RAC 14 (1988) 877-936.

MICHAEL CAMERON

Regressus ↗Reditus, regressus

Regula (Augustini)

I. Dossier – II. Entstehung, Authentizität und Überlieferung der drei Basis-Texte – 1. *Reg. 1* (*Obiurgatio* = *ep.* 211,1-4) – 2. *Reg. 2* (*Ordo monasterii*) – 3. *Reg. 3* (*Praeceptum*) – a) *Reg. 3* und ‹Regularis informatio› – b) Datierung und Adressaten von *reg. 3* – III. Inhalt der Basis-Texte – 1. *Reg. 1* – 2. *Reg. 2* – 3. *Reg. 3*

I. Dossier. – Die Bezeichnung ‹r. (sancti) Augustini› findet sich seit dem frühen Mittelalter in Handschriften für verschiedene regelartige Texte, die sich an monastische, kanonikale oder überhaupt religiöse Gemeinschaften wenden [1]. Luc Verheijen untersuchte 274 Handschriften mit 317 solcher Texte, die auf unterschiedliche Weise A. zugeschrieben wurden [2]. Er identifizierte neun Haupttypen – vier für Gemeinschaften von Männern (a-d), fünf für solche von Frauen (e-i) –, die letztlich auf folgende drei Basis-Texte zurückgehen: *Ordo monasterii*, *Praeceptum*, *Obiurgatio*. Diese Textanalyse Verheijens ist (zusammen mit seiner Terminologie) weitestgehend akzeptiert worden [3] und bildet die Grundlage der nachstehenden Darstellung [4]:

(a) *Ordo monasterii* (‹Regula secunda›; ‹Disciplina monasterii›; *reg. 2*): «Ante omnia ... de uestra salute. amen». Der Text enthält zehn Bestimmungen zum Alltagsleben in einem Kloster, einschließlich eines ‹ordo officii› samt ‹cursus Psalmorum› [5].

(b) *Praeceptum* (‹Regula tertia›; ‹Regula ad seruos dei›; *reg. 3*): «Haec sunt quae ut obseruetis praecipimus ... et in temptationem non inducatur». Der Text macht Vorschriften zum gemeinschaftlichen Leben in acht Kapiteln.

(c) ‹Praeceptum longius›: *Ordo monasterii* gefolgt vom *Praeceptum*.

(d) ‹Regula recepta› (manchmal ebenfalls ‹Regula tertia› genannt): Der Text beginnt mit dem ersten Satz des *Ordo monasterii*, dem sogleich das *Praeceptum* folgt [6].

(e) *Obiurgatio* (*reg. 1*): «Sicut parata est seueritas ... sed potius lacrimas Petri pastoris». Dies ist der Text von *ep.* 211,1-4.

(f) ‹Regularis informatio› (= *ep.* 211,5-16): Dieser Text ist eine sorgfältige Anpassung des *Praeceptum* an eine Frauengemeinschaft und enthält dazu zahlreiche erläuternde Einschübe, z.B. hinsichtlich des Badens [7].

(g) ‹Epistula longior› (= *ep.* 211): *Obiurgatio* gefolgt von der ‹Regularis informatio›.

(h) ‹Ordo monasterii feminis datus›: Anpassung des *Ordo monasterii* an eine Frauengemeinschaft mit einigen Auslassungen und Ergänzungen.

(i) ‹Epistula longissima›: Dieser Text kombiniert eine Passage der *Obiurgatio* mit dem ‹Ordo monasterii feminis datus› sowie einem beträchtlichen Teil der ‹Regularis informatio›[8].

Anmerkungen. – [1] MADIGAN 710: «... it may well be the most widely observed rule in the history of the church». Die jüngste Übersicht zur Forschungslage mit weiterer Literatur bietet GÄRTNER 225-228. – [2] Cf. VERHEIJEN, *Règle* 1,17-24; cf. auch *Überlieferung* 1,1,155-158; 2,1,160-163; 3,63sq.; 4,64-66; 5,1,198-207; 6,1,145-150; 7,1,126-128; 8,1,137-140; 9,1,90-92; 10,1,150sq.; 11,67sq. (jeweils ohne *ep.* 211). Zu früheren modernen Editionen der Regel-Texte cf. VERHEIJEN, *Règle* 1,25-30; PONESSE 465sq. – [3] Z.B. ARBESMANN, Question 261; FRANK; LORENZ. – [4] Cf. VERHEIJEN, *Règle* 2,175-218. Der Sachverhalt wird verkompliziert durch Historiker des ‹Ordo Eremitarum Sancti Augustini›, die dessen höheres Alter als das des ‹Ordo Canonicorum Regularium Sancti Augustini› auch durch eine Chronologie der Regeltexte nachzuweisen versuchten. Daher tragen seit dem 13. Jh. die dort verwendeten Texte auch die folgenden Namen: ‹Regula prima› (auch ‹Regula consensoria›) für ein Laienkloster (erste Gründung), jedoch wohl erst im 7. Jh. in Spanien verfaßt und daher hier nicht weiter behandelt; ‹Regula secunda› (= *Ordo monasterii*) für das ‹Gartenkloster› in Hippo (zweite Gründung); ‹Regula tertia› (= *Praeceptum*) für das ‹monasterium clericorum› in Hippo (dritte Gründung); cf. VERHEIJEN, *Règle* 2,7-18; id., Etat 324-326. Cf. zu den verschiedenen Bezeichnungen auch die Tabelle bei LORENZ 263. – [5] Cf. VERHEIJEN, *Règle* 2,125-174.205-208; id., Etat 380-387. – [6] VERHEIJEN, *Règle* 2,212sq. und id., Etat 377-379 schreibt diese Bearbeitung Ivo von Chartres (†1115) zu. – [7] Cf. VERHEIJEN, *Règle* 1,53-66; 2,201-205. – [8] Cf. VERHEIJEN, *Règle* 2,209-212; id., Etat 379sq.

II. Entstehung, Authentizität und Überlieferung der drei Basis-Texte.

– «Während die Priorität der drei Grundtexte und die Herleitung der übrigen aus ihnen gesichert ist, besteht in der Forschung bis heute keine Einigkeit über die Authentizität und Entstehung dieser ältesten Texte» [9]. Verheijen präsentierte einen vielfach akzeptierten [10], freilich auf etlichen ungesicherten Vermutungen basierenden Rekonstruktionsversuch [11]: ↗Alypius (1,251-253) sei 395 mit dem Gedanken einer Regel und der Stundengebetsordnung von einem Besuch bei Hieronymus zurückgekehrt, woraus der von ihm für die Gemeinschaft von Thagaste verfaßte und von A. gebilligte *Ordo monasterii* entstanden sei [12]. A. habe später nach diesem Vorbild seine eigenen mündlichen Unterweisungen für das ‹Gartenkloster› von Hippo in der Form des *Praeceptum* verschriftlicht. Von Alypius seien schließlich beide Texte verbunden und als ‹Praeceptum longius› nach Italien gebracht worden. Außerdem habe A. die *Obiurgatio* zusammen mit der ‹Regularis informatio› an ein ursprünglich von seiner Schwester geleitetes Frauenkloster gesandt; dieser Text sei dann in Spanien mit dem ‹Ordo monasterii feminis datus› zur ‹Epistula longissima› kombiniert worden.

Dagegen erwähnen weder A. in *retr.* noch Possid. *indic.* eine ‹r. (Augustini)›. Zwar kann dieses Fehlen einerseits sowohl mit der Unvollständigkeit dieser Verzeichnisse als auch mit dem besonderen literarischen Genus ‹regula› [13] oder andererseits mit dem eher ‹internen›, nicht für eine Publikation be-

stimmten Verwendungszweck dieser Texte erklärt werden [14]. Aber es ist für die These der a. Authentizität eines der Regeltexte nur schwer plausibel zu machen, warum A. selbst über einen Zeitraum von ca. 30 Jahren (seit der postulierten Niederschrift) bis zu seinem Tod nirgends in seinen Werken eine von ihm verfaßte Mönchs- oder Klosterregel erwähnt [15]. Die deswegen zur Bekräftigung des a. Ursprungs besonders des *Praeceptum* zusammengetragenen Parallelen und Übereinstimmungen mit sicher von A. stammenden Werken [16] können freilich nur belegen, daß dessen Verfasser ein sehr guter Kenner A.s war [17]. Auch die Bemerkung in Possid. *uita Aug.* 5,1 («cum dei seruis uiuere coepit secundum modum et regulam sub sanctis apostolis constitutam») bezieht sich lediglich allgemein auf das Ideal der apostolischen Lebensweise [18].

Anmerkungen. – [9] KÖPF 568; cf. LEYSER 460: «The authenticity of the ‹Rule› has been a matter of dispute for centuries. For all that, we are not much nearer a definitive solution». – Während noch Amerbach in seiner Gesamtedition ‹Regula consensoria›, *Ordo monasterii* und *Praeceptum* A. zuschreibt (Basel 1506, vol. 11), bestreitet bereits Erasmus (Basel 1529, vol. 1) die Authentizität der beiden ersten (ib., pp. 589sq.: «tales naenias» bzw. «eiusdem farinam cum superiore»). Konsequenterweise verschieben die ‹Lovanienses› (Antwerpen 1576, vol. 1) und die Mauriner (Paris 1679, vol. 1) diese Texte in den Anhang und publizieren als echt nur die ‹Regula recepta›. – [10] In jüngerer Zeit z.B. von SKEB; PONESSE 466; GÄRTNER 226sq. – [11] Zusammengefaßt bei VERHEIJEN, *Règle* 2,216-218; cf. FRANK 382-386; LAWLESS, *Monastic Rule* 121-154. – [12] VERHEIJEN, Etat 380-387. LAWLESS, *Africa* 249 macht geltend, daß *reg.* 2 vollständig gleichermaßen A. wie Alypius zugeschrieben werden könne; BONNER 37 ist vorsichtiger. Auf jeden Fall kann *reg.* 2 nicht lange nach A. entstanden sein, da bereits Cäsarius von Arles diesen Text für seine *Regula uirginum* benutzte und die Liturgie der Gemeinschaft Cassiodors in Vivarium auf ihm basierte; cf. LAWLESS, *Monastic Rule* 167-171. – [13] Cf. jedoch die Selbstbezeichnung des Textes als ‹libellus› in *reg. 3* 8,2. – [14] Cf. VERHEIJEN, *Règle* 2,96sq. – [15] Nicht einmal in *s.* 355 und 356 an die Mönche des ‹monasterium clericorum› spricht A. von einer r., obwohl es gerade in dieser Situation nahegelegen hätte, ihnen die Regel für das Laienkloster vorzuhalten, falls eine solche existiert hätte; cf. LORENZ 266. Auch das in offensichtlich monastischem Kontext stehende und einen Mönch für die Aufnahme in den Klerus unter anderem qualifizierende Adjektiv ‹regularis› in *ep.* 60,1 («personae regularis integritas») reicht als möglicher Hinweis auf eine Regel kaum aus; cf. GROTE, Klosterflucht 116sq. – [16] Z.B. VAN BAVEL, Parallèles (dazu jedoch die methodische Kritik bei CHÂTILLON, Rez.); VERHEIJEN, Etat. Cf. auch LAWLESS, *Monastic Rule* 134sq. zum a. Neologismus ‹emendatorius›. – [17] Cf. KÖPF 569sq. mit dem Hinweis, daß vieles vermeintlich Augustinische «allerdings biblisches und allgemein monastisches Gut» sei. – Gleichfalls ist die ungewöhnliche Zitationsweise von *Act* 4,32-35 bei Possid. *uita Aug.* 4 und in *reg. 3* 1,3 (cf. VERHEIJEN, *Règle* 2,90-95; LAWLESS, *Monastic Rule* 128sq.) kein belastbares Argument für die Autorschaft A.s, denn sie könnte auf eine beiden Autoren gemeinsame lateinische Bibelversion oder genauso darauf verweisen, daß der Verfasser von *reg. 3* Possidius gelesen hat (oder Possidius sogar der Autor ist), zumal bei A. selbst sonst nirgends diese Zitationsweise belegt ist; cf. HALLIBURTON 661; LEYSER 462. Aus allen diesen Gründen ist es aber immerhin wahrscheinlich, daß das *Praeceptum* sowohl aus der Zeit wie auch aus der Umgebung A.s stammen dürfte. – [18] Anders VERHEIJEN, Etat 337.

1. Reg. 1 (Obiurgatio = ep. 211,1-4). – Der Text ist in den Sammlungen der a. Briefe überliefert und wird als Teil von *ep.* 211 gedruckt [19]; die Bezeichnung basiert auf dem Titel «Obiurgatio contra sanctimonialium dissensionem» in einigen Codices. Die Handschriften zeigen, daß *ep.* 211 keine einheitliche Struktur besitzt, sondern aus diesem Brief-Teil und einem Regel-Teil (ib. 211,5-16) besteht; das älteste Manuskript ist der Turicensis Rhenaugiensis 89 (Kloster Rheinau, Schweiz, 11./12. Jh.) [20]. Während die a. Verfasserschaft des ersten Teils recht wahrscheinlich ist [21], läßt sich dies für den Regelteil nur vermuten.

Anmerkungen. – [19] Cf. Divjak/Red. 994. – [20] Cf. Verheijen, *Règle* 1,35-47. – [21] Cf. Verheijen, *Règle* 2,203-205; id., Etat 376sq. Dagegen schreibt Hümpfner 250-253 Fructuosus von Braga *reg. 1* zu. Während die Mauriner den Brief in das Jahr 423 datierten, nimmt Verheijen, Etat 374sq. an, daß er kurz nach 411 verfaßt wurde, weil der Text A.s Freude über die mit den Donatisten in dem Jahr abgeschlossene Vereinbarung zeige.

2. Reg. 2 (Ordo monasterii). – Die Bezeichnung *Ordo monasterii* stammt von der Handschrift Laudunensis 328bis (9. Jh.). Dort folgt den *Instituta* Cassians und dem «Incipit de ordine monasterii» der Text von *reg. 2*, dem sich ohne ein ‹Explicit› *reg. 3* anschließt [22]. Folia 9-20 des Parisinus lat. BN 12634 (6./7. Jh.) enthalten ebenfalls beide Texte, wobei *reg. 2* von *reg. 3* nur durch das Wort «Amen» getrennt ist; *reg. 3* endet mit: «Explicit. Regula. Sancti. Agustini. (sic!) Episcopi»; es folgen Auszüge weiterer Mönchsregeln. Zusammengestellt wurde dieser Codex von Eugippius (†535), Abt von Lucullanum bei Neapel; er ist somit der älteste direkte Zeuge für die Bezeichnung ‹r. Augustini› [23]. Die enge handschriftliche Verbindung zwischen *reg. 2* und *reg. 3* kann außerdem daraus abgeleitet werden, daß z.B. Caesarius von Arles und Benedikt von Nursia beide Texte verwendeten [24]. Diese Verbindung zerbrach im 12. Jh. mit dem Aufstieg der Regularkanoniker, die *reg. 2* bevorzugten, so daß eine wachsende Zahl von Manuskripten diesen Text selbständig überliefert [25].

Anmerkungen. – [22] Cf. Verheijen, *Règle* 1,128sq. – [23] Cf. Verheijen, *Règle* 1,111-117. – [24] Cf. Lambot, Césaire 339; McCarthy 10; Verheijen, *Règle* 2,72.213. – [25] Cf. Verheijen, *Règle* 1,117-127.

3. Reg. 3 (Praeceptum). – Dieser Text ist fünfmal länger als *reg. 2*. Sein Titel *Praeceptum* ist von «praecipimus» im ersten Satz abgeleitet. Er zeigt einige Ähnlichkeiten mit entsprechenden Texten von Basilius und Hieronymus, doch gibt es keine Abhängigkeit [26].

a) Reg. 3 und ‹Regularis informatio›. – Die ‹r. (Augustini)› des Mittelalters existiert in zwei Versionen: eine für Männergemeinschaften (*reg. 3* = *Praeceptum*) und eine für Frauengemeinschaften (‹Regularis informatio›). Um der *reg. 2* in seiner Gemeinschaft (Prämonstratenser) Akzeptanz zu verschaffen, behauptete Norbert von Xanten (†1134), daß *reg. 3* eine Anpassung der Regel für Frauen sei. Eine wissenschaftliche Debatte um die Autorschaft A.s von *reg. 3* begann mit Erasmus [27]: Auf der Basis von sieben Passagen hielt er es für wahrscheinlich, daß der ursprüngliche Text von *reg. 3* an Frauen gerichtet war. Erasmus' Hypothese wurde später als gesichert akzeptiert [28], und Lambot wurde im 20. Jh. der Hauptvertreter dieser Theorie [29]. Verheijen konnte jedoch auf der Basis vorher unbekannter und besserer Handschriften zeigen, daß die Fassung für Männer die originale ist [30].

Die handschriftliche Überlieferung des Textes spaltet sich in drei Hauptzweige, deren wichtigste Vertreter sind: (1) Parisinus BN 12634: *reg. 2* gefolgt von *reg. 3* (cf. oben II 2); (2) Monacensis clm 28118 (Anfang 9. Jh., früher St. Maximinus, Trier): nur *reg. 3*; (3) Scorialensis a I 13 (10. Jh.): nur ‹Regularis informatio›. Den drei Zweigen liegt ein verlorenes Manuskript als gemeinsame Quelle zugrunde. Die handschriftliche Überlieferung zeigt sowohl, daß sich die Zweige mit den an Männern wie die an Frauen gerichteten Versionen unabhängig voneinander weiterentwickelt haben, als auch, daß aus chronologischen wie thematischen Gründen die männliche vor der weiblichen Fassung entstanden ist [31].

Verheijen vermutete, daß A. die sorgfältige Adaptation durch die Nonnen selbst bekannt war. Denn *reg. 1* 2 (= *ep.* 211,2) wiederhole die ansonsten bei A. nicht belegte Verbindung von *Act* 4,32a und *Ps* 67,7 und zeige so Vertrautheit mit dem Text der ‹Regularis informatio› (= *ep.* 211,5) [32].

b) Datierung und Adressaten von reg. 3. – Von den drei Basistexten gilt in der Forschung die a. Authentizität von *reg. 3* am wahrscheinlichsten, da dieser Text in Denken und Formulierung A. besonders nahe steht [33] (↗Monachus). Falls A. diesen Text verfaßt hat, so wurden als Entstehungskontext [34] einerseits sowohl ein Zeitpunkt bald nach der Gründung (391) [35] als auch das aufgrund seiner Tätigkeit als Bischof nötige Verlassen des ‹Gartenklosters› in Hippo vorgeschlagen (396/397) [36] oder kurz danach [37] (↗Monasterium). Andererseits wurde ein Zusammenhang mit den Adressaten von *De ↗opere monachorum* in Karthago (ca. 400) [38] oder mit den Schriften *gr. et lib. arb.* bzw. *corrept.* an die Mönche von Hadrumetum (ca. 426/427) hergestellt [39]. Dennoch bleibt weiterhin die Möglichkeit, daß alle drei Basistexte erst später (z.B. in der Mitte oder 2. Hälfte des 5. Jh.s) und außerhalb Nordafrikas entstanden sind [40].

Anmerkungen. – [26] Cf. VERHEIJEN, *Règle* 2,201. – [27] Cf. vol. 1, pp. 591sq. seiner Gesamtausgabe der Werke Augustins. – [28] Cf. VERHEIJEN, *Règle* 2,19-70; id., Etat 326-331.336. – [29] Cf. LAMBOT, Règle pour moines; cf. VERHEIJEN, *Règle* 2,71-85. – [30] Cf. VERHEIJEN, *Règle* 1,257-314; 2,175-198; id., Etat 341-344; dagegen FOLLIET 295-297. – [31] Cf. VERHEIJEN, *Règle* 1,302sq. 313sq.; id., Etat 344-347.388-390. – [32] Cf. VERHEIJEN, Etat 371-377, der den Text zwischen 397 und 411 datiert. – [33] Cf. KÖPF 570. Forschungsgeschichtlich traten dabei besonders Mitglieder des Augustinerordens für die Authentizität dieses, aber auch der anderen Basistexte ein. – [34] Cf. die Übersicht bei ZUMKELLER, *Mönchtum* 376sq.; LAWLESS, *Monastic Rule* 148-152. – [35] Cf. MANDONNET 126-137; HÜMPFNER 250: spätestens 393. Es wurde auch ein Zusammenhang mit den an seine Gemeinschaften in Thagaste und Hippo gerichteten *diu. qu.* hergestellt; cf. LAWLESS, *Monastic Rule* 151. – [36] Cf. VERHEIJEN, Etat 358-368.370sq. – [37] Cf. MERLIN 27; VAN BAVEL 75; SANCHIS 21sq.32sq.; ZUMKELLER, *Mönchtum* 376; VERHEIJEN, *Règle* 2,97-115. – [38] Cf. CILLERUELO, Destinatarios; ib. Nota; MORÁN. – [39] Cf. MANRIQUE 454-464; SAGE 260-263; VEGA 65-89; zu einer Datierung in den 420er Jahren cf. auch LEYSER 462sq. – [40] Cf. z.B. HALLIBURTON 662sq.

III. Inhalt der Basis-Texte. – 1. Reg. 1. –

Nachdem A. einen neuen Priester, wahrscheinlich Rusticus [41], für einen Frauenkonvent (Hippo?) ernannt hatte, verlangten unzufriedene Nonnen von ihm, auch eine neue Oberin anstelle der bisherigen, die schon lange dieses Amt ausübte und A.s Schwester nachgefolgt war (*reg. 1* 4), einzusetzen. A. zeigt sich über diese Forderung so verärgert, daß er diesen Brief anstelle eines persönlichen Besuchs im Kloster schreibt (ib. 1sq.). Er lehnt das Ansinnen ab und ermahnt die Nonnen sehr bestimmt zur Einheit gemäß *Act* 4,32 (*reg. 1* 2), was er mit weiteren Bibelstellen untermauert (ib. 3).

2. Reg. 2. –

Der Text beginnt programmatisch mit dem Doppelgebot der Gottes- und Nächstenliebe (cf. *Mt* 22,37-40). Es folgt eine detaillierte Antiphonen-, Lese- und Psalmenordnung für das Stundengebet, nach Sommer und Winter für die Nacht unterschieden (*reg. 2* 2). Danach geht es um Arbeit und Lesung (ib. 3) sowie das Verbot von Privateigentum (ib. 4). Murren ist nicht erlaubt (ib. 5), vielmehr ist den Oberen [42] nach Gott zu gehorchen (ib. 6). Bei Tisch ist zu schweigen, samstags und sonntags kann Wein gereicht werden (ib. 7); auch sonst soll möglichst wenig gesprochen werden (ib. 9). Das Verhalten außerhalb des Klosters (stets zu zweit) regelt ib. 8. Mißachtung der ‹disciplina monasterii› wird durch Ermahnung oder Schläge bestraft, ihre Beachtung um Christi willen wird jedoch zum Heil führen (ib. 10sq.).

3. Reg. 3. –

Der Text steht unter dem Grundprinzip (ib. 1,2: «primum, propter quod») der Einheit in der Gemeinschaft (ib.: «in unum estis congregati»). Dies wird biblisch mit der Jerusalemer Urgemeinde (*Act* 4,32) begründet. Ziel des gemeinschaftlichen Zusammenlebens ist «anima una et cor unum in

deum» (*reg. 3* 1,2). Um dieses zu erreichen, soll auf Privateigentum der Mitglieder der Gemeinschaft verzichtet werden; vielmehr gehört ihnen alles gemeinsam (ib. 1,3). Dabei geht es jedoch nicht um ‹Gleichmacherei›, sondern der Vorsteher hat für jeden nach dessen Bedürfnissen zu sorgen: «non aequaliter omnibus ..., sed potius unicuique sicut cuique opus fuerit» (ib.). Dieser programmatischen Einleitung schließen sich zunächst Regelungen für das gemeinsame und das private Gebet sowie zum liturgischen Gesang an (ib. 2). Es folgen Ausführungen zum Fasten (ib. 3), wobei dies gemäß der individuellen ‹ualetudo› (ib. 3,1) geschehen solle – auch unter Berücksichtigung des früheren Standes der Mönche (ib. 3,3). Das vierte Kapitel handelt vom Verhalten nach außen: unauffällige Kleidung (ib. 4,1), Verlassen des Klosters nur zu mehreren (ib. 4,2), ausführliche Verhaltensanweisungen bei der Begegnung mit Frauen und Warnung vor Unkeuschheit schon im Blicken (ib. 4,4-6), Konsequenzen bei entsprechendem Fehlverhalten von Ermahnung über Bestrafung bis zum Ausschluß (ib. 4,7-10). Detaillierte Vorschriften für das alltägliche Zusammenleben regeln z.B. die gemeinsame Aufbewahrung und Pflege der Kleidung (ib. 5,1-4), die Körperhygiene (ib. 5,5), den Umgang mit Kranken (ib. 5,8); neben den Verwaltern von Speise- und Kleiderkammer wird auch ein Bibliothekar als eigenes Amt erwähnt (ib. 5,9). Konflikte innerhalb der Gemeinschaft versucht das sechste Kapitel zu regeln: Sie sollen möglichst schnell durch Wiedergutmachung oder die Bitte um sowie die Gewährung von Verzeihung beendet werden. Danach wird das Verhältnis zum Vorsteher und zum Priester der Gemeinschaft sowie der Gehorsam diesen gegenüber thematisiert: «praeposito tamquam patri oboediatur ... multo magis presbytero» (ib. 7,1); dem schließt sich ein ‹Oberenspiegel› an (ib. 7,3). Der Text endet mit der Aufforderung, das Zusammenleben im Kloster als einen freien Dienst vor Gott zu verstehen (ib. 8,1: «sicut liberi sub gratia constituti»), «nicht als ein rein äußerliches Erfüllen von Pflichten unter Zwang» [43]; zum Schluß wird die wöchentliche Verlesung von *reg. 3* angeordnet (ib. 8,2).

Anmerkungen. – [41] Cf. *ep.* 210; cf. Rusticus 2. – [42] Neben dem Klostervorsteher (‹pater›) gibt es das Amt des ‹praepositus›, wohl dessen Stellvertreter, möglicherweise analog zu den Klöstern des Pachomius; cf. ZUMKELLER, *Mönchtum* 381 n. 37. – [43] GÄRTNER 233.

Bibliographie. – Editionen und Übersetzungen (in Auswahl): Reg. 1 (cf. zu *ep.* 211 auch AL 2,1046sq.): PL 33,958-960. – CSEL 57,356-359. – VERHEIJEN, *Règle* 1,105-107. – Dt.: Würzburg ³2018, 482-484 (ib. ²1968, 418-420) (A. ZUMKELLER). – Engl.: Oxford 1987, 105-109 (G. LAWLESS). – New York 2004, 127-130 (Sister AGATHA MARY/G. BONNER). – Ndl.: Amsterdam 2005, 29-32 (V. HUNINK).

Reg. 2: PL 32,1449-1452. – VERHEIJEN, *Règle* 1,148-152. – Dt.: Einsiedeln/Zürich/Köln 1948, 121-123 (W. HÜMPFNER). – Würzburg ³2018, 380-382 (ib. ²1968, 333sq.) (id./A. ZUMKELLER). – Engl.: Oxford 1987, 75-79 (G. LAWLESS). – New York 2004, 106-108 (Sister AGATHA MARY/G. BONNER). – Fr.: Paris 1996, 57sq. (Sœur MARIE-ANCILLA). – Ndl.: Amsterdam 2005, 25-28 (V. HUNINK). – Sp.: BAC 551 (1995) 550-558 (T.C. MADRID).

Reg. 3 (teilweise in Form der ‹Regula recepta›): PL 32,1377-1384. – VERHEIJEN, *Règle* 1,417-437. – Dt.: Einsiedeln/Zürich/Köln 1948, 123-133 (W. HÜMPFNER). – Würzburg 1956, 9-21 (A. ZUMKELLER). – Würzburg 1990, 17-32.123-138 (T. VAN BAVEL/L. HORSTKÖTTER aus den Ndl.). – Würzburg ³2018, 383-392 (ib. ²1968, 335-342) (W. HÜMPFNER/A. ZUMKELLER). – Engl.: London 1984, 11-24 (R. CANNING aus dem Ndl.). – Oxford 1987, 81-103 (G. LAWLESS). – New York 2004, 110-121 (Sister AGATHA MARY/G. BONNER). – Fr.: Œuvres compl. (P) 3 (1873) 671-679. – Paris 1961, 11-41 (A. SAGE). – Paris 1996, 20-30 (Sœur MARIE-ANCILLA). – It.: Milano 1971, 239-281 (C. CARENA). – Firenze 1983, 25-61 (L. CROCIANI). – PiccBA 11 (1986) 203-228 (C. CARENA). – Verucchio 1997, 17-43 (G. VIGINI). – NBA 7,2 (2001) 31-49 (C. CARENA). – Roma 2006, 155-167 (id./N. CIPRIANI). – Ndl.: Averbode 1982, 124-142 (T. VAN BAVEL). – Amsterdam 2005, 13-24 (V. HUNINK). – Sp.: BAC 551 (1995) 560-590 (T.C. MADRID). – Valladolid 2007, 9-20 (P. DE LUIS VIZCAÍNO). – Madrid 2009, 157-169 (id.). – Madrid 2010, 55-73 (J. ALESÓN/J. ANOZ).

Untersuchungen: J. ANOZ, La *Regla* de San Agustín: *San Agustín. Obras y textos monásticos* 2 (ed. por J. RUIZ PASCUAL), Madrid 2010, 13-54. – R. ARBESMANN, The question of the *Regula Sancti Augustini*: AugStud 1 (1970) 237-261. – Id., Die Textgeschichte der «Regula sancti Augustini» im Lichte der jüngsten Forschung: Cor unum 32 (1974) 53-65. – T. VAN BAVEL, Parallèles, Vocabulaire et Citations Bibliques de la «Regula Sancti Augustini». Contribution au problème de son authenticité: Aug(L) 9 (1959) 12-77. – Id., Commentaar bij de Regel: *Augustinus van Hippo. Regel voor de Gemeenschap*, Averbode 1982, 33-122 (engl.: London 1984, 39-120; dt.: Würzburg 1990, 33-122). – G. BONNER, (Commentary): *Saint Augustine. The Monastic Rules*, New York 2004, 22-105. – F. CHÂTILLON, *La Règle de saint Augustin*, Diss. Strasbourg 1956. – Id., Rez. T. VAN BAVEL, Parallèles, vocabulaire et citations bibliques, de la «Regula Sancti Augustini»: RevSR 36 (1962) 203-206. – L. CILLERUELO, Los destinatarios de la Regula Augustini: ArAg 54 (1960) 87-114. – Id., Nota sobre la fecha de composición de la Regula Augustini: ib. 55 (1961) 257-261. – Id., *Comentario a la regla de San Agustín*, Valladolid 1994. – N. CIPRIANI, Introduzione: NBA 7,2 (2001) 9-20. – Id., *Sant Agostino. La Regola*, Roma 2006. – J. DIVJAK/Red., Epistulae: AL 2 (1996-2002) 893-1057. – G. FOLLIET, Le monachisme en Afrique de saint Augustin à saint Fulgence: *Il monachesimo occidentale dalle origini alla Regula Magistri* (SEAug 62), Roma 1998, 291-315. – K.S. FRANK, Mönchsregel und Mönchsleben bei Augustinus. Ein Bericht: FS 50 (1968) 382-388. – E.-M. GÄRTNER, «*Ein Herz und eine Seele in Gott*». Augustinus von Hippo († 430) als christlicher Asket und Verfasser der Klosterregel *Praeceptum*: *Historia magistra vitae. Leben und Theologie der Kirche aus ihrer Geschichte verstehen. Festschrift für J. Hofmann zum 65. Geburtstag*, Regensburg 2016, 219-238. – A.E.J. GROTE, Monachus: AL 4 (2012-2018) 43-57. – Id., Monasterium: ib. 57-68. – Id., Klosterflucht und Klerusniveau. Augustins *Epistula* 60 an Aurelius von Karthago – Einführung und ausführlicher Kommentar: Aug(L) 67 (2017) 101-122. – R.J. HALLIBURTON, Rez. L. VERHEIJEN, *La Règle de saint Augustin* 1-2: JThS 19 (1968) 657-663. – W. HÜMPFNER, Die Mönchsregel des heiligen Augustinus: AM 1,241-254. – U. KÖPF, Die *Regula Augustini* (Augustinusregel): AH 565-570. – C. LAMBOT, La Règle de S. Augustin et S. Césaire: RB 41 (1929) 333-341. – Id., Saint Augustin a-t-il rédigé la règle pour moines qui porte son nom?: ib. 57 (1941) 41-58. – G. LAWLESS, *Ordo Monasterii*. Structure, Style and Rhetoric: Aug 22 (1982) 469-491. – Id., *Augustine of Hippo and his Monas-*

tic Rule, Oxford 1987. – Id., *Ex Africa semper aliquid novi*: The Rules of Saint Augustine: AugStud 36 (2005) 239-249. – C. LEYSER, Augustine in the Latin West, 430 – ca. 900: CompAug 450-464. – R. LORENZ, Rez. L. VERHEIJEN, *La Règle de saint Augustin* 1-2: ZKG 80 (1969) 263-268. – P. DE LUIS VIZCAÍNO, La Règle de saint Augustin: REAug 14 (1968) 123-132. – Id., *El camino espiritual de la Regla de san Agustín*, Valladolid ²2007. – Id., *Teología espiritual de la Regla de san Agustín*, Valladolid 2013. – K. MADIGAN, *Regula*, Use after Augustine: AthAg 709sq. – P. MANDONNET, *Saint Dominique. L'idée, l'homme et l'œuvre* 2. Perspectives, Paris 1937. – A. MANRIQUE, *La vida monástica en San Agustín*, El Escorial/Salamanca 1959. – J. MARÍN RIVEROS, Notas preliminares para un relectura de la «Regula Agustini»: RAg 54 (2013) 547-561. – M. MCCARTHY, *The Rule for Nuns of St. Caesarius of Arles: A Translation with a Critical Introduction*, Washington, D.C. 1960. – M. MELCHIOR, Who Wrote the Rule of St. Augustine?: CrCr 8 (1956) 162-179. – N. MERLIN, *Saint Augustin et la Vie Monastique*, Albi 1933. – J. MORÁN, Notas sobre el monacato agustiniano: CDios 175 (1962) 535-547. – M.D. PONESSE, Regula: OGHRA 1,462-467. – Rusticus 2: PAC 1012sq. – A. SAGE, *La Règle de saint Augustin commentée par ses écrits*, Paris 1961. – D. SANCHIS, Pauvreté monastique et charité fraternelle chez saint Augustin. Le commentaire augustinien de Actes 4,32-35 entre 393 et 403: StMon 4 (1962) 7-33. – Sister AGATHA MARY, *The Rule of Saint Augustine. An Essay in Understanding*, Villanova, Pa. 1992. – M. SKEB, Augustinusregel: LACL³ 99. – Sœur MARIE-ANCILLA, *La Règle de saint Augustin*, Paris 1996. – A. TRAPÈ, Introduzione: PiccBA 11 (1986) 9-199 (*Sant'Agostino. La Regola*, Milano 1971, 11-236). – A.C. VEGA, Notas histórico-criticas en torno a los orígenes de la Regla de San Agustín: BRAH 152 (1963) 13-94. – L. VERHEIJEN, *La Règle de Saint Augustin* 1-2, Paris 1967. – Id., *Nouvelle approche de la Règle de saint Augustin* 1-2, Bégrolles en Mauges/Louvain 1980/1988. – Id., La tradition manuscrite de l'*Obiurgatio* d'Augustin (ep. CCXI) et de la *Regularis Informatio*: TU 133 (1987) 591-594 (Aug(L) 30 (1980) 5-9). – Id., La Règle de saint Augustin. L'état actuel des questions (début 1975): *Nouvelle approche ... 2. Chemin vers la vie heureuse*, Louvain 1988, 323-393 (Aug(L) 35 (1985) 193-263). – A. ZUMKELLER, *Die Regel des heiligen Augustinus. Mit Einführung und Erklärungen*, Würzburg 1956. – Id., Augustinusregel: TRE 4 (1979) 745-748. – Id., *Augustine's Rule. A Commentary*, Villanova, Pa. 1987. – Id., *Das Mönchtum des heiligen Augustinus. 3., bearbeitete und mit einem Nachwort von Andreas E.J. Grote versehene Auflage*, Würzburg ³2018 (ib. ²1968).

MARTIJN SCHRAMA
ANDREAS E.J. GROTE

Regula, regula fidei

A. ‹Regula› – I. Influences on A. – II. R. in A. – 1. General remarks – 2. R. in moral, religious and Christian contexts – 3. Exegetical ‹regulae› – 4. ‹R. lignea› – B. ‹Regula fidei› – I. R. f. vor A. – II. R. f. bei A. – 1. Bemerkungen zum Sprachgebrauch – 2. Inhaltliche Akzente – a) Bezug zur Schrift und Richtschnur der Exegese – b) R. f. als Konsens der Gläubigen – c) Antihäretische Verwendung

A. ‹Regula›. – I. Influences on A. – As a concrete noun, r. denotes a long bar or rod of wood or metal, with various uses. The Latin use parallels and inverts the Greek, where κανών begins as the word for the physical object and takes on the sense of ‹rule› in metaphorical usage [1].

Concerning the Christian use of r., the translation equivalence κανών = r. lies behind *Gal* 6,16 (cf. also *2 Cor* 10,13-16), which identifies r. with the salvation in Christ and which is rendered and interpreted by A. as «‹quicumque ... hanc regulam sectantur, pax super illos et misericordia et super Israel dei› (*Gal* 6,16), id est eos, qui uere ad uisionem dei praeparantur non qui uocantur hoc nomine et carnali caecitate uidere dominum nolunt, quando gratiam eius respuentes serui esse temporum cupiunt» (*exp. Gal.* 63). Though A. uses ↗‹canon› and its derivatives frequently, especially in the sense of Biblical canonicity, he does not show or make use of an awareness of the link to r.

Occurrences of r. analogous to A.'s practice occur frequently in earlier writers, notably Irenaeus and Tertullian [2].

Notes. – [1] Cf. BEYER. Cic. *off.* 3,74 speaks about «eadem utilitatis quae honestatis est regula», Quint. *inst.* 1,6,44 uses ‹r. sermonis› for the principles of grammar; cf. POLLMANN 33sq. – [2] Cf. MAYER, Glaubensbegründung 643-646.

II. R. in A. – 1. General remarks.

R. occures approximately 530 times in A., ‹regularis› (including ‹regulariter›) ca. 20 times. The word is familiar and A.'s use does not innovate against classical Latinity, but joins it in specialized Christian contexts. There are phrases which are unmarked by a direct connection with Christianity and which use r. in the context of certain arts, sciences or institutions. E.g. in *gramm. ars* 2,18, A. speaks quite ordinarily of grammatical ‹regulae› [3].

Note. – [3] The title of *gramm. reg.* is often conveyed as *De ↗grammatica: Regulae.* Cf. also *ord.* 2,36: ‹r. certae›; *mag.* 24: ‹r. loquendi›; *Cresc.* 1,16: ‹r. disputandi›; ib. 4,11: ‹latinae r. locutionis› (cf. *gr. t. nou.* (= *ep.* 140) 23); *c. Faust.* 12,39: ‹r. numerorum›; *b. coniug.* 16: ‹iuris ciuilis r.›. For the context, cf. CILLE-RUELO; KANNENGIESSER; MAYER, Herkunft.

2. R. in moral, religious and Christian contexts.

A. uses r. in some moral contexts [4], here the meaning of r. is connected to ↗‹lex› [5]; for r. to denote ‹monastic rules›, ↗*Regula (Augustini)*. Sometimes A.'s use of r. includes the spiritual dimension of behaviour [6]. Furthermore r. is sometimes connected with the Bible [7] or with Biblical commandments [8]. Often r. means the truth of Christianity, also apart from the specific term ‹r. fidei› [9] (cf. below B). But r. can also include negative senses, e.g. *uera rel.* 105: «superstitionis uel impietatis regulas» [10].

Notes. – [4] E.g. *mor.* 1,39: ‹r. uitae›; ib. 2,74: ‹r. uiuendi›; *c. Faust.* 22,70: ‹r. iustitiae›; *diu. qu.* 66,5: «in regulis praeceptorum quas habet ueritas»; *mend.* 38: ‹r. ueritatis›; *lib. arb.* 2,29: «uerae atque incommutabiles regulae sapientiae» (cf. ib. 2,34.52); cf. MAYER, Handeln 347sq. – A. doesn't use the term ‹r. aurea›,

but of course he knows this moral ‹rule›; cf. CATAPANO, for the context DIHLE. – [5] *Vera rel.* 58: «conditor ... legum temporalium si uir bonus est et sapiens, illam ipsam consulit (sc. legem) aeternam, de qua nulli animae iudicare datum est, ut secundum eius incommutabiles regulas, quid sit pro tempore iubendum uetandumque, discernat»; cf. *en. Ps.* 30,2,1,6.11: ‹r. legis›. – [6] E.g. *mor.* 2,30: ‹r. sanctitatis›; *lib. arb.* 3,12: ‹r. pietatis›; *s. dom. m.* 2,26: ‹r. orandi› (describing the Lord's prayer); *conf.* 3,17 and *exc. urb.* 5: ‹r. perfectionis›. – [7] E.g. *ep.* 108,10: ‹r. prophetica›; *Gn. litt.* 2,18,38: «secundum sanctae auctoritatis regulas». – [8] E.g. *uera rel.* 87: ‹r. dilectionis› (love of God and neighbour; cf. *doctr. chr.* 1,21; *disc. chr.* 3; *ciu.* 1,20; cf. also *mend.* 9); *bapt.* 4,20: ‹praeceptorum diuinorum regulae›. – [9] Including ‹r. ueritatis›, ‹r. apostolica›, ‹r. ecclesiastica›, ‹r. catholica›, ‹r. canonica›. Cf., e.g., *uera rel.* 8: ‹r. christianitatis›; *cat. rud.* 12: ‹r. doctrinae salutaris, siue de fide, siue de moribus, siue de tentationibus›; *mor.* 1,56: ‹r. disciplinae (sc. catholicae/apostolicae)›. – [10] Further examples: *util. cred.* 1: «mortifera et fallacissima regula»; *trin.* 1,1: «distortas et fallaces regulas»; *c. adu. leg.* 1,49: ‹r. fallax atque distorta›. For a kind of ‹personalization› of r., cf. A.'s rebuke to Faustus: «tu es ergo regula ueritatis? quicquid contra te fuerit, non est uerum?» (*c. Faust.* 11,2).

3. Exegetical ‹regulae›.

In exegetical contexts (cf. below B II 2 a), r. is a principle of interpretation abstracted from practice and thus capable of being referred to as guidance in a potentially confusing setting or in order to justify his own position against critics, heretics and the uninstructed (↗Interpretatio). Particularly influential with A. was the *Liber regularum* of ↗Tyc(h)onius, which, though not quoted extensively until the completion of *De ↗doctrina christiana* in the 420s, he knew much earlier (cf. *ep.* 41,2, ca. 396).

Doctr. chr. begins with the promise that certain ‹regulae› function for the exegete analogously to letters for an ordinary reader [11]. R. then has thematic use in two ways in *doctr. chr.* It serves as a leitmotif in the earlier version of the work for the principle that all scripture teaches the praise of ↗‹caritas› and the rebuke of ‹cupiditas› [12]. When A. returned to *doctr. chr.* in the 420s for completion, he drew heavily and explicitly on *Tycon. reg.* and uses seven r. borrowed there to organize and complete the third book from *doctr. chr.* (ib. 3,42) [13].

Elsewhere, the word r. has instrumental use in exegetical passages, often used as at *c. Adim.* 9: «ex hac regula apostolus ait», where A. has distinguished two ways in which God speaks through man and is now applying the distinction. R. there is of his own making on the spot to explain a particular passage [14].

Notes. – [11] Ib. prooem. 9: «quasdam regulas uelut litteras tenens». Once you know them, you will not need help figuring out what's going on: «iste qui praecepta, quae conamur tradere, acceperit ... intellectorem alium non requirat, per quem sibi quod opertum est retegatur» (ib.). – [12] E.g. ib. 3,23; cf. also ib. 3,15. – [13] *De ↗doctrina christiana*, 2,561-563. – [14] Similar at *trin.* 1,14, distinguishing how to determine when Christ is spoken of as divine and when as human; cf. also *gr. t. nou.* 24.

4. ‹R. lignea›. – According to *conf.* 3,19, in A.'s Manichean days, his mother ↗Monnica has a dream from which she takes consolation [15]. In the dream, she stands in ‹r. lignea›, greeted there by a young man glowing with happiness who urges her to dismiss her tears and have confidence that A. would soon stand where she stands; to conclude the dream, she sees exactly this, A. standing next to her «in eadem regula» (ib.). A. has just spoken (ib. 3,17) of the ‹r. perfectionis›, which cannot match that wooden ruler, but at ib. 8,30, concluding the ‹garden scene›, A. describes himself as now «stans in ea regula fidei, in qua me ante tot annos ei reuelaueras». The wooden ruler (↗Lignum) then is to be taken literally as a builder's instrument, figuratively as the ‹r. fidei›.

Note. – [15] Cf. Ferrari, Wooden; id., Dreams 14-16; Poque (who ib. 486, for *conf.* 3,19, denies a relation to ‹r. fidei›).

B. ‹Regula fidei›. – I. R. f. vor A. – Seit Irenäus und Tertullian bezeichnet man als r. f. (bzw. ‹r. ueritatis›) eine ad hoc gebildete, oft antihäretisch ausgerichtete formelhafte Zusammenfassung des zentralen Glaubensinhaltes [16]. Es handelt sich weder um festgelegte Formulare noch um Lokaltraditionen oder deren Verarbeitung, sondern um ein Stilmittel in literarischen Zusammenhängen, das thetisch den Kerngehalt der Wahrheit bzw. des Glaubens festhält [17]. Dabei wird vorausgesetzt, daß die so formulierte Meinung den ‹common sense› der (rechtgläubigen) Christen darstellt.

Anmerkungen. – [16] Cf. Drecoll, Regula. – [17] Für Irenäus und Tertullian ist dabei der Zusammenhang von Glaubensinhalt und Lebensführung unmittelbar mit der ‹r. ueritatis› verbunden; cf. Ohme 76.99.

II. R. f. bei A. – 1. Bemerkungen zum Sprachgebrauch. – A. gebraucht die Wendungen r. f. (ca. 70 Belege) und ‹r. ueritatis› (ca. 35 Belege) wesentlich häufiger als seine Zeitgenossen [18]. Auch wenn A. durchaus noch die wörtliche Bedeutung von r. kennt [19], so verwendet A. den Terminus normalerweise in der Bedeutung von ‹Richtschnur›, ‹Maßstab›. Dementsprechend kann man von der r. f. abweichen [20], eine häretische Meinung steht ‹contra regulam fidei› (*bapt.* 6,47; *Io. eu. tr.* 98,7), und die eigene Meinung wird ‹secundum regulam fidei› entwickelt [21]. Der Glaube wird mit Adjektiven wie ‹catholica› oder ‹apostolica› qualifiziert (*cons. eu.* 1,2) [22], die r. selbst ist ‹recta› (*trin.* 2,17; *c. Max.* 2,14,8) und muß als ‹integra› bewahrt werden (*en. Ps.* 93,18). Sie macht das Christsein aus: «in ipsa regula fidei, qua christiani sumus» (*gr. et pecc. or.* 2,34). Neben vereinzelten Parallelausdrücken wie ‹r. pietatis› (*s.* 7,3; *doctr.*

chr. 4,4) [23] kann A. den Begriff auch im Plural verwenden (ib. 3,6).

Anmerkungen. – [18] R. f. wird z.B. nicht benutzt von Hilarius und Ambrosius (der aber dreimal von der ‹r. ueritatis› spricht). Zur hohen Bedeutung von r. f. bei A. cf. Mayer, Herkunft 129sq. – [19] Wie das besonders der in *conf.* 3,19 berichtete und ib. 8,30 aufgegriffene Traum zeigt, in dem Monnica sieht, wie A. auf der r. bzw. r. f. steht (cf. oben A II 4). Ayres 41 bezieht in *conf.* 8,30 das Partizip ‹stans› auf die Gegenwart des Hauptverbs (‹conuertisti›) und problematisiert von hier aus das Verhältnis zwischen Taufe und ‹Stehen auf der r. f.›, doch gehört das Partizip in den offener gehaltenen ‹ut›-Satz, der allgemein die Folge der Bekehrung angibt, ohne eine genaue Verhältnisbestimmung von Taufe und r. f. im Blick zu haben. – [20] ‹Abhorrere›: *ciu.* 11,32; *c. Iul.* 2,10; *uid. deo* (= *ep.* 147) 34; ‹aberrare›: *pecc. mer.* 2,43; cf. Dawidowski 256sq. – [21] *An. et or.* 2,23; *c. ep. Pel.* 4,3. *Rm* 12,6 mit der Wendung ‹secundum regulam fidei› wird bei A. nur selten zitiert (cf. *doctr. chr.* 4,40) und scheint den Sprachgebrauch nicht geprägt zu haben. – [22] Cf. Dawidowski 254sq.284-289; Mayer, Glaubensbegründung 640sq.; ↗Catholicus, -a, ↗Apostolus (apostolatus). – [23] Cf. Dawidowski 273-278.

2. Inhaltliche Akzente. – Anders als die ‹r. ueritatis›, die auch auf eine unmittelbare Wahrheitsevidenz bezogen werden kann [24], wird die Wendung r. f. stets auf den Glaubensinhalt bezogen. Nach vereinzelter früherer Benutzung (z.B. *diu. qu.* 69,1) wird die Wendung ab der Arbeit an *doctr. chr.* 3 zu einem wichtigen Bestandteil der a. Argumentation.

Anmerkung. – [24] Cf. de Veer, «regula ueritatis» 833sq.; besonders deutlich in *lib. arb.* 2,34, wohl auch in *doctr. chr.* 1,8; *c. Faust.* 11,2 (aber ib. 22,95 mit direktem Schriftbezug). Unklar ist, ob ‹r. ueritatis› in *mend.* 38 das Schriftzeugnis aufgreift oder auf die allgemeinen Rahmenbedingungen menschlicher Erkenntnis bezogen ist; cf. oben A II 2.

a) Bezug zur Schrift und Richtschnur der Exegese. – Bei der Interpretation unklarer Schriftstellen soll der Exeget die r. f. beachten, «quam de scripturarum planioribus locis et ecclesiae auctoritate percepit» (*doctr. chr.* 3,2). Inhaltlich ist damit der zentrale Inhalt der Schrift gemeint, wofür A. auf seine Darstellung in ib. 1 verweist. Der dort entwickelte trinitarische Gottesbegriff (ib. 1,5) und die Fundamentalunterscheidung zwischen ‹uti› und ↗‹frui› (ib. 1,3sq.) sollen den Maßstab dafür bilden, daß die Ambiguität von Schriftstellen aufgelöst werden kann. Er wird dann besonders für die Christologie fruchtbar gemacht (z.B. ib. 1,13-19; *trin.* 2,2) [25]. Die bibelhermeneutische Bedeutung von r. f. [26] macht sich an vielen Stellen bemerkbar [27]. Was sich auch von der r. f. aus nicht angemessen verstehen läßt, muß man zunächst offen lassen (*Io. eu. tr.* 18,1) [28]. Umgekehrt verbindet A. seine intensiven Betrachtungen über die Trinität mit seiner Beachtung der r. f. (*trin.* 15,51).

Anmerkungen. – [25] Cf. AYRES 37; DAWIDOWSKI 279; BERROUARD. – [26] Diese Funktion bezieht sich vor allem auf die uneindeutigen oder schwer verständlichen Schriftstellen, cf. MENDOZA 21sq.; die r. f. ist dabei als Kerngehalt der Schrift, nicht als zusätzlicher, nicht aus der Schrift abgeleiteter Traditionsmaßstab zu verstehen (cf. THONNARD 790). – [27] Z.B. *c. Faust.* 11,6; *Gn. litt.* 8,1,4; *ciu.* 11,32sq.; 15,7; *qu.* 5,29; *an. et or.* 2,23; *c. adu. leg.* 2,34; *qu. c. pag.* (= *ep.* 102) 37; *en. Ps.* 74,12. – [28] Cf. MAYER, Glaubensbegründung 666.

b) R. f. als Konsens der Gläubigen. – Die Vorstellung, daß die schriftgemäße Gottesvorstellung in der Kirche festgehalten wurde, führt dazu, daß die r. f. den inhaltlichen Konsens der Gläubigen meint und daher öfter mit ↗‹doctrina› verbunden wird [29]. So stellt die Beachtung der r. f. sicher, daß man auch dann, wenn man gedanklich noch an fleischlichen, vielleicht heidnischen oder auch häretischen Vorstellungswelten orientiert ist, sich schnell korrigieren läßt (*bapt.* 5,38) [30]. Diesen Konsens, der allen Christen gemeinsam ist, gilt es zu bewahren (*gr. et pecc. or.* 2,34), er wird verteidigt (*ench.* 8) und ist bei Glaubenszeugen wie ↗Cyprianus zu finden (*pecc. mer.* 3,11) [31]. In diesen Konsens treten die Gläubigen durch die Taufe ein (*praes. dei* (= *ep.* 187) 29). Von daher ergibt sich ein unmittelbarer Bezug der r. f. zum ↗‹symbolum›, das den Katechumenen erläutert und zum Auswendiglernen überreicht wird (*symb. cat.* 1) [32]. R. f. kann dann an einigen Stellen sogar den Wortlaut des ‹symbolum› meinen [33].

Anmerkungen. – [29] *Cons. eu.* 1,2; *Io. eu. tr.* 106,2; *ep.* 265,6; auch im Unterschied zur christlichen Ethik: *retr.* 2,3; *f. et op.* 11. Während r. f. durchgehend auf den inhaltlichen Teil des Glaubens bezogen bleibt, ist ein Bezug von r. auf die Ethik (seit *Gal* 6,16) vorhanden und auch bei A. wichtig; cf. MAYER, Handeln 345sq. – [30] Cf. DE VEER, «regula apostolica» 838. – [31] Cf. MAYER, Glaubensbegründung 672. – [32] Cf. MENDOZA 23-25. – [33] *S.* 213,2: «symbolum est ergo breuiter complexa regula fidei»; cf. *ench.* 56; *ep.* 193,11; *s.* 362,7. WESTRA 81-83.189-196 rekonstruiert (der älteren Forschung von EICHENSEER folgend) zwei Formen des ‹symbolum› bei A., von denen er eine Form auf Mailand zurückführt. Doch dürften die Abweichungen etwa zwischen *s.* 213 und 215 auch auf die Flexibilität des Bischofs im Umgang mit dem ‹symbolum› zurückzuführen sein (cf. dazu schon EICHENSEER 105-107), so daß sich hier kaum zwei präzise Lokaltraditionen herauspräparieren lassen; cf. DRECOLL, Trinitätslehre 459sq.

c) Antihäretische Verwendung. – Von der Bedeutung von r. f. als Kerngehalt des christlichen Glaubens aus [34] wird verständlich, daß die r. f. mit der Ausgrenzung von Häretikern verbunden werden kann (*c. ep. Pel.* 4,3) [35]. Die «antiquissima atque firmissima catholicae fidei regula» (*nupt. et conc.* 1,1; 2,4; *c. Iul. imp.* 1,22; cf. *s.* 174,9) wird dann den Pelagianern als Neuerern gegenübergestellt [36]. Wer eine Häresie teilt (in diesem Fall die des Novatian), ist «a regula fidei catholicae et doctrina Christi et apostolorum prorsus alienus» (*ep.* 265,6).

Anmerkungen. – [34] Cf. den zweiten Beleg von r. f. in *s.* 186,2. – [35] ↗Haeresis, haeretici; cf. DODARO 163sq.; MAYER, Glaubensbegründung 659. – [36] Zu r. f. im Beschluß der Synode von Karthago am 1. Mai 418 cf. OHME 458-460.

Bibliography/Bibliographie. – L. AYRES, Augustine and the Rule of Faith: Rhetoric, Christology, and the Foundation of Christian Thinking: AugStud 36 (2005) 33-49. – M.-F. BERROUARD, La «regula sana catholica»: BA 72 (²1988) 731sq. – H.W. BEYER, κανών: ThWNT 3 (1938) 600-606. – G. CATAPANO, La Regola d'oro in Agostino: *La Regola d'oro come etica universale* (a cura di C. VIGNA/S. ZANARDO), Milano 2005, 103-138. – L. CILLERUELO, El concepto de «Regula», en San Agustín: CDios 181 (1968) 816-824. – W. DAWIDOWSKI, *Regula Fidei* in Augustine: Its Use and Function: AugStud 35 (2004) 253-299. – A. DIHLE, Goldene Regel: RAC 11 (1981) 930-940. – R. DODARO, «Omnes haeretici negant Christum in carne venisse» (Aug., serm. 183.9.13). Augustine on the Incarnation as Criterion for Orthodoxy: AugStud 38 (2007) 163-174. – V.H. DRECOLL, Regula fidei: RGG⁴ 7 (2004) 199sq. – Id., Trinitätslehre: AH 446-461. – C. EICHENSEER, *Das Symbolum Apostolicum beim Heiligen Augustinus. Mit Berücksichtigung des dogmengeschichtlichen Zusammenhangs*, St. Ottilien 1960. – L.C. FERRARI, Monica on the Wooden Ruler (Conf. 3.11.19): AugStud 6 (1975) 193-205. – Id., The Dreams of Monica in Augustine's *Confessions*: ib. 10 (1979) 3-17. – C. KANNENGIESSER, Quintilian, Tyconius and Augustine: ICS 19 (1994) 239-252. – C.P. MAYER, Herkunft und Normativität des Terminus *regula* bei Augustin: Aug(L) 40 (1990) 127-154. – Id., Die Bedeutung des Terminus *regula* für die Glaubensbegründung und die Glaubensvermittlung bei Augustin: RAEspir 33 (1992) 639-675. – Id., Die Bedeutung des Terminus ‹regula› für das sittliche Handeln des Christen bei Augustin: Augustinus 39 (1994) 345-356. – M. MENDOZA, La «regula fidei» en la teología de San Agustín: EstAg 27 (1992) 1-32. – H. OHME, *Kanon Ekklesiastikos. Die Begründung des altkirchlichen Kanonbegriffs*, Berlin/New York 1998. – K. POLLMANN, *Doctrina Christiana. Untersuchungen zu den Anfängen der christlichen Hermeneutik unter besonderer Berücksichtigung von Augustinus. De doctrina christiana*, Fribourg 1996. – S. POQUE, «In quadam regula lignea» («Conf.» III;11,19). Essai d'élucidation d'une vision onirique: RSLR 30 (1984) 480-488. – F.-J. THONNARD, Règle de foi et Tradition: BA 22 (1975) 788-790. – A.C. DE VEER, La «regula apostolica»: ib. 31 (1968) 837-839. – Id., La «regula ueritatis»: ib. 832-834. – L.H. WESTRA, *The Apostle's Creed. Origin, History, and Some Early Commentaries*, Turnhout 2002.

JAMES J. O'DONNELL (A)
VOLKER HENNING DRECOLL (B)

Religio

I. R. vor A. – 1. Nichtchristlich – 2. Christlich – II. R. bei A. – 1. Wortgebrauch – 2. Systematik: r., Philosophie und Kult – 3. R. in der Auseinandersetzung mit anderen religiösen Gruppierungen – a) Heiden – b) Manichäer – c) Donatisten – d) Pelagianer

I. R. vor A. – 1. Nichtchristlich. – Das lateinische Wort r. [1] ist weder in seinem vorchristlichen noch in seinem christlichen Gebrauch ganz deckungsgleich mit dem modernen Begriff ‹Religion›. Es weist aber Überschneidungen mit ihm auf, insofern es sowohl das affektive Verhältnis eines Menschen zum Göttlichen als auch das kultische Regelwerk eines Gemeinwesens oder auch ein theologisches System mit Wahrheitsanspruch bezeichnen kann;

bisweilen enthält es alle drei Bedeutungsnuancen zugleich. Ein exaktes griechisches Pendant gibt es nicht [2]. Die Etymologie ist unklar; die römischen Grammatiker schlugen Ableitungen von einem sonst nicht belegten ‹religens› [3], von ‹relegere› [4] oder von ‹religare› [5] vor.

Zunächst meint r. das durch religiöse, moralische oder sonstige Skrupel bedingte Gefühl der Hemmung oder Scheu [6] und dann allgemein die Furcht oder Scheu vor dem Göttlichen, die sich etwa in der skrupulösen Befolgung religiöser Vorschriften und Riten äußert [7]. Dieser affektive Gebrauch ist bis in die Spätantike belegt [8]. Seit der späten Republik, vor allem bei Cicero [9], bezeichnet r. zumeist die von der senatorischen Oberschicht kontrollierte und praktizierte Religion des römischen Gemeinwesens, deren Kernelemente die traditionellen, als staatstragend angesehenen kultischen Einrichtungen sind [10]. Seit Cicero fungiert ↗‹superstitio› als negativer Gegenbegriff, worunter ein Zuviel an religiöser Achtsamkeit und eine von der Norm abweichende, potentiell staatsgefährdende kultische Praxis verstanden wird [11]. Zwar ist der Kern römischer Religiosität zweifellos das religiöse Handeln [12], und Cicero verengt den Begriff r. einmal explizit auf den Kult [13]; er attestiert der römischen r. jedoch auch einen inhaltlichen Glaubwürdigkeitsanspruch, der sich freilich nicht philosophisch-theologischer Argumentation, sondern der Autorität der Tradition verdankt (*nat. deor.* 3,5sq.). Doch besitzt die Diskussion über Existenz und Wesen der Götter für ihn durchaus Relevanz für die r. (ib. 1,1.3); durch Philosophie kann r. gestärkt und ‹superstitio› beseitigt werden (*diu.* 2,148sq.) [14]. In der stoisch beeinflußten Tugendklassifikation von *inu.* 2,158-168 wird r. der Gerechtigkeit untergeordnet und erscheint als die Tugend, die den Göttern das ihnen Zustehende gibt [15]. In der Kaiserzeit ist r. als Selbstbezeichnung religiöser Gruppierungen wie des Isiskults [16] und des Hermetismus [17] belegt. ↗Symmachus beruft sich im Streit um den Victoria-Altar auf das alte Konzept von r. als staatsförderndem Kult [18].

Anmerkungen. – [1] Zur Beleglage im vor- und nichtchristlichen Latein: OLD 1605sq. (r.).1606 (‹religiosus›). – [2] Cf. FEIL 32-38. Zum den Bereich ‹Religion› beschreibenden griechischen und lateinischen Vokabular cf. BENDLIN 889sq. – [3] Nigidius Figulus bei Gell. 4,9,1 (FPL fr. inc. 3): «religentem esse oportet, religiosus ne fuas»; cf. WALDE/HOFMANN 1,352sq.; BERGMANN 41-69. – [4] R. als sorgsame Wiederholung kultischer Handlungen: Cic. *nat. deor.* 2,72: «religiosi ex relegendo, ⟨tamquam⟩ elegantes ex eligendo, [tamquam] ⟨ex⟩ diligendo diligentes, ex intellegendo intellegentes» (vielleicht eine Interpretation von ‹religens›). – [5] R. als Bindung an das Göttliche: Lact. *inst.* 4,28,3; Seru. *Aen.* 8,349. Beide folgen sicher älteren Grammatikern, es handelt sich nicht um eine christliche Innovation. Cf. Nigidius Figulus bei Gell. 4,9,2: «religiosus is appellabatur, qui nimia et superstitiosa religione sese alligauerat»; Lucr. 1,932: «religionum animum

nodis exsoluere» (zitiert von Lact. *inst.* 4,28,13). Eine dritte Etymologie «a relinquendo» bezeugt Macr. *sat.* 3,3,8 für Servius Sulpicius (Rufus, 1. Jh. v. Chr.); cf. Gell. 4,9,8. – [6] Plaut. *Curc.* 350; Ter. *Andr.* 730 («noua nunc religio istaec in te incessit, cedo», zitiert von A. *ord.* 1,20); Cic. *off.* 2,51; cf. BERGMANN. – [7] Z.B. Suet. *Aug.* 35,3. Religiöse Skrupelhaftigkeit und Ängstlichkeit ist in den ältesten Belegen die Konnotation des Adjektivs ‹religiosus› (Plaut. *Asin.* 782; FPL fr. inc. 3: Nigidius Figulus bei Gell. 4,9,1). Diese pejorative Bedeutung übernimmt seit dem 1. Jh. v. Chr. ‹superstitiosus›. – [8] Cf. Macr. *sat.* 3,3,8-10 mit Belegen aus Vergil. – [9] Cf. FEIL 39-49. Bei Ciceros Zeitgenossen ist r. dagegen durchweg die irrationale Furcht vor den Göttern, die von der epikureischen Philosophie beseitigt werden soll (Lucr. 1,62-71. 932). – [10] Cic. *nat. deor.* 3,5: «cumque omnis populi Romani religio in sacra et in auspicia diuisa sit, tertium adiunctum sit si quid praedictionis causa ex portentis et monstris Sibyllae interpretes haruspicesue monuerunt ... Romulum auspiciis Numam sacris constitutis fundamenta iecisse nostrae ciuitatis, quae numquam profecto sine summa placatione deorum inmortalium tanta esse potuisset». R. ist indes nicht auf die Bedeutung ‹römische Religion› beschränkt; es ist etwa auch von der ‹r. Iudaeorum› die Rede (Cic. *Flacc.* 68; cf. allgemein ib. 69: «sua cuique ciuitati religio est, nostra nobis»). – [11] *Nat. deor.* 2,71sq.; cf. ib. 1,117; cf. SCHEID 129-147. – [12] Den Handlungsaspekt betont die religionswissenschaftliche Forschung; wichtige Differenzierungen bei VÖSSING. Eine Darstellung der Religion der Römer kann hier nicht einmal im Ansatz versucht werden; cf. dazu etwa SCHEID; BEARD/NORTH/PRICE; RÜPKE, Religion; RÜPKE, *Römische.* – [13] *Nat. deor.* 2,8: «religione id est cultu deorum». – [14] Noch dezidierter verbindet der kaiserzeitliche Platonismus r. und Philosophie: Apul. *Socr.* 3. – [15] Ib. 2,160sq., zitiert von A. *diu. qu.* 31,1; cf. Cic. *part.* 78: «iustitia dicitur eaque erga deos religio, erga parentes pietas». ‹Pietas› kann aber auch mit r. synonym gebraucht werden (*nat. deor.* 1,116: «est enim pietas iustitia aduersum deos»). – [16] Apul. *met.* 11,15,5: «obsequio religionis nostrae»; cf. VÖSSING 170sq. – [17] Ps. Apul. *Ascl.* 25: «mentis religioni». – [18] *Rel.* 3,3: «repetimus igitur religionum statum, qui rei publicae diu profuit». Interessant, wenn auch kaum von dokumentarischem Wert, ist die Bezeichnung der römischen Religion als ‹r. nostra› durch römische Statthalter in christlichen Märtyrerakten (*Pass. Scill.* 3; cf. VÖSSING 172sq.).

2. Christlich. – In der von A. benutzten altlateinischen Bibel ist r. [19] wegen des Fehlens einer griechischen Entsprechung nur selten belegt [20]. Bei den lateinischen christlichen Schriftstellern ist r. von Anfang an als Selbstbezeichnung der christlichen Religion gebräuchlich [21]. Der von Tertullian geprägte Ausdruck ‹uera r.› beansprucht für die christliche Religion sowohl die wahre theologische Erkenntnis als auch den (objektiv) ‹wahren› (dem wahren Gott geziemenden) und (subjektiv) wahrhaftigen Kult [22]. Damit werden Impulse der philosophischen Reflexion über r. aufgenommen und durch die Forderung nach Übereinstimmung von Theologie und Kult radikalisiert [23]. Neu und spezifisch christlich ist der Alleinvertretungsanspruch auf die Wahrheit, mit dem das Christentum gegenüber den durch die Selbstbezeichnung ‹r. christiana› ausgegrenzten religiösen Systemen [24] den Vorwurf der theologischen Falschheit und der kultischen (und moralischen) Verkehrtheit erhebt [25]. Der traditionelle Gegensatz von r. und ‹superstitio› wird von den Apologeten in diesem Sinne gegen die römische r. gewendet [26]. Für das Unternehmen des Laktanz [27], mit philosophischen Argumenten für die christliche Wahrheit zu werben, ist die Opposition von ‹uera r.› und ‹falsa r.› bzw. ‹falsae r.› zentral [28]; Weisheit und r. sind letztlich deckungsgleich [29]. Grundlage von beidem ist die von Gott offenbarte Wahrheit (*inst.* 1,1,19); der richtige Kult ist von r. und Weisheit nicht zu trennen (ib. 4,3,10). Laktanz verwirft Ciceros Etymologie von r. (*nat. deor.* 2,72: «religiosi ex relegendo») zugunsten der Ableitung von ‹religare›, weil der Unterschied zwischen r. und ‹superstitio› nicht in der Intensität der kultischen Praxis, sondern in der Bindung an den wahren Gott bestehe [30]. Die Ausdrucksweise der Apologeten kehrt in der prochristlichen und antihäretischen Gesetzgebung der nachkonstantinischen Zeit wieder [31].

Anmerkungen. – [19] Cf. zum christlichen Gebrauch allgemein Feil 50-68; Bouillard 451-456. – [20] A. zitiert lediglich folgende Stellen: *Ecli* 1,17 (*spec.* 23; ‹religiositas› = θεοσέβεια); *Act* 2,5 (*cath. fr.* 29; ‹religiosi› = εὐλαβεῖς); *Iac* 1,26sq. (*spec.* 46; ‹religiosum›/‹religio› = θρησκός/θρησκεία). Die Übersetzung des Hieronymus führt r. noch an einigen weiteren Stellen ein, z.B. *Ex* 12,26sq. (‹religio› = λατρεία, in A. *loc.* 2,66 mit ‹seruitus› übersetzt); *Col* 2,18 (cf. A. *ep.* 149,27: «culturam angelorum uel, sicut uestri codices habent, religionem angelorum, quae graece θρησκεία dicitur»). – [21] Tert. *adu. Marc.* 4,4,2: «christianae religionis»; cf. *apol.* 33,1; Arnob. *nat.* 1,2sq.; 3,1; Lact. *mort. pers.* 48,4: «religionis christianorum»; *inst.* 5,2,4; Tert. *nat.* 1,16,20: «nostrae religionis»; Min. Fel. 38,1; Lact. *inst.* 5,5,5; cf. auch Cypr. *testim.* 3 praef.: «religiosam sectae nostrae disciplinam». – [22] Tert. *apol.* 24,2: «ueram religionem ueri dei»; *spect.* 1,4: «uerae religioni et uero obsequio erga uerum deum»; cf. Ps. Cypr. *idol.* 3,1: «tibi pro religionis tuae et fidei ueritate placere quae et religiosa pariter et uera sunt»; ↗Veritas, uerum. – [23] Cf. Vössing 162-164. Die in der christlichen Aneignung des r.-Begriffs liegende Neuerung sollte nicht überschätzt werden (gegen Sachot 382-394). – [24] Tert. *apol.* 16,3: «Iudaicae religionis»; ib. 24,1: «Romanae religionis». – [25] Apuleius akzentuiert zwar die ethische Werthaftigkeit des Isiskults (*met.* 11,21,9: ‹purissima r.›; cf. Vössing 165), aber ‹uera r.› ist ein der nichtchristlichen Tradition fremder Begriff. – [26] Tert. *spect.* 5,2-4; Min. Fel. 1,5; Cypr. *Demetr.* 5,2: «relictis uanis superstitionibus religio uera cognoscitur». Tertullian überträgt ‹superstitio› auch auf den antihäretischen Diskurs (*adu. Marc.* 1,5,5). – [27] Bochet 335-345. – [28] ‹Vera r.› ist bei Laktanz über 20mal belegt, ‹falsa r.› etwa ebenso oft. – [29] Lact. *inst.* 1,1,25: «ut neque religio ulla sine sapientia suscipienda sit nec ulla sine religione probanda sapientia»; cf. ib. 4,4,1sq.; 7,27,1. – [30] *Inst.* 4,28,11sq.: «religio ueri cultus est, superstitio falsi. ... nomen religionis a uinculo pietatis esse deductum, quod hominem sibi deus religauerit»; ausführlich hierzu Colot 279-295. Bei den Christen des 4. Jh.s ist diese Etymologie die übliche: Hil. *in psalm.* 148,6; Hier. *in Am.* 9,6 l. 181; A. *uera rel.* 111. – [31] *Cod. Theod.* 16,1,2 pr. (Edikt von Thessalonike, anno 380); 16,5,6,2 (381): «catholicae religionis uerus cultor»; cf. Neri 106.

II. R. bei A. – 1. Wortgebrauch.

A.s Gebrauch von r. bewegt sich insgesamt im Rahmen der christlichen lateinischen Tradition. R. ist bei ihm über 600mal belegt, hinzu kommen mehr als 300 Belege für ‹religiosus/religiose›. ‹Religiosus› ist in aller Regel gleichbedeutend mit ‹pius› oder ↗‹chris-

tianus› [32]. R. kann je nach Kontext verschiedene Aspekte der christlichen Religion wie die gläubige Haltung, den Glaubensinhalt oder den Kult, bisweilen auch zwei oder drei dieser Aspekte zugleich, bezeichnen, eine begriffliche Unschärfe, die A. häufig durch die Verbindung mit Synonymen wie ↗‹cultus› [33], ↗‹deuotio› [34], ↗‹fides› [35] und ↗‹pietas› [36] oder auch ↗‹doctrina› [37] zu klären sucht. Die Junkturen ‹christiana r.› [38] und ‹nostra r.› [39] behalten bei A. ihren traditionellen apologetischen Klang. Gegenüber christlichen Adressaten gebraucht er r. dagegen oft gleichbedeutend mit ‹uera r.› oder ‹christiana r.› [40]. Gelegentlich stellt A. r. in einem weiten, die einzelnen religiösen Bekenntnisse übergreifenden Sinne dem Atheismus gegenüber [41]. Insgesamt ist er jedoch mit diesem neutralen Gebrauch sparsam [42], ebenso wie mit der Beziehung von r. auf andere religiöse Systeme als das katholische Christentum [43] und mit dem Gebrauch von r. im Plural [44]. Die Existenz nichtreligiöser Bedeutungen von r. bleibt A. bewußt: In *ciu.* 10,1, wo er das von der griechischen und lateinischen Bibel bereitgestellte Vokabular für die Gott geschuldete Verehrung («cultus deo debitus») durchmustert, attestiert er r. – der gängigen Übersetzung des griechischen θρησκεία – zwar größere Präzision als ‹cultus›, ‹seruitus› (dem Pendant von λατρεία) [45] oder ‹pietas›, merkt aber kritisch an, daß r. im Lateinischen auch menschlichen Verwandten und Angehörigen und nicht allein Gott entgegengebracht wird [46]. Am Ende dieser Überlegung löst A. das Problem, indem er alle in Frage kommenden Ausdrücke kombiniert [47].

Anmerkungen. – [32] Außerdem ca. 20 Belege für ‹irreligiosus› und ‹irreligiositas› (weitgehend = ‹impius› und ‹impietas›). ‹Religiositas› ist in A.s eigenem Text nur einmal belegt (*ciu.* 7,27). Die nichtreligiöse Bedeutung ‹gewissenhaft› erscheint einmal in *beata u.* 5. – [33] Z.B. *cons. eu.* 1,49: «a uero dei cultu et a uera religione»; *retr.* 1,13,1; *c. Faust.* 14,11: «cultum religionis»; *diuin. daem.* 14; *ep.* 104,10. Freilich hat r. die besagte Mehrdeutigkeit mit ‹cultus› gemeinsam, cf. Klöckener 158. – [34] Z.B. *uirg.* 8: «religione ac deuotione»; *util. cred.* 13: «deuote ac pie, ut uera religio poscit»; – [35] *Mor.* 1,77: ‹fide ac religione›; cf. *mag.* 37. Cf. Iulian. A. *c. Iul. imp.* 4,55: «ut ratio ita fides cum religione». – [36] *Pecc. mer.* 2,33: «error ... religioni pietatique contrarius»; cf. *ciu.* 2,10; *praed. sanct.* 5; *ep.* 137,16: «pietatis ueraeque religionis signa». – [37] *Ep.* 138,7: «ad doctrinam religionis saluberrimam»; cf. *s. dom. m.* 1,38; *conf.* 5,8; *Io. eu. tr.* 97,4; *qu. c. pag.* (= *ep.* 102) 20: «doctrina uerae sapientiae ueraeque religionis». ‹Doctrina religionis› ist besonders häufig in *mend.* (11 Belege), was sich aus A.s Beweisziel erklärt, den kanonischen Text von *Gal* 2,11-14 (*mend.* 43: «epistula ad Galatas, quae utique sicut ceterae ad doctrinam religionis pietatique conscripta est») exegetisch von dem Verdacht der Lüge freizuhalten. Der Sprachgebrauch ist in *c. mend.* (z.B. ib. 25) wiederaufgenommen. – [38] Ca. 75 Belege, davon 30 in *cons. eu.* und *ciu.*; cf. *ep.* 118,12: «propter defensionem christianae religionis». – [39] Ca. 20 Belege, davon 9 in *ciu.*; cf. *ep.* 17,2: «in nostram religionem ... in uestra superstitione»; ib. 1A*,1: «defensa est nostra religio». – [40] *Cat. rud.* 9; *ench.* 8sq.; *ep.* 138,10. – [41] *Mor.* 1,10: «nullum enim arbitror aliquo religionis nomine teneri, qui non saltem animis nostris diuina prouidentia consuli existimet»; *ep.* 184A,5: «qui nullo religionis nomine obstricti sunt»; cf. *c. Faust.* 19,11; 20,10; *pecc. mer.* 3,17; *qu. c. pag.* 13; *Io. eu. tr.* 19,14. Die distanzierende Wendung ‹nomen religionis› bedeutet bisweilen auch ‹Scheinreligion› (*conf.* 4,1: «falso nomine religionis»). – [42] Cf. noch *ciu.* 4,31sq. (nach Varro). A.s Gegner sind hier oft unbefangener (Faust. A. *c. Faust.* 24,1; 31,2; Cresc. A. *Cresc.* 4,74; Max. Madaur. A. *ep.* 16,1). – [43] ‹Falsa r.› lediglich *cons. eu.* 1,41; *ciu.* 10,16; cf. ib. 4,29; 8,27; *c. ep. Parm.* 1,15sq.; *Io. eu. tr.* 19,14; Bezug auf das Judentum: *ep.* 149,9. – [44] Lediglich ca. 10 Belege; cf. SPEIGL, Ausrichtung 26. – [45] *Ciu.* 5,15: «seruitutem religionis, quam λατρείαν Graeci uocant»; *en. Ps.* 135,3. – [46] Ein solcher Sprachgebrauch erscheint bei A. einmal in *ep.* 188,1: «quantum uobis debeamus religionis affectum». – [47] *Ciu.* 10,3: «hic est dei cultus, haec uera religio, haec recta pietas, haec tantum deo debita seruitus»; cf. KLÖCKENER 157sq. Vereinzelt kommt bei A. auch die alte Bedeutung ‹Skrupel, Scheu› vor (*ord.* 1,20, ein Zitat von Ter. *Andr.* 730); *ciu.* 15,16: «religione prohibente» (über das Inzestverbot, das hier nicht religiös begründet wird); ib. 22,8: «religione perterritus».

2. Systematik: r., Philosophie und Kult.

– A.s erster Versuch einer Definition der wahren r. findet sich in *an. quant.* 80: «est enim religio uera, qua se uni deo anima, unde se peccato uelut abruperat, reconciliatione religat» [48]. Er interpretiert r. hier unter Rückgriff auf die seit Laktanz im Christentum traditionelle etymologische Ableitung von ‹religare› und auf das neuplatonisch-ethische ‹auersio-↗conuersio›-Muster als Wiederanbindung der Seele an Gott durch Aufhebung der durch die Sünde erfolgten Trennung.

Wenig später in *uera rel.* entwickelt A. eine Systematik, anhand derer sich die Kriterien der wahren r. und das katholische Christentum als ihr legitimer Ort bestimmen und die Ansprüche der paganen (vor allem platonischen) Philosophie [49], der Juden, der Häretiker [50] und der Schismatiker auf r. zurückweisen lassen [51]. In der die Schrift eröffnenden Begriffsbestimmung verbindet A. die Aspekte der Ethik [52], der philosophisch-theologischen Wahrheit und des Kults [53]. Mit der Bestimmung als Weg zum glückseligen Leben (↗Beatitudo) setzt A. die r. von Anfang an in Parallele und Konkurrenz zur Philosophie. Doch verfehlen die nichtchristlichen Philosophen die r., weil sie trotz theoretischer Erkenntnis des einen Gottes die polytheistischen Kulte weiter pflegen und ‹die Geschöpfe statt des Schöpfers verehren› (ib. 19 mit Bezug auf *Rm* 1,25). Das Erfordernis der Einheit von Philosophie und r. ist nur im katholischen Christentum erfüllt, wo philosophisch-theologische Heterodoxie (Häresie) den Ausschluß aus der Kultgemeinschaft bewirkt [54]. Wo Schöpfer und Geschöpf kultisch und theologisch verwechselt werden und, wie im Manichäismus, bloße Phantasiegebilde oder, wie im Heidentum, Dämonen verehrt werden, liegt keine akzeptable r. vor (*uera rel.* 108-110). Es handelt sich vielmehr um ‹superstitio›, von der die wahre, uns an Gott bindende r. befreit (ib. 111-113)

[55]. Freilich ist der Mensch in seinem gefallenen Zustand nicht fähig, die durch die Sünde zerstörte Bindung an Gott aus eigener Kraft wieder herzustellen. Daher offenbart Gott im Rahmen seines Heilsplans (↗Dispensatio, 2,491-498) den Menschen durch angemessene Zeichen und schließlich durch die Inkarnation die zu seiner Erkenntnis führende wahre r. [56]. Aufgrund dieser gnadenhaft-historischen Dimension [57] steht am Anfang der religiösen ‹uia› nicht die rationale Erkenntnis Gottes, sondern die gläubige Annahme der Offenbarung. Bei der Suche nach der geeigneten ↗‹auctoritas› und dem Träger der ‹uera r.› ist schon aus methodischen Gründen die die Verehrung des einen Gottes empfehlende katholische Kirche den die Gottesverehrung in eine Vielzahl polytheistischer Kulte zersplitternden oder die Kultgemeinschaft spaltenden (häretischen oder schismatischen) Gruppierungen vorzuziehen [58].

In *ciu.* erweitert A. in der Auseinandersetzung mit ↗Porphyrius das Bild des Weges zu einer Bestimmung der christlichen r. als des universalen Wegs zur Befreiung der Seele [59]. Dies meint zugleich die ethische Befreiung von der Unterwerfung unter die körperlichen Begierden [60] und die kultische Befreiung vom Dienst an den Dämonen [61]. Wie die ‹ciuitas dei› besteht die christliche r. durch die Offenbarungszeichen zwar nicht dem Namen, aber der Sache nach seit dem Beginn des Menschengeschlechts [62]. Statt mit der ‹religare›-Etymologie erläutert A. seinen r.-Begriff ib. 10,3 anhand der ciceronischen Ableitung von ‹relegere/religere›; der Unterschied wiegt indes nicht schwer, weil A. ‹religere› gegen Cicero als ‹Wiedererwählen› (Gottes) interpretiert, also nach wie vor r. als ‹liebendes Anhangen an Gott› «ex animo» (ib. 8,16) begreift [63].

Anmerkungen. – [48] Cf. SPEIGL, Religionsbegriff 37-41. R. im allgemeinen Sinne wird von A. nirgends explizit definiert. Ansätze finden sich in *mor.* 1,10; *ciu.* 8,17 («cum religionis summa sit imitari quem colis»); *qu. c. pag.* 13. – [49] ↗Paganus, ↗Philosophia, 4,730sq. – [50] ↗Haeresis, haeretici, 3,291sq. – [51] Cf. besonders ib. 8sq.19.46; cf. LÖSSL, *Religio*; SPEIGL, Religionsbegriff 41-50; LÖSSL, Einleitung 27-30. – [52] *Ep.* 171A,2: Kardinaltugenden und paulinische Tugenden wirken zusammen «ad perfectum religionis cultum»; cf. *s. Denis* 17,3. – [53] *Vera rel.* 1: «cum omnis uitae bonae ac beatae uia in uera religione constituta, qua unus deus colitur et purgatissima pietate cognoscitur principium naturarum omnium, a quo uniuersitas et incohatur et perficitur et continetur»; cf. ib. 3; *mend.* 43; *s.* 38,5. – [54] *Vera rel.* 8: «sic enim creditur et docetur, quod est humanae salutis caput, non aliam esse philosophiam, id est sapientiae studium, et aliam religionem». Direkter Rückgriff auf Lact. *inst.* 1,1,25 etc. ist wahrscheinlich; ein wesentlicher Unterschied ist jedoch, daß A. r. nicht mit der Weisheit, sondern mit dem Streben nach ihr, eben der Philosophie, gleichsetzt. Dies harmoniert mit der Bestimmung von r. als ↗‹uia›; cf. BOCHET 345-353; KOBUSCH 98-100. – [55] In *retr.* 1,13,9 merkt A. hierzu an, daß die alternative (ciceronische) Ableitung von ‹relegere/religere› nicht aus Unkenntnis, sondern aufgrund bewußter Entscheidung unerwähnt gelassen habe. Da A. 390 vermutlich bereits Laktanz kannte, ist dies glaubwürdig. Zu der Stelle cf. auch Lössl, *Religio* 364sq. – [56] Ib. 13.19; *mor.* 1,12; *ciu.* 18,40. – [57] Cf. Pieretti 26-30. Einmal benennt A. die historische Dimension als Merkmal nicht nur der christlichen, sondern jeder r. (*qu. c. pag.* 13). – [58] Ib. 46: «in religione, qui ad unum uocant, eorum maior et fide dignior esse debet auctoritas»; cf. ib. 13; *util. cred.* 19sq.29sq. *Vtil. cred.* ist insgesamt eine methodische Anleitung zur Auffindung der ‹uera r.›, wobei A. dem manichäischen Adressaten die auch heilsökonomische Unentbehrlichkeit von ‹fides› und ↗‹credere› nahezubringen sucht (besonders ib. 24); cf. Speigl, Religionsbegriff 50-54. Zu r. und ‹auctoritas› cf. auch *mus.* 6,1. – [59] Ib. 10,32: «haec est religio, quae uniuersalem continet uiam animae liberandae, quoniam nulla nisi hac liberari potest»; cf. ib.: «ista liberandae animae uniuersalis uia, quae non est alia quam religio christiana»; cf. Clark 135-140; Speigl, Theologie 35-43. – [60] Z.B. ib. 10,25. – [61] Ib. 4,29; 8,17.22. Darum ist auch abergläubisches Verhalten innerhalb des Christentums zu vemeiden (*inq. Ian.* (= *ep.* 54.55) 2,35). – [62] Ib. 7,32sq.; cf. *retr.* 1,13,3; *qu. c. pag.* 12.15; cf. Bouillard 457-459; Kobusch 124; Madec 209sq. Fast gleichgesetzt werden ↗‹ciuitas dei› und christliche r. in *ciu.* 17,4: «ipsam religionem christianam, ipsam ciuitatem dei, cuius rex est et conditor Christus, ipsam postremo dei gratiam». – [63] Cf. den Boeft 246-248.

3. R. in der Auseinandersetzung mit anderen religiösen Gruppierungen.

– Entsprechend seiner christlich-apologetischen Herkunft erscheint der r.-Begriff bei A. besonders häufig im kontroverstheologischen Zusammenhang.

a) Heiden.

– Die Heiden verfehlen die wahre r. vor allem, weil sie, wie von Paulus diagnostiziert, die Geschöpfe anstelle des Schöpfers verehren [64]; hier liegt der Hauptunterschied zur ‹perfecta r.› des Christentums [65]. Besonders schwer wiegt dieser Vorwurf bei philosophisch Gebildeten, die wider besseres Wissen aus Angst vor der Masse oder aus Hochmut an ihrem Irrtum festhalten [66]. In *ciu.* [67] begründet A. seine Kritik an der römischen Religion und ihrer Interpretation durch die varronische ↗‹theologia tripertita› [68] unter anderem mit dem von ↗Varro selbst [69] eingeräumten Charakter der ‹theologia ciuilis› (*ciu.* 6,5) als staatlicher, mithin menschlicher Institution und Konvention [70]. Die römischen Gebildeten haben aus Staatsräson oder machtpolitischem Interesse ‹theologia ciuilis› und ‹theologia naturalis› getrennt und die Wahrheit über das Wesen des Göttlichen vor dem Volk geheim gehalten; damit ist r. zu einem Instrument der Unwissenheit und Versklavung pervertiert worden [71]. Die Inkonsistenzen der antiken Gewährsleute entlarven unfreiwillig die Falschheit der römischen Religion: Ciceros Versuch, unter Berufung auf die ‹maiores› r. und ‹superstitio› voneinander abzugrenzen, läßt den Vorwurf der ‹superstitio› auf die ‹maiores› selbst zurückfallen [72]; Varro weist in seinen *Res diuinae* entgegen seiner expliziten Intention den ‹superstitio›-Charakter der römischen Kulte nach (*ciu.* 6,2). Den

Platonikern wiederum wirft A. vor, daß sie mit ihrer Konzeption von den Dämonen als Mittlern zwischen Gott und Menschen und der daraus abgeleiteten Rechtfertigung der polytheistischen Kulte die Unterwerfung der Seele unter unreine Geister befördern und ihre Befreiung durch die wahre r. verhindern [73]. Während die Dämonen gegen das Verbot Gottes (*Ex* 22,20; cf. *ciu.* 10,17) aus ‹superbia› religiöse Verehrung für sich fordern, weisen uns gute Engel demütig darauf hin, daß solche nur Gott gebührt [74]. Eine Auseinandersetzung mit dem r.-Begriff des hermetischen *Asclepius*, wonach Statuen zwar menschengemacht sind, aber dennoch den Kontakt zum Göttlichen im Sinne der hermetischen ‹mentis r.› garantieren, enthält *ciu.* 8,23sq. (ib. 8,24 = Ps. Apul. *Ascl.* 37) [75].

Anmerkungen. – [64] *Rm* 1,25; Zitate oder Anspielungen in *uera rel.* 19; *cons. eu.* 1,52; *ciu.* 4,29; *ep.* 184A,5; *en. Ps.* 113,2,4. – [65] *Vera rel.* 19: «non ergo creaturae potius quam creatori seruiamus (cf. *Rm* 1,25) nec euanescamus in cogitationibus nostris (cf. ib. 1,21) et perfecta religio est»; cf. Madec 196sq. *Rm* 1,21 wird im selben Sinne auch in *ciu.* 8,23; 10,1 zitiert. – [66] *Vera rel.* 2 (Plato und die Sokratiker); *ciu.* 6,6 (Varro).10 (Seneca). Die ‹Furcht vor dem Schierling› ist ein altes apologetisches Motiv; cf. Eus. *p. e.* 13,14,13 (SC 307, p. 404); Ps.-Just. *coh. Gr.* 20,1 Marcovich. – [67] Zu den Berührungen von *ciu.* und *uera rel.* cf. Madec. – [68] Cf. Speigl, Theologie 11-28; Gnilka; Vössing 177-181. Allgemein zu A.s Auseinandersetzung mit der römischen Religion und mit Varro: Cardauns; Marafioti 108-136; Rebillard (jeweils mit weiterer Literatur). Zu *ciu.* 11-22 als ‹disputatio religionis› mit den Platonikern cf. ib. 11,5. – [69] Fr. 5 Cardauns bei A. *ciu.* 6,4. – [70] Ib. 6,4: «quod prius extiterint ciuitates, deinde ab eis haec instituta sint. uera autem religio non a terrena aliqua ciuitate instituta est, sed plane caelestem ipsa instituit ciuitatem»; ↗Di gentium. – [71] Ib. 4,27: «expedire igitur existimat falli in religione ciuitatis. … praeclara religio, quo confugiat liberandus infirmus, et cum ueritatem qua liberetur inquirat, credatur ei expedire quod fallitur»; zur Diskussion um dieses Kapitel cf. Fortin. Cf. auch *ciu.* 4,31. – [72] Ib. 4,30 mit Zitat von Cic. *nat. deor.* 2,70-72; cf. die Kritik derselben Stelle bei Lact. *inst.* 4,28. Zur Antithese von r. und ‹superstitio› im antipaganen Kontext cf. noch *cons. eu.* 1,24; *ciu.* 7,26.35; *qu. c. pag.* 18-20; *ep.* 17,2; 184A,5; mit historischer Dimension s. *Frangip.* 8,5: «ut uetus superstitio consummetur, et noua religio perficiatur» (cf. *2 Cor* 5,17). – [73] Ib. 8,17: «qua igitur insipientia uel potius amentia per aliquam religionem daemonibus subdimur, cum per ueram religionem ab ea uitiositate, in qua illis sumus similes, liberemur?»; cf. Speigl, Theologie 28-34; ↗Daemon(es), ↗Plato, Platonici. – [74] Ib. 9,23; 10,16; *qu. c. pag.* 20; s. Dolbeau 26,46sq. und schon *uera rel.* 110sq.; cf. Klöckener 164sq. – [75] ↗Hermes Trismegistus, 3,310sq.; cf. Clooney 146-151. Den Vorwurf der Konventionalität (*ciu.* 8,24: «instituit») teilt die ägyptische mit der römischen Religion; cf. ib. 6,4.

b) Manichäer.

– Dem Anspruch der ↗‹Manichaei› auf r. tritt A. im Schlußkapitel von *Gn. adu. Man.* mit einer Gegenüberstellung der wichtigsten christlichen Lehrentscheidungen und der entsprechenden manichäischen Irrlehren entgegen; der r.-Begriff wird dabei wie in *uera rel.* 1 zugleich dogmatisch und im Sinne der ‹pietas› gefaßt [76]. Faustus von Mileve formuliert zur Abwehr des

Vorwurfs, daß der Manichäismus lediglich eine Abspaltung (↗‹schisma›) des Heidentums sei, ein Glaubensbekenntnis und postuliert die Vergleichbarkeit der manichäischen und katholischen Christusfrömmigkeit [77]. A. weist dies entsprechend der Systematik von *uera rel.* mit dem Hinweis auf die manichäischen Irrlehren über Christus zurück (*c. Faust.* 20,13). Mehrfach wird *Rm* 1,25 auf die Manichäer bezogen [78] und der ursprünglich antipagane apologetische ‹superstitio›-Vorwurf auf sie übertragen [79].

Anmerkungen. – [76] *Gn. adu. Man.* 2,43: «cum Manichaeis nobis de religione quaestio est, quaestio autem religionis est, quid de deo pie sentiatur». – [77] Faust. A. *c. Faust.* 20,1sq.; cf. besonders ib. 20,2: «et nobis circa uniuersa et uobis similiter erga panem et calicem par religio est»; cf. SPEIGL, Ausrichtung 30-33. – [78] *C. Faust.* 14,10: «‹et coluerunt et seruierunt creaturae potius, quam creatori›»; ib. 14,11: «proinde isti in phantasmatis fabularum suarum idola et daemonia nescientes colunt»; cf. ib. 20,19; *conf.* 5,5. – [79] *Acad.* 2,8; *mor.* 1,74; *conf.* 4,1.

c) Donatisten. – Gegenüber den Donatisten verteidigt A. das Recht der weltlichen Gewalt, in religiöse Fragen einzugreifen, mit dem Analogon der antipaganen Gesetzgebung [80]; weder das Leiden unter derartigen Strafmaßnahmen noch die subjektive Überzeugung von der eigenen r. mache Heiden oder Donatisten zu Märtyrern [81]. Um eine Subsumption unter die Häretikergesetze zu vermeiden und um von der Scheu der Kaiser, gegen von den Katholiken nach Dogma und Ritus kaum zu unterscheidende Gruppierungen vorzugehen, zu profitieren [82], betonten die Donatisten die Identität ihrer r. mit derjenigen der Katholiken und verwahrten sich gegen den a. Vorwurf der Häresie [83]. A. verweist dagegen auf die Wiedertaufe, an der die Donatisten, nähmen sie ihre Worte ernst, nicht festhalten dürften: Die Taufe ist ja wesentlicher Bestandteil der christlichen r. [84]. Mit der Opposition von r. und ‹superstitio› operiert A. nur gegenüber Gaudentius, der die von dem ‹tribunus et notarius› Dulcitius ihm gegenüber gebrauchte briefliche Anrede «tua religio» (*c. Gaud.* 1,2sq.) [85] in ein Zeugnis seiner Rechtgläubigkeit umzudeuten versucht hatte [86]. Nach dieser terminologischen Festlegung ist freilich, so A., Häresie ‹superstitio› [87], und Gaudentius hat sich selbst das Zeugnis der Häresie ausgestellt, indem er die Anrede ‹tua religio› dem katholischen Tribun gegenüber erwiderte (ib.).

Anmerkungen. – [80] *C. ep. Parm.* 1,15: «pertinere ad imperatorem aduersus eos aliquid statuere qui praua in religione sectantur»; cf. *Cresc.* 3,56; *c. Gaud.* 2,13; *ep.* 105,7. Zur Formulierung cf. Liu. 39,15,3: «prauis et externis religionibus». – [81] *C. ep. Parm.* 1,15: «martyr habendus est, quia pro superstitione, quam piam religionem putabat, poenas legibus luit?»; ↗Martyres, martyrium, 3,1191sq. – [82] Cf. BUENACASA PÉREZ und zu den staat-

lichen antidonatistischen Maßnahmen ↗Donatistae, 2,618-621. Die katholischen Bischöfe suchten dagegen eben diese Subsumption zu erreichen; A. unterscheidet in den antidonatistischen Schriften daher nicht mehr, wie in *uera rel.* 9, zwischen Schisma und Häresie (↗Haeresis, haeretici, 3,297sq.). Opposition von Donatismus und ‹christiana r.›: *ep.* 97,4. – [83] Cresc. A. *Cresc.* 2,4: «una religio, eadem sacramenta, nihil in christiana obseruatione diuersum». – [84] *Cresc.* 2,6; cf. *ep.* 105,12: «religio baptismatis». A. zitiert 9mal die ungeschickte, ihm argumentativ entgegenkommende Formulierung des Cresconius in *Cresc.* 2,5-12. – [85] Die seit dem 4. Jh. belegte Anrede (‹r. tua›) ist protokollarisch nicht festgelegt. A. verwendet sie einige Male (*an. et or.* 2,23 und rund 5mal in den Briefen; nie gegenüber Bischöfen). Der Arianerbischof Maximinus gebraucht sie standardmäßig gegenüber A. (Maximin. A. *conl. Max.* 1 und ca. 10mal). – [86] Gaud. A. *c. Gaud.* 2,12: «intellege, quia in ueritate religio dicitur, in fallacia superstitio nominatur». – [87] Ib. 2,12: «cum haeresis non religio, sed superstitio, religio autem non in falsitate, sed in ueritate propria locutione dicatur. proinde secundum hanc expositionem tuam uerus dei cultus religio, falsus autem superstitio nuncupatur». Der letzte Satz fast wörtlich nach Lact. *inst.* 4,28,11; cf. SPEIGL, Ausrichtung 36-40. Cf. *Cod. Theod.* 16,5,39: «Donatistae superstitionis haereticos»; cf. *correct.* (= *ep.* 185) 16; ↗Donatistae, 2,619.

d) Pelagianer. – Im pelagianischen Streit (↗Pelagius, Pelagiani) wird der r.-Begriff seltener thematisiert. A. bemerkt, die Frage nach der Erbsünde tangiere den Kern der christlichen Religion [88]; umgekehrt beansprucht Julian von Aeclanum gegenüber A. die Rolle des Verteidigers der katholischen r. [89]. A. zitiert Ambr. *in Luc.* 7,27 («deus quos dignatur, uocat et quem uult religiosum facit») formelhaft als Beleg dafür, daß das gläubige Bemühen um Gott selbst bereits Gnadengabe Gottes ist (*gr. et pecc. or.* 1,51) [90].

Anmerkungen. – [88] *C. Iul.* 1,34: «tam magna causa, ubi christianae religionis summa consistit»; cf. ib. 6,83. – [89] Iulian. A. *c. Iul. imp.* 1,12; 2,236. – [90] Cf. *perseu.* 49sq.; *c. Iul. imp.* 1,93.135.138; 2,85; *ep.* 194,4. Weiterreichende Überlegungen bei SPEIGL, Ausrichtung 40-43.

Bibliographie. – M. BEARD/J. NORTH/S.R.F. PRICE, *Religions of Rome* 1. *A History*, Cambridge 1998. – A. BENDLIN, Religion I. Einleitung: DNP 10 (2001) 888-891. – A. BERGMANN, *Die ‹Grundbedeutung› des lateinischen Wortes Religion*, Marburg 1998. – I. BOCHET, «Non aliam esse philosophiam (…) et aliam religionem» (Augustin, *De uer. rel.* 5,8): *Les apologistes chrétiens et la culture grecque* (éd. par B. POUDERON/J. DORÉ), Paris 1998, 333-353. – J. DEN BOEFT, Some Etymologies in Augustine's *De Civitate Dei* X: VigChr 33 (1979) 242-259. – H. BOUILLARD, La formation du concept de religion en Occident: *Humanisme et foi chrétienne. Mélanges scientifiques du centenaire de l'Institut Catholique de Paris*, Paris 1976, 451-461. – C. BUENACASA PÉREZ, Augustine on Donatism: Converting a Schism into an Heresy: StPatr 49 (2010) 79-84. – B. CARDAUNS, Di gentium: AL 2 (1996-2002) 368-381. – G. CLARK, Augustine's Porphyry and the universal way of salvation: *Studies on Porphyry* (ed. by G. KARAMANOLIS/A. SHEPPARD), London 2007, 127-140. – F.X. CLOONEY, Augustine, Apuleius, and Hermes Trismegistus: The *City of God* and Advice on How (Not) to Read Hindu Texts: *Augustine and World Religions* (ed. by B. BROWN/J. DOODY/K. PAFFENROTH), Lanham, Md. et al. 2008, 141-172. – B. COLOT, *Lactance. Penser la conversion de Rome au temps de Constantin*, Firenze 2016. – E. FEIL, *Religio. Die Geschichte eines neuzeitlichen Grundbegriffs vom Frühchristentum bis zur Reformation*, Göttingen 1986. – E.L. FORTIN,

Augustine and Roman Civil Religion: Some Critical Reflections: REAug 26 (1980) 238-256. – C. Gnilka, Il Dio Ignoto nel IV Libro della *Città di Dio* di Sant'Agostino / Der Unbekannte Gott im vierten Buch der *Civitas Dei* Augustins: *Auctoritas. Mondo tardoantico e riflessi contemporanei* (a cura di M.V. Cerutti), Siena 2012, 15-65. – M. Kahlos, Religio: RAC 28 (2018) 992-1014. – M. Klöckener, Cultus: AL 2 (1996-2002) 157-166. – T. Kobusch, Das Christentum als die Religion der Wahrheit. Überlegungen zu Augustins Begriff des Kultus: REAug 29 (1983) 97-128. – J. Lössl, *Religio, philosophia* und *pulchritudo*. Ihr Zusammenhang nach Augustinus, *De vera religione*: VigChr 47 (1993) 363-373. – Id., Einleitung: AOW 68 (2007) 7-74. – G. Madec, Le *De ciuitate Dei* comme *De uera religione*: Petites *études augustiniennes*, Paris 1994, 189-213. – D. Marafioti, Agostino e Varrone: La teologia tripartita e la critica al paganesimo nel *De civitate Dei: Deum et animam scire cupio. Agostino alla ricerca del vero su Dio e l'uomo* (a cura di G. Di Palma), Napoli 2010, 95-138. – V. Neri, Al di là del conflitto: proposte e modalità di convivenza con il cristianesimo nel paganesimo romano del IV secolo (Simmaco, Ammiano Marcellino, *Historia Augusta*): *Auctoritas. Mondo tardoantico e riflessi contemporanei* (a cura di M.V. Cerutti), Siena 2012, 97-120. – A. Pieretti, La vera filosofia come vera religione: *Deum et animam scire cupio. Agostino alla ricerca del vero su Dio e l'uomo* (a cura di G. Di Palma), Napoli 2010, 21-42. – E. Rebillard, Dialogue or Conflict? Augustine on Roman Religion: *Kampf/Dialog* 279-292. – J. Rüpke, Religion X. Rom: DNP 10 (2001) 910-917. – Id., *Römische Religion in republikanischer Zeit. Rationalisierung und ritueller Wandel*, Darmstadt 2014. – M. Sachot, «Religio/superstitio». Historique d'une subversion et d'un retournement: RHR 208 (1991) 355-394. – J. Scheid, *Religion et piété à Rome*, Paris 1985. – J. Speigl, Der Religionsbegriff Augustins: AHC 27/28 (1995/1996) 29-60. – Id., Zur universalen Theologie Augustins: De civitate dei: Aug(L) 50 (2000) 9-63. – Id., Zur apologetischen und antihäretischen Ausrichtung des Religionsbegriffes Augustins: ZMR 86 (2002) 26-43. – I. Tanaseanu-Döbler, Religion: RAC 28 (2018) 1014-1082. – K. Vössing, Das Verhältnis ‹religio› – ‹superstitio› und Augustins *De ciuitate dei*: *Kampf/Dialog* 141-185.

Christian Tornau

Reliquiae (martyrum)

I. Entwicklung der Reliquienverehrung bis zur Zeit A.s – II. Reliquienkult im a. Nordafrika – III. Bedeutung der r. für A. – 1. Zur Terminologie – 2. Sukzessive theologische Integration – 3. Die ‹libelli miraculorum›

I. Entwicklung der Reliquienverehrung bis zur Zeit A.s. – In den ersten drei christlichen Jahrhunderten finden sich zwar keine Hinweise auf einen entfalteten Reliquienkult, doch vereinzelte Zeugnisse einer sich zunächst in antignostischer Tendenz entwickelnden Verehrung einerseits der leiblichen Überreste der Märtyrer (Primär- oder Körperreliquien) – insofern deren im Himmel weilende Seele mit dem der Auferstehung harrenden Leib nach wie vor verbunden sei und ihm dadurch himmlische Kraft (‹uirtus›) vermittle – und andererseits von Gegenständen, die entweder zu deren Lebensutensilien zählten (z.B. Kleidungsstücke) oder mit deren Leichnam bzw. Grab in

Kontakt gekommen waren (Sekundär- oder Berührungs-/Kontaktreliquien) [1]. Die Heil(s)kraft der r. ließ diese vielfach an die Stelle der paganen Amulette treten und deren Schutzfunktion übernehmen, wiewohl dieses nunmehr christliche Phylakterienwesen durchaus zwiespältig blieb [2], zumal als die nach dem Ende der Verfolgungszeit intensivierte Märtyrerverehrung (↗Martyres, martyrium) eo ipso den Reliquienkult forcierte, speziell im Martyriumsfanatismus donatistischer Prägung (↗Circumcelliones) [3]. Der mit der immer essentielleren Verbindung von Reliquiengrab und Altar gesteigerte Bedarf an r. bedingte zum einen die Praxis der Reliquienteilung, welcher im Westen zwar die vom römischen Sakralrecht untersagte Öffnung von Gräbern entgegenstand [4], theologischerseits jedoch Legitimität zuerkannt wurde [5], und zum anderen – alternativ zur Zerteilung von Körperreliquien – ein enormes Anwachsen von Zahl und Bedeutung der Kontaktreliquien [6]. Um so aufsehenerregender und für die Einbettung des Reliquienkults in eine liturgisch-kultisch kontrollierte Märtyrerverehrung wegweisend waren daher Auffindung, Erhebung, Überführung und Neubestattung der Gebeine der heiligen Märtyrer Gervasius und Protasius durch Ambrosius im Juni 386 [7].

Anmerkungen. – [1] Cf. Angenendt, *Heilige* 149-158; id., *Reliquien* 69sq. Für früheste Beispiele (*M. Polyc.* 17sq.; *Pass. Perp.* 21) sowie zum folgenden ferner Corbett; Kötting; Dölger. – [2] Z.B. die in *Pass. Fructuos.* 6 und bei Prud. *perist.* 6,130-141 berichtete Mahnung des visionär erscheinenden Fructuosus, die usurpierten Aschenreste zwecks Beisetzung wieder zurückzubringen. – [3] Cf. Klöckener, Martyres 1191sq.; exemplarisch der von ↗Optatus von Mileve überlieferte Fall der Donatistin Lucilla (Optat. 1,16), die im Jahr 310/311 Knochenreste eines kirchlicherseits noch nicht anerkannten Märtyrers mit sich trug (cf. Dölger 245-248; Saxer, *Morts* 233-235). – [4] Cf. das noch im Februar 386 erneuerte Verbot: «humanum corpus nemo ad alterum locum transferat; nemo martyrem distrahat, nemo mercetur» (*Cod. Theod.* 9,17,7). – [5] Z.B. durch Gaudentius (*serm.* 17,35sq.) und Victricius' ‹Theologie der Reliquien› in *De laude sanctorum* (cf. Victric. 10 ll. 18sq.: «ubi est aliquid, ibi totum est»); cf. Kötting 66-68. – [6] Cf. Kötting 68-74; umfassend (auch zur Praxis des Ostens, wo man den Rang der neugegründeten Kaiserstadt gerade durch Erwerb von r. aufzuwerten suchte) Delehaye 50-68; Leclercq 2302-2307; Pasquato 210-225. – [7] Cf. Ambrosius' eigenen Bericht in *epist.* 10,77; dazu Dassmann 129sq.150-154; Zangara 119-123; ↗Mediolan(i)um.

II. Reliquienkult im a. Nordafrika. – Reicher als die literarischen fließen für den Reliquienkult im a. Nordafrika zwar die archäologischen Quellen, doch geben vor allem zwei karthagische Synodenbeschlüsse Hinweise auf die spezifisch nordafrikanische Problematik des Märtyrer- und Reliquienkults im 4./5. Jh. [8]. Zum einen wird die bis zum Suizid führende donatistische Martyriumsmystik gebrandmarkt, welche ihrerseits mit einem pervertierten Reliquienkult, speziell des Blutes, einherging, wie noch A. selbst in einer Cypriansspredigt präzisiert [9] und darin den Donatisten das Paradoxon vorhält, sich zwar von der Wurzel der östlichen Kirchen abgetrennt zu haben, gleichzeitig aber ihren von dort gebrachten Erdenstaub (als Kontaktreliquie) anzubeten (*ep.* 52,2). Auf eine unkontrollierte Inflation der r. reagiert zum anderen jener von A. mitgetragene Beschluß «de falsis memoriis martyrum» der Synode von 401, welcher den Ortsbischöfen die Pflicht zur Zerstörung jener Altäre auferlegt, «in quibus nullum corpus aut reliquiae martyrum conditae probantur» (*Reg. eccl. Carth. exc.* c. 83 (CCL 149, p. 204)). Den kräftigsten Aufschwung erlebte der nordafrikanische Reliquienkult freilich durch die rasche Verbreitung der 415 entdeckten ↗Stephanus-r., welche vermutlich durch ↗Orosius zunächst an ↗Euodius, Bischof von Uzalis, überbracht und von dort aus weiter verteilt wurden [10].

Die r. selbst bestanden, sofern Primärreliquien, aus Staub und Asche, die möglicherweise von Knochenpartikeln und/oder organischer Substanz herrührten, in Einzelfällen auch aus eingetrockneten Blutspuren, wobei sowohl literarische als auch epigraphisch-archäologische Zeugnisse hier bemerkenswert vage und unbestimmt bleiben [11] und ab dem 5. Jh. fast ausschließlich von Kontaktreliquien auszugehen ist. Als Reliquiare dienten zumeist einfache Tonkrüge sowie Kästchen aus Stein oder Terrakotta, in seltenen Fällen auch in sarkophagartig gestalteten Holz- oder Marmorschreinen eingeschlossene kostbare Behälter aus Edelmetall [12]; ihre ‹depositio› erfolgte nach feierlicher, vom Ortsbischof geleiteter Prozession [13] in einem Hohlraum des Altarsockels oder unter einer Bodenplatte.

Anmerkungen. – [8] *Conc. Carth.* a. 345-348 c. 2 (CCL 149, pp. 4sq.) und *Reg. eccl. Carth. exc.* c. 83 (ib., pp. 204sq.); cf. DUVAL, *Loca* 543-545; SAXER, *Morts* 235-238; id., Problem 106-109; VAN DER MEER 499-501. – [9] *S. Guelf.* 28,5: «illi sunt homicidae ampliores, qui corpora praecipitatorum cum honore colligunt, qui praecipitatorum sanguinem excipiunt, qui eorum sepulchra honorant». – [10] Cf. DUVAL, *Loca* 624-632; ead., Culte 51-58; zur Ungewißheit der Rolle des Orosius für den Reliquientransfer nach Nordafrika cf. GAUGE 281-286; LE GROUPE DE RECHERCHES ... 19-23. – [11] Ein einziges Mal präzisiert A. die Natur der Stephanus-r. als «exiguus puluis» bzw. «cinis» und spricht von der «caro sancti Stephani», welche «per singula loca diffamatur» (*s.* 317,1); bewußt undeutlich bleibt deren Beschreibung im Wunderkatalog von Uzalis: «ampulla quaedam ... intra se habens sanguinis quamdam aspersionem et aristarum quasi ossuum significationem» (*Mirac. Steph.* 1,1). Cf. kritisch-differenziert DUVAL, *Loca* 546.549sq.; ead., Culte 48-51.66. – [12] Cf. DUVAL, *Loca* 548sq.; ROETZER 68sq.; VAN DER MEER 496-498 (samt Abbildung der kunstvoll reliefierten Silberkapsel von Aïn Zirara nach p. 512); MEYERS (Ed.), Abb. 3sq.14.18sq.23sq.26 nach p. 392; umfassend LECLERCQ 2325-2337. – [13] Cf. DUVAL, *Loca* 568-574.

III. Bedeutung der r. für A. – 1. Zur Terminologie. – Nur fünf der rund 220 a. Belege des Pluraletantums r. beziehen sich auf Reliquien [14], alle übrigen – ca. zwei Fünftel davon Bibelzitate – auf andersartige ‹Reste› [15]. Vereinzelt gebraucht A. allerdings auch ↗‹memoria martyris› und ‹memoria martyrum›, womit er neben Akt und Inhalt des erinnernden Gedenkens sowohl Gedächtnisstätte als auch -feier(tag) denotieren kann [16], zur Bezeichnung der Reliquien, wobei mitunter eine semantische Ambivalenz bestehen bleibt [17]. A.s Ringen um theologische Klärung der Reliquienverehrung läßt sich vornehmlich aus seinen sich in zwei bzw. drei Perioden wachsender Akzeptanz entfaltenden Aussagen über die damit verbundenen Heilungswunder (↗Mirabilia, miraculum) erschließen [18].

Anmerkungen. – [14] *Ep.* 212; *s.* 275,3; 318,1. – [15] Meist negativ konnotiert, z.B. ‹r. tenebrarum› (*conf.* 11,2; *s.* 182,5) oder ‹r. holocausti› (*qu.* 3,9). Unter den Bibelzitaten dominieren – positiv besetzt – *Rm* 9,27: «reliquiae saluae fient» (cf. *Is* 10,22) und *Rm* 11,5: «reliquiae secundum electionem gratiae factae sunt». – [16] Cf. O'DONNELL 1254sq.; KLÖCKENER, Martyres 1186. – [17] In drei Berichten des Wunderkatalogs *ciu.* 22,8 schaffen Bewegungsverben Eindeutigkeit (cf. DUVAL, *Loca* 545; SAXER, *Morts* 261sq.); in diesem Sinn wohl auch *ciu.* 22,10; *cura mort.* 22; *s.* 286,4. Ambivalent hingegen z.B. *ciu.* 22,8; *en. Ps.* 118,30,5. – [18] Cf. in nuce ROESSLI 27sq.; VANNIER; ausführlicher COURCELLE 139-148; TANGANAGBA 20-50. Zum folgenden cf. ferner SAXER, *Morts* 231sq.240-279; ZELLINGER 52-62.

2. Sukzessive theologische Integration. – Die zwei Monate vor seiner Konversion erfolgte ‹inuentio› und mit Wundern verknüpfte ‹translatio› der Mailänder Märtyrerreliquien übten auf A. keinen nachhaltigen Eindruck aus. Noch ca. vier Jahre später übergeht er sie schweigend [19], während er sich ihrer in *conf.* 9,16 erst anläßlich seiner Initiation erinnert und sie chronologisch nachträgt [20].

In der damit eingeleiteten mittleren Phase erkennt A. die Wirkkraft von r. zwar grundsätzlich an, bleibt jedoch merklich distanziert: Mögen die Wunder auch in Nola und Mailand «apud memoriam sanctorum» geschehen, so doch nicht in Afrika, selbst wenn es «sanctorum martyrum corporibus plena est» (*ep.* 78,3, ca. 401-403) [21]. Etwa zeitgleich warnt er vor mönchischen Scharlatanen, welche durch Reliquienhandel zu Geld kommen wollen [22], was somit einen bestehenden Abusus verrät. Polemisiert A. in dieser Phase gelegentlich gegen den donatistischen Martyriums- und Reliquienfanatismus, so sieht er sich nach 411 zu einer verstärkten Auseinandersetzung mit dem Reliquienkult genötigt, insofern dieser sowohl durch die Rückkehr der ↗‹Donatistae› in die Catholica Aufwind erhält [23] als auch mit der Verbreitung von Stephanus-r. nach 415 zur Hochblüte gelangt. In Folge deren (später) Ankunft und ‹depositio› in Hippo (424/425) wird diese Periode der positiven Rezeption und theologisch-kirchlichen Integration hauptsächlich durch Predigten und *ciu.* 22,8-10 sowie die von A. initiierten ‹libelli miraculorum› faßbar.

So stellt er sich in *s.* 286 – gehalten am Festtag der Mailänder Märtyrer in der ‹uilla Victoriana› von Argentarium nahe Hippo, wohin Reliquienpartikel gelangt waren – affirmativ als Augenzeuge der Blindenheilung während der Mailänder Reliquientranslation dar [24] und erkennt deren andauernde Wunderkraft nun nicht mehr nur für Mailand, sondern auch für die aktuelle Gedächtnisstätte an [25]. Speziell in den anläßlich der Ankunft der Stephanus-r., ihrer ‹depositio› am Weihetag der Stephanus-Memoria [26] sowie eines Jahrestags der Weihe in Hippo gehaltenen Predigten *s.* 317-319 (↗Festa sanctorum et martyrum) gibt A. dem von ihm nunmehr forcierten Reliquienkult [27] eine christozentrische Ausrichtung [28]: Nicht zu Ehren des Märtyrers wird der Altar mit den darin geborgenen r. errichtet, sondern zur Ehre Gottes bzw. Christi, der den Märtyrer durch sein Blut erlöst hat und den zu bezeugen dieser nun seinerseits sein Blut vergießt [29]; und wie Stephanus nicht in seinem eigenen Namen Wunder gewirkt hat, so geschehen diese nun an den Stätten der r. ‹in nomine Christi› [30]. Die große Wirkung des «exiguus puluis» – «cinis latet, beneficia patent» (ib. 317,1) – weist über die auf Fürbitte des Märtyrers erbetenen zeitlichen Wohltaten auf die verheißenen ewigen hinaus, sofern dessen Glaubensvorbild entsprechende Nachahmung findet [31]. Den r. kommt somit die Funktion eines ‹signum› im Blick auf jene ‹res› (↗Signum-res) zu, die im auferweckenden Heilshandeln Gottes kulminiert [32]: Insofern die Märtyrer als Zeugen für die leibliche Auferstehung Christi gestorben sind, bestätigt sich anhand der kraft ihrer r. und Fürbitte geschehenden Wunder die Wahrheit ihrer Verkündigung und erfährt der Auferstehungsglaube somit Stärkung, wie A. im Anschluß an den Wunderkatalog *ciu.* 22,8 [33] theologisch schlußfolgert [34].

Anmerkungen. – [19] *Vera rel.* 47. Gegen Lebensende wird er die ib. (sowie in *s.* 88,2sq.) geäußerte Ansicht, äußerlich sichtbare Wunder würden sich in nachapostolischer Zeit nicht mehr ereignen, in *retr.* 1,13,7 unter explizitem Verweis auf die Mailänder Märtyrer korrigieren. – [20] Cf. Marasco zur gegenüber Ambr. *epist.* 10,77 kirchenpolitisch universaleren Akzentuierung; ferner Zangara 124-126. – [21] Als Begründung dient *1 Cor* 12,11: die unterschiedlichen Gnadengaben. – [22] *Op. mon.* 36: «alii membra martyrum, si tamen martyrum, uenditant». – [23] Cf. Saxer, Problem 109-111. – [24] Ib. 286,4; Festtag war also das Datum ihrer Mailänder ‹inuentio› bzw. ‹deposi-

tio› (19.6.). Zur Akzentverschiebung gegenüber *conf.* 9,16 cf. Zangara 128-131; skeptisch zu faktischer Augenzeugenschaft Courcelle 148-151; Vannier 44. – [25] *Cura mort.* 21; *ciu.* 22,8 (Dämonenbefreiung und Augenheilung). – [26] Ib. 318,1; Auffindung und Verteilung verdanken sich also Gottes Offenbarung und Willen (cf. ib. 319,6). – [27] So schließt etwa das an seinen Bischofskollegen Quintilian adressierte Empfehlungsschreiben zugunsten der Witwe Galla und deren Tochter, der Jungfrau Simplicia, mit dem Hinweis: «portant sane secum reliquias beatissimi et gloriosissimi martyris Stephani, quas non ignorat sanctitas uestra, sicut et nos fecimus, quam conuenienter honorare debeatis» (*ep.* 212). – [28] Cf. Klöckener, Festa 1298sq. – [29] Ib. 318,1; zum Motiv der Christusnachfolge der Märtyrer cf. Klöckener, Martyres 1188sq., zur Christozentrik der a. Martyrologie Mayer 225-236. – [30] Ib. 319,1sq.; prägnant ib. 316,1 (gehalten an einem 26.12.): «fecit Stephanus, sed per nomen Christi». – [31] Ib. 317,1: «cogitate, carissimi, quae nobis deus seruet in regione uiuorum, qui tanta praestat de puluere mortuorum. caro sancti Stephani per loca singula diffamatur: sed fidei eius meritum commendatur. sic exspectemus consequi temporalia beneficia, ut eum imitando accipere mereamur aeterna»; cf. ib. 319,6 mit Betonung des Fürbittgebets seitens des Erzmärtyrers. – [32] Cf. brillant in einer Vincentius-Predigt: «quid enim agit deus, mira opera faciendo circa sanctorum corpora defunctorum, nisi testimonium perhibet, sibi non perire quod moritur; et ut hinc intellegatur in quali honore secum habeat animas occisorum, quando caro exanimis tanto effectu diuinitatis ornatur? ... prouidentia creatoris cadaueribus martyrum tam praeclara miraculorum testimonia praestando abundantiorem honorem exsanguibus reliquiis hominum circumponit» (ib. 275,3). – [33] Cf. dazu van der Meer 559-572; Saxer, *Morts* 254-269; Tanganagba 36-50. – [34] Ib. 22,9: «cui, nisi huic fidei adtestantur ista miracula, in qua praedicatur Christus resurrexisse in carne et in caelum ascendisse cum carne? quia et ipsi martyres huius fidei martyres, id est huius fidei testes, fuerunt ... pro ista fide mortui sunt ... ut in his miraculis tanta ista potentia sequeretur»; ib. 22,10: «credamus ergo eis et uera dicentibus et mira facientibus. dicendo enim uera passi sunt, ut possint facere mira»; cf. Vannier 46sq.; Roessli 28.

3. Die ‹libelli miraculorum›. – Als Instrument der kirchlich verbürgten Authentifizierung sowie breiteren Bekanntmachung der vielfach durch mittelbaren Kontakt mit r. gewirkten Wunder dienten die von A. selbst initiierten ‹libelli miraculorum› [35]. Zur Abfassungszeit von *ciu.* 22 (426/427) belief sich deren Zahl allein in Hippo bereits auf nahezu 70, und in Calama war sie noch bedeutend höher, während am Ort der ersten nordafrikanischen Stephanus-Memoria, in Uzalis, erst ‹nuper› auf explizite Anregung A.s mit derartigen Aufzeichnungen begonnen worden war [36], welche in der Sammlung *De miraculis sancti Stephani* erhalten sind [37]. Die von Zeugen der Wunderheilungen oder den Geheilten selbst zu Protokoll gegebenen und meist vom Ortsbischof oder in dessen kirchlichem Umfeld abgefaßten bzw. redigierten Berichte [38] waren zur Verlesung im Gottesdienst bestimmt, wie etwa der in *s.* 322 überlieferte ‹libellus› über die am Ostersonntag 426 (?) in der Stephanus-Memoria von Hippo geschehene Heilung des Paulus bezeugt [39], und zielten auf die Verherrlichung Gottes sowie die glaubensstärkende Verinnerlichung seitens der Hörer [40].

Anmerkungen. – [35] Cf. DELEHAYE 122-131; ROETZER 66-68; SAXER, *Morts* 269-278; DUVAL, Genèse 100-102 zur a. Initiative. – [36] Ib. 22,8; cf. DUVAL, *Loca* 625-627. – [37] Edition, Übersetzung und Kommentar in: MEYERS (Ed.) 263-368 (zur Datierung LE GROUPE DE RECHERCHES ... 24sq.); cf. dazu DUVAL, Culte 58-67. – [38] Cf. DUVAL, Genèse 102-105. – [39] Auf *s.* 320 am Ostersonntag folgt am Ostermontag ib. 321 die Ankündigung der Erstellung des am Folgetag zu verlesenden ‹libellus› (ib. 322), dem sich der durch die Heilung von Pauls Schwester Palladia unterbrochene *s.* 323 anschließt; cf. *ciu.* 22,8. Liturgische Verlesung bezeugen ferner *s.* 319,7; 286,7; 94; 79 (cf. dazu KLÖCKENER, Festa 1299). – [40] Ib. 320: «ut dominus deus noster abundantius honoretur, et quod in libello conscriptum est, in uestram memoriam conscribatur»; cf. ib. 321; dazu MAYER 231sq.; DUVAL, Genèse 109sq.

Bibliographie. – A. ANGENENDT, Reliquien/Reliquienverehrung II. Im Christentum: TRE 29 (1998) 69-74. – Id., *Heilige und Reliquien. Die Geschichte ihres Kultes vom frühen Christentum bis zur Gegenwart*, Hamburg ²2007. – J.H. CORBETT, Relics: EEC 2 (1997) 976sq. – P. COURCELLE, *Recherches sur les Confessions de saint Augustin*, Paris 1968. – E. DASSMANN, *Ambrosius von Mailand. Leben und Werk*, Stuttgart 2004. – H. DELEHAYE, *Les origines du culte des martyrs*, Bruxelles ²1933. – F.J. DÖLGER, Das Kultvergehen der Donatistin Lucilla von Karthago. Reliquienkuß vor dem Kuß der Eucharistie. Martyrerreliquie als Schutzanhängsel: AuC 3 (1932) 245-252. – Y. DUVAL, *Loca sanctorum Africae. Le culte des martyrs en Afrique du IVe au VIIe siècle* 2, Rome 1982. – Ead., Le culte des reliques en Occident à la lumière du *De miraculis*: J. MEYERS (Ed.), *Les miracles ...* 47-67. – Ead., Sur la genèse des *libelli miraculorum*: REAug 52 (2006) 97-112. – V. GAUGE, Les routes d'Orose et les reliques d'Etienne: AntTard 6 (1998) 265-286. – LE GROUPE DE RECHERCHES SUR L'AFRIQUE ANTIQUE, De la découverte des reliques à la composition du *De miraculis*: J. MEYERS (Ed.), *Les miracles ...* 11-25. – A. HARTMANN, Reliquie: RAC 28 (2018) 1170-1205. – E. JASTRZĘBOWSKA/S. HEYDASCH-LEHMANN, Reliquiar: ib. 1140-1170. – M. KLÖCKENER, Festa sanctorum et martyrum: AL 2 (1996-2002) 1281-1305. – Id., Martyres, martyrium: ib. 3 (2004-2010) 1185-1196. – B. KÖTTING, Reliquienverehrung, ihre Entstehung und ihre Formen: *Ecclesia peregrinans. Das Gottesvolk unterwegs. Gesammelte Aufsätze* 2, Münster 1988, 61-74 (TThZ 67 (1958) 321-334). – H. LECLERCQ, Reliques et reliquaires: DACL 14,2 (1948) 2294-2359. – G. MARASCO, Agostino e le reliquie dei martiri milanesi (*Conf.* IX,7): *Le Confessioni di Agostino (402-2002): Bilancio e Prospettive* (SEAug 85), Roma 2003, 541-549. – C.P. MAYER, «Attende Stephanum conservum tuum» (*Serm.* 317,2,3). Sinn und Wert der Märtyrerverehrung nach den Stephanuspredigten Augustins: *Fructus centesimus. Mélanges offerts à G.J.M. Bartelink*, Steenbrugis/Dordrecht 1989, 217-237. – F. VAN DER MEER, *Augustinus der Seelsorger. Leben und Wirken eines Kirchenvaters*, Köln ³1958. – J. MEYERS (Ed.), *Les miracles de saint Etienne. Recherches sur le recueil pseudo-augustinien (BHL 7860-7861) avec édition critique, traduction et commentaire*, Turnhout 2006. – J.J. O'DONNELL, Memoria: AL 3 (2004-2010) 1249-1257. – O. PASQUATO, Religiosità popolare e culto ai martiri, in particolare a Constantinopoli nei secc. IV-V, tra paganesimo, eresia e ortodossia: Aug 21 (1981) 207-242. – J.-M. ROESSLI, Mirabilia, miraculum: AL 4 (2012-2018) 25-29. – W. ROETZER, *Des heiligen Augustinus Schriften als liturgiegeschichtliche Quelle*, München 1930. – V. SAXER, *Morts, martyrs, reliques en Afrique chrétienne aux premiers siècles. Les témoignages de Tertullien, Cyprien et Augustin à la lumière de l'archéologie africaine*, Paris 1980. – Id., Das Problem der Kultrezeption. Illustriert am Beispiel des afrikanischen Reliquienkults zur Zeit des hl. Augustinus: *Pères saints et culte chrétien dans l'Eglise des premiers siècles*, Aldershot/Brookfield, Vt. 1994, X 101-112 (*Antikerezeption, Antikeverhältnis, Antikebegegnung in Vergangenheit und Gegenwart. Festschrift J. Irmscher* 1, Stendal 1983, 101-112). – L. TANGANAGBA, *Miracle comme argumentum fidei chez saint Augustin*, Bonn 2002. – M.-A. VANNIER, S. Augustin et le culte des reliques: CPEg 89 (2003) 42-47. – V. ZANGARA, L'*inventio* dei corpi dei martiri Gervasio e Protasio. Testimonianze di Agostino su un fenomeno di religiosità popolare: Aug 21 (1981) 119-133. – J. ZELLINGER, *Augustin und die Volksfrömmigkeit. Blicke in den frühchristlichen Alltag*, München 1933.

MICHAEL MARGONI-KÖGLER

Renouatio

1. Meaning and sources – 2. R. of God's images – 3. Baptism – 4. The human body and gender – 5. R. and repentance – 6. Final incorporation

1. Meaning and sources. – Forms of r. appear only ca. 60 times in A.'s works [1], compared to the 400-plus instances of ↗‹regeneratio›, an analogous term for the newness of life in Christ.

At the root of r. lies the Hellenistic understanding of ἀνανέωσις and ἀνακαίνωσις, understood as the restoration of some dilapidated reality to its original and pristine state. The meaning of the Latin r. is similar: ‹actus renouandi›, ‹innouatio›, ‹instauratio› [2].

Encountering the term throughout the Pauline epistles, A. read r. most often referring to the remaking of inner person of the Christian, who is ‹renewed daily› [3]. For A., this presented the picture of a former sinner ‹putting on the new man› [4], one who is ‹renewed in knowledge› [5], according to the image of God, who created him [6]. Thus for A. r. continued the understanding of the ancients, for whom some new thing must break in from the outside if an old reality is to be transformed or a broken situation is to be made whole. But for A. this new something was someone, the person of Jesus Christ, the perfect image of God who had become one with humanity [7].

Notes. – [1] But there are more than 300 instances of ‹renouare›; cf. also the ‹hapax legomenon› ‹renouator› in *f. et symb.* 20: «haec fides est de deo conditore et renouatore nostro». – [2] Cf. FORCELLINI 3,635 with examples from Cicero. For ancient ideas of renewal, cf. LADNER, *Reform* 9-34 (cf. ib. 39-48: terminology) and especially id., Erneuerung passim. – [3] *2 Cor* 4,16: «renouatur de die in diem», more than 30 quotations in A. For (Christian and personal) ‹renewal› in Paul and in the Fathers of the Church, cf. LADNER, Erneuerung 252-262. For the Pauline and Christian idea of ‹reform›, cf. id., *Reform* 49-152, for A. cf. ib. 153-283. – [4] E.g. *trin.* 12,12: «et induentes nouum hominem Christum»; cf. *Eph* 4,24. – [5] *Col* 3,10: «renouatur in agnitionem», more than 20 quotations in A.; ↗Vetus-nouus. – [6] For an overview of the Augn. theology of renovation and deification, cf. MECONI. For the affinity between r. and ‹reformatio›, cf., e.g., *s. dom. m.* 1,41; *conf.* 4,16; *trin.* 14,18.22; *Gn. litt.* 3,22,34; *spir. et litt.* 37. – [7] E.g., the imagery of *s.* 81,8 (after the sack of Rome): «noli adhaerere uelle seni mundo, et nolle iuuenescere in Christo, qui tibi dicit: perit mundus, senescit mundus, deficit mundus, laborat anhelitu senectutis. noli timere, renouabitur iuuentus tua sicut aquilae».

2. R. of God's images. – The ancient and especially the biblical sources contributed to A.'s understanding how the ‹animalistic› body (‹animale corpus›) of the ‹first man›, ↗Adam, and all those who are in him, becomes the ‹spiritualized› (‹spiritale›) body of the ‹second man›, ↗Christ (1,892sq.895-897), and all those who are in him [8]. Though A. often uses the term r. to refer explicitly to the renewal of the soul [9], he also stresses that one's ‹entire person›, body and soul, is remade at baptism [10]. This highlighting of the hylomorphic effects of r. comes out especially strongly in A.'s treatises aimed against the Manichean doctrine of spiritual reincorporation and absorption [11]. True r., he contends, perfects and establishes one's personal identity as a psychosomatic unity. This is what A. stresses in his comments on the ‹first/second Adam› typology [12]: Since the human person is made in God's own image and likeness (*Gn* 1,26), when that image is restored and renewed in Christ, men and women become more perfected and individuated [13].

Notes. – [8] *Gn. litt.* 6,20,31; cf. *1 Cor* 15,45. – [9] *S. Wilm.* 17: ‹animae r.›; cf. also, e.g., *Io. eu. tr.* 8,2 (cf. BERROUARD). – [10] *S.* 363,2: «plena totius hominis renouatio»; cf. *ep.* 157,19. – [11] *C. Faust.* 24,1sq.; ↗Manichaei. – [12] E.g. *Gn. litt.* 6,20,31; *en. Ps.* 38,9; ↗Typus. For the idea of restoration in *en. Ps.*, cf. GODET. – [13] *Trin.* 14,22: «fit ergo ista renouatio reformatioque mentis secundum deum uel secundum imaginem dei. sed ideo dicitur ‹secundum deum› (*Eph* 4,24) ne secundum aliam creaturam fieri putetur». For the Augn. context of ↗‹imago›, cf. HENDRIKX 94-123; MARKUS; for the Fathers of the Church, cf. SOLIGNAC.

3. Baptism. – A.'s emphasis on fallen humanity's need for divine help forced him to stress the human cry for ↗‹baptismus›. This marks the official inception of Christian r., regardless of one's prior intellectual or credal assent. The ‹nouus homo› brought into existence by baptism is an ecclesial being; renewal in Christ occurs through his Church where the saints are transformed through the graces of the sacraments and their fraternal service and charity (*ep.* 142,2). With entry into Christ's new community, the new life of the ‹interior homo› is no longer dragged down and enervated by carnal desires [14]. Furthermore, baptism establishes the process of Divine adoption: By incorporation into the body of Christ, the human person becomes ‹ultra homo›, a child of the Father and a coheir with Christ himself [15]. R. thus gradually begins to erase the effects of ↗‹peccatum originale›; it lifts the ‹imago dei› from the mire into which it is plunged by sinful rebellion and brings the human person's created likeness to fulfill its intended purpose of union with God. This renovation and reformation is attributable only to God's grace [16].

Notes. – [14] *En. Ps.* 136,18; ↗Homo, 3,401-403. – [15] *Trin.* 12,7; 14,17; ↗Hereditas, heres. – [16] *Gn. litt.* 3,22,34: «ab hac gratia renouationis et reformatione imaginis dei»; cf. ib. 6,20,31; 10,6,10; ↗Gratia.

4. The human body and gender. – R. necessarily includes the human body as well: This uniquely Christian theological position rightly leads to questions of gender and sexual difference [17]. When talking about the renewal and restoration (*s.* 12,12: ‹r. et reparatio›) achieved by the incarnation, A. is careful to see the fittingness achieved when God became a man by taking on the fruit of woman – repairing and restoring both humanity's alienation from God as well as the enmity between man and woman (ib.). This does not mean, however, that sexual difference determines humanity's appropriation of renewing grace (e.g. *Gal* 3,28); instead, true renewal results in a deified ‹apatheia› and luminous interiority that is independent of the distinction of gender (*c. adu. leg.* 2,37) [18].

Notes. – [17] ↗Femina, ↗Sexus, ↗Vir. – [18] Cf. *Gn. litt.* 3,22,34: «itaque quamuis hoc in duobus hominibus diuersi sexus exterius secundum corpus figuratum sit, quod etiam in una hominis interius mente intellegitur, tamen et femina, quia corpore femina est, renouatur etiam ipsa in spiritu mentis suae in agnitionem dei secundum imaginem eius, qui creauit, ubi non est masculus et femina».

5. R. and repentance. – Baptismal renovation subsequently leads to how r. is also the basis for any repentance. Those who sin are in need not of r. but of ‹reconciliatio› [19]. Against the ↗‹Donatistae›, A.'s distinction between penance and renovation maintains the Catholic understanding of baptism as unrepeatable and indelible. Baptism thus effects a onetime, incorporative r., while ‹reconciliatio› begs the Lord's forgiveness for one's sins thereafter (*an. quant.* 4). This is why the term r. appears consistently in his later anti-Pelagian works. E.g., in his treatise defending the baptism of newborns, r. appears throughout, sometimes promising the spiritualization of the newly-baptized, other times offering hope for their resurrection and heavenly glory, and still other times anticipating an immortal and incorruptible amelioration of the human physical condition [20]. In this way there is an unbroken trajectory of renewal throughout the life of a Christian: from baptism to reconciliation up to the time of resurrection on the ‹last day› (↗Finis, 3,24-28).

Notes. – [19] *Ep. Rm. inch.* 19: «per paenitentiam, non renouari, quia renouatio in baptismo est»; ↗Paenitentia. – [20] *Pecc. mer.* 2,9: «usque ad ipsius corporis renouationem in meliorem statum inmortalitatis et incorruptionis»; ↗Baptismus paruulorum, ↗Pelagius, Pelagiani.

6. Final incorporation. – Though the language of r. in A. is strong, the bishop is quite clear that renovation is only the beginning, for the full deification of the saints will not occur until the end of this present age (↗Deificare). R. effects divine adoption [21], but will not be completed until everything is eschatologically transformed (*pecc. mer.* 2,10). That is why the characteristically Augn. formulas ↗‹nunc-tunc› and ‹in spe – in re› often appear in discussions about the transformation of the life of the Christian: We now receive promises and tastes of eternal renewal; and on the ‹last day›, when r. is known through ↗‹resurrectio›, we will fully understand the promise at baptism, for only then will the church have paid the debt of death incurred by sin (*diu. qu.* 51,1). Therefore, in A.'s moral theory and spirituality, r. is most directly associated with the virtue of ↗‹spes› [22], through which the pilgrim sojourner knows that he or she is given the grace necessary to complete the journey to heavenly perfection [23].

Notes. – [21] *Pecc. mer.* 2,10: «in renouationem iustamque uitam per quod filii dei sumus». – [22] *En. Ps.* 89,10: ‹spes renouationis et resurrectionis in aeternum›; cf. *s.* 12,12. – [23] *C. Iul.* 2,22: «nempe distinxit uir sanctus et uerax (sc. Ambrosius), iustificationem uitae huius, quae fit per lauacrum regenerationis, et illius perfectionem, cum et nostra corpora fuerint immortalitate renouata»; ↗Peregrinatio, peregrinus, ↗Perfectio.

Bibliography. – M.-F. BERROUARD, L'image de Dieu dans l'âme et sa rénovation: BA 71 (1993) 891. – J.-M. GODET, *L'image de Dieu en l'homme et sa restauration dans les «Enarrationes in Psalmos» de saint Augustin*, Diss. Roma 1995. – E. HENDRIKX, *Augustins Verhältnis zur Mystik. Eine patristische Untersuchung*, Würzburg 1936. – G.B. LADNER, Erneuerung: RAC 6 (1966) 240-275. – Id., *The Idea of Reform. Its Impact on Christian Thought and Action in the Age of the Fathers*, Eugene, Oreg. 2004 (Cambridge, Mass. 1959). – R.A. MARKUS, «Imago» and «similitudo» in Augustine: REAug 10 (1964) 125-143. – D.V. MECONI, *The One Christ. St. Augustine's Theology of Deification*, Washington, D.C. 2013. – A. SOLIGNAC, Image et ressemblance II. Pères de l'église: DSp 7,2 (1971) 1406-1425.

DAVID VINCENT MECONI

Requies ↗**Quies, requies**

Res ↗**Signum – res**

Rescriptum

I. Le rescrit – II. Les rescrits dans l'œuvre d'A. – 1. La mention des rescrits – 2. Rescrit et procès

I. Le rescrit. – Les rescrits constituent l'une des catégories des constitutions impériales, c.-à-d. des décisions à valeur normative prises par les empe-

reurs. Plus précisément, il s'agit de réponses données à une requête formulée à l'occasion d'un procès par un particulier ou un fonctionnaire [1]; l'empereur écrit en retour (‹re-scribere›), et sa réponse a force de loi (Vlp. *dig.* 1,4,1,1). Il s'agit donc d'une mesure particulière, mais dont l'autorité est grande.

Le recours à cette forme de décision se développe à l'époque des Antonins et son importance s'accroît encore à l'époque des Sévères [2]. On tend alors à distinguer des lettres (‹epistulae›), réponses envoyées à des magistrats, des fonctionnaires ou des collectivités, et des ‹subscriptiones›, réponses de l'empereur à des particuliers, qui présentent une requête introduite par écrit.

Dans l'empire tardif, aux IVe et Ve siècles, les rescrits ne semblent pas avoir conservé la même importance; les sources juridiques ne contiennent qu'un petit nombre de rescrits [3]. Ils interviennent à la suite d'une demande provenant d'un fonctionnaire, d'un juge ou d'un particulier sollicitant une faveur ou une exemption [4]. Lorsqu'une supplique concerne une question liée à un litige, l'empereur statue sur le droit; le juge doit ensuite vérifier les faits au moment du procès [5].

Emis à l'occasion d'une affaire précise, les rescrits sont des «mesures particulières» [6] et se distinguent des édits à caractère général [7]; mais ce sont aussi des ‹leges› [8]. Toutefois, les empereurs tendent à limiter leur portée: ils doivent être obtenus conformément au droit [9], et ne sont valables qu'à propos des affaires pour lesquelles ils ont été accordés [10].

Notes. – [1] Cf. CORIAT, Technique 320; id., *Prince* 77sq. – [2] Cf. CORIAT, *Prince* 156sq. – [3] Cf. DE MARINI AVONZO 43*; MAGGIO, particulièrement 291. – [4] Cf. GAUDEMET, *Formation* 34; HARRIES 26. – [5] Cf. GAUDEMET, *Formation* 34; HARRIES 21.26. – [6] GAUDEMET, *Formation* 35. – [7] Cf. GAUDEMET, *Formation* 34. – [8] GAUDEMET, *Formation* 35: «Le rescrit pourra être invoqué dans d'autres cas que celui pour lequel il a été rendu». – [9] Cf. GAUDEMET, *Formation* 37; HUMFRESS 122-124; cf. aussi *Cod. Iust.* 1,19,7 (a. 426). – [10] Cf., par ex., *Cod. Theod.* 1,2,11; *Cod. Iust.* 1,14,2 (a. 426).

II. Les rescrits dans l'œuvre d'A. – 1. La mention des rescrits. – Les rescrits relèvent du droit positif; ils sont donc mentionnés par A. lorsqu'il se réfère au droit en vigueur, c.-à-d. à des décisions impériales anciennes ou récentes (↗Iudicium, ↗Ius). Ces dernières portent le plus souvent le nom de ‹constitutio› ou de ↗‹lex› (3,945-954), termes qui désignent toutefois des mesures à caractère général. L'emploi de r. précise clairement la nature de la décision, surtout quand il est accompagné de l'adjectif ‹imperiale›, qui en marque l'origine [11]. Il faut en outre mentionner un ‹pragmaticum r.›, figurant dans les *Actes de la Conférence de Carthage*

[12]: c'est l'une des appellations du rescrit adressé à ↗Marcellinus.

La référence aux rescrits intervient lorsqu'il est nécessaire de faire connaître une mesure précise, étroitement associée à la question qui est exposée. Ils sont peu nombreux dans l'ensemble de l'œuvre; mais A. mentionne des rescrits que nous ne connaissons pas par ailleurs [13]. Souvent le contenu est indiqué précisément et parfois le texte est cité [14].

Dans cet ensemble, les mesures contre les Donatistes occupent une place importante (↗Donatistae). Pour montrer leur acharnement, A. cite un rescrit de Constantin adressé au proconsul d'Afrique Probianus concernant l'innocence reconnue de Caecilianus (*Cresc.* 3,81). Il cite et commente le rescrit de l'empereur Julien en faveur des Donatistes, tout en critiquant la formule qu'utilisèrent ces derniers dans leur supplique à l'empereur: «quod apud eum sola iustitia locum haberet» (*c. litt. Pet.* 2,224; cf. *ep.* 105,9).

Il faut faire une place toute particulière au rescrit de l'empereur Caracalla, cité dans *adult. coniug.* 2,7; il concerne les maris qui accusent leur épouse d'adultère sans être eux-mêmes un modèle de chasteté. A. indique lui-même sa source: le *Codex Gregorianus*, recueil de constitutions impériales élaboré à la fin du IIIe siècle et toujours connu au temps d'A. [15]. Il faut également souligner la précision de la citation, que confirme la comparaison avec Ulpien (Vlp. *dig.* 48,5,14,5) où figurent les mêmes expressions. Enfin, la mention de ce rescrit permet de montrer que les ‹iura forensia› ne sont pas nécessairement en opposition avec la morale chrétienne.

Pour d'autres mesures, il est plus difficile de savoir s'il s'agit d'un rescrit ou d'une loi générale, mais on doit remarquer dans tous ces cas la volonté de s'appuyer sur des règles de droit précises et applicables à tous; A. en connaît bien le détail et le communique à ses lecteurs ou ses correspondants.

Notes. – [11] *Ep.* 9*,4; *Cresc.* 3,51; cf. ib. 3,48; ↗Imperatores Romani, ↗Imperium. – [12] *Gest. Conl. Carth.* 3,38 (CCL 149A, p. 188); cf. *breuic.* 3,2; cf. LANCEL 1,26.68 n. 1; GAUDEMET, *Formation* 40-42; KUSSMAUL 87-89; mais cette décision reçoit des appellations variées. – [13] Par ex., le rescrit de Julien en faveur des Donatistes (*c. litt. Pet.* 2,224). – [14] *Cresc.* 3,81 (rescrit de Constantin à Probianus); *c. litt. Pet.* 2,224 (rescrit de Julien en faveur des Donatistes); *adult. coniug.* 2,7 (rescrit de Caracalla). – [15] Cf. DE CHURRUCA 71.

2. Rescrit et procès. – A plusieurs reprises, A. fait allusion aux requêtes envoyées à l'empereur qui aboutissent à des rescrits. Dans *ep.* 9*,4, il rappelle les conditions de validité des rescrits, selon le droit en vigueur: celui qui dans une requête adressée à l'empereur a omis un fait ayant un rapport évident avec l'affaire, perd le bénéfice du rescrit et ne reste

pas impuni [16]. Dans d'autres œuvres [17], A. décrit précisément l'élaboration de la requête rédigée à l'aide d'un ‹iurisperitus› pour éviter toute erreur, puis envoyée à l'empereur; et souligne avec insistance que toute affirmation mensongère entraîne la nullité du rescrit. Il établit ensuite un parallèle avec le Christ ‹iurisperitus caelestis› [18]. A. s'appuie donc sur une pratique juridique connue, une référence que tous pouvaient comprendre, pour donner plus de force à sa prédication [19].

Notes. – [16] Ib.: «iam uero in ecclesiasticis iudiciis si nec iustitia ista seruatur quam prouidentissime constituerunt leges publicae, ne quisquam facile per imperiale rescriptum inique pulsetur, ut beneficio careat nec ei sit punitum quicumque in precibus quae imperatori dantur aliquid quod ad causam constat pertinere suppresserit, et iste qui hoc fecit in libello tam sanctae sedi tradito non solum non puniendus episcopis uerum etiam uindicandus uidetur, quid dicam nescio». – [17] *Io. eu. tr.* 7,11: «qui enim habent causam, et uolunt supplicare imperatori, quaerunt aliquem scholasticum iurisperitum, a quo sibi preces componantur»; cf. ib. 7,10sq.; *s.* 114,5; cf. POQUE 331sq.; VÖSSING 144-146; LEPELLEY 293-295. – [18] Cf. POQUE 340sq.; ↗Iudex. – [19] Cf. POQUE 341-344.

Bibliographie. – J. DE CHURRUCA, Un rescrit de Caracalla utilisé par Ulpien et interprété par saint Augustin: *Collatio iuris Romani. Etudes dédiées à H. Ankum à l'occasion de son 65e anniversaire* 1, Amsterdam 1995, 71-79. – J.-P. CORIAT, La technique du rescrit à la fin du Principat: SDHI 51 (1985) 319-348. – Id., *Le prince législateur. La technique législative des Sévères et les méthodes de création du droit impérial à la fin du principat*, Rome 1997. – F. DE MARINI AVONZO, I rescritti nel processo del IV e V secolo: *Dall'Impero Cristiano al Medioevo. Studi sul diritto tardoantico*, Goldbach 2001, 41*-51* (*Atti dell'Accademia Romanistica Costantiniana* 11. *Convegno internazionale in onore di F.B.J. Wubbe*, Napoli 1997, 29-39). – J. GAUDEMET, *Le droit romain dans la littérature chrétienne occidentale du IIIe au Ve siècle*, Mediolani 1978. – Id., *La formation du droit séculier et du droit de l'Eglise aux IVe et Ve siècles*, Paris ²1979. – J. HARRIES, *Law and Empire in Late Antiquity*, Cambridge 1999. – C. HORNUNG, Reskript: RAC 28 (2018) 1205-1216. – C. HUMFRESS, *Orthodoxy and the Courts in Late Antiquity*, Oxford 2007. – P. KUSSMAUL, *Pragmaticum und Lex. Formen spätrömischer Gesetzgebung 408-457*, Göttingen 1981. – S. LANCEL, *Actes de la Conférence de Carthage en 411* 1. *Introduction générale* (SC 194), Paris 1972. – C. LEPELLEY, Un témoignage sur la procédure par libelle et rescrit dans une lettre de Symmaque à son frère Celsinus Titianus: *Consuetudinis amor. Fragments d'histoire romaine (IIe-VIe siècles) offerts à J.-P. Callu*, Roma 2003, 285-297. – L. MAGGIO, Note critiche sui rescritti postclassici 1. Il c. d. processo *per rescriptum*: SDHI 61 (1995) 285-312. – S. POQUE, Le Christ «iurisperitus» et la procédure «per rescriptum» dans la prédication d'Augustin d'Hippone: RHDFE 57 (1979) 331-344. – K. VÖSSING, *Africa nutricula causidicorum?* Die römische Jurisprudenz in Africa: *L'Africa romana. Atti dell'XI Convegno di studio* 1 (a cura di M. KHANOUSSI/P. RUGGERI/C. VISMARA), Ozieri 1996, 127-154.

MICHÈLE DUCOS

Responsiones ↗**Quaestiones et responsiones**

Respublica

1. Vocabulaire – 2. Significations et définitions – 3. Critique de la définition cicéronienne

1. Vocabulaire. – On compte presque 250 occurrences de r. (‹respublica› ou ‹res publica›) dans l'œuvre d'A., dont une vingtaine se rapporte au titre de l'ouvrage de Cicéron *De re publica* [1] (↗Cicero). Les 2/3 de ces occurrences sont issues de *De* ↗*ciuitate dei*, et plus généralement émanent d'œuvres postérieures à 403, au moment où A. forge le thème des deux cités. De fait, c'est essentiellement en lien avec ce thème qu'A. élabore sa conception de la r. [2].

Le terme r., attesté à date ancienne [3], désigne l'intérêt commun aux individus formant une communauté politique, le ↗‹populus› étant la «communauté humaine réunie et organisée, … réalité en dehors de laquelle il n'y avait pas d'idée d'Etat» [4]. ‹Publicus› étant issu de ‹populus›, la r. est en quelque sorte la ‹propriété› du peuple, ce sur quoi le peuple a des droits [5]. La r. se distingue de la ‹ciuitas›, qui la présuppose (↗Ciuis, ciuitas); avec ‹populus›, ce sont les trois termes qui définissent la communauté politique à Rome [6].

Notes. – [1] C'est l'œuvre cicéronienne la plus mentionnée par A. (cf. HAGENDAHL 112-131.540-553). En *ciu.* 2,21 et 19,21, A., qui doit en avoir relu le texte récemment, se comporte en ‹excerptor› (HAGENDAHL 542). – [2] On trouve certes en 386, avec la mention de r., des allusions aux philosophies pythagoricienne (*ord.* 2,54) et épicurienne (*Acad.* 3,35) en matière politique. – [3] Cf. MOATTI 813sq.; bref aperçu de r. chez HARWARDT. – [4] LYASSE 581. – [5] Cf. MOATTI; SCHOFIELD 69-77; ATKINS 128-138. – [6] La préoccupation d'A. n'est pas de définir le meilleur régime politique, même s'il semble préférer les petites cités (par ex. *ep.* 138,10; *ciu.* 4,15).

2. Significations et définitions. – A. se fait l'écho de la définition cicéronienne de r. comme ‹res populi› [7], selon une étymologie attestée, sans doute reçue de Varron [8]. Il place parmi les merveilles de la création l'univers [9] ‹ordonné dans la r. humaine elle-même›, déclinée en ‹administrationes›, ‹ordines potestatum›, ‹condiciones ciuitatum›, ‹leges› [10]. Il emploie ce terme pour désigner la réalité de l'Etat: que ce soit l'↗‹imperium Romanum› de son époque [11] ou l'ancienne République romaine, mais aussi, dans la Bible, le royaume égyptien de Joseph (*en. Ps.* 51,4). La r. est qualifiée alors de ‹terrena› [12] ou de ‹tunc Romana› (*f. et op.* 10). Cette r. terrestre peut être opposée par A. à la ‹ciuitas› éternelle ou ‹ciuitas dei› [13], laquelle a été annoncée par le peuple hébreu, formant une «sacrata res publica» (*ciu.* 10,32).

De fait, il est très rare que r. désigne chez lui la ↗‹ciuitas dei›, réalité chrétienne à la fois spirituelle et eschatologique [14]. Il y a cependant des exceptions: soulignant les turpitudes de la r. romaine dès avant la venue du Christ, il imagine que si les préceptes chrétiens étaient respectés, la r. ‹ornerait la vie terrestre› (ib. 2,19) [15], pour atteindre ensuite directement le bonheur de la vie éternelle. Faute de quoi, en attendant, les serviteurs du Christ doivent supporter même la ‹pire› des r. – pour se réserver une place dans la ‹République céleste›, «ubi dei uoluntas lex est» (ib.). A. évoque aussi la r. dont le Christ est le ‹conditor rectorque› (ib. 2,21) [16], tout en soulignant que le recours au terme r. dans ce contexte est éloigné de l'usage habituel, de sorte qu'il hésite à l'employer, préférant parler plutôt de la ‹ciuitas dei›, dont le *Ps* 86,3, entre autres (*ciu.* 11,1), autorise bien l'emploi. Il affirme également que les membres du ‹Christus totus› composent une ‹communis quasi respublica› (*en. Ps.* 61,4) et doivent contribuer à son bonheur. Cette r. du Christ a elle aussi son ‹fiscus› (l'aumône) [17], et comme il y a une seule r. de tous les chrétiens, le travail est nécessaire pour tout citoyen de la Jérusalem céleste, car l'intérêt commun (‹res communis›) doit prévaloir (*op. mon.* 33).

Notes. – [7] *Ep.* 138,10: ‹res communis›, ‹res ciuitatis›; *ciu.* 5,18: ‹res patriae, res communis›. – [8] Cf. STARK 58. – [9] *Io. eu. tr.* 8,2: ‹uniuersus* ↗*orbis terrarum›. – [10] *Io. eu. tr.* 8,2; cf. *s.* 302,13: «ordinata est respublica»; ↗Ordo. – [11] *Ciu.* 3,1: ce qui se rattache au «quasi corpus rei publicae» désigne ici les composantes de l'Empire romain; cf. MOATTI 817-819; cf. *ciu.* 4,2. – [12] Par ex. *cons. eu.* 1,14; *op. mon.* 32; *ciu.* 22,6; *c. Iul. imp.* 1,10. – [13] *Ep.* 96,1: ‹terrena r.› vs. ‹caelestis illa … ciuitas›; ib. 259,2: ‹aeterna ciuitas› vs. ‹r. terrena›; cf. *ep.* 91 à Nectarius, où r. est accolée à ‹ciuitas terrena› comme si elles étaient équivalentes (ib. 91,4), et opposée à ‹superna patria› (ib. 91,1); cf. BERMON 529-531; FORTIN 59-61. – [14] Cf. SUERBAUM 185; van OORT 104: «Only rarely does he use the word ‹ciuitas› to indicate the state as we know it today. He prefers to use words like ‹res publica›». De même, A. ne parle jamais de ‹christiana r.›, car il ne se préoccupe pas des sociétés politiques de son temps (cf. O'DALY 84). – [15] Même type d'affirmation en *ep.* 138,9-11: défense de la ‹christiana disciplina› contre le grief (païen) d'être contraire aux intérêts de la République, notamment concernant l'engagement dans la guerre (ib. 138,10; cf. déjà Tert. *apol.* 35); cf. ATKINS/DODARO xvii-xxi. – [16] Cf. ib. 17,4: «ipsam ciuitatem dei, cuius rex est et conditor Christus» (cf. *ep.* 96,1). Seul le Christ peut apporter la sécurité à cette cité, car il n'est pas seulement juste, mais aussi justifiant; cf. DODARO 107-112. – [17] Ib. 146,17: «si non habet rempublicam suam Christus, non habet fiscum suum».

3. Critique de la définition cicéronienne. – La critique a., développée dans *ciu.*, porte sur la définition cicéronienne de r., liée à la justice (donnée par Scipion Emilien): «est igitur … res publica res populi, populus autem non omnis hominum coetus quoquo modo congregatus, sed coetus multitudinis iuris consensu et utilitatis communione sociatus» (Cic. *rep.* 1,39) [18]. En *ciu.* 2,21, A. pousse à l'extrême le paradoxe de Cicéron [19], selon lequel, malgré la conservation du mot, la r. dans sa réalité n'existe plus: il va jusqu'à affirmer que Rome ne fut jamais une r., car il n'y eut jamais en elle de vraie justice (ib.) [20]. Or, la cité de Dieu est la seule à réaliser la ‹uera ↗iustitia› (3,878-880). Une telle démonstration est annoncée au livre 2, de même que la promesse de fournir ultérieurement des ‹définitions plus admissibles› de la r., aux termes desquelles Rome apparaîtrait comme une r., «melius ab antiquioribus Romanis quam a posterioribus administrata» (ib.) [21].

Mais A. ne reprend cette discussion qu'au livre 19, sans doute parce qu'entretemps il a démontré que la r. romaine n'a pas rendu un culte au vrai Dieu, alors que de la ‹uera ↗religio› dépend selon lui la ‹uera iustitia› (cf. ib. 19,27). Il reprend en effet la définition classique de la justice distributive [22] pour inclure les dieux dans le ‹cuique›: il faut rendre à Dieu le culte qui lui est dû [23]. S'appuyant sur l'argument utilisé par Laelius (cf. Cic. *rep.* 3,36sq.) pour justifier la domination romaine (servir est utile à quelques-uns, comme l'âme commande au corps et la raison aux vices), il affirme que servir Dieu est utile à tous (*ciu.* 19,21), et qu'il ne reste rien de la justice en l'homme s'il n'est pas soumis à Dieu. Sa ‹retorsio› s'appuie sur l'analyse des deux composantes de la définition du ‹populus› par Scipion: d'abord, sans vraie justice, il n'y aurait pas de ↗‹ius› [24], donc pas de ‹consensus iuris› possible, et sans ‹populus›, il n'y a pas non plus de r. Mais même l'autre composante de la définition, l'‹utilitatis communio› [25] ne vaut pas: car quelle utilité à vivre dans l'impiété, à rendre un culte à des démons qui sont impuissants à assurer le bonheur temporel comme le bonheur éternel (ib. 10,32)? Seule la Providence divine pourvoit aux véritables intérêts des hommes.

A. énonce donc la nouvelle définition de la r., issue de cette nouvelle définition du ‹populus›: «populus est coetus multitudinis rationalis rerum quas diligit concordi communione sociatus» (ib. 19,24) [26]. Cette définition, applicable à un ‹saeculum› marqué par l'imperfection, vaut donc pour tout Etat en ce monde [27], non seulement Rome, mais aussi la Grèce, Athènes, les Assyriens, les Egyptiens, etc. (ib.). Les deux définitions ne sont pas nécessairement incompatibles sur le plan logique et formel, mais pour A., la seconde absorbe la première [28]. Ainsi, A. rompait avec l'interprétation classique de l'Etat, car il ‹abstrait la qualité de la justice de la définition de l'Etat› [29]. La seule vraie r. en un sens cicéronien (Cic. *rep.* 2,70) est la cité de Dieu, et la religion chrétienne serait même la plus apte à instaurer solidement une r., car elle seule produit ce qui la fonde, y compris pour les Anciens, à savoir la concorde [30].

Notes. – [18] Pour une analyse de cette définition, cf. SCHOFIELD 69-74 (on en a souligné les sources aristotéliciennes et stoïciennes: cf. STARK; FERRARY, Laelius 746sq.). Pour sa critique par A., cf. BOUTON-TOUBOULIC 607-611. – [19] Cf. *rep.* 5,2, qui s'appuie sur une citation d'Ennius (cf. *ciu.* 2,21). Cicéron irait ainsi au-delà des propos de Salluste pour qui la r. romaine était uniquement ‹flagitiosissima› (‹corrompue›; cf. ib. 2,18). – [20] A. reprend ici l'opinion de Scipion et Laelius (vs. Philus) selon laquelle «sine summa iustitia rem publicam geri nullo modo posse» (Cic. *rep.* 2,70; cf. *ciu.* 2,21, résumant la controverse entre Philus et Laelius (*rep.* 3) à ce sujet); cf. HAGENDAHL 544sq.; FERRARY, Philus. – [21] Cf. MICHEL 244. – [22] Ib. 19,21: «iustitia porro ea uirtus est, quae sua cuique distribuit», définition qu'on trouve souvent chez Cicéron (par ex. *fin.* 5,65.67; *nat.* 3,38); cf. déjà Pl. *R.* 4,433a. Cf. HAGENDAHL 544; TRELENBERG 252. – [23] Cf. DEPROOST 100; CURBELIÉ 19sq. – [24] MARKUS 63-66 souligne l'identification – abusive – d'Augustin entre le ‹ius› romain et la ‹iustitia› au sens biblique. – [25] Ib. 19,23; cf. Cic. *off.* 1,22. – [26] Cela rejoint l'idée que ‹deux amours ont fait deux cités› (ib. 14,28; *en. Ps.* 64,2); ↗Amor. – [27] Cf. DEANE 118-124; MARKUS 64-71. – [28] Cf. ADAMS 17-22. – [29] Cf. HAGENDAHL 546 (selon CARLYLE 168); cf. aussi ce sens FORTIN 59-61. – [30] Cf. Sall. *Catil.* 6,2, cité en *ep.* 138,10; cf. HAGENDAHL 543 avec n. 1. Or, l'enseignement de l'Eglise réside dans ces ‹praecepta concordiae› (*ep.* 138,11; ↗Concordia-discordia).

Bibliographie. – J.DUQ. ADAMS, *The Populus of Augustine and Jerome. A Study in the Patristic Sense of Community*, New Haven, Conn./London 1971. – E.M. ATKINS/R.J. DODARO, Introduction: *Augustine. Political Writings*, Cambridge 2001, xi-xxvii. – J.W. ATKINS, *Cicero on Politics and the Limits of Reason. The Republic and Laws*, Cambridge 2013. – E. BERMON, Le *Songe de Scipion* dans la correspondance entre Saint Augustin et Nectarius de Calama (*Ep.* 90-91; 103-104): EPh 99 (2011) 521-542. – A.-I. BOUTON-TOUBOULIC, *L'ordre caché. La notion d'ordre chez saint Augustin*, Paris 2004. – A.J. CARLYLE, *A History of Mediaeval Political Theory in the West* 1. *The Second Century to the Ninth*, Edinburgh/London 1903. – P. CURBELIÉ, *La justice dans la Cité de Dieu*, Paris 2004. – H.A. DEANE, *The Political and Social Ideas of St. Augustine*, New York/London 1963. – P.-A. DEPROOST, Etude comparative du «De republica» de Cicéron et du «De civitate Dei» de saint Augustin: civitas – virtus – iustitia, Mémoire de licence, Louvain 1979. – R. DODARO, *Christ and the Just Society in the Thought of Augustine*, Cambridge 2004. – J.-L. FERRARY, Le discours de Laelius dans le troisième livre du *De republica* de Cicéron: MEFRA 86 (1974) 745-771. – Id., Le discours de Philus (Cicéron, *De re publica*, III,8-31) et la philosophie de Carnéade: REL 55 (1977) 128-156. – E.L. FORTIN, Justice as the Foundation of the Political Community: Augustine and his Pagan Models: *Augustinus. De civitate dei* (hrsg. von C. HORN), Berlin 1997, 41-62. – S. HARWARDT, res publica: WAPh 387sq. – E. LYASSE, Les rapports entre les notions de *res publica* et *ciuitas* dans la conception romaine de la cité et de l'Empire: Latomus 66 (2007) 580-605. – R.A. MARKUS, *Saeculum: History and Society in the Theology of St Augustine*, Cambridge ²1989. – A. MICHEL, A propos de l'art du dialogue dans le *De republica*: L'idéal et la réalité chez Cicéron: REL 43 (1965) 237-261. – C. MOATTI, *Respublica* et droit dans la Rome républicaine: MEFRM 113 (2001) 811-837. – G.J.P. O'DALY, *Augustine's City of God. A Reader's Guide*, Oxford 1999. – J. VAN OORT, *Jerusalem and Babylon. A Study into Augustine's City of God and the Sources of his Doctrine of the Two Cities*, Leiden et al. 1991. – M. SCHOFIELD, Cicero's Definition of *Res Publica*: *Cicero the Philosopher. Twelve Papers* (ed. by J.G.F. POWELL), Oxford 1995, 63-83. – R. STARK, Ciceros Staatsdefinition: NClio 6 (1954) 56-69. – W. SUERBAUM, *Vom antiken zum frühmittelalterlichen Staatsbegriff. Über Verwendung und Bedeutung von res publica, regnum, imperium und status von Cicero bis Jordanis*, Münster ³1977. – J. TRELENBERG, *Augustins Schrift De ordine. Einführung, Kommentar, Ergebnisse*, Tübingen 2009.

ANNE-ISABELLE BOUTON-TOUBOULIC

Resurrectio

I. Terminologie et antécédents. – 1. Terminologie. – A. utilise très souvent r. et ‹resurgere› (chacun ca. 2030 fois); parfois ‹(re)suscitare›, ‹(re)suscitatio›, et ‹(re)suscitator› qui expriment l'acte de rappeler à la vie [1]. En *trin.* 8,8, il paraît assimiler ‹resurgere› à ‹reuiuiscere› [2], mais ‹reuiuiscere› s'applique plus spécifiquement au retour à la vie d'un homme qui devra mourir à nouveau [3]. La r. est, au sens propre, résurrection pour la vie éternelle, à la manière du Christ, comme A. le précise en *ench.* 84: «iam uero de resurrectione carnis, non sicut quidam reuixerunt iterumque sunt mortui, sed in aeternam uitam sicut Christi ipsius caro resurrexit».

Notes. – [1] Cf. *uera rel.* 14; *Io. eu. tr.* 23,15. Tertullien privilégie aussi r. et ‹resurgere›; il utilise peu ‹resuscitatio› et ‹resuscitator› qui ne sont pas attestés avant lui; cf. BRAUN 530-539. – [2] Ib.: «quid est autem aliud resurgere nisi reuiuiscere, id est ex morte ad uitam redire?». – [3] Par ex.: du fils de la veuve, de Lazare, du fils prodigue, etc.; cf. *conf.* 6,1; 8,6.8; *c. Faust.* 12,35; *Io. eu. tr.* 49,2sq.14.22.

2. Les affirmations scripturaires. – La r. du Christ est l'affirmation centrale de la foi chrétienne. La foi en la r. est rarement attestée dans l'Ancien Testament: les r. opérées par Elie et Elisée [4] manifestent la puissance de Dieu qui peut arracher l'homme à la mort; *Is* 53,10-12 prédit l'exaltation du Serviteur de Yahvé après sa mort; ib. 26,19: «uiuent mortui tui interfecti mei resurgent» (*ciu.* 20,21: «resurgent … mortui et resurgent qui erant in sepulcris») semble être la première affirmation explicite de la r. des morts; *Dn* 12,2sq. distingue la destinée des justes qui ‹s'éveilleront pour la vie éternelle› et ‹resplendiront comme la splendeur du firmament› de celle des pécheurs voués à jamais à la honte; *2 Mcc* 7 présente la foi à la r. corporelle des martyrs de façon didactique et apologétique [5]. L'affirmation de la r. des corps est cohérente avec l'anthropologie moniste de l'Ancien Testament, selon laquelle il n'y a pas d'existence autonome de l'âme ni de vie sans un corps [6]. L'affirmation de la r. du Christ est essentielle dans les premières formules kérygmatiques du Nouveau Testament [7]. L'événement pascal est également exprimé très tôt en termes d'‹exaltation› (*Phil* 2,9). Les récits évangéliques insistent sur la découverte du tombeau vide [8] et présentent les apparitions du Christ comme la preuve de la r. [9]. Paul, en *1 Cor* 15,12-34, établit un lien étroit entre la r. du Christ et la r. des morts, et fait du parallèle entre Adam et le Christ un fondement de sa théologie; il précise le mode de r. (ib. 15,35-53) [10]. Selon *Col* 3,1-3, les croyants sont déjà ressuscités avec le Christ, mais on ne peut prétendre pour autant que la r. a déjà eu lieu (*2 Tm* 2,18). *Io* 5,28sq. distingue une r. de vie et une r. de jugement. *Apc* 20,5sq. mentionne ‹la première r.› des saints et leur règne avec le Christ pendant mille ans avant le jugement des nations.

Notes. – [4] Cf. *3 Rg* 17,17-24; *4 Rg* 4,31-37; 13,21. – [5] Cf. MARTIN-ACHARD 443-464. – [6] Cf. MARTIN-ACHARD 466. – [7] *1 Cor* 15,3-5; *1 Th* 1,9sq.; *Act* 17,30sq.; *Hbr* 6,1sq.; cf. SCHMITT 504-513. – [8] *Mc* 16,1-8; *Mt* 28,1-8; *Lc* 24,1-12; *Io* 20,1-10. – [9] *Io* 20,11-29; *Mt* 28,9sq.; *Lc* 24,13-43; cf. SCHMITT 532-547. – [10] Cf. SCHMITT 551-557.

3. Les critiques de la r. – La foi chrétienne en la r. a immédiatement fait difficulté dans le monde grec: on le constate dès le Nouveau Testament (*Act* 17,32; *2 Tm* 2,18). La tradition platonicienne, par ex., affirmait l'immortalité de l'âme [11] et présentait le corps comme une prison dont il faut s'évader [12]. Celse présente l'affirmation de la r. du Christ comme une allégation, qui n'est guère vraisemblable et n'est attestée par aucun témoin fiable; la r. est à la fois ‹révoltante et impossible› [13]. Les païens ont donc été nombreux à railler l'absurdité de la foi en la r.: A. cite lui-même bon nombre de ces critiques [14].

Les écrits gnostiques développent une interprétation toute spirituelle de la r., qui met en cause la r. de la chair [15]. Il en est de même des manichéens, si l'on en croit A.: il s'élève contre l'usage qu'ils font de *1 Cor* 15,50 qu'ils séparent de son contexte pour nier la r. des corps (*c. Adim.* 12; *c. Faust.* 16,29); il leur reproche de n'admettre que la r. des âmes qui se fait maintenant par la prédication de la vérité et de nier la r. future des corps (ib. 4,2) ou encore de promettre aux auditeurs une réincarnation et non la r. (ib. 5,10; *c. Adim.* 12).

Notes. – [11] Cf., par ex., Pl. *Phdr.* 245c-246a; *Phd.* 105c-107a. On ne peut assimiler, de façon simpliste, la distinction entre les anthropologies grecque et biblique à l'opposition entre immortalité de l'âme et r. de la chair: REFOULÉ. – [12] Pl. *Phd.* 62b; *Crat.* 400c; cf. COURCELLE, Tradition 406-418. – [13] Cf. Or. *Cels.* 2,48.55.63 (SC 132, pp. 390sq.414-417.430sq.); 5,14 (SC 147, pp. 48sq.). Macarios de Magnésie rapporte toute une série d'objections contre la r., dont certaines sont d'origine porphyrienne (Mac. Mgn. *apocr.* 4,24 = Porph. *Chr.* fr. 94 HARNACK); cf. GOULET 206-210. – [14] Cf. COURCELLE, Propos 35-42. – [15] Cf., par ex., Rheg. *libell.* 45,14-46,2; 49,9-26 (MÉNARD pp. 46-49.56sq.); *Eu. Phil.* 58,25-59,8 (avec allusion à *1 Cor* 15,50) (MÉNARD pp. 56-59).

4. La r. selon les Pères de l'Eglise. – Irénée (*demonstr.* 38) et Origène (*Cels.* 2,16) soulignent le rôle actif du Logos dans la r. du Christ [16]. A Celse, Origène répond que les conversions et les guérisons opérées après la r. ne peuvent être l'action d'un fantôme en expliquant aussi pourquoi Jésus après sa r. apparaît seulement à ceux dont il savait les yeux capables de voir sa résurrection [17]. Pour répondre à ceux qui jugent absurde la r. du Christ, Ambrosiaster la présente comme la pleine manifestation de son identité divine; sa r. est l'exemple de la nôtre [18].

Irénée lie étroitement l'Incarnation et le salut de la chair contre l'interprétation gnostique de *1 Cor* 15,50 [19]. Contre les gnostiques, Tertullien [20] montre que la chair est digne d'être ressuscitée par Dieu, car elle a été créée par Dieu et est unie étroitement à l'âme (*resurr.* 5-10); que Dieu est capable de la ressusciter, puisqu'il l'a créée (ib. 11-13) et qu'il le fera afin de juger et de rétribuer équitablement la chair et l'âme (ib. 14-17); il démontre ensuite que l'Ecriture promet effectivement la r. de la chair (ib. 18-51), avant d'exposer comment la chair ressuscitera (ib. 52-63). Origène s'efforce de penser à la fois l'altérité et l'identité du corps terrestre et du corps glorieux, en particulier à partir de *1 Cor* 15,12-58: la comparaison des ressuscités aux anges (par ex. *Mt* 22,30) ne met pas en cause le caractère corporel de la r., mais les saints recevront alors un corps lumineux et éthéré [21].

Notes. – [16] Pour r. selon les Pères de l'Eglise, cf. CROUZEL/ GROSSI; DALEY passim. Pour la r. du Christ, cf. BERTRAM 926-930, des hommes OEPKE, spécialement 933-937. – [17] Cf. Or. *Cels.* 7,35 (SC 150, pp. 92-95); 2,64sq. (SC 132, pp. 434-441); 5,18sq. (SC 147, pp. 56-63). – [18] Ambrosiast. *quaest. test.* 114,20 (CSEL 50, p. 312); *in Rm.* 1,4sq.; 2,22 (CSEL 81,1, pp. 15-19.85-87); *in Eph.* 1,19sq. (CSEL 81,3, p. 77); cf. DI SANTO 308-319. – [19] Iren. 5,14,1 (SC 153, pp. 182-186). – [20] Pour le contexte, cf. MINNERATH. – [21] Or. *comm. in Mt.* 17,30 (GCS 10, p. 671); *princ.* 2,10,8 (GCS 5, p. 182).

II. La r. du Christ selon A. – 1. Dans la liturgie. – La foi en la r. du Christ est ce qui distingue les chrétiens des païens et des juifs; c'est elle qui sauve et justifie [22]. C'est à cause de la r. du Seigneur que les chrétiens ont appelé le huitième jour, qui est en même temps le premier de la semaine, ↗‹dies dominicus› et c'est pour cette raison qu'ils ont commencé à le célébrer [23]. Pâques (↗Pascha) n'est pas seulement le rappel de la mort et de la r. du Christ, c'est un ↗‹sacramentum› [24]. La célébration de la r. du Christ a lieu au cours d'une veillée [25]; le baptême des ‹competentes› y est célébré. L'usage est de lire pendant l'octave pascale les lectures relatives à la r. du Seigneur d'après les quatre évangélistes [26] et de ne pas jeûner (sans pour autant céder à l'ivresse) dans les cinquante jours qui suivent Pâques (↗Quinquaginta dies), car ce nombre de jours symbolise le repos futur (*s.* 252,12; 254,5).

Notes. – [22] *S.* 215,6; 241,1; *trin.* 2,29; ↗Fides. – [23] *C. Faust.* 16,29; *inq. Ian.* (= *ep.* 54.55) 2,23; *Io. eu. tr.* 120,6; *s.* 160,6. – [24] *Inq. Ian.* 2,2: «transitus quidam de morte ad uitam in illa passione domini et resurrectione sacratus est». – [25] *S.* 221,1: «utique nocte resurgere debuit (sc. Christus) quia sua resurrectione et tenebras nostras inluminauit»; ib. 221,2: «huius noctis uigilia tanta est ut sola sibi etiam ceterarum commune nomen uelut proprium uindicaret». – [26] Cf. *s.* 232,1; 234,1; 235,1; 240,1; 243,1; 247,1.

2. Les témoignages scripturaires. – a) Les prophéties de l'Ancien Testament. – Selon A., Seth (*Gn* 4,25sq.) signifie r. [27]. Son fils, Enos, est donc «tamquam filius resurrectionis, ubi ‹non nubent neque uxores ducent› (*Lc* 20,35). non enim erit ibi generatio, cum illuc perduxerit regeneratio» (*ciu.* 15,17). Le nom d'Enoch (*Gn* 5,21), qui signifie dédicace, est encore une prophétie de la r., car notre dédicace est déjà accomplie dans le Christ ressuscité, mais il reste à attendre la dédicace de la maison entière dont le Christ est le fondement, qui aura lieu lors de la r. de tous ceux qui ne doivent plus jamais mourir (*ciu.* 15,19). La ↗‹circumcisio› prescrite le huitième jour comme signe de l'alliance (*Gn* 17,8-13) est aussi une figure de la r., car la circoncision signifie ‹natura exuta uetustate renouata› et le huitième jour figure le Christ ressuscité après la fin de la semaine (*ciu.* 16,26).

En raison de sa foi en la promesse de Dieu, ↗Abraham a cru que son fils ressusciterait après avoir été immolé [28]. A. découvre aussi une prophétie de la r. du Christ en *Gn* 49,9: «quis suscitabit eum?» – «nullus hominum, nisi se ipse», répond A., car le Christ a pouvoir sur la mort (*ciu.* 16,41); en *Ps* 3,6: «ego dormiui et somnum cepi; exsurrexi, quoniam dominus suscipiet me» (*ciu.* 17,18; cf. *en. Ps.* 3,5) [29]; ou encore en *Os* 6,2sq.: «sanabit nos post biduum, in die tertio resurgemus», qu'il rapproche de *Col* 3,1 (*ciu.* 18,28). La figure de ↗‹Ionas› est surtout utilisée pour justifier la r. le troisième jour, en lien avec *Mt* 12,40 [30]; comparant le Christ à Jonas, A. note: «potentius est reuixisse mortuum, quam non fuisse mortuum» (*en. Ps.* 65,6) [31].

Notes. – [27] *Ciu.* 15,18: «Abel, quod interpretatur luctus, et eius fratre Seth, quod interpretatur resurrectio, mors Christi et uita eius ex mortuis figuratur. ex qua fide gignitur hic ciuitas dei». Cf. ib. 15,17-19.21.23; cf. Hier. *nom. hebr.* p. 10,12sq. – [28] Ib. 16,32, qui cite *Hbr* 11,17-19; Isaac est la figure du Christ; ↗Figura(e), ↗Typus. – [29] Cf. aussi *Ps* 40,9: «numquid qui dormit non adiciet ut resurgat?», ce qui équivaut à: «numquid qui moritur, non adiciet ut reuiuescat?» (*ciu.* 17,18). – [30] *Qu. eu.* 1,7; *qu. c. pag.* (= *ep.* 102) 34.37; *s. Denis* 25,1. – [31] A. cite encore *Orac. Sibyll.* 8,312-314 comme annonce de la r. (*ciu.* 18,23; cf. Lact. *inst.* 4,19,10).

b) Les témoignages du Nouveau Testament. – A. cherche à montrer l'accord des récits d'apparitions du Christ ressuscité en *De ↗consensu euangelistarum* 3,63-86 [32]: sur le nombre et le lieu des anges vus par les femmes (ib. 3,63.67), sur la réaction des femmes (ib. 3,64), sur l'heure où les femmes viennent au tombeau (ib. 3,65). Il souligne que *Io* relate beaucoup de faits absents d'autres récits (*cons. eu.* 3,68) et unifie en un seul récit les différentes versions (ib. 3,69); il constate que l'ordre des apparitions en *1 Cor* 15,3-8 diffère de celui que mentionnent les évangélistes et montre comment les accorder (*cons. eu.* 3,70-85).

Note. – [32] Cf. ALFECHE, Basis 241-263. A. fait aussi écho à la difficulté de concilier les récits d'apparitions dans certains *↗Sermones* du temps pascal: par ex., *s.* 235,1; 240,1; 243,1; 245,1sq.

3. Questions théologiques. – A *↗*Consentius qui demande «utrum nunc corpus domini ossa et sanguinem habeat aut reliqua carnis liniamenta» (*ep.* 205,2), A. répond en affirmant que le corps du Seigneur est au ciel tel qu'il était sur la terre, quand il monta au ciel (ib.), en prenant appui sur *Lc* 24,39 et *Act* 1,11; mais il se garde d'affirmer qu'il a encore du sang ou des humeurs, car il faut exclure de son corps tout principe de corruption (*ep.* 205,2sq.). Ce que Paul dit du corps spirituel en *1 Cor* 15,42-44 s'applique au *↗*‹Christus› lui-même (*ep.* 205,8). *Lc* 24,39: «tangite, et uidete quia spiritus carnem et ossa non habet, sicut me uidetis habere» permet à A. d'affirmer la vérité de la chair du Christ contre les priscillianistes et les manichéens [33], ainsi que l'intégrité de sa chair (*trin.* 4,6; *↗*Integritas). On ne peut conclure du ‹noli me tangere› (*Io* 20,17) que le Christ accepterait d'être touché par des hommes, mais non par des femmes; il s'agit d'une invitation faite à Marie-Madeleine de le toucher une fois monté vers le Père, c.-à-d. de croire ce qu'elle ne voit pas encore: le Christ est, comme Verbe, égal au Père, ce que les photiniens ou les ariens ne croient pas [34]. En rapprochant *Lc* 24,41-43 (Jésus ressuscité mangeant un morceau de poisson) de *Gn* 18,1-8 et de *Tb* 12,19 (à propos des anges), A. exclut toute nécessité qui s'imposerait à lui [35]. Si le Christ ressuscité entre, toutes portes closes (*Io* 20,19), il n'y a pas lieu de douter pour autant de la réalité de son corps: ce miracle est à rapprocher de celui de sa naissance qui a laissé inviolée la virginité de sa mère [36].

La r. du Christ est avec son ascension (*↗*Ascensio Christi) sa glorification (‹clarificatio›) [37] et la source de notre espérance, car elle nous donne «de carne securitatem» (*s.* 261,1). Il n'y a pas à chercher comment le corps du Seigneur est dans le ciel, mais, par la foi, à reconnaître au corps du Seigneur la dignité glorieuse qui lui convient (*f. et symb.* 13).

Par la r., le Christ devient l'aîné des frères qui doivent le suivre et qu'il fait «conparticipes et coheredes suos» (ib. 12). A. comprend *Rm* 1,4 comme signifiant la primauté de r. du Christ [38]. Ce n'est pas le Père seul qui a ressuscité le Fils (*Phil* 2,9), le Seigneur s'est ressuscité lui-même [39].

Par sa mort et sa r., le Christ s'est fait «interioris hominis sacramentum, exterioris exemplum» (*trin.* 4,6). La r. de son corps signifie notre renouvellement intérieur (*Eph* 4,22-24; *Col* 3,1sq.); elle est en même temps le modèle de notre future r. corporelle (*1 Cor* 15,23; *Phil* 3,21) [40]. Ce qui est advenu pour le Christ qui est la tête adviendra aussi pour son corps, c.-à-d. pour l'Eglise [41].

Notes. – [33] Cf. *s.* 237,3; 238,2sq.; 242,12; *s. Guelf.* app. 7,2sq. – [34] Cf. *s.* 244,3; 245,2-4; 246,4; *Io. eu.tr.* 121,3; *ep.* 120,15; *↗*Aequalitas. En *ep. Io. tr.* 3,2, Marie-Madeleine est opposée à *↗*‹Eua›; cf. DUPONT/DEPRIL 170-173. – [35] *S.* 242,2: «quod manducauit, potestatis fuit, non egestatis»; cf. ib. 262,1; *ciu.* 13,22; *qu. c. pag.* 6. – [36] *Io. eu. tr.* 121,4; *s.* 191,2; 247; *ep.* 137,8. – [37] *Diu. qu.* 62; *c. ep. Man.* 10,11; *s.* 263,1. – [38] *Ep. Rm. inch.* 5: «filius dei praedestinatus est quodam principatu resurrectionis, quia ex resurrectione omnium mortuorum ipse praedestinatus est, id est ut prae ceteris et ante ceteros resurgeret designatus». – [39] *S.* 67,2: «nullus mortuus est sui ipsius suscitator. ille se potuit suscitare, qui mortua carne non mortuus est». Dans les 32 premières *↗Enarrationes in Psalmos,* A. souligne que le Christ demande au Père la r. et la reçoit de lui (ib. 19,2.4; 20,5; 30,1,3; cf. HOMBERT 452sq.). – [40] Cf. *trin.* 4,6; *gr. t. nou.* (= *ep.* 140) 25. – [41] *Symb. cat.* 17: «credimus etiam ‹resurrectionem carnis› (*symb.* 12), quae praecessit in Christo, ut hoc etiam speret corpus, quod praecessit in capite. caput ecclesiae Christus, ecclesia corpus Christi. caput nostrum surrexit, ascendit in caelum: ubi caput, illic et membra»; cf. *c. Faust.* 16,29; cf. MARROU/LA BONNARDIÈRE 108; *↗*Ecclesia, 2,716sq.

III. La r. des morts selon A. – 1. Les témoignages scripturaires: une double r. – A. cite peu les prophéties de l'Ancien Testament relatives à la r. finale: en *Is* 26,19, il découvre la mention des deux r. (*ciu.* 20,21); il compare *Dn* 12,1-3 à *Io* 5,28sq. qui distingue la r. de vie et la r. de jugement (*ciu.* 20,23); il n'utilise pas *Dn* 6 (Daniel dans la fosse aux lions) comme prophétie de la r., mais mentionne ib. 3 (les trois jeunes gens dans la fournaise) comme preuve de la possibilité de la r. [42]; *Ez* 37,9sq. peut être lu comme prophétie de la r., même si on peut y lire aussi en figure ‹le rétablissement inattendu d'un peuple sans espoir par l'Esprit du Seigneur› [43].

En *ciu.* 20,5-20, A. cite une série de témoignages du Nouveau Testament relatifs à la r. *Io* 5,25-29 lui permet de distinguer la première r., celle des âmes qui a lieu maintenant, de la seconde, celle des corps qui aura lieu à la fin: seuls, ceux qui passent de l'impiété à la justice connaissent la première r.; la seconde r. en revanche est pour tous les hommes, mais les uns connaîtront la r. de jugement, c.-à-d. la condamnation, les autres la r. de vie [44]. Dans sa lecture suivie d'*Apc* 20,1-21,5 (*ciu.* 20,7-17) [45], A.

explique ce que sera la première r., en réfutant les conceptions millénaristes, qu'elles soient grossières, en imaginant des festins charnels démesurés, ou plus spirituelles, comme celle de Tertullien, tout en rappelant qu'il a lui-même partagé autrefois cette opinion [46]: les mille ans désignent ‹l'ensemble des années de ce siècle› (ib. 20,7); le règne des saints a donc commencé avec la naissance de l'Eglise; c'est le règne spirituel de ceux qui vivent ce que dit Paul en *Col* 3,1sq. (*ciu.* 20,9). Seuls, ceux qui vivent cette première r. sortiront de leurs tombeaux pour la vie, lorsque s'accomplira la r. des corps; les autres passeront avec cette même chair à la seconde mort (ib.; cf. *Apc* 20,5sq.). La première r. est donc celle des âmes, non celle des corps, comme le pensent certains (*ciu.* 20,10). *Apc* 20,13 («et mors et infernus reddiderunt mortuos, quos in se habebant») conduit A. à préciser avec prudence la situation des bons et des méchants entre la mort et la r. finale: «non absurde credi uidetur antiquos etiam sanctos, qui uenturi Christi tenuerunt fidem, locis quidem a tormentis impiorum remotissimis, sed apud inferos fuisse, donec eos inde Christi sanguis et ad ea loca descensus erueret» (*ciu.* 20,15; ↗Descensus Christi (in inferna), ↗Refrigerium). Une fois les méchants jugés, la figure de ce monde (↗Mundus) passera par un embrasement qui anéantira les qualités des éléments corruptibles des corps, tandis que leur substance aura désormais les qualités qui conviennent aux corps immortels [47]. Les corps des saints devenus immortels et incorruptibles n'auront rien à craindre de l'embrasement universel décrit en *2 Pt* 3,10-13 (*ciu.* 20,18).

1 Th 4,13-17 fait difficulté: qu'en sera-t-il de ceux que le Christ trouvera vivants lors de sa venue? Echapperont-ils tout à fait à la mort «an ipso temporis puncto, quo cum resurgentibus rapientur in nubibus in obuiam Christo in aera, ad inmortalitatem per mortem mira celeritate transibunt»? (*ciu.* 20,20). L'appel à *1 Cor* 15,36.51 permet de trancher le dilemme: tous doivent passer par la mort, si brève soit-elle [48]. De façon plus générale, *1 Cor* 15 joue un rôle essentiel pour la caractérisation des corps ressuscités comme corps spirituels [49].

Notes. – [42] Cf. *ciu.* 20,18; *qu. c. pag.* 32; *ep.* 205,4; ↗Prophetae, prophetia. Cf. Iren. 5,5,2; Tert. *resurr.* 58,6-10; cf. DULAEY, *Initiation* 176-178. – [43] *Gn. litt.* 10,5,8; à comparer à Tert. *resurr.* 29 et Hier. *in Ezech.* 37,1-14; cf. CHAPOT 151-159. A. ne cite pas *2 Mcc* 7,22sq. comme annonce de la r. – [44] *Ciu.* 20,6: «ita sunt et resurrectiones duae, una prima, quae et nunc est et animarum est, quae uenire non permittit in mortem secundam; alia secunda, quae non nunc, sed in saeculi fine futura est, nec animarum, sed corporum est, quae per ultimum iudicium alios mittit in secundam mortem, alios in eam uitam, quae non habet mortem»; ↗Mors, mortalitas, ↗Vita, ↗Vita aeterna. – [45] Sur les sources

d'A., cf. DULAEY, *Apocalypse.* – [46] Sur le millénarisme d'A. et sur la date à laquelle il y a renoncé, cf. FOLLIET; DULAEY, *Date*; ↗Mille. – [47] Ib. 20,16: «ut scilicet mundus in melius innouatus apte accommodetur hominibus etiam carne in melius innouatis». – [48] La question est développée en *ep.* 193,9-13, dans le cadre de la controverse antipélagienne. Sur les interprétations patristiques d'*1 Th* 4,17, cf. DOIGNON. – [49] *Ciu.* 13,23sq.; *ep.* 205,5-16; cf. ALFECHE, *Rising*; id., *Use*; ALTERMATH 231-243. Sur l'écart entre les conceptions du corps spirituel selon Paul et A., cf. FREDRIKSEN 85sq.

2. Critiques contre la r. et réponses d'A. – a) Les objections rapportées par A. – A. fait état des objections des païens contre la r. qu'ils ne jugent ni possible, ni souhaitable (↗Paganus). Elle est impossible, car des corps terrestres ne peuvent être éternels (cf. *ciu.* 13,16sq.; ↗Corpus) et la pesanteur des corps exclut qu'ils soient au ciel [50]. La corruption et la dissolution des cadavres, dont certains sont dévorés par les bêtes, par le feu, ou se putréfient dans l'eau, rendent impossible leur reconstitution (cf. ib. 22,12; *s.* 361,12). Ni l'exemple du Christ, ni celui de ↗‹Lazarus› ne peuvent fonder la possibilité de notre r., car le Christ n'est pas né d'une semence et le corps de Lazare n'était pas encore décomposé [51]. La r. paraît en outre contradictoire: si le corps n'est plus sujet à aucune altération, pourquoi le Christ a-t-il mangé après sa r. et gardé la trace de ses blessures (*qu. c. pag.* 2; *s.* 242,2sq.)? Pour ridiculiser la r., les adversaires demandent encore ce qu'il en sera des avortons ou des petits enfants, si les ressuscités auront la même taille, s'ils garderont leurs difformités ou encore ce qu'il en sera de l'usage des membres et quelle sera la vie des justes après la r. [52]. Au fondement de toutes ces objections, on trouve la conviction que la r. n'est pas souhaitable: loin d'être un châtiment, la séparation du corps est à désirer [53], car «omne corpus esse fugiendum» (*ciu.* 10,29 (= Porph. *Fr.* 297F Smith); 22,26; *s.* 241,7) [54].

Notes. – [50] Cf. ib. 13,18; 22,4 (qui cite Cic. *rep.* 3,40); *s.* 242,5; cf. PÉPIN 433-461. – [51] *Qu. c. pag.* 2: «si Christi, inquiunt, quo modo potest haec conuenire resurrectioni natorum ex semine eius, qui nulla seminis condicione natus est? si autem Lazari resurrectio conuenire adseritur, ne haec quidem congruere uidetur, si quidem Lazari resurrectio facta sit de corpore nondum tabescente, de eo corpore, quo Lazarus dicebatur; nostra autem multis saeculis post ex confuso eruetur»; cf. *s.* 361,15; *s. Mai* 87,1sq. Sur l'origine porphyrienne de l'objection: BOCHET, *Quaestiones* 380-383. – [52] Cf. *ciu.* 22,12; *s.* 242,4; 243,3.8. – [53] Cf. *ciu.* 13,16; *s.* 256,2; 277,3. – [54] Sur le sens de l'affirmation de Porphyre, cf. SMITH 20-39.56-80; CHASE, *Corpus*.

b) La réponse aux objections. – A. donne l'exemple des merveilles de la nature (↗Mirabilia, miraculum) qui attestent la puissance divine (↗Potentia): par ex., la naissance quotidienne de tant d'hommes (*s.* 242,1) ou la merveille d'un minuscule grain de semence qui donnera naissance à un arbre

(↗*Quaestiones expositae contra paganos numero sex* 5); la puissance du Créateur pourra tout aussi bien opérer la r. des corps en rassemblant tout ce qui s'est dissipé ou dissous dans l'eau, l'air, le feu [55]. Les miracles opérés par les martyrs rendent également témoignage à la r. (*ciu.* 22,8sq.). Si, selon les platoniciens, la terre est éternelle, ‹pourquoi les corps des autres vivants terrestres ne seraient-ils pas éternels, si Dieu le voulait aussi?› (ib. 13,17); A. utilise en ce sens le discours aux dieux de Pl. *Tim.* 41a-b [56]. Si, selon ↗‹Plato›, par la volonté toute-puissante de Dieu, ce qui est né peut ne pas mourir, ce qui est uni peut ne pas se dissocier, comment Dieu ne pourrait-il pas accorder à des âmes de placer leur corps où elles veulent, quel que soit son poids (*ciu.* 13,18)? Pour réfuter l'objection tirée de la pesanteur et de l'ordre des éléments, A. répond aussi de façon concrète: le bois surnage au-dessus de l'eau, alors qu'il devrait être en-dessous puisque c'est un corps terrestre; même un vase de plomb, s'il est bien conçu par l'artisan, peut nager sur l'eau; un corps plus lourd se déplace parfois plus vite si l'homme est vigoureux et en bonne santé qu'un corps plus léger s'il est celui d'un malade; il souligne encore que nos corps sont appelés à vivre sur une terre nouvelle et que la nature des corps terrestres devenue incorruptible s'adaptera au ciel [57]. A l'objection rapportée par *qu. c. pag.* 2, A. répond en affirmant que notre r. sera semblable à celle du Christ, non à celle de Lazare ressuscité pour mourir à nouveau: la différence entre la naissance du Christ et la nôtre n'a d'incidence ni sur la mort ni sur la r.; il est en outre aussi facile à la puissance divine de ressusciter les tout nouveaux cadavres que ceux qui sont décomposés depuis longtemps (ib 3.5). Il n'y a pas non plus de contradiction à ce que le Christ ait mangé, car il ne l'a pas fait par nécessité, mais en usant d'une capacité; de même, s'il a gardé ses cicatrices, c'est qu'il a voulu montrer que c'était bien le même corps qui avait été crucifié (ib. 6sq.) [58].

A. répond aussi aux questions sur l'état des ressuscités. Il est prudent sur le cas des avortons (↗Abortus): s'ils sont encore informes, on peut penser plutôt qu'ils périssent; s'ils sont déjà formés, on peut tolérer l'idée qu'ils ressuscitent, mais en ce cas, il faut tenir qu'ils seront complets et parfaits (*ench.* 85; *ciu.* 22,13). En ce qui concerne les enfants, chacun possède dès sa conception la mesure de la perfection ‹in ratione›; du fait de cette raison causale déposée dans la matière corporelle de chacun, il n'y a pas de difficulté à penser que le Créateur les ressuscitera dans leur perfection, même si elle n'a pu être réalisée en cette vie (ib. 22,13sq.; *s.* 242,4). Chacun aura dans la r. la taille qui lui est propre (*ciu.* 22,16) [59] et le sexe

qui était le sien (ib. 22,17sq.; ↗Femina). Les difformités du corps disparaîtront, mais peut-être pas les cicatrices des blessures reçues pour le nom du Christ, en raison de la beauté de la vertu qui rayonne en elles (ib. 22,19) [60]. Les organes du corps n'auront plus d'autre fin que sa beauté (*s.* 243,4.6-8; ↗Pulchritudo, pulchrum). La seule occupation des ressuscités sera de contempler, d'aimer et de louer Dieu, sans fatigue et sans ennui, dans une joie ineffable [61].

Notes. – [55] Ib.; cf. *ciu.* 22,20; *cura mort.* 5; *s.* 127,15. – [56] *Ciu.* 13,16sq.; *s.* 241,8; cf. Yudin; ↗Temporalia-aeterna. – [57] *S.* 242,5-11; cf. *ciu.* 13,18; 22,11. – [58] Cf. Bochet, Role 33-36. Cf. aussi *ciu.* 13,22; 22,19; *s.* 242,2. – [59] L'expression d'*Eph* 4,13: «in mensuram aetatis plenitudinis Christi» concerne le Christ total, à moins qu'il ne faille l'entendre de la taille correspondant à l'âge auquel le Christ est parvenu ici-bas. En *ench.* 90, A. s'interroge sur la taille égale ou inégale des ressuscités, mais ne tranche pas: l'important est de tenir qu'il n'y aura plus aucun défaut, aucune difformité. – [60] En bref: «tantum absit omnis deformitas, omnis infirmitas, omnis tarditas omnisque corruptio» (ib. 22,20). – [61] *Ciu.* 22,29sq.; *s.* 255,7; 362,28-31; ↗Beatitudo.

3. Le corps des ressuscités. – La lecture de *retr.* fait apparaître une évolution d'A. sur la manière de concevoir les corps ressuscités. Dans ses premières œuvres, où il est encore très marqué par l'influence de ↗‹Porphyrius› [62], il souligne surtout que, dans la r., le corps n'est plus un obstacle [63]. *F. et symb.* 23sq. est le premier exposé systématique sur la r. de la chair; pour expliquer la possibilité de la r., A. précise en s'appuyant sur *1 Cor* 15: «quia illo tempore inmutationis angelicae non iam caro erit et sanguis, sed tantum corpus» (*f. et symb.* 24); si toute chair est corps, tout corps n'est pas chair; dans le monde céleste, il n'y a pas de chair, mais «corpora simplicia et lucida quae appellat apostolus spiritalia, nonnulli autem uocant aetherea» (ib.) [64]. Ces affirmations font l'objet d'une correction en *retr.*: il ne faudrait pas en conclure qu'il n'y aura plus ni membres ni chair dans la r. (ib. 1,17) [65]. Ces mises en garde laissent supposer qu'A. a commencé par avoir une conception trop spiritualisée de la r. de la chair [66]. En *c. Faust.*, pour répondre à l'exégèse manichéenne d'*1 Cor* 15,50, il lève toute équivoque: ‹caro et sanguis› ne désignent pas la substance même de la chair, mais la corruption qui, lors de la r., n'aura plus sa place [67]. Cette évolution dans la manière de parler de la r. de la chair va de pair avec une revalorisation du corps [68].

Selon A., le ‹corpus spiritale› n'est pas un corps devenu esprit [69]; ce n'est pas non plus un autre corps, aérien ou éthéré [70]; c'est le même corps [71], mais libéré de la corruption et vivifié par l'esprit [72]: ce qui exclut tout combat, tout besoin, toute ↗‹concupiscentia› [73]. Ce ne sera donc pas un corps identique à celui d'↗Adam avant le péché, car il avait un corps animal [74]. L'importance donnée au corps ressuscité est telle qu'A. conclut *Gn. litt.* 12, en affirmant que l'âme a besoin de retrouver son corps transformé après la mort, pour voir la substance de Dieu comme les anges la voient [75]. Ce qui signifie que l'âme (↗Anima, animus), dans l'état intermédiaire entre la mort et la r. [76], ne connaît pas encore la parfaite béatitude. A. précise quelle est alors sa situation: retenue dans des réceptacles secrets, elle connaît le repos ou la peine, selon ce qu'a été sa vie [77]; il n'est pas toutefois d'un lieu corporel, mais d'un séjour ‹à l'image des choses corporelles›, qu'il soit un séjour de peines ou de repos et de joie [78]; quoi qu'il en soit, la vision de Dieu est réservée au temps de la r. (*en. Ps.* 43,5). Après la r., une fois terminé le jugement général, les bons comme les mauvais ne seront plus en état de mourir: ceux-là vivront d'une vie éternelle, véritable et bienheureuse, tandis que ceux-ci, pour leur malheur, seront fixés dans la mort éternelle, les uns et les autres sans fin; il y aura néanmoins des degrés dans le bonheur ou le malheur [79].

Notes. – [62] *Sol.* 1,24; *mus.* 6,7; *retr.* 1,4,3; 1,11,2. – [63] *C. Fort.* 22: «ut postea eadem ipsa caro, quae nos poenis torsit in peccatis manentes, subiciatur nobis in resurrectione et nulla aduersitate nos quatiat, quominus legem et diuina praecepta seruemus»; cf. *an. quant.* 76; *mus.* 6,13. – [64] Cf. *diu. qu.* 47; ↗Caro-spiritus, ↗Homo, 3,387-392. A. dit, de façon similaire, en *agon.* 34, en lien avec *Mt* 22,30: «non enim iam hominibus, sed deo uiuent, cum aequales angelis facti fuerint. inmutabitur ergo caro et sanguis et fiet corpus caeleste et angelicum». Sous l'influence d'Orig. *comm. in Mt.* 17,30: cf. FERRISI 226-229. – [65] Pour *agon.*, cf. *retr.* 2,3: «non sic accipiendum est, quasi carnis non sit futura substantia, sed carnis et sanguinis nomine ipsam corruptionem carnis et sanguinis intellegendus est apostolus nuncupasse, quae utique in regno illo non erit, ubi caro incorruptibilis erit». – [66] Cf. VAN BAVEL 60; HUNTER 355sq.; MILES 99-125. – [67] *C. Faust.* 11,3.7; 16,29: «hoc enim corpus, quod propter mortalitatem proprie caro nominatur, mutari dicit in resurrectione, ut iam non sit corruptibile atque mortale»; ↗Corruptio-incorruptio. – [68] Cf. BOCHET, Corps 27-38. – [69] *Ench.* 91: «sicut nunc corpus animale dicitur, quod tamen corpus non anima est, ita tunc spiritale corpus erit, corpus tamen non spiritus erit»; cf. *s.* 242,11; ↗Spiritalis. – [70] *S.* 256,2: «non … pono corpus terrenum, et accipio corpus aereum, aut accipio corpus aethereum. ipsum accipio, sed non iam mortis huius». – [71] *C. Faust.* 11,7; selon *ep.* 205,4, la puissance divine peut libérer les corps de toute corruption, tout en leur laissant leur forme propre («formae lineamentis manentibus»; «ut absit labes, adsit effigies»); *ench.* 90 l'envisage comme une hypothèse: «si hoc est in consilio creatoris, ut in effigie sua cuiusque proprietas et discernibilis similitudo seruetur …»; ↗Creatio, creator, creatura. – [72] *Ciu.* 13,22; 22,24: «quale erit corpus, quod omni modo spiritui subditum et eo sufficienter uiuificatum nullis alimoniis indigebit! non enim animale, sed spiritale erit, habens quidem carnis, sed sine ulla carnali corruptione substantiam»; cf. *ep.* 205,11; cf. FUHRER. – [73] *C. Faust.* 12,21: «in fine saeculi atque in resurrectione iustorum omnimoda et perfecta pace spiritui corpus adhaerebit nulla mortalitatis indigentia uel concupiscentia resistente»; cf. *s.* 242,11. – [74] *Ciu.* 13,20.23; *Gn. litt.* 6,28,39; *ep.* 205,11. – [75] Ib. 12,35,68: «sed tamen minime dubitandum est et raptam hominis a carnis sensibus mentem et post mortem ipsa carne deposita transcensis

etiam similitudinibus corporalium non sic uidere posse incommutabilem substantiam, ut sancti angeli uident, siue alia latentiore causa siue ideo, quia inest ei naturalis quidam adpetitus corpus administrandi: quo adpetitu retardatur quodammodo, ne tota intentione pergat in illud summum caelum, quamdiu non subest corpus, cuius administratione adpetitus ille conquiescat»; cf. HUNTER 356. – [76] Sur le devoir d'ensevelir les morts pour qui croit à la r., cf. *cura mort.* 22; sur l'importance des prières pour les défunts: *ench.* 110; ↗Visio. – [77] *Ench.* 109; cf. *conf.* 9,5sq.; *ciu.* 12,9; *Io. eu. tr.* 49,9; cf. TIBILETTI 637-639. – [78] Ce qui n'enlève rien à la réalité de ces peines ou de ces joies: ib. 12,32,60sq.; cette représentation est inspirée de la conception du πνεῦμα de Porph. *Sent.* 29; cf. TOULOUSE 240-244. – [79] *Ench.* 111; sur les peines de l'enfer, cf. *ciu.* 21; ↗Gehenna, ↗Ignis purgatorius, ↗Poena. Pour le contexte, cf. ↗Finis, 3,24-28.

4. Signification allégorique des r. racontées dans l'Evangile. – A. mentionne à plusieurs reprises la différence entre ces r. et celle du Christ: le Christ ressuscité ne meurt plus (*Rm* 6,9: «iam non moritur»), alors que Lazare ressuscite pour mourir à nouveau, tout comme la fille de Jaïre ou le fils de la veuve de Naïm [80]; la r. du Christ est donc un miracle bien plus grand [81]. Tout en affirmant le sens historique de ces récits, A. en propose aussi une interprétation allégorique: ainsi Lazare qui sort du tombeau «animam significat recedentem a carnalibus uitiis» (*diu. qu.* 65; ↗Allegoria). La r. de Lazare figure plus précisément la réconciliation des pénitents: sa sortie du tombeau est le symbole de la confession qui est l'œuvre de la grâce de Dieu dans le pécheur, elle signifie que déjà il a repris vie; son déliement s'opère par l'intermédiaire de l'Eglise [82].

Souvent, A. présente les trois r. rapportées par l'Evangile comme le symbole de trois types de r. spirituelles opérées par le Christ. Les trois sortes de morts que le Christ a choisi de ressusciter sont «tria genera peccatorum, quos hodieque suscitat Christus» (*s.* 98,5): la mort de la fille de Jaïre symbolise le péché du cœur, c.-à-d. le consentement (‹consensus›) intérieur donné au péché, sa r. s'opère dans la maison, c.-à-d. «in cogitationis secreto» (ib.); la mort du fils de la veuve qu'on transportait hors des portes de la ville figure le péché qui s'extériorise, c.-à-d. le passage à l'acte (‹factum›), sa r. s'opère publiquement par la pénitence (ib.; *Io. eu. tr.* 49,3); la mort de Lazare, déjà enseveli depuis quatre jours, symbolise l'habitude mauvaise (‹mala consuetudo›) qui écrase le pécheur et le rend sourd à tout reproche, mais il n'y a pas à désespérer de sa r. en raison de la puissance du Christ [83]. En *conf.* 6,1, A. se présente lui-même comme ce fils de la veuve rendu à la vie grâce aux larmes de sa mère [84].

Notes. – [80] *S. Lambot* 26,1; *en. Ps.* 126,7: «unus resurrexit, iam non moriturus. resurrexit Lazarus, sed moriturus; resurrexit filia archisynagogi, sed moritura; resurrexit filius uiduae, sed moriturus; resurrexit Christus, non moriturus». – [81] *En. Ps.* 97,1;

s. 98,1: «amplius est resuscitare semper uicturum, quam suscitare iterum moriturum». – [82] *Io. eu. tr.* 49,24; *s.* 67,2; 98,6; 352,8; *en. Ps.* 101,2,3; cf. Berrouard, Symbole; Carola. – [83] *S. dom. m.* 1,35; *Io. eu. tr.* 49,3; *s.* 98,5; 128,14: «de nullo enim iacente desperandum est sub tali suscitatore»; cf. Berrouard, Symbolisme. – [84] Cf. Dulaey, *Symboles* 190sq.

Bibliographie. – M. Alfeche, The Basis of Hope in the Resurrection of the Body according to Augustine: Aug(L) 36 (1986) 240-296. – Id., The use of some verses in 1 Cor. 15 in Augustine's Theology of Resurrection: ib. 37 (1987) 122-186. – Id., The Rising of the Dead in the Works of Augustine (1 Cor. 15,35-57): ib. 39 (1989) 54-98. – Id., Augustine's discussions with philosophers on the resurrection of the body: ib. 45 (1995) 95-140. – F. Altermath, *Du corps psychique au corps spirituel. Interprétation de 1 Cor. 15,35-49 par les auteurs chrétiens des quatre premiers siècles*, Tübingen 1977. – T.J. van Bavel, «No one ever hated his own flesh»: Eph. 5:29 in Augustine: Aug(L) 45 (1995) 45-93. – M.-F. Berrouard, Ceux qui croient à la seule résurrection des âmes: BA 72 (1977) 745sq. – Id., Les deux résurrections: ib. 742-745. – Id., L'intégrité de la nature humaine du Christ après sa résurrection: ib. 827sq. – Id., Le sort des âmes entre la mort et la résurrection: ib. 73B (1989) 464-466. – Id., Un symbole de la grande pénitence: la résurrection de Lazare et son déliement: ib. 469-473. – Id., Le symbolisme des trois résurrections racontées dans les Evangiles et les trois catégories de péchés: ib. 460-464. – G. Bertram, Auferstehung I (des Kultgottes): RAC 1 (1950) 919-930. – A. Bizzozero, *Il mistero pasquale di Gesù Cristo e l'esistenza credente nei Sermones di Agostino*, Frankfurt a.M. et al. 2010. – Id., *Una catechesi sulla resurrezione dei morti: analisi dei sermoni 361 e 362 di Agostino di Ippona*, Frankfurt a.M. et al. 2014. – I. Bochet, Résurrection et réincarnation. La polémique d'Augustin contre les platoniciens et contre Porphyre dans les Sermons 240-242: *Ministerium Sermonis. Philological, historical, and theological studies on Augustine's Sermones ad populum* (ed. by G. Partoens), Turnhout 2009, 267-298. – Ead., The Role of Scripture in Augustine's Controversy with Porphyry: AugStud 41 (2010) 7-52. – Ead., Les *quaestiones* attribuées à Porphyre dans la *Lettre* 102 d'Augustin: *Le traité de Porphyre contre les chrétiens. Un siècle de recherches, nouvelles questions* (éd. par S. Morlet), Paris 2011, 371-394. – Ead., Le corps: un poids pour l'âme? L'exégèse augustinienne de *Sagesse 9,15*: RSPhTh 100 (2016) 27-43. – R. Braun, *Deus christianorum. Recherches sur le vocabulaire doctrinal de Tertullien*, Paris ²1977. – J. Carola, Lazarus: AL 3 (2004-2010) 910-914. – F. Chapot, Tertullien, *De resurrectione mortuorum* 29-32 dans la tradition d'*Ezéchiel* 37,1-14: *La résurrection* … 135-159. – M. Chase, «Omne corpus fugiendum»? Augustine and Porphyry on the body and the post-mortem destiny of the soul: Chora 2 (2004) 37-58. – Id., Porphyre et Augustin: Des trois sortes de «visions» au corps de résurrection: REAug 51 (2005) 233-256. – P. Courcelle, Tradition platonicienne et traditions chrétiennes du corps-prison (*Phédon* 62 *b*; *Cratyle* 400 *c*): REL 43 (1966) 406-443 (cf. id., *Connais-toi toi-même. De Socrate à saint Bernard*, Paris 1975, 345-380). – Id., Propos antichrétiens rapportés par saint Augustin: RechAug 50 (2004) 21-58 (ib. 1 (1958) 149-186). – H. Crouzel, La doctrine origénienne du corps ressuscité: BLE 81 (1980) 175-200.241-266. – Id./V. Grossi, Risurrezione dei morti: NDPAC 4526-4531. – B.E. Daley, *The hope of the early Church: a handbook of Patristic eschatology*, Cambridge 1991. – E. Di Santo, *L'apologetica dell'Ambrosiaster. Cristiani, pagani e giudei nella Roma tardoantica*, Roma 2008. – J. Doignon, La lecture de *1 Thessaloniciens* 4,17 en Occident de Tertullien à Augustin: *Jenseitsvorstellungen in Antike und Christentum. Gedenkschrift für A. Stuiber* (JbAC Erg.-Bd. 9), Münster 1982, 98-106. – G. Dorival, Justin et la résurrection des morts: *La résurrection* … 101-118. – M. Dulaey, L'Apocalypse. Augustin et Tyconius: *Saint Augustin et la Bible* (éd. par A.-M. La Bonnardière), Paris 1986, 369-386. – Ead., A quelle date Augustin a-t-il pris ses distances vis-à-vis du millénarisme?: REAug 46 (2000) 31-60. – Ead., *L'initiation chrétienne et la Bible (Ier-VIe siècles). «Des forêts de symboles»*, Paris 2001. – Ead., *Symboles des évangiles (Ier-VIe siècles). Le Christ médecin et thaumaturge*, Paris 2007. – A. Dupont/W. Depril, Marie-Madeleine et Jean 20,17 dans la littérature patristique latine: Aug(L) 56 (2006) 159-182. – P.A. Ferrisi, La resurrezione della carne nel *De fide et symbolo* di S. Agostino: Aug 33 (1993) 213-232. – G. Folliet, La typologie du *sabbat* chez saint Augustin. Son interprétation millénariste entre 389 et 400: REAug 2 (1956) 371-390. – P. Fredriksen, Vile Bodies: Paul and Augustine on the Resurrection of the Flesh: *Biblical Hermeneutics in Historical Perspective. Studies in Honor of K. Froehlich*, Grand Rapids, Mich. 1991, 75-87. – T. Fuhrer, Der Geist im vollkommenen Körper. Ein Gedankenexperiment in Augustins *De civitate dei* 22: *Body and Soul in Ancient Philosophy* (ed. by D. Frede/B. Reis), Berlin/New York 2009, 465-491. – R. Goulet, Porphyre et Macarios de Magnésie sur la toute-puissance de Dieu: *Traité de Porphyre contre les chrétiens* (éd. par S. Morlet), Paris 2011, 205-230. – P.-M. Hombert, La christologie des trente-deux premières *Enarrationes in Psalmos* de saint Augustin: APP 431-463. – D.G. Hunter, Augustine on the Body: CompAug 353-364. – G. Madec, La résurrection des corps: BA 11,1 (1991) 263-265. – H.-I. Marrou/A.-M. La Bonnardière, Le dogme de la résurrection des corps et la théologie des valeurs humaines selon l'enseignement de saint Augustin: REAug 50 (2004) 97-122 (ib. 12 (1966) 111-136). – R. Martin-Achard, Résurrection dans l'Ancien Testament et le judaïsme: DB Suppl. 10 (1985) 437-487. – M.R. Miles, *Augustine on the Body*, Diss. Missoula, Mont. 1979. – R. Minnerath, Tertullien: l'anthropologie de la résurrection: *La résurrection* … 119-133. – A. Oepke, Auferstehung II (des Menschen): RAC 1 (1950) 930-938. – G. Pelland, Hilaire, exégète de *Philippiens* 3,2: *La résurrection* … 215-227. – J. Pépin, *Théologie cosmique et théologie chrétienne (Ambroise, Exam. I 1,1-4)*, Paris 1964. – F. Refoulé, Immortalité de l'âme et résurrection de la chair: RHR 163 (1963) 11-52. – *La résurrection chez les Pères* (éd. par J.-M. Prieur), Strasbourg 2003. – J. Schmitt, Résurrection de Jésus dans le kérygme, la tradition, la catéchèse: DB Suppl. 10 (1985) 487-582. – A. Smith, *Porphyry's Place in the Neoplatonic Tradition. A Study in Post-Plotinian Neoplatonism*, The Hague 1974. – C. Tibiletti, Le anime dopo la morte: stato intermedio o visione di Dio? (dalla Patristica al sec. XIV): Aug 28 (1988) 631-659. – S. Toulouse, Influences néoplatoniciennes sur l'analyse augustinienne des *visiones*: ArPh 72 (2009) 225-247. – V. Yudin, Apología agustiniana de la resurrección, por medio de ‹Timeo› 41 A-B de Platón: Augustinus 53 (2008) 175-193.

Isabelle Bochet

Rethorica (De –)

1. Entstehung – 2. Überlieferung – 3. Frage der Echtheit – 4. Inhalt – 5. Stellung in der Tradition der Rhetorik

1. Entstehung. – A. erwähnt eine Schrift *De rethorica* [1] in *retr.* 1,6 als Teil eines noch in Mailand begonnenen, aber nicht vollständig ausgeführten Planes, alle sieben ‹artes liberales› enzyklopädisch darzustellen (↗Disciplinae liberales, ↗Disciplinarum libri); nach der Nennung von *De ↗grammatica* und *De ↗musica* heißt es: «de aliis uero quinque disciplinis illic similiter inchoatis – de dialectica, de rethorica, de geometrica, de arithmetica, de philosophia – sola principia remanserunt, quae tamen etiam ipsa perdidimus; sed haberi ab aliquibus existimo». Die Rhetorik betraf

A.s ureigenstes Betätigungsfeld bis zu seiner Bekehrung [2].

Anmerkungen. – [1] Die Metathese der Aspirata (‹rethorica› für ‹rhetorica›) liegt in allen Handschriften von *retr.* 1,6 vor; danach die Ausgabe von Mutzenbecher (CCL 57, p. 17,50), welcher das AL für die Titel der Werke A.s folgt. Bei Possid. *indic.* 10¹,5 entschied sich der Editor Wilmart (MA 2, p. 175) für die Variante ‹retorica›. Im Titel der Hauptüberlieferung des Werkes selbst findet sich jedoch nur in der Handschrift Ripoll 42 ‹Rethorica›, dagegen im Codex Bernensis 363 ‹Rhetorica›. In dieser Schrift kommt der Wortstamm sonst nur in *rhet.* 1 vor, wo lediglich der Codex Ottobonianus lat. 1968 ‹rethor› bietet. In anderen a. Werken begegnet die Schreibung ‹reth-› (selten auch ‹ret-› oder ‹rheth-›) entweder in allen oder in einem Teil der Handschriften; in *doctr. chr.* fällt an den entsprechenden Stellen leider stets der frühe ambrosianische Palimpsest (s. VI) aus (cf. den kritischen Apparat der Edition von Martin im CCL 32). Dennoch normalisieren alle Editoren (außer Mutzenbecher für *retr.*) zu ‹rhet-›. – [2] Cf. Pizzolato 7-27; ↗Augustinus (uita), 1,523-532; ↗Eloquentia, ↗Oratio, orator.

2. Überlieferung.

– Ein nur als Fragment erhaltener Text ist wie *De ↗dialectica* zusammen mit der *Ars rhetorica* des Consultus Fortunatianus überliefert [3], der vermutlich A.s Zeitgenosse war [4]. Einige Codices und die Inkunabeln schließen die Schrift zwar ohne eigenen Titel an den Text des Fortunatianus an [5], die Codices Bernensis 363 (s. IX) und Ripoll 42 (s. XI) bieten jedoch den Titel «Aureli Augustini de rhetorica» (dort geht *dial.* voraus) [6]. Die Überlieferung teilt sich in zwei Stränge: Der eine geht auf den Coloniensis, der andere auf den Bernensis zurück, beide kommen im Codex Aesinas zusammen. Die Humanistenhandschriften hängen zumeist von den Codices Monacenses lat. 6406 und 14649 ab (s. XII bzw. XIII). Als Editio princeps ermittelte Sabbadini die wohl in Mailand gedruckte Inkunabel der Bibliothek Brera (ca. 1484); wohl etwas später wurde in Venedig die Inkunabel der Ambrosiana gedruckt [7]. *Rhet.* ist danach, außer in Rhetoren-Sammlungen, in allen bedeutenden Gesamtausgaben A.s enthalten [8]. Die derzeit maßgebliche kritische Edition erschien 1990 von Giomini.

Anmerkungen. – [3] Zu den Handschriften auch *Überlieferung* 1,1,161; 4,67; 5,1,210; 9,1,94; 10,1,156. – [4] Cf. Jackson 16-18; Calboli Montefusco, Introduzione 7sq.29-38. Ausführliche Darstellung der Überlieferungsgeschichte von *rhet.* bei Giomini, Introduzione 13-26. – [5] Allerdings bieten die Codices Coloniensis 166 (olim Darmstadtiensis 2191, s. VII-VIII), Palatinus lat. 1588 (s. IX) und Aesinas (Bodmer) 146 (s. X) am Ende des Textes des Fortunatianus eine Subscriptio «finit». – [6] Spätere Leser fügten im Ottobonianus lat. 1968 (s. XII) «A. Augustini» und im Monacenesis lat. 6406 (s. XII) «Aurelii Augustini principia Rhetorices» hinzu (so auch in PL 32,1439); cf. Giomini, Principia 284 n. 9; id., Introduzione 8-10. – [7] Cf. Sabbadini 125-132; Calboli Montefusco, Introduzione 19sq.; Giomini, Introduzione 26. Das ambrosianische Exemplar wurde seit Halm als Editio princeps angesehen. – [8] Amerbach, Petri, Froben (vol. 1, Basel 1506); Erasmus (vol. 1, Basel 1529); Lovanienses (vol. 1, Antwerpen 1576); Mauriner (vol. 1, Appendix, Paris 1679).

3. Frage der Echtheit.

– Die Autorschaft der Schrift ist wie die von *gramm.* und *dial.* umstritten [9] und wurde schon von den Maurinern in Frage gestellt [10], energisch bestritten vor allem von Žurek [11]: Die Schrift sei kein Dialog; es fehle der bei den übrigen ‹artes› so wichtige a. Gedanke des Aufstiegs; in seiner schulmäßigen Technizität enthalte der Text sehr viele griechische Begriffe, die A. sonst meide; die Hauptquelle Hermagoras (2. Jh. v. Chr.) werde von A. sonst nirgends erwähnt, in der Praxis folge A. vielmehr der Rhetorik Ciceros. Nachdem schon im 19. Jh. Crecelius und ausführlich Reuter für die Echtheit eingetreten waren, wurden in jüngerer Zeit vermehrt überzeugende Argumente für die Autorschaft A.s vorgetragen [12]: Die fragmentarische Form lasse sich damit erklären, daß es sich gemäß *retr.* 1,6 um eine vorbereitende Skizze (‹principia›) [13] oder eine Nachschrift von Lehrvorträgen handle; die griechischen Fachtermini würden zumeist vorher oder nachher übersetzt und entsprächen dem Schulcharakter der Schrift [14]; sie spiegelten die komplizierten Differenzierungen des Hermagoras wider, denen der junge A. noch gefolgt sei, von denen er sich aber dann als Christ emanzipiert habe [15]. Im folgenden wird daher von der Authentizität der Schrift ausgegangen.

Anmerkungen. – [9] Jüngste Übersichten bei Pieretti 261-263 und Aubin 117 n. 1. – [10] Tomus 1, Appendix col. 34 in margine, danach PL 32,1439 n. (a); cf. ib. 1414 n. (a) zu *dial.* 7. – [11] Bardy 566 über *dial.* und *rhet.*: «Leur authenticité est pour le moins douteuse»; cf. auch Marrou 578sq.; Madrid 930; Jackson 31 n. 17: «There seem to be few reasons of accepting the *De rhetorica* as authentic». Fontaine zitiert das Werk stets als ‹Ps. Aug.›. – [12] Riposati; Barwick, Augustins Schrift; Giomini, Introduzione 8-13; Bettetini, Introduzione; Pieretti 263. Guter Überblick bei Dieter/Kurth 91sq.; unentschieden: Pizzani 350; cf. auch Aubin. – [13] Riposati 386: «abbozzi di elementi dottrinali»; cf. Pizzolato 22; Giomini, Introduzione 12. Es handelt sich also nicht etwa um «le début des cinq autres traités» oder «des abrégés du texte authentique» (so Zelzer 248). – [14] Gemäß Aubin 123-134 ist gerade die Verwendung griechischer Termini typisch für lateinische Rhetorik-Handbücher. – [15] Cf. Riposati 391-393.

4. Inhalt.

– *Rhet.* [16] beginnt mit den Aufgaben (‹officia›) des Redners und nennt als Zweck der Rhetorik das ‹persuadere› bei staatsbürgerlichen (‹ciuiles›) Fragen (ib. 1-3), von denen es gemäß ib. 4-6 zwei Arten gibt: Theseis (‹quaestiones generales›) und Hypotheseis (‹quaestiones speciales›). Die Paragraphen 7sq. behandeln die besondere Situation eines Falles (‹circumstantia›) nach den Grundfragen ‹quis, quid, quando, ubi, cur, quem ad modum, quibus adminiculis›. Im Zentrum steht sodann die Status-Lehre (cf. ib. 12) mit der Unterscheidung zwischen logischer (‹rationales quaestiones› mit ihren vier Modalitäten ‹status coniecturae›, ‹finitionis›, ‹qualitatis›, ‹translationis›, ib. 9sq.) und gesetzbasierter Beurteilung eines Falles (‹quaestiones legales›, ib. 11). Die Paragraphen 13sq. geben genauere Hinweise zur Bestimmung der Streitfrage (‹de quo contenditur›, κρινόμενον); die beiden folgenden diskutieren Fälle, die keinen Status bilden (‹controuersia asystata›), mit vier Arten: wenn wesentliche Elemente der ‹circumstantia› (cf. ib. 7sq.) fehlen, wenn sich die beiden Parteien desselben Delikts bezichtigen, wenn der Angeklagte eine Verteidigung verweigert oder wenn die eine Partei die Argumente der anderen benutzt. Die Paragraphen 17sq. behandeln die vier Stufen der Glaubwürdigkeit (‹figurae controuersiarum›), *rhet.* 19-21 Formen des Exordiums mit Beispielen aus ↗Cicero [17].

Anmerkungen. – [16] Inhaltsübersichten bei Dieter/Kurth 90; Díaz y Díaz 331sq.; Bettetini, Prefazione; Pieretti 264-268. – [17] Aus zwei verlorenen Reden rettet A. zwei Fragmente: *Contra contionem Metelli* und *Pro Scauro.* Liste der wörtlichen Zitate bei Giomini, Introduzione 77.

5. Stellung in der Tradition der Rhetorik. – Hauptquelle ist das verlorene Werk des Hermagoras von Temnos, für dessen Rekonstruktion *rhet.* von größtem Wert ist [18] und das A. in einer lateinischen Übersetzung durchaus kritisch benutzt, vielleicht unter dem Einfluß seines Lehrers Democrates [19], der Hermagoreer gewesen zu sein scheint. Besonders die extrem differenzierte und teilweise schwankende Terminologie geht wohl auf diesen griechischen Rhetor zurück. A. konfrontiert die Schule des Apollodoros von Pergamon, der ein starres rhetorisches System vertrat, mit der des Theodoros von Gadara, der dagegen flexibel verfuhr. So liefert die Schrift einen Einblick in den zeitgenössischen Rhetorikunterricht [20].

Anmerkungen. – [18] Der Name Hermagoras wird 15mal zitiert: Barwick, Augustins Schrift 97; id., Rekonstruktion; Dieter/Kurth 93-95; Calboli Montefusco, *Exordium* 9. Cf. auch Woerther 76-79.95sq.96-101.114.149-154.161-163. Umstritten ist, welche von den Passagen, in denen der Name Hermagoras nicht fällt, auch auf diesen zurückgehen: Díaz y Díaz 332; cf. Matthes. Varro scheint hier auszufallen: Hübner. – [19] *Rhet.* 16: ‹praeceptor meus›; dazu Barwick, Augustins Schrift 101. – [20] Cf. Barwick, Augustins Schrift 102.

Bibliographie. – *Ausgaben und Übersetzungen*: PL 32,1439-1448. – Frankfurt a.M. 1964 (Lipsiae 1863), 137-151 (C. Halm, *Rhetores Latini Minores*). – SLI 4 (1990) 35-76 (R. Giomini). – Engl.: SM 35 (1968) 95-108 (O.A.L. Dieter/W.C. Kurth). – Franz.: Œuvres compl. (P) 4 (1873) 104-117 (H. Barreau). – Ital.: Milano 2004, 231-263 (ib. 1993, 131-159) (M. Bettetini). – NBA 4,36 (2005) 275-309 (A. Pieretti). – Span.: Fortunatae 3 (1992) 333-357 (P.R. Díaz y Díaz). – *Untersuchungen*: J. Aubin, Le *De rhetorica* du Pseudo-Augustin: réexamen des objections contre l'authenticité augustinienne: REAug 59 (2013) 117-134. – G. Bardy, Les livres sur les arts libéraux: BA 12 (1950) 565sq. – K. Barwick, Augustins Schrift de rhetorica und Hermagoras von Temnos: Philologus 105 (1961) 97-110. – Id., Zur Rekon-

struktion der Rhetorik des Hermagoras von Temnos: ib. 109 (1965) 186-218. – M. Bettetini, Introduzione: *Agostino, Il Maestro e la parola. Il maestro, la dialettica, la retorica, la grammatica*, Milano 2004, 7-64 (ib. 1993, VII-LIV). – Ead., Prefazione: ib. (2004) 225-227 (ib. 1993) 127sq.). – L. Calboli Montefusco, Introduzione: *Consulti Fortunatiani Ars rhetorica. Introduzione, edizione critica, traduzione e commento*, Bologna 1979, 1-60. – Ead., *Exordium, narratio, epilogus. Studi sulla teoria retorica greca e romana delle parti del discorso*, Bologna 1988. – W. Crecelius, S. Aurelii Augustini de dialectica liber: *Jahresbericht über das Gymnasium zu Elberfeld*, Elberfeld 1857, 1-20. – P.R. Díaz y Díaz, Aurelio Agustín: *Retórica* (Traducción y Notas). Nota de Presentación: Fortunatae 3 (1992) 329-332. – O.A.L. Dieter/W.C. Kurth, The *De Rhetorica* of Aurelius Augustine. Introduction: SM 35 (1968) 90-95. – J. Fontaine, *Isidore de Séville et la culture classique dans l'Espagne wisigothique* 1-3, Paris ²1983. – R. Giomini, I Principia rhetorices di Agostino e il nuovo Bodmer 146 dei Rhetores Latini Minores: *Filologia e forme letterarie. Studi offerti a F. Della Corte* 4, Urbino 1987, 281-297. – Id., A. Augustinus «De Rhetorica». Introduzione: SLI 4 (1990) 7-34. – W. Hübner, Das dritte Buch von Varros *Disciplinarum libri* über die Rhetorik: GIF 67 (2015) 85-101. – B.D. Jackson, Introduction: *Augustine, De dialectica* (ed. by B.D.J./J. Pinborg), Dordrecht/Boston, Mass. 1975, 1-75. – T.C. Madrid, Los principios de las disciplinas liberales: BAC 551 (1995) 929sq. – H.-I. Marrou, *Saint Augustin et la fin de la culture antique*, Paris ⁴1958. – D. Matthes, Praefatio: *Hermagorae Temnitae testimonia et fragmenta adiunctis et Hermagorae cuiusdam discipuli Theodori Gadarei et Hermagorae minoris fragmentis*, Lipsiae 1962, V-X. – A. Pieretti, Introduzione: NBA 4,36 (2005) 259-268. – U. Pizzani, L'enciclopedia agostiniana e i suoi problemi: CIA 1,331-361. – L.F. Pizzolato, *Capitoli di retorica agostiniana*, Roma 1994. – A. Reuter, Zu dem augustinischen Fragment de arte rhetorica: *Kirchengeschichtliche Studien. H. Reuter zum 70. Geburtstag gewidmet*, Leipzig 1888, 321-351. – B. Riposati, Agostino o Pseudoagostino?: *Studi in onore di G. Funaioli*, Roma 1955, 378-393. – R. Sabbadini, Spogli ambrosiani latini: *Opere minori* 1. *Classici e umanisti da codici latini inesplorati* (a cura di T. Foffano), Padova 1995, 1-233 (SIFC 11 (1903) 165-388). – F. Woerther, *Hermagoras, Fragments et témoignages. Textes édités, traduits et commentés par F.W.*, Paris 2012. – M. Zelzer, J'ai même essayé d'écrire des livres sur les disciplines (Aug., *retr.* 1,6). Le premier cycle des sept arts libéraux et sa place dans le développement culturel du Moyen Age: *AugAfer* 1,243-249. – J. Żurek, De S. Aurelii Augustini praeceptis rhetoricis: DPhV 8 (1905) 69-110.

Wolfgang Hübner

Retractationes

I. Titel – II. Entstehung und Datierung – III. Aufbau und Inhalt – 1. Aufbau des Gesamtwerkes und der Einzelkapitel – 2. Inhaltliche Schwerpunkte – a) Verwendung heidnischen Gedankenguts in den Frühschriften – b) Bibelexegese – c) Einfluß der Pelagianismuskontroverse – d) Sonstiges – 3. Gesamtcharakter und Zielsetzung des Werkes – 4. Der Prozeß der ‹retractatio› – IV. Handschriftliche Überlieferung und Nachleben – Appendix: Werkübersicht gemäß *retr.*

I. Titel. – Die zwei Bücher umfassende, kritisch kommentierte Werkliste A.s trägt den (pluralischen) Titel *retr.* [1] seit den Spätschriften *praed. sanct.* und *perseu.* [2]; beginnend mit *retr.* selbst verwendet A. den Singular ‹retractatio› für den Akt der kritischen Revision einzelner Schriften bzw. für einzelne Kapitel von *retr.* [3]. Häufiger verwendet A. dafür das Verb ‹retractare› [4]. Sowohl A. selbst als auch ein Briefpartner bezeugen daneben eine titellose Phase, in der eine Inhaltsbeschreibung an die Stelle des Titels tritt [5]. Possid. *uita Aug.* 28,1 nennt einen sonst nicht bezeugten abweichenden Titel: «duo conscripsit uolumina, quorum est titulus de recensione librorum» [6]. In späteren Testimonien ist der Titel *retr.* einhellig bezeugt [7]; er dürfte also schon auf einen Archetypus aus Hippo zurückzuführen sein. Der Gebrauch von ‹retractatio›/‹retractare› für die Revision eines literarischen oder rhetorischen Werkes (häufig durch den Verfasser) ist nicht auf stehenden antiken Grammatikergebrauch zurückzuführen, ist aber andererseits nicht auf A. beschränkt. Er findet sich z.B. bei Cicero, Tacitus und besonders häufig bei Plinius [8].

Anmerkungen. – [1] Zur Bedeutung des Titels von HARNACK 771: «der Titel bedeutet nicht Correcturen ..., sondern ‹Durchsicht›»; cf. BURNABY 85. – [2] *Praed. sanct.* 8: «de hoc primo duorum illorum libro (sc. *Simpl.*) in secundo retractationum primum locutus sum» (cf. *retr.* 2,1,1); *perseu.* 27: «denique in primo retractationum libro, quod opus meum nondum legistis, cum ad eosdem libros retractandos uenissem, hoc est, de libero arbitrio, ita locutus sum ...» (cf. *retr.* 1,9,2.6). – [3] *Praed. sanct.* 7: «denique, cum mea cuncta opuscula retractarem, eamque retractationem stilo prosequerer, cuius operis iam duos absolueram libros, antequam scripta uestra prolixiora sumpsissem, cum ad hunc librum (sc. *exp. prop. Rm.*) retractandum in primo uolumine peruenissem, sic inde locutus sum ...» (cf. *retr.* 1,23,2). – [4] Ib. 2,67 (epilogus): «haec opera nonaginta et tria in libris ducentis triginta et duobus me dictasse recolui, quando haec retractaui, utrum aliquos adhuc essem dictaturus ignorans»; cf. *perseu.* 27; *ep.* 224,2. – [5] *Ep.* 224,2: «illud (sc. opus) de retractatione opusculorum meorum»; ib. 226,10 (Hilarius Gallus an A.): «libros ... quos de uniuerso opere moliris». – [6] Ein weiterer Titel, ‹recognitiones›, ist handschriftlich bezeugt in der ‹subscriptio› zum ersten Buch; cf. den kritischen Apparat zu CSEL 36, p. 130,14 und CCL 57, p. 89,1 (Mss. CD bzw. D); von HARNACK 771 n. 2. – [7] So schon bei Fulg. Rusp. *epist.* 14,28: «hunc euangelii locum aliter beatus Augustinus aliquando posuerat ... quem tamen sensum in suis retractationibus emendauit, hoc approbans atque confirmans quod postea melius intellegens, in illa expositione euangelii de solo Christo accipi debere firmauit. quod in primo libro retractationum suarum ostendens, inter alia sic ait ...»; für weitere Belege cf. [81]. – [8] Z.B. Cic. *Att.* 16,3,1: «sed tamen idem σύνταγμα misi ad te retractatius, et quidem ἀρχέτυπον ipsum crebris locis inculcatum et refectum»; Tac. *dial.* 3,2: «an ideo librum istum adprehendisti, ut diligentius retractares, et sublatis si qua prauae interpretationi materiam dederunt, emitteres Catonem non quidem meliorem, sed tamen securiorem?»; Plin. *epist.* 5,8,6: «egi magnas et graues causas. has, etiamsi mihi tenuis ex iis spes, destino retractare, ne tantus ille labor meus, nisi hoc quod reliquum est studii addidero, mecum pariter intercidat». Als Aufgabe des Grammatikers, nicht des Autors: Suet. *gramm.* 2,3; Gell. 3,3,13.

II. Entstehung und Datierung.

– Vom *retr.*-Projekt wurden zwei Bücher fertiggestellt, die die Werkgruppe der ‹libri› behandeln; für Briefe und Predigten waren separate Bände geplant, die nicht zur Ausführung gelangten. A. formuliert den Plan eines Werkes nach dem Muster von *retr.* erstmals in

ep. 143,2 (ca. 412): «si enim mihi deus, quod uolo, praestiterit, ut omnium librorum meorum quaecumque mihi rectissime displicent, opere aliquo ad hoc ipsum instituto colligam atque demonstrem, tunc uidebunt homines, quam non sim acceptor personae meae» [9]. Der Kontext des Briefes weist bereits Charakteristika des späteren Werkes auf: Der Adressat ↗Marcellinus hatte um Erklärung einer Passage (*lib. arb.* 3,34) gebeten, die von ungenannten Gegnern kritisiert worden war (*ep.* 143,5). A. verwehrt sich grundsätzlich nicht gegen Kritik an seinen Schriften, nimmt aber die konkrete Passage dennoch in Schutz. Neben der explizit formulierten Selbstkritik steht also bereits hier die apologetische Intention [10]. Es liegt nahe, den Brief in den Kontext der beginnenden Kontroverse mit Pelagius zu stellen [11].

Für die beiden erhaltenen Bücher läßt sich das Entstehungsdatum 426/427 vermuten. Die (unscharfe) Datierung ergibt sich aus folgenden Argumenten: (1) Laut *retr.* 2,4,1 wurde der Abfassungsprozeß von der Fertigstellung der Schrift *doctr. chr.* unterbrochen, welche auf etwa 426/427 datierbar ist [12]; (2) das Werk wird in *perseu.* 27 und *praed. sanct.* 7sq. als ‹geschrieben›, aber noch nicht weit verbreitet erwähnt [13]; (3) laut Possid. *uita Aug.* 28,1 verfaßte A. *retr.* «ante proximum ... diem obitus sui»; doch entstanden nach *retr.* vermutlich die darin nicht behandelten Schriften sowie Briefe, die zusammen mehrere Jahre in Anspruch genommen haben müssen [14]; (4) das Werk endet mit *corrept.* (*retr.* 2,67), alle nicht behandelten Buchschriften sind also wohl nach *retr.* entstanden [15].

Die Herausgabe des unfertigen Werkes erfolgte gegen A.s ursprüngliche Absicht auf Drängen seiner Mitbrüder [16]. In *perseu.* wird die Arbeit an *retr.* (wohl den fehlenden Bänden) als laufendes Projekt erwähnt [17]. Der Band zu den ‹epistulae› kam nicht über Vorarbeiten hinaus, die sich aber durch die drängende Arbeit an *c. Iul. imp.* und *haer.* verzögerten [18]. Es gibt keine Anzeichen dafür, daß A. mit der schriftlichen ‹retractatio› der ‹tractatus populares› (cf. *ep.* 224,2) begonnen hätte.

Anmerkungen. – [9] Auch aus der ‹praefatio› des Werkes geht hervor, daß es sich um einen lang gehegten Plan handelte: «iam diu est ut facere cogito atque dispono, quod nunc adiuuante domino adgredior ...» (*retr.* 1, prol. 1). – [10] BURNABY argumentiert dagegen, die apologetische Intention habe erst im Verlauf der Arbeit die Selbstkritik verdrängt; anders VAN DER LOF. – [11] Cf. die explizite Auseinandersetzung mit Pelagius in *retr.* 1,9,3-6 (zu *lib. arb.*); cf. POLLMANN 412 n. 15; DOLBEAU, Formation 27-31. Anders von HARNACK 771: «Die frühe Ankündigung ... zeigt, dass nicht erst der Missbrauch, den die Pelagianer mit seinen älteren Schriften getrieben haben, das Werk hervorgerufen hat». Cf. jetzt allerdings DUVAL 278 zur Datierung der Schrift *De natura* des Pelagius auf 406; ↗Pelagius, Pelagiani, 4,632-634. Cf. auch unten III 2 c und III 3. – [12] Zur Datierung MADEC 17; MUTZENBECHER, Einleitung XIII. – [13] Belege zitiert in [2]. Cf. auch *ep.*

226,10. – [14] Zu diesen Schriften cf. [15]; cf. zu den Briefen z.B. *ep.* 224,2 mit der Nennung der *retr.* – [15] Dies betrifft *spec., conl. Max., c. Max., c. Iul. imp., haer., praed. sanct.* und *perseu.* (cf. MUTZENBECHER, Einleitung XIII n. 1). – [16] Ib. 2,67 (epilogus): «ipsam eorum retractationem in libris duobus edidi urgentibus fratribus, antequam epistulas atque sermones in populum, alios dictatos alios a me dictos, retractare coepissem». Möglicherweise sind Prosper und Hilarius Gallus gemeint. – [17] *Perseu.* 55: «nam propterea nunc facio libros, in quibus opuscula mea retractanda suscepi, ut nec me ipsum in omnibus me secutum fuisse demonstrem, sed proficienter me existimo deo miserante scripsisse, non tamen a perfectione coepisse». – [18] *Ep.* 224,2 (an Quodvultdeus, 428): «agebam uero rem plurimum necessariam; nam retractabam opuscula mea … et duo iam uolumina absolueram retractatis omnibus libris meis, quorum numerum nesciebam eosque esse CCXXX et duos esse cognoui; restabant epistulae, deinde tractatus populares, quas Graeci homilias uocant. et plurimas iam epistularum legeram, sed adhuc nihil inde dictaueram, cum me etiam isti Iuliani libri occupare coeperunt … quando ergo id explicauero … dispono, si dominus uoluerit, et, quod poscis, incipere (sc. *haer.*), simul agens utrumque, et hoc scilicet et illud de retractatione opusculorum meorum nocturnis et diurnis temporibus in singula distributis». Zur Anzahl der Bücher cf. [28]. – VON HARNACK 773 n. 1 schließt aus der Erwähnung von *ep.* 186 und 194 in *perseu.* 55, «dass Augustin (sc. mit der Revision der Briefe) bereits bis zu den jüngeren Briefen vorgedrungen war», was zwar wahrscheinlich, aber nicht zwingend der Fall ist.

III. – Aufbau und Inhalt. – 1. Aufbau des Gesamtwerkes und der Einzelkapitel. – A. hat sein Werk nach dem literarischen Genus in drei Gruppen gegliedert: selbständige Schriften (‹libri›), Briefe und Predigten [19]. Von diesen umfassen *retr.*, soweit fertiggestellt und veröffentlicht, nur die erste Gruppe; Briefe von Buchlänge sind nur dann einbezogen, wenn sie keinen sichtbaren Briefcharakter haben oder in ein mehrbändiges Werk eingebunden wurden [20]. A. ist sich der Problematik dieser Abgrenzung bewußt und weist mehrfach darauf hin [21]. Mit wenigen Ausnahmen behandelt die Schrift alle Werke A.s (oder Werke, die mit seinen Schriften überliefert sind), falls er sie zur Verfügung hatte und als veröffentlicht betrachtete [22]. Im Zusammenhang von Kontroversen sind offizielle Dokumente und Protokolle einbezogen, was zweifellos auf den Überlieferungszusammenhang verweist [23].

Fast alle Mss. von *retr.* überliefern zu Beginn eine Kapitelliste [24], die vermutlich auf A. selbst oder seine Bibliothek zurückgeht; ihr zufolge umfaßt das Werk 93 Kapitel [25]. Dem Werk selbst geht eine ‹praefatio› voraus, die vermutlich zu Beginn der Arbeit verfaßt wurde [26]. Darin wird als Ziel der Arbeit ausschließlich die Selbstkritik in Erwartung des göttlichen Richters genannt: «restat igitur ut me ipse iudicem sub magistro uno, cuius de offensionibus meis iudicium euadere cupio» (ib. 1, prol. 2). Die an die Leser gerichtete apologetische Intention klingt indirekt im folgenden an: «scribere autem ista mihi placuit, ut haec emittam in manus hominum, a quibus ea quae iam edidi

reuocare emendanda non possum» (ib. 1, prol. 3) [27]. Das letzte Kapitel mündet in ein Nachwort, in dem A. die Zahl der behandelten Werke mit 93, die Zahl der einzelnen Bücher (inkorrekt) mit 232 angibt [28].

In mehreren Handschriften folgt auf *retr.* ein Nachtrag, der sechs nach *retr.* entstandene Schriften A.s hinzufügt. Mutzenbecher vermutet für diesen Text afrikanischen Ursprung und nimmt an, daß er wie Possid. *indic.* auf das in der Bibliothek in Hippo geführte Schriftenverzeichnis zurückgeht [29] (↗*Indiculum, -us*).

Retr. sind in zwei Bücher gegliedert, die in weitgehend chronologischer Folge [30] A.s Schriften vor bzw. nach seiner Bischofsweihe umfassen [31]. Jedem Werk ist ein Kapitel gewidmet [32]; siehe hierfür auch die Appendix. Werke werden dann nicht ausführlich behandelt, wenn A. sie als ersetzt betrachtet [33] oder nicht mehr vorfindet (cf. ib. 1,6). Den Kapiteln liegt ein einheitliches Schema zugrunde: Behandelt werden die Entstehungsumstände (mit Angabe des Titels und der Werkstruktur), dann folgen Einzelstellen, welche A. entweder kritisiert oder gegen Kritik verteidigt, am Ende jedes Kapitels steht das ‹incipit› der Schrift. Dieses Schema wird aber häufig variiert oder reduziert. Indizien für eine absolute Datierung werden meist nur dort gegeben, wo die historischen Umstände den Anlaß für die Abfassung boten oder ihn wesentlich prägten [34]. Die relative Chronologie wird für die Frühschriften präzisiert [35], im Verlauf des Werkes immer unschärfer; häufig wird nur mit den Formeln ‹per idem tempus› oder ‹eodem tempore› ein ungefährer Zeitpunkt angegeben [36]. Es ist anzunehmen, daß A. den genauen Entstehungszeitpunkt entweder nicht mehr wußte oder nicht für wichtig hielt. Thematisch zusammengehörige Werke werden häufig in Blöcken zusammengefaßt [37]. Ausdrücklich wird auf die lange Entstehungszeit von *trin.* hingewiesen, durch die sich die Entstehung mit mehreren anderen Schriften überkreuzte [38].

Durchgehend erwähnt A. äußere Anlässe für die Abfassung, z.B. im Fall von Werken, die als polemische Reaktion auf eine Schrift entstanden [39], Teil einer längeren Auseinandersetzung sind [40] oder denen eine mündliche Konfrontation vorausging [41]. Die Darstellung der Entstehungsumstände erlaubt es A., einzelne Werke als unvollständig, (noch) nicht für die Veröffentlichung bestimmt oder durch spätere Schriften ersetzt zu charakterisieren [42]. Im Zusammenhang mit den Entstehungsumständen macht A. Angaben zur Binnenstruktur des behandelten Werkes. Er erörtert z.B. die Buchgliederung, die Entstehung in mehreren Arbeitsschritten [43], den Aufbau aus ursprünglich nicht zusammengehörigen Teilen [44], Passagen, die nicht von ihm stammen [45], sowie das literarische Genus [46]. Bei Werken in der Form von ‹quaestiones› nennt A. häufig das Thema jeder einzelnen ‹quaestio› [47].

Die kritisch behandelten Einzelstellen sind nach ihrer Position im Werk angeordnet und schematisch durch die Angabe des Buches sowie durch Formeln wie ‹item›, ‹alio loco›, ‹quod autem dixi› verbunden. Kritikpunkte werden häufig eingeleitet mit ‹displicet (mihi)›, ‹non placet›, ‹(non) ita intellegendum est, quasi …›.

Anmerkungen. – [19] *Retr.* praef. 1: «siue in libris siue in epistulis siue in tractatibus»; ib. 2,41: «commonitorium … nec inter libros nec inter epistulas est notatum»; cf. ib. 2,67 (epilogus); *ep.* 224,2. Dieselbe Einteilung hat Possid. *indic.*; cf. auch Possid. *uita Aug.* 18,10: «statui deo praestante in huius opusculi finem etiam eorumdem librorum, tractatuum et epistularum indiculum adiungere». Zu den praktischen Voraussetzungen dieser Einteilung (Bibliotheksordnung) cf. unten III 4. – [20] In *retr.* werden daher folgende Schriften nicht behandelt: die ‹Predigten› *adu. Iud., cont., disc. chr., f. inuis., pat., prou. dei, s. Caes. eccl., symb. cat., exc. urb.* und *util. ieiun.*; die ‹Briefe› *b. uid., perf. iust.* und *cath. fr.*; außerdem fehlen *qu. Mt.* und *qu. uet. t.*; cf. Mutzenbecher, Einleitung XIIIsq. n. 6. Auch *reg. 1-3* werden nicht erwähnt. – [21] Cf. Madec 22sq. Fehlende Anredeformel: *retr.* 2,10 (*c. Sec.*): «huic (sc. Secundino) respondi; sed quia in eiusdem opusculi capite non posui quis cui scriberet, non in epistulis meis sed in libris habeatur»; ib. 2,20 (*inq. Ian. = ep.* 54.55): «quorum librorum prior epistula est; habet quippe in capite, quis ad quem scribat. sed ideo inter libros adnumeratur hoc opus, quoniam sequens qui nomina nostra non habet multo est prolixior, ut non plura tractatur». Einbeziehung in mehrbändiges Werk: *retr.* 2,25 (*c. litt. Pet.*): «etiam ipsa epistula est ad nostros (sc. *c. litt. Pet.* 1), sed ideo inter libros habetur, quia ceteri duo in eadem causa libri sunt»; cf. *retr.* 2,33 (*pecc. mer.* 3). Cf. auch die Auslassung (und den Verlust) eines ↗‹commonitorium› aufgrund der unklaren Genuszugehörigkeit (*retr.* 2,41): «inueni etiam in quodam nostro codice, in quo et iste liber est, quoddam commonitorium a me factum de hac re ad episcopum Siccensem Fortunatianum, quod in opusculorum meorum indiculo nec inter libros nec inter epistulas est notatum». – [22] Zu Ausnahmen cf. unten III 4. – [23] So spricht A. hinsichtlich *c. Fort.* in *retr.* 1,16,1 selbst von ‹acta› oder ‹gesta›. Er hat die Aufnahme des Protokolls in seine Schriften veranlaßt: «quae disputatio nobis altercantibus excepta est a notariis, ueluti gesta conficerentur; nam et diem habent et consulem. hanc in librum memoriae mandandum conferre curauimus» (ib.). Cf. auch ib. 2,51 (*Emer.*): «quae cum illo (sc. Emerito) egerim …, ecclesiastica gesta testantur, quae in meis habentur opusculis» (cf. ib.: «hic liber uel haec gesta»); ähnlich ib. 2,8 (*c. Fel.*): «gesta sunt ecclesiastica, sed inter meos libros conputantur»; ib. 2,39 (*breu.*). – [24] Zu abweichenden Anordnungen cf. Mutzenbecher, Einleitung XXXIsq. – [25] Cf. Mutzenbecher, Einleitung XIII. Die Kapitelzählung der Liste stimmt nicht mit der auf die Mauriner zurückgehenden überein, die auch Mutzenbecher beibehält (zur Kapitel- und Paragraphenzählung von Knöll (CSEL 36) cf. Mutzenbecher, Einleitung LXIIsq.). Der Eintrag zu den ‹disciplinarum libri› wird in der antiken Liste nicht als eigenes Kapitel, sondern als Teil von ib. 1,5 gerechnet. Beginnend mit ib. 1,6 (= 1,5 in der Kapitelliste) differieren die moderne und die antike Numerierung. Die Kapitel beider Bücher werden in der Kapitelliste durchlaufend gezählt. – [26] Ib. praef. 1: «iam diu est ut facere cogito atque dispono, quod nunc adiuuante domino adgredior, quia differendum esse non arbitror …»; anders van der Lof 6-10. – [27] Cf. zu dieser Passage *ep.* 143,4: «sed angit me plane Horatiana sententia: ‹nescit uox missa reuerti› (Hor. *ars* 390)». –

[28] Die Zahl der Werke stimmt mit der Anzahl der Kapitel in der antiken Kapitelliste überein. Cf. Mutzenbecher, Einleitung XIII n. 6: «Diese Zahl stimmt, wenn man die teils nur angefangenen ‹Disciplinarum libri› … und das im Kapitel über ‹De uidendo deo› … erwähnte Commonitorum nicht mitzählt». Die Buchzahl 232 ist ungeklärt; tatsächlich umfassen die behandelten Werke zusammengerechnet 252 Bücher. Der Fehler ist paläographisch schwer erklärbar. Offenbar handelt es sich um einen Irrtum A.s (cf. ib.); cf. *ep.* 224,2, wo A. dieselbe Zahl nennt. – [29] Mutzenbecher, Nachtrag 62sq.81sq.; cf. Dolbeau, Survie (484). – [30] Zu Einzelproblemen cf. Madec 149-157: Insbesondere die Position von *c. Fel.* (*retr.* 2,8), was sicher auf den 7. und 12. Dezember 404 zu datieren ist, irritiert, da *c. litt. Pet.* (*retr.* 2,25) sicher 400-403 verfaßt wurde. Bei Annahme einer strengen Chronologie der in *retr.* verzeichneten Schriften hätte A. nämlich zwischen 397 und Ende 404 nur an *conf.* und *c. Faust.* sowie an Teilen von *c. litt. Pet.* gearbeitet, während zwischen 405 und 411 über zwanzig Werke entstanden wären (ca. *retr.* 2,9-33), was unwahrscheinlich ist. Bemerkenswert ist auch die von *retr.* abweichende Werkreihenfolge in *ep.* 23*A,3, die bei Umstellung gemäß *retr.* jedoch weitere Probleme aufwerfen würde; cf. Berrouard. Da dieser Brief auch zeigt, daß A. an einigen Schriften gleichzeitig arbeitete, sollte man die diesbezügliche Reihenfolge in *retr.* nicht als strenge Chronologie verstehen. – [31] Ib. 2,1,1 (*Simpl.*): «librorum quos episcopus elaboraui duo sunt ad Simplicianum …»; Possid. *uita Aug.* 28,1: «ante proximum uero diem obitus sui a se dictatos et editos libros recensuit, siue eos quos iam tempore suae conuersionis adhuc laicus, siue quos presbyter, siue quos episcopus dictauerat». A. selbst verwendet diese Dreiteilung nicht als Strukturprinzip von *retr.*, cf. allerdings Angaben wie ib. 1,9,1 (*lib. arb.*): «quorum (sc. librorum de libero arbitrio) secundum et tertium … iam Hippone Regio presbyter ordinatus … terminaui» oder ib. 1,15,1 (*duab. an.*): «hunc librum scripsi adhuc presbyter». – [32] Eine Ausnahme bilden die von A. zu den ‹disciplinae› verfaßten Werke (↗Disciplinarum libri). In *retr.* 1,6 (in der antiken Kapitelliste nicht als eigenes Kapitel gezählt, cf. [25]) wird das nur begonnene Projekt dieser Gruppe von Schriften erwähnt. Alle Details fehlen, A. hat die Materialien offenbar nicht (mehr?) vor sich; cf. [106]. – [33] Cf. dazu unten III 4. – [34] So insbesondere *retr.* 2,43,1 (*ciu.*); cf. auch ib. 2,26 (*Cresc.*): «hos autem quattuor libros quando scripsi, iam contra Donatistas leges dederat Honorius imperator»; ib. 2,50 (*gr. et pecc. or.*): «posteaquam Pelagiana heresis cum suis auctoribus ab episcopis ecclesiae Romanae, prius Innocentio deinde Zosimo, cooperantibus conciliorum africanorum litteris conuicta atque damnata est». – [35] Cf. dazu unten III 3. – [36] ‹Per idem tempus›: *retr.* 1,12 (*mag.*); cf. ib. 1,17 (*f. et symb.*); 1,19,1 (*s. dom. m.*); 2,24,1 (*Gn. litt.*); 2,30 (*diuin. daem.*); ‹eodem tempore›: *retr.* 1,16,1 (*c. Fort.*): «eodem tempore presbyterii mei contra Fortunatum quendam Manicheorum presbyterum disputaui»; cf. *retr.* 1,22,1 (*c. Adim.*); 2,34 (*un. bapt.*); 2,48 (*correct. = ep.* 185); 2,55,1 (*qu.*). – [37] Z.B. ib. 1,23-25 (Paulusexegese in *exp. prop. Rm., exp. Gal.* und *ep. Rm. inch.*); 2,7-10 (einige antimanichäische Schriften: *c. Faust., c. Fel., nat. b., c. Sec.*). – [38] *Retr.* 2,16 (*cons. eu.*): «per eosdem annos, quibus paulatim libros de trinitate dictabam, scripsi et alios labore continuo interponens eos illorum temporibus»; ib. 2,24,1 (*Gn. litt.*): «hos sane libros posterius coepi, sed prius terminaui quam de trinitate. ideo eos nunc ordine quo coepi recolui»; ib. 2,25 (*c. litt. Pet.*): «antequam finirem libros de trinitate et libros de Genesi ad litteram, inruit causa respondendi litteris Petiliani Donatistae». – [39] Z.B. *retr.* 2,7,1 (*c. Faust.*): «contra Faustum Manicheum … scripsi grande opus, uerbis eius propositis reddens responsiones meas». – [40] Z.B. *retr.* 2,25 zur mehrstufigen Entstehungsgeschichte von *c. litt. Pet.* – [41] Z.B. *retr.* 1,16,1 (*c. Fort.*): «eodem tempore presbyterii mei contra Fortunatum quendam Manicheorum presbyterum disputaui … quae disputatio nobis altercantibus excepta est a notariis … hanc in librum memoriae mandandum conferre curauimus». – [42] Cf. dazu unten III 4. – [43] Ein typischer Eintrag ist z.B. *retr.* 2,24,1 (*Gn. litt.*): «per idem tempus de Genesi libros duodecim scripsi, ab exordio

donec de paradiso dimissus est Adam, et flammea romphea posita est custodire uiam ligni uitae. cum autem ad hoc usque undecim libri peracti essent, duodecimum addidi in quo diligentius de paradiso disputatum est». – [44] *Retr.* 1,26 (*diu. qu.*): «cum … dispersae fuissent per chartulas multas, quoniam … sicut interrogabar a fratribus, quando me uacantem uidebant, nulla seruata ordinatione dictatae sunt, iussi eas iam episcopus colligi et unum ex eis librum fieri»; ib. 2,65 (*Dulc. qu.*): «cum sit confectus (sc. liber) ex his quae a me in aliis antea conscripta sunt». – [45] *Retr.* 1,26: In *diu. qu.* 12 und 31 finden sich zwei Passagen von Fonteius von Karthago (*De mente mundanda ad uidendum deum*) bzw. Cicero (*inu.* 2,159-167). – [46] Z.B. *retr.* 2,55,1 (*qu.*) zum Genus der ‹quaestiones›: «eodem tempore scripsi etiam libros quaestionum de libris eisdem diuinis septem, quos ideo appellare sic uolui, quia ea quae ibi disputantur magis quaerenda proposui quam quaesita dissolui»; cf. [21]. – [47] *Retr.* 1,26 (*diu. qu.*); 2,31 (*qu. c. pag.* = *ep.* 102); 2,36 (*gr. t. nou.* = *ep.* 140); hingegen nicht in *retr.* 2,12 (*qu. eu.*); 2,55 (*qu.*); 2,65 (*Dulc. qu.*); ↗Quaestiones et responsiones.

2. Inhaltliche Schwerpunkte [48]. – *a) Verwendung heidnischen Gedankenguts in den Frühschriften.* – In den auf die ersten Jahre nach seiner Bekehrung zurückgehenden Schriften kritisiert A. seinen sorglosen Umgang mit religiös konnotiertem heidnischem Wortmaterial, also Gottheiten und als göttlich interpretierbaren Personifikationen wie ‹Fortuna› und ‹Musae›, oder kultischem Vokabular (‹omen›, ‹deierare›) [49]. Ebenso nimmt er Anstoß daran, daß er seine Bewunderung für heidnische Philosophen (die platonischen ‹philosophi›, Pythagoras, Cicero, Mallius Theodorus) offen ausgesprochen [50] und in Einzelfällen auch stoische oder platonische Lehrmeinungen unkritisch übernommen hat, die er aber nicht als Irrtum, sondern als mißverständliche Formulierung interpretiert (Präexistenz der Seele, Anamnesis, ‹Zwei-Welten-Lehre›) [51]. A. kritisiert in *retr.* 1,3,2sq. (*ord.*) explizit seine Hochschätzung der antiken Bildung für die Erkenntnis Gottes und relativiert sie in *retr.* 1,11,1 (*mus.*). Von Beginn an ist die Auswahl der Kritikpunkte auch von der Pelagianerkontroverse diktiert [52]; so präzisiert A. seine Positionen hinsichtlich des Ursprungs der Sünde und der Auferstehung des Leibes [53].

Anmerkungen. – [48] Cf. von Harnacks (anders gewichtete) Liste der Kritikpunkte (ib. 780-796); cf. auch Madec 119-126. – [49] ‹Fortuna›: *retr.* 1,1,2 (*Acad.* 1,1); 1,2 (*beata u.* 5); 1,3,2 (*ord.* 1,31; 2,27.51); ‹Musae›: *retr.* 1,3,2 (*ord.* 1,6.24; 2,41); die Fabel von ‹Philosophia› und ‹Philocalia›: *retr.* 1,1,3 (*Acad.* 2,7): «in secundo autem libro prorsus inepta est et insulsa illa quasi fabula de Philocalia et Philosophia»; ‹omen›: *retr.* 1,1,2 (*Acad.* 1,11); ‹deierare›: *retr.* 1,1,4 (*Acad.* 3,35). – [50] ‹Philosophi›: *retr.* 1,1,4 (*Acad.* 2,24; 3,37.41); 1,3,2 (*ord.* 1,31); Pythagoras: *retr.* 1,3,3 (*ord.* 2,53); Cicero: *retr.* 1,1,4 (*Acad.* 3,45): «illud etiam quod in conparatione argumentorum Ciceronis … meas nugas esse dixi, quibus illa argumenta certissima ratione refutaui, quamuis iocando dictum sit et magis ironia uideatur, non debuit tamen dici»; Mallius Theodorus: *retr.* 1,2 (*beata u.* 5). – [51] Z.B. *retr.* 1,3,2 (*ord.* 1,32): «displicet mihi … quod duos mundos, unum sensibilem alterum intellegibilem, non ex Platonis uel ex Platonicorum persona, sed

ex mea … commendaui»; ib. 1,8,2 (*an. quant.* 34): «in quo libro illud quod dixi omnes artes animam secum attulisse mihi uideri, nec aliud quidquam esse id quod dicitur discere quam reminisci et recordari, non sic accipiendum est, quasi ex hoc adprobetur animam uel hic in alio corpore uel alibi siue in corpore siue extra corpus aliquando uixisse, et ea quae interrogata respondet, cum hic non didicerit, in alia uita ante didicisse». – [52] Explizit in *retr.* 1,7,5 (*mor.* 1,64): «possunt putare Pelagiani … me dixisse …»; ib. 1,10,3 (*Gn. adu. Man.* 2,43). – [53] *Retr.* 1,1,2 (*Acad.* 1,1): «quando quidem naturae nostrae dura necessitas merito praecedentis iniquitatis exorta est»; ib. 1,11,3 (*mus.* 6,13): «non ita dictum putetur, quasi non sint futura post resurrectionem corpora meliora, quam primorum hominum in paradiso fuerunt».

b) Bibelexegese. – *Retr.* bezeugen A.s zunehmende Bibelkenntnisse [54] hinsichtlich des Wortlauts einzelner Verse, den er durch Einsichtnahme in weitere (besonders griechische) Handschriften verbessert [55], sowie der Autorschaft biblischer Bücher und historischer Fakten [56]. A.s Interesse gilt nicht der textlichen oder historischen Korrektheit, sondern möglichen darauf beruhenden doktrinären Irrtümern oder irrigen Allegoresen [57]; umgekehrt weist er häufig darauf hin, daß der falsche Text ihn nicht zu doktrinär falschen Aussagen verleitet hat: «ex occasione tamen huius mendositatis quaecumque disserui uera esse ipsis rebus apparet» (ib. 1,7,3: *mor.* 1,27 zu *Sap* 8,7). In seltenen Fällen nimmt A. eine ältere Auslegung explizit zurück oder ergänzt sie durch eine Alternative [58]. Teilweise bezieht sich die Neuinterpretation auf Themen, die im Verlauf der Pelagianismuskontroverse relevant wurden [59].

Anmerkungen. – [54] Z.B. ib. 1,5,2 (*imm. an.* 11): «profecto non dixissem, si iam tunc essem litteris sacris ita eruditus, ut recolerem quod scriptum est …»; ib. 1,7,2 (*mor.* 1,14 zu *Ps* 43,22): «mendositas nostri codicis me fefellit minus memorem scripturarum»; ib. 1,19,3 (*s. dom. m.* 1,17 zu *Io* 3,34 und *s. dom. m.* 1,20 zu *Mt* 5,18). – [55] Z.B. korrigiert A. ib. 1,7,2sq. drei Passagen aus dem Alten Testament (*Ps* 43,22: *mor.* 1,14; *Sap* 8,7: *mor.* 1,27; *Ecl* 1,1: *mor.* 1,39); zum Zusammenhang cf. Lagrange. – [56] Z.B. ib. 2,4,2 (*doctr. chr.* 2,13): Autorschaft von *Sap*; *retr.* 2,43,2: falsche Paraphrase zweier Stellen aus dem Alten Testament in *ciu.* 10,8 (zu *Gn* 15,9-17) und *ciu.* 17,5 (zur Verwandtschaft von Samuel und Aaron, eventuell in bezug auf *Ex* passim oder auf *1 Par* 6). – [57] Z.B. ib. 1,10,3 (*Gn. adu. Man.* 2,4 zu *Gn* 2,5): «in secundo etiam libro illud quod posui nomine pabuli significari posse uitam, cum melioris interpretationis codices non habent pabulum sed faenum, non satis apte dictum uidetur. non enim congruit faeni nomen significationi uitae quomodo pabuli». – [58] Anders von Harnack 782: «Sehr zahlreich sind seine Verbesserungen in Bezug auf seinen früheren Gebrauch der h. Schrift»; die ib. 782-789 folgende Auflistung enthält großteils dogmatische Argumente aufgrund von Schriftzitaten. Cf. aber z.B. *retr.* 1,21,1 (*c. ep. Don.*, verloren): «harum duarum autem sententiarum quae sit probabilior, eligat lector» (das Wort ‹petra› in *Mt* 16,18 kann auf Petrus, aber auch auf Christus bezogen werden); ib. 2,18 (*bapt.* 4,18): In der Auslegung von *2 Tm* 2,20 folgt A. zunächst Cyprian, später Tyconius; ib. 1,19,3 (*s. dom. m.* 1,17 zu *Io* 3,34 und *s. dom. m.* 1,20 zu *Mt* 5,18); 1,19,4 (*s. dom. m.* 1,20sq. zu *Mt* 5,19sq.). – [59] In *retr.* 1,23,1 (*exp. prop. Rm.* 41) korrigiert A. seine Lesung von *Rm* 7,14: «quod in eis libris, quos contra Pelagianos nuper scripsi, quantum potui diligenter ostendi».

c) Einfluß der Pelagianismuskontroverse. – Spuren der Auseinandersetzung mit Pelagius und seinen Anhängern und explizite Erwähnungen der Pelagianer durchziehen *retr.* von Beginn an (↗Pelagius, Pelagiani); ihnen ist gemeinsam, daß A. seine Ansichten eher in Schutz nimmt als korrigiert. Die Grundzüge der Gnadentheologie seien seinem Werk von vornherein inhärent, wiewohl (kontextbedingt) nicht immer ausformuliert: Pelagius habe also unrecht, wenn er (z.B. in *De natura*) mit A.s Frühschriften in seinem Sinne argumentiere. Besondere Bedeutung erlangt diese Thematik in der Behandlung der antimanichäischen Schriften, beginnend mit *De ↗libero arbitrio*, wo A. die Rolle des menschlichen Willens als Ursprung bösen Handelns gegen den manichäischen Dualismus hervorgehoben hatte. Pelagius kann deshalb ib. 3,50 als unterstützendes Argument für seine eigene anti-a. Ansicht zitieren, was A. zum Anlaß einer ausführlichen Widerlegung nimmt [60]. A. berührt weitere Aspekte der Debatte in *retr.*, so z.B. die Sündhaftigkeit der neugeborenen Kinder (ib. 1,15,2: *duab. an.* 12), die Auferstehung des Leibes (ib. 1,22,3: *c. Adim.* 12) und die Vollkommenheit der Auferstandenen im Jenseits (ib. 1,7,5: *mor.* 1,64).

Ein zweiter antipelagianischer Schwerpunkt in *retr.* liegt in der Diskussion der Schriften zu *Rm* und *Gal* (*retr.* 1,23-25), wo A. seine frühere Lesung der beiden Briefe im Sinne seiner Gnadentheologie kritisch revidiert [61]. Auch hier betont er, daß sich sein Verständnis von der Bedeutung der Konkupiszenz und vom postlapsarischen Status der Menschheit nicht grundlegend geändert, sondern lediglich präzisiert habe [62].

Angesichts der Omnipräsenz antipelagianischen Gedankenguts liegt es nahe anzunehmen, daß die Abfassung von *retr.* wesentlich dazu diente, ein Instrument für die Debatte zu schaffen (cf. unten III 3).

Anmerkungen. – [60] *Retr.* 1,9,4 (*lib. arb.* 3,50): «in his atque huiusmodi uerbis meis, quia gratia dei commemorata non est, de qua tunc non agebatur, putant Pelagiani uel putare possunt suam nos tenuisse sententiam. sed frustra hoc putant … quod in aliis opusculis nostris satis egimus, istos inimicos huius gratiae nouos hereticos refellentes». Ähnliche Argumente finden sich in *retr.* 1,10 (*Gn. adu. Man.*), 1,15 (*duab. an.*) und 1,22 (*c. Adim.*). Auffällig ist auch die exponierte Behandlung der gnadentheologisch paradigmatischen Schrift *Ad ↗Simplicianum* als (chronologisch korrekter?) Auftakt des zweiten Buches von *retr.* mit den Werken aus der Bischofszeit A.s. – [61] So äußert er sich z.B. ib. 1,23,2 (*exp. prop. Rm.* 60) zu seinen neuen Ansichten über die ‹electio gratiae› (cf. *Rm* 9,11-13), ib. 1,24,2 (*exp. Gal.* 3) zur Gnade als Ursprung der Versöhnung mit Gott (cf. auch ib. 1,25 (*ep. Rm. inch.*)) und ib. 1,24,2 (*exp. Gal.* 46sq.) zur Konkupiszenz der Erlösten in bezug auf die Auslegung von *Gal* 5,17sq. (cf. auch *retr.* 1,23,1 (*exp. prop. Rm.* 45sq.) hinsichtlich des Verständnisses von *Rm* 7,14-25). – [62] Z.B. ib. 1,23,3 (*exp. prop. Rm.* 62): «ac per hoc quod etiam postea dixi … omnino uerissimum est. sed parum de ipsa uocatione disserui, quae fit secundum propositum dei …

itaque quod paulo post dixi: … uerissime dixi. sed fidei meritum etiam ipsum esse donum dei nec putaui quaerendum esse nec dixi».

d) Sonstiges. – A.s Selbstkritik ist in interessanter Weise selektiv. Zahlreiche Aspekte und Themenbereiche werden nicht angesprochen. Erhellend ist z.B. die Diskussion der antidonatischen Schriften: Hier berührt A. keinerlei dogmatische Punkte wie die Bedeutung des Priesteramtes oder die Sakramentaltheologie; er korrigiert ausschließlich chronologische und andere faktische Irrtümer in seiner Darstellung der Kontroverse [63]. Im besonderen nimmt er seine Kritik an Donats afrikanischem Bibeltext zurück [64]. Bei Behandlung der Schrift *c. p. Don.* erwähnt A. sein Umdenken hinsichtlich der gewaltsamen Bekehrung der Donatisten [65].

Die Hauptwerke der späteren Zeit werden kaum substantiell kritisiert. Zu *trin.* führt A. lediglich vier Stellen geringer Relevanz an [66], zu *ciu.* korrigiert er zwei biblische Reminiszenzen. Umgekehrt bieten *trin.* und *ciu.*, gemeinsam mit antipelagianischen Werken, den Bezugsrahmen für die Korrektur anderer Schriften: z.B. *retr.* 1,26 (*diu. qu.* 23): «melius istam quaestionem in libro postea de trinitate tractaui»; ib. (ib. 47): «multo autem melius in opere de ciuitate dei quaestio ista tractata est» [67]. Das Fehlen intensiver Auseinandersetzung mit weiten Bereichen seines Œuvres und seiner Lehre verstärkt den Eindruck, daß *retr.* spezifisch mit der Situation der Pelagianerkontroverse in Verbindung zu bringen sind. Über das Werk verstreut finden sich Hinweise auf kleinere faktische Irrtümer, wie z.B. in *retr.* 1,7,6 (*mor.* 2,63), wo sich A. über die Lebensweise des Skarabäus äußert, ib. 2,4,2 (*doctr. chr.* 2,43), wo er seine frühere Ansicht zurückweist, Jeremias und Plato hätten zur gleichen Zeit gelebt, oder ib. 2,42 (*nat. et gr.* 77), wo er offenlegt, daß er den von Pelagius zitierten Autor Sextus fälschlicherweise mit dem römischen Bischof und Märtyrer Xystus identifiziert hatte [68].

Anmerkungen. – [63] *Retr.* 1,21,3 (*c. ep. Don.*, verloren): A. übernimmt (zu Unrecht) die Annahme, daß Donat von Karthago und Donat von Casae Nigrae zwei verschiedene Personen sind: «ille autem non erat Carthaginiensis Donatistarum episcopus sed a Casis Nigris, qui tamen primus apud Carthaginem ipsum nefarium schisma conmisit». Cf. ib. 2,27 (*prob. et test.*, verloren) über die relative Chronologie der ‹traditio›-Prozesse des Caecilianus und Felix von Abtugna: «absolutionem Felicis Abtugnensis ordinatoris Caeciliani non ordine posuimus, quo postea nobis claruit consulibus diligenter inspectis, sed tamquam post Caecilianum fuerit absolutus»; cf. ib. 2,28 (*c. n. Don.*, verloren); 2,34 (*un. bapt.* 28). – [64] *Retr.* 1,21,3 (*c. ep. Don.*, verloren): «nec de libro ecclesiastici ipse abstulit de media sententia uerba ad rem necessaria … nos autem, et antequam esset pars Donati, sic habuisse codices plurimos uerumtamen afros, … postea didicimus. quod si iam scirem, non in istum tamquam in furem diuini eloquii uel uiolatorem tanta dixissem». – [65] *Retr.* 2,5 (*c. p. Don.*, verloren): «quorum in libro primo dixi non mihi placere ullius saecularis potestatis impetu schismaticos ad communionem uiolenter artari. et uere mihi tunc non placebat, quoniam nondum expertus eram, uel quantum mali eorum auderet impunitas, uel quantum eis in melius mutandis conferre posset diligentia disciplinae». – [66] Zwei davon betreffen die Auslegung von *1 Cor* 6,18 (jeweils in *retr.* 2,15,3: *trin.* 12,15), die dritte eine mißverständliche Formulierung A.s (ib. 2,15,2: ib. 11,9); die vierte die Existenz vierbeiniger geflügelter Tiere (ib. 2,15,2: ib. 11,17). Alle vier Stellen stehen im 11. oder 12. Buch (cf. [88]). – [67] Zum Bezug auf *trin.* cf. *retr.* 1,4,4 (*sol.* 2,35); zum Verweis auf *ciu.* cf. *retr.* 1,17 (*f. et symb.* 24); 2,16 (*cons. eu.* 1,21); 2,41 (*uid. deo* (= *ep.* 147)); zur Bezugnahme auf die antipelagianischen Schriften cf. *retr.* 1,9,3 (*lib. arb.* 3,50) mit Hinweis auf *nat. et gr.*; *retr.* 1,23,1 (*exp. prop. Rm.* 41.45sq.); 2,22,2 (*b. coniug.* 18). – [68] Cf. auch die korrigierten Etymologien der Worte ‹religio› (*retr.* 1,13,9 (*uera rel.* 111)) und ‹Hebraei› (ib. 2,16 (*cons. eu.* 1,21)).

3. Gesamtcharakter und Zielsetzung des Werkes. – Laut A.s eigener Aussage sollten *retr.* in erster Linie der Korrektur von Irrtümern in seinem Werk dienen. Dabei wohnt diesem Bestreben schon von Beginn nicht nur das Bewußtsein der Verantwortung inne [69], sondern auch der persönlichen Gefährdung; seine älteren Schriften konnten (insbesondere durch Pelagius und seine Anhänger) gegen ihn verwendet werden, entweder aufgrund offensichtlicher Fehler oder aufgrund im Sinne der Gegner mißverständlich interpretierbarer Passagen. A. will also sein Œuvre mindestens ebensosehr gegen Mißbrauch in Schutz nehmen wie selbstkritisch sichten [70]. Dieser Zielsetzung nähert sich A. mit einer variablen Strategie. Einerseits werden offenkundige Fehler und faktische Irrtümer, zumal der Frühschriften, kritisch aufgewiesen. Andererseits werden mißverständliche Stellen erläutert und gegen bereits erfolgte oder zu erwartende Kritik in Schutz genommen. A.s Hauptargument hierbei ist die Unvollständigkeit, nicht die Unrichtigkeit seiner Argumentation: So sei das Thema der Gnade in *lib. arb.* aufgrund der antimanichäischen Thematik nur am Rande berührt, aber nicht anders behandelt als in den späteren Schriften [71]. Drittens wird der Bestand der Schriften gegen jene Vorwürfe gesichert, die aus der Publikationsgeschichte resultierten; Werke, die ohne Redaktion durch den Autor gegen seinen Willen oder vorzeitig veröffentlicht wurden, sind ausdrücklich gekennzeichnet [72]. Die chronologische Anordnung macht darüber hinaus einzelne Irrtümer A.s zum Bestandteil einer graduellen Entwicklung und entschärft sie dadurch [73].

Die apologetische Absicherung seines Gesamtwerkes dient nicht nur seinen eigenen Kontroversen, sondern offenkundig auch jenen seiner Anhänger; bereits die erste Erwähnung des *retr.*-Projekts in *ep.* 224,2 erfolgt als Reaktion auf eine Anfrage des Marcellinus. In der ‹semipelagianischen› Kontroverse der Jahre 428/429 werden die *retr.* sowohl von A. als auch von seinen Anhängern Prosper und Hilarius Gallus herangezogen, um für die Seite A.s zu argumentieren. A. selbst zitiert *retr.* in den an Prosper und Hilarius gerichteten Schriften *perseu.* und *praed. sanct.* In *praed. sanct.* 7sq. beschreibt er die Entwicklung seiner Ansichten von *exp. prop. Rm.* zu *Simpl.* mit ausführlichen Zitaten aus *retr.* 1,23,2-4 und 2,1,1 [74]. Zwei weitere Zitate aus ib. 1,9,2 (*lib. arb.*) und 1,9,6 (ib. 3,51-55; 2,54; 3,64sq.) finden sich in *perseu.* 27. Die Bemerkung «quod opus meum nondum legistis» (ib.) legt nahe, daß er beabsichtigte, den beiden Adressaten von *perseu.* das Werk *retr.* zugänglich zu machen [75]. Es ist unklar, ob dies geschehen ist. Hilarius bittet 429 um die Übersendung des Werkes: «libros, cum editi fuerint, quos de uniuerso opere moliris, quaeso habere mereamur, maxime ut per eorum auctoritatem, si qua tibi in tuis displicent, a dignitate tui nominis iam non trepidi sequestremus» (*ep.* 226,10). Prosper paraphrasiert zur Verteidigung A.s unter anderem *retr.* 1,23,2-4 [76].

Die chronologische Anordnung der Werke ermöglicht es, A.s schriftstellerische Tätigkeit als spirituelle Autobiographie zu lesen, in welcher sich in der schrittweisen Annäherung an die Wahrheit das Wirken der Gnade offenbart, was *retr.* in die Nähe der ↗*Confessiones* rückt [77]. Dies ist besonders deutlich zu Beginn, also bei den Werken des in *conf.* behandelten Zeitabschnittes. A. bespricht die Cassiciacum-Dialoge als zusammengehörigen Block [78]. Im folgenden zeichnet er die Stationen seiner Heimkehr nach Afrika nach, setzt also beim Leser Vertrautheit mit und Interesse an seiner Biographie (in der Darstellung von *conf.*) voraus [79]. *Retr.* stehen darüber hinaus im größeren Kontext des Prozesses der Sichtung von A.s Œuvre in seinen letzten Lebensjahren, in deren Verlauf unvollständige Werke fertiggestellt, Titel festgelegt und nicht-authentische Werke aussortiert wurden [80]. Die komplexe literarische Strategie wird in der Rezeption (und in A.s eigenen Äußerungen zu *retr.*) meist simplifizierend auf Selbstkritik reduziert [81].

Als annähernde Parallelen für die in der Antike einzigartige Schrift werden gewöhnlich durch Grammatiker oder den Verfasser selbst erstellte Werkkataloge genannt. Am nächsten stehen dem Werk die Werkkataloge Galens Περὶ τῆς τάξεως τῶν ἰδίων βιβλίων und Περὶ τῶν ἰδίων βιβλίων [82]. Daneben ist an den Prozeß der betreuten Edition dichterischer, aber auch rhetorischer Werke durch den Verfasser oder einen Grammatiker zu denken, für den gelegentlich das Wort ‹retractare› verwendet wird [83]. In A.s eigenem Werk finden sich inhaltliche und sprachliche Parallelen vor allem in einigen ↗*Epistulae* [84].

Anmerkungen. – [69] Cf. Mutzenbecher, Einleitung XVIsq. –
[70] *Ep.* 224,2: «retractabam opuscula mea et, si quid in eis me
offenderet uel alios posset offendere, partim reprehendendo
partim defendendo, quod legi posset et deberet, operabar»; *retr.*
1,18 (*Gn. litt. inp.*): «in hoc libro eadem notare quae mihi displicent, uel defendere quae aliis non bene intellecta displicere possunt, superfluum mihi uisum est». – [71] Ib. 1,9,2sq.: «de gratia
uero dei … nihil in his libris disputatum est propter hanc propositam quaestionem. ubi autem incidit locus ut huius gratiae
commemoratio fieret, transeunter commemorata est non, quasi
inde ageretur, operosa ratiocinatione defensa … quapropter
noui heretici Pelagiani … non se extollant, quasi eorum egerim
causam». – [72] Cf. unten III 4. – [73] Cf. die zahlreichen Hinweise
auf Verbesserungen in späteren Schriften: z.B. *retr.* 1,19,4
(*s. dom. m.*): «multo melius et conuenientius exposui in aliis posterioribus sermonibus meis»; ib. 1,26 (*diu. qu.* 23.47). – [74] Details bei Mutzenbecher, Einleitung XLIII. – [75] *Perseu.* 27:
«quod et uos existimo esse iudicaturos, cum omnia legeritis». –
[76] In *resp. ad Gen.* 1-3 p. 187ᴮ-191ᶜ. Diese Paraphrase könnte
auf A.s entsprechendes Selbstzitat in *praed. sanct.* 7 zurückgehen –
eine Stelle, auf die hin zwei Priester den Prosper angefragt hatten,
der darauf mit *resp. ad Gen.* 1-3 antwortete. – [77] *Retr.* 1, prol. 3:
«inueniet enim fortasse quomodo scribendo profecerim, quisquis
opuscula mea ordine quo scripta sunt legerit. quod ut possit, hoc
opere quantum potero curabo, ut eundem ordinem nouerit»;
ep. 143,2: «ego proinde fateor me ex eorum numero esse conari,
qui proficiendo scribunt et scribendo proficiunt»; *perseu.* 55;
cf. von Harnack 770. – [78] *Retr.* 1,1,1 (*Acad.*): «nondum baptizatus contra Academicos uel de Academicis primum scripsi»;
ib. 1,2 (*beata u.*): «librum de beata uita non post libros de Academicis, sed inter illos ut scriberem contigit»; ib. 1,3,1 (*ord.*):
«per idem tempus inter illos quae de Academicis scripti sunt duos
etiam libros de ordine scripsi»; ib. 1,4,1 (*sol.*): «inter haec scripsi
etiam duo uolumina (sc. soliloquiorum)». – [79] Z.B. *retr.* 1,5,1
(*imm. an.*): «post libros soliloquiorum iam de agro Mediolanium
reuersus scripsi librum de inmortalitate animae»; ib. 1,6 (‹disciplinarum libri›): «per idem tempus, quo Mediolani fui baptismum
percepturus, etiam disciplinarum libros conatus sum scribere»;
ib. 1,7,1 (*mor.*): «iam baptizatus autem cum Romae essem …
scripsi duos libros»; ib. 1,8,1 (*an. quant.*): «in eadem urbe scripsi
dialogum»; ib. 1,9,1 (*lib. arb.*): «cum adhuc Romae demoraremur,
uoluimus disputando quaerere unde sit malum. … et quoniam
constitit inter nos diligenter ratione discussa malum non exortum
nisi ex libero uoluntatis arbitrio, tres libros quos eadem disputatio peperit appellati sunt de libero arbitrio. quorum secundum
et tertium in Africa iam Hippone Regio presbyter ordinatus …
terminaui …»; ib. 1,10,1 (*Gn. adu. Man.*): «iam uero in Africa
constitutus scripsi duos libros de Genesi contra Manicheos». –
[80] Cf. dazu unten III 4. – [81] Cassiod. *inst.* 1,16,4: «si quis autem dicta sua diligenti cupit examinatione purgare nec incauta
temeritate delinquere, duos libros retractationum sancti Augustini studiosa lectione percurrat, unde et se comat imitando, et
agnoscit quantam sapientiae copiam beatissimo patri indulgentia
diuina contulerit, ut quem nemo poterat fortasse reprehendere,
ipse se uideatur cautissima retractatione corrigere»; Beda, *retract.
in Act.* praef.: «scimus eximium doctorem ac pontificem Augustinum, cum esset senior, libros retractationum in quaedam sua
opuscula iuuenis consideraret fecisse, ut quae ex tempore
melius crebro ex lectionis usu ac munere supernae largitatis di-
dicerat, non ut de prisca confusus imperitia, sed ut de suo magis
profectu gauius monumentis inderet litterarum ac posteris
legenda relinqueret». Cf. Bischof Vigilius von Rom, *Epistula 2
ad Eutychium* (= *Epistola decretalis pro confirmatione quintae
synodi oecumenicae*; cf. *epist. pontif.* 936) (ACO 4,1, p. 246,10-
13): ὁπότε δῆλόν ἐστι τοὺς ἡμῶν πατέρας καὶ μάλιστα τὸν
μακαριώτατον Αὐγουστῖνον, τὸν ἐκλάμψαντα ἐν τοῖς θείοις
λόγοις τῆς Ῥωμαϊκῆς εὐγλωττίας διδάσκαλον, ἀναψηλαφῆσαί
τε τοὺς οἰκείους λόγους καὶ διορθώσασθαι τὰ αὐτῶι εἰρημένα
καὶ τὰ παραλειφθέντα, μετὰ ταῦτα δὲ εὑρεθέντα προστε-
θεικέναι; cf. Pollmann 417sq. – [82] Cf. Mutzenbecher, Einleitung XIV mit n. 9 unter Heranziehung von Misch 341-345. – [83]
Cf. [8] sowie Eigler 171-173. – [84] Cf. Müller 98-104 zu *ep.* 101
(*retr.* 1,11 (*mus.*)); ead. 104-109 zu *ep.* 174 (*retr.* 2,15 (*trin.*)); ead.
109-115 zu *ep.* 1A* (*retr.* 2,43 (*ciu.*)); ead. 115-118 zu *ep.* 143
(*retr.* 1,9 (*lib. arb.*)); zu Selbstzitaten cf. unten III 4.

4. Der Prozeß der ‹retractatio›. – *Retr.* stellen die
Kumulation von A.s ständigem Bemühen um sein
schriftstellerisches Werk dar; alle Arbeitsschritte
waren bereits vor *retr.* etabliert, was zweifellos die
Abfassung innerhalb kurzer Zeit erleichterte. Das
betraf einerseits die Bibliothek in Hippo, in der die
Schriften gesammelt und nach den drei Werkgruppen ‹libri›, ‹epistulae› und ‹tractatus› geordnet
waren [85]. Auf diese Einteilung konnte A. selbst
dort zurückgreifen, wo sie nicht ganz seinem Urteil
entsprach. Die enge Verbindung von *retr.* mit der
Bibliothek geht daraus hervor, daß in den Bibliothekskatalog aufgenommene Schriften in *retr.* wenigstens kursorisch erwähnt wurden, sogar wenn
die Aufnahme auf einem Irrtum beruhte [86]. Andererseits war A. selbst schon vor der Abfassung
von *retr.* mit der Sichtung, Ordnung und Kritik
seiner Werke beschäftigt, systematisch etwa mit der
Sammlung und Kompilation einzelner ‹quaestiones›
zu *diu. qu.* [87]. Daneben gab es sicher unsyste-
matische, spontane Korrekturprozesse (etwa in
der Form von Randnotizen im Codex), worauf
die unausgeglichene Verteilung der Kritikpunkte
in einzelnen *retr.*-Kapiteln schließen läßt [88]. In
schriftlicher Form setzte sich A. mit seinem Werk
in Briefen und ‹prooemia› auseinander, sowohl als
Reaktion auf Kritik als auch, um Lese- und Ver-
ständnishilfen zu umfangreichen Werken zu bieten.
Alle diese Vorarbeiten wurden für *retr.* herangezogen, mitunter in der Form von Selbstzitaten [89].
In einigen Fällen gründet sich die Selbstkritik oder
Apologie auf Recherche bei anderen Autoren;
diese kann vor oder erst während der Arbeit an
retr. erfolgt sein [90].

Die gezielte Arbeit an dem Werk förderte man-
ches Unerwartete zutage, sowohl Werke, die A. ver-
gessen hatte [91], als auch unfertige Werke oder
wider Erwarten vollständige Werke [92]. Einige
Werke waren ganz oder teilweise verloren [93].
Die Tatsache, daß A. einige der fragmentarischen
Werke weiterführte oder vollendete [94], stellt
ebenso wie die ausführliche Behandlung in *retr.*
selbst einen bewußten Prozeß der Aufnahme in
das Werkkorpus dar; umgekehrt wurden Werke nur
kursorisch behandelt und dadurch ausgeschieden,
weil sie Dubletten waren oder nicht mehr A.s
Standards entsprachen. Der *retr.*-Prozeß ist also
auch als Korrektur und bewußte Gestaltung seines
Gesamtwerkes und seiner intellektuellen Biographie zu verstehen [95]. Der Klärung und Sicherung
seines Nachlasses dient die Angabe des ‹incipit›

am Ende jedes Werkkapitels sowie die Vergabe (oder eindeutige Festlegung) des Titels [96].

Das Werk wurde durchlaufend in der Abfolge der Kapitel geschrieben, wie aus zahlreichen Querverweisen und thematischen Bezügen hervorgeht [97].

Anmerkungen. – [85] Das können wir aus dem Umstand schließen, daß sich dieselbe Einteilung in Possid. *indic.* findet. Der Bibliothekskatalog wird in *retr.* 2,41 (*uid. deo*) erwähnt: «in opusculorum meorum indiculo ...»; ↗Liber (libellus). – [86] Ib. 1,27 (*mend.*): «istum (sc. librum) non esse decreueram et iusseram, sed non est factum. itaque in ista retractatione opusculorum meorum, cum eum incolumem repperissem, etiam retractatum manere praecepi»; ib. 2,13 (*adn. Iob*): «liber cuius est titulus adnotationes in Iob utrum meus habendus sit, an potius eorum qui eas sicut potuerunt uel uoluerunt redegerunt in unum corpus descriptas de frontibus codicis, non facile dixerim ... postremo tam mendosum conperi opus ipsum in codicibus nostris, ut emendare non possem, nec editum a me dici uellem, nisi quia scio fratres id habere, quorum studio non potuit denegari»; cf. ib. 1,5 (*imm. an.* als ungewollt publik gewordene Skizze für die Fortsetzung von *sol.*); 2,32 (*exp. Iac.*, verloren). Mit Ausnahme von *imm. an.* erhalten diese Werke keine Einzelkritik. – [87] *Retr.* 1,26 (*diu. qu.*): «cum autem dispersae fuissent (sc. quaestiones) per chartulas multas ... iussi eas iam episcopus colligi et unum ex eis librum fieri adhibitis numeris, ut quod quisque legere uoluerit facile inueniat». – [88] Cf. [66]: Alle Kritikpunkte in *trin.* stammen aus zwei aufeinanderfolgenden Büchern, sie sind also wohl am ehesten Lesefrüchte einer auf diese Bücher beschränkten Lektüre. – [89] Cf. MÜLLER 104-115: Die Einträge zu *trin.* (*retr.* 2,15) und *ciu.* (*retr.* 2,43) weisen deutliche Berührungspunkte mit *ep.* 174 bzw. 1A* auf; ersterer Brief, an Aurelius, war als Einleitung zu *trin.* geplant, die die Uneinheitlichkeit der Schrift erklären sollte; letzterer bietet eine Lese- und Verständnishilfe zu *ciu.* (das zeitliche Verhältnis von *ep.* 1A* zu *retr.* ist unklar). – [90] Argumentation mit der Autorität Cyprians: ib. 1,1,3 (*Acad.* 2,22); 2,1,1 (*Simpl.* 1,2,9); 2,28 (*c. n. Don.*, verloren); mit der des Ambrosius: ib. 1,21,1 (*c. ep. Don.*, verloren); Korrektur einer Fehlerinnerung aus Ambrosius: ib. 2,4,2 (*doctr. chr.* 2,43). – [91] Vergessene Bücher (oder Bücher, von deren Existenz A. nichts wußte): ib. 2,32 (*exp. Iac.*, verloren); 2,41 (das ‹commonitorium›, cf. [21]). – [92] Ib. 1,2 (*beata u.*): «sane istum librum in nostro codice interruptum repperi, et non parum minus habere; et sic a fratribus quibusdam descriptus est, nec adhuc apud aliquem integrum inueneram, ex quo emendarem, quando haec retractaui»; ib. 1,18 (*Gn. litt. inp.*): «sed in hoc opere, cum mea opuscula retractarem, iste ipse (sc. liber) ut erat imperfectus uenit in manus, quem neque edideram et abolere decreueram, quoniam scripsi postea duodecim libros quorum titulus est de Genesi ad litteram ... uerum et hunc posteaquam retractaui manere uolui, ut esset index»; cf. auch ib. 2,2 (*c. ep. Man.*); 1,27 (*mend.*). Zum Zusammenhang cf. DOLBEAU, Brouillons. – [93] Ib. 1,6 (‹disciplinarum libri›). Ib. 1,11 («quorum (sc. librorum) ipse sextus maxime innotuit») wird von *mus.* nur Buch 6 behandelt, weil es die weiteste Verbreitung gefunden hat, möglicherweise aber auch wegen des Erhaltungszustandes (cf. *ep.* 101,4: «sextum sane librum, quem emendatum repperi ... non distuli mittere caritati tuae»). – [94] Ib. 1,18 (*Gn. litt. inp.*): «huc usque dictatum librum imperfectum reliqueram. quod autem ibi sequitur addendum putaui cum eum retractarem; nec sic tamen perfeci, sed hoc quoque addito imperfectum reliqui»; ib. 2,4,1 (*doctr. chr.*): «libros de doctrina christiana, cum inperfectos conperissem, perficere malui quam eis sic relictis ad alia retractanda transire». – [95] Zu dieser Methode des ‹self-fashioning› bei A. cf. POLLMANN 410-417; allgemein zu A.s Strategien der Verbreitung seiner Werke und der Steuerung von deren Rezeption cf. DRECOLL. – [96] Z.B. ib. 1,18 (*Gn. litt. inp.*): «eiusque (sc. libri) titulum esse uolui de Genesi ad

litteram inperfectus»; ib. 1,25 (*ep. Rm. inch.*). – [97] Z.B. ib. 1,4,2 (*sol.* 1,3) anläßlich seiner wiederholten Kritik an der Verwendung von ‹sensus› in den Frühschriften: «nec assidue repetendum est quod et superius inde iam dixi, sed hoc recolendum ubicumque ista locutio in meis litteris inuenitur»; ib. 1,13,5 (*uera rel.* 27): «sicut superius ostendi»; ib. 2,55,3 (*qu.* 5,46): Rückverweis auf die Besprechung von *c. Faust.* in *retr.* 2,7,2.

IV. Handschriftliche Überlieferung und Nachleben.

– *Retr.* sind reichlich überliefert [98]. Mutzenbecher führt 168 Handschriften an, von denen allerdings nur zwei auf das 8. Jh. zurückgehen [99]. Die Überlieferung ist stark kontaminiert, läßt sich aber laut Mutzenbecher grob in vier Gruppen unterteilen [100]. Für die Textkonstitution ist in den Editionen jeweils auch die Überlieferung der behandelten Schriften berücksichtigt worden; doch weicht schon der Text der ältesten Zeugen deutlich von der Vulgatüberlieferung der Einzelschriften ab [101]. Einzelne Kapitel von *retr.* werden schon seit dem 6. Jh. Abschriften der Einzelwerke vorangestellt [102].

Nach der Editio princeps (Mailand 1486) finden sich *retr.* in allen A.-Gesamtausgaben an prominenter Stelle [103], da sie zur Authentifizierung der ausgewählten Schriften herangezogen wurden. Die modernen kritischen Ausgaben stammen 1902 von Knöll (CSEL) und 1984 von Mutzenbecher (CCL) [104].

Anmerkungen. – [98] Zum Folgenden cf. MUTZENBECHER, Einleitung XIII-LXI. – [99] St. Petersburg, Publichnaja Biblioteka Q.v.I.17 (C, aus Corbie); Vercelli, Biblioteca Capitolare CLXXXIII,3 (V); beide 8. Jh. (cf. MUTZENBECHER, Einleitung XXIVsq.XXX). Cf. auch *Überlieferung* 1,1,159-161; 2,1,165-167; 3,64sq.; 4,67; 5,1,208-210; 6,1,156sq.; 7,1,130; 8,1,144sq.; 9,1,93sq.; 10,1,155sq.; 11,69. – [100] Cf. MUTZENBECHER, Einleitung XLIV-XLVIII. – [101] Cf. MUTZENBECHER, Einleitung LV. Nicht berücksichtigt ist hier die Frage, ob der Text der Exzerpte seinerseits mit der Überlieferung der Einzelschriften kontaminiert sein kann. – [102] Cf. MUTZENBECHER, Einleitung XLIII. – [103] Amerbach, Petri und Froben, Bd. 8, Basel 1506; Erasmus, Bd. 1, Basel 1528/1529; Lovanienses, Bd. 1, Antwerpen 1576; Mauriner, Bd. 1, Paris 1679; cf. MUTZENBECHER, Einleitung LVIsq. – [104] Zu den Editionen cf. MUTZENBECHER, Einleitung LVI-LXI.

Appendix: Werkübersicht gemäß retr. – Die folgende Übersicht listet die Werke A.s gemäß der Reihenfolge in *retr.* auf. Die erste Spalte gibt die Kapitelzählung wieder, die zweite nennt den abgekürzten Werktitel. In Spalte 3 finden sich die gesicherten Daten zu den Werken; Angaben von A. selbst sind dabei durch ‹...› hervorgehoben [105].

Retr.	Werk	gesicherte Daten
1,1	*Acad.*	November 386
1,2	*beata u.*	‹13.-15. November 386›
1,3	*ord.*	Ende 386
1,4	*sol.*	Winter 386/387, vor 14. März 387
1,5	*imm. an.*	Fastenzeit 387, vor 25. April
1,6	‹disciplinarum libri› [106]	Fastenzeit 387, vor 25. April

Retr.	Werk	gesicherte Daten
1,7	*mor.*	
1,8	*an. quant.*	
1,9	*lib. arb.*	
1,10	*Gn. adu. Man.*	
1,11	*mus.*	
1,12	*mag.*	
1,13	*uera rel.*	
1,14	*util. cred.*	
1,15	*duab. an.*	
1,16	*c. Fort.*	‹28./29. August 392›
1,17	*f. et symb.*	‹8. Oktober 393›
1,18	*Gn. litt. inp.*	
1,19	*s. dom. m.*	
1,20	*ps. c. Don.*	
1,21	*c. ep. Don.* (verloren)	
1,22	*c. Adim.*	
1,23	*exp. prop. Rm.*	
1,24	*exp. Gal.*	
1,25	*ep. Rm. inch.*	
1,26	*diu. qu.*	388-397
1,27	*mend.*	
2,1	*Simpl.*	
2,2	*c. ep. Man.*	
2,3	*agon.*	
2,4	*doctr. chr.*	
2,5	*c. p. Don.* (verloren)	
2,6	*conf.*	
2,7	*c. Faust.*	
2,8	*c. Fel.*	‹7.+12. Dezember 404› [107]
2,9	*nat. b.*	
2,10	*c. Sec.*	
2,11	*c. Hil.*	
2,12	*qu. eu.*	
2,13	*adn. Iob*	
2,14	*cat. rud.*	
2,15	*trin.*	
2,16	*cons. eu.*	
2,17	*c. ep. Parm.*	
2,18	*bapt.*	
2,19	*c. Cent.* (verloren)	
2,20	*inq. Ian.* (= *ep.* 54.55)	
2,21	*op. mon.*	
2,22	*b. coniug.*	
2,23	*uirg.*	
2,24	*Gn. litt.*	
2,25	*c. litt. Pet.*	400-403
2,26	*Cresc.*	405/406
2,27	*prob. et test.* (verloren)	
2,28	*c. n. Don.* (verloren)	
2,29	*adm.* (verloren)	
2,30	*diuin. daem.*	
2,31	*qu. c. pag.* (= *ep.* 102)	
2,32	*exp. Iac.* (verloren)	
2,33	*pecc. mer.*	411/412
2,34	*un. bapt.*	410/411
2,35	*Max.* (verloren)	
2,36	*gr. t. nou.* (= *ep.* 140)	1. Hälfte 412
2,37	*spir. et litt.*	

Retr.	Werk	gesicherte Daten
2,38	*f. et op.*	
2,39	*breuic.*	Winteranfang 411/412
2,40	*c. Don.*	
2,41	*uid. deo* (= *ep.* 147) + *ep.* 148	
2,42	*nat. et gr.*	
2,43	*ciu.*	412-426/427
2,44	*c. Prisc.*	
2,45	*orig. an.* + *sent. Iac.* (= *ep.* 166 + 167)	
2,46	*Emer. Don.* (verloren)	
2,47	*gest. Pel.*	Frühjahr 417
2,48	*correct.* (= *ep.* 185)	
2,49	*praes. dei* (= *ep.* 187)	
2,50	*gr. et pecc. or.*	
2,51	*Emer.*	‹20. September 418›
2,52	*c. s. Arrian.*	‹Herbst 419›
2,53	*nupt. et conc.*	
2,54	*loc.*	
2,55	*qu.*	
2,56	*an. et or.*	lib. 1: ‹Herbst 419›
2,57	*adult. coniug.*	
2,58	*c. adu. leg.*	
2,59	*c. Gaud.*	lib. 2: ‹Herbst 419›
2,60	*c. mend.*	
2,61	*c. ep. Pel.*	
2,62	*c. Iul.*	
2,63	*ench.*	
2,64	*cura mort.*	
2,65	*Dulc. qu.*	
2,66	*gr. et lib. arb.*	
2,67	*corrept.*	

Anmerkungen. – [105] Zu den Datierungen cf. auch die Tabelle bei MUTZENBECHER, Einleitung XVII-XXI, die Liste bei MADEC 159-165 sowie die bisher im AL erschienenen Artikel zu Werken A.s. – [106] Erhalten sind nur *mus.* 1-6 (erst etwas später verfaßt; cf. *retr.* 1,11), ein Entwurf zu *dial.* sowie Auszüge von *gramm.* und eventuell von *rhet.* – [107] Zu den Datierungsproblemen, die aus diesem sicheren Datum und der Frage nach einer strengen chronologischen Reihung der Schriften in *retr.* für die relative Werkchronologie von ib. 2,7-25 entstehen, cf. [30] und MADEC 150-154.

Bibliographie. – *Ausgaben und Übersetzungen*: PL 32,585-656. – CSEL 36,1-205. – CCL 57,1-143. – Dt.: Paderborn 1976, 3-239 (C.J. PERL). – Engl.: Los Angeles 1945 (L.W. FAULSTICK). – FaCh 60 (1968) 3-272 (M.I. BOGAN). – Works(NY) 1,2 (2010) 17-168 (B. RAMSEY). – Fr.: Œuvres compl. (B) 1 (1864) 305-361 (M.H. DE RIANCEY). – Œuvres compl. (P) 2 (1870) 7-102 (H. BARREAU). – BA 12 (1950) 257-559 (G. BARDY). – Ital.: Firenze 1949 (P. MONTANARI). – NBA 1,1,2 (1994) 2-241 (U. PIZZANI). – Span.: BAC 551 (1995) 643-826 (T.C. MADRID). – *Untersuchungen*: B. ALTANER, St. Augustine's Preservation of his own Writings: ThSt 9 (1948) 600-603. – M.-F. BERROUARD, L'activité littéraire de saint Augustin du 11 septembre au 1er décembre 419 d'après la Lettre 23*A à Possidius de Calama: *Lettres* 301-327. – J. BRACHTENDORF, Augustins ‹De libero arbitrio› und die Selbstrezeption in Augustins Spätwerk: *Die Gnadenlehre als ‹salto mortale› der Venunft? Natur, Freiheit und Gnade im Spannungsfeld von Augustinus und Kant* (hrsg. von N. FISCHER), Freiburg/München 2012, 50-68. – J. BURNABY, The «Retractationes» of Saint Augustine: Self-criticism or Apologia?: AM 1,85-92. –

E.A. CLARK, On Not Retracting the Unconfessed: *Augustine and Postmodernism. Confessions and Circumfession* (ed. by J.D. CAPUTO/M.J. SCANLON), Bloomington, Ind. 2005, 222-243. – E. DEKKERS, Pour une histoire de la bibliographie chrétienne dans l'Antiquité et au Moyen Age: *Aevum inter utrumque. Mélanges offerts à G. Sanders*, Steenbrugis 1991, 53-65. – F. DOLBEAU, La survie des œuvres d'Augustin. Remarques sur l'*Indiculum* attribué à Possidius et sur la bibliothèque d'Anségise: *Augustin et la prédication en Afrique. Recherches sur divers sermons authentiques, apocryphes ou anonymes*, Paris 2005, [475]-[494] (*Du copiste au collectionneur. Mélanges d'histoire des textes et des bibliothèques en l'honneur d'A. Vernet*, Turnhout 1998, 3-22). – Id., Brouillons et textes inachevés parmi les œuvres d'Augustin: Sacris erudiri 45 (2006) 191-221. – Id., La formation du Canon des Pères, du IVe au VIe siècle: *Les réceptions des Pères de l'Eglise au Moyen Age. Le devenir de la tradition ecclésiale* 1 (éd. par R. BERNDT/M. FÉDOU), Münster 2013, 17-39. – V.H. DRECOLL, *Etiam posteris aliquid profuturum*: Zur Selbststilisierung bei Augustin und der Beeinflussung der eigenen Wirkungsgeschichte durch Bücher und Bibliothek: REAug 47 (2001) 313-335. – Y.-M. DUVAL, La date du «De natura» de Pélage. Les premières étapes de la controverse sur la nature de la grâce: ib. 36 (1990) 257-283. – U. EIGLER, Zwischen *confessio* und *retractatio*. Literarische Lebensbeichte als editorischer Akt: *Unruhig ist unser Herz. Interpretationen zu Augustins Confessiones* (hrsg. von M. FIEDROWICZ), Trier 2004, 171-190. – M.F. ELLER, *The Retractationes of St. Augustine*, Diss. Boston, Mass. 1946. – Id., The Retractationes of Saint Augustine: ChH 18 (1949) 172-183. – A. DI FAZIO, *Retractationes*: uno sguardo nel laboratorio di scrittura di Agostino: Nicolaus 23 (1996) 359-383. – A.D. FITZGERALD, Retractationes: AthAg 723sq. – J. DE GHELLINCK, Les Rétractations de saint Augustin – examen de conscience de l'écrivain: NRTh 57 (1930) 481-500. – A. VON HARNACK, Die Retractationen Augustin's: *Kleine Schriften zur alten Kirche* 1, Leipzig 1980, 770-805 (SAB 1905, Berlin 1905, 1096-1131). – P.-M. HOMBERT, *Nouvelles recherches de chronologie augustinienne*, Paris 2000. – E. KALINKA, *Die älteste erhaltene Abschrift des Verzeichnisses der Werke Augustins*, Wien/Leipzig 1925 (SAW 203,1). – M.-J. LAGRANGE, Les rétractations exégétiques de saint Augustin: MA 2,373-395. – G. LETTIERI, La crisi del *De doctrina christiana* di Agostino: CrSt 18 (1997) 1-60. – Id., La metamorfosi del *De doctrina Christiana* di Agostino: ib. 21 (2000) 263-310. – L.J. VAN DER LOF, Augustin a-t-il changé d'intention pendant la composition des «Retractationes»?: Aug(L) 16 (1966) 5-10. – G. MADEC, *Introduction aux «Révisions» et à la lecture des œuvres de saint Augustin*, Paris 1996. – A. MANDOUZE, *Retractatio Retractationum sancti Augustini*, Diss. Paris 1968. – G. MISCH, *Geschichte der Autobiographie* 1. *Das Altertum*, Frankfurt a.M. 1949. – H. MÜLLER, Augustine's *Retractationes* in the Context of his Letter Corpus: On the Genesis and Function of an Uncommon Genre: REAug 62 (2016) 95-120. – J.M. MURPHY, The *Contra Hilarum* of Augustine, Its Liturgical and Musical Implications: AugStud 10 (1979) 133-143. – A. MUTZENBECHER, Einleitung: CCL 57 (1984) XIII-LXXI. – Ead., Der Nachtrag zu den Retraktationen mit Augustins letzten Werken: REAug 30 (1984) 60-83. – U. PIZZANI, Qualche osservazione sulla *retractatio* agostiniana del *De Musica*: *In spiritu et veritate. Miscellanea di studi offerti al P. Anselmo Mattioli*, Roma 1995, 385-403. – K. POLLMANN, *Alium sub meo nomine*: Augustine between His Own Self-Fashioning and His Later Reception: ZAC 14 (2010) 409-424. – J. SCHEELE, Buch und Bibliothek bei Augustinus: BuW 12 (1978) 14-114. – C. WEIDMANN, Augustinus als Organisator von Texten: APP 507-522.

HILDEGUND MÜLLER

Retributio

I. Occurence and meaning – II. Use in A.'s works – 1. Punishment – 2. Reward

I. Occurence and meaning. – While in classical antiquity r. (‹restitution›, ‹restoration›) is only rarely found [1], the word and its semantic field are abundantly attested in Patristic literature [2]. In total r. and ‹retribuere› (in all inflected forms) occur ca. 620 times in A.'s works [3], notably in ⁊*Enarrationes in Psalmos* [4] and in ⁊*Sermones* [5]. Use of r. is attested in all genres and periods in A.'s works, especially in his pastoral and exegetical writings and anti-Pelagian works.

In A. r. signifies ‹repayment›, ‹recompense› [6] and mostly refers specifically to punishment or reward [7]. In both cases r. involves a reciprocal action between two parties, being the response to a prior (positive or negative) act. To properly speak of r. the degree of recompense should be in accordance with the initial act (aptness) (*lib. arb.* 3,35).

Notes. – [1] E.g. Liu. 2,41,7: ‹pecuniam acceptam retribuere›; cf. Apul. *apol.* 92,7. – [2] Ca. 550 times until the 5th c. (according to LLT-A; especially in Tertullianus, Ambrosius (e.g. *in psalm. 118* passim), Ambrosiaster, and Hieronymus), in the meaning of (human or divine / earthly or eschatological) ‹restitution›, ‹reward›, ‹punishment›. Cf. Cypr. *patient.* 4: ‹dies retributionis›; Paul. Nol. *epist.* 5,3: «beatus es, quod non habeo unde retribuam tibi; retribuetur autem tibi in resurrectione iustorum». – [3] According to CAG 3. Cf. also 5 occurences of ‹retributor› (mostly God/Christ as the eschatological ⁊‹iudex›, e.g. *s. Denis* 21,2). – [4] Nearly 280 attestations, which can be explained by the term's presence in a number of *Ps* verses, e.g. ib. 18,12; 27,4; 34,12; 68,23; 93,2; 102,2.10. – [5] Ca. 150 attestations. – [6] Cf. especially *c. Faust.* 20,10; *ciu.* 22,23. – [7] Cf. BLAISE/CHIRAT 722; SOUTER 355; ⁊Merces, ⁊Meritum, ⁊Poena.

II. Use in A.'s works. – A. does not systematically use r. as a technical term. His use of the word depends on the context he is working in. In A.'s writings r. occurs predominantly in the context of salvation history (the fall, man's struggles during his earthly life, the Last Judgement) and theodicy. In this context r. is used in the two meanings outlined above (‹punishment›/‹reward›) and especially refers to divine punishment. A. applies the term to denote the principle by which God distributes punishment and reward among men [8]. This principle of retribution fits within A.'s general conception of ⁊‹creatio› as a divinely designed order and is intended to account for the vicissitudes which befall man in that order. As such r. refers to a mechanism in God's universal plan of salvation and is opposed to ad hoc acts of divine punishment and reward (*c. Faust.* 22,21). Occasionally A. juxtaposes both meanings of r. to work out a contrast (*conf.* 13,1). In *en. Ps.* 102,5, A. states that both divine punishment and reward presuppose a righteous divine judgement (↗Iudicium, ↗Iudicium ultimum, ↗Iustitia).

Note. – [8] For the context of *ciu.*, cf. TROMPF, Theodicy; for Fathers of the Church before A., cf. id., *Historiography*; ↗Ordo, ↗Prouidentia.

1. Punishment. – In A.'s works r. mostly refers to punishment and is often found together with ↗‹peccatum›, ↗‹malum›, ‹iniquitas› [9]. A. uses r. in this sense first of all in the context of ↗Adam's fall and its consequences for mankind in general (collective r.). A. applies the term as he describes how God punished Adam's initial disobedience by imposing death and the continuous struggle between soul and flesh upon mankind (*c. Iul.* 5,8). ↗‹Concupiscentia› and ↗‹mors› are man's deserved punishment [10]. In addition man commits further individual sins during his life, the punishment for which is eternal damnation after the Last Judgement (individual r.) [11]. A. often uses the term r. to characterize divine punishment as a just recompense for man's sins and contrasts this with divine grace, which is given gratuitously, not as a reward for preceding merits (e.g. ib. 4,15).

Notes. – [9] E.g. *c. Adim.* 7; *en. Ps.* 7,3; 142,2. – [10] E.g. *ench.* 26; *ciu.* 13,6; *nupt. et conc.* 2,26; *perseu.* 30. – [11] *En. Ps.* 36,1,10; *c. Iul.* 2,3: «nec iniquus est deus, cum peccatis siue originalibus siue propriis digna retribuit».

2. Reward. – R. in its positive sense signifies (divine) reward, mostly referring to divine grace offered in this life or the eternal reward given at the Last Judgement [12]. R. in this meaning is often combined with ↗‹gratia› or ‹meritum›. When describing how man receives grace during his earthly life, A. uses the term r. to refer to the fact that God recompenses human sin with divine goodness [13], instead of repaying evil with evil [14]. God does not simply bestow rewards upon man (‹tributio›), he gives them in repayment (r.) for man's sins (*en. Ps.* 102,3). The wordplay ‹r. – tributio› often occurs in A.'s works, mostly in reference to the relation between grace and good works [15]. A. also adopts the term r. when speaking of eternal rewards given in recompense for man's ‹bona opera›, which are themselves the result of God's grace (*inq. Ian.* 2,25).

In the anti-Pelagian writings, r. in its positive meaning occurs especially when A. refutes the contention that merits precede grace and that God offers (‹retribuere›) grace as a reward for human merits (e.g. *c. Iul.* 4,15). The term specifically appears when A. states that man's good works ultimately depend on God and are a repayment of the good received from Him [16]. By consequence, as

God is the ultimate cause of all good things in man (↗Bonum), who ultimately crowns his own merits, the original two-way process of retribution (initiator – respondent) changes into a three-way process (God – man – God). Furthermore, since grace as a gift is always much greater than man's sinful acts, the idea of aptness between the original act and the ensuing response is out of balance.

Notes. – [12] E.g. *s. dom. m.* 2,22; *inq. Ian.* (= *ep.* 54.55) 2,25. – [13] *Spir. et litt.* 59: «retribuit bona pro malis». – [14] *En. Ps.* 102,3; 115,4; *s. Dolbeau* 9,1-3.6sq. – [15] E.g. *praed. sanct.* 14; *en. Ps.* 7,3. – [16] *En. Ps.* 102,7: «nusquam sis superbus; semper lauda dominum, omnes retributiones eius noli obliuisci. retributio est, cum peccator et impius uocatus es, ut iustificareris. retributio est, cum erectus et gubernatus es ne caderes. retributio est, cum tibi uires subministratae sunt, ut usque in finem perseuerares. retributio est, ut etiam caro ista tua qua premebaris, resurgat, et nec capitis tui capillus intereat. retributio est, ut post resurrectionem coroneris. retributio est, ut in aeternum deum ipsum sine defectu laudes»; cf. *c. Iul. imp.* 1,141; ↗Operatio, opus.

Bibliography. – B.W. SMITH, Augustine's Natural Law Theory in *De libero arbitrio*: IThQ 80 (2015) 111-135. – G.W. TROMPF, Augustine's Historical Theodicy. The Logic of Retribution in *De Civitate Dei*: *Reading the Past in Late Antiquity* (ed. by G. CLARKE et al.), Sydney 1990, 291-322. – Id., *Early Christian Historiography. Narratives of Retributive Justice*, London/New York 2000.

NICOLAS DE MAEYER

Reuelatio

I. Semantische Erschließung – II. Begriffsgeschichtliche Tradition – III. Bedeutungsspektrum und Verwendung bei A. – 1. Grundsätzliches – 2. R. im Alten Testament – 3. R. im Neuen Testament – 4. Individuelle r.

I. Semantische Erschließung. – R. ist im vorchristlichen Latein nicht belegt, also wohl eine christliche Neubildung nach dem Vorbild von ἀποκάλυψις. Das zugrundeliegende Verbum ‹reuelare› ist vorchristlich selten und bezeichnet gewöhnlich den physischen Akt des Entblößens, erst bei Apuleius tritt der figurative Gebrauch mit abstrakten Objekten hinzu [1]. Wie in den klassischen Belegen und stärker als bei den lateinischen christlichen Autoren vor ihm ist bei A. die etymologische Verbindung mit ‹uelum› stets präsent [2]: R. bezeichnet nicht Offenbarung schlechthin, sondern spezifisch die intentionale Enthüllung von etwas zuvor Verhülltem.

Anmerkungen. – [1] Apul. *Met.* 3,15: «arcana ... reuelare secreta»; ib. 9,26: «detectis ac reuelatis fraudibus»; cf. FORCELLINI 3,660 s.v. ‹REVELATIO› bzw. ‹REVELO›. – [2] Im Regelfall in Verbindung mit unkörperlichen Objekten. Hingegen r. als Entblößung der Geschlechtsteile (gemäß Altem Testament) z.B. in *qu.* 1,80.93.

II. Begriffsgeschichtliche Tradition. – ‹Offenbarung› im religiösen Sinn ist in der heidnischen Antike in der Regel ein individuelles Erlebnis durch Visionen, Traumgesichte, Orakel, Prophetie oder göttliche Epiphanie; Geschautes kann geteilt und mitgeteilt werden, muß sich aber stets am Individuum wiederholen. Davon unterscheidet die christliche Offenbarung ihre Allgemeingültigkeit und Intentionalität sowie die Medien, durch die sie erfolgt, insbesondere durch die Hl. Schrift und deren ‹Heilsgeschichte› (↗Historia). R. definiert damit schon vor A. nicht nur persönliche religiöse Erlebnisse, sondern die Sichtbarwerdung und damit auch die historische Perspektive des göttlichen Heilsplans durch autoritative Sprecher und Texte [3].

A.s Verwendung des Begriffes ist biblisch, insbesondere paulinisch geprägt [4]. Von besonderer Bedeutung ist *2 Cor* 3,12-16; die hier formulierte dialektische Beziehung zwischen der Verschleierung im Alten Testament, symbolisiert durch den Schleier (χάλυμμα) auf dem Gesicht des Moses, und der Offenbarung im Neuen Testament, ausgedrückt durch Formen des Verbs ἀνακαλύπτειν, wird konstitutiv für A.s Verständnis von r. als Schlüsselbegriff der spirituellen Exegese [5].

Anmerkungen. – [3] Zum Offenbarungsverständnis in Israel und in der Bibel cf. den Überblick bei CRANFORD 982sq. – [4] Zu den zugrundeliegenden Bibelstellen cf. DE VEER 332-336. – [5] Die Deutung der Stelle in diesem Sinne dürfte auf Origenes zurückgehen (*princ.* 1,1,1sq.); A. fügt dazu seine Auslegung von *Mt* 27,51 (cf. unten III 3); näherungsweise schon Ambr. *in Luc.* 10,128: «scinditur ergo uelum uetus, ut ecclesia noua fidei uela suspendat. synagogae uelamen aufertur, ut religionis interna mysteria reuelato mentis cernamus obtutu». Zum Offenbarungsbegriff der Väter cf. LATOURELLE (zu A. ib. 335-340); STUDER.

III. Bedeutungsspektrum und Verwendung bei A.

– R. bezeichnet bei A. [6] so gut wie immer eine Handlung Gottes und wird nur selten für die Enthüllung irriger oder bedeutungsloser Fakten verwendet [7]. Das Wort ist in den Cassiciacum-Dialogen nicht belegt, es findet sich erstmals in *mor.* 1,31 (nach *Mt* 10,26) und von da an in Werken aller Werkgruppen [8].

Anmerkungen. – [6] Für einen Überblick cf. DE VEER 342-348. Weit- und tiefgehend erschlossen wird das a. Begriffsfeld r. vor allem von WIELAND, der auch die verwandten Begriffsfelder ↗‹apparitio›, ↗‹inspiratio› und ‹manifestatio› berücksichtigt und bei A. eine ‹innere› (‹Erkenntnis und Offenbarung›, ib. 39-260) und eine ‹äußere› (‹Geschichte und Offenbarung›, ib. 263-373) r. unterscheidet; hervorragend die hermeneutischen Reflexionen ib. 11-35. – [7] Cf. DE VEER 337. – [8] A. verwendet r. insgesamt ca. 230mal, ‹reuelare› ca. 720mal, ‹reuelator› 3mal (*s.* 68,9; 187,1).

1. Grundsätzliches.

– In *c. Adim.* 28 entwickelt A. ein Konzept der vollkommenen r. als einer Verbindung von körperlicher oder spiritueller Vision mit der intellektuellen Durchdringung des Geschauten [9]. Erst diese mehrstufige Enthüllung

kennzeichnet wahre Prophetie [10]. Dieses Konzept erlaubt es A., sich von einer Überbetonung des charismatischen Elements der christlichen Offenbarung abzusetzen und die Rolle der kirchlichen Unterweisung genauer festzumachen. Im Prooemium von *doctr. chr.* setzt er sich kritisch mit Lesern auseinander, welche im Vertrauen auf individuelle Offenbarung auf die Lehre der Kirche glauben verzichten zu können (ib. prooem. 5); selbst für ↗Paulus folgte auf das visionäre Bekehrungserlebnis die menschliche Belehrung, «ut sacramenta perciperet atque copularetur ecclesiae» (ib. prooem. 6) [11]. In der Lehre der Kirche setzt sich somit die alt- und neutestamentliche r. als Verstehbarmachung des Geschauten fort. Dies ermöglicht die Integration von alttestamentlicher und neutestamentlicher Verkündigung und die Annäherung von r. an ↗‹dispensatio (temporalis)› als Terminus für den in der Offenbarung konkretisierten und differenzierten Heilsplan [12].

Anmerkungen. – [9] Ib.: «nam multa genera uisionis in scripturis sanctis inueniuntur: unum secundum oculos corporis … alterum secundum spiritum … tertium autem genus uisionis est secundum mentis intuitum, quo intellecta conspicitur ueritas atque sapientia: sine quo genere illa duo, quae prius exposui, uel infructuosa sunt uel etiam in errorem mittunt. cum enim ea, quae siue corporeis sensibus siue illi parti animae, quae corporalium rerum imagines capit, diuinitus demonstrantur, non solum sentiuntur his modis sed etiam mente intelleguntur, tunc est perfecta reuelatio»; ↗Visio. – [10] Ib.: «non est autem propheta dei ueri et summi, qui oblata diuinitus uisa uel solo corpore uel etiam illa parte spiritus uidet, qua corporum capiuntur imagines, et mente non uidet»; ↗Prophetae, prophetia. – [11] Ähnlich auch *cat. rud.* 10 (Zitat in [33]). – [12] Juxtaposition der Termini ist häufig, z.B. *spir. et litt.* 27: «haec gratia in testamento uetere uelata latitabat, quae in Christi euangelio reuelata est dispensatione temporum ordinatissima, sicut deus nouit cuncta disponere»; *c. Faust.* 22,76; cf. zusammenfassend BOCHET, besonders 482; ↗Congruentia testamentorum, ↗Figura(e), ↗Scriptura sacra.

2. R. im Alten Testament.

– Individuelle Offenbarung kommt im Alten Testament den Verfassern der Schrift und den Propheten sowie wenigen Frommen zu [13]; sie kennzeichnet den Empfänger als Vertreter des Neuen Testaments: so etwa David [14], Moses [15] oder Daniel [16]. Die Annahme prophetischer r. ist dabei häufig eine Erklärungsstrategie für regelwidriges oder skandalöses Verhalten, das sich nur durch göttlichen Auftrag legitimieren läßt: die Grausamkeit Sarras gegen Agar und Ismael (*qu.* 1,51) oder das Opfer des Elias (ib. 7,36). A. läßt offen, inwieweit die Väter das ihnen Enthüllte selbst verstehen [17]. Diese Form der verdeckten r. [18] wird durch das Evangelium ersetzt [19].

Anmerkungen. – [13] *En. Ps.* 72,1: «quemadmodum Christus ipse secundum carnem nasciturus, in radice erat occultus in semine patriarcharum, et quodam tempore reuelandus tamquam fructu apparente … sic etiam ipsum nouum testamentum, quod

in Christo est prioribus illis temporibus occultum erat, solis prophetis cognitum, et paucissimis piis, non ex manifestatione prae-
sentium, sed ex reuelatione futurorum». – [14] *Exp. Gal.* 43:
«homo in ueteri testamento sed non homo de ueteri testamento,
quem fides futurae hereditatis Christi reuelata et reddita saluum
faciebat et ad imitandum uocabat»; ↗Dauid. – [15] Cf. *Gn. litt.*
8,3,7; *ciu.* 17,2; ↗Moyses. – [16] Zu Daniel cf. *Gn. litt.* 12,9,20: «et
ipsae quippe imagines corporales in spiritu eius expressae sunt
et earum intellectus reuelatus in mente»; ↗Dani(h)el (propheta
et liber). Cf. weiter zur Differenzierung zwischen inspiriertem
Sprechen und heilsgeschichtlicher Offenbarung im Alten Testament *conf.* 3,14: «et reprehendebam caecus pios patres non solum, sicut deus iuberet atque inspiraret, utentes praesentibus,
uerum quoque, sicut deus reuelaret, futura praenuntiantes». –
[17] *Simpl.* 2,6: «occulta enim res et nimis secreta ita demonstratur prophetis, sicut potest capere sensus humanus, cum etiam
rerum imaginibus in reuelatione tamquam uerbis instruitur»;
c. Faust. 19,30: «quia reuera, sicut omnia ista praecepta sublimia
nec illis libris ueteribus desunt, ita illic finis, quo referantur, occultus est, quamuis secundum eum uiuerent sancti, qui futuram
eius reuelationem uidebant et pro temporum proprietate uel prophetice tegebant uel prophetice tectum sapienter intellegebant»;
Gn. litt. 10,5,8: «etiamsi Ezechiel propheta illo loco non resurrectionem carnis, qualis proprie futura est, sed inopinatam de-
sperati populi reparationem per spiritum domini, qui repleuit
orbem terrarum, figurata reuelatione praeuidit». – [18] ‹Figurata r.› (*Gn. litt.* 10,5,8). – [19] *Exp. Gal.* 24: «sanati sunt ergo ab
impietate superbiae, ut reconciliarentur deo, quicumque homines
humilitatem Christi et per reuelationem, antequam fieret, et per
euangelium, posteaquam facta est, credendo dilexerunt, diligendo
imitati sunt».

3. R. im Neuen Testament. – Der entscheidende
Umschwung in der Natur der Offenbarungsereig-
nisse erfolgt durch die Inkarnation und Passion
Christi [20], durch den sich die Mysterien des Alten
Testaments gleichzeitig erfüllen und enträtseln.
R. definiert damit das Verhältnis von Altem und
Neuem Testament als Verhüllung (‹obumbratio›,
‹occultatio›) und Offenbarung (r.) [21]. Dieser
Umschwung wird symbolisiert durch das Zerreißen
des Tempelvorhangs beim Tode Christi [22]. Durch
die r. wird die literale Bedeutung der alttestamentlichen Gebote überflüssig [23]. Damit nähert sich
der Begriff der r. in praxi der spirituellen Exegese
an [24].

Nach *Mt* 11,25-27 ist r. gnadenhaft [25] und wird
den ‹paruuli› (*s.* 67,8), d.h. den ‹humiles› zuteil
[26]; sie steht also in scharfem Gegensatz zu der
philosophischen Erkenntnis der Platoniker (*conf.*
7,13) und zum Heilsbegriff des ↗Pelagius [27]. R.
erfolgt durch den Sohn als das Wort Gottes (*qu.
eu.* 1,1) bzw. durch Vater und Sohn wechselweise
[28]. Im Eschaton wird Christus schließlich vollständig offenbar(t) werden (*doctr. chr.* 3,54), nach
dem Jüngsten Gericht wird Gott den Gerechten
enthüllt (*adn. Iob* 7) [29].

Anmerkungen. – [20] Cf. HARDY, Incarnation (für den Zusammenhang cf. auch id., *Actualité*); MAYER 261-267. – [21] *Ciu.*
5,18: «reuelante testamento nouo quod in uetere uelatum fuit»;
ib. 16,26: «in testamento uetere obumbratur nouum. quid est
enim quod dicitur testamentum uetus nisi noui occultatio? et

quid est aliud quod dicitur nouum nisi ueteris reuelatio?»; cf. *qu.*
4,33,1; ↗Velamentum, uelum, ↗Vmbra. Häufig die Formel
‹r. noui testamenti›: *c. Faust.* 19,31; 31,4; *en. Ps.* 143,2; *ciu.* 18,1;
c. Iul. imp. 3,84; *ep.* 36,32. Cf. DE VEER 348-352 (‹La révélation, intelligence des Scriptures›) und vor allem WIELAND 263-305. –
[22] *Mt* 27,51; *Mc* 15,38; *Lc* 23,45; erstmals ausgeführt in *c. Faust.*
12,11: «non transeuntibus ad dominum non eis auferetur uelamen, quod in lectione ueteris testamenti manet, quia in solo
Christo euacuatur, non ipsa lectio ueteris testamenti, quae habet
absconditam uirtutem, sed uelamen, quo absconditur. unde
Christo in cruce passo uelum templi conscissum est, ut per Christi
passionem reuelentur secreta sacramentorum fidelibus ad biben-
dum eius sanguinem ore aperto in confessione transeuntibus».
Cf. z.B. *en. Ps.* 21,2,15; 143,2. – [23] *Gr. t. nou.* (= *ep.* 140) 6.10.
13sq.20.22.24.26.60; *ep.* 196,3.8.16; ↗Littera-spiritus. – [24] Cf.
BERNARD passim. – [25] Cf. *conf.* 7,14 (Zitat wiederaufgenommen ib. 7,27), außerdem *Io. eu. tr.* 26,5: «ista reuelatio, ipsa est
adtractio» (cf. *Io* 6,44). – [26] Z.B. *c. Iul. imp.* 6,12; *s.* 29,2; 68,7. –
[27] *Gr. et pecc. or.* 1,8: «‹adiuuat enim nos deus›, inquit (sc. Pelagius), ‹per doctrinam et reuelationem suam, dum cordis nostri
oculos aperit; dum nobis, ne praesentibus occupemur, futura demonstrat; dum diaboli pandit insidias; dum nos multiformi et ineffabili dono gratiae caelestis illuminat›»; dazu A.: «hoc est ergo
gratiam dei ponere in lege atque doctrina. hinc itaque apparet
hanc eum gratiam confiteri, qua demonstrat et reuelat deus quid
agere debeamus, non qua donat atque adiuuat, ut agamus»
(ib. 1,8sq.). Cf. auch ib. 1,11 zu Pelagius’ ‹r. sapientiae›; zum Gegensatz ‹caritas› – ‹scientia› in *gr. et pecc. or.* und *en. Ps.* 118
cf. KANNENGIESSER passim. – [28] *S.* 68,9: «pater ergo reuelat filium quibus uult, et filius reuelat patrem quibus uult»; cf. *trin.* 1,16;
7,4; *Io. eu. tr.* 47,3. Zum trinitätstheologischen r.-Begriff A.s cf.
CIPRIANI, Rivelazione della Trinità; id., Rivelazione cristiana (besonders 491-497); ↗Trinitas. – [29] Cf. WIELAND 366-373 (‹Vollendung›), der auch für die Eschatologie A.s die Spannung von
‹occultatio› und r. nachweist; ↗Nunc-tunc.

4. Individuelle r. – A. behandelt das Phänomen
persönlicher visionärer Erlebnisse [30] mit Vor-
sicht (↗Ecstasis). Die Offenbarungen des Paulus
(*2 Cor* 12,7; *Gal* 1,12) werden zwar oft erwähnt,
aber nicht als wiederholbar betrachtet. R. kann in
Traumgesichten erfolgen, ist aber ein Ausnahme-
erlebnis, meist strikt geschieden von gewöhnlichen
(zweifelhaften oder falschen) Träumen: So erhält
Monnica nicht die erwünschte r. von A.s Vermäh-
lung [31]. Offenbarungscharakter hat hingegen der
Traum des Ambrosius vor der Auffindung der
Märtyrer Gervasius und Protasius [32]. Eine
Traum-r. kann der Bekehrung vorausgehen, doch
bedarf es zusätzlich der Belehrung durch die
Schrift [33].

Andere r.-Erfahrungen sind intellektuell, nicht
visionär, etwa die Offenbarung der Gnadentheologie an A. selbst bei der Abfassung von *Simpl.*
[34]. So können nach *Phil* 3,15 (in den antidonatistischen Schriften häufig zitiert) die Irrtümer fehl-
gegangener, nicht-schismatischer Christen durch
Offenbarung der Wahrheit korrigiert werden [35];
doch verwendet A. den Begriff in diesem Kontext
nie unabhängig von der Paulusstelle. Die Erfahr-
barkeit des christlichen Mysteriums in den Sakramenten (z.B. *c. Faust.* 12,11) oder dessen Verkündigung in der Predigt heißen bei A. nur vereinzelt

r. [36], dagegen mitunter die Inspiration, die dem Predigen vorausgeht: «pulso ego nunc intentione cordis ad dominum deum, ut dignetur nobis hoc mysterium reuelare» (*en. Ps.* 33,1,1) [37].

Anmerkungen. – [30] Cf. DE VEER 338-342: ‹Révélation de faits contingents›; zur kritischen Modifikation der Einteilung von DE VEER cf. WIELAND 25-27. – [31] *Conf.* 6,23: «dicebat enim discernere se nescio quo sapore, quem uerbis explicare non poterat, quid interesset inter reuelantem te et animam suam somniantem». Eine r. ist hingegen der prophetische Traum Monnicas ib. 3,19 (cf. ib. 8,30; cf. DULAEY). Cf. die Unterscheidung zwischen (gewöhnlichen) Träumen und Offenbarungen in *Cresc.* 4,71: «‹quid paleae cum frumento?› (*Ier* 23,28) quod de somniis uanorum et reuelationibus prophetarum Hieremias ait». – A.s Terminologie ist nicht ganz präzise; mitunter verwendet er r. auch für falsche oder bedeutungslose Traumgesichte, so *conf.* 9,25: «si cui … sileant somnia et imaginariae reuelationes»; *Gn. litt.* 12,4,10: «nam et nos dicimus, cum somnia nostra narramus uel aliquam in eis reuelationem: uidi montem, uidi fluuium, uidi tres homines et si quid eius modi». Hingegen können aber Offenbarungen durch Dämonen und Totengeister wahr sein und vermittelt durch Engel von Gott stammen (ib. 2,17,37; *cura mort.* 18.21). – [32] *Ciu.* 22,8; *cath. fr.* 50; cf. *exc. urb.* 7. Auch die Auffindung der Stephanusreliquien heißt r. (*Io. eu. tr.* 120,4; weitere Belege cf. DE VEER 340). – [33] *Cat. rud.* 10: «et utique demonstrandum est ei, quod ipse dominus non eum admoneret aut compelleret fieri christianum et incorporari ecclesiae, seu talibus signis aut reuelationibus erudiret, nisi iam praeparatum iter in scripturis sanctis, ubi non quaereret uisibilia miracula, sed inuisibilia sperare consuesceret, neque dormiens, sed uigilans moneretur, eum securius et tutius carpere uoluisset». – [34] *Praed. sanct.* 8: «quam (sc. rem) mihi deus in hac quaestione soluenda, cum ad episcopum Simplicianum … scriberem, reuelauit». – [35] Z.B. *bapt.* 2,6; 3,20; *Cresc.* 2,39. – [36] Z.B. *cat. rud.* 18: «ut … eligamusque aliqua ex his quae mystice dicta sunt in sanctis libris … quae aperiendo et reuelando noster sermo dulcescat»; cf. *en. Ps.* 146,1. – [37] Cf. auch *Io. eu. tr.* 3,17; 11,7; 45,11.

Bibliographie. – R.W. BERNARD, The Rhetoric of God in the Figurative Exegesis of Augustine: *Biblical Hermeneutics in Historical Perspective. Studies in Honor of K. Froehlich*, Grand Rapids, Mich. 1991, 88-99. – I. BOCHET, Place de l'Ecriture dans l'économie du salut: BA 11,2 (1997) 474-483. – N. CIPRIANI, La rivelazione della Trinità immanente nei Tractatus in Iohannem di S. Agostino: *Atti del VII Simposio di Efeso su S. Giovanni Apostolo* (a cura di L. PADOVESE), Roma 1999, 235-244. – Id., Rivelazione cristiana e verità in S. Agostino. A proposito di un recente saggio: Aug 41 (2001) 477-508. – L.L. CRANFORD, Revelation, Doctrine of: EEC 982-986. – M. DULAEY, Songe et prophétie dans les Confessions d'Augustin. Du rêve de Monique à la conversion au jardin de Milan: ib. 29 (1989) 379-391. – R.P. HARDY, The Incarnation and Revelation in Augustine's *Tractatus in Iohannis Evangelium*: EeT(O) 3 (1972) 193-220. – Id., *Actualité et révélation divine. Une étude des «Tractatus in Iohannis Euangelium» de Saint Augustin*, Paris 1974. – C. KANNENGIESSER, Enarratio in psalmum CXVIII: Science de la révélation et progrès spirituel: RechAug 2 (1962) 359-381. – R. LATOURELLE, L'idée de Révélation chez les Pères de l'Eglise: ScEc 11 (1959) 297-344. – C. MAYER, *Die Zeichen in der geistigen Entwicklung und in der Theologie des jungen Augustinus* 2, Würzburg 1974. – B. STUDER, Rivelazione: NDPAC 4564-4573. – A.C. DE VEER, Reuelare – Reuelatio: Eléments d'une étude sur l'emploi du mot et sur sa signification chez saint Augustin: RechAug 2 (1962) 331-357. – W. WIELAND, *Offenbarung bei Augustinus*, Mainz 1978.

HILDEGUND MÜLLER

Rex

1. General meaning and use – 2. Historical and political dimension – 3. God – 4. Christ incarnate – 5. Church – 6. Christian life – 7. Evil

1. General meaning and use. – A.'s root idea of r. in the sense of ‹ruler› [1] drew on common political principles. R. is part of a functioning governmental order (*en. Ps.* 9,8), of which several forms are possible (↗Imperium). Paraphrasing Scipio (quoted by Cic. *rep.* 1,42), a republic is constituted «cum bene ac iuste geritur siue ab uno rege siue a paucis optimatibus siue ab uniuerso populo» (*ciu.* 2,21). Where r. is unjust – again echoing Scipio – then no republic exists (ib.). R.'s title comes from the function of rectifying subjects that is intrinsic to the office for which God's kingship is the paradigm [2]. Because power often leads humanity to pride, all ‹reges› stand in need of humility (*en. Ps.* 137,9; ↗Humiliatio, humilitas). In eternal perspective, kings and slaves stand on the same level, since both are destined for an afterlife with neither kings nor slaves (*ciu.* 4,33) [3].

Notes. – [1] Synonymous with ‹imperator› (*ep.* 93,14; *s.* 351,12), partly synonymous with ‹princeps› (*ciu.* 16,41, but cf. ib. 18,36). A. uses forms of r. more than 2400 times, of ‹regalis› more than 50 times. – [2] *En. Ps.* 44,17: «non autem regit qui non corrigit. ad hoc est rex noster rectorum rex». For the religious and the biblical meaning of ‹king› and ‹kingdom›, cf. LANCZKOWSKI; SCHMIDT (Old Testament); cf. also STAUBACH, especially 335-337. – [3] Cf. FORTIN vii.

2. Historical and political dimension. – Scripture foresaw the persecution of Christians by Roman ‹reges› (*en. Ps.* 2,1sq.); yet their power came from God [4]. Christians must be subject to all r. (*mor.* 1,63; cf. *1 Pt* 2,17) and pray for them [5], but now rejoice that the day of evil ‹reges› has passed [6]. Christ conquered them by planting his cross in their hearts (*en. Ps.* 140,19) and tattooing it on their foreheads [7]. Believing kings yielded to God's command that peace should be granted to Christians, for the hearts of r. are «in manu dei; quocumque uoluerit, declinabit illud» (*Prv* 21,1) [8]. A. used this text to counter Donatists who inconsistently justified imperial power when it vindicated them, but disallowed it when it did not [9]. A. names many r. from biblical history [10], pagan lore [11], and popular culture (*en Ps.* 90,2,9; *Io. eu. tr.* 36,5), but the concept appears most often as a theological metaphor.

Notes. – [4] *Nat. b.* 32; cf. *Prv* 8,15; *Io* 19,11; *Rm* 13,1. – For the seven Roman ‹reges› from Romulus up to Tarquinius Superbus, cf. especially *ciu.* 18,24-27; for the Roman ‹reges› in the general sense of ‹rulers›, cf. ↗Imperatores Romani, ↗Imperium Romanum. – [5] *Ep.* 149,17; *s.* 51,14; cf. *1 Tm* 2,1sq. – [6] *En. Ps.* 32,2,2,13: «iam cessauerunt reges mali, facti sunt boni»; cf. ib.

149,14; ↗Tempora, tempora christiana. Cf. also *s. Dolbeau* 25,24: «praedictae sunt persecutiones futurae christianis a regibus mundi: euenerunt, facta est strages martyrum, et putabant qui haec faciebant se posse interficiendo finire christianos. ecclesia sanguine suo creuit, persecutores uicti sunt, qui patiebantur persecutionem uicerunt. etiam hoc praedictum est. ipsos quoque reges subdituros colla iugo Christi inuenimus in scripturis sanctis, a quibus primo quasi cauenda uidebatur ecclesiae persecutio. et hoc factum est, fratres: iam crux Christi in frontibus regum est, adorant reges quod irriserunt Iudaei». – [7] A favorite image; cf., e.g., ib. 141,9. – [8] Cf. *gr. et lib. arb.* 42; *en. Ps.* 103,2,8; *c. Iul. imp.* 3,114. – [9] *C. litt. Pet.* 2,202-204.210-212; *Io. eu. tr.* 6,25sq.; ↗Donatistae. – [10] For the kings of ↗Israel, cf. *ciu.*, especially ib. 17,13: «iudices namque, priusquam reges ibi esse coepissent, super illum populum fuerant constituti»; ib. 16,43: «inde uentum est ad regum tempora, quorum primus regnauit Saul; cui reprobato et bellica clade prostrato eiusque stirpe reiecta, ne inde reges orerentur, Dauid successit in regnum, cuius maxime Christus dictus est filius»; ↗Dauid. For David's son, Solomon, cf. ib. 20,3: «sapientissimus rex Israel»; *s.* 10,4. For the ‹reges› after Solomon, cf. *ciu.* 17,21sq. – [11] *S.* 105,13; 300,6; *c. Iul. imp.* 1,22.

3. *God.*

– Human ‹reges› may exercise a kind of sovereignty, but kingship itself belongs to the Lord (*en. Ps.* 21,1,29; cf. *Ps* 21,29). God rules as r. (*en. Ps.* 46,9); he is ‹regnator creaturae› (*conf.* 11,25) and ‹r. magnus super omnes deos› (*Ps* 94,3), i.e., over human beings divinized by the grace of Christ (*en. Ps.* 94,5sq.; *ciu.* 9,23). A much-used doxological text, *1 Tm* 1,17, speaks of God as ‹r. saeculorum›, a title of the divine nature per se that can refer to the entire Trinity (*s.* 277,15), but also to the Father alone (*en. Ps.* 67,15; *s.* 212,1) or to the Son alone (*en. Ps.* 109,10). Nor can the Holy Spirit be denied the title of r. (*c. Max.* 2,21,3). But in Scripture, A. writes, r. usually refers to the Son. When the psalmist prays «intende uoci orationis meae rex meus et deus meus» (*Ps* 5,3), the word order signifies supplication of the Father through the Son (*en. Ps.* 5,3), who said «nemo uenit ad patrem nisi per me» (*Io* 14,6). Because the Father shares kingship with the Son (ib. 71,2), the phrase «rex regem genuit» (*c. Max.* 2,7) may describe trinitarian relations only if defined «rex aequalem regem (sc. genuit)» (ib.). The psalm verse «dico ego opera mea regi» (*Ps* 44,2) quotes the Father speaking the eternal Word (*en. Ps.* 44,5), «rex noster ante saecula» (ib. 73,14). The divine Son is ‹r. caeli› (ib. 73,3; *uirg.* 38), ‹r. uirtutum› (*en. Ps.* 67,15), ‹r. luminum› (*c. Sec.* 3), and «ille rex qui etiam ueritas dicitur» (*c. ep. Parm.* 3,29).

4. *Christ incarnate.*

– Most references to r. apply to the incarnate ↗‹Christus›, installed by the Father (*en. Ps.* 2,5; cf. *Ps* 2,6) to rule as ‹r. saluator› (*Io. eu. tr.* 73,3), ‹r. martyrum› (*s.* 276,1), ‹r. omnium sanctorum› (*cat. rud.* 53), ‹r. christianorum› (*cons. eu.* 1,47), and ‹r. hominum› (*Io. eu. tr.* 51,4) [12]. Though he is ‹r. regnorum› and ‹dominus omnium regum› (*en. Ps.* 96,4), Christ's reign is distinguished by humility [13], which pierces the hearts of his enemies and makes them friends (ib. 44,16).

Christ was prefigured in all the kings of Israel, but he is especially foreknown in ‹Dauid› (ib. 144,2) [14]. Paradoxically he is both David's r. and David's son [15]. Christ made himself both king and priest (↗Sacerdos, sacerdotium), typified in Melchizedek (ib. 33,1,5), but above all in the person of David, who performed actions in both capacities (ib. 51,3). An early formulation (*diu. qu.* 61,2) distinguished Christ the divine king coming to earth in lowliness in the ‹descending› genealogy of Matthew (*Mt* 1,1-17), and Christ the priest bringing sins heavenward in the ‹ascending› genealogy of Luke (*Lc* 3,23-38). Christ united and fulfilled in his person the foreshadowing of the two ‹personae›, «non figurate sed proprie» (*diu. qu.* 61,2). As r. he modeled the way to combat temptation, and liberated us from our sins [16]. Other versions stress the conjunction of the two roles in the anointing shared by king and priest [17]. Christ is r. because he reigns and leads, and priest because he intercedes [18].

Nathanael's confession «tu es rex Israhel» (*Io* 1,49), typifying Christian faith, fulfilled Jacob's prophetic act of anointing the stone on which he slept and dreamt of a ladder from earth to heaven (*en. Ps.* 44,20; cf. *Gn* 28,12.18). ‹Noster r.› speaks in the stories of the Gospels (*c. Faust.* 22,14), humbly teaching of the goods for which one must hunger and thirst (*en. Ps.* 64,8; cf. *Mt* 5,6), and of the most authentic way to pray, like r. instructing his soldiers, because he knows what is going on inside them (*s.* 181,6). Christ forgives sin like a r. (*en. Ps.* 50,8); this does not contradict divine law any more than an emperor breaks the law by granting a pardon. «rex ipsius ciuitatis se fecit uiam, ut ad ciuitatem perueniremus» (ib. 86,1) [19].

Most important, the title ‹r. Iudaeorum›, conferred mystically by the ‹magi› at Christ's birth (*s.* 199,1sq.; cf. *Mt* 2,2), was promulgated by Pilate at his passion (*en. Ps.* 58,1,1; cf. *Io* 19,20). Christ's kingship differs from that of earthly monarchs (ib. 18,36); the text «reges intellegite» (*Ps* 2,10) urges them to see his kingship with a different, spiritual mode of understanding (*en. Ps.* 47,5). Pilate only carnally understood the title ‹r. Iudaeorum›, and Jews demanded that he changed his placard on the cross (cf. *Io* 19,21sq.); «auelli tamen ex eius corde non potuit», as though Truth had personally affixed it there (*Io. eu. tr.* 115,5; cf. ib. 117,5). Pilate unwittingly fulfilled the prophetic heading of *Ps* 58,1: «ne corrumpas … in tituli inscriptionem» (*en. Ps.* 56,3; 58,1,1). The crucified Christ ‹r. noster› (ib. 15,1) spoke in the voice of David «non solum in Psalmo uerum etiam in cruce» (*trin.* 4,6). Though Jews rejected him, Christ remains Israel's ‹uerus r.›

(*en. Ps.* 62,20). Jewish rejection made Christ r. of the Gentiles also (ib. 58,1,1). But Gentiles should not arrogantly judge Jewish unbelief, which is a mystery hidden deep in divine providence, i.e., in the «cubiculum regis» (*Io. eu. tr.* 53,7) that hides the treasures of God's wisdom (cf. ib. 53,4-10). Nor should they limit God's judgment to the Jews, who typify all who reject Christ as r. (*en. Ps.* 55,2; ↗Iudaei).

Notes. – [12] For Christ as r. in A., cf. Imizcoz Barriola; Piñol; for the patristic context, cf. Beskow. – [13] *Trin.* 4,15; *en. Ps.* 20,8; 50,5; 137,9. – [14] Cf. Madec, Christus 867; ↗Figura(e), ↗Typus. – [15] Ib. 9,35; 109,7; cf. *Mt* 22,41-46. – [16] Ib.: «ita dominus noster Iesus Christus rex noster ostenditur»; cf. Berrouard; Cameron 176-179.321 n. 60; Drobner 110; Jones 217sq. – [17] Cf. Jones 219; Drobner 67 n. 353. – [18] *En. Ps.* 26,2,2; cf. *c. Faust.* 13,15; *cons. eu.* 1,5; *qu. Mt.* 10; *s.* 130,1; 202,4; *s. Dolbeau* 26,49sq. – [19] Cf. ib. 90,2,1; 123,2; 124,3; 125,1.

5. Church. – The ascended Christ inaugurated his rule by grace (*en. Ps.* 103,3,13) as the apostles began to preach (ib. 98,2). Christ reigns over his church, holy mountain Zion (ib. 2,5; cf. *Ps* 2,6). Many images correlate Christ, head of the church, with his body (*en. Ps.* 149,6), especially as r. over his city [20]. This r. in his temple makes ↗‹caritas› the mortar of the church's structure, and assures its unity and global reach (ib. 44,31sq.). Jews and Gentiles (↗Gentes) come together as one great house joined by Christ as cornerstone (ib. 47,2; cf. *Eph* 2,19-22); he is the eternal r. of the city of God (*ciu.* 15,20; *en. Ps.* 61,6), which he founded (*ciu.* 17,4), and where the ‹fideles› from the Old and New Testaments serve him (*en. Ps.* 36,3,4) [21].

A. frequently uses the metaphor of marriage to picture the church betrothed to Christ as r., who adorns, redeems, and heals her in expectation of their eschatological royal wedding. From another angle, the church is already his spouse (*s. Lambot* 16), a queen whose beauty he desires (*en. Ps.* 44,26; *c. Faust.* 15,11), and to whom he reveals the mystical secrets of his bed-chamber [22]. Though hidden at present, unlike ‹reges› that the Jews could see, the church's royal spouse secretly gives her many children spread over the earth (*en. Ps.* 58,1,1; cf. *Is* 54,1). The r. and his queen reign for the limited days of temporal life and into the endless day of eternity (*en. Ps.* 60,8).

Notes. – [20] Ib. 131,3: «cum autem corpus Christi est et templum, et domus, et ciuitas; et ille qui caput corporis est, et habitator domus est, et sanctificator templi est, et rex ciuitatis est. quomodo ecclesia omnia illa, sic Christus omnia ista». – [21] Cf. Studer 108sq.; Madec, *Patrie* 123-127. – [22] *S.* 138,7; *en. Ps.* 9,6; cf. *Ct* 1,2; ↗Ecclesiae figurae.

6. Christian life. – A. also uses r. to describe figuratively inner spiritual dynamics. Spiritually speaking, regenerated Christians are ‹reges› who rule their passions in humble subjection to Christ, their great r.; under him they fight their temptation and subdue their desires (*en. Ps.* 2,8sq.). The mind commands the body as a king commands his subjects (*c. Iul.* 4,61; cf. Cic. *rep.* 3,36sq.); therefore, the soul should rule over the piece of earth assigned to it, the body [23]. Against the Pelagian claim that humans can lead sinless lives, A. often quotes *Prv* 20,8sq.: «cum rex iustus sederit in throno» – i.e., Christ on judgment day – «quis gloriabitur castum se habere cor» (*s. Morin* 12,1) [24]. One combats sin only by grace, for «non saluus fiet rex in multitudine uirtutis» (*Ps* 32,16), i.e., spiritual beings who trust too much in themselves will fall (*en. Ps.* 32,1,16).

Notes. – [23] *En. Ps.* 75,18: «rege terram, et eris rex terrae … terram quam portas rege»; cf. ib. 44,23. – [24] Cf. *perf. iust.* 33; *corrept.* 41; *s.* 93,14; 164,15.

7. Evil. – Images of r. also figuratively portray the conquered but still threatening rule of evil and disorder. The devil, ‹r. daemoniorum› (*en. Ps.* 90,2,9) and ‹r. uitiorum› (*cont.* 13), rules earthly Babylon, which opposes heavenly Jerusalem [25]. He tries to block humanity's way to God (*en. Ps.* 134,20), though his power is limited (ib. 103,4,9) [26]. King Achis (cf. *1 Rg* 29), whose name means ‹ignorance›, signifies carnally-minded persons (*en. Ps.* 33,1,4). He ruled over the scoffing Jews and unspiritual disciples who questioned Christ's claim to give his body as flesh to eat (ib. 33,1,8; cf. *Io* 6,53). Spiritual people understand this; however, «si autem non intellegis, rex es Achis» (*en. Ps.* 33,2,12). Likewise, ‹Pharaoh›, r. of Egypt, whose name means ‹disintegration› (ib. 134,19), teaches that in spiritual matters disharmony is ordered to suffering. The text «occidit reges fortes» (*Ps* 134,10) pictures the soul's struggles (*en. Ps.* 134,20; 135,9). The believer responds «Iuda rex meus» (*Ps* 59,9), i.e., Christ sprang from Judah to blaze a royal path through tribulations for me when he counseled «nolite timere eos qui occidunt corpus» (*en. Ps.* 59,10; cf. *Mt* 10,28).

Notes. – [25] *En. Ps.* 61,6: «illa rege diabolo; ista rege Christo»; cf. *doctr. chr.* 3,55; *ciu.* 17,20; ↗Babylon(ia), ↗Hierusalem (Hierosolyma). – [26] ↗Diabolus. ↗‹Antichristus› is also r. (*ciu.* 20,23).

Bibliography. – M.-F. Berrouard, Le Christ, roi et prêtre: BA 72 (²1988) 775. – P. Beskow, *Rex Gloriae. The Kingship of Christ in the Early Church*, Diss. Uppsala 1962. – M. Cameron, *Christ Meets Me Everywhere. Augustine's Early Figurative Exegesis*, New York 2012. – H.R. Drobner, *Person-Exegese und Christologie bei Augustinus. Zur Herkunft der Formel una persona*, Leiden 1986. – E.L. Fortin, Introduction: *Augustine. Political Writings* (ed. by D. Kries/M.W. Tkacz), Indianapolis, Ind. 1994, vii-xxix. – J.M. Imizcoz Barriola, *Cristo Rey y Sacerdote en las «Enarrationes in Psalmos» y «Tractatus in Joannis Evangelium» de San Agustín*, Pampilonae 1959. – D.J. Jones, *Christus Sacerdos in the Preaching of St. Augustine. Christ and Christian Identity*, Frankfurt a.M. 2004. – G. Lanczkowski, *Königtum I. Religionsgeschichtlich:* TRE 19 (1990) 323-327. – G. Madec, *Christus:* AL 1 (1986-1994) 845-908. – Id., *La Patrie et la voie. Le Christ dans la vie et la pensée de saint Augustin*, Paris 1989. – J. Piñol, *Cristo Rey. Su Ciudad y el Camino. La humildad de Jesús en La Ciudad de Dios*, Buenos Aires 2003 (cf. id., *Cristo, Fundador y Rey de la Ciudad de Dios, en la obra homónima de san Agustín:* Augustinus 49 (2004) 273-376). – L. Schmidt, *Königtum II. Altes Testament:* TRE 19 (1990) 327-333. – N. Staubach, *Königtum III. Mittelalter und Neuzeit:* ib. 333-345. – B. Studer, *Gratia Christi – Gratia Dei bei Augustinus von Hippo. Christozentrismus oder Theozentrismus?* (SEAug 40), Roma 1993.

Michael Cameron

Rhetorica (De–) ↗Rethorica (De–)

Ritus

1. Allgemeiner Wortgebrauch bei A. – 2. Pagane Religion – 3. Judentum – 4. Christentum

1. Allgemeiner Wortgebrauch bei A. – Dem seit republikanischer Zeit belegten Sprachgebrauch entsprechend [1], bezeichnet der Begriff r. bei A. überkommene Praktiken des religiösen Bereichs, weshalb vielfach Wortverbindungen wie z.B. ‹religionis r.› oder ‹r. sacri› auftreten (↗Religio). Dabei kann der Terminus sowohl für einzelne Vollzüge stehen (im Singular oder Plural) als auch (im Singular) für die Gesamtheit der eine distinkte Gruppe kennzeichnenden religiösen Lebensform, vornehmlich im Sinne äußerer kultischer Handlungen [2] (↗Cultus).

Anmerkungen. – [1] Cf. Cic. *leg.* 2,27: «iam ritus familiae patrumque seruare id est, quoniam antiquitas proxume accedit ad deos, a dis quasi traditam religionem tueri». Zur Etymologie sowie zur Begriffsgeschichte in der lateinischen Literatur cf. Doederlein 76sq.; Walde/Hofmann 2,437; Roloff; Glei/Natzel; Breyer 380sq. – [2] Insofern repräsentiert innerhalb des schon in der vorchristlichen paganen Literatur (z.B. Verg. *Aen.* 12,836) bekannten Begriffspaars ‹r. moresque› (*ciu.* 14,1; *c. adu. leg.* 2,33) r. tendenziell die Religionsausübung, während ↗‹mores› die Tradition in einem umfassenderen Sinn meint. Die Stellung von r. in der Aufzählung «inliciuntur autem daemones ... per uaria genera lapidum herbarum, lignorum animalium, carminum rituum» (*ciu.* 21,6) zeigt, daß A. mit r. primär die Handlungsdimension assoziiert (gegenüber der Wortdimension bei ‹carminum›).

2. Pagane Religion. – Am häufigsten, nämlich insgesamt rund 40mal, verwendet A. das Substantiv r. bezogen auf die pagane Religionsausübung innerhalb oder (seltener) außerhalb des römischen Reiches (↗Paganus). Im Sinne der eingangs erwähnten Differenzierung des Begriffsgebrauchs kann r. dabei entweder das heidnische Kultwesen

im Ganzen [3] bezeichnen oder bestimmte Einzelhandlungen, primär im Kontext der Opferpraxis [4], etwa das Schlachten von Opfertieren oder das Verbrennen von Räucherwerk [5]. Auch können spezialisiertes Kultpersonal als Träger [6] oder die Tempel als spezifische Orte [7] ritueller Handlungen in den Blick kommen. Der gesamte Komplex paganer Riten wird von A. scharf negativ bewertet, da er sie mit dämonischen Mächten assoziiert [8], weshalb sie in seinen Augen nichtig sind [9]. Als problematisch erscheinen ihm dabei im Kern weniger die Vollzüge selbst als vielmehr deren Adressaten [10].

Anmerkungen. – [3] *Ciu.* 6, praef.: «qui multos deos et falsos ... eo ritu ac seruitute, quae graece λατρεία dicitur et uni uero deo debetur, uenerandos et colendos putant». – [4] ↗Sacrificium. Auch magische Praktiken können als r. gefaßt werden, cf. z.B. *Io. eu. tr.* 97,3; ↗Magia. – [5] Z.B. *qu. c. pag.* (= *ep.* 102) 16: «ritus sacrorum, hostias, tura et cetera, quae templorum cultus exercuit». – [6] Z.B. *doctr. chr.* 2,37: «ritus augurum». – [7] Z.B. *qu. c. pag* 8: «ritibus templorum»; ↗Templum. – [8] So etwa in *ciu.* 4,29, wo von religionskritischen Römern die Rede ist, die nichts auszurichten vermochten «contra consuetudinem ciuitatis, quae daemonicis ritibus fuerat obligata»; ↗Daemon(es), ↗Di gentium. – [9] *F. inuis.* 10: «uanis ritibus». – [10] *Qu. c. pag.* 18: «non hoc culpant in sacrilegis ritibus paganorum, quod construant templa et instituant sacerdotia et faciant sacrificia, sed quod haec idolis et daemoniis exhibeant»; ↗Idolum.

3. Judentum. – Ca. 15mal gebraucht A. das Wort r. im Hinblick auf das Judentum (↗Iudaei). Meist bezeichnet ‹(iudaicus) r.› dann umfassend die jüdische Lebenspraxis, soweit sie von der Toraobservanz bestimmt ist, was sich beispielsweise in der Beschneidung und der Sabbatheiligung ausdrückt [11] (↗Circumcisio, ↗Sabbatum). Daneben kann r. auch hier konkrete Handlungen, vor allem im Zusammenhang des Opferkultes am Jerusalemer Tempel, bezeichnen, die von A. wie andere Aspekte der jüdischen Lebensweise häufig typologisch auf Elemente der christlichen Glaubenspraxis bezogen werden [12].

Anmerkungen. – [11] Z.B. *exp. Gal.* 1: «nisi circumciderentur et ceteras carnales iudaici ritus obseruationes subirent»; ib. 35: «iudaico ritu sabbatum obseruans»; *mend.* 8: «non enim ... Paulus apostolus aut Timotheum circumcidit aut ipse quaedam ritu iudaico sacramenta celebrauit»; *c. Faust.* 19,17: «patrium ritum traditionemque». – [12] *Spir. et litt.* 36: «exceptis sacramentis, quae umbrae erant futurorum, sicut est circumcisio et sabbatum et aliae dierum obseruationes et quarundam escarum cerimoniae et multiplex sacrificiorum sacrorumque ritus»; *c. Faust.* 19,14: «promissiua erant illa omnia sacramenta omnisque ritus ille sacrorum» (↗Sacramentum); cf. ib. 19,16, wo ‹r. propheticus› und ‹r. euangelicus› einander zugeordnet werden.

4. Christentum. – Auffällig, zumal gemessen an der Zahl der auf den heidnischen Kult bezogenen Belege, ist die Zurückhaltung, die A. bei der Verwendung des Substantivs r. zur Bezeichnung christlicher liturgischer Praktiken erkennen läßt. Der Grund dafür mag darin liegen, daß es sich bei r. nicht um einen spezifisch christlichen Begriff, sondern um einen alten Terminus der römischen Sakralsprache handelt, der von daher zu sehr mit außerchristlichen Konnotationen belastet schien [13]. Soweit konkrete Vollzüge christlicher Liturgie gemeint sind, geht es an den wenigen einschlägigen Stellen um gottesdienstliche Elemente des Initiationsprozesses, namentlich um die ‹traditio symboli› (cf. *f. et op.* 36), um Taufexorzismus und Abrenuntiation (*ep.* 194,43) sowie um den trinitarischen Taufakt [14]. Eher summarisch ist auch vom r. des eucharistischen Mahls bzw. Opfers die Rede [15]. Singulär ist demgegenüber ein Fall, wo A. die Junktur ‹r. loquendi ecclesiasticus› im Sinne von ‹kirchlicher Sprachgebrauch› verwendet [16]. Häufiger als das Substantiv gebraucht A. das (sprachgeschichtlich auf eine Ablativform zurückgehende) Adverb ‹rite› im Zusammenhang nicht nur jüdischer (z.B. *qu.* 3,33), sondern auch christlicher Liturgien, um den sach- und traditionsgemäßen Vollzug gottesdienstlicher Handlungen hervorzuheben [17]. Neben diesem technischen Sinn wird das Adverb von A. jedoch vor allem in den Briefen auch in abgeblaßt-allgemeiner Bedeutung (‹richtig›, ‹zu Recht›) eingesetzt [18].

Anmerkungen. – [13] Zu denken wäre etwa an die eingebürgerte Redeweise vom ‹r. graecus› für bestimmte (vermeintlich griechische) Kultpraktiken innerhalb der paganen römischen Religion; cf. SCHEID; MUTH 262-276. – [14] *Vn. bapt.* 13; *c. Iul. imp.* 3,149; ↗Baptismus. – [15] *C. Faust.* 20,13.21; ↗Sacrificium offerre. – [16] *En. Ps.* 93,3 (es geht im Kontext um unterschiedliche Bezeichnungen der Wochentage): «multae gentes aliae atque aliae aliter atque aliter uocant. melius ergo de ore christiano ritus loquendi ecclesiasticus procedit». – [17] Z.B. *trin.* 3,10: «sed illud tantum quod ex fructibus terrae acceptum et prece mystica consecratum rite sumimus ad salutem spiritalem in memoriam pro nobis dominicae passionis»; *Io. eu. tr.* 118,5: «quod signum (sc. crux Christi) nisi adhibeatur siue frontibus credentium, siue ipsi aquae ex qua regenerantur, siue oleo quo chrismate unguuntur, siue sacrificio quo aluntur, nihil eorum rite perficitur». – [18] Z.B. *ep.* 10,3: «ut rite sapiens nominetur»; ib. 233: «si rite recolo»; *praes. dei* (= *ep.* 187) 41: «rite tractauimus». Sprachhistorisch ist umstritten, ob der weiter gefaßte oder der spezifisch religiöse Gebrauch von r. bzw. ‹rite› ursprünglich ist; cf. die unter [1] genannte Literatur.

Bibliographie. – G. BREYER, *Etruskisches Sprachgut im Lateinischen unter Ausschluß des spezifisch onomastischen Bereiches*, Leuven 1993. – L. DOEDERLEIN, *Lateinische Synonyme und Etymologien* 5, Leipzig 1836. – R. GLEI/S. NATZEL, Ritus I. Antike und Mittelalter: HWPh 8 (1992) 1052sq. – R. MUTH, *Einführung in die griechische und römische Religion*, Darmstadt ²1998. – K.-H. ROLOFF, Ritus: Glotta 33 (1954) 36-65. – J. SCHEID, Graeco Ritu: A Typically Roman Way of Honoring the Gods: HSCP 97 (1995) 15-31.

ALEXANDER ZERFAß

Rogatistae

R. werden die Anhänger einer Abspaltung von den Donatisten (↗Donatistae) genannt, die ca. 370-420 in der Provinz Mauretania Caesariensis Verbreitung gefunden haben. Namensgeber ist Bischof Rogatus von Cartenna (Ténès/Algerien) [1]. Einzige Quelle ist A., der in seinen antidonatistischen Schriften und Briefen auf die R. Bezug nimmt [2]. Die Auffassungen der R. erschließen sich vor allem aus A.s *ep.* 93 an Bischof Vincentius, den Nachfolger des Gründers Rogatus [3].

Das Schisma der R. fällt in die Zeit nach der Regierung Julians (†363; cf. ib. 93,12). Während ↗Firmus' Herrschaft in Mauretanien (ca. 372-375) kam es zu Übergriffen von Donatisten gegen R. A.s Andeutungen (*c. ep. Parm.* 1,17; *c. litt. Pet.* 2,184) verweisen zwar nur auf Einzelfälle [4], doch stellten die R. eine verallgemeinernde Verbindung ihrer Gegner zu Firmus her, indem sie die Donatisten abwertend ‹Firmiani› nannten (ib.; *ep.* 87,10). Die Hintergründe der Spaltung sind schwer zu erschließen: Sehr wahrscheinlich spielten gewalttätige Übergriffe der Circumcellionen (↗Circumcelliones) [5] eine Rolle, die von Rogatus und seinen Anhängern abgelehnt wurden (ib. 93,11). Ein unmittelbarer Zusammenhang mit einer Petition der Donatisten an Kaiser Julian, vom Staat konfiszierte Basiliken zurückzuerhalten, besteht dagegen wohl nicht [6]. Es ist anzunehmen, daß sich die R. von jeglicher Zusammenarbeit mit säkularen Mächten und Gewaltanwendung distanzierten, um die Reinheit der Kirche zu bewahren, auch wenn A. unterstellt, Rogatus selbst habe vor Gericht um Eigentum seiner Gemeinde gestritten (ib.). Die Abspaltung der R. gründet folglich auf der Streitfrage der Heiligkeit von Kirche, die auch für das donatistische Schisma ausschlaggebend war (↗Ecclesia, 2,708-710). Die R. vertraten ein exklusives Selbstverständnis und nahmen in Anspruch, allein die göttlichen Gebote richtig zu befolgen und die Kirche Jesu auf Erden zu repräsentieren (ib. 93,23).

Diese Haltung verdeutlicht Rogatus' Nachfolger Vincentius, der um 408 einen Brief an A. sandte, vermutlich um eine Anwendung der antidonatistischen Gesetze auf die R. zu unterbinden (cf. ib. 93,5). Eine erzwungene Kircheneinheit lehnte er ab; die Einbindung des Staates in kirchliche Angelegenheiten und Gewaltanwendungen kritisierte er scharf (ib. 93,1.5.11.16). Vincentius rechtfertigte das Selbstverständnis der R. unter Berufung auf ↗Hilarius von Poitiers (3,341-346), um zu zeigen, daß auch eine kleine Gemeinschaft den wahren Glauben vertreten könne (ib. 93,21sq.31-35). Zudem argumentierte er mit Cyprians (↗Cyprianus)

Auffassung zur Tauffrage und warf A. vor, Häretiker ohne Taufe wieder in die Kirche aufzunehmen (ib. 93,35-42). Vincentius vertrat insofern donatistische Positionen, die er allein bei den R. bewahrt sah.

Über die Verbreitung der R. ist wenig bekannt: A. betont die geringe Anzahl in Mauretanien (*cath. fr.* 6.36). Wahrscheinlich ist, daß dort einzelne Bischöfe mit ihren Gemeinden den Lehren des Rogatus folgten. Nach 405 bewirkten die antidonatistischen Gesetze offenbar auch einen Rückgang der R. (cf. *ep.* 93,2). Gegenüber Vincentius spottet A. über die geringe Zahl von neun oder zehn ‹consortes› (ib. 93,20sq.) und über die wenigen ‹collegae› und ‹clerici› (ib. 93,49). Wenngleich diese Angaben polemisch zugespitzt erscheinen, läßt sich konstatieren, daß die R. um 408 offenbar nur aus sehr wenigen Gemeinden in Cartenna und Umgebung bestanden. A.s Schrift *De ↗anima et eius origine*, datiert auf 418, richtet sich gegen den ehemaligen R. ↗Vincentius Victor [7], der seinen Beinamen zu Ehren des inzwischen verstorbenen Vincentius trägt (ib. 3,2). Mit diesem Hinweis verliert sich die Spur der R. Es ist zu vermuten, daß im Zuge der Umsetzung der antidonatistischen Gesetze von 412 die letzten rogatistischen Gemeinden zur Einheit mit der katholischen Kirche gezwungen wurden.

In A.s Argumentation dienen die R. neben den ↗Maximianistae als Beispiel, um Widersprüche in der donatistischen Selbstdarstellung aufzuzeigen [8]. In seiner Entgegnung auf Vincentius (*ep.* 93) widerlegt A. die rogatistischen Positionen mit den theologischen Argumenten, die er auch gegen die Donatisten verwendet [9]. Hervorzuheben ist, daß A. die Kritik des Vincentius zum Anlaß nahm, die Zwangsgewalt gegen Häretiker ausführlich zu begründen und zu rechtfertigen (↗Coercitio, ↗Compelle intrare) [10]. In der Auseinandersetzung mit den R. entstand so ein bedeutendes öffentliches Traktat mit erheblicher Nachwirkung [11].

Anmerkungen. – [1] A. nennt ihn ‹Rogatus Maurus›: *c. ep. Parm.* 1,16sq.; *c. litt. Pet.* 2,184; cf. Rogatus 5; ROMERO POSE. – [2] In *haer.* 69 über die Donatisten werden die R. nicht genannt. – [3] Cf. Vincentius 2; ↗*Epistulae*, 2,965. – [4] Eine Allianz von Firmus mit Circumcellionen oder donatistischen Bischöfen gab es nicht; cf. SHAW 54-60; TENGSTRÖM 79-83. – [5] Cf. GADDIS 122-124. – [6] Zur Deutung von *c. litt. Pet.* 2,184 cf. SHAW 55-57 sowie DE VEER 828. – [7] Ib. 1,1-3; 3,2sq.; cf. *ep.* 23A*,3; cf. Vincentius Victor 62. – [8] Cf. *c. ep. Parm.* 1,16sq.; *c. litt. Pet.* 2,184; *Cresc.* 4,73; *ep.* 87,10. – [9] Zu A.s Ausführungen zur Tauffrage und zur Einheit der Kirche cf. vor allem die Schriften *Contra ↗epistulam Parmeniani*, *De ↗baptismo*, *Contra ↗litteras Petiliani*. – [10] Cf. ALVAREZ VALDEZ; HOGREFE 125-129. – [11] Cf. GADDIS 131-134; HERZOG.

Bibliographie. – J.F. ALVAREZ VALDEZ, La carta 93 de san Agustín y el uso de la fuerza pública en materia religiosa: Augustinus 54 (2009) 33-61. – A.D. FITZGERALD, Rogatism: AthAg 726sq. – M. GADDIS, *There is No Crime for Those Who Have Christ. Religious Violence in the Christian Roman Empire*, Berkeley, Calif./Los Angeles, Calif./London 2005. – E. HERZOG, Ein Schreiben Augustins über kirchenpolitischen Zwang (Ep. 93): IKZ 6 (1916) 1-26. – A. HOGREFE, *Umstrittene Vergangenheit. Historische Argumente in der Auseinandersetzung Augustins mit den Donatisten*, Berlin/New York 2009. – J.-L. MAIER, *Le dossier du donatisme* 1-2, Berlin 1987-1989. – Rogatus 5: PAC 990sq. – E. ROMERO POSE, Rogato: NDPAC 3 (2008) 4575sq. – B.D. SHAW, *Sacred Violence. African Christians and Sectarian Hatred in the Age of Augustine*, Cambridge 2011. – E. TENGSTRÖM, *Donatisten und Katholiken. Soziale, wirtschaftliche und politische Aspekte einer nordafrikanischen Kirchenspaltung*, Göteborg 1964. – I. THOLEN, *Die Donatisten in den Predigten Augustins. Kommunikationslinien des Bischofs von Hippo mit seinen Predigthörern*, Berlin 2010. – A.C. DE VEER, Rogatus et les rogatistes: BA 31 (1968) 827-829. – Vincentius 2: PAC 1208sq. – Vincentius Victor 62: ib. 1173sq.

ARNE HOGREFE

Roma

I. R. in der Spätantike und A. – 1. R. im 4. und 5. Jh. – 2. Die Stadt R. im Lebenslauf des A. – 3. R. als ‹sedes apostolica› und Autorität der westlichen Christenheit – II. Die Geschichte R.s bei A. – 1. Die Republik – 2. Die Kaiserzeit – 3. Die Eroberung R.s 410

I. R. in der Spätantike und A. – 1. R. im 4. und 5. Jh. – R. hatte im späteren 4. Jh. immer noch – als das Zentrum des ‹römisch› genannten Reiches (↗Imperium Romanum) – das größte Prestige aller Städte, auch wenn ihre Bevölkerung im Vergleich zum 1./2. Jh. erheblich zurückgegangen und ihre politische Bedeutung dadurch geschwächt war, daß die Stadt mit anderen, bei verschiedenen Kaisern beliebteren Residenzen konkurrieren mußte, in Italien (↗Italia) insbesondere mit Mailand (↗Mediolan(i)um). In R. tagte aber immer noch der Senat, dessen über 2.000 meist sehr vermögende Mitglieder, angeführt vom Stadtpräfekten, allerdings nur zum kleinen Teil anwesend waren (*Cod. Theod.* 6,4,9). Ihre politischen Entscheidungen reichten kaum über R. hinaus, sie repräsentierten aber die kulturelle Tradition des Reiches; R. war als ‹artifex latinarum litterarum› immer noch das intellektuelle Zentrum des Westens (cf. *ep.* 118,9). Seit dem späteren 3. Jh. war die Stadt durch einen 19 km langen Mauerring geschützt, der Trastevere und den Gianicolo mit einschloß. Die ‹plebs urbana› lebte nach wie vor von der staatlichen Getreideversorgung, die vor allem die ‹annona›-Flotte aus ‹Africa› sicherstellte [1]; der lebenswichtige Hafen Portus, wo auch das ankommende Getreide gespeichert wurde (Philost. *h. e.* 12,3,3), gehörte – wie ↗Ostia, das seit der Zeit des Augustus keinen Zugang zum Meer mehr hatte – zu R. und profitierte von Spenden und Bewirtungen der imperialen Elite. Die ‹spectacula› in R., vor allem die Wagenrennen und die Gladiatorenspiele (↗Theatrum), blieben berühmt (*conf.* 6,13), veranstaltet von reichen Senatoren, die ihre Ämterkarrieren feierten [2]. Die bauliche Entwicklung im öffentlichen Bereich stagnierte allerdings, seit Kaiser Konstantin auch den Osten des Reiches gewonnen hatte und ab 326 seine Gründung Konstantinopel förderte, die, nach dem Vorbild R.s entwickelt, offiziell allerdings zweitrangig blieb (*Origo Const.* 6,30). Zur gleichen Zeit entstand durch große kaiserliche Stiftungen die christliche Stadt R. (↗Basilica), die jedoch im Vergleich zu den Tempeln und kaiserlichen Repräsentationsbauten zunächst unauffällig blieb. Im späteren 4. Jh., als mehr und mehr Mitglieder der Oberschicht R.s [3] zum Christentum konvertierten, ihren Reichtum zugunsten der Kirche einsetzten und auch die Bischöfe größeren Einfluß in der Stadt bekamen [4], sind neben der Bischofskirche im Lateran sowie den großen Memorialbasiliken circa 20 Gemeindekirchen und circa 10 Friedhofsbasiliken nachgewiesen [5]. Besonderes Prestige hatten dabei die Apostel- und Märtyrergräber und die darauf errichteten Kirchen (cf. *ciu.* 1,1 und unten I 3).

Anmerkungen. – [1] Cf. Jaïdi 139sq.197sq. – [2] Olymp. Hist. fr. 41,2 Blockley; cf. dazu Bergmann; eine Liste aller bekannten ‹clarissimi› zwischen 380 und 440 bei Machado 67-73; zu den Unterschichten cf. Sidwell. – [3] Wenn auch nicht die Mehrheit, cf. *conf.* 8,3. – [4] Cf. Lizzi Testa 93-195; Fraschetti 175-236; Brown 241-258. – [5] Cf. Brandenburg, *Kirchen* 116-172; Übersicht bei Wallraff 29.

2. Die Stadt R. im Lebenslauf des A. – A. (↗Augustinus (uita)) kam erstmals im Sommer 383 von ↗‹Carthago› aus nach R. [6], um mit Beginn des Schuljahres der Rhetoren im Herbst dort Rhetorikunterricht zu geben, wo, wie er gehört hatte, die Lehrer höheres Ansehen und Einkommen hatten und die Studenten weniger Freiheiten, den Lehrbetrieb zu stören (*conf.* 5,14) [7]. A. begann, nachdem er eine schwere Krankheit überstanden hatte, bei sich zuhause zu unterrichten, hatte trotz seines afrikanischen Akzents schnell Erfolg und lehrte dann in der Öffentlichkeit [8]. Enttäuschend war für ihn, daß sich auch die Studenten in R. auf ihre Weise respektlos verhielten: Sie wechselten vor dem Zahltag den Lehrer, der auf diese Weise um seinen Verdienst gebracht wurde (ib. 5,22).

A. hatte schon von Karthago aus Kontakt zur literarischen Szene in R. aufgenommen, indem er seine erste Publikation, die Bücher De ↗pulchro et apto (380/381), dem in R. griechische und lateinische Rhetorik lehrenden, allseits bewunderten, ihm aber sonst unbekannten Syrer Hierius gewidmet hatte, was jedoch ohne Reaktion geblieben war [9]. Zu beruflichen Kontakten in R. schweigt A., berichtet aber von seiner Verbindung zur Gemein-

schaft der ↗‹Manichaei› in R. Zunächst hatte er im Haus eines ‹auditor› gewohnt, lernte aber auch ‹electi› kennen, obwohl er sich schon in Karthago innerlich vom Manichäismus gelöst hatte und sich nun dem neuakademischen Skeptizismus annäherte [10], vielleicht zusammen mit ↗Alypius, der in Karthago sein Schüler gewesen war, hier aber ein Rechtsstudium absolviert hatte oder als ‹assessor›, unter anderem beim ‹comes largitionum Italicarum›, fungierte (*conf.* 6,13.16; 8,13). Dennoch waren es die (teilweise einflußreichen und wohlhabenden, cf. *mor.* 2,74) Manichäer in R., die ihn im Sommer 384 unterstützten, als er sich um eine Stelle als städtischer Rhetoriklehrer in Mailand bewarb. Der dortige Stadtrat hatte den römischen Stadtpräfekten ↗Symmachus gebeten, in R. einen geeigneten Kandidaten zu suchen, und dieser wählte nach einem Probevortrag A. aus [11]. So verließ A. R., unter anderem begleitet von Alypius (*conf.* 5,23; 6,16).

Nach Bekehrung, Taufe und Neuorientierung reiste A. im Frühsommer 387 mit seinen Begleitern [12] von Mailand zurück nach R., um sich nach ‹Africa› einzuschiffen. Nach dem Tod der Monnica in Ostia – der entsprechende Passus in den ↗Confessiones (ib. 9,27-37) beendet deren autobiographischen Teil – setzte die Gruppe die Reise nicht fort, sondern blieb für ca. ein Jahr in R., wo A. nach Gesprächen mit ↗‹Euodius› die Werke De ↗animae quantitate und De ↗libero arbitrio 1 schrieb [13] sowie die Schrift De ↗moribus ecclesiae catholicae et de moribus Manicheorum begann (retr. 1,7,1), um der auf forcierter Sittenstrenge basierenden Werbung seiner früheren Gemeinschaft entgegenzuwirken. Damals hatte A. mit dem ehemaligen, nun katholisch gewordenen ‹auditor› Constantius Kontakt, einem früheren Wohltäter der Gemeinde, der sein Haus in A.s Abwesenheit für die ‹electi› in R. zur Verfügung gestellt hatte, damit sie dort asketisch leben könnten. Trotz des Scheiterns dieses Projektes [14] könnte das Modell A. beeinflußt haben; wirksamer waren aber sicher seine Besuche verschiedener christlicher Häuser (‹diuersoria›) in R., in denen asketische Gemeinschaften unter einem Leiter zusammenlebten (*mor.* 1,70sq.; ↗Monasterium). Der durch die politischen Umstände verlängerte Aufenthalt in R. endete im Sommer 388 (c. Petil. 3,30) mit der Überfahrt nach ‹Africa› (↗Itinera, 3,766). Von dort kehrte A. nie mehr nach Italien zurück.

Das für A.s Leben und Werk entscheidende Ereignis der römischen Zeitgeschichte war zweifellos die Eroberung der Stadt am 24. August 410 durch Alarich, den Anführer der ↗‹Gothi› [15]. R. hatte schon seit dem Herbst 408, nachdem Kaiser ↗Honorius seinen eigenen ‹magister militum› Stilicho

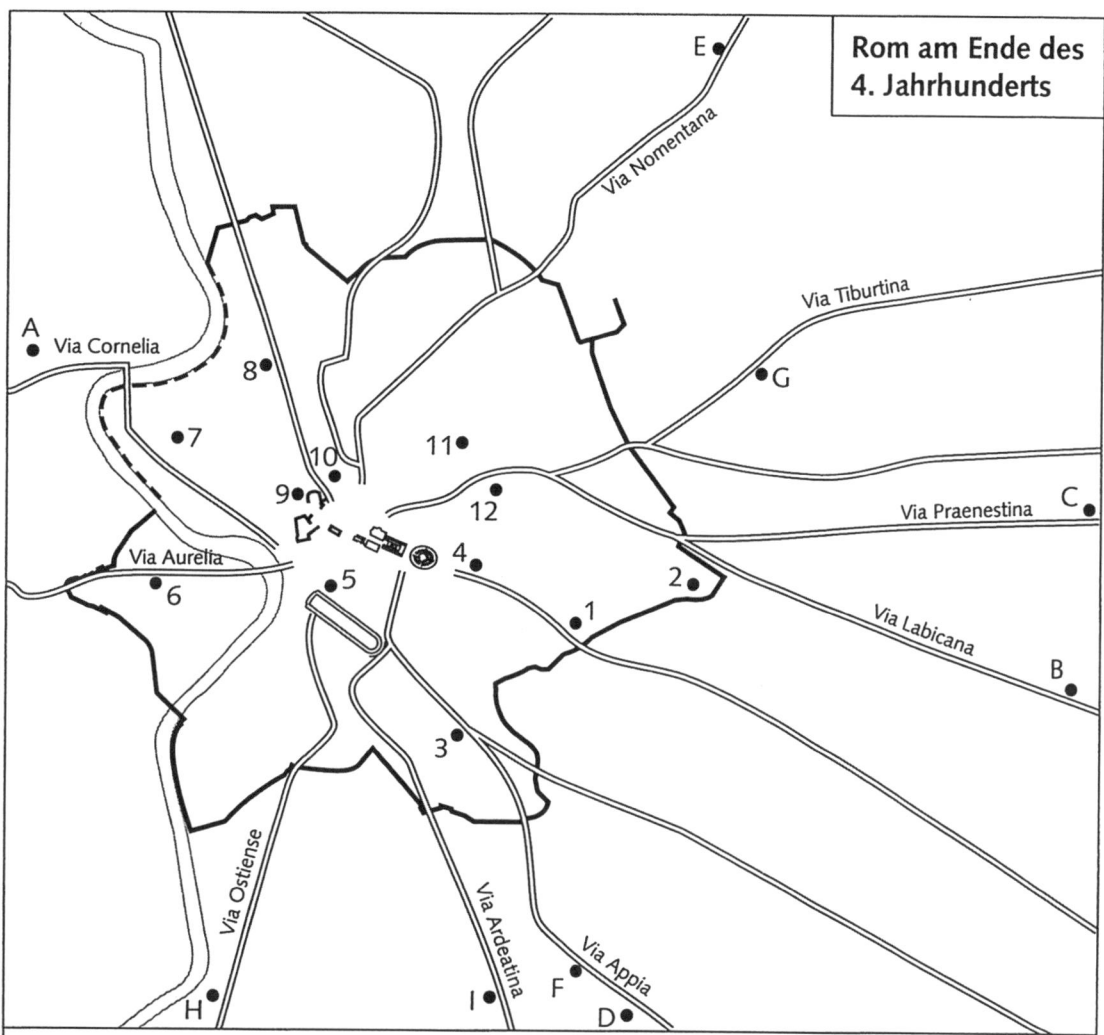

Rom am Ende des
4. Jahrhunderts

innerhalb der Stadt:

1 Basilica Constantiniana (San Giovanni in Laterano) und Lateran-Baptisterium
2 Basilica in palatio Sessoriano (Santa Croce in Gerusalemme)
3 Titulus Fasciolae (Santi Nereo ed Achilleo)
4 Titulus Clementis (San Clemente)
5 Titulus Anastasiae (Sant'Anastasia)
6 Titulus Iulii et Callisti (Santa Maria in Trastevere)
7 Titulus Damasi (San Lorenzo in Damaso)
8 Titulus Lucinae bzw. in Lucinis (San Lorenzo in Lucina)
9 Titulus Marci (San Marco)
10 Titulus Iulii iuxta forum divi Traiani (nahe Santi Apostoli)
11 Titulus Pudentis (Santa Pudenziana)
12 Titulus Silvestri (nahe San Martino ai monti)

außerhalb der Stadt:

A Petersbasilika (San Pietro in Vaticano) mit Baptisterium
B Sancti Petrus et Marcellinus (Santi Pietro e Marcellino) und Mausoleum der Helena
C anonyme Basilika an der Via Praenestina und (anonymes) Mausoleum bei Tor de' Schiavi
D Basilica apostolorum (San Sebastiano)
E Basilica Agnetis (Sant'Agnese) und Mausoleum der Constantina Augusta (Santa Costanza)
F anonyme Basilika bei San Callisto an der Via Ardeatina
G anonyme Basilika bei San Lorenzo fuori le mura
H Basilica Pauli (San Paolo fuori le mura)
I Basilika in der Domitillakatakombe (Coemeterialbasilika Santi Nereo ed Achilleo)

nicht genau lokalisierbar:

– eine Basilica Liberii iuxta macellum Liviae (nahe Santa Maria Maggiore)
– drei Basiliken von Iulius an der Via Flaminia (Basilika des Valentinus), an der Via Portuense und an der Via Aurelia
– eine Basilika an der Via Ardeatina (Grab des Damasus)
– Basilika an der Via Aurelia (Basilika des Felix und des Felix)

(aus: M. WALLRAFF, Rom und Mailand in den Jahren 383-388: AH 29)

eliminiert hatte, nicht mehr geschützt werden können [16]. Alarich hatte zunächst nur die Getreideversorgung der Stadt blockiert und versucht, für
sich Geld und Getreide sowie die Nachfolge Stili-
chos im Heermeisteramt zu erpressen; letzteres
wurde abgelehnt, später auch stattdessen eingefor-
dertes Siedlungsland [17]. 409 schloß Alarich R.
deshalb zum zweiten Mal ein. Nachdem dann auch
sein Versuch gescheitert war, durch die Erhebung
des Gegenkaisers Priscus Attalus seine Ziele zu erreichen [18], und er sich – nach zwischenzeitlichen
Verhandlungen und einer sich abzeichnenden Ver-
ständigung wohl auf Kosten des Attalus [19] – vom
Kaiser erneut getäuscht fühlte, machte er seine
Drohung wahr, nachdem er die Stadt zum dritten
Mal belagert und ausgehungert hatte [20].

Am 24. August 410 [21] drangen Alarichs Kämpfer über die Porta Salaria in die Stadt ein und
zogen den Berichten über die Brände zufolge über
Quirinal, Forum, Aventin und Caelius bis nach
Trastevere [22]. Betroffen waren Stadtpaläste der
Oberschicht, namentlich die ‹horti Sallustiani›
(Procop. *Vand.* 1,2,24), aber auch öffentliche Bauten
(darunter die Kurie) und Kirchen [23]. Dauerhafte Zerstörungen haben sich archäologisch kaum
nachweisen lassen [24], doch wurde die Stadt
jedenfalls ausgeraubt (cf. Geront. *u. Mel.* 14), und
ihre Bewohner waren tagelang, mit vielfältigen
Gewalterfahrungen, in den Händen der Eroberer
[25]. Die geringe machtpolitische Bedeutung R.s
zeigte sich im Abzug der Goten aus der Stadt, deren
Besitz ihnen keinen Vorteil brachte [26]; Honorius'
Halbschwester Galla Placidia führten sie mit sich
[27].

R. verlor mit alledem den Nimbus der Unein-
nehmbarkeit, der sich weniger auf Befestigungen
als auf die ideelle Identifikation von Stadt und
‹imperium Romanum› gegründet hatte. Die Nach-
richt der Eroberung rief bei paganen wie bei
christlichen Reichsbürgern heftiges Erschrecken
hervor, zumal wenn sie, wie Hieronymus, R. bewunderten [28] oder ihr – wie ↗Orosius in der Tradition des ↗Eusebius – eine besondere Rolle im
Heilsplan Gottes zusprachen [29]. A. gehörte nicht
zu ihnen, war aber durch die Ankunft und die Berichte zahlreicher, häufig hilfsbedürftiger Flücht-
linge aus R. betroffen (*s.* 81,9; *exc. urb.* 3). Länger-
fristige Konsequenzen hatte für A. und seine Zeitgenossen [30] die Auseinandersetzung um die
symbolische Bedeutung der Stadt und ihres Falls
(cf. II 3).

Anmerkungen. – [6] Bei A. auch, etwa in *ciu.* 1,32; 2,2, ‹urbs
Romana› genannt. – [7] Tatsächlich gab es für die Studenten R.s
seit 370 ein gesetzlich fixiertes Reglement (*Cod. Theod.* 14,9,1). –
[8] Ib. 5,14-16.22sq.; cf. VÖSSING 279sq.332sq.352sq. Zum Akzent
cf. *ord.* 2,45 und Hier. *adu. Rufin.* 3,27; cf. VÖSSING 578sq. – [9]

Conf. 4,20-23; cf. Hierius 5. – [10] *Conf.* 4,1; 5,18sq.; *util. cred.*
2.20. Wer der ‹Schriftgelehrte› war, mit dem A. seine Zweifel an
der manichäischen Bibelkritik diskutieren wollte (*conf.* 5,21),
wissen wir nicht. – [11] *Conf.* 5,23; cf. BARNES; EBBELER/SOGNO;
CAMERON 39-51; CHENAULT. – [12] Darunter seine Mutter ↗Mon-
nica, sein Bruder ↗‹Nauigius›, sein Sohn ↗Adeodatus und seine
Schüler Alypius und Evodius. – [13] *Retr.* 1,8,1; 1,9,1; cf. *ep.*
162,2. – [14] Ib. 2,74; *c.* Faust. 5,5; cf. DECRET 1,30-35.132sq.; Constantius 3. – [15] So nannte A. unterschiedslos die verschiedenen
gotischen Stammesgruppen. – [16] Cf. WOLFRAM 163sq.; KULI-
KOWSKI 11-22.174-179; ROBERTO 69-77. Seit dieser Zeit mußte
man in R. mit dem Schlimmsten rechnen: Soz. *h. e.* 9,4,2-4; 9,6,1-
5; Zos. 5,36-41; cf. PASCHOUD, Note 95; BRIQUEL 180sq. – [17] Zos.
5,45-51; Soz. *h. e.* 9,6,6-9,7. – [18] Dies hatte Honorius wohl dazu
gebracht, im Frühjahr 410 religiöse Toleranz zu verkünden, um
zu verhindern, daß Attalus in ‹Africa› Unterstützung gewinnen
könnte: *ep.* 108,19; Zos. 5,46,4; 6,6-11; *Cod. Theod.* 16,5,51; cf. DE
VEER passim, besonders 192; ↗‹Donatistae›, 2,619. – [19] Zos.
6,12sq.; cf. PASCHOUD, Notes 135sq.; Olymp. Hist. fr. 10,1; 13
BLOCKLEY; Philost. *h. e.* 12,3; Soz. *h. e.* 9,7-9. – [20] Zos. 6,7;
Olymp. Hist. fr. 11,3 BLOCKLEY. Ein Großteil der gotischen
Kämpfer war wohl ohnehin immer in der Nähe R.s geblieben.
Deshalb hatten schon seit Anfang 409 viele Vermögende R. ver-
lassen, und auch jetzt gelang vielen Römern die Flucht (*exc. urb.*
8). – [21] *Consul. ital.* 541 (MGH AA 9, p. 300). – [22] Cf. COUR-
CELLE 54sq.; WITSCHEL 122sq.; ROBERTO 83-94. – [23] Zur Late-
ranbasilika cf. DUCHESNE 1,230.233; BAUER 259-261; WITSCHEL
122sq. – [24] Welche Bedeutung die Eroberung für das Stadtbild
des 5. Jh.s hatte, wird diskutiert; cf. WITSCHEL 124; SPERA;
BRANDENBURG, Eroberung, besonders 232.244-247.251-253; SANT-
ANGELI VALENZANI; LIPPS; LIVERANI. Restaurationen: cf. CIL
6,1718.41376.41378.41386sq.; dazu ORLANDI 339-341. Cf. auch
Oros. *hist.* 7,40,1 (411). – [25] Eine Sammlung der Quellen bei
COURCELLE 50-55; zur Bewertung cf. unten II 3. – [26] Oros. *hist.*
7,39,15: nach drei Tagen; Marcell. *chron.* 2 p. 70,410: nach sechs
Tagen. – [27] Oros. *hist.* 7,40,2; Marcell. *chron.* 2 p. 70,410. – [28]
Cf. INGLEBERT 205-216.283-291. Zu Hieronymus' Reaktion cf.
PASCHOUD, *Roma* 218-221; ZWIERLEIN 49-51. – [29] Cf. INGLEBERT
507-589. – [30] Zum literarischen Echo cf. ZWIERLEIN; INGLEBERT
421-426; GÄRTNER; MEIER/PATZOLD 13-82; RINALDI; ROBERTO
101-107; DI BERARDINO.

*3. R. als ‹sedes apostolica› und Autorität der
westlichen Christenheit.* – Nicht zufällig konzen-
triert sich A. in seinen Predigten auf die christliche
Stadt. Als einziges Monument ihrer paganen Vergangenheit wird das Hadriansmausoleum erwähnt
und als Symbol des Kaiserkultes der (nahegelege-
nen) ‹memoria Petri› gegenübergestellt [31]. Wie
er das christliche Rom allerdings, als er 383 hierher
kam, tatsächlich wahrnahm – etwa die christlichen
Memorialbauten oder den damaligen Papst Damasus (366-384), seinen Sekretär Hieronymus und
später seinen Nachfolger Siricius (384-399) –, wissen wir nicht. Fünf weitere ‹Nachfolger Petri› (*ep.*
53,3; *c. litt. Pet.* 2,118), des auch für A. erstrangigen
Apostels (↗Petrus apostolus), besetzten in A.s
Lebenszeit die ‹sedes apostolica› oder ↗‹cathedra
apostolica› [32]: Anastasius (399-401), ↗Innocen-
tius (401-417), ↗Zosimus (417/418), ↗Bonifatius I.
(418-422) und ↗Caelestinus I. (422-432). R., als
erster Erinnerungsort an Petrus auch von den Kaisern seit Konstantin anerkannt [33], stand auch als
Chiffre für den Vorrang ihrer Bischöfe [34] und

ihre besondere ↗‹auctoritas› (↗Causa finita est), mit der sich A. verschiedentlich und auch kritisch auseinandersetzte (↗Episcopi Romani), wenn sie in Konkurrenz zur Autorität von Synoden trat [35]. Entsprechendes galt vom Verhältnis lokaler Synoden zu Gesamtsynoden [36]. Im Streit um den Pelagianismus [37], der in R. stark vertreten war [38], waren die Kontakte zwischen ‹Africa› und R. [39], aber auch Mailand, besonders intensiv (und teilweise kontrovers). Der Beschluß einer afrikanischen Synode von 407, daß Gesandtschaften an den Kaiserhof in Mailand über R. gehen und dort zunächst genehmigt werden sollten [40], wurde im Konfliktfall nicht immer beachtet.

Anmerkungen. – [31] *En. Ps.* 44,23; 86,8; *s.* 381; *s. Dolbeau* 25,26; cf. DIEFENBACH 313; FUHRER 64sq. – [32] *S.* 76,3; 131,10; *bapt.* 2,2; *en. Ps.* 108,1. – [33] A. betont mehrfach, daß Kaiser Honorius bei seinem R.-Besuch 403/404 dem Apostel und nicht den vergöttlichten Kaisern die Ehre erwiesen habe: z.B. *s.* 381; *s. Dolbeau* 22,4; 25,26; *en. Ps.* 65,4; 86,8. – [34] *Ep.* 43,7 (cf. MARONE 467-471); 53,2sq. (Bischofsliste R.s); 177,1.19; *c. Iul.* 1,13 zu Innocentius; *c. ep. Pel.* 1,1sq. zu Bonifatius. – [35] 419 verbot eine afrikanische Synode jeden Appell nach R.; cf. *Canon Ap.* 28.34 (CCL 149, pp. 109sq.127sq.). – [36] Cf. *ep.* 43,19 zur römischen Entscheidung über ↗Caecilianus. – [37] ↗Augustinus (*uita*), 1,543-547, ↗Pelagius, Pelagiani. – [38] Cf. MAIER 236sq. – [39] Zu den damaligen Reisen des Alypius cf. *ep.* 9*.10*.224,2. Auch ↗Possidius reiste 409 und 410 in zwei Gesandtschaften wegen Konflikten mit Heiden bzw. ↗Donatistae› wohl über R. von ‹Africa› an den Kaiserhof nach Ravenna; cf. ib. 104,1; *Reg. eccl. Carth. exc.* 107 (CCL 149, p. 220). – [40] *Reg. eccl. Carth. exc.* 106 (CCL 149, p. 218).

II. Die Geschichte R.s bei A. – 1. Die Republik. –

Die Geschichte R.s war A. bereits aus der Schule vertraut, besonders durch die Lektüre von ↗‹Sallustius› und ↗Cicero. Dabei dominierten einzelne Exempla. Erst nach 410 wurde die Geschichte R.s für A. zum Argument: in der Streitfrage nach dem Wert der römischen Geschichte und der Qualität des römischen Staates bzw. den Gründen seines Aufstiegs. A. nutzt apologetisch zum einen die moralistische und von der Niedergangsthematik geprägte Perspektive Sallusts auf die römische Republik [41], zum anderen die (meist legendarischen) disparaten und interpretationsoffenen Überlieferungen der frühen ↗‹historia› (cf. *ep.* 154,2) der Stadt, von den griechischen Ursprüngen über die latinische Zeit bis zu den etruskischen Königen [42], um den Anspruch zu widerlegen, die Erfolgsgeschichte der Stadt sei auf die Unterstützung der Götter zurückzuführen und die ‹pax deorum› fehle den ↗‹tempora christiana›, was diese zu ‹tempora mala› mache (De ↗ciuitate dei 2,29). In der mythischen Urgeschichte der Stadt macht A. deshalb die Ehebrüche prominent (ib. 3,5), ebenso wie den Brudermord des Romulus (ib. 2,14sq.; 3,6), der seine Vergöttlichung nicht verhindert habe; in der Königszeit die zahlreichen

Kriege, vor allem den gegen die Mutterstadt Alba Longa, und die blutigen Thronkonflikte (ib. 3,9-15) sowie die Untaten des Tarquinius Superbus (ib. 3,15sq.); in der frühen Republik patrizische Willküräkte (ib. 3,16sq.); in der Zeit der Expansion und in den Punischen Kriegen schwere innere Unruhen, Niederlagen und Verwüstungen (ib. 3,17-20); nach der Zerstörung Karthagos den auch von Sallust beklagten Sittenverfall [43]; schließlich in der Zeit der Gracchen und der Bürgerkriege Gewaltakte unter Bürgern und Bundesgenossen (ib. 3,24-30; 5,22). R.s Erfolg beruht letztlich auf einer souveränen Entscheidung Gottes (ib. 5,21sq.) und auf seinen verborgenen Beweggründen; erkennbar sei aber, daß er den römischen ‹uirtutes› den Lohn nicht verwehren wollte, so daß Tapferkeit, Standhaftigkeit und Selbstbeherrschung auch Christen als Vorbild dienen können. Auf diese Weise bleiben die bekannten Helden R.s [44] gültige ‹exempla›, die jedoch durch das, was Christen für ihre ↗‹patria› tun, überboten werden (ib. 2,29; 5,12.17sq.; ↗Exemplum, ↗Virtus).

Anmerkungen. – [41] Cf. BONAMENTE; BURNS; INGLEBERT 427-429.436-444. – [42] Cf. INGLEBERT 427-436. – [43] Ib. 2,19; 5,22; cf. ib. 1,30; ↗Mos maiorum. – [44] Brutus und Torquatus, Camillus, Mucius Scaevola, Marcus Curtius und Decius Mus, Horatius Pulvillus und Regulus, Cincinnatus und Fabricius, Scipio, Cato und Caesar.

2. Die Kaiserzeit. –

Generell fällt auf, daß die Stadt R. der Kaiserzeit bei A. eine viel geringere Rolle spielt als die der Republik. In erster Linie liegt dies an den aus dieser Zeit stammenden (schon beim Rhetor in der Schule behandelten) historischen Schriften und ‹exempla›, die das Geschichtsbild noch der Spätantike prägten. Auch für A. ist das ‹imperium Romanum› der Kaiserzeit nichts anderes als die Herrschaft der Stadt [45] R., die den ganzen Erdkreis unterworfen, aber auch befriedet, kulturell geeint und in eine Rechtsgemeinschaft verwandelt hat [46]. Auch wenn die friedliche Koexistenz kleiner politischer Einheiten dem durch Krieg geeinten Reich vorzuziehen sei, stelle der erreichte Friedenszustand (↗Pax) doch ein Gut und im Vergleich zur Herrschaft Schlechterer ein relatives Glück dar (‹felicitas›: *ciu.* 4,15; 19,26). Namentlich die Tatsache, daß R. ihr Bürgerrecht (↗Ciuis, ciuitas) auf alle freien Reichsbewohner ausweitete, wird als menschlich und sozial gelobt (ib. 5,17; ↗Humanitas).

Wenn die christlichen Kaiser auch das Ende der Verfolgungen gebracht haben (↗Imperatores Romani, 3,539-541), bleiben auch im christlichen R. Gerechtigkeit und Friede immer unvollkommen (ib. 5,19; 19,27). R. wird als ‹patria terrena› auf mehreren Ebenen der ‹patria caelestis› gegenübergestellt (ib. 2,29): Das R. versprochene ‹imperium› ohne zeitliche und räumliche Grenzen – ebenso wie ‹R. aeterna› eine Idee der augusteischen Zeit [47] – wird hier verwirklicht werden, ebenso wie das Asyl als Freistatt der Verfolgten, das Romulus für die Neubürger eingerichtet hatte, eine Art Vorbild der christlichen Sündenvergebung ist, die erst durch das himmlische Bürgerrecht tatsächlich erlangt wird [48]. Dem Herd der Vesta und dem kapitolinischen Stein in R. [49] entspricht die echte Anwesenheit des wahren Gottes. Die christliche Stadt hat bei dieser Gegenüberstellung keinen Platz. R. ist vor allem Sitz des Imperiums (*ep.* 127,4) und Sinnbild der weltlichen Macht, als solches aber nur Nachfolgerin Babylons [50]. Damit ist nicht das Babylon von *Apc* 17sq. gemeint, sondern die Verkörperung des herrschenden Weltreiches, für dessen Wohlergehen gebetet werden solle, weil dieses ein friedliches Leben mit sich bringe (*ciu.* 19,26). Am feststehenden Ende der Stadt R. und ihres Reiches (*s.* 81,9; 105,10) ändert das aber nichts.

Anmerkungen. – [45] *Ciu.* 19,7: «ciuitas uel urbs». – [46] *Ciu.*19,7: «imperiosa ciuitas»; cf. ib. 2,29; 4,15; 18,22. – [47] Verg. *Aen.* 1,278sq.; cf. ZWIERLEIN 46-48. – [48] Cf. auch ib. 5,17. Das Asyl des Romulus (cf. BRUGGISSER 50-57.67-69.75sq.) spielt für A. eine besondere Rolle als Gegenbild zum Kirchenasyl bei der Plünderung R.s von 410. – [49] Ib. 1,2sq.; cf. ib. 3,8 zum Palladium und ib. 22,6 zum vergöttlichten Stadtgründer als weiterem Garanten göttlicher Präsenz. – [50] *Ciu.* 16,17; 18,22.27; *en. Ps.* 86,8; ↗Babylon(ia).

3. Die Eroberung R.s 410.

– A. wurde die Plünderung R.s [51] von zahlreichen Augenzeugen berichtet (*exc. urb.* 3), die nach ‹Africa› geflohen waren. Zunächst herrschte die Furcht, die Goten könnten (wie sie es ja auch versucht hatten) nach ‹Africa› übersetzen und dem römischen Reich, wie 19 Jahre später dann die Vandalen, damit einen tödlichen Schlag versetzen [52]; selbst als diese Gefahr vorüber war, blieb die Katastrophe verstörend, nun vor allem als Anfrage an eine göttliche Lenkung der Geschichte. A. reagierte darauf ab dem Herbst 410 mit einer Reihe von Predigten (darunter *De ↗excidio urbis Romae*) [53] und mit seinem großen apologetischen Werk *ciu.*, dessen Bücher 1-3 im Jahr 413 veröffentlicht wurden. *Ciu.* stellt unter anderem eine an (Heiden und) Christen gerichtete Apologie dar [54], die eine theologische Deutung des Zeitgeschehens bzw. Argumente gegen den Vorwurf anbot, die Mißachtung der heidnischen Götter und die Abschaffung ihrer Opfer habe zur Katastrophe R.s geführt (cf. *retr.* 2,43,1sq.).

A.s Reaktionen spiegeln einerseits das Leid der Betroffenen, d.h. die Plünderungen, Verschleppungen, Folterungen, Vergewaltigungen und Fälle von Totschlag [55]; da er weder eine Topik aufgreift

noch Interesse an Übertreibungen der Gewalt hat [56], sind seine Zeugnisse ernst zu nehmen und moderne Beschwichtigungen [57] problematisch. Andererseits unternimmt A. es aber auch, das Unglück der Stadt historisch zu dimensionieren, um den genannten Vorwürfen zu begegnen: R. wurde schon in vorchristlicher Zeit schwer getroffen, etwa durch die Gallier im 4. Jh. v. Chr. oder im sullanischen Bürgerkrieg [58]; viele Römer hätten entkommen können, und die christlichen Goten hätten die Basiliken über den Gräbern des Petrus und Paulus als Zufluchtsstätten respektiert [59]. Außerdem versucht er, das unterschiedslose Betroffensein guter und böser Römer dadurch zu legitimieren, daß er das Übel von Schäden an Vermögen, Leib und Leben gläubiger Christen prinzipiell relativiert [60], wofür er auch kritisiert wird (cf. *s.* 105,12). Systematisch destruiert A. die Idee der ‹R. aeterna› [61]: Ewigkeit sei nur für die Bewohner R.s – freilich «si deum laudabunt» (ib. 81,9) – zu erhoffen, nicht für Stein, Holz, Mietshäuser und Mauern. Die philosophische und theologische Intention von *ciu.* führt dazu, daß A.s Apologie keine Zeitgeschichtsschreibung liefert, die nach den Ursachen der Katastrophe R.s fragt [62]; er betrachtet den Ort weder historisch noch soteriologisch als Sonderfall, sondern macht ihn – auch wenn er die ‹ciuitas terrena› verkörpert – zu einer Stadt wie jede andere.

Anmerkungen. – [51] Bezeichnungen der Eroberung: ‹uastatio› (*ciu.* 2,2); ‹excidium› (*exc. urb.* 1sq.4); ‹euersio› (*retr.* 2,43,1). – [52] Auch A. hielt das für möglich: cf. *s.* 105,8-13. – [53] Die Datierung (410/411) ist umstritten. Im Herbst 410 wurde *s.* 81 (Hippo Regius) gehalten, vielleicht auch *s. Denis* 24 (es gibt aber starke Argumente für 404: HOMBERT 245-247; FREDOUILLE, *Sermons* (AugPréd) 440sq.; id., *Sermons* (2004) 17-19; cf. auch *ep.* 127. Im Jahr 411 wurden gehalten: *s.* 296 (29. Juni) und ib. 105 (cf. RODOMONTI 7-14, besonders 10; HOMBERT 247 datiert auf 412); cf. FREDOUILLE, *Sermons* (AugPréd) 441-443; id., *Sermons* (2004) 20sq. – [54] Cf. TORNAU 106-126; ↗Paganus, 4,449-454. – [55] Cf. etwa *exc. urb.* 2sq.; *s.* 296,6.9; *ciu.* 1,10.13sq.; 2,2. – [56] Wie etwa Procop. *Vand.* 1,2,24.27; cf. COURCELLE 50-55. – [57] Z.B. bei HEATHER 268sq. – [58] *Ciu.* 2,22; 3,17.29; in *s.* 296,9 weist A. zusätzlich auf den Brand R.s unter Nero hin. – [59] *Exc. urb.* 8; *ciu.* 1,1.7.34. Als Schutzgarantie für R. dürften die ‹memoriae apostolorum› dagegen nicht verstanden werden; ihr Zweck ist, ‹amor ad aeterna› zu wecken, nicht Materie zu schützen; *s.* 296,6sq.12; cf. COYLE 478-481; FUHRER 66-73. – [60] *Ciu.* 1,9-18.28; *s.* 105,13; *exc. urb.* 6. – [61] Cf. LAMOTTE 75-97, besonders 95-97; PASCHOUD, *Roma* 234-275, besonders 239-245; BRODKA 236-245. – [62] Cf. SCHLANGE-SCHÖNINGEN 150-152.

Bibliographie. – T.D. BARNES, Augustine, Symmachus, and Ambrose: *From Eusebius to Augustine. Selected Papers 1982-1993*, Aldershot 1994, XXII 7-13 (*Augustine. From Rhetor to Theologian* (ed. by J. McWILLIAM), Waterloo, Ont. 1992, 7-13). – F.A. BAUER, Saccheggi e destruzioni nell'anno 410?: LIPPS/MACHADO/RUMMEL … 259-275. – M. BERGMANN, L'evoluzione delle forme: *Aurea Roma. Dalla città pagana alla città cristiana* (a cura di S. ENSOLI/E. LA ROCCA), Roma 2000, 237-243. – G. BONAMENTE, Il metus Punicus e la decadenza di Roma in Sallustio,

Agostino ed Orosio: GIF 27 (1975) 137-169. – H. BRANDENBURG, Die Eroberung Roms durch Alarich im Jahre 410 und ihre Folgen: die Wohnbebauung, die öffentlichen Monumente der Stadt und der Kirchenbau des 5. Jh. Einige Beobachtungen und Überlegungen: *Roma e il Sacco del 410: Realtà, Interpretazione, Mito* (a cura di A. DI BERARDINO/G. PILARA/L. SPERA) (SEAug 131), Roma 2012, 229-282. – Id., *Die frühchristlichen Kirchen in Rom vom 4. bis zum 7. Jahrhundert. Der Beginn der abendländischen Kirchenbaukunst*, Regensburg ³2013. – D. BRIQUEL, *Chrétiens et haruspices. La religion étrusque, dernier rempart du paganisme romain*, Paris 1997. – D. BRODKA, *Die Romideologie in der römischen Literatur der Spätantike*, Frankfurt a.M. 1998. – P. BROWN, *Through the Eye of a Needle. Wealth, the Fall of Rome, and the Making of Christianity in the West, 350-550 AD*, Princeton, N.J./Oxford 2012. – P. BRUGGISSER, Die Stadt der Ausgestoßenen und die Stadt der Erwählten: Die Wahrnehmung vom Asyl des Romulus in Augustins *Gottesstaat* und in den *Vergil-Kommentaren* des Servius: *Leitbild Wissenschaft?* (hrsg. von J. DUMMER/M. VIELBERG), Stuttgart 2003, 39-76. – P.C. BURNS, Augustine's Use of Sallust in the *City of God*: The Role of the Grammatical Tradition: AugStud 30 (1999) 105-114. – A. CAMERON, *The Last Pagans of Rome*, Oxford 2011. – R.R. CHENAULT, Beyond Pagans and Christians: Politics and Intra-Christian Conflict in the Controversy over the Altar of Victory: *Pagans and Christians in Late Antique Rome: Conflict, Competition, and Coexistence in the Fourth Century* (ed. by M.R. SALZMAN/M. SÁGHY/R. LIZZI TESTA), New York 2016, 46-63. – G. CLARK, City of God(s): Virgil and Augustine: PVS 25 (2004) 83-94. – Constantius 3: PIC 2,473. – P. COURCELLE, *Histoire littéraire des grandes invasions germaniques*, Paris ³1964. – J.K. COYLE, *Memoriae Apostolorum*: The Tombs and Remains of the Apostles at Rome as Symbols in Augustine's Thought: *Pietro e Paolo. Il loro rapporto con Roma nelle testimonianze antiche* (SEAug 74), Roma 2001, 473-487. – F. DECRET, *L'Afrique manichéenne (IVe-Ve siècles). Etude historique et doctrinale* 1-2, Paris 1978. – A. DI BERARDINO, Rileggere il 410 attraverso le fonti letterarie: *Roma e il Sacco del 410: Realtà, Interpretazione, Mito* (a cura di id./G. PILARA/L. SPERA) (SEAug 131), Roma 2012, 1-40. – S. DIEFENBACH, *Römische Erinnerungsräume: Heiligenmemoria und kollektive Identitäten im Rom des 3. bis 5. Jahrhunderts n. Chr.*, Berlin/New York 2007. – L. DUCHESNE, *Le Liber pontificalis. Texte, introduction et commentaire* 1-2, Paris 1886-1892. – J.V. EBBELER/C. SOGNO, Religious Identity and the Politics of Patronage: Symmachus and Augustine: Historia 56 (2007) 230-242. – A. FRASCHETTI, *La conversione. Da Roma pagana a Roma cristiana*, Roma 1999. – J.-C. FREDOUILLE, Les *Sermons* d'Augustin sur la chute de Rome: AugPréd 439-448. – Id., *Saint Augustin. Sermons sur la chute de Rome. Introduction, traduction et notes*, Paris 2004. – T. FUHRER, Rom als Diskursort der Heterodoxie und Stadt der Apostel und Märtyrer: Zur Semantik von Augustins Rombild-Konstruktionen: *Der Fall Roms und seine Wiederauferstehungen in Antike und Mittelalter* (hrsg. von H. HARICH-SCHWARZBAUER/K. POLLMANN), Berlin/Boston, Mass. 2013, 53-75. – H.A. GÄRTNER, Der Fall Roms. Literarische Verarbeitung bei Heiden und Christen: *Heiden und Christen im 5. Jahrhundert* (hrsg. von J. VAN OORT/D. WYRWA), Leuven 1998, 160-179. – H. HAGENDAHL, Zu Augustins Beurteilung von Rom in De civitate Dei: WSt 79 (1966) 509-516. – P. HEATHER, *Der Untergang des Römischen Weltreiches*, Stuttgart 2007. – Hierius 5: PLRE 1,431. – P.-M. HOMBERT, *Nouvelles recherches de chronologie augustinienne*, Paris 2000. – H. INGLEBERT, *Les Romains chrétiens face à l'histoire de Rome. Histoire, christianisme et romanités en Occident dans l'Antiquité tardive (IIIe-Ve siècles)*, Paris 1996. – H. JAÏDI, *L'Afrique et le blé de Rome aux IVe et Ve siècles*, Tunis 1990. – M. KULIKOWSKI, *Die Goten vor Rom*, Stuttgart 2009. – J. LAMOTTE, *Le mythe de Rome «Ville éternelle» et saint Augustin*, Louvain 1962. – J. LIPPS, Alarichs Goten auf dem Forum Romanum? Überlegungen zu Gestalt, Chronologie und Verständnis der spätantiken Platzanlage: LIPPS/MACHADO/VON RUMMEL … 103-123. – J. LIPPS/C. MACHADO/P. VON RUMMEL (edd.), *The Sack of Rome in 410 AD. The Event,*

its Context and its Impact. Proceedings of the conference held at the German Archaeological Institute at Rome, 04-06 November 2010, Wiesbaden 2013. – P. LIVERANI, Alarico in Laterano e sull'Esquilino. Due casi e qualche riflessione: LIPPS/MACHADO/VON RUMMEL … 277-292. – R. LIZZI TESTA, *Senatori, popolo, papi. Il governo di Roma al tempo dei Valentiniani*, Bari 2004. – C. MACHADO, The Roman Aristocracy and the Imperial Court, before and after the Sack: LIPPS/MACHADO/VON RUMMEL … 49-76. – H.O. MAIER, The Topography of Heresy and Dissent in Late-Fourth-Century Rome: Historia 44 (1995) 232-249. – P. MARONE, Pietro e Paolo e il loro rapporto con Roma nella letteratura antidonatista: *Pietro e Paolo. Il loro rapporto con Roma nelle testimonianze antiche* (SEAug 74), Roma 2001, 457-472. – R.W. MATHISEN, Roma a Gothis Alarico duce capta est. Ancient Accounts of the Sack of Rome in 410 CE: LIPPS/MACHADO/VON RUMMEL … 87-102. – M. MEIER/S. PATZOLD, *August 410 – Ein Kampf um Rom*, Stuttgart 2010. – S. ORLANDI, Le tracce del passaggio di Alarico nelle fonti epigrafiche: LIPPS/MACHADO/VON RUMMEL … 335-351. – F. PASCHOUD, *Roma Aeterna. Etudes sur le patriotisme romain dans l'occident latin à l'époque des grandes invasions*, Roma 1967. – Id., Note 95: *Zosime, Histoire nouvelle* 3,1, Paris 1986, 275-280. – Id., Notes 135sq.: ib. 3,2, Paris 1989, 62-65. – G. RINALDI, Echi pagani e cristiani del sacco di Roma del 410 d.C.: *Goti, Romani, Cristiani e la caduta di Roma del 410* (a cura di V. GROSSI/R. RONZANI), Roma 2010, 25-68. – U. ROBERTO, *Roma capta. Il sacco della città dai Galli ai Lanzichenecchi*, Roma 2012. – A. RODOMONTI, *Il Discorso 105 di S. Agostino e il mito di Roma eterna*, Genova 1992. – R. SANTANGELI VALENZANI, Dall'evento al dato archeologico. Il sacco del 410 attraverso la documentazione archeologica: LIPPS/MACHADO/VON RUMMEL … 35-40. – H. SCHLANGE-SCHÖNINGEN, Augustinus und der Fall Roms: Theodizee und Geschichtsschreibung: *Jenseits der Grenzen. Beiträge zur spätantiken und frühmittelalterlichen Geschichtsschreibung* (hrsg. von A. GOLTZ/H. LEPPIN/H. SCHLANGE-SCHÖNINGEN), Berlin/New York 2009, 135-152. – B. SIDWELL, Rome in Ammianus' time (CE 354-378): corruption, treason, magic and mobs: AncHist 36 (2006) 169-196. – L. SPERA, La realtà archeologica: restauro degli edifici pubblici e riassetto urbano dopo il sacco: *Roma e il Sacco del 410: Realtà, Interpretazione, Mito* (a cura di A. DI BERARDINO/G. PILARA/L. S.) (SEAug 131), Roma 2012, 113-155. – C. TORNAU, *Zwischen Rhetorik und Philosophie. Augustins Argumentationstechnik in De civitate Dei und ihr bildungsgeschichtlicher Hintergrund*, Berlin/New York 2006. – A.C. DE VEER, Une mesure de tolérance de l'empereur Honorius: REByz 24 (1966) 189-195. – K. VÖSSING, *Schule und Bildung im Nordafrika der Römischen Kaiserzeit*, Bruxelles 1997. – M. WALLRAFF, Rom und Mailand in den Jahren 383-388: AH 27-36. – C. WITSCHEL, Rom und die Städte Italiens in Spätantike und Frühmittelalter: BJ 201 (2001) 113-162. – H. WOLFRAM, *Die Goten. Von den Anfängen bis zur Mitte des sechsten Jahrhunderts*, München ⁵2009. – O. ZWIERLEIN, Der Fall Roms im Spiegel der Kirchenväter: ZPE 32 (1978) 45-80.

KONRAD VÖSSING

Romanianus Thagastensis

Der aus ↗Thagaste stammende Großgrundbesitzer R. (*conf.* 6,24), der A. in seiner Jugend als Freund (ib.: ‹amicus›) und Gönner zur Seite stand [1], war Vater des ↗Licentius (*Acad.* 1,4) [2] sowie Onkel des ↗Alypius (*ep.* 27,5: ‹cognatus›) [3]. A. preist seinen Gemeinsinn, der ihm das Ansehen seiner Mitbürger einbrachte und in einer großzügigen Freigebigkeit seinen Ausdruck fand [4]. R.

unterstützte A.s Ausbildung nicht nur materiell, sondern offenbar auch moralisch und emotional [5], besonders unmittelbar nach dem Tod von A.s Vater ↗Patricius (370/371), als A. aus Geldmangel kurzfristig gezwungen war, seine Studien abzubrechen [6]. R. förderte A.s Ansinnen, in ↗Carthago Rhetorik zu studieren, und blieb ihm auch dann noch verbunden, als dieser sich entschloß, nach Rom zu gehen, anstatt in seine Heimatstadt zurückzukehren (*Acad.* 2,3).

A. hatte R. mittlerweile (ca. 373/374) dem Manichäismus nahegebracht, an den beide sowohl spirituell als auch materiell hohe Erwartungen knüpften [7]. Als A. 384 durch Vermittlung einflußreicher manichäischer Förderer an einen kaiserlichen Lehrstuhl für Rhetorik nach Mailand berufen wurde, plante R. mit ihm und einigen weiteren Freunden den Rückzug in ein ganz der Philosophie gewidmetes Leben [8]. Dieses Projekt wurde jedoch nicht realisiert [9]. Vielmehr zog sich A. 386 mit einer kleinen Gruppe nach ↗Cassiciacum zurück, zu der Licentius, nicht aber R. gehörte [10].

A. hatte sich inzwischen vom Manichäismus abgewandt und versuchte nun, R. in ihm gewidmeten Werken [11] zu überreden, es ihm gleich zu tun. Zur Orthodoxie scheint R. sich 391 jedoch (noch) nicht bekehrt zu haben [12]. Ob er es je tat, bleibt offen. Als A. ihn Mitte der 90er Jahre anläßlich einer erneuten Romreise von R. und Licentius in zwei Briefen an ↗Paulinus von Nola und Therasia erwähnt (*ep.* 27,4; 31,7), ist davon keine Rede. Auch Paulinus' Schreiben an R. vom Jahre 395, das der Freude über A.s Erhebung zum Bischof Ausdruck verleiht, enthält keine weiteren Aufschlüsse über die religiöse Befindlichkeit des R. [13]. Mit diesem Brief versiegen die Quellen.

Ob R. mit jenem Cornelius identisch ist, dem A. 408 unter Verweis auf seinen unmoralischen Lebenswandel eine Trostschrift anläßlich des Todes seiner Gattin Cypriana verweigerte (*ep.* 259), ist umstritten [14]. Der Adressat des Briefes beruft sich auf sein Recht als Freund A.s [15], und A. spielt auf einen gemeinsamen Jugendirrtum an [16], möglicherweise die gemeinsame manichäische Vergangenheit. Doch spricht der Anredewechsel von R. zu ‹Cornelius› eher gegen eine Identität [17].

Anmerkungen. – [1] Cf. Romanianus 994; Lepelley 2,178-182; Fuhrer 4sq. Ausgezeichnete Gesamtdarstellung des R. bei Bermon; cf. auch Fitzgerald; Lössl, Einleitung 11-14; Morgenstern 10sq. – [2] Daß es sich auch bei dem ib. 2,9 und Nebrid. A. *ep.* 5 erwähnten Lucilianus (Lucinianus?) um einen Sohn von R. handelte, ist zweifelhaft; dazu Fuhrer 130. – [3] Ob R. auch mit A. verwandt war, ist umstritten; cf. Fuhrer 4 n. 12. – [4] Z.B. in der Opulenz von ihm organisierter Zirkusspiele; A. spricht von zu diesem Zweck importierten Bären, wofür R. besonderen Beifall geerntet habe (*Acad.* 1,1sq.). Zu diesen und weiteren

das Verhältnis von A. und R. betreffenden Passagen in *Acad.* (z.B. ib. 2,1-6) cf. Bermon 1802-1804; Doignon, Leçons; id., Invitation. – [5] *Acad.* 2,3: ‹consolatio›. – [6] *Acad.* 2,3; *conf.* 3,7. Zu den gegenseitigen Interessen von R. und A. cf. Navarro Coma; cf. auch Della Corte. – [7] Ib. 1,3; ↗Manichaei, 3,1140sq. – [8] ‹Philosophandi ↗otium›: ib. 2,4.8; *conf.* 6,24; cf. Fuhrer 127-129. – [9] A. nennt *conf.* 6,24 als maßgeblichen Grund für das Scheitern den Einspruch der Ehefrauen der bereits verheirateten Mitglieder der Gruppe bzw. den Heiratswunsch der noch nicht verheirateten. – [10] Ib. 2,3sq. werden (im Kontext des Lobes seiner philosophischen Begabungen und Verdienste) geschäftliche und juristische Hinderungsgründe des R. angedeutet; cf. Fuhrer 85.88. – [11] *De* ↗*Academicis* 1,1; *De* ↗*uera religione* 12 (cf. *ep.* 15; ↗*Epistulae*, 2,927). – [12] Dies legen *uera rel.* 12 und die mit dieser Schrift in Beziehung stehende *ep.* 15 nahe. – [13] Paulin. *epist.* 7.8 = Paul. Nol. A. *ep.* 32. Zum Zusammenhang cf. Bermon 1807sq. – [14] ↗*Epistulae*, 2,1007sq.; cf. Bermon 1808-1810, der sich gegen eine Identifizierung ausspricht. Allerdings handelt es sich bei *ep.* 259 doch um einen Trostbrief; zur Rolle der ↗‹consolatio› im Kontext des Manichäismus von A. und R. cf. Lössl, *Confessions*; id., *Continuity*. Die Möglichkeit, daß es sich bei ‹Cornelius› um das Gentilnomen des Cognomen R. handeln könnte, wurde zuerst von Gabillon unter Verweis auf die in Thagaste gefundene Inschrift «...NELIUSROMANIANUS» (CIL 8 Suppl. 1,17226) erwogen. – [15] Ib. 259,3: ‹ius amicitiae›. – [16] Ib. 259,3: ‹in errore nobiscum perniciosissimo constitutus iuuenis iunioribus nobis». – [17] Cf. Fuhrer 5 mit Bezug auf Lepelley 2,178sq. n. 22bis.

Bibliographie. – E. Bermon, Romanianus de Thagaste: DPhAnt 5b (2012) 1798-1810. – F. della Corte, Il mecenatismo di Romaniano: Maia 38 (1986) 3-12. – J. Doignon, Leçons méconnues et exégèse du texte du «Contra Academicos» de saint Augustin: REAug 27 (1981) 67-84. – Id., La baroque invitation au ciel d'Augustin à Romanianus (C. Acad. II 1,2): thèmes de Sénèque et ornements virgiliens: Maia 43 (1991) 221-224. – A.D. Fitzgerald, Romanianus: AthAg 730sq. – T. Fuhrer, *Augustin Contra Academicos (vel de Academicis) Bücher 2 und 3. Einleitung und Kommentar*, Berlin/New York 1997. – A. Gabillon, Romanianus, *alias* Cornelius. Du nouveau sur le bienfaiteur et l'ami de saint Augustin: REAug 24 (1978) 58-70. – C. Lepelley, *Les cités de l'Afrique romaine au bas-empire* 1-2, Paris 1979-1981. – J. Lössl, Einleitung: AOW 68 (2007) 7-74. – Id., Augustine's *Confessions* as a *Consolation of Philosophy*: ‹*In Search of Truth›: Augustine, Manichaeism and other Gnosticism. Studies for J. van Oort at Sixty*, Leiden/Boston, Mass. 2011, 47-73. – Id., Continuity and Transformation of Ancient Consolation in Augustine of Hippo: *Greek and Roman Consolations. Eight Studies of a Tradition and its Afterlife* (ed. by H. Baltussen), Swansea 2013, 153-175. – F. Morgenstern, *Die Briefpartner des Augustinus von Hippo. Prosopographische, sozial- und ideologiegeschichtliche Untersuchungen*, Bochum 1993. – F. Navarro Coma, Romaniano y Agustín. Amistad e intereses entre un curial rico y un curial pobre: Polis 10 (1998) 247-267. – Romanianus: PAC 994-997.

Josef Lössl

Rufinus

I. R. von Aquileia – 1. Leben und Werk – 2. Einfluß auf A. – II. R. der Pelagianer

I. R. von Aquileia. – 1. Leben und Werk. – Tyrannius R. wurde noch vor 350 in Concordia bei Aquileia geboren und studierte in den 60er Jahren in

Rom zusammen mit ↗Hieronymus. Um 370 zogen sich beide nach Aquileia zurück, um sich innerhalb des Kreises um Bischof Chromatius in die asketische Lebensform zu vertiefen und schließlich wenige Jahre später in den Osten aufzubrechen. Noch vor Mai 373 muß R. in Alexandrien eingetroffen sein, um von dort das Leben der Mönchsväter in der nitrischen Wüste zu studieren und – mit einer kurzen Unterbrechung (wohl einer Reise nach Palästina und Edessa) – acht Jahre lang von Didymus dem Blinden im Studium des ↗Origenes angeleitet zu werden [1]. Daraus ergibt sich, daß er wohl Anfang der 80er Jahre nach Jerusalem übersiedelte und sich dem lateinischen Kloster ↗Melanias der Älteren auf dem Ölberg anschloß. Seine Weigerung, auf die 393 einsetzenden antiorigenistischen Agitationen einzugehen, führte zum sogenannten ersten Origenistischen Streit und dem Bruch mit Hieronymus.

Trotz dessen vorläufiger Beilegung 397 [2] kehrte R. nach Italien zurück und investierte dort die letzten 13 Jahre seines Lebens in eine im großen und ganzen eindeutig pro-origenistische Übersetzungstätigkeit: Wohl kurz nach der Übertragung der Kurzfassung der ↗Basilius-*Regel* veröffentlichte er seine Übersetzung des ersten Buchs von Pamphilus' *Apologeticus pro Origene* zusammen mit dem eigenen Traktat *De adulteratione librorum Origenis* (397), direkt gefolgt von der Übersetzung von *De principiis* (398). Die daraufhin von Hieronymus' Freunden in Rom gegen R. angestrengte Kampagne erhielt zwar unter dem antiorigenistischen Anastasius I. (399-402) einiges an Brisanz, flaute aber im Kontext der Wirren um die Verurteilung des Chrysostomos (403) sehr schnell ab. So folgten die Übersetzungen der *Epistula Clementis ad Iacobum*, der *Homilien* des Gregor von Nazianz und des Basilius, des Adamantius-*Dialogs*, der Sextus-*Sentenzen*, der Origenes-*Homilien* zu den Büchern *Josua*, *Richter* und den *Psalmen 36-38* sowie der *Kirchengeschichte* des ↗Eusebius, welche er wohl noch 402 in Aquileia vollendete. Wann er sich daraufhin nach Rom begab und wo er im folgenden die *Historia monachorum in Aegypto*, den *Mönchs- und Nonnenspiegel* des Evagrius Ponticus, die *Homilien* des Origenes zu *Genesis*, *Exodus* und *Levitikus* sowie dessen *Römerbrief-Kommentar* und die pseudo-clementinischen *Rekognitionen* übersetzte, ist unklar. Jedenfalls verkehrte er dort in denselben Kreisen wie ↗Pelagius (4,632-634), welcher seinerseits in *De natura* R.s Sextusübersetzung zitiert (*nat. et gr.* 77) [3]. Spätestens 408 übersiedelte er dann ins Kloster Pinetum nach Lent, wo vielleicht die Übersetzungen der Origenes-*Homilien* zum *Ersten Buch der Könige* (= *Erstes Buch Samuel*) und dessen *Hohelied-Kommentars*

folgten, bevor er 410 vor den Goten nach Sizilien floh und dort bald nach der Übersetzung der Origenes-*Homilien* zu *Numeri* über der Arbeit an denen zu *Deuteronomium* verstarb [4].

Anmerkungen. – [1] Rufin. *apol. adu. Hier.* 2,15; cf. MURPHY 40-42. – [2] Cf. MURPHY 81. – [3] Cf. BROWN 59-63. – [4] Zur Chronologie cf. HAMMOND-BAMMEL, Years.

2. Einfluß auf A. – Daß A. bereits 396 in einem verlorenen Brief von Hieronymus Auskunft über die Irrtümer des Origenes und die damit zusammenhängende palästinische Affäre erbat, wird durch *ep.* 40,9 nahegelegt. Jedenfalls läßt ihm Hieronymus 402 seine erste *Apologie gegen R.* zukommen (Hier. *epist.* 102,3 = A. *ep.* 68,3), woraufhin A. in *ep.* 73,6.8-10 (404) den Bruch zwischen R. und Hieronymus auf anrührende Weise bedauert (↗*Epistulae*, 2,931sq.). Nach kurzer Antwort des Hieronymus bricht der Kontakt bis in die heiße Phase des pelagianischen Streites hinein ab, als A. seine Erbsündenlehre durch den von Hieronymus in *adu. Ruf.* 3,28 vertretenen Kreatianismus in Frage gestellt sieht (*De* ↗*origine animae* (= *ep.* 166) 15). Erst angesichts dessen wird A.s Stellung zu Origenes kritischer, obwohl er sich im Konflikt zwischen Hieronymus und R. immer noch nicht wirklich auf eine Seite schlägt und auch Origenes keineswegs komplett verdammt (*haer.* 43), sondern weiterhin rezipiert.

Spätestens seit *ciu.* (ib. 11,23) kennt und benützt er R.s Übersetzung von *De principiis*. Sicher verwendet er auch dessen *Genesishomilien* in *ciu.* und *qu.* [5]. Die von Altaner darüber hinaus postulierte Benutzung der *Levitikus-*, *Numeri-* und *Richterhomilien* sowie des *Hohelied-Kommentars* [6] ist im einen oder anderen Fall sicherlich möglich, wird aber insgesamt dadurch in Frage gestellt, daß sich die in den jeweiligen Stellen auftauchenden origenistischen Motive in irgendeiner Form schon vor 400 bei A. nachweisen lassen, was ihre Herkunft aus R. unmöglich macht: Hätte R. bereits vor seiner Rückkehr nach Italien umfangreichere Origenesübersetzungen vorgenommen, wäre dies in der gesamten Kontroverse mit Hieronymus sicher nicht unerwähnt geblieben. Überzeugender argumentiert Bammel für eine Benutzung des Römerbrief-Kommentars in den antipelagianischen Schriften [7]. Gesichert ist hingegen die ausgiebige Verwertung der Gregor-*Homilien* in den späteren Werken ab 413/414 (*ep.* 148,10.15), besonders gegen Julian (Contra ↗*Iulianum* 1,15; 2,7sq.; *c. Iul. imp.* 1,52sq. 67-70; 6,14), wo A. auch die Übersetzung der Basilius-*Homilien* sogar am Original überprüft (*c. Iul.* 1,18). Eine Benutzung der Basilius-*Regel* ist jedoch trotz zahlreicher inhaltlicher Übereinstimmungen aufgrund gemeinsamer koinobitischer Grundorientierung nicht nachzuweisen [8].

Auf sicherem Boden steht man wieder bei Eusebs *Kirchengeschichte*, welche A. spätestens für *ciu.* 5 zum ersten Mal benutzt [9] und deren Übersetzer und Kontinuator R. er später ausdrücklich hervorhebt (*cura mort.* 8; *haer.* 83). Schließlich wurde auch die Verwertung der *Historia monachorum in Aegypto* in der Aufnahme der Anekdote über Johannes von Lykopolis (ib. 1,10-14) in *cura mort.* 21 durch Altaner nachgewiesen [10]. Trotz der pelagianischen Sympathien R.s [11] und seiner Freunde und seines endgültigen Bruchs mit Hieronymus erweist sich A. also als äußerst dankbarer und intensiver Rezipient der Übersetzungen R.s.

Anmerkungen. – [5] *Ciu.* 15,27; *qu.* 1,4; cf. Rufin. Orig. *in gen.* 2,2 p. 29,3-9. – [6] Cf. Altaner, Origenes 234-244. Die ib. 236-238 mit Nachdruck vertretene Benutzung der 6. *Levitikus-Homilie* in *Gn. adu. Man.* ist chronologisch unmöglich. – [7] Cf. Hammond-Bammel, Exegesis 358-365 (*pecc. mer.*; *spir. et litt.*); ead., Justification (*en. Ps.* 31). – [8] Cf. Sanchis 31sq. – [9] Cf. Duval 144-168. – [10] Cf. Altaner, Patristik 328sq. – [11] Die Substanz der einschlägigen Vorwürfe des Hieronymus bespricht Dunphy, Rufinus 118-150.

II. R. der Pelagianer. – Als ↗Caelestius 411 in Karthago verhört wurde, konnte er nach A. als einzigen Gewährsmann für seine Leugnung der Erbsünde einen «sanctus presbyter Rufinus Romae qui mansit cum sancto Pammachio» angeben (*gr. et pecc. or.* 2,3). Es liegt nahe, diesen R. mit dem «Rufinus natione Syrus» zu identifizieren, der laut Marius Mercator unter Anastasius I. den Pelagianismus nach Rom gebracht hatte [12]. Aus seinem Aufenthalt bei dem Hieronymusfreund Pammachius wurde weiterhin gefolgert, daß er auch mit dem Presbyter R. aus dem Bethlehemer Konvent des Hieronymus identisch sei, der von diesem 399 über Rom nach Mailand an den Kaiserhof entsandt wurde (Hier. *epist.* 81,2; *c. Ruf.* 3,24) [13].

Noch bedeutsamer wäre jedoch die weitere Identifizierung mit dem Autor des sogenannten *Liber de fide*, einer ebenso antiorigenistischen wie antiaugustinischen Darlegung des christlichen Glaubens, die das Konzept einer Erbsünde a limine ausschließt (↗Pelagius, Pelagiani, 4,642sq.). In dem Kolophon der einzigen erhaltenen Handschrift (Petersburg, MS. Q. v. I. 6, fol. 61ʳ) wird das Werk als «Rufini presbyteri prouinciae Palaestinae Liber de fide, translatus de Graeco in Latinum sermonem» bezeichnet [14], und auch bei Johannes Diaconus, einem Exegeten des 6. Jh.s, erscheinen zwei Zitate mit der Quellenangabe «Rufinus in libro secundo de fide» [15]. Nun enthält das Kolophon die offensichtlich falsche und eine Verwechslung mit R. von Aquileia insinuierende Angabe, daß das Werk aus dem Griechischen übersetzt sei, und wenn Johannes den keinerlei Spuren einer Bucheinteilung aufweisenden Traktat als ‹liber secundus de fide› zitiert, könnte man ebenfalls vermuten, daß sich seine Zuschreibung an R. von Aquileia eventuell der Überlieferung des Textes im Anschluß an dessen Auslegung des Glaubensbekenntnisses verdankt. Dementsprechend haben die Forschungen Dunphys zu fast jedem Aspekt dieser Mehrfachidentifizierung gezeigt, daß sie besonders an ihrem bedeutsamsten Punkt unhaltbar ist: Der *Liber de fide* kann nicht der in *pecc. mer.* 1,23 [16] vermeintlich zitierte ‹cuiusdam eorum libellus breuissimus› (ib. 1,63) sein und damit nicht vom Gegner A.s in seiner ersten antipelagianischen Schrift stammen [17].

Vielmehr weist der ganz dezidiert in der Überzeugung vom kreatianischen Ursprung der Seele (Ps. Rufin. *fid.* 25-28 Miller) verwurzelte Angriff auf die wohl doch bereits ausformulierte antipelagianische Position Augustins (ib. 39-41 Miller) [18] ziemlich klar auf das Umfeld Julians (↗Iulianus Aeclanensis). Obwohl die Berührungen mit dem Julian zugeschriebenen *Libellus fidei* längst nicht so umfangreich sind, wie Garnier einst behauptete [19], sind doch die in dessen Rufinausgabe angeführten Parallelen zu sonstigen Julianschriften, besonders was die Anthropologie und Protologie anbelangt, recht signifikant (cf. PL 48,451-488). Ferner scheint sich ein Einfluß Theodors von Mopsuestia, bei dem Julian 421 Unterschlupf fand und dessen *Psalmen-Kommentar* er übersetzte, sowohl was die Protologie (Ps. Rufin. *fid.* 29-35 Miller) als auch die Christologie (besonders ib. 43-45.47 Miller) anbetrifft, erkennen zu lassen [20]. Ps. Rufin. *fid.* bleibt somit eine der wichtigsten pelagianischen Primärquellen, gehört jedoch klar der zweiten Generation an und kann keinesfalls dem Gewährsmann des Caelestius zugeschrieben werden. Diesen näher zu identifizieren, wird der Forschung, will sie nicht Dunphys neuerlicher gewagter Ineinssetzung mit R. von Aquileia [21] folgen, aufgrund der vorhandenen Quellenlage wohl leider versagt bleiben.

Anmerkungen. – [12] Mar. Merc. *Conc.* §1,5 p. 5,37sq. – [13] Cf. Altaner, Liber 473-475. – [14] Cf. Miller 36. – [15] Cf. Miller 48. – [16] Cf. Ps. Rufin. *fid.* 40 p. 114,23-29 Miller. – [17] Cf. Dunphy, Lost Year 416-420. Dennoch ist die Übereinstimmung charakteristisch genug, daß eine gemeinsame pelagianische Quelle angenommen werden muß. – [18] Cf. Lamberigts 244-249. – [19] Wieder abgedruckt in PL 48,449sq. – [20] Cf. Dunphy, Pelagians. – [21] Cf. zusammenfassend Dunphy, Rufinus passim.

Bibliographie. – B. Altaner, Augustinus und die griechische Patristik. Eine Zusammenfassung und Nachlese zu den quellenkritischen Untersuchungen: *Kleine patristische Schriften* (hrsg. von G. Glockmann), Berlin 1967, 316-331 (= RB 62 (1952) 201-215). – Id., Augustinus und Origenes: ib. 224-252 (= HJb 70 (1951) 15-41). – Id., Der Liber de fide, ein Werk des Pelagianers Rufinus des «Syrers» (Migne, PL 21,1123-1154 und PL 48,451-

488): ib. 467-482 (= ThQ 130 (1950) 432-449). – G. BONNER, Rufinus of Syria and African Pelagianism: *God's Decree and Man's Destiny. Studies on the Thought of Augustine of Hippo*, London 1987, X 31-47 (AugStud 1 (1971) 31-47). – T. BREYFOGLE, Rufinus, Tiranius: AthAg 737-739. – P. BROWN, The Patrons of Pelagius: The Roman Aristocracy between East and West: JThS 21 (1970) 56-72. – H.R. DROBNER, Tirannio Rufino di Concordia (Aquileia). Bibliographia: Aug 40 (2000) 461-517. – W. DUNPHY, The Lost Manuscript of Pseudo-Rufinus: *De fide*: ib. 89-103. – Id., A Lost Year. Pelagianism in Carthage, 411 A.D.: ib. 45 (2005) 389-466. – Id., Rufinus the Syrian. Myth and Reality: Aug(L) 59 (2009) 79-157. – Id., The Pelagians and their Eastern (Antiochene) Sources. Theodore of Mopsuestia on Lk 2.52 in the *Liber de Fide* by Pseudo-Rufinus?: REAug 58 (2012) 97-111. – Y.-M. DUVAL, L'éloge de Théodose dans la *Cité de Dieu* (V,26,1). Sa place, son sens et ses sources: RechAug 4 (1966) 135-179. – C.P. HAMMOND-BAMMEL, The Last Ten Years of Rufinus' Life and the Date of His Move South from Aquileia: JThS 28 (1977) 372-429. – Ead., Augustine, Origen and the Exegesis of St. Paul: Aug 32 (1992) 341-368. – Ead., Justification by Faith in Augustine and Origen: JEH 47 (1996) 223-235. – N. HENRY, Rufin von Aquileia: TRE 29 (1998) 460-464. – M. LAMBERIGTS, Julian of Aeclanum and Augustine on the Origin of the Soul: Aug(L) 46 (1996) 243-260. – M.W. MILLER, Introduction: *Rufini Presbyteri Liber De Fide. A Critical Text and Translation with Introduction and Commentary*, Washington, D.C. 1964, 1-49. – F.X. MURPHY, *Rufinus of Aquileia (345-411). His Life and Works*, Washington, D.C. 1945. – D. SANCHIS, Pauvreté monastique et charité fraternelle chez Saint Augustin. Le commentaire Augustinien des actes, 4, 32-35 entre 393 et 403: StMon 4 (1962) 7-33. – M. SKEB, Rufin von Aquileia/Concordia: LACL³ 612-614. – E. TESELLE, Rufinus the Syrian, Caelestius, Pelagius: Explorations in the Prehistory of the Pelagian Controversy: AugStud 3 (1972) 61-95. – A. DE VEER, Le prêtre Rufinus: BA 22 (1975) 704-711.

BENJAMIN GLEEDE

Sabbatum

I. Biblische Grundlage und christliche Deutung/Bedeutung des s. bis zu A. – II. A.s s.-Theologie – 1. A.s Haltung zur jüdischen s.-Observanz: ‹s. carnale› versus ‹s. spirituale› – 2. Der Schöpfungssabbat als Typos der eschatologischen s.-Ruhe – 3. Der ethische Imperativ des s.-Gebots: ‹s. cordis› in der Kraft des Hl. Geistes – 4. Christi Grabesruhe am s. und die Frage nach dem s.-Fasten

I. Biblische Grundlage und christliche Deutung/ Bedeutung des s. bis zu A. – Während im Alten Testament in vorexilischen Rechtstexten die für den damals vermutlich noch nicht als s. bezeichneten ‹siebten Tag› vorgeschriebene Arbeitsruhe ausschließlich sozial motiviert erscheint (*Ex* 23,12; 34,21), leistet die identitätsstiftend gewordene Einhaltung des wöchentlich als s. begangenen Ruhetages in exilisch-nachexilischer Zeit auch dessen kultischer Observanz Vorschub [1], welche ihrerseits auf der zweifachen theologischen Begründung des s.-Gebots in den beiden Dekalogfassungen fußt: Exodusgedenken (*Dt* 5,12-15) sowie durch Gottes Ruhen am siebten Schöpfungstag präfigurierte s.-Heiligung (*Ex* 20,8-11) [2]. An die Einhaltung des s. durch Arbeitsruhe wird wieder-

holt seitens der Propheten erinnert (z.B. *Ier* 17,19-27; *Is* 58,13), wobei sich die Perspektive bis zur eschatologischen Völkerwallfahrt weiten kann und hier die s.-Observanz ‹allen Fleisches› zum Merkmal der künftigen Heilszeit wird (ib. 56,4-7; 66,23). Insofern diese mit dem (ersten) ‹aduentus Christi› anfanghaft verwirklicht ist, klären sich vor diesem Hintergrund einer gerade im Frühjudentum weiterentwickelten Vorstellung vom s. als Abbild endzeitlicher Vollendung [3] die s.-Konflikte Jesu als prophetische Zeichenhandlungen für die angebrochene βασιλεία τοῦ θεοῦ gegen die streng legalistische s.-Halacha der Pharisäer [4]. Den eschatologischen Vorbehalt entfaltet *Hbr* 3,7-4,11 in einem breiten Midrasch zur ‹Ruhe Gottes› (*Ps* 94,8-11; *Gn* 2,2), die als verheißene Sabbatruhe (σαββατισμός) ‹dem Volk Gottes noch vorbehalten bleibt› (*Hbr* 4,9) [5].

Diese Eschatologisierung des s. prägt zusammen mit dessen Spiritualisierung die frühchristliche s.-Theologie [6]. Hatte Christus das s.-Gebot in seiner Person proleptisch ‹erfüllt›, eröffnete sich eine s.-Heiligung im Sinne einer existenziellen ‹sanctitas›, insofern das alttestamentarische s. nun bloß ‹ein Schatten des Künftigen›, ‹die Wirklichkeit (σῶμα) aber Christus ist› (*Col* 2,16sq.). Diese s.-Deutung auf immerwährende Enthaltung von ‹Arbeiten›, d.h. sündigen Werken [7], trug neben der neuen schöpfungstheologisch-eschatologischen Hermeneutik zur allmählichen schärferen Abgrenzung vom jüdischen s. und zu dessen Ablösung durch die Feier des ↗‹dies dominicus› bei: als erster Wochentag [8] Gedächtnis der Schöpfung bzw. Lichtwerdung, als ‹dies octauus› zugleich eine die Siebentagewoche transzendierende Antizipation der durch Christi Auferstehung gewirkten Neuschöpfung [9]. War dieser Prozeß im Laufe des 2. Jh.s vor allem im heidenchristlichen Milieu vollzogen, so sind dennoch nicht nur für judenchristliche Kreise punktuell christliche s.-Feiern neben der Sonntagsfeier bis ins 5. Jh. bezeugt [10]; regional unterschiedlich hielt man es speziell mit dem s.-Fasten (cf. unten II 4).

Anmerkungen. – [1] Ib. 31,12-17; 35,1-3; *Lv* 23,3; 24,8; *Nm* 28,9sq. – [2] Cf. KÖRTING/SPIECKERMANN (mit Literatur); HAAG 7-86; BARTELMUS 162-194. – [3] Cf. RORDORF, *Der Sonntag* 49-51; BACCHIOCCHI, Typologies 153-165. – [4] Cf. knapp SCHALLER; im Detail DOERING 398-478; BACCHIOCCHI, *Sabbath* 26-63; RORDORF, *Der Sonntag* 55-79. – [5] Cf. BACCHIOCCHI, *Sabbath* 63-69; HAAG 181-185. – [6] Cf. in nuce KAISER 528sq.; im Detail RORDORF, *Der Sonntag* 87-117; id., *Sabbat* X-XIV (cf. die kommentierte Quellensammlung nr. 11-69); MCKAY 176-200. – [7] Prägnant z.B. Tert. *adu. Iud.* 4,2-5 (RORDORF, *Sabbat* nr. 31); ferner Just. *dial.* 12,3; 19,5; 23,1 (ib. nr. 22); Iren. *haer.* 4,8,1-3 (ib. nr. 26); Ign. *Magn.* 9 (ib. nr. 59; cf. MCKAY 181-183). – [8] ‹Prima/una sabbati›: s. hier in der Bedeutung ‹Woche›. – [9] Cf. die erste breitere, chiliastisch geprägte Entfaltung in *Barn.* 15,1-9 (RORDORF, *Sabbat* nr. 15; cf. VINZENT 287-289);

ausführlicher zum ‹achten Tag› DANIÉLOU 265-289. – [10] Z.B. *C Laod.* c. 16.29.49.51 (RORDORF, *Sabbat* nr. 49); Epiph. *exp. fid.* 24,7 (ib. nr. 55); *Const. App.* 2,59,3; 7,23,3; 8,33,1 (ib. nr. 58); cf. RORDORF, *Der Sonntag* 140-151; KAISER 528; FRANKEMÖLLE 61-68.

II. A.s s.-Theologie. – In A.s Gesamtwerk finden sich gut 700 Belege für s. [11], ein Fünftel davon entfällt auf Bibelzitate. Sechsmal gebraucht A. das Verb ‹sabbatizare› [12], viermal das biblische Hapaxlegomenon ‹sabbatismus› [13]. Nach *c. Faust.* 18,5 bildet s. die Ruhe nicht nur zeichenhaft ab, sondern leitet sich auch etymologisch davon her (↗Quies, requies).

Anmerkungen. – [11] An gut 80 dieser Stellen ist s. als ‹Woche› Teil von Wochentagsnamen (z.B. *ep.* 36,28.30; *en. Ps.* 80,2; 93,3), am häufigsten Jesu Todes- (‹sexta sabbati›) und Auferstehungstag (‹prima/una sabbati›); ↗Dies, dies-nox. – [12] *Spir. et litt.* 28; *adu. Iud.* 3; *en. Ps.* 91,14; *s.* 259,2; *s. Wilm.* 2,3 jeweils auf das geistige s.-Halten bezogen. – [13] *C. Adim.* 16 (Zitat von *Hbr* 4,9); *ciu.* 20,7; 22,30; *qu.* 5,20 (Sabbatjahr).

1. A.s Haltung zur jüdischen s.-Observanz: ‹s. carnale› versus ‹s. spiritale›. – Angesichts der starken jüdischen Präsenz im Nordafrika des 4./5. Jh.s [14] war A. mit der von Festtagsfreude geprägten s.-Praxis vertraut: Pointiert empfiehlt er, «melius ... arare, quam saltare» (*en. Ps.* 91,2) [15]. Feld- wie Hausarbeit ruht (cf. *c. Faust.* 6,4), wogegen A. zwar ↗Senecas s.-Kritik zitiert, die manichäisch-pagane Unterstellung einer jüdischen Saturn-Verehrung jedoch scharf zurückweist [16]. A.s eigene Kritik an der perpetuierten s.-Observanz gründet hingegen in seiner christologischen Hermeneutik, welche das s.-Gebot als einziges des Dekalogs als ‹praeceptum figuratum› versteht [17], ein analog zu den übrigen Ritualgesetzen prophetisch vorausweisendes ‹praeceptum uitae significandae› [18], welches in Christus seine Erfüllung gefunden hat. Statt s. ‹spiritaliter› zu begehen, verharren die Juden infolge ihrer Nicht-Anerkenntnis Christi «in carnali obseruatione sabbati» (*exp. Gal.* 34; *en. Ps.* 21,1,10) [19], welche zur Zeit der Propheten als ↗‹umbra› bzw. ↗‹sacramentum› (des Zukünftigen) durchaus ihre Berechtigung hatte (*ep.* 36,5) [20], diese mit der Offenbarung der «sempiterna et uera requies» (ib. 36,24) aber verlor [21].

Anmerkungen. – [14] Cf. VAN OORT 786-789; BLUMENKRANZ 59-62; ↗Iudaei. – [15] Speziell den Frauen stünde Wollarbeit besser an als öffentliches Tanzen auf den Balkonen (*Io. eu. tr.* 3,19); ähnlich *s.* 9,3; *en. Ps.* 32,2,1,6 (Feldarbeit statt Theaterbesuch/Tanz); *qu. eu.* 1,37 (Reiseverbot); cf. RAVEAUX, *Sabbat* (1982) 217-224. – [16] Cf. *ciu.* 6,11; *c. Faust.* 18,5 (s.-Ruhe von Faustus als ‹catenae Saturniacae› geschmäht); *cons. eu.* 1,30. – [17] Z.B. *inq. Ian.* (= *ep.* 54.55) 2,22: «inter omnia decem illa praecepta solum ibi, quod de sabbato positum est, figurate obseruandum praecipitur, quam figuram nos intellegendam, non etiam per otium corporale celebrandam suscepimus»; cf. *c. Adim.* 16 (Beschneidung und s.); *Gn. litt.* 4,11,21; *spir. et litt.* 27; *qu.* 2,172;

↗Figura(e). – [18] Im Gegensatz zu den ‹praecepta uitae agendae›; cf. ib. 6,2sq.; ↗Praeceptum, ↗Signum-res. – [19] Ähnlich prägnant *s.* 33,3; *c. ep. Pel.* 3,10 mit stereotyper ↗‹caro-spiritus›-Antithese; cf. *ep.* 36,24: «sabbato spiritali sabbatum carnale cessisse; quando in isto sempiterna et uera requies concupiscitur, in illo uacatio temporalis iam superstitiosa contemnitur»; *s.* 9,6; 248,4; 250,3; 270,5; *Io. eu. tr.* 3,19; cf. RAVEAUX, *Sabbat* (1981) 225-228; ↗Spiritalis. – [20] Cf. *spir. et litt.* 25.36; *s. Mai* 128,2sq. Vom s. als ‹sacramentum› spricht A. außerdem in *Gn. adu. Man.* 1,33; *exp. Gal.* 19; *adn. Iob* 5.30; *ciu.* 6,11; *qu.* 1,172; *Io. eu. tr.* 17,13; 20,2; 30,4; *ep.* 196,3; *s.* 270,5; *s. Dolbeau* 10,6. – [21] *C. Adim.* 16: «sabbati quietem non obseruamus in tempore, sed signum temporale intellegimus et ad aeternam quietem, quae illo signo significatur, aciem cordis intendimus».

2. Der Schöpfungssabbat als Typos der eschatologischen s.-Ruhe. – Ganz auf der Linie biblisch-frühchristlicher s.-Deutung (cf. oben I) fokussiert A. seine s.-Theologie auf die durch Gottes Schöpferruhe am siebten Tag vor(aus)gebildete Ruhe der Vollendung, nach welcher sich der Mensch zeitlebens sehnt und die ihm als ewiges s. verheißen ist [22]. Dieses seine Eschatologie prägende Theologumenon entfaltet A. parallel zur Argumentationsfigur der Beschneidung (↗Circumcisio) in Auseinandersetzung mit der manichäischen (↗Manichaei) Zurückweisung des Alten Testaments, die gerade durch die christliche Nichtbefolgung des s.-Gebots bestätigt sei [23]. Zudem stehe die Schöpferruhe Gottes in Widerspruch zu Jesu Aussage, sein Vater sei noch immer am Werk (*Io* 5,17) [24]. Gegenüber diesem ‹fleischlichen›, anthropomorphen Mißverständnis der s.-Ruhe Gottes differenziert A. zwischen kontinuierlichem Schöpfungswirken Gottes und Beendigung des Schöpfungsaktes [25] und sieht in Gottes Ruhen (*Gn* 2,2) vielmehr die ewige Ruhe der Menschen, die ihnen nach Vollbringung guter Taten von Gott geschenkt werde [26]. Das eschatologische s. wird von A. in einer Frühphase noch millenaristisch als siebtes Weltzeitalter (↗Aetas, 1,152-154) nach Art eines irdischen Zwischenzustands konzipiert, in dem die Gerechten mit Christus zwischen dessen Wiederkunft und dem vom Jüngsten Gericht eingeleiteten ewigen achten Tag herrschen werden (cf. *Apc* 20,1-6) [27]. Vom Millenarismus distanziert (cf. *ciu.* 20,7), kristallisiert A. jedoch den Schöpfungssabbat als Typos jener abend-, d.h. zeitlosen Vollendung heraus, welcher der im Zeitalter Christi (‹sexta aetas›) durch die Taufgnade [28] zur ‹reformatio ad imaginem dei› (sechster Schöpfungstag) gelangte Mensch zustrebt [29]; dann erst findet er immerwährenden Frieden (ib. 19,11): «pacem quietis, pacem sabbati, pacem sine uespera» (*conf.* 13,50) [30] (↗Pax, 4,570sq.).

Anmerkungen. – [22] *Conf.* 1,1; 13,51; ↗Inquietum est cor nostrum. Diese Sehnsucht des Menschen entfaltet A. z.B. in seiner Auslegung von *Ps* 37 (Titulus: «in rememoratione de sabbato»): *en. Ps.* 37,2sq.5.10.12sq.; cf. RAVEAUX, *Sabbat* (1983) 63-68. –

[23] *C. Faust.* 4,1sq.; 6,1sq.; 19,3sq.; 22,2; 32,3.5.7; zum apologetischen Kontext cf. Raveaux, Sabbat (1981) 199-215. – [24] Leitargument in *Gn. adu. Man.* 1,33 und *c. Adim.* 2; cf. Sieben 136-139. – [25] Cf. dazu Mayer 93-95; Daniélou 239-243. – [26] *Gn. adu. Man.* 1,34; *Gn. litt.* 4,11,21-13,24; *Io. eu. tr.* 17,13.15; *en. Ps.* 80,2; 92,1; *s.* 125,4: «in illo sabbato, ubi requiescere dictum est deum ab omnibus operibus suis, in requie dei requies nostra significata est: quia erit sabbatum huius saeculi, cum transierint sex aetates». – [27] *Gn. adu. Man.* 1,(35-)41 (als abendloser siebter Tag); *s.* 259,2; *s. Mai* 94,4. Weitere millenaristisch geprägte s.-Interpretationen sieht Folliet (Resümee ib. 385-390) in *diu. qu.* 57,2; *c. Adim.* 2; *inq. Ian.* 2,17-19.23; cf. Raveaux, Sabbat (1981) 215-224. Zum Millenarismus/Chiliasmus bei A. cf. Dodaro 805-807; Bacchiocchi, *Sabbath* 293sq. – [28] Die ewige s.-Ruhe als Telos der Taufe betont A. in *c. Faust.* 12,17.19; *cat. rud.* 24; cf. Sieben 141-145. – [29] *C. Faust.* 12,8; *ciu.* 22,30; *s.* 125,4. Zur Überbietung des s. durch den vom Sonntag präfigurierten ewigen achten Tag cf. Klöckener 421sq. – [30] Prägnant auch ib. 13,51: «dies autem septimus sine uespera est nec habet occasum quia sanctificasti eum ad permansionem sempiternam ... sabbato uitae aeternae requiescamus in te». Zu dieser geistgewirkten Heimkehr zu Gott – Höhepunkt von A.s Heptaemeron-Allegorese ib. 13,50-53 – cf. Müller, *Confessions*; id., Sabbat 639-647; Sieben 147-151; Raveaux, Sabbat (1983) 64-68.76-80.

3. Der ethische Imperativ des s.-Gebots: ‹s. cordis› in der Kraft des Hl. Geistes.

– Wer sein ganzes Handeln an der ‹quies futura› ausrichtet, hat dieses s. noch nicht ‹in re›, sondern erst ‹in spe› (*s.* 9,3; cf. ib. 9,6). Insofern der Weg zu dieser Ruhe die durch den Hl. Geist in den Herzen ausgegossene Liebe (cf. *Rm* 5,5) ist, liegt die Bedeutung des ‹spiritaliter› verstandenen s.-Gebots darin, diese Liebe zu entflammen (*inq. Ian.* 2,18-22), also sich jeglichen knechtischen Werkes zu enthalten, d.h. die (selbst)verknechtende Sünde (↗Peccatum) zu meiden [31]. Wie der Mensch ohne Wirken des Hl. Geistes Gott nicht lieben kann, so ist es Gottes Gnade, die von den ‹opera seruilia› befreit und ‹opera bona› vollbringen läßt [32]. Mit der Fokussierung auf den Hl. Geist, der die ‹sanctificatio› (↗Sanctus, sanctificatio, sanctitas) sowohl des siebten Tages (cf. *Gn* 2,3; *Ex* 20,8) als auch des gnadenhaft zur Erfüllung des s.-Gebots befähigten Menschen bewirkt [33], stützt A. einerseits seine Gnadenlehre gegen die ↗‹Pelagiani› [34] und kann andererseits die ↗‹Donatistae› des Verstoßes gegen das Ruhegebot bezichtigen, da geistige s.-Observanz nur innerhalb der ↗‹ecclesia (sc. catholica)› möglich ist (*s.* 8,18). Wer hingegen das s. in geistgeschenkter Herzensruhe heiligt (ib. 8,6), der begeht es rechtens, denn «intus est, in corde est sabbatum nostrum» (*en. Ps.* 91,2; ↗Cor) [35].

Anmerkungen. – [31] *S.* 33,3: «donum dei, quod est spiritus sanctus, promittit requiem sempiternam, quae sabbato figuratur. unde nos sabbatum spiritaliter obseruamus, si non faciamus opera seruilia. ab his enim etiam carnali intellectu Iudaei sabbato prohibentur. quia autem spiritalia uult intellegere opera seruilia, audiat dominum dicentem: ‹omnis qui facit peccatum, seruus est peccati› (*Io* 8,34)»; cf. ib. 270,5; *s. Wilm.* 2,3; *en. Ps.* 32,2,1,6; *Io. eu. tr.* 3,19; 20,2; 44,9. Ausführlicher dazu und zum Folgenden Ra-

veaux, Sabbat (1983) 68-75.81sq.; Berrouard, Sacrement 750sq. – [32] *Qu.* 2,172: «in illa autem requie ubi opera seruilia iubentur cessare, magna est altitudo gratiae dei. tunc enim fiunt cum requie opera bona, cum fides per dilectionem operatur ... ideo ‹sabbatum requies sancta domino› (*Ex* 35,2), dei scilicet gratiae tribuenda, non nobis uelut ex nobis. ... plenitudo autem sabbati erit in requie sempiterna. non enim frustra institutum est et sabbatum sabbatorum». *Exp. Gal.* 34 zufolge denotiert ‹sabbatum sabbatorum› das alle sieben Jahre gehaltene s.-Jahr (cf. *s.* 9,6.21; 33,3). – [33] *S.* 33,3; cf. *inq. Ian.* 2,18; *spir. et litt.* 27; *s.* 8,17sq. – [34] Besonders konzis in *Gn. litt.* 4,13,24: «in ea (sc. christlicher s.-Observanz) quippe iam gratia perpetuum sabbatum obseruat, qui spe futurae quietis operatur quidquid boni operatur nec in ipsis bonis operibus suis quasi habens bonum, quod non acceperit, gloriatur». Das ‹immerwährende s.› ist hier also präsentisch gefaßt. – [35] Dies freilich in der freudigen Hoffnung auf das vollendete s.: «ipsum gaudium in tranquillitate spei nostrae, sabbatum nostrum est» (ib.).

4. Christi Grabesruhe am s. und die Frage nach dem s.-Fasten.

– Analog zu seiner trinitarisch angelegten Zuordnung der ersten drei Dekaloggebote (↗Decalogus) deutet A. auch das s.-Gebot nicht nur (traditionell und vorrangig) schöpfungstheologisch-eschatologisch und pneumatologisch-ethisch, sondern auch (neu und nur vereinzelt) christologisch-soteriologisch: Christi Grabesruhe am s. erfüllt die prophetische Schöpferruhe Gottes und bestätigt gemeinsam mit der Auferstehung am dritten (= achten) Tag zugleich die Verheißung der ewigen s.-Ruhe [36]. Wenn die römische und mancherorts (z.B. in Thagaste) auch die nordafrikanische Kirche im Gedenken an die Grabesruhe Jesu am Samstag fastet, dann ist, wie A. in seiner langen *ep.* 36 an Casulanus festhält, diese Praxis theologisch befriedigend begründet (ib. 36,31). Ein s.-Fasten (↗Ieiunium, 3,477-480) im Sinne einer Bußübung hingegen widerspräche dem Freudencharakter des s. als eines analog zum Sonntag vom Herrn geheiligten Tages (ib. 36,19-23), «quia et sabbati et dominici unus est dominus» (ib. 36,23) [37]. Während A. selbst die Ansicht vertritt, «ad significandam requiem sempiternam, ubi est uerum sabbatum, relaxationem quam constrictionem ieiunii aptius conuenire» (ib. 36,25), rät er zur Einhaltung des lokal üblichen Usus, geregelt durch den jeweiligen ortskirchlichen Vorsteher (ib. 36,32) [38].

Anmerkungen. – [36] In nuce *ep.* 36,31; mit Fokus auf Erfüllung der Prophetie und achtem Tag *c. Faust.* 16,29; umfassend *Gn. litt.* 4,11,21; 4,13,24; im Blick auf die Ruhe von den Werken *Io. eu. tr.* 17,15. Cf. Berrouard, Repos; Folliet 380sq.; Sieben 142.154.160. – [37] Der Sonntag tritt somit für A. zwar nicht an die Stelle des s. (cf. Rordorf, *Der Sonntag* 165-171), dennoch gilt für ihn: «praeponitur autem dies dominicus sabbato fide resurrectionis» (*ep.* 36,12; cf. *s.* 231,2; *en. Ps.* 150,1). – [38] Cf. ib. 36,2: «in his enim rebus, de quibus nihil certi statuit scriptura diuina, mos populi dei uel instituta maiorum pro lege tenenda sunt». Dieselbe Frage nach regional unterschiedlichem Samstag-Fasten behandelt A. in *inq. Ian.* 1,2sq. (*Ad* ↗*inquisitiones Ianuarii*, 3,622sq.); cf. insgesamt Raveaux, Sabbat (1981) 238-241.

Bibliographie. – S. Bacchiocchi, *From Sabbath to Sunday. A Historical Investigation of the Rise of Sunday Observance in Early Christianity*, Rome 1977. – Id., Sabbatical Typologies of Messianic Redemption: JSJ 17 (1986) 153-176. – R. Bartelmus, Sabbat und Arbeitsruhe im Alten Testament: *Auf der Suche nach dem archimedischen Punkt der Textinterpretation. Studien zu einer philologisch-linguistisch fundierten Exegese alttestamentlicher Texte*, Zürich 2002, 159-200. – M.-F. Berrouard, Le repos de Dieu au septième jour, prophétie du Christ: BA 72 (²1988) 728sq. – Id., Le sacrement du sabbat, figure du repos éternel: ib. 749-751. – B. Blumenkranz, *Die Judenpredigt Augustins. Ein Beitrag zur Geschichte der jüdisch-christlichen Beziehungen in den ersten Jahrhunderten*, Paris 1973 (Basel 1946). – J. Daniélou, *Liturgie und Bibel. Die Symbolik der Sakramente bei den Kirchenvätern*, München 1963. – R. Dodaro, Iudicium ultimum: AL 3 (2004-2010) 804-810. – L. Doering, *Schabbat. Sabbathalacha und -praxis im antiken Judentum und Urchristentum*, Tübingen 1999. – G. Folliet, La typologie du *sabbat* chez saint Augustin. Son interprétation millénariste entre 389 et 400: REAug 2 (1956) 371-390. – H. Frankemölle, *Frühjudentum und Urchristentum. Vorgeschichte – Verlauf – Auswirkungen (4. Jahrhundert v. Chr. bis 4. Jahrhundert n. Chr.)*, Stuttgart 2006. – E. Haag, *Vom Sabbat zum Sonntag. Eine bibeltheologische Studie*, Trier 1991. – J. Kaiser, Sabbat IV. Sabbat im Christentum/Sabbatianismus: TRE 29 (1998) 528-533. – M. Klöckener, Dies dominicus: AL 2 (1996-2002) 419-423. – C. Körting/H. Spieckermann, Sabbat I. Altes Testament: TRE 29 (1998) 518-521. – C. Mayer, Creatio, creator, creatura: AL 2 (1996-2002) 56-116. – H.A. McKay, *Sabbath and Synagogue. The Question of Sabbath Worship in Ancient Judaism*, Leiden/New York/Köln 1994. – C. Müller, Der ewige Sabbat. Die eschatologische Ruhe als Zielpunkt der Heimkehr zu Gott: *Die Confessiones des Augustinus von Hippo. Einführung und Interpretationen zu den dreizehn Büchern* (hrsg. von N. Fischer/C. Mayer), Freiburg/Basel/Wien 1998, 603-652. – Id., *Confessiones* 13: ‹Der ewige Sabbat› – die eschatologische Ruhe als Ziel der Schöpfung: *Schöpfung, Zeit und Ewigkeit. Augustinus: Confessiones 11-13* (hrsg. von N. Fischer/D. Hattrup), Paderborn et al. 2006, 155-167. – J. van Oort, Iudaei: AL 3 (2004-2010) 781-792. – T. Raveaux, Augustinus über den Sabbat: Aug(L) 31 (1981) 197-246; 33 (1983) 58-85. – Id., Augustinus über den jüdischen Sabbat seiner Zeit: REAug 28 (1982) 213-224. – W.A. Rordorf, *Der Sonntag. Geschichte des Ruhe- und Gottesdiensttages im ältesten Christentum*, Zürich 1962. – Id., *Sabbat und Sonntag in der Alten Kirche*, Zürich 1972. – B. Schaller, Sabbat III. Neues Testament: TRE 29 (1998) 525-527. – H.J. Sieben, Augustinus zum Thema ‹Ruhe› unter Berücksichtigung der Termini *quies* und *requies*. Ein chronologischer und systematischer Überblick: *Augustinus. Studien zu Werk und Wirkgeschichte*, Münster 2013, 132-171 (ThPh 87 (2012) 161-192). – M. Vinzent, *Die Auferstehung Christi im frühen Christentum*, Freiburg/Basel/Wien 2014.

Michael Margoni-Kögler

Sacerdos, sacerdotium

I. The connotations of s. in A.'s days – 1. The Roman concept of s. – 2. Previous Christian use of s. before A. – II. A.'s use of s. – 1. Overview: referents of s. – 2. Fundamental meaning: the mystery of Christ, true and only priest – a) Central meaning: identity and work of Christ – b) Effects of Christ's priestly work – c) Polemical purpose of the term – 3. Derivative meanings: Christians as members of the priest – a) The ‹totus Christus› as priest: the body of the priest – b) The Christian bishop (and ‹presbyter›) as priest – 4. Further meanings – a) Levitical priests: prefiguration of Christ – b) Schismatic and heretical priests – c) Pagan priests: Christian counter-identity

I. The connotations of s. in A.'s days – 1. The Roman concept of s. – Roman religion was commingled with politics; most s. (= ‹sacerdos› or ‹sacerdotes›) were seen as official functionaries of the state, necessary for preserving political order. The offices were usually part-time positions held by magistrates, and part of the career track for Roman aristocrats [1]. While ἱερεύς signified a unified concept for Greeks, s. did not for Roman authors, who hesitated to make generalizations about it; instead, they tended to refer to individual s. by their proper names [2]. Nonetheless, by the late Empire s. could denote the whole breadth of the Roman religious offices, which numbered well over 40, with a complex and diverse body of roles and functions [3]. Further, in the popular mind, s. focused all this diversity into a single image: the celebrant at sacrifice [4]. The figure of the s. functioned as a kind of synecdoche which symbolically crystallized all Roman religion and its ideals.

For those influenced by the Neoplatonists, who applied the language of public religion to their theurgical rites, the rhetorical connotations of s. would conjure the further vision of their philosophical theurgists [5]. Inasmuch as the later Neoplatonists embraced the ideal of philosophical theurgy, s. functioned here also as a synecdoche of the whole philosophical way of life [6]. These civic and theurgical cults were still active in A.'s youth [7]. Hence, s. would have had a wider resonance than just the Christian one.

Notes. – [1] Cf. Beard; Chastagnol/Duval 109; Gordon, Republic; Lepelley 26-37; Riewald 1632; Szemler, Priesthoods 2323-2325; id., *Priests*; Wardman 13-16; Wissowa 479-501. – [2] Cf. Beard 43-47. – [3] Cf. Klauck; North; Szemler, Priesthoods. – [4] Cf. Gordon, Veil; id., Religion; Beard/North, Introduction 11-13. – [5] When the Neoplatonists adopted sacramental rites to create a new form of Platonism, they also embraced the language and ideal of priesthood found in those rites. *Orac. Chald.*, their principle sacred text, treat θεουργός and ἱερεύς as synonymous; cf. Majercik 192; Jones, *Preaching* 150-154. – [6] Cf. Jones, *Preaching* 150-154. – [7] Cf. Dodaro, Preaching 378-380; Madec 31sq.; Markus 86-145; Jones, *Preaching* 17sq.54-62; Mandouze 200.

2. Previous Christian use of s. before A. – The previous Christian use of s. was rooted in the Latin Bible [8]. The Latin New Testament rendered ἱερεύς almost uniquely as s., while ἀρχιερεύς was expanded variously into ‹princeps sacerdotum›, ‹pontifex›, ‹summus s.›, ‹s. magnus›, or ‹primus s.›. On the other hand, ἱερατεία, ἱεράτευμα, and ἱερωσύνη were compressed into ‹sacerdotium›, and ἱερατεύειν became ‹sacerdotio fungi›. All 116 New Testament uses of s. (alone or in combination) refer to Levitical priests except for six in *Hbr* which refer to Christ [9], and three in *Apc* which refer to Christians [10]. Likewise, of the eight uses of ‹sacerdotium› in the New Testament, four refer to Levitical ‹sacerdotium›, two to the Christian universal ‹sacerdotium›, one to Christ's, and one to the concept. While *Hbr* alone speaks of Christ's, it tends to do so with ‹pontifex› rather than s. [11].

The understanding of Christ's sacramental role in *Hbr* provides the hermeneutical key for A.'s understanding of priesthood in general [12]. Because of the inseparable connection between temple, priesthood, and sacrifice in ancient Israel, the image of the Levitical priest in *Hbr*, like the Roman one above, functions as a synecdoche; the priest symbolizes the whole ↗‹cultus›, and the ‹cultus› in turn represents the whole covenant, so that the Levitical priest represents the entire Hebrew religion. This synecdochal logic thus allows the author of *Hbr* to construct an extended polemical contrast between two priesthoods (Christ's and Levitical), which in turn contrasts two broader cults (Christ's sacrifice versus Mosaic worship), which further contrasts two covenants (New and Old). The justification for this synecdochal logic comes at ib. 7,12, where the promise of a new priest in the line of Melchisedech (*Ps* 109,4) necessarily implies a promise of a new covenant [13].

While *Hbr* presents Christ as the one true priest who both fulfills and stands in contrast with the Levitical priesthood, *1 Pt* and *Apc* present all Christians as priests of a holy, royal priesthood [14], also fulfilling the Old Testament promise [15].

These Biblical interpretations establish the primary Christian usages of the words in the first two centuries. In general, s. is used during these years only for Christ. Tertullian is the first witness to use s. for both the individual Christian and the ‹episcopus›. Cyprian, however, seems the first to have firmly established calling the ‹episcopus› s. [16]. While Cyprian speaks (only once) of presbyters as «cum episcopo … sacerdotali honore coniuncti» (*epist*. 61,3,1) [17], he reserves the title s. for bishops [18], never using it for the laity. This usage of s. in a secondary sense for the ‹episcopus›, and in a limited sense for the ‹presbyter›, was firmly established by A.'s time [19].

Notes. – [8] For priesthood and its terminology in the world of the Old and New Testament and for the reception of these traditions in the Fathers of the Church, cf. SCHRENK 257-284. – [9] Ib. 5,6; 7,11.15.17.21; 10,21. – [10] Ib. 1,6; 5,10; 20,6. – [11] For Christ *Hbr* uses ‹pontifex› 10 times, and s. only 6 times. – [12] Cf. JONES, *Preaching* 155-211. – [13] Cf. also *Hbr* 8,1sq.; cf. JONES, *Preaching* 155sq.287-289. – [14] *1 Pt* 2,5.9; *Apc* 1,6; 5,10; 20,6. – [15] *Ex* 19,6; 23,22. – [16] *Epist*. 63,14,4; 63,18,3; 65,1,2; 66,5,1; 66,7,2; 66,8,3. – [17] Insofar as associated with the bishop in his sacerdotal functions: e.g., celebrating the Eucharist, reconciling the dying. – [18] Cf. BÉVENOT 414.421-423. – [19] For further information about ‹priesthood› in the Fathers of the Church, cf. KILMARTIN; MUELLER 134-146; cf. also GROSSI.

II. A.'s use of s. – 1. Overview: referents of s. – A. uses s. and ‹sacerdotium› to refer to six different categories of people, and also as a grammatical paradigm (in *gramm*.), as follows:

Usage	s. (ca. 1000 times)	‹sacerdotium› (ca. 75 times)
Levitical ‹sacerdotium›	57%	64%
Christus s.	22%	9% [20]
Catholic ministerial ‹sacerdotium›	9%	6%
Schismatic/heretical ‹sacerdotium›	3%	1%
Universal Christian ‹sacerdotium›	2%	14%
Pagan ‹sacerdotium›	5%	6%
As a grammatical paradigm	2%	–

Note. – [20] When used of Christ or Christians, ‹sacerdotium› often refers to both.

2. Fundamental meaning: the mystery of Christ, true and only priest. – A. treats s. as a divinely revealed ↗‹sacramentum›, or sacred sign [21], which – in terms of God's intention for salvation history – refers primarily and in the strictest sense only to ↗‹Christus›, synthesizing the whole mystery of his identity and work.

Note. – [21] *Ep. Io. tr*. 3,6: «Christus autem sacramenti nomen est. quomodo si dicatur propheta, quomodo si dicatur sacerdos; sic Christus commendatur unctus». A. distinguishes here between a ‹nomen proprium› like ↗‹Iesus›, and a ‹sacramenti nomen›, like ‹Christus› or s., which indicates Christ's sacred role. Likewise, the reality itself of Christ's priesthood was also «magnum et inenarrabile sacramentum» (*cons. eu*. 1,54).

a) Central meaning: identity and work of Christ. – A. presupposes that man can come to God only through some kind of sacrificial mediation [22]. Thus, his treatment of Christ's priesthood always presupposes his understanding of mediation and his belief that to carry out his priestly work of sacrificial mediation, Christ had first to satisfy the prerequisites of a ↗‹mediator› by being both just God and mortal man [23].

Because Christ's unique identity was ordered toward his saving work, A. sometimes speaks of Christ's ‹identity› itself as priestly. Christ embraced a divinely just humanity so as to become s., suffering, and dying for us [24]. A. alternates his emphasis in this regard between the assumed humanity itself, and the divine justice of that humanity, as priestly. On the one hand, the assumed humanity in general is priestly because it was assumed for a priestly purpose: as the means by which the Word, incapable of suffering insofar as he was God, could suffer and die to accomplish sacrificial mediation [25]. For this reason, Christ is priest in function of his human, not divine, nature [26]. On the other hand, the humanity of Christ could not have been an acceptable sacrifice had it not possessed God's own justice, not only sinless, but also able to justify [27]. Although a property of his human nature, this justice was divine, thus utterly unique. He is the «mediator humilis, iustus, mortalis, et non utcumque iustus, sed iustus quia deus, mortalis quia homo» (*s. Dolbeau* 26,39). In speaking of Christ's priestly identity, therefore, A. tends to focus on the justice of his humanity more than on his human nature in general (↗Iustificatio, ↗Iustitia).

The second level and gravitational center of the image describes Christ's saving work, in its two principal stages: an ‹earthly priesthood› (suffering and death) and a ‹heavenly priesthood› (glorification and continuing heavenly intercession). Both intercessions are linked into one saving arc, in which the past event of the Cross exerts its effect in the present through Christ's heavenly intercession.

A. defines Christ's earthly priesthood concisely: «sacerdos autem, quo ad expianda et purganda peccata nostra seipsum holocaustum obtulit» (*s. Dolbeau* 26,50). This act of offering himself on the Cross was both sacrifice and intercessory prayer (*en. Ps.* 2,7), unique in that Christ was simultaneously priest and victim, offerer and offering [28].

Christ's heavenly priesthood begins at his glorification. Here, A. emphasizes, Christ opens his priesthood to his entire body, exercising it not only ‹for› the Church uniquely (as ‹unus/solus/uerus s.›), but also ‹with› her sharing in it. A. sometimes joins ‹Christus s.› to ‹Christus caput›, to coordinate seamlessly Christ's unique priesthood and his sharing it with the ‹totus Christus›. The chief link connecting Christ to his priestly body is the Eucharist, in which the Church, gathered around the earthly altar and offering herself through him, gains access to the heavenly altar, and by sharing the sacrificial gifts, becomes the very priestly offering she receives (↗Sacrificium offerre).

In this context, A. frequently uses the phrase ‹interpellat pro nobis› [29] as a synecdoche and emblem, even more concentrated than ‹Christus s.›, for Christ's whole identity and work [30]. The logic is thus: Christ's earthly ‹sacerdotium› culminates in his heavenly ‹sacerdotium›, which during this age is especially marked as intercession for expiation of sins. Like ‹Christus caput›, ‹interpellat pro nobis› helps coordinate Christ's distinctiveness from and solidarity with his body: ‹interpellat› emphasizes Christ's unique divine justice which qualifies him as ‹interpellator›, while ‹pro nobis› emphasizes his unity with those for whom he pleads.

The proprium of Christ's priesthood and mediation will be manifested at the second coming, when there will no longer be anything left to intercede for (*trin.* 1,21). Then, Christ will continue as Priest forever by offering himself with his members to God as a living sacrifice, and as Mediator forever by uniting his members to God through his own humanity (↗Aduentus Christi).

Notes. – [22] For one exception, cf. *s. Dolbeau* 26,36sq.; cf. JONES, *Preaching* 39-45. – [23] For the relationship between the titles ‹Christus mediator› and ‹Christus s.›, cf. *s. Dolbeau* 26,38-63; cf. JONES, *Relating*; id., *Preaching* 121-141.164-168.415-420. – [24] *En. Ps.* 64,7; cf. ib. 26,2,10; cf. JONES, *Preaching* 164-168. – [25] *En. Ps.* 109,17; 129,7. – [26] *En. Ps.* 109,17: «sacerdos propter carnem assumptam, propter uictimam quam pro nobis offerret a nobis acceptam». – [27] E.g., *en. Ps.* 109,18; for ‹Christus s.› in the ↗*Enarrationes in Psalmos*, cf. ANTOMÁS OSÉS. – [28] Ib. 64,6; *s.* 342,1. For further references, cf. JONES, *Preaching* 169 n. 218; ↗*Sacrificium*. – [29] Cf. *Hbr* 7,25; *Rm* 8,34. – [30] Used about 80 times in his works; cf. JONES, *Preaching* 186-199.

b) Effects of Christ's priestly work. – Christ's priestly work of effecting redemption (↗Redemptio, redemptor) begins in his own humanity, as the Word first becomes a sacrament by assuming a human nature and then acts in the sacrament of his humanity, dying and rising, to transform it and bring it into God. He continues to act in the sacrament of that glorified humanity through the sacraments, especially Baptism and Eucharist, to share the fruits of redemption and incorporate his members into himself. Because Christ's priesthood forms one work, A. sometimes links its saving effects with the past event of the Cross, and at other times with Christ's present intercession.

A.'s key Scriptural orchestration for these ideas includes *Rm* 8,34 («interpellat pro nobis»); *1 Io* 1,8-2,2 (Christ is ‹aduocatus› and ‹(solus) iustus› interceding for us, and ‹propitiatio pro peccatis nostris›); *Mt* 6,12 (even the most virtuous Christian needs daily forgiveness of sins); and *1 Tm* 2,5 (only the mediator who is God-man could effect redemption) (e.g., *en. Ps.* 36,2,20).

A. uses the Scriptural vocabulary to explain how ‹Christus s.› effects redemption. With respect to God, he reconciles humanity. Christ's offering both on earth and in heaven is a propitiatory or expiatory sacrifice placating God on our behalf (*s.* 176,5); God thereby becomes propitious, forgiving and pardoning sin [31]. With respect to sin, Christ's priestly work expiates [32], so that sin is forgiven (*ciu.* 10,22) and its separating medium is removed [33]. Related to expiation is redemption: Christ pays the price for sin, canceling its debt with his blood, thus eliminating the oldness of sin (*s. Dolbeau* 23,20). With respect to humanity, one is cleansed, purified (*en. Ps.* 149,6), and justified, by no merits of one's own [34].

Notes. – [31] *En. Ps.* 64,6; 98,11. – [32] *En. Ps.* 64,6; *s. Dolbeau* 26,50; cf. *cons. eu.* 2,11. – [33] *Io. eu. tr.* 41,5; *s. Dolbeau* 26,49. – [34] *S. Dolbeau* 23,20; ↗Purgatio.

c) Polemical purpose of the term. – Because ‹Christus s.› is «unus mediator dei et hominum» (*1 Tm* 2,5), all other claimants to the title necessarily stand in some relation to him as either (1) prefiguring him (Levitical priesthood) or (2) united to him and sharing his priestly identity (Catholic Christians and ‹episcopi› in the ‹totus Christus s.›) or (3) exaggerating their own role with respect to him and thus depreciating his identity and work (Donatist bishops) or (4) falsely imitating his work and thus opposing him (pagan priesthoods).

A. enlists s. as a potent polemical image, contrasting ‹Christus s.› with the priests and mediation of the Church's chief competitors. The term's polemical power lies in its ability to contrast Christ's necessary sacrificial mediation (of which Catholics are beneficiaries) with the ineffective sacrificial mediation of the Levitical, civic, and Neo-Platonic priesthoods, and with the devaluation of that unique mediation by the ↗‹Donatistae› [35]. Because A. saw the heart of Christ's saving work as something essentially priestly, his analyses of the relation of those groups to Christ's priesthood enables him to expose the fault lines between Catholic Christianity and its various competitors, and to demonstrate its superiority over them. Thus, A. related all these priesthoods to Christ, and thereby to each other, in order to form Christian identity.

In speaking of Christ's priesthood, A. adopts the polemical opposition of *Hbr* between Christ and Levitical ‹sacerdotium›. His primary interest in doing so, however, is to address current polemics rather than the original Jewish one, insisting on the necessity of Christ's mediation for all people. To effect this shift, A. grafts the opposition between Christ and Levitical ‹sacerdotium› into a new contrast with the priests of his current opponents: principally the Donatists and pagans [36].

A first clue of A.'s intention to polemicize pagan priesthoods is that he departs from the terminol-

ogy for Christ's ‹sacerdotium› in the Latin text of *Hbr* (normally ↗‹pontifex› [37]), opting instead to call Christ s. (or ‹summus/magnus s.›). The Latin text of *Hbr* translates the Levitical priestly terms ἱερεύς, ἱερωσύνη and ἀρχιερεύς as s., ‹sacerdotium›, and ‹pontifex›, respectively. A. almost always uses this Latin Scriptural terminology to speak about Biblical priestly offices [38], except for Christ, whom he normally calls s. This shifts widens the linguistic and conceptual field for Christ's ‹sacerdotium› to include the full range of civic priesthoods (rather than just the pontifical college), as well as theurgical priesthood.

A second clue revealing A.'s polemical purpose is his description of Christ as ‹unus/solus/uerus s.› [39]. While *Hbr* contrasts various opposing characteristics of the two priesthoods and covenants [40], the text nowhere refers to Christ as ‹unus/solus s.›. A. adds these adjectives to help merge the image of ‹Christus s.› in *Hbr* with the image of the ‹aduocatus› and ‹iustus› in *1 Io* 2,1sq.: ‹Christus s.› is also the ‹solus iustus›, who provides the only truly purifying mediation, in contrast to the multiple, sinful priests of the Levitical order (*s. Dolbeau* 26,49). A. uses this Biblical synthesis of Christ's sole priestly mediation to polemicize ineffective pagan mediation and exaggerated claims of Donatist and Pelagian ministers.

The oppositions for ‹uerus› are more subtle than those for ‹unus› and ‹solus›. When *Hbr* contrasts Christ's ‹true› priesthood and sacrifice with the ‹prefigurative› character of Levitical priesthood and sacrifices, the opposition is not ‹false› versus ‹true›, but ‹prefigurative› versus ‹true› (↗Figura(e), ↗Typus). A. retains this latter opposition when speaking of Christ in relation to the Old Testament. In polemicizing pagans, however, A. inserts ‹uerus› into the more complex set of oppositions he constructs between the ‹uera religio› of the Old and New Testaments, which offers true worship to the one true God as he wants to be worshiped, and pagan ‹noxia ↗superstitio›, which offers ‹sacra falsa› to demons (false gods) who wrongly want the worship due only to the one true God [41].

Notes. – [35] Cf. La Bonnardière 143-146; Bonner. – [36] Cf. La Bonnardière 143-146; Bonner; Dodaro, Polemic 102; id., Preaching 377-381; ↗Paganus. – [37] Two exceptions: ib. 5,6 (s. is from *Ps* 109,4) and ib. 10,21 (‹s. magnum›, a variation on ‹pontifex›). – [38] Thus, A. usually refers to the Levitical high priest as ‹summus s.›, ‹princeps sacerdotum›, or ‹pontifex›; Jewish chief priests as ‹summi s.›, ‹principes sacerdotum›, or ‹pontifices›; and priests in general as s.; cf. Jones, *Preaching* 157sq., especially ib. 158 n. 171. – [39] *C. ep. Parm.* 2,14.16; *c. litt. Pet.* 2,69; *pecc. mer.* 2,19; *en. Ps.* 36,2,20; *s. Dolbeau* 26,49.51.53.57; cf. Jones, *Preaching* 158-163. – [40] E.g., ‹unus› versus ‹plures›; ‹semel› versus ‹cotidie›. – [41] *Qu. c. pag.* (= *ep.* 102) 18; cf. Dodaro, Polemic 103-119; Jones, *Preaching* 157-163.283-297.

3. Derivative meanings: Christians as members of the priest. – a) The ‹totus Christus› as priest: the body of the priest. – Christ's priestly identity and work establish Christian identity by relating the believer to him in two contrasting ways. First, Christ now shares his priesthood with his whole body [42]. Because his priestly anointing flows down from the Head over every part of his body (*en. Ps.* 132,7), each Christian is s. [43] and member of the ‹corpus sacerdotis› [44]. As a result, each member approaching the earthly Eucharistic altar with a clean conscience can now, through faith, hope, and charity, approach the heavenly altar where Christ himself ministers [45]. On the other hand, because the priestly anointing is a gift, each depends on the grace of the one Priest and Mediator [46]. Such dependence means that no one, even a bishop, should dare call himself a ‹mediator› [47]. This dependence results from the daily need for forgiveness of sin (*Io. eu. tr.* 56,4) and from the need, perduring into eternity, for Christ as mediator to join one to God, and as priest to offer one to God (*trin.* 1,20sq.). Christology thus defines Christian identity as, first, a heavenly orientation resulting from participation in the divine life through faith, hope, and charity; and second, humble dependence on Christ's grace. A. regularly employs both of these ideas polemically against pagans, Donatists, and Pelagians [48].

Key texts grounding the first aspect are *1 Pt* 2,9 and *Apc* 20,6, which extend the promise of *Ex* 19,6 to all Christians [49]. Building on this authoritative interpretation, A. develops the idea of the universal priesthood by finding similar prefigurations in other Old Testament texts, at the same time integrating them with the complementary doctrine of humility. E.g., *Ps* 131,9.16 («sacerdotes tui induanter iustitiam» etc.) reveals that since each in Christ's royal priesthood is ‹clothed› by another, justice does not come from oneself [50]. To claim that it does would disparage the grace of Christ (*s.* 169,11).

Notes. – [42] For the context, cf. SCHÄCHTELE. – [43] *Ciu.* 20,10; cf. ib. 17,5.20; *qu.* 4,33,3-5; *qu. eu.* 2,40,3; *en. Ps.* 109,17. – [44] Ib. 51,3; *s.* 351,7; *s. Dolbeau* 26,53.57. – [45] Ib. 25,2,10; cf. ib. 117,22; *s. Dolbeau* 26,57. – [46] *S. Dolbeau* 26,49; according to ib. 26,53, Christians stand both ‹inside› (heaven) by faith, hope, and love, along with the bishop at the Eucharist; and yet in reality ‹outside›, still groaning as long as they are in this world. – [47] *S. Dolbeau* 26,52 (the Donatist bishop Parmenian dares to call himself a mediator), read in the context of ib. 26,49; *c. ep. Parm.* 2,16. – [48] *Ciu.* 1, praef.; *s. Dolbeau* 26,2sq.; cf. JONES, *Preaching* 303-379. – [49] A. interprets *Apc* 20,6 as a present reality (*ciu.* 20,7.10), so that Christians already become priests in this life (ib. 20,21). He calls the individual Christian s. frequently on the basis of the ‹regale sacerdotium› of *1 Pt* 2,9; cf. *ciu.* 17,5 (a key text); 20,10; *qu. eu.* 2,40,3; *pecc. mer.* 1,50; *en. Ps.* 131,16; *s.* 351,7.12. – [50] Cf. especially *en. Ps.* 131,27; likewise, ib. 131,16.28; *s.* 90,4; 107,10; 169,11.

b) The Christian bishop (and ‹presbyter›) as priest. – A. receives from Cyprian the tradition of describing and addressing the bishop, and to a limited extent the presbyter, as s. [51]. A. uses s. as both descriptor and form of address for eminent bishops and popes [52]. A. describes himself as s., and is addressed honorifically by others as s. and ‹sacerdotium uestrum› [53]. While s. thus refers especially to bishops, it often designates a liturgical role or action. Because a bishop might delegate some liturgical functions to a presbyter, many liturgical references to s. leave the minister's rank unclear. In this sense, s. presides at the Eucharist, offering to God the sacrifice of Christ's body. This may explain why both bishop and presbyter are called ‹s. proprie› (*ciu.* 20,10). The s. prays aloud so that the people may hear, admonishing them to lift up their hearts to God and give him thanks, exhorting them to pray for catechumens and unbelievers. He pours out prayers and supplications for the faithful, the dead, and unbelievers [54]. As the minister of Baptism he initiates believers into the mysteries [55].

The s. together are the judges of ecclesiastical discipline and doctrinal purity [56]. Their special duty is to articulate Christian doctrine publicly before the laity from Scripture [57] so that everyone might grasp the «sacramentum doctrinae fidei», expressed in spoken words and sacramental signs, and approve its true ‹color› (*qu. eu.* 2,40,3). A. reprimands a layman and recent convert who had presumed to teach against the authority and discipline of the s. of the Church (ib. 3,18).

Although A. clearly defends the distinction between ministers and laity by virtue of the sacrament of orders (*b. coniug.* 32; ↗Laicus), and acknowledges the bishop's special dignity as s., he warns that Donatists exaggerate the bishop's role, thereby diminishing the significance of Christ's sole mediation and the true priesthood of the body [58]. In response, A. reemphasizes the New Testament understanding of the royal ‹sacerdotium› of the whole ‹corpus sacerdotis› vis-à-vis the bishop, while still explaining why ‹episcopi› are ‹praecipue› called s.: «quia praepositi sumus» (*s. Dolbeau* 26,49.53). Notable here is what A. does not provide, i.e., a sacramental basis for the bishop's title s. The application for all is humility: the people are to submit to the bishop, while the bishop must remember that he is saved only in virtue of what he shares in common with the priestly body (↗Humiliatio, humilitas).

Notes. – [51] *Ciu.* 20,10: «non utique de solis episcopis et presbyteris dictum est, qui proprie iam uocantur in ecclesia sacerdotes»; ↗Episcopus (episcopatus), ↗Presbyter. Compare *s. Dolbeau* 26,49.53: the ‹praepositus› is called ‹s. praecipue›. For the

African background of ‹presbyteri› as s., cf. Sabw Kanyang 174-185. – [52] *C. Iul.* 1,34sq.44; 2,30.33; *c. Iul. imp.* 1,72; 4,117sq.; 6,17. – [53] *S.* 135,7; *ep.* 153,1.22; 188,3. For A.'s spirituality of s., cf. Trapè; Pellegrino. – [54] *Mag.* 2; *cura mort.* 3; *perseu.* 63; *c. Iul. imp.* 6,41; *ep.* 217,2.26; *s.* 229,3. – [55] *Bapt.* 6,46; 7,30; *c. Don.* 34; *ep.* 105,12. – [56] *Ps. c. Don.* 106; *haer.* 82. – [57] *Vera rel.* 5; *doctr. chr.* 4,30; *qu. eu.* 2,40,3. – [58] *S. Dolbeau* 26,49.52sq.; cf. *c. ep. Parm.* 2,15sq.

4. Further meanings. – a) Levitical priests: prefiguration of Christ.

– Over half of A.'s uses of s./‹sacerdotium› refer to Levitical priesthood, falling into three main groups. First (ca. 18%) are Scriptural citations or allusions in which Levitical ‹sacerdotium› is mentioned only incidentally – as Jesus' interactions with the Jewish leaders, and attempts to harmonize Gospel texts in *cons. eu.* Group two (ca. 42%) is found in *loc.* and *qu.*, A.'s studies of the Heptateuch's literal meaning, in preparation for treating the two cities in the latter half of *ciu.*, especially books 15 and 16 [59]. The third group (ca. 36%) treats Levitical priesthood figuratively, as foreshadowing Christ, his ministers, his people, and their cult in him. A. uses this structure (↗Praedicta-impleta) for a several polemical purposes. First, it helps him respond to an anti-Christian polemic provoked by the recent suppression of pagan cult [60]. The attack added to the old charge of ‹nouitas› the accusation that Christ was only a magician-thaumaturge, misrepresented after his death by his disciples.

In response, A. uses the Levitical foreshadowing of Christ to demonstrate the truth of Christ and the Church's connection to him [61]. Beginning from the principle that three elements of the Old Covenant, priesthood – cult – covenant, cannot be separated, *Hbr* 7,12 declares that a change in the priesthood necessitates a change in the law. The promise in *Ps* 109,4 of a new priest thus entails a change in the covenant. A. develops this argument by linking it to the Church and her worship. By associating Christ with the new priesthood and the Church with the new cult and covenant, A. connects the Church to Christ, upholding the unity of the new priesthood, cult, and covenant [62]. In sum, the fulfillment of the ancient figures answers the charge of ‹nouitas› by establishing the antiquity of the Christian ↗‹religio›; it demonstrates the truth of Christ's priesthood and the continuity of the Church and her worship with Christ; and it establishes the truth of the Scriptures (↗Congruentia testamentorum).

A. also uses the figure of the Levitical priest polemically against Jews, Manicheans, Donatists, and Pelagians. Against the ‹Iudaei›, the power of the ‹promise›/‹fulfillment› texts is obvious. These same arguments counter Manichean depreciation

of the Old Testament [63]. To defend the sole validity of their baptism, the Donatists cite their translation of *1 Rg* 2,25: «si peccauerit populus, orabit pro eo sacerdos; si autem sacerdos peccauerit, quis orabit pro eo?». Recognizing with them that a mediator must be sinless, A. argues that the high priest for whom no one prays, who enters the Holy of Holies alone annually, can prefigure only Christ, not the Christian bishop [64]. Against the Pelagians, that priests have to offer sacrifices for their own sins shows that no one can live sinlessly in this life [65].

Notes. – [59] Cf. Pollastri 297. – [60] Cf. Madec; Dodaro, Preaching 379sq. – [61] Cf. Jones, *Preaching* 287sq. – [62] *Ciu.* 17,5; *en. Ps.* 109,17; ↗Vetus-nouus. – [63] *C. Faust.* 12,33.36.44; 13,2.4; cf. *ib.* 6,5. – [64] *C. ep. Parm.* 2,14.16; *c. litt. Pet.* 2,240sq.; *en. Ps.* 36,2,20. For other anti-Donatist arguments using the figure of the Levite, cf. *c. Don.* 26.31sq.; *c. ep. Parm.* 2,10.12. – [65] *Ep.* 177,16; for further anti-Pelagian arguments, cf. *nupt. et conc.* 2,50; *c. ep. Pel.* 3,15.

b) Schismatic and heretical priests.

– Use of s. in anti-Donatist or Pelagian polemic is done usually by discussion of Christ's ‹sacerdotium›, without direct mention of Donatist or Pelagian ‹sacerdotium›. Thus, only about ca. 3% of A.'s uses of s. name schismatic or heretical bishops. Nonetheless, all references are polemical, almost all to Donatist bishops. In over half of these, A. narrates the history of the controversy to note contradictions between actions and declared theology of Donatist bishops [66]. In a small number A. narrates their part in the history of the controversy (*breuic.* 3,29), or responds directly to arguments made by specific Donatist bishops (*c. litt. Pet.* 2,240sq.).

Note. – [66] *C. Don.* 11.13sq.; *c. ep. Parm.* 2,4; *Cresc.* 3,62; 4,5; *en. Ps.* 36,2,20.

c) Pagan priests: Christian counter-identity.

– A.'s anti-pagan polemic surrounding his few references to pagan priests (often using ‹Christus s.›) is extensive. The synecdochal power of s. allows A. to critique pagan priesthood as a way of critiquing all that it synthetically symbolized: the entire network of Roman civic cults, games, theaters, and ideologies justifying the Roman state (↗Imperium Romanum). By contrast, A.'s demonstration of Christ as ‹uerus s.› demonstrated the truth of the Christian religion, while likewise critiquing all that was symbolized by pagan priesthood [67].

De ↗*ciuitate dei* contains A.'s most sustained critique of pagan priesthoods. He argues that the gods worshiped in civic cults cannot secure help in this life or life after death (↗Di gentium). He structures his argument around Varro's distinction between the three branches of Roman ↗‹theologia›:

‹mythical› or ‹fabulous› [68]; ‹physical› or ‹natural› [69]; and ‹civil›, i.e., that of the priests [70]. A. critiques these three in succession on ontological and moral grounds. The gods of the poets are false, since none of them are the one, true, almighty creator, and all of them are wicked. Although Varro separates the civic cults from the fictions and wickedness of the mythical gods, these same gods are simply taken up into the civic cults. In fact, the priests participate with the poets in a ‹consortium falsitatis›, administering false and base rites (ib. 6,6). Although the priests attempt, in supposedly sacred rites, to present the gods as noble, they portray the same baseness and obscenities which the theater presents (ib. 6,6sq.). The priests also admit that they are deceiving the people. A. cites famous figures who severely critiqued the rites, yet still participated in them for the sake expedience (Scaevola: ib. 4,27.31), fear of public opinion (Cicero: ib. 4,30), or tradition (Seneca: ib. 6,10).

Ib. 7,27 and elsewhere A. insists that almost all the gods of civic cults were originally men to whom divine honors were paid after death [71]. Thus, their priests act in the name of ‹dei mortui› [72]. The rites to them are not empty, however. The worship of the images and mysteries established in the honor of such men implicitly invites ↗‹daemones› to take possession of or associate themselves with the images and rites [73]. In this way, a daemon ‹interposes itself› [74] into the rite, becoming a ‹deus falsus› receiving ‹sacra falsa› or ‹sacra sacrilega› – in opposition to the ‹deus uerus›, to whom ‹Christus s.› offered the ‹uerum sacrificium› (*en. Ps.* 94,6). As a result, the cult established to such gods is ‹noxia superstitio›, in opposition to the ‹uera religio› offered to the one true God [75].

A. argues for the superiority of the third branch of theology, physical (or philosophical), over the other two. Of all the philosophers, Plato attains the most excellent understanding of God (*ciu.* 8,5). Despite his insight into the nature of the one unchangeable God, however, Plato holds that to obtain happiness now and after death, it is necessary to worship many created, mediating gods (ib. 8,1). Plato's contemporary followers, the Neoplatonists, recognize the need for supernatural help in obtaining the purification of the soul prerequisite for the blessed life, and so seek help from mediating spirits through sacramental, theurgical rites [76]. Because Neoplatonism is understood as a priestly way of life, because theurgy is understood as a ‹priestly art› [77], and because the θεουργός is also known as ἱερεύς [78], it seems reasonable to suppose that A. intends that readers who know these rites, and perhaps are attracted to them, are to

contrast ‹Christus s.›, portrayed throughout Book 10 [79] (e.g., ib. 10,17: ‹melior s.›) and elsewhere, with these priests and the priests of the civic cults.

Notes. – [67] Cf. Dodaro, Polemic 103-119; id., Preaching; Jones, *Preaching* 143-164. – [68] The poetic fables acted out in the theater. – [69] That of the philosophers. – [70] Ib. 6,5: «‹quod in urbibus ciues, maxime sacerdotes, nosse atque administrare debent. in quo est, quos deos publice sacra ac sacrificia colere et facere quemque par sit› (Varro *ant. rer. diu.* 1 frg. 31 Agahd)». – [71] I.e., the teaching of Euhemerus. Cf. ib. 6,7; 8,5.26sq.; 18,18; cf. also *cons. eu.* 1,33. – [72] *C. ep. Parm.* 2,22; *c. litt. Pet.* 1,10; *Cresc.* 2,30. – [73] *En. Ps.* 113,2,3.6; cf. Jones, *Preaching* 107-113. Cf. also *c. Faust.* 22,17; *conf.* 10,67; *ciu.* 7,27: «unde remotis constat ambagibus nefarios daemones atque inmundissimos spiritus hac omni ciuili theologia inuisendis stolidis imaginibus et per eas possidendis etiam stultis cordibus inuitatos»; ib. 8,26. – [74] *S. Dolbeau* 26,28sq.; cf. Jones, *Preaching* 107 n. 303. – [75] *Ciu.* 7,27 (‹malum est›); *qu. c. pag.* 18 (‹noxia superstitio›); *ep.* 91,4 (‹sacrilega superstitio›). – [76] Cf. [5]; cf. *ciu.* 8-10, especially ib. 10,7-19.21.23.25-32; cf. also *doctr. chr.* 2,30; *conf.* 10,67; *trin.* 4,13-19 (cf. Muller); *s. Dolbeau* 26,28.32.34.36-38.41sq.47.58.61.63; ↗Plato, Platonici, ↗Ritus, ↗Theurgia. – [77] Cf. Lewy/Tardieu 464; Cremer 24sq.; Jones, *Preaching* 150-154. – [78] *Orac. Chald.* frg. 133 Majercik; cf. Jones, *Preaching* 152sq. – [79] Ib. 10,3.6.17.20.22.31.

Bibliography. – I. Antomás Osés, Cristo Sacerdote en las *Enarrationes in Psalmos*: Mayéutica 25 (1999) 9-75. – M. Beard, Priesthood in the Roman Republic: Id./J. North (Edd.), *Pagan Priests ...* 17-48. – M. Beard/J. North (Edd.), *Pagan Priests. Religion and Power in the Ancient World*, London 1990. – Iid., Introduction: ib. 1-16. – M. Bévenot, ‹Sacerdos› as Understood by Cyprian: JTS 30 (1979) 413-429. – G. Bonner, «Christus Sacerdos»: The Roots of Augustine's Anti-Donatist Polemic: *Signum pietatis. Festgabe für C.P. Mayer OSA zum 60. Geburtstag*, Würzburg 1989, 325-339. – A. Chastagnol/N. Duval, Les survivances du culte impérial dans l'Afrique du Nord à l'époque vandale: *Mélanges d'histoire ancienne offerts à W. Seston*, Paris 1974, 87-118. – F.W. Cremer, *Die chaldäischen Orakel und Jamblich de mysteriis*, Meisenheim am Glan 1969. – R. Dodaro, Christus Sacerdos: Augustine's Polemic Against Roman Pagan Priesthoods in De Civitate Dei: Aug 33 (1993) 101-135. – Id., Christus Sacerdos: Augustine's Preaching Against Pagan Priests in the Light of S. Dolbeau 26 and 23: *Augustin Prédicateur (395-411)* (éd. par G. Madec), Paris 1998, 377-393. – R. Gordon, From Republic to Principate: priesthood, religion and ideology: M. Beard/J. North (Edd.), *Pagan Priests ...* 177-198. – Id., Religion in the Roman Empire: the civic compromise and its limits: ib. 233-255. – Id., The Veil of Power: emperors, sacrificers and benefactors: ib. 199-231. – V. Grossi, Sacerdozio dei fedeli: NDPAC 4636-4640. – D. Jones, *Christus Sacerdos in the Preaching of St. Augustine. Christ and Christian Identity*, Frankfurt a.M. et al. 2004. – Id., Relating *Christus Sacerdos* and *Christus Mediator* in St. Augustine's *S. Dolbeau* 26: StPatr 49 (2010) 197-202. – E.J. Kilmartin, Priesthood: EEC 947-949. – H.-J. Klauck, *Die religiöse Umwelt des Christentums* 1. *Stadt- und Hausreligion, Mysterienkulte, Volksglaube*, Stuttgart/Berlin/Köln 1995. – A.-M. La Bonnardière, L'épître aux Hébreux dans l'œuvre de saint Augustin: REAug 3 (1957) 137-162. – C. Lepelley, Saint Augustin et la cité romano-africaine: *Jean Chrysostome et Augustin* (éd. par C. Kannengiesser), Paris 1975, 13-39. – H. Lewy/ M. Tardieu, *Chaldean Oracles and Theurgy. Mysticism, Magic and Platonism in the Later Roman Empire*, Paris 1978. – J.T. Lienhard, Ministry: AthAg 567-569. – G. Madec, Le Christ des païens d'après le *De consensu euangelistarum* de saint Augustin: RechAug 26 (1992) 3-67. – R. Majercik, *The Chaldean Oracles. Text, Translation, and Commentary*, Leiden 1989. – A. Mandouze, Saint Augustin et la religion romaine: RechAug

1 (1958) 187-223. – R.A. MARKUS, *The End of Ancient Christianity*, Cambridge 1990. – Id./R. DODARO, Episcopus (episcopatus): AL 2 (1996-2002) 882-893. – J.G. MUELLER, Priester: RAC Lfg. 218 (2016) 112-155. – E.C. MULLER, The Priesthood of Christ in Book IV of the *De trinitate*: *CollAug Presbyter* 135-149. – J. NORTH, Priests: *The Oxford Classical Dictionary* (ed. by S. HORNBLOWER/A. SPAWFORTH), Oxford ⁴2012, 1209sq. – M. PELLEGRINO, *The True Priest. The Priesthood as preached and practised by St. Augustine*, Villanova, Pa. 1988. – J. PÉPIN, *Mythe et allégorie. Les origines grecques et les contestations judéo-chrétiennes*, Paris ²1976. – A. POLLASTRI, Introduzione generale: NBA 11,1 (1997) 283-384. – B. QUINOT, L'influence de l'Epître aux Hébreux dans la notion augustinienne du vrai sacrifice: REAug 8 (1962) 129-168. – P. RIEWALD, Sacerdotes: RE 1A,2 (1920) 1631-1653. – J.-A. SABW KANYANG, *Episcopus et plebs. L'évêque et la communauté ecclésiale dans les conciles africains (345-525)*, Bern et al. 2000. – T. SCHÄCHTELE, *Das Verständnis des allgemeinen Priestertums bei Augustin*, Waltrop 1990. – G. SCHRENK, ἱερός: ThWNT 3 (1938) 221-284. – G.J. SZEMLER, *The Priests of the Roman Republic. A Study of Interactions Between Priesthoods and Magistracies*, Bruxelles 1972. – Id., Priesthoods and Priestly Careers in Ancient Rome: ANRW 2,16,3 (1986) 2314-2331. – A. TRAPÈ, *Il sacerdote uomo di Dio e servo della Chiesa*, Roma ²1985. – A. VANHOYE, *Prêtres anciens, prêtre nouveau selon le nouveau testament*, Paris 1980. – A. WARDMAN, *Religion and Statecraft Among the Romans*, London 1982. – G. WISSOWA, *Religion und Kultus der Römer*, München ²1912. – A. ZERFAß, Presbyter, presbyterium: AL 4 (2012-2018) 910-914.

DANIEL JONES

Sacramenta ex latere Christi

A.'s interpretations of *Io* 19,34 «sed unus militum lancea latus eius aperuit, et continuo exiuit sanguis et aqua» (cf., e.g., *Io. eu. tr.* 120,2; ↗Aqua, ↗Sanguis) are preceded by those from pre-Nicene Patristic writers who treated this biblical theme, including Irenaeus, Tertullian, Origen and Cyprian, as well as post-Nicene Fathers, including Athanasius, Didymus, Hilary and Ambrose. These writers saw in the Johannine image of blood and water flowing from the side of Christ the Old Testament prefiguration of the water flowing from the rock (*Ex* 17,1-7; *Nm* 20,2-13), as well as the New Testament symbolism of the Holy Spirit, Christ's dual natures, the birth of the Church, symbols of baptism and Eucharist, and salvation through either the water of baptism or the blood of martyrdom [1].

A.'s principal interpretation is found at *Io. eu. tr.* 120,2 (cf. *Gn. adu. Man.* 2,37; *s.* 218,14), where he suggests that «the Church, the new Eve, was formed from the side of the new Adam by the ‹sacramenta ecclesiae› ... which flowed from it» [2] (↗Ecclesia, 2,696sq.). He understands these s. in this context to be baptism, signified by blood [3], and Eucharist, signified by water [4]. The same theme is previewed earlier in his Johannine commentary: «dormienti Adae fit Eua de latere; mortuo Christo lancea percutitur latus ut profluant sacramenta, quibus forme-

tur ecclesia» (*Io. eu. tr.* 9,10). Noah's ark prefigures the sacraments flowing from the side of Christ [5]. A. understands this interpretation to follow from the ‹sacramentum magnum› which is Christ and the Church: «‹et erunt duo in carne una› (*Gn* 2,24; *Eph* 5,31), sacramentum hoc magnum esse in Christo et in ecclesia» (*Gn. litt.* 8,5,10) [6].

Notes. – [1] Cf. CARNAZZO 1sq., referring to *c. Faust.* 12,39; ↗Allegoria. For specific references in Patristic writings, cf. TROMP; MAGUIRE. – [2] MAGUIRE 209. On A., cf. ib. 208-233. Cf. also DIDEBERG, especially ib. 90-92. – [3] ‹Sacramentum sanguinis› (*c. Faust.* 12,8); «sacramentum remissionis peccatorum» (ib. 12,16); ↗Baptismus, ↗Peccatum, 4,596sq., ↗Peccatum originale, 4,608sq., ↗Sacramentum. – [4] *Io. eu. tr.* 120,2: «unde sacramenta ecclesiae manauerunt, sine quibus ad uitam quae uera uita est, non intratur. ille sanguis in remissionem fusus est peccatorum; aqua illa salutare temperat poculum» (↗Sacramentum corporis et sanguinis Christi). At *ciu.*, A. refers to «sacramenta ... quibus credentes initiantur» (ib. 15,26; cf. ib. 22,17: «sacramenta ... quibus aedificatur ecclesia»). – [5] Ib. 120,2; *c. Faust.* 12,39; cf. GROTE; ↗Noe. – [6] ↗Christus, 1,879-882. For different allegorical interpretations of *Io* 19,34b, cf., e.g., *en. Ps.* 46,4; *s.* 311,3; *s. Denis* 3,2.

Bibliography. – S.A. CARNAZZO, *Seeing Blood and Water: A Narrative-critical Study of John 19:34*, Diss. Washington, D.C. 2011. – D. DIDEBERG, Le côte du Christ transpercé (*Io* 19,34) chez saint Augustin: SpirLitt 85-97. – A.E.J. GROTE, «In arca quaedam ad Christum, quaedam ad ecclesiam referuntur» (*c. Faust.* 12,39). Zur Rezeption von Augustins Arche-Exegese bei Hugo von St. Viktor (1097-1141), Petrus Johannis Olivi (1247/48-1296/98) und Aegidius Romanus (1245-1316): *Augustinus – ein Lehrer des Abendlandes. Spuren und Spiegelungen seines Denkens von der Frühscholastik bis in die Gegenwart* 1. *Von den Anfängen bis zur Reformation* (hrsg. von N. FISCHER), Hamburg 2009, 85-104. – A.A. MAGUIRE, *Blood and Water. The Wounded Side of Christ in Early Christian Literature*, Diss. Washington, D.C. 1956. – S. TROMP, De Nativitate Ecclesiae ex Corde Iesu in Cruce: Gregorianum 13 (1932) 489-527.

ROBERT DODARO

Sacramentum

I. Pre-Christian uses of the term – 1. Roman juridical use – 2. Roman military use – 3. Other Roman applications – II. Christian, pre-Augn. uses of the term – 1. General remarks – 2. Tertullian – 3. Cyprian of Carthage – 4. Novatian, Arnobius of Sicca, Lactantius – 5. Hilary of Poitiers – 6. Ambrose of Milan – 7. Use in the Vulgate – III. General meaning, function and theoretical foundation of s. in A.'s thought – 1. Divisions – 2. Definition – 3. ‹Signum› – ‹res› – 4. ‹Dispensatio temporalis› – IV. S. as ritual action – 1. In the Old Testament: S. in the context of the Manichean controversy (1) – 2. In Christianity – 3. Baptism: S. in the context of the Donatist controversy – 4. Eucharist – 5. Anointing – 6. Ordination – 7. Matrimony – V. S. as symbol – 1. In the Old Testament: S. in the context of the Manichean controversy (2) – 2. In the New Testament – 3. Numbers – VI. S. as Christian mystery – 1. In general – 2. S. and ‹exemplum› in relation to grace: S. in the context of the Pelagian controversy

I. Pre-Christian uses of the term. – In classical Latin, s. (‹sacrare› + ‹-mentum›) derives from the adjective ‹sacer› meaning anything or anyone given to the gods and, therefore, set apart from society; thus, ‹sacred› or ‹holy›, as in ‹sacerdos›; but also ‹accursed› because of a breach with the gods, as in ‹homo sacer› or ‹sacrilegus› [1].

Note. – [1] Cf. KLINGMÜLLER; KASER 21; EDER/MALI 1199sq.

1. Roman juridical use. – Varro offers the earliest recorded definition of s. as a ‹sacred deposit›, a term which he says derives from ‹sacer› (*ling.* 5,180). It was later given a fuller description in conjunction with the legal process ‹legis actio› by the 2nd c. jurist Gaius [2]. As Gaius describes it, the ‹legis actio sacramenti› was the general form of a Roman civil process as originally constituted, in which the s. referred both to a monetary ‹stake› or ‹bond› and an ‹oath› signified by the stake [3]. The s. was thus a pledge of good faith on the part of the litigants, establishing a relation between them and the gods. It was entrusted to the ‹praetor›, or magistrate during the formalistic preliminary hearing. If the litigants declined the magistrate's invitation to settle the dispute by arbitration, he referred the matter to a ‹iudex› for judgment. The victorious party in the suit regained his s., whereas the losing party forfeited his, originally to the public treasury as a ‹piaculum› or sacrifice of expiation to atone to the gods for his perjury, but later, by Gaius's time, to the winning party (cf. *inst.* 4,13) [4].

Notes. – [2] Hence, ‹legis actio sacramenti› (Gaius, *inst.* 4,13); also referred to elsewhere as ‹legis actio sacramento› or ‹legis actio per sacramentum›. – [3] Cf. OLD s.v.; VAN SLYKE, Ancient 185. – [4] Cf. MOUSOURAKIS 33.206 n. 12; NOAILLES 9-15.72-87. 109-135; KASER 14, on cultic associations with s. in conjunction with civil suits.

2. Roman military use. – Julius Caesar offers the first literary evidence of the term's military usage. He employs it as an oath in conjunction with the verbs ‹rogare› and ‹dicere› [5]. It is at this time that the military use of s. begins to take prominence over the legal use, which gradually disappears. Writing later, Livy characterised it as an oath of obedience expressed by a formula pronounced by new recruits in the presence of the consuls [6]. These recruits also swore to fellow soldiers not to abandon them (Liu. 22,38). Livy thus associates s. with the soldier's sacred duty or bond [7]. Tacitus later attests that the s. was sworn to the emperor (*hist.* 4,21; cf. ib. 2,79). From 68, the Roman legions took this oath annually, and, at least on occasion, the swearing was accompanied by the offering of prayers [8]. But by the late 4th c., Servius Grammaticus writes about swearing the s. as if it were an ancient military practice now abandoned (*Aen.* 7,614; cf. ib. 2,157) [9].

Notes. – [5] Caes. *Gall.* 6,1; *ciu.* 1,86; cf. VAN SLYKE, Ancient 182. – [6] Liu. 32,26; 2,24; 24,8 with ‹iurare›; cf. Cic. *off.* 1,36. – [7] ‹Religio›: ib. 28,27; cf. VAN SLYKE, Ancient 168-172. – [8] ‹Precari›: ib. 1,55; 2,74; cf. VAN SLYKE, Ancient 176sq.; NOCK. – [9] Cf. VAN SLYKE, Ancient 181.

3. Other Roman applications. – The Roman military use of s. through the 3rd c. provided the basis for analogous applications of the term in four different contexts: barbarians, thieves, gladiators and philosophers [10]. L. Annius Florus employs s. to indicate a bond uniting enemy forces against Rome: ‹inpii belli s.› [11]. Similarly, Livy portrays Hannibal as vowing ‹sub hoc sacramento› never to befriend the Romans (Liu. 35,19). Meanwhile, bands of robbers, frequently composed in part of deserters from the military, were depicted as employing the term to express their loyalty to each other [12]. In this connection, Pliny the Younger is the first writer to use the term in relation to Christian practices when he distinguishes them from the oaths sworn by thieves [13]. Gladiators, too, swore an oath by which they pledged their bodies to their masters. Petronius (Petron. 117,5sq.) and Seneca (*epist.* 4,37) refer to this gladiatorial oath allegorically as s. [14]. Petronius extended the military-gladiatorial context to include ‹s. amicitiae› (Petron. 80,4), and Apuleius broadened this meaning even further to suggest a natural bond of community (‹naturale s.›) as among animals (*met.* 3,26) [15]. In a more abstract analogy from that of the gladiator, Seneca also employs s. as an expression of the sage's philosophical submission to the suffering that life entails (*dial.* 7,15,5-7) [16].

While a few extant texts point to the gods as witnesses and possible avengers of broken oaths, the question as to whether s. was ever used stricto sensu to indicate a specific pagan religious initiation rite or cultic act is disputed among scholars [17]. Nevertheless, by analogy from and in conjunction with its frequent military usage, s. was on occasion used to express religious overtones, as attested by Seneca (ib.), Silius Italicus [18] and, more so, Apuleius, in relation to an oath of fidelity toward the goddess Isis (*met.* 11,15) [19].

Notes. – [10] Cf. VAN SLYKE, Ancient 189-197. – [11] Flor. *epit.* 2,6; cf. also ib. 2,30. – [12] Cf. VAN SLYKE, Ancient 191, citing Apul. *met.* 4,11; 14,21. – [13] Plin. *epist.* 10,96: «secum inuicem seque sacramento non in scelus aliquod obstringere»; cf. VAN SLYKE, Ancient 193, but cf. NOCK 218; VAN SLYKE, Changing 249sq. Tert. *apol.* 2 interprets Pliny's use of s. as referring instead to Christian rites. – [14] Cf. VAN SLYKE, Ancient 194. – [15] Cf. PHELAN 13sq. – [16] Cf. VAN SLYKE, Ancient 195sq.: Quint. *inst.* 12,26 and Apul. *Socr.* 22 (‹philosophiae s.›) also employ s. in a philosophical context; cf. PHELAN 16. – [17] VAN SLYKE, Ancient 197-204 argues that scholars who interpret s. in this manner do not provide convincing evidence. He thus disagrees with MICHAÉLIDÈS 26-28, and supports MOHRMANN 142sq., who argues against CASEL 41-43 that the earliest Christians preferred s. to ‹mysterium› because the latter was associated with pagan religious rites, whereas s. was not. Cf. also Foster 413. – [18] Sil. 10,448: ‹iurant sacramenta deis›. – [19] In addition to Van Slyke, Ancient 197-204 cf. Michaélidès 27; Mohrmann 146; Phelan 15sq.

II. Christian, pre-Augn. uses of the term. – 1. General remarks.

– At the beginning of the 3rd c., an Old Latin version of the Pauline Epistles is thought to have circulated in Roman Africa [20]. Some scholars claim that s. was used in this version in place of ‹mysterium› to translate μυστήριον [21]. If so, this version would represent the first known occasion of the use of s. in Christian literature. Writing at this time, Tertullian (died after 220) implies that he knows of a Latin translation of the Pauline Epistles, though it cannot be inferred that he made use of it [22]. Although he therefore cannot be said with certainty to be the first Christian author to employ s. in a Christian context, it is nevertheless Tertullian who by employing s. to translate μυστήριον in Paul's Epistles, firmly establishes the term's broad foundational usage in the Latin patristic tradition [23]. Among reasons given for the preference he shows for s. over ‹mysterium›, scholars emphasize the former's relative freedom from associations with pagan cult [24]. In addition, the choice of s. avoids the use of a loan word from the Greek, while Tertullian also hoped that its ethical implications, derived from its military significance as ‹oath›, would appeal to Christians (idol. 19) [25]. This analogical linkage with the Roman military oath will therefore result in the progressive acquisition by s. of a conceptual association with allegiance and community, key notions for the future use of this term which are not found in ‹mysterium› [26]. At the same time, some scholars have argued that ‹res sacra›, and not ‹oath›, provides Tertullian and later Latin Christianity with the term's fundamental meaning [27].

Notes. – [20] Cf. Houghton 6; Foster 410, citing Monceaux 110.113-118. Cf. also Houghton 4sq. on the claim by the Scillitan martyrs of Africa to possess ‹epistulae Pauli uiri iusti›. Souter 36sq. argues that these were in Latin. – [21] E.g., Eph 1,9; 3,3; Col 1,27; Rm 16,25; cf. Koffmane 20. De Backer, Sacramentum cautions that this view can only be an hypothesis. However, Mohrmann 141 claims that s. was almost always used to translate μυστήριον in the so-called African version. Phelan 19 n. 38 confirms that «Vetus Latina texts routinely used sacramentum to render the Greek mysterion». Cf. also von Soden; Frede 33*-35*. With regard specifically to Tertullian, Monceaux 110.113-118 holds that he possessed an Old Latin version of 1 Cor, Rm and Eph, a view supported by Souter 36sq. Foster 410 summarizes the opinion of scholars that Tertullian «does not ordinarily quote from a Latin Version, but simply translates from a Greek text». Houghton 6 offers support on this point. – [22] Cf. Houghton 6, citing Tert. monog. 11 and adu. Marc. 5,4. – [23] Cf. Mohrmann 141, but cf. ib. 143sq., where she contends that, apart from Tertullian, s. did not supplant ‹mysterium› in early Christian authors. For studies on s. in Tertullian, cf. especially De Backer,

Sacramentum; id., Tertullien; Kolping; Braun 435-443 and, in particular, Michaélidès (with additional literature). – [24] Cf. Mohrmann 142sq. At praescr. 40,2, Tertullian juxtaposes ‹sacramenta diuina› with ‹idolorum mysteria› in order to distinguish the two terms. Cf. also De Backer, Sacramentum 12-19. However, Tertullian employs s. at times to represent pagan rites (nat. 1,19). – [25] Cf. Kolping. – [26] Cf. Phelan 20. On the meaning of μυστήριον in pre-Christian and Christian literature, cf. Hopfner; Bornkamm; Liddell/Scott/Jones/McKenzie s.v.; Lampe s.v.; Harvey. – [27] Koffmane 82sq. and De Backer, Sacramentum 97 hold that ‹oath› is not the fundamental meaning of s. in Christian usage. Koffmane suggests ‹res sacra› as the core meaning, which De Backer, Sacramentum accepts. Cf. also Mohrmann 150sq., who maintains that the equivalence of ‹oath› with s., even in Tertullian in relation to baptism, is only an ‹artifice littéraire›. However, Van Slyke, Changing 252sq. links Tertullian's multi-faceted use of s. directly to the analogy of a military oath.

2. Tertullian.

– Tertullian employs s. about 130 times in his works, most notably in adu. Marc., in order to signify a surprisingly wide range of meanings including: the Christian mystery, sometimes identified as ‹s. Christi› (praescr. 26,2.5), essential Christian mysteries in general (adu. Prax. 2), a particular Christian way of worshipping (apol. 19,2), Christian ritual practices and their signification in general (adu. Marc. 1,14,3), as well as those rites associated with baptism (mart. 3) and Eucharist (adu. Marc. 1,14) [28]. But more than other associations, he employs s. to signify the hidden reality that is typologically revealed within given scriptural passages (ib. 3,16,1-5) [29]. Clearly, however, beginning with Tertullian, s. is employed to convey both senses of μυστήριον as a ritual practice and its hidden signification, while the term's relationship to ‹sacrare› ensures that it «relates to the thing made sacred – what the verb ‹sacrare› produces – or to the thing that makes something sacred – the subject of the verb ‹sacrare›» [30]. As a further extension of the term's wide-ranging meanings, Tertullian employs expressions such as ‹regula sacramenti› and ‹societas sacramenti› (ib. 1,21,1; 4,5,2) to designate the Church's adherence to apostolic tradition against heretical sects [31].

Notes. – [28] Cf. Michaélidès 197-233. Cf. also Harrill on Tertullian's application of s. to baptism at mart. 3: «... cum in sacramenti uerba respondemus». – [29] Lang 221-230.247 argues that this is Tertullian's most frequent and concentrated application of s. – [30] Van Slyke, Changing 251. De Backer, Sacramentum 6-96 offers the fullest description of Tertullian's usage. – [31] Cf. Lang 231.

3. Cyprian of Carthage.

– Cyprian makes frequent use of the term s., and follows closely Tertullian's usage, especially in relation to ‹s. Christi›, but with the notable exception of his introduction of the expression ‹s. unitatis› in relation to ‹ecclesia› [32]. He expands upon the relation found in Tertullian between Old Testament and New Testament ‹sacramenta› which correspond to each other, respectively, as ‹imago› and ‹ueritas›. He emphasizes the hidden action of Christ through whom the Old Testament ‹figura› or ‹typus› becomes more than a mere literary figure, sign or symbol, and is endowed by Christ as the s. of a given New Testament reality, as, e.g., in the Old Testament sacrifice of bread and wine offered by Melchisedech, which foreshadows the New Testament sacrifice offered by Christ at the Last Supper [33]. The New Testament reality is also rendered s. through the action of Christ [34]. Hence, for Cyprian, s. is not only a synonym for ‹sign› or ‹symbol› in a narrow, restrictive sense, but an epistemic category for discerning Christ's activity within the biblical text [35]. As in the case of Tertullian, various categories have been suggested by scholars to explain Cyprian's different applications of s., including a wide range of realities, events and persons in the Scriptures, particular rites or religious observances, all of which he views as ‹res sacra› or holy objects [36].

Notes. – [32] *Vnit. eccl.* 7; *epist.* 69,9; cf. WICKERT. On s. in Cyprian, cf. also POUKENS, Sacramentum; id., Cyprien, who charts 64 uses of the term s. in Cyprian's works; PROKSCH; VILLETTE 105-131; and KACZMAREK (summarizing Cyprian's treatment of ‹s. Christi›). Important earlier studies include HAHN and GRÖNE. – [33] Cypr. *epist.* 63,4 (cf. JONES 79sq.). – [34] Cf. DEMOUSTIER 561sq. and further elaboration by PROKSCH 71. – [35] Cf. DEMOUSTIER 561sq. and the explanation by JONES 78sq. – [36] Cf. PROKSCH 70-72, who surveys the positions of MOHRMANN 142-147, but also of DEMOUSTIER 558-561 and POUKENS, Sacramentum 274-276. D'ALÈS 80-83 suggests four groups of meanings: (1) mystery in the sense of sacred doctrine or truth; (2) rite; (3) sacred sign, symbol or figure; (4) military oath. The association of s. with oath or military oath is markedly less present in Cyprian than in Tertullian; cf. POUKENS, Cyprien 218sq.

4. Novatian, Arnobius of Sicca, Lactantius. – Other 3rd-c. to early 4th-c. Christian writers, Novatian, Arnobius of Sicca and Lactantius also make use of s. in contexts and with meanings similar to Tertullian's and Cyprian's [37]. The preponderance of African writers in the development of s. leads de Ghellinck to conclude, «le groupe africain peut revendiquer pour lui le rôle décisif dans l'évolution de cette terminologie» [38]. In her monumental discussion of these earliest instances of s. in Christian Latin, Mohrmann stresses the difficulty of translating s. into any modern language as well as the centrality that ‹initiation› plays as the term's foundational concept, an inheritance from classical Latin. Following Meillet, she locates s. in semantic relationship with ‹sacer› and ‹sancio›, thus heightening both the religious and juridical associations which s. carries with it from classical into early Christian Latin. Its semantic association with the sphere of the sacred distinguishes s. from too close an identification with ‹iusiurandum›, while it can be differentiated from ‹initiatio› on account of its

semantic association with legal action. Finally, she notes the development of a third semantic sense (‹sacrum›) which she translates as ‹chose sacrée› or ‹signe sacré› [39]. After the 3rd c., Mohrmann's third sense of s. as ‹sacred sign› will gradually overtake other meanings.

Notes. – [37] Novatian, a contemporary of Cyprian, familiar with his writings, introduces the term at Rome. Cf. Nouat. *trin.* 1.9.18sq.23sq.26.29; *cib. Iud.* 5, for each of which s. must be translated as ‹mystery›; cf. FOSTER 409. POUKENS, Cyprien 219 notes that Novatian never employs s. to refer to Christian rites. For Arnobius, cf. *nat.* 1,3; 2,5; 3,6; 4,16.20; cf. LEBACQZ/DE GHELLINCK 222-237, who view Arnobius as adhering closely to the term's classical usage, such as military oath, as well as to Tertullian's usage. Arnobius introduces no innovations and never applies s. to Christian doctrine. On Lactantius, cf. LEBACQZ/DE GHELLINCK 238-266; LOI. – [38] DE GHELLINCK, Conclusion 310. – [39] Cf. MOHRMANN 145-147, citing MEILLET.

5. Hilary of Poitiers. – Among 4th-c. Christian writers, one notes in Hilary less use of s. as a Christian adaptation of the Roman sense of ‹oath› than is found in 3rd-c. writers, a shift that is also noticeable in Ambrose [40]. He explicitly describes baptism as the s. that cancels sins (*in psalm.* 63,7; 136,7) and Eucharist as the s. of Christ's body that communicates eternal life to believers (*trin.* 8,15,17), thus uniting the basic meanings of s. as ‹rite› and ‹sacred sign›. He alludes to the term at *Eph* 5,32 as motive for the prohibition of divorce [41]. As Novatian before him, Hilary employs s. to translate the Greek μυστήριον, and to apply it to Christian mysteries, such as the Trinity (*trin.* 1,36; 8,4) and the Incarnation (ib. 10,20,20), in both cases with anti-Arian purposes in mind [42]. Development in Hilary over earlier Christian usages of s. can be seen in the case of ‹s. crucis›, an expression which for Cyprian was limited to a typology, but which for Hilary refers to the sufferings of Christ [43].

Notes. – [40] At the same time Hilary applies more liberally the term as ‹oath› in a secular sense, without any specific Christian usage. Cf. HUHN 10, citing Hil. *in psalm.* 2,25; 62,12; *in Matth.* 4,23; cf. MAŁUNOWICZ. – [41] *In Matth.* 22,3: «quia sacramentum magnum sit, ne incuriose relinquatur». – [42] Cf. HUHN 98. – [43] Hil. *in psalm.* 67,23; *in Matth.* 17,9; cf. POUKENS, Cyprien 179.183sq.

6. Ambrose of Milan. – For Ambrose, although s. and ‹mysterium› could at times be used interchangeably, nevertheless, at other times s. is employed to refer to the rites which represent the ‹mysteria› or hidden salvific realities [44]. On occasion Ambrose suggests that ‹mysterium› is the invisible power behind the visible s., understood as sacred rite, and that both the tangible and intangible elements are necessary for salvation to be effected by means of the s., whether in the case of baptism or Eucharist [45]. Of great importance in this context is the connection that Ambrose explicitly draws between s.

and its power, expressed as ‹gratia› and ‹uirtus›, in order to explain the efficacy of the sacraments (*sacr.* 6,1,3).

Notes. – [44] Ambr. *sacr.* 1,1; *myst.* 1,2; cf. BOTTE 33sq.; MOHRMANN 152; PHELAN 19 n. 38. VAN SLYKE, Changing 260-264 insists on the distinctiveness of their objects as fundamental in Ambrose. Cf. HUHN; HENSELS. – [45] Ambr. *myst.* 4,20; cf. FINKENZELLER 4-23; VAN SLYKE, Changing 263.

7. Use in the Vulgate.

– The use of s. in Jerome's Vulgate translation of the Scriptures followed from its applications in some of the Old Latin versions, notably the African, as well as in citations of New Testament passages by earlier Christian writers [46]. Until the introduction of the Vulgate, the Old Latin versions of Scripture mostly employed ‹mysterium› along with ‹signum›, ‹typus› and ‹mirabilium› to translate μυστήριον. The Vulgate, too, prefers ‹mysterium› to s. in three out of four cases [47]. Thus, the Vulgate translates μυστήριον with s. on only 15 occasions [48]; however, its choices in this regard do not always accord with the extant Old Latin translations, nor with biblical citations in early Christian writings, such as Cyprian's [49]. The Vulgate largely avoids using s. to indicate any cultic content. The common underlying meaning of the term as it is employed in the Vulgate is a hidden reality that is revealed – frequently by Christ (e.g., *Eph* 1,9; *Col* 1,27) – but nevertheless not always made easy to understand. In these cases, s. may assume a prophetic form or it may require a divinely inspired interpretation. Writing in particular about *Apc*, Jerome quipped, «tot habet sacramenta, quot uerba» (*epist.* 53,9) [50].

Notes. – [46] Cf. FOSTER 408; VAN SLYKE, Changing 255-259. – [47] Cf. FOSTER 403sq.; DE GHELLINCK, Conclusion 309sq. – [48] *Dn* 2,18.30.47; 4,6; *Sap* 2,22; 6,24; 12,5; *Eph* 1,9; 3,3.9; 5,32; *Col* 1,27; *1 Tm* 3,16; *Apc* 1,20; 17,7. – [49] Cf. FOSTER 406sq.; VAN SLYKE, Changing 255. – [50] Cf. VAN SLYKE, Changing 257-259.

III. General meaning, function and theoretical foundation of s. in A.'s thought.

– A. employs the term s. and its inflected forms ca. 2030 times as compared with ca. 540 times for ‹mysterium› [51], two terms whose meanings for A. have been judged to be equivalent – even inseparable [52]. Nevertheless, A. is more inclined to employ s. rather than ‹mysterium› in order to indicate a ritual action, ‹mysterium› being used more to signify a hidden reality or meaning, even though A. also employs s. to denote sacred mysteries [53]. Indeed, given its wide range of meanings for A., s. must be considered the densest theological term in his vocabulary.

Notes. – [51] As indicated by CAG 3. These word counts contrast with the figure of 2279 for both terms as given at COUTURIER 164sq. First mention of s. in A.: *mor.* 1,12 (‹suscepti hominis s.›). –

[52] COUTURIER 164: «nous est apparue l'impossibilité d'en séparer l'emploi du terme *mysterium*»; ib. n. 4: «Ils nous paraissent employés de façon absolument équivalente». Cf. also ib. 269-274. CAMELOT, Sacramentum 431 n. 2 agrees in general with COUTURIER, but observes that at times the equivalence between the two terms is only apparent. COUTURIER's is the most exacting study to date of the uses of the term s. in A. Other significant studies include: SPALLANZANI; VAN DER MEER; FÉRET; PONTET 255-304; CAMELOT, Sacramentum; MANDOUZE, A propos; MORÁN; MAYER 1-2; STUDER, Sacramentum; CARY. – [53] Cf. COUTURIER 269.273. MOHRMANN 152 concludes that s. is more suitable for signifying liturgical and sacramental realities than theological and abstract ones, and that it is for this reason that it could never completely supplant ‹mysterium› in Latin Christian writing; cf. MANDOUZE, A propos 225.

1. Divisions.

– Couturier, whose ground-breaking work on s. in A. is fundamental for all subsequent studies, divides A.'s uses of s. into three general, overlapping categories of meanings corresponding to rite, symbol and mystery, in particular, as these occur in Scripture [54]. For rite, he intends an exterior religious observance which is charged with meaning, and which relates human beings to each other and to God [55]. Couturier treats s. as symbol in the sense that A. understands symbolic or figurative language in Scripture, on account of which the various symbols require interpretation inasmuch as they also signify divine realities [56]. He assigns to the third category, mystery, all that A. associates with the term ‹mysterium›, including hidden divine realities contained in Church doctrines such as those concerning the Trinity and Incarnation [57]. Couturier admits that these three categories are not rigid, that even with a clear reference to one of them, A.'s use of s. will easily merge with a different one, so that at times the s. which refers to a rite will in the same context function as a symbol, while the distinction between symbol and mystery in A.'s usage of s. is not always easy to clarify, in part, because ‹mysterium› is related to the rhetorical figure ↗‹aenigma› [58]. Couturier warns that his references to these categories are intended as fluid, and not as mutually exclusive [59].

Whereas A. derives his use of s. from the term's employment principally from Tertullian, Cyprian and Ambrose [60], he also depends upon the use of the concept ‹figura› as deployed by St. Paul who explains at *1 Cor* 10 that the events surrounding the deliverance of the Israelites by Moses were recorded in the Old Testament ‹in figura› in order to admonish Christians (ib. 10,11; cf. *Rm* 5,15). A. comments: «quis enim audeat aliter exponere sacramenta diuina, quam corde atque ore apostolico praedicatum atque praescriptum est?» (*s.* 363,1). Moreover, he accepts s. as the Latin translation of Paul's use of μυστήριον, as at *1 Cor* 13,2: «et sciam omnia sacramenta» [61] and *Eph* 5,31sq.: «erunt duo in carne una; sacramentum magnum in Christo et in ecclesia» [62].

Notes. – [54] Couturier 169-171. Mohrmann defends Couturier's choice of these general categories. Cf. also Mandouze, A propos who unites Couturier's three aspects of s. under the umbrella concept of the sacred. – [55] Cf. Couturier 173; cf. *c. Faust.* 19,11. – [56] Cf. Couturier 192sq. – [57] Cf. Couturier 169.258sq. – [58] Cf. Couturier 266; cf. *cat. rud.* 13: «deque ipsa utilitate secreti, unde etiam mysteria uocantur, quid ualeant aenigmatum latebrae ad amorem ueritatis acuendum». Cf. Mayer 1,331-349. – [59] Couturier 169 claims that «l'immense majorité des textes qui seraient à ranger sous la rubrique *sacramentum-mystère*». But later he reports that two-thirds of A.'s uses of s. fall into the category of ritual (ib. 267), while he also cautions (ib. n. 23) that many of these uses are also related to symbol. Finally, Couturier 268 confesses that his categories may be erroneous. Schmitt 217: «Il est impossible de tracer une frontière entre ces différentes catégories qui souvent interfèrent». – [60] Cf. Mayer 1,287-293 on A.'s readings of Tertullian on s.; ib. 293-297 on Cyprian; ib. 297-303 on Ambrose. – [61] The Vulgate reads ‹mysteria›. – [62] Cf. Couturier 170.

2. Definition.

– In the course of his writings, A. offers several loose definitions of s., each of them contextualized to the point of rendering a single, comprehensive definition of the term all the more difficult [63]. At *inq. Ian.* (= *ep.* 54.55) 2,2 he states that a liturgical feast day can be referred to as s. when its ‹celebratio› makes clear that what is being commemorated signifies something eternal and salutary, that must be perceived in a holy manner [64] (↗Celebrare, celebratio). He argues that Easter can be celebrated as s. because among the faithful who take part, the liturgical observance calls to mind not only Christ's passage from death to life, but their own as well (ib. 2,2-4; cf. *Io* 5,24). Thus, by reflecting in a holy manner (‹sancte›) on the Easter ritual enactment of Christ's death and resurrection as having been prefigured in the Jewish Passover, while also seeing signified in it the promise of their own future resurrection, the faithful are able to perceive the hidden reality symbolized by the liturgical rite. In this brief passage, then, A. unites in the Easter observance the three aspects of s.: a rite, insofar as it is a liturgical celebration; a symbol, because it links the biblical account of the Jewish Passover with Christ's death and resurrection, and the latter with the resurrection of believers; and a mystery, inasmuch it reveals the hidden significance of Christ's death and resurrection in the resurrection of believers [65].

Notes. – [63] Couturier 172 admits that he cannot furnish a complete synthesis of the Augn. conception of s., but only «une esquisse approximative», and that his conclusion is therefore «fragmentaire». – [64] Ib.: «sacramentum est autem in aliqua celebratione, cum rei gestae commemoratio ita fit, ut aliquid etiam significare intellegatur, quod sancte accipiendum est». – [65] Cf. Couturier 182; Mandouze, A propos 229sq.; Mayer 2,401-415; Cutrone 742sq.

3. ‹Signum› – ‹res›.

– At the base of A.'s understanding – and therefore of his definition – of s. is his understanding of the concept of ‹signum› in relation to ‹res› [66]. The simplest form of this definition in A.'s writings is perhaps found at *ciu.* 10,5 where he states that a visible sacrifice is the s. of an invisible sacrifice. He refers here to s. as a ‹sacrum signum›: «sacrificium ergo uisibile inuisibilis sacrificii sacramentum, id est sacrum signum est» [67] (↗Signum-res). Hence, in the wider context of this passage, A. states that the Eucharist, a visible sacrifice, is a s. or a sacred sign that points to an invisible sacrifice, the latter being a reference to the love that Christians who partake in the Eucharist offer in their hearts to God. At *ep.* 138,7 he identifies s. in the plural with ‹signa sacra› and links them with ‹res› as signs that point to divine things: «nimis autem longum est conuenienter disputare de uarietate signorum, quae cum ad res diuinas pertinent, sacramenta appellantur» [68].

Behind A.'s reliance upon the relation of ‹signum› to ‹res› in his understanding of s. lies the influence of Greek philosophy on his epistemology and hermeneutics, with the basic assumption, common to forms of Platonism (↗Plato, Platonici), that the human mind relies upon material, visible, changeable, temporal realities in order to know spiritual, invisible, unchanging, eternal realities [69]. This dualistic metaphysical pattern can be detected at work, e.g., in a sermon in which A. refers to the Eucharistic bread and wine as visible, material sacraments of their corresponding spiritual realities, the body and blood of Christ [70]. In a similar manner, A. explains that the water and ritual action of baptism constitute ‹corporalia sacramenta› which although ‹sacrosancta› are still ‹mutabilia› and ‹temporalia›, whereas God is ‹aeternus› just as the ‹donum spirituale› signified by the sacraments is ‹aeternum› (*c. Faust.* 19,16).

Notes. – [66] Camelot, Sacramentum 439sq.: «Saint Augustin est, autant qu'on peut le voir, le premier à avoir nettement et définitivement dégagé la notion du signe, qui sera décisive pour la théologie du sacrament»; Mayer 1,303: «Die sacramenta müssen vor allem im Lichte der signa gesehen und interpretiert werden»; ib. 330: «Die Trennung von signum und der durch das signum erkennbaren res ist auch für das sacramentum konstitutiv». – [67] Cf. *c. adu. leg.* 2,34; *ep.* 138,7; *Io. eu. tr.* 26,11sq.; *s.* 172,2. – [68] Cf. Lienhard 180sq. Cutrone 743 concludes: «A sacrament, therefore, is a sacred sign whereby what is seen and experienced corresponds to a deeper spiritual reality which is made manifest by the very sign itself». – [69] Cf. especially *dial.* 5, where A. defines ‹signum› in relation to ‹res›; *diu. qu.* 46 where he discusses the Ideas. Cf. especially Ritter; Mayer 1,309-311; 2,181-189.282-285 on A.'s familiarity with Plato's thought and works in relation to signs and on the mediating influence of Philo; Gelpi 28-56 on the Platonic cosmic and epistemological dualism historically mediated through Christian writers to A. Cf. also ↗Idea, ↗Incommutabilitas, ↗Intellectus, ↗Intellegibilis (intellegibilia), ↗Mutabile-inmutabile, ↗Visibilia-inuisibilia. – [70] *S.* 272: «ista, fratres, ideo dicuntur sacramenta, quia in eis aliud uidetur, aliud intellegitur. quod uidetur, speciem habet corporalem, quod intellegitur, fructum habet spiritualem»; cf. *ep.* 98,9.

4. ‹Dispensatio temporalis›. – Essential to A.'s modification of this philosophical, dualistic scheme is his concept of ↗‹dispensatio (temporalis)› (2,494sq.), at the center of which is the ↗‹incarnatio› of the ↗‹uerbum dei› [71]. As A. explains in *uera rel.*, God gradually reveals saving truths through salvation history, in particular, through the narration of ↗‹historia› and the correct understanding of ‹prophetia› (↗Prophetae, prophetia) in the Scriptures [72]. Sin obscures the complete knowability of God and all ‹res diuinae›. However, as one component of figurative biblical language, s., in combination with allegory, enables the faithful, who are created by God in the divine ‹imago› and ‹similitudo›, to proceed «per corporalia … ad incorporalia» (*retr.* 1,6; cf. *inq. Ian.* 2,13) in order to acquire a partial knowledge and a foretaste of these eternal realities: «utrumque autem uisibiliter factum est propter carnales, ab his quae oculis corporeis cernuntur ad ea quae mente intelleguntur sacramentorum gradibus transferendos» (*diu. qu.* 43) [73]. The faithful are able to interpret the s. through application of their ↗‹ratio› and their acceptance of divine ↗‹auctoritas› on the basis of ↗‹fides› in the revelation contained in the Scriptures [74]. At *Gn. adu. Man.* 2,5sq., A. allegorizes on *Gn* 2,5 «nondum enim pluerat deus super terram» in order to explain that whereas before the Fall, Adam and Eve were able to understand God interiorly and directly, without the use of language, after sin man requires exterior communication through the language of the Scriptures, even figurative language in the form of allegory, in order to comprehend God's intentions. In this passage A. likens figurative biblical language to clouds, whose diverse shapes invite interpretation understood as the rain which symbolizes the divine nourishment of the human soul. A. states later that proper interpretation of this figurative language yields access to ‹mysteria› and ‹sacramenta›, by which he means the hidden spiritual realities signified in the figurative biblical language [75].

A. insists that in accord with the divine plan, the sacraments found in the Old Testament, which are ‹temporis ratione distincta› from those in the New Testament, will be greater in number than the latter, since as a consequence of the Incarnation, fewer ‹sacramenta› are needed in order to communicate divine truths [76]. Elsewhere A. explains this distinction between Old Testament and New Testament ‹sacramenta› according to their diverse functions. Whereas the former promise the coming of the Savior, the latter bequeath salvation [77]. In this sense, ‹s. Christi› referring to the Incarnation, is the ultimate referent of all Old Testament ‹sacramenta› [78].

Hence, A. holds it as fundamental that as ‹sacrum signum›, every s., whatever its exact function, is intended to promote the salvation of the soul [79]. As an extension of his concept of ‹dispensatio (temporalis)›, A. recognizes that various ‹sacramenta› bind diverse peoples in history together, just as they are also found among individuals who are ‹inpii›, such as Simon Magus (cf. *Act* 8,9-24). However, the authenticity and efficaciousness of any s. depends upon its object, upon the extent to which it draws individuals toward ↗‹pietas› [80]. In his treatise *qu. c. pag.* (= *ep.* 102), A. expands upon this principle in terms of the ‹sacramenta› employed by ‹pagani›. He acknowledges what is a commonplace patristic argument, viz., that in ancient times, outside of the people of Israel and prior to the coming of Christ in the flesh, many pagans were nevertheless saved, because through Christ they were enabled to lead lives of ‹iustitia› and ‹pietas›. A. maintains that although ‹fides› and ‹salus› remain constant through time, the ‹sacra› and ‹sacramenta› through which these ‹res› were predicted and proclaimed by different peoples have varied according to time and place (ib. 12sq.15) [81]. Hence, certain ‹sacramenta› which derive neither from the people of Israel, nor from the Christian religion, can be salvific, but only because Christ makes use of them in order to bring salvation to all who, in accord with the divine ‹dispensatio›, are predestined to be saved.

At the same time, among «sacramenta omnia quae celebrantur a paganis» (*s. Dolbeau* 26,32) are those which are ‹sacrilega› (*conf.* 10,56; *util. ieiun.* 10). A. refers to these rites as ‹sacramenta diaboli› (*ep. Io. tr.* 2,13), ‹sacramenta turpissima et scelestissima› because they mislead people by representing forms of worship directed to ‹dei multi falsique› and not to the God who is ‹unus› and ‹uerus› (*ciu.* 7,30) [82].

Notes. – [71] Cf. *f. et symb.* 8; *en. Ps.* 14,1. Cf. Strauss 44-73; Mayer 1,311-315; 2,178-189.286-293. – [72] Ib. 13.82; cf. Strauss 15-18; Markus, History; Duchrow 163-166; Mayer 1,313-315; Cameron, *Christ* 63-75. – [73] Cf. Duchrow 154; Mayer 1,357; Studer, Sacramentum 118sq. – [74] *Vera rel.* 19.45.48-50, especially 98sq.; cf. Marrou 374sq.; Strauss 4-15.33-43; Duchrow 101-118; Mayer 1,311-319. – [75] *Gn. adu. Man.* 2,17: «siue ergo ista figurate dicta sint siue figurate etiam facta sint, non frustra hoc modo uel dicta uel facta sunt, sed sunt plane mysteria et sacramenta, siue hoc modo quo tenuitas nostra conatur siue aliquo alio meliore, secundum sanam tamen fidem interpretanda et intellegenda». – [76] *Inq. Ian.* 2,35; *doctr. chr.* 3,13. A. claims about Christian rites in comparison with Old Testament rites: «uirtute maiora, utilitate meliora. actu faciliora, numero pauciora» (*c. Faust.* 19,13; cf. *en. Ps.* 73,2). – [77] *En. Ps.* 73,2: «sacramenta ueteris testamenti promiserunt saluatorem, cum ergo iam teneas promissa, quid quaeris promittentia, habens iam saluatorem?». – [78] Cf. Camelot, Christ 360sq. – [79] Cf. Couturier 177sq. – [80] *C. Faust.* 19,11sq.; cf. Markus, *Signs.* – [81] ↗Abel, ↗Iustus (iusti), ↗Paganus. – [82] Cf. Couturier 179; Markus, Magic.

IV. S. as ritual action. – Couturier's first category, s. as rite or ritual action (↗Ritus), applies both to Old Testament and New Testament sacraments which connote such actions [83].

Note. – [83] In general cf. Couturier 178-188.

1. In the Old Testament: S. in the context of the Manichean controversy (1). – A.'s most synthetic account of the Old Testament ‹sacramenta› is found at *c. Faust.* 19. He says that these rites were introduced into the Old Testament to prophesy the coming of Christ, and were abolished when Christ fulfilled them by his coming: «proinde prima sacramenta, quae obseruabantur et celebrabantur ex lege, praenuntiatiua erant Christi uenturi» (ib. 19,13; cf. *qu. c. pag.* 17) [84]. A. explains that the coming and passing of these ‹sacramenta› attest that they are, in effect, ‹uerba uisibilia› which are employed when time and circumstances warrant them, and which are therefore also changed as appropriate [85]. He argues that although ‹temporalia›, these Old Testament sacraments nonetheless exercised a salutary effect – albeit inferior to that of New Testament sacraments – upon those righteous individuals of the Old Testament who observed them, such as Daniel or the Maccabees, individuals who believed through faith that the rites and practices they were observing foretold a future, more complete revelation, in view of which alone they achieve salvation [86]. A. argues on the basis of *Mt* 5,17 («non ueni legem soluere, sed adinplere») against the Manichean (↗Manichaei) view that with the coming of Christ, Old Testament religious rituals were destroyed (‹soluere›), in the sense that they were understood as never having been salutary. A. insists instead that Christ has brought these Old Testament rituals to completion (‹adinplere›) by revealing in the form of a new s. that which had been promised in an earlier s.: «quia iam non uetera, sed noua sacramenta» (*adu. Iud.* 3; ↗Vetus-nouus). In this way he defends against the Manicheans a certain continuity between Old Testament and New Testament rites, a continuity effected through the continuity of the ‹res› which each set of ‹sacramenta› indicates. E.g., the sufferings of Christ are prophesied by one kind of ‹sacramenta› in the Old Testament, but fulfilled through a different kind in the New Testament (*c. Faust.* 19,16-19) [87].

Couturier lists the following as Old Testament ‹sacramenta› designated by A. as involving ritual: Sabbath observance (ib. 12,11), circumcision (ib.), sacrifices (*exp. Gal.* 19), sacrificial victims (*adn. Iob* 30), the temple (*en. Ps.* 73,6), altars (ib. 109,17), Passover and the use of unleavened bread (*c. Faust.*

12,11), the new moon (*adu. Iud.* 3), feast days (ib.), the priesthood (*en. Ps.* 73,6), anointing with oil (ib.), dietary regulations (*ep.* 82,26), and in general all those practices designated in the Old Testament as observance of the Law as well as rites associated with worship [88]. Among these Couturier also lists the baptism administered by John the Baptist (↗Iohannes baptista), even though it appears in the New Testament, because it belongs properly to those rites which were observed by Jews prior to the new dispensation (*c. Faust.* 19,8) [89].

Notes. – [84] Cf. Cameron, *Christ* 264-280; ↗Congruentia testamentorum, ↗Praedicta-impleta. – [85] *C. Faust.* 19,16: «quid enim sunt aliud quaeque corporalia sacramenta nisi quaedam quasi uerba uisibilia, sacrosancta quidem uerum tamen mutabilia et temporalia?»; cf. ib. 16,28; cf. Mayer 2,367-373; Studer, Sacramentum 111-113; Dodaro, Theologian. – [86] *Qu.* 3,84: «inuisibili gratia per spiritum sanctum, ubi est totus fructus etiam uisibilium sacramentorum»; cf. *c. Faust.* 19,14sq.; *en. Ps.* 77,2; cf. Couturier 176-178; ↗Littera-spiritus, ↗Reuelatio. – [87] A. cites the example of ↗‹circumcisio› as an Old Testament s., the worth of which is attested in the New Testament when Paul has Timothy circumcised out of respect for Jewish custom (*Act* 16,1-3) (*c. Faust.* 19,17). At *Io. eu. tr.* 26,12, A. makes a parallel observation in regard to Old Testament ‹manna› and the Eucharistic ‹panis› of *Io* 6,50: «in signis diuersa sunt; in re quae significatur paria sunt»; cf. Bardy, Sacrements. – [88] Cf. Couturier 180.278-292. On occasion, A. gives partial lists of these ‹uetera sacramenta›: «sicuti est sabbatum ad uisibilem uacationem, sicut azyma in pane sine fermento, pascha in ouis occisione, sicut tot genera sacrificiorum ciborumque uitandorum et neomeniae et annuae sollemnitates, quas obseruant nunc usque Iudaei» (*spec.* praef). Cf. also *exp. Gal.* 19; *spir. et litt.* 36; *ciu.* 7,32, where, however, A. employs the term ‹mysteria› in place of ‹sacramenta›. – [89] Couturier 180.

2. In Christianity. – At *inq. Ian.* 2,1sq.35 and *doctr. chr.* 3,13, A. sets down some criteria for determining which Christian rites qualify as ‹sacramenta› [90]. Ib. he identifies them as having been established by Christ and by the ‹disciplina apostolica› [91]. At *inq. Ian.* 2,35, he postulates that the ‹paucissima et manifestissima s.› of the Church must be backed by scriptural authority, established by an episcopal council, and practised throughout the universal Church [92]. He therefore excludes those practices that are observed only in some local churches, such as the obligation to fast on Saturdays, believing them to lack scriptural or ecclesiastical warrant (ib.; cf. ib. 1,2; ↗Ieiunium). He is equally concerned, however, to limit the number of obligatory rites not only in order to ensure that they are not superstitious and therefore contrary to the faith, but also because he believes that God intended to avoid placing excessive burdens on the faithful (ib.) [93].

Couturier arranges A.'s designation of Christian rites as ‹sacramenta› into five groups [94]. The first indicates baptism and Eucharist as the most prominent of these rites. Approximately one-third of A.'s references to Christian rites as ‹sacramenta› pertain either to baptism or Eucharist [95], and he frequently mentions them together (ib. 1,1; *doctr. chr.* 3,13). The second group consists of the Creed, the Lord's Prayer, and ‹signum Christi›. Couturier surmises that A. includes these because of their relationship to baptism [96]. The third group consists of feast days such as Easter, Ascension and Pentecost (↗Pascha, ↗Ascensio Christi, ↗Pentecoste), which are based on the Scripture, and the recitation of ↗‹Amen› and ↗‹Alleluia›, because of their connection with Eucharist. A fourth group consists of the imposition of hands (↗Impositio manus) and anointing (*ep. Io. tr.* 3,12; ↗Vnctio). In indicating his fifth group, Couturier acknowledges that these ‹sacramenta› do not neatly fit the category of rites. They include Scripture, the profession of monastic vows [97] and ‹communicatio parietum› (cf., e.g., *c. ep. Parm.* 3,11), the latter a reference to A.'s position that both ‹boni› and ‹mali› associate with each other in the Church [98]. In the end, Couturier admits in regard to A.'s designation of Christian rites as ‹sacramenta›, «on a l'impression que la pensée augustinienne reste trop floue pour savoir où exactement arrêter sa liste» [99].

Mandouze, who is appreciative of Couturier's three general classifications of s., nevertheless warns of the tendency to identify within A.'s concept of s. as rites the seven sacraments as they are found in the canons of the Council of Trent, a move he rightly criticizes as anachronistic with respect to A.'s intentions [100]. Couturier places ‹s. ordinationis› on the same plane as baptism and Eucharist. In addition, he suggests that ‹s. unctionis› can be viewed as a distinct ‹sacrament of confirmation›. Finally, he draws A.'s use of ‹s. nuptiarum› into the context of a ritual action [101]. These positions of Couturier have occasioned scholarly disagreement, not only in terms of their being ‹sacramenta› in the sense of rites, as is clear for A. in the case of baptism and Eucharist, but also in regard to the manner and extent to which ‹sacramenta› communicate grace to the recipient [102].

Notes. – [90] *C. Faust.* 19,16: «sacramenta, quae a christianis aguntur». CAMERON, *Christ* 355 n. 49: «Christian sacraments mediated the power of past saving events to the present, but were nevertheless essentially oriented to the future». – [91] Ib.: «sed quaedam pauca pro multis eademque factu facillima et intellectu auctissima et obseruatione castissima ipse dominus et apostolica tradidit disciplina, sicuti est baptismi sacramentum et celebratio corporis et sanguinis domini». – [92] Ib.: «omnia itaque talia, quae neque sanctarum scripturarum auctoritatibus continentur nec conciliis episcoporum statuta inueniuntur nec consuetudine uniuersae ecclesiae roborata sunt, ... sine ulla dubitatione resecanda existimo». – [93] Cf. also ib. 1,1; cf. COUTURIER 182; MAYER 2,401sq. – [94] COUTURIER 182-184.280-292. – [95] Cf. LIENHARD 179. – [96] COUTURIER 182; cf. *s.* 228,3; ↗Symbolum, ↗Oratio dominica. – [97] *Ep.* 61,2: «siue sanctum baptismum siue benedic-

tionem ordinationis siue continentiae professionem siue consignationem uirginitatis». – [98] COUTURIER 183sq. – [99] COUTURIER 184 n. 50. – [100] Cf. MANDOUZE, A propos; id., *Sacramentum.* – [101] Cf. COUTURIER 184-188. – [102] Cf. CARY 162sq.

3. Baptism: S. in the context of the Donatist controversy. – A.'s account of ‹s. baptismi› (*doctr. chr.* 3,13; ↗Baptismus) or ‹s. fidei› (*ep.* 98,8) develops mainly in his writings concerned with the Donatist (↗Donatistae) controversy. There are three significant principles which emerge. First, the rite of baptism is constituted by water and the recitation of certain words, without which there is no s.: «detrahe uerbum, et quid est aqua nisi aqua? accedit uerbum ad elementum, et fit sacramentum, etiam ipsum tamquam uisibile uerbum» (*Io. eu. tr.* 80,3) [103]. Secondly, although baptism properly administered by heretics and schismatics is valid, in order for the s. to have a salvific effect on the recipient, it must impart ↗‹caritas›, which is the basis of the ↗‹unitas› that must exist between any baptised person and the ‹ecclesia catholica›. Hence, Donatists who repent and pass over to the Catholic Church are not to be rebaptized; the s. they received from Donatist ministers is valid, but it only becomes efficacious once they leave the sect and are reconciled with the Catholic Church (*Simpl.* 2,1,10) [104]. In line with this principle, A. introduces the concept of ↗‹character› in order to indicate the permanence and therefore the non-reiterability of the sacramental action in respect to baptism [105]. Thirdly, Christ alone is the author and the true ↗‹minister› of the s. In response to the Donatist denial that ‹ministri mali› could validly confer baptism, A. replies that the spiritual or moral state of the minister does not affect the validity of the s. because it is Christ who confers it through the minister [106].

Notes. – [103] Cf. ib. 15,4; *pecc. mer.* 1,63. – [104] Cf. *bapt.* 1,14.22; 3,16; *Io. eu. tr.* 15,16. For the influence of ↗‹Optatus episcopus Mileuitanus›, cf. LABROUSSE. – [105] Cf. HARING; CONGAR, citing *c. ep. Parm.* 2,29; *correct.* (= *ep.* 185) 23; *c. litt. Pet.* 2,247; DIDEBERG. – [106] *C. litt. Pet.* 2,57; *bapt.* 3,15; *Io. eu. tr.* 5,6; cf. CRESPIN 233-238.

4. Eucharist. – A's understanding of ↗‹eucharistia› as ↗‹s. corporis et sanguinis (Christi)› (*doctr. chr.* 2,4; *trin.* 3,10) or ‹s. altaris› (*s.* 59,6; *Cresc.* 3,24) developed over time from an earlier treatment of it as ‹signum sacrum› (*c. Faust.* 19,16) to a later conception of it as bringing about salvific ↗‹gratia› in the recipient [107]. Commenting on *Io* 6,54: «nisi quis manducauerit carnem meam, non habebit in se uitam aeternam», A. refers to s. in the sense of both rite and mystery that must be understood ‹spiritaliter› so that while the Eucharist is celebrated, its power to give life to the soul can be understood [108]. The salutary effect of the s. is brought about in the recipient already before receiving the consecrated bread and wine, through the act of believing that one is eating the spiritual body of Christ: «crede, et manducasti» (*Io. eu. tr.* 25,12; cf. ib. 26,2.13). Those whose sins are not grave should not hesitate to approach the Eucharist, for it acts within them as «medicamenta talia ... cotidiana medicina» (*inq. Ian.* 1,4) [109]. Nevertheless, the s. is not efficacious for those who are unworthy on account of grave sin (*Io. eu. tr.* 26,18) [110].

In the case of baptism and Eucharist, A. further distinguishes between the s. and ‹uirtus sacramenti›: «aliud est sacramentum, aliud uirtus sacramenti» (ib. 26,11). Speaking of the Eucharist, he clarifies this distinction as between ‹s. uisibile› and ‹uirtus sacramenti› (ib. 26,12), the former pertaining to the material sacrament, the bread and wine, the latter to the power of the sacrament on the recipient [111]. He makes the same distinction in relation to baptism (*pecc. mer.* 1,62; *Io. eu. tr.* 5,15).

Notes. – [107] Cf. LIENHARD 184; HOFMANN 394. – [108] *En. Ps.* 98,9: «sacramentum aliquod uobis commendaui; spiritaliter intellectum uiuificabit uos. etsi necesse est illud uisibiliter celebrari, oportet tamen inuisibiliter intellegi»; cf. BERROUARD, Etre. – [109] Cf. MAYER 2,400. – [110] Cf. LIENHARD 187. – [111] Cf. BERROUARD, Réflexion 836 who refers to this ‹uirtus› as ‹grace›. Cf. *en. Ps.* 77,2: «gratia, quae sacramentorum uirtus est». But cf. CARY 160sq.234-239, who translates ‹uirtus› as ‹ethical virtue› and denies that in A.'s view, baptism or Eucharist as sacraments bestow any inner grace on their recipients. CAMERON, *Christ* 356 n. 59 opposes CARY's interpretation. Cf. also DUCHROW 171-174 on ‹uis uerbi› in general.

5. Anointing. – A. speaks of ‹s. unctionis› (*ep. Io. tr.* 3,12) and ‹s. chrismatis› (*c. litt. Pet.* 2,239). For A. all Christians are anointed in Christ, a name which means ‹anointed› (*adu. Iud.* 5). Couturier identifies this as ‹le sacrement de l'Esprit›; «unctio spiritualis ipse spiritus sanctus est, cuius sacramentum est in unctione uisibili» (*ep. Io. tr.* 3,5). Citing *s.* 227, Couturier concludes that A. denotes ‹trois étapes distinctes› in the rites of Christian initiation. He notes that between baptism and Eucharist, A. speaks of anointing as s. [112]. Couturier concludes that ↗‹chrisma olei› (↗Oleum, oliua) refers here to the ‹sacrament of confirmation›, even though their celebration on the same day does not allow A. to separate these rites completely one from another [113]. However, Quinot expresses the view of most scholars: «on ne peut y voir cependant ce que nous appelons la Confirmation: les rites de l'initiation chrétienne constituaient alors un bloc où l'on ne distinguait pas comme aujourd'hui baptême et confirmation» [114]. At *c. litt. Pet.* 2,239, A. states that ‹s. chrismatis› is classed among the visible signs, such as baptism [115]. By this he means that

through their anointing following their immersion in water, the newly baptized are incorporated into ‹corpus Christi› and into the ‹sacerdotium› of which Christ is the head (ib.; cf. *en. Ps.* 26,2,2). This anointing therefore signifies their ‹sanctificatio spiritalis› (*c. litt. Pet.* 2,239).

Notes. – [112] Ib.: «accessit baptismum et aqua quasi conspersi estis ut ad formam panis ueniretis. sed nondum est panis sine igne. quid ergo significat ignis, hoc est chrisma olei? etenim ignis nutritor spiritus sancti est sacramentum». – [113] COUTURIER 185; cf. SCHMITT 219sq. – [114] QUINOT, Coutumes 778; cf. id., Christ 782; NEUNHEUSER; LAMIRANDE; HARMLESS 86. – [115] Ib.: «et in hoc unguento sacramentum chrismatis uultis interpretari, quod quidem in genere uisibilium signaculorum sacrosanctum est sicut ipse baptismus».

6. Ordination. – Couturier observes that the term ‹s. ordinationis› (*bapt.* 1,2) is used most frequently in conjunction with baptism [116]. Like baptism, ↗‹ordinatio› confers a permanent ‹character› on the recipient, which A. refers to as s. (*b. coniug.* 32) [117]. This ‹character› therefore remains with the ordained minister even if he is deposed. It also makes reordination superfluous (*c. ep. Parm.* 2,28). Couturier concludes that for A. «à cause de ses relations avec le baptême», ordination «est évidemment placé sur le même plan que le baptême et l'eucharistie, tout en restant parfaitement distinct» [118]. Nevertheless, he acknowledges the difficulty in locating texts to support his claim of sacramental equivalence. Pintard disagrees with Couturier and denies that at *c. ep. Parm.* 2,28, A. intends to speak of ‹consecratio› in the same sense for both baptism and ordination. He claims that A. is more inclined to speak of ‹benedictio› in the case of ordination (*ep.* 61; *ep. Io. tr.* 3,5) [119]. Pintard also argues that whereas for A. baptism promotes within the recipient an interior sacrifice that is salutary for the soul, ordination does not produce such an effect, but instead expresses the recipient's exterior orientation toward others [120]. He concludes that, in the case of ordination, the s. does not impart grace to the recipient [121]. Writing against Pintard, Lécuyer notes that at *breuic.* 1,5, A. applies the term ‹consecratio› to episcopal ordination. He rejects Pintard's overall position, and claims that for A. ‹s. ordinationis› implies the reception of ‹gratia› by the recipient. However, he does this, in part, on the basis of two texts (*c. litt. Pet.* 2,24; *qu.* 4,45), neither of which explicitly links ‹gratia› with s. He also argues that the ‹character› that makes ordination permanent and non-reiterable itself implies a sacramental grace. Lécuyer concludes that ‹gratia›, ‹consecratio› and ‹benedictio› «convergent évidemment vers l'affirmation d'un effet spirituel produit par l'ordination dans celui qui la reçoit» [122]. However, Lécuyer's conclusion leaves open the question of what kind of ‹effet spirituel› is communicated to the recipient of ordination [123].

Notes. – [116] E.g., ib.: «sacramentum enim baptismi est quod habet qui baptizatur, et sacramentum dandi baptismi est quod habet qui ordinatur … si hoc ecclesiae utilitas postulat, aut si non administrant, sacramentum tamen ordinationis suae gerunt»; cf. Couturier 184. – [117] Cf. Haring 87sq.; Lécuyer 200; ↗Character, 1,836-838. – [118] Couturier 184. – [119] Cf. Pintard 234sq.; Lécuyer 198. – [120] Hence, ‹ius dandi› in reference to ‹s. baptismi› at *c. ep. Parm.* 2,28. – [121] Pintard 231-239.376: «nous n'avons rien trouvé d'explicite sur la grâce du sacrement de l'ordre». – [122] Lécuyer 199. – [123] Cf. Coventry 451; Cary 162.

7. Matrimony.

– A. speaks of s. as one of three (along with ‹proles› and ‹fides›) ‹bona› of marriage (↗Matrimonium, ↗Nuptiae) which expresses the unique and indissoluble bond that exists between husband and wife and that is modelled on the s. (in the sense of mystery) which according to St. Paul unites Christ and the Church [124]. A. refers to this indissoluble bond as ‹s. nuptiarum› (*b. coniug.* 32; *nupt. et conc.* 1,11), ‹s. conubii› (*uirg.* 12; *gr. et pecc. or.* 2,39) and ‹s. matrimonii› (*b. uid.* 5). Among his principal texts in support are *b. coniug.* 32: «haec omnia bona sunt, propter quae nuptiae bonum sunt: proles, fides, sacramentum», and *nupt. et conc.* 1,13: «omne itaque nuptiarum bonum impletum est in illis parentibus Christi, proles, fides, sacramentum. prolem cognoscimus ipsum dominum Iesum, fidem, quia nullum adulterium, sacramentum, quia nullum diuortium», the latter work offering the more mature Augn. reflection on the indissoluble bond, which in the case of matrimony A. refers to as ‹res sacramenti› (ib. 1,11; cf. *b. coniug.* 6) and elsewhere as ‹sanctitas sacramenti› (ib. 21) between the two spouses [125]. Neither separation, nor adultery, nor sterility, nor vows of ‹continentia› break the s. between husband and wife (*nupt. et conc.* 1,11.19), which endures until one of the spouses dies (*b. coniug.* 17). In this context, A. occasionally sets s. in opposition to ↗‹diuortium› [126]. In addition to *Eph* 5,31sq., A. grounds his notion of s. as ‹indissolubility› on the basis of scriptural texts such as *Mt* 19,6: «quod deus coniunxit, homo non separet» (*gr. et pecc. or.* 2,39) and *Eph* 5,25: «uiri, diligite uxores uestras, sicut et Christus dilexit ecclesiam» (*nupt. et conc.* 1,11) [127]. In his later writings, A. seems to attribute the s. which pertains to marriages between Christians to non-Christian marriages as well [128].

Notes. – [124] *Eph* 5,32: «sacramentum hoc magnum est, ego autem dico in Christo et in ecclesia»; cf., e.g., *nupt. et conc.* 1,23; 2,12. Cf. also *Gn* 2,24; *Mt* 16,4-6; *1 Cor* 7,10sq. (cf. the table of references at Schmitt 232sq.). On s. in relation to matrimony, cf. especially Alves Pereira 172-228; Gherardini; Folgado Flórez 239-248; Schmitt 215-233; Doignon; Bruns; Scalco. – [125] Cf. *uirg.* 12; *Gn. litt.* 9,7,12; *gr. et pecc. or.* 2,39; *nupt. et conc.*

1,19. – [126] Ib. 7; *nupt. et conc.* 1,11.13; *c. Iul.* 5,46. The question whether for A. the ‹sacramentality› of matrimony extends beyond reference to the indissolubility of the marriage bond to include the observance of a sacred rite and the conferral of a particular grace has received serious scholarly attention: cf. Alves Pereira 177-184; Berrouard, Enseignement 94-96; Couturier 187 n. 64sq.; Folgado Flórez 242sq.; Gherardini 139-149; Scalco 42-47; Schmitt 215-233; de Veer 676sq. – [127] Cf., e.g., *b. coniug.* 6, citing *Mt* 5,32; *adult. coniug.* 2,4, citing *1 Cor* 7,39; *Rm* 7,3. – [128] *F. et op.* 10; *nupt. et conc.* 1,11; *c. Iul.* 5,46; cf. de Veer 680; Schmitt 225.

V. S. as symbol.

– Couturier's second general category of s. is symbol whose meaning can overlap with the Latin terms ↗‹figura(e)›, ↗‹typus›, ↗‹allegoria› and ↗‹similitudo-dissimilitudo› as they are found in Scripture [129]. The extent to which A. holds that the Scriptures are comprised of symbolic language is reflected in his designation of them as ‹diuinorum sacramentorum libri› (*util. cred.* 35), by which he intends both the Old Testament and the New Testament (*ep. Io. tr.* 3,1) [130]. A. uses ‹sacramenta› and ‹mysteria› interchangeably in treating the symbolic language in Old Testament as New Testament passages. He acknowledges that figurative language in the Scriptures points to (‹significare›) the same truths that are stated literally therein (*Gn. litt.* 8,4,8). In fact, plain language aids in the interpretation of the obscure ‹sacramenta›/‹mysteria› [131]. Hence, symbols used in the Scriptures do not refer to an esoteric body of knowledge hidden from all except for a few believers, but to truths that God wills to reveal to all [132]. Nevertheless, fundamental to A.'s defence of the value of ‹sacramenta›/‹mysteria› in the Scriptures is his conviction that whereas literal or plain language reveals the truths of the Christian faith, its lack of rhetorical embellishment often leaves believers dispassionate toward these truths, whereas figurative language, including the use of ‹sacramenta› hones the attention of believers and stimulates ‹pietas›, enabling them to overcome indifference and to take delight (‹delectare›) in scriptural passages [133]. The act by which God veils (‹uelare›, ↗‹uelamen(tum)›) religious truths by means of ‹signa diuinitus data› (*doctr. chr.* 2,3) thus increases the delight in the believer who works through the symbolism in order to uncover its hidden meaning [134]. The more obscure the symbolism, the greater the wonderment it produces (*c. Faust.* 22,94). At the same time, the exercise of thinking through the signification of the often dense and obscure symbolic language acts in the believer as a corrective against pride, which obstructs the proper interpretation of obscure symbols (*doctr. chr.* 2,7) [135].

Couturier divides his treatment of s. as symbol into three main parts, corresponding to the Old Testament, the New Testament and numbers. ‹Sacramenta› in the Old Testament normally refer to events, persons or institutions in the New Testament or the Christian tradition, principally to Christ and the Church. He acknowledges that A.'s use of s. in the context of symbolic or figurative language creates a ‹labyrinthe›, a ‹symphonie complexe› in which the various strands are interwoven, making it difficult to follow ‹les sinuosités› [136].

Notes. – [129] Cf. COUTURIER 193 n. 38-40. FÉRET 229 notes that A. refers to ‹figura› more often than to s. in an exegetical context. STUDER, Sacramentum 118: «dans le *sacramentum* au sens exégétique il s'agit d'une sorte d'*allegoria*»; ↗Scriptura sacra. – [130] Cf. COUTURIER 190sq. In general, cf. STRAUSS 109-148. – [131] *Doctr. chr.* 2,14; *Io. eu. tr.* 45,6; *en. Ps.* 88,2,6: «haec de Christo promissa sunt, quam certa, quam firma, quam aperta, quam indubitata. nam, etsi quaedam sunt tecta mysteriis, quaedam tamen sic manifesta, ut ex ipsis facillime aperiantur obscura»; cf. COUTURIER 193. – [132] CAMERON, Augustine 206sq. – [133] *Inq. Ian.* 2,21: «plus enim mouent et accendunt amorem, quam si nuda sine ullis sacramentorum similitudinibus ponerentur». Cf. *uera rel.* 33; *cat. rud.* 13; *c. Faust.* 22,38; cf. MAYER 1,305sq.; POLAND. – [134] *S.* 41,7: «prophetica enim locutio aliquantulum fuerat tegenda sacramenti uelamine, ut desiderabilius quaereretur, ut suauius inueniretur»; cf. ib. 51,5. – [135] Cf. MARROU 302-327.484-494; STRAUSS 122-125; DAWSON; BURNS; GENOVESE. – [136] COUTURIER 195.

1. In the Old Testament: S. in the context of the Manichean controversy (2). – A. designates as ‹sacramenta›/‹mysteria› a wide range of events, persons and places connected with creation, the Fall and the entire salvation history as recorded in the Old Testament [137]. He frequently resolves apparent contradictions in the biblical text by making them the matter of s. E.g., the fact that *Gn* 2,2 reports that God rested on the seventh day, while *Io* 5,17 declares that the Father and the Son are continually at work is explained allegorically as a ‹magnum s.›, the interpretation of which affirms that Christ died on the sixth day and rested in the tomb on the Sabbath, the seventh day (*Io. eu. tr.* 17,15) [138]. A. says of ↗Adam who in terms of Christ was the ‹forma futuri›, that the creation of ↗‹Eua› from his rib (*Gn* 2,21sq.) was a ‹magnum indicium sacramenti› of the issuing forth of the ‹sacramenta ecclesiae› from the side of Christ when on the cross he was pierced by a sword (*Io. eu. tr.* 15,8) [139]. Through Adam, God gave to the woman the name Eve, meaning ‹uita› and ‹mater› (*Gn* 3,20), thus constituting her a great type (s.) for the Church (*nupt. et conc.* 2,12).

A. insists that material objects in the Old Testament can symbolically reveal spiritual realities while at the same time being factual in themselves. Hence, the figurative interpretation of the biblical text can stand alongside the literal interpretation without destroying it. A. states that if this can be true in the case of Sarah (↗Sar(r)a) and Hagar

(*Gn* 16), who signify the two covenants, it can also be true of the tree of life (ib. 2,9), which is both an historical artifact in Paradise and a s. (symbol) of Wisdom (*Prv* 3,18), and therefore of Christ, who is Wisdom (*Gn. litt.* 8,4,8-5,10). A.'s point is that this metaphorical series of transferred meanings does not negate the ‹factum› of the tree in Paradise any more than the symbolic significations of Sarah and Hagar negate their historical reality [140].

In *cat. rud.*, A. discusses other events, persons and places that provide ‹sacramenta› for figurative interpretation of the Old Testament for catechumens preparing for baptism. Among the events is the flood (‹s. diluuii›) which, along with the ‹arca› of Noah (↗Noe) (*Gn* 6-9), provides a symbol of the Church: ‹s. futurae ecclesiae› and of Christ's passion through which the faithful are saved (*cat. rud.* 32.53; cf. *ciu.* 16,7). ↗Abraham is presented as a type for Christ (‹s. filii dei›) (*cat. rud.* 33). The Law given by God to Moses (↗Decalogus, ↗Moyses) provided the people of Israel with ‹multa s.›, by which A. refers to religious observances including dietary requirements and regulations concerning animal sacrifices, rituals (‹obseruationes›) which A. says were also symbols (‹signa›) pointing to ‹res spiritales› that pertain to Christ and the Church [141].

At *c. Faust.* 22, A. offers a lengthy instruction on the moral ‹utilitas› of figurative language in the Old Testament. He does so in response to Manichean objections to the Old Testament, prompted, in part, by frequent accounts of immoral behaviors on the part of the ↗‹patriarchae› and prophets, in particular, when they are seen to contravene chastity. A. charges that Manicheans do not understand the symbolic functions of the Mosaic Law (↗Lex, 3,931-943), nor the actions of the prophets [142], nor do they understand the didactic utility of the ‹sacramenta› [143]. A.'s argument is that only by learning to read the Old Testament as a continual narrative, instead of analyzing it piecemeal, can the puzzling, symbolic form of various episodes within it be unravelled for the moral instruction and edification of the reader. Such is the case with the patriarch Abraham who slept with his wife's maidservant, Hagar, who bore him a son (*Gn* 16,1-4). Abraham also lied by claiming that his wife was his sister (ib. 12,13-19). It is also the case with the prophet Hosea whom God instructed to marry a prostitute (*Os* 1,2). In these and similar instances A. invokes a figurative interpretation, which he terms s., as the key to a proper understanding of these passages. He holds that Abraham's intercourse with Hagar, in which he did not succumb to lust, but obeyed his wife's instruction, so that God's promise to him of offspring could be fulfilled, can be seen as symbolically revealing the future precept given at *1 Cor* 7,4: «uir sui corporis potestatem non habet, sed mulier» (*c. Faust.* 22,31) [144]. Moreover Abraham's lie, by which he kept his marriage to Sarah a secret from the Egyptian Pharaoh, symbolizes Christ's will to have the Church as his spouse ‹in occulto› so that the intimacy between Christ and the Church is hidden from the menacing view of earthly kingdoms (ib. 22,38-40) [145]. Meanwhile, Hosea's marriage to a prostitute is understood as a s. that teaches ‹patientia› toward sinners in the Church, as well as deeper understandings of God's mercy (ib. 22,80).

In this same manner, A. treats symbolically with respect to s. other persons and events in salvation history as recorded in the Old Testament. These include Moses and the deliverance of the Israelites from Egypt, the judges, kings and prophets, as well as the Psalms and Wisdom literature [146].

Notes. – [137] Cf. COUTURIER 293-298. – [138] Cf. COUTURIER 197. – [139] Cf. COUTURIER 237; ↗Sacramenta ex latere Christi. – [140] Cf. COUTURIER 197sq.; STRAUSS 133-135. – [141] Ib. 35: «signa erant rerum spiritalium ad dominum Iesum Christum et ad ecclesiam pertinentium». In passages like this, A. shows that s. can be interpreted both as a ‹rite› and a ‹symbol› (according to Couturier's classifications). – [142] Ib. 22,6: «nec sacramenta legis intellegitis nec facta prophetarum». – [143] Ib. 22,7: «non capiunt utilitatem». – [144] Cf. s. 51,28. Cf. COUTURIER 200-204 on Abraham's relations with Hagar. – [145] Cf. COUTURIER 203sq.: *c. Faust.* 22,46 offers a similar rhetorical defense based upon s., of Isaac, who kept his marriage to Rebecca a secret (*Gn* 26,7-35). – [146] Cf. COUTURIER 195-225.294sq.

2. In the New Testament. – Occurrences of ‹sacramenta›/‹mysteria› as symbols in the New Testament center mostly on the events and persons surrounding ↗‹Christus›, extending from treatments of his genealogy, birth, epiphany, public ministry, miracles and travels to his passion, death and post-resurrection appearances [147]. Many of these references are found in *In ↗Iohannis euangelium tractatus CXXIV* [148]. Although he employs both s. and ‹mysterium› when referring to instances of symbolic representation in the New Testament, he uses s. more often to describe material symbols, while he tends more often to describe symbols referring to significant teachings about God or Christ as ‹mysteria›, although these distinctions are not fixed (cf. below VI 1). Thus, commenting on *Io* 6,9, he speaks of «sacramentum de quinque panibus» (*Io. eu. tr.* 24,3) symbolizing the Pentateuch (ib. 24,5). But preaching on the feast of Christ's nativity, A. refers to ‹mysterium lucis eius›, as indicating Christ's divine nature hidden in his flesh (*s.* 190,1), and commenting on *Io* 2,6: «capiebant metretas binas uel ternas» in relation to the three measures of water with which six urns were

filled during the wedding feast at Cana, he relates the number three to ‹mysterium trinitatis› (*Io. eu. tr.* 9,7). Nevertheless, at *cons. eu.* 2,12, he denotes the number seventy-seven with reference to *Mt* 18,21sq. as a ‹mysterium›, symbolizing the number of generations that *Lc* 3,23-38 traces in Christ's genealogy, whereas at *s.* 83,5, he refers to the same number in the same context as «magnum mysterium, admirabile sacramentum» [149].

A. does not always claim to know what the precise interpretation of a symbolic passage in the Scriptures should be. Commenting on *Io* 20,17: «noli me tangere, nondum enim adscendi ad patrem meum», he states that the words constitute a s., but that he has no one particular interpretation of them in view [150]. He then offers various interpretations of Christ's reasoning for instructing Mary Magdalene not to touch him (*Io. eu. tr.* 121,3). Addressing elsewhere the symbolic representation of Christ's death and resurrection, A. claims that the change in Christ's flesh from mortal to immortal indicates the ‹res› signified by the s.: «nam ille hanc rem sacramento suae passionis resurrectionisque significans carnem mutauit de mortalitate ad inmortalitatem» (*gr. t. nou.* (= *ep.* 140) 30).

In treating the topic of ‹s. ecclesiae›, A. frequently conjoins ↗‹Christus› (1,879-882) with ↗‹ecclesia› as ‹magnum s.›, following *Eph* 5,32 [151]. At *s. Dolbeau* 22,20, he juxtaposes *Eph* 5,32 with *Mt* 19,5sq.: «erunt duo in carne una: non iam duo, sed una caro est», in order to conclude that the union between husband and wife symbolizes the relationship between Christ and the Church: «quomodo sponsus et sponsa» (*s. Dolbeau* 22,20), and further juxtaposing this passage with *1 Cor* 11,3: «caput mulieris uir», he extends the relationship to that of Christ as «caput et corpus» (*s. Dolbeau* 22,20) [152]. Drawing upon other New Testament symbols that pertain to the Church, A. claims that when Christ consigned the keys to Peter (↗Petrus apostolus) (*Mt* 16,19), he constituted him ‹s. ecclesiae›, meaning that Peter symbolically represents morally upright Christians [153]. Later, at *Io. eu. tr.* 122, he treats *Io* 21,1-14 extensively, indicating the «ecclesiae sacramentum, qualis futura est ultima resurrectione mortuorum» (*Io. eu. tr.* 122,1), which he refers to as «magnum sacramentum in magno Iohannis euangelio» (ib. 122,6), and which he says is symbolized by the fish caught in the net by Christ's disciples following his resurrection, representing the Church comprised no longer of ‹boni› together with ‹mali›, but exclusively by the elect (ib. 122,9).

Notes. – [147] Cf. COUTURIER 226-239. – [148] Cf. COUTURIER 228 n. 364; ib. 295-298. – [149] Cf. COUTURIER 226 n. 353. – [150] *Io. eu. tr.* 121,3: «restat ergo ut aliquod in his uerbis lateat sacramentum; quod siue inueniamus, siue inuenire minime ualeamus,

inesse tamen nullo modo dubitare debemus». – [151] Cf. Couturier 276sq. – [152] Cf. Madec 879-882. – [153] *Io. eu. tr.* 50,12:
«corpus bonorum, immo corpus ecclesiae, sed in bonis»; cf. Carola.

3. Numbers. – A. frequently refers to numbers
(↗Numerus) indicated in the Scriptures as s. which
point to actions or events, both divine and human
[154]. He appeals to symbolic interpretation in particular when confronted with confusion or contradiction connected with biblical passages involving
numbers [155]. So important for A. is the symbolism
of numbers that without it he does not believe it
possible to unravel the figurative and hidden meanings contained in the Scriptures [156]. He suggests
that a lexicon of those numbers mentioned in the
Scriptures along with their explanations would be
useful for biblical exegesis (*doctr. chr.* 2,59). He
accepts that other interpretations of the symbolic
meanings of numbers in the Scriptures may be as
good or even better than the ones he gives, but he
thinks it foolish for anyone to assert that numbers
occur in the Scriptures without reference to some
hidden (‹mystice›) meaning (*trin.* 4,10; cf. *ciu.*
11,6). A. avoids any esoteric reasoning in terms of
his theory of numbers, but takes a metaphysical
approach which draws from Neo-Pythagorean and
Neo-Platonic elements, augmented by biblical and
Christian influences, as well as by Philo [157].

Instances of numeric symbolism abound in A.'s
writings [158]. He suggests, e.g., that Christ sends
out his disciples in twos (*Mt* 22,37-40) because the
number two signifies ‹caritas› [159]. In explaining
diverse liturgical practices concerning the washing
of the feet, he observes that some place the rite on
the third day of the octave of Easter «quia et terna-
rius numerus in multis sacramentis maxime excel-
lit» (*inq. Ian.* 2,33) [160].

Notes. – [154] Cf. Couturier 243-255.298; Mayer 2,415-436;
Bodrožić. – [155] Cf. Couturier 243sq. – [156] *Doctr. chr.* 2,25:
«numerorum etiam imperitia multa facit non intellegi translate
ac mystice posita in scripturis». – [157] On the philosophical influences and on Philo: Mayer 2,415-421; Horn; Bodrožić 24-42.
On the biblical and Christian influences: ib. 4-23.35-52; ↗Numerus,
4,226sq. – [158] For occurrences of s. in regard to numbers cf.
Couturier 243-255.298; Mayer 2,422-435; Bodrožić 237sq. on
number as s.; ib. 92-149.177-206 for examples. – [159] *Qu. eu.* 2,14:
«quod autem binos mittit, sacramentum est caritatis, siue quia
duo sunt caritatis praecepta, siue quia omnis caritas minus quam
inter duos esse non potest». – [160] For ‹quatriduum› as s., cf. *Io.
eu. tr.* 49,7. For the context, cf. also above V 2.

VI. S. as Christian mystery. – 1. In general. –
When A. employs s. in the strict sense of a Christian
‹mystery›, its use is interchangeable with ↗‹mysterium› [161]. The core mystery in A.'s thought is the
↗‹trinitas›. A. never refers to ‹s. trinitatis› in the
proper sense of a mystery of the faith; his rare use

of this expression is limited to the rite of baptism
(*diu. qu.* 57,2). Although he prefers ‹mysterium› to
s. when referring to mysteries of the Christian
faith, he nevertheless occasionally uses s. for the
same purpose [162], as, e.g., when he describes
«christianae gratiae sacramenta abscondita sapien-
tibus et prudentibus et reuelata paruulis» (*c. Iul.
imp.* 1,57, alluding to *Mt* 11,25), a reference to the
mystery of God's forgiveness of ↗‹peccatum originale› in infants. Other examples of s. employed
in reference to mysteries of the faith include:
‹s. euangelicum› pertaining to the mystery revealed in the Gospel (*c. Faust.* 12,36); ‹s. crucis› (*en.
Ps.* 87,1); ‹s. passionis› (ib. 7,1); ‹s. renouationis nostrae› (*trin.* 4,17), a reference to the resurrection;
and the «‹magnum pietatis sacramentum quod
manifestatum est in carne› (*1 Tm* 3,16)» (*trin.*
4,27), a reference to the mystery of the Incarnation
[163]. In addition, A. refers to the mystery of the
Church in terms of ‹s. corporis Christi› (*adn. Iob*
38) and ‹s. ecclesiae› (*qu. Mt.* 11,2). He holds that
virtues, such as ‹caritas›, are also hidden realities
partially revealed to believers as mysteries through
the Scriptures [164].

The s. or ‹mysterium› in relation to mystery of the
Christian faith must be understood as a ‹signum›
that points believers to the ‹res›, which is always
more than can be expressed in the ‹signum› according to the principle [165]. Hence, the correct understanding of mystery requires more than ‹ratio› in
order to unravel symbolic language through the
application of rhetorical and philosophical principles; it requires ‹fides› (*ord.* 2,46; *praed. sanct.* 40),
so that the proper understanding of the mystery can
assist the believer's progress toward ‹salus› [166].
Commenting on *Rm* 8,18: «non enim condignae
sunt passiones huius temporis ad futuram gloriam,
quae reuelabitur in nobis», A. suggests that the future glory to which the sufferings of the martyrs
are related constitutes a ‹s. absconditum› that must
be viewed by the faithful with ‹oculi fidei› [167].

Notes. – [161] Mayer 1,358 notes that the synonymity between s. and ‹mysterium› is already clear by the time A. writes
uera rel. – [162] Cf. Couturier 258-262.298-301. – [163] A. also
refers to ‹s. incarnationis› (*en. Ps.* 67,16); ‹s. suscepti hominis›
(ib. 8,5); ‹s. diuinitatis et humanitatis Christi› (*nat. et gr.* 2);
‹s. mediatoris› (*ench.* 108); cf. also *mus.* 6,7. Cf. Couturier 259sq.;
↗Mediatio, mediator, ↗Saluatio, saluator, salus. – [164] *Ep. Io. tr.*
6,1: «puto manifestatum esse uobis magnum et necessarium
secretum et sacramentum, fratres mei, quid ualeat caritas, omnis
scriptura commendat»; cf. Couturier 261sq. – [165] *Mag.* 25:
«res, quae significantur, pluris est quam signa esse»; cf. Mayer
1,322; Sieben. – [166] *Vtil. cred.* 31; *Gn. litt.* 5,19,38; cf. *Gn. adu.
Man.* 2,17: «sed sunt plane mysteria et sacramenta ... secundum
sanam tamen fidem interpretanda et intellegenda»; cf. Couturier
174; Rémy. – [167] *S.* 306,1: «huic igitur abscondito sacramento
oculos fidei debemus, ut quod non uidemus, credamus, et mala
iniuste perpessi fortiter toleremus».

2. S. and ‹exemplum› in relation to grace: S. in the context of the Pelagian controversy. – Deeper understanding of any particular mystery of the Christian faith thus involves penetration of its surface meaning toward comprehension of its more profound signification, one that A. insists can only be achieved through grace acting within the mind [168]. He affirms this point particularly in the context of the controversy with the Pelagians (↗Pelagius, Pelagiani) whom he accuses of an overconfidence (↗Praesumptio) in the human capacity for understanding and imitating biblical examples of virtue [169].

Principal among the scriptural passages employed to demonstrate the relationship between s./‹mysterium› and ‹gratia› is *Eph* 3,14-19, a key passage in three of A.'s texts concerned with the Pelagian controversy [170]. He suggests that four dimensions of Christ's ‹caritas› are represented by the four dimensions of the cross (↗Crux) symbolized at *Eph* 3,18: ‹bona opera caritatis›, signified by the crossbar; ‹perseuerantia›, signified by the portion of the vertical post extending from the ground to the crossbar; ‹spes caelestium praemiorum›, signified by the portion of the vertical post extending above the crossbar; and ‹iudicia dei› (*s.* 165,5), ‹caritas› (*gr. t. nou.* 62) and ‹gratia› (ib. 64; *uid. deo* 34), symbolized by the extension of the vertical post beneath the surface of the ground, where it cannot be seen. It is due to this fourth part of the cross, hidden from view, that A. applies the terms s. and ‹mysterium› to the understanding of the scriptural passage that is given to the believer: «habet et profundum, hoc est quod in terra figitur, et non uidetur. uidete magnum sacramentum» (*s.* 165,3).

Preaching in *s.* 165 on the necessity of ↗‹baptismus paruulorum› against the Pelagian denial of original sin, A. juxtaposes *Eph* 3,18 with *Mt* 13,11: «uobis datum est scire mysterium regni, illis autem non est datum. qui enim habet, dabitur ei». Although he employs the term s. earlier in this sermon (*s.* 165,3), he shifts to ‹mysterium› because it occurs at *Mt* 13,11. He acknowledges that whereas some infants are saved through the sacrament of baptism, others are not (*s.* 165,5). He explains that God's particular choices in this regard constitute a mystery, just as His judgments in general concerning salvation constitute a mystery, and not a random act. However, in order to perceive divine judgments as mystery, grace is required. Although in this text A. refers to the hidden portion of the vertical post of the cross as signifying ‹iudicia dei› (ib.), elsewhere he refers to this same hidden portion of the cross as signifying ‹gratia› (*gr. t. nou.* 64). Against the Pelagians, he concludes from *Mt* 13,11, that without grace, reason cannot penetrate the inscrutable depth of this mystery. Moreover, believers

are likewise unable to understand the source of this grace, except to know that it is God [171].

The fundamental distinction between s. and ↗‹exemplum› is indicated by A. in his claim that s. pertains to ‹homo interior› whereas ‹exemplum› pertains to ‹homo exterior› [172]. His interpretation of the ‹figura crucis› represented at *Eph* 3,14-19 also provides him with a scriptural basis for comparing s. with ‹exemplum› in the context of the Pelagian controversy. In *gr. t. nou.*, an early work in that controversy, he speaks of Christ's suffering and death on the cross as an ‹exemplum› of virtue (ib. 25.29.66.68). He does so in conjunction with a description of those virtues which are illustrated in the three visible portions of the cross as these are described at *Eph* 3,18 (*gr. t. nou.* 62), and which he understands collectively as an example for imitation [173]. He contrasts these three visible portions of the cross and their corresponding virtues with the hidden part of the cross, which he identifies as ‹gratia›, and which he insists cannot be perceived. Yet it is this hidden part of the vertical post that enables the whole of the cross to stand erect, thus allowing the other parts, representing the ‹exempla› to be understood [174]. A. concludes that only when ‹exempla›, signified by the three visible parts of the cross, are interpreted with the assistance of ‹gratia›, signified by the invisible part of the cross, can the examples be perceived as s./‹mysterium› and thus aid the believer in living virtuously [175]. In this way, the relationship between ‹gratia›, ‹exemplum› and s./‹mysterium› in A.'s thought can be explained by analogy to Christ's divine and human natures united ‹in una persona› [176].

Notes. – [168] Cf. STUDER, Sacramentum 105-107; DODARO, *Christ* 151-153.160-168. – [169] Cf. STUDER, Sacramentum 124-141. – [170] Cf. *s.* 165; *gr. t. nou.* 62-65; *uid. deo* (= *ep.* 147) 34-36. – [171] *S.* 165,5: «quod possum, uideo: unde possim, non uideo; nisi quia et hoc hactenus uideo, quod noui esse a deo. quare autem illum, et non illum: multum est ad me, abyssus est, profundum crucis est; admiratione exclamare possum, disputatione demonstrare non possum». – [172] *Trin.* 4,6: «ea sola nobis ad utrumque conciniuit cum in ea fieret interioris hominis sacramentum, exterioris exemplum»; cf. STUDER, Sacramentum 89-93; GEERLINGS 155-158.173-183; DODARO, *Christ* 147-155. Cf. also ↗Homo, 3,401-403. – [173] Cf. STUDER, Sacramentum 99sq.; DODARO, *Christ* 160sq. (especially n. 61sq.). – [174] Ib. 64: «iam uero illud ex ligno, quod non apparet, quod fixum occultatur, unde totum illud exsurgit, profunditatem significat gratuitae gratiae»; cf. *s.* 165,3: «habet et profundum, hoc est quod in terra figitur, et non uidetur. uidete magnum sacramentum. ab illo profundo quod non uides, surgit totum quod uides». – [175] Ib. 64: «in hoc mysterio figura crucis ostenditur»; cf. DODARO, *Christ* 159-164. A parallel text at *inq. Ian.* 2,25 employs s. in place of ‹mysterium›: «profundum autem, quod terrae infixum est, secretum sacramenti praefigurat». Cf. STUDER, Sacramentum 105.115 on s. and ‹exemplum› as ‹medicamenta› (*s. Denis* 20,1: «aliud discimus in praeceptis, aliud in exemplis, aliud in sacramentis. sunt ista medicamenta uulnerum nostrorum, et fomenta studiorum nostrorum»). – [176] Cf. GEERLINGS 209-222; STUDER, Christologie 545sq.; DODARO, *Christ* 154sq.

Bibliography. – B. ALVES PEREIRA, *La doctrine du mariage selon saint Augustin*, Paris 1930. – G. BARDY, La raison en face du mystère: BA 10 (1952) 763. – Id., Les sacrements de l'Ancien Testament: ib. 33 (1959) 814-817. – M.-F. BERROUARD, L'enseignement de saint Augustin sur le mariage dans le Tract. 9,2 in Ioannis Evangelium: Augustinus 12 (1967) 83-96. – Id., Pour une réflexion sur le «Sacramentum» augustinien. La manne et l'Eucharistie dans le Tractatus XXVI,11-12 in Iohannis Evangelium: *Forma futuri. Studi in onore del Cardinale M. Pellegrino*, Torino 1975, 830-844. – Id., L'être sacramentel de l'eucharistie selon saint Augustin. Commentaire de Jean vi,60-63 dans le Tractatus XXVII,1-6 et 11-12 in Iohannis Evangelium: NRTh 99 (1977) 702-721. – I. BODROŽIĆ, *La Numerologia in sant'Agostino*, Diss. Roma 2000. – G. BORNKAMM, μυστήριον, μυέο: TWNT 4 (1942) 809-834. – B. BOTTE, Introduction: SC 25 (1980) 7-45. – R. BRAUN, *Deus Christianorum. Recherches sur le vocabulaire doctrinal de Tertullien*, Paris ²1977. – B. BRUNS, Das Ehe-*sacramentum* bei Augustinus: Aug(L) 38 (1988) 205-256. – J.P. BURNS, Delighting the Spirit: Augustine's Practice of Figurative Interpretation: *De doctrina christiana. A Classic of Western Culture* (ed. by D.W.H. ARNOLD/P. BRIGHT), Notre Dame, Ind./London 1995, 182-194. – P.-T. CAMELOT, «Sacramentum». Notes de théologie sacramentaire augustinienne: RThom 57 (1957) 429-449. – Id., Le Christ, Sacrement de Dieu: *L'Homme devant Dieu. Mélanges offerts au Père H. de Lubac* 1. *Exégèse et patristique*, Paris 1964, 355-363. – M. CAMERON, Augustine and Scripture: *CompAug* 200-214. – Id., *Christ Meets Me Everywhere. Augustine's Early Figurative Exegesis*, New York 2012. – J. CAROLA, *Augustine of Hippo. The role of the laity in ecclesial reconciliation*, Roma 2005. – P. CARY, *Outward Signs: The Powerlessness of External Things in Augustine's Thought*, Oxford 2008. – O. CASEL, Das Wort sacramentum: ThRv 24 (1925) 41-47. – Y.-M. CONGAR, La théologie du caractère sacramentel: BA 28 (1963) 738sq. – C. COUTURIER, «Sacramentum» et «mysterium» dans l'œuvre de saint Augustin: *Etudes augustiniennes*, Paris 1953, 161-274. – J. COVENTRY, Rez. J. LÉCUYER, *Le Sacrement de l'Ordination*: HeyJ 27 (1986) 451sq. – R. CRESPIN, *Ministère et sainteté. Pastorale du clergé et solution de la crise donatiste dans la vie et la doctrine de saint Augustin*, Paris 1965. – E.J. CUTRONE, Sacraments: AthAg 741-747. – A. D'ALÈS, *La théologie du saint Cyprien*, Paris 1922. – D. DAWSON, Sign Theory, Allegorical Reading, and the Motions of the Soul in *De doctrina christiana*: *De doctrina christiana. A Classic of Western Culture* (ed. by D.W.H. ARNOLD/P. BRIGHT), Notre Dame, Ind./London 1995, 123-141. – E. DE BACKER, *Sacramentum. Le mot et l'idée représentée par lui dans les œuvres de Tertullien*, Louvain 1911. – Id., Chapitre I. Tertullien: J. DE GHELLINCK et al. (Ed.), *Pour l'histoire ...* 59-152. – A. DEMOUSTIER, L'ontologie de l'Eglise selon saint Cyprien: RechSR 52 (1964) 554-588. – J. DIDEBERG, Le «caractère» sacramentel (*Tr.* V,6): BA 76 (2008) 475sq. – R. DODARO, The Theologian as Grammarian: Literary Decorum in Augustine's Defense of Orthodox Discourse: StPatr 38 (2001) 70-83. – Id., *Christ and the Just Society in the Thought of Augustine*, Cambridge 2004. – J. DOIGNON, La relation *fides-sacramentum* dans le *De bono coniugali* de saint Augustin. Un schéma *de gradatio* hérité de Tertullien: EThL 59 (1983) 91-98. – U. DUCHROW, *Sprachverständnis und biblisches Hören bei Augustin*, Tübingen 1965. – W. EDER/F. MALI, Sacramentum: DNP 10 (2001) 1199-1202. – H.M. FÉRET, Sacramentum res dans la langue théologique de S. Augustin: RSPhTh 29 (1940) 218-243. – J. FINKENZELLER, *Die Lehre von den Sakramenten im allgemeinen. Von der Schrift bis zur Scholastik*, Freiburg 1980. – S. FOLGADO FLÓREZ, Eclesiología y sacramentalidad del matrimonio cristiano: CDios 193 (1980) 223-257. – T.B. FOSTER, «Mysterium» and «Sacramentum» in the Vulgate and Old Latin Versions: AJTh 19 (1915) 402-415. – H.J. FREDE, Einleitung: *Vetus Latina* 24/1. *Epistola ad Ephesios*, Freiburg 1962, 9*-40*. – W. GEERLINGS, *Christus Exemplum. Studien zur Christologie und Christusverkündigung Augustins*, Mainz 1978. – D. GELPI, *The Gracing of Human Experience. Rethinking the Relationship Between Nature and Grace*, Col-legeville, Minn. 2007. – A. GENOVESE, *S. Agostino e il Cantico dei Cantici. Tra esegesi e teologia*, Roma 2002. – J. DE GHELLINCK et al. (Ed.), *Pour l'histoire du mot «sacramentum»* 1. *Les anténicéens*, Louvain/Paris 1924. – Id., Conclusion: ib. 59-152.307-312. – B. GHERARDINI, Appunti per uno studio sulla sacramentalità del matrimonio in sant'Agostino: Lateranum 42 (1976) 122-149. – V. GRÖNE, *Sacramentum oder Begriff und Bedeutung von Sacrament in der alten Kirche bis zur Scholastik. Ein Beitrag zur Dogmengeschichte*, Brilon 1853. – G.L. HAHN, *Die Lehre von den Sakramenten in ihrer geschichtlichen Entwicklung innerhalb der abendländischen Kirche bis zum Concil von Trient*, Breslau 1864. – N.M. HARING, St. Augustine's Use of the Word Character: MS 14 (1952) 79-97. – W. HARMLESS, Baptism: AthAg 84-91. – J.A. HARRILL, The Influence of Roman Contract Law on Early Baptismal Formulae (Tertullian, *Ad Martyras* 3): StPatr 35 (2001) 275-282. – A.E. HARVEY, The Use of Mystery Language in the Bible: JThS 31 (1980) 320-336. – P.M. HENSELS, *Sacramentum en zijn synoniemen in de mystagogische katechesen van Ambrosius. Sacramentum und seine Synonyme in den mystagogischen Katechesen des Ambrosius (mit einer deutschen Zusammenfassung)*, Diss. Utrecht 1995. – F. HOFMANN, *Der Kirchenbegriff des hl. Augustinus in seinen Grundlagen und in seiner Entwicklung*, München 1933. – T. HOPFNER, Mysterien: RE 16,2 (1935) 1209-1350. – C. HORN, Augustins Philosophie der Zahlen: REAug 40 (1994) 389-415. – H.A.G. HOUGHTON, *The Latin New Testament. A Guide to its Early History, Texts, and Manuscripts*, Oxford 2016. – J. HUHN, *Die Bedeutung des Wortes Sacramentum bei dem Kirchenvater Ambrosius*, Fulda 1928. – M.K. JONES, *Toward a Christology of Christ the High Priest*, Roma 2006. – T. KACZMAREK, Il termine «Sacramentum» nell'accezione cristiana. La testimonianza di san Cipriano: TCz 21 (2013) 69-83. – M. KASER, *Das altrömische ius: Studien zur Rechtsvorstellung und Rechtsgeschichte der Römer*, Göttingen 1949. – F. KLINGMÜLLER, Sacramentum: RE 1A,2 (1920) 1667-1674. – G. KOFFMANE, *Geschichte des Kirchenlateins. Entstehung und Entwickelung des Kirchenlateins bis Augustinus – Hieronymus*, Hildesheim 1966. – A. KOLPING, *Sacramentum Tertullianeum* 1. *Untersuchungen über die Anfänge des christlichen Gebrauches der Vokabel sacramentum*, Münster 1948. – M. LABROUSSE, Le baptême des hérétiques d'après Cyprien, Optat et Augustin. Influences et divergences: REAug 42 (1996) 223-242. – E. LAMIRANDE, L'idée d'onction dans l'ecclésiologie de saint Augustin: RUO 35 (1965) 103-126. – T.J. LANG, *Mystery and the Making of a Christian Historical Consciousness. From Paul to the Second Century*, Berlin/Boston, Mass. 2015. – G.P. LAWLESS, The Wedding at Cana: Augustine on the Gospel According to John Tractates 8 and 9: AugSt 28,2 (1997) 35-80. – G. LEBACQZ/J. DE GHELLINCK, Chapitre III. Les derniers anténicéens: J. DE GHELLINCK et al. (Ed.), *Pour l'histoire ...* 221-306. – J. LÉCUYER, *Le sacrement de l'ordination. Recherche historique et théologique*, Paris 1983. – J.T. LIENHARD, *Sacramentum* and the Eucharist in St. Augustine: Thomist 77 (2013) 173-192. – V. LOI, Per la storia del vocabulo «sacramentum»: «sacramentum» in Lattanzio: VigChr 18 (1964) 85-107. – G. MADEC, Christus: AL 1 (1986-1994) 845-908. – L. MAŁUNOWICZ, *De voce «sacramenti» apud S. Hilarium Pictaviensem*, Lublin 1956. – A. MANDOUZE, A propos de sacramentum chez S. Augustin. Polyvalence lexicologique et foisonnement théologique: *Mélanges offerts à C. Mohrmann*, Utrecht 1963, 222-232. – Id., *Sacramentum* et *sacramenta* chez Augustin. Dialectique entre une théorie et une pratique: BAGB 48 (1989) 367-375. – R.A. MARKUS, Saint Augustine on History, Prophecy and Inspiration: Augustinus 12 (1967) 271-280. – Id., Augustine on Magic: A Neglected Semiotic Theory: REAug 40 (1994) 375-388. – Id., *Signs and Meanings. World and Text in Ancient Christianity*, Liverpool 1996. – H.-I. MARROU, *Saint Augustin et la fin de la culture antique*, Paris ⁴1958. – C.P. MAYER, *Die Zeichen in der geistigen Entwicklung und in der Theologie Augustins* 1-2, Würzburg 1969-1974. – F.G.L. VAN DER MEER, Sacramentum chez saint Augustin: MD 13 (1948) 50-64. – A. MEILLET, Notes et Discussions I. Latin *sanciō, sacer* et grec ἅζομαι, ἁγνός: BSL 21 (1919) 126-127. –

D. Michaélidès, *Sacramentum chez Tertullien*, Paris 1970. – C. Mohrmann, Sacramentum dans les plus anciens textes chrétiens: HThR 47 (1954) 141-152. – P. Monceaux, *Histoire littéraire de l'Afrique chrétienne depuis les origines jusqu'à l'invasion arabe* 1. *Tertullien et les origines*, Paris 1901. – J. Morán, La concepción de sacramento en San Augustín: EstAg 4 (1969) 321-364. – G. Mousourakis, *A Legal History of Rome*, London 2007. – B. Neunheuser, *Taufe und Firmung*, Freiburg ²1983. – P. Noailles, *Du Droit sacré au Droit civil*, Paris 1949. – A.D. Nock, The Roman Army and the Roman Religious Year: HThR 45 (1952) 187-252. – O.M. Phelan, *The Formation of Christian Europe. The Carolingians, Baptism, and the Imperium Christianum*, Oxford 2014. – J. Pintard, *Le sacerdoce selon Saint Augustin. Le prêtre dans la cité de Dieu*, Tours 1960. – L.M. Poland, Augustine, Allegory, and Conversion: JLT 2 (1988) 37-48. – M. Pontet, *L'exégèse de S. Augustin prédicateur*, Paris 1946. – J.B. Poukens, Sacramentum dans les œuvres de saint Cyprien. Etude léxicographique: BALAC 2 (1912) 275-289. – Id., Cyprien et ses contemporains: J. de Ghellinck et al. (Ed.), *Pour l'histoire ...* 153-220. – B. Proksch, *Christus in den Schriften Cyprians von Karthago*, Wien 2007. – B. Quinot, Le Christ seul et véritable prêtre: BA 30 (1967) 781-783. – Id., Les coutumes liturgiques mentionées dans le Contra Petilianum: ib. 776-781. – G. Rémy, Augustin converti. Dialogues philosophiques et mystères de la foi: Aug(L) 57 (2007) 281-320. – J. Ritter, *Mundus intelligibilis. Eine Untersuchung zur Aufnahme und Umwandlung der neuplatonischen Ontologie bei Augustinus*, Frankfurt a.M. 1937. – W. Roetzer, *Des heiligen Augustinus Schriften als liturgiegeschichtliche Quelle. Eine liturgie-geschichtliche Studie*, München 1930. – E. Scalco, «Sacramentum connubii» et institution nuptiale. Une lecture du «De bono coniugali» et du «De sancta virginitate» de S. Augustin: EThL 69 (1993) 27-47. – E. Schmitt, *Le mariage chrétien dans l'œuvre de saint Augustin. Une théologie baptismale de la vie conjugale*, Paris 1983. – H.-J. Sieben, Die «res» der Bibel. Eine Analyse von Augustinus, *De doctr. christ.* I-III: REAug 21 (1975) 72-90. – H. von Soden, ΜΥΣΤΗΡΙΟΝ und *sacramentum* in den ersten zwei Jahrhunderten der Kirche: ZNW 12 (1911) 188-227. – A. Souter, *The Text and Canon of the New Testament*, London ²1954. – C. Spallanzani, La nozione di Sacramento in S. Agostino: ScCatt 55 (1927) 175-188.258-268. – G. Strauss, *Schriftgebrauch, Schriftauslegung und Schriftbeweis bei Augustin*, Tübingen 1959. – B. Studer, «Sacramentum et exemplum» chez saint Augustin: RechAug 10 (1975) 87-141. – Id., Zur Christologie Augustins: Aug 19 (1979) 539-546. – F.-J. Thonnard, Le sens du mystère chez saint Augustin: BA 23 (1974) 722-725. – D.G. Van Slyke, *Sacramentum* in Ancient Non-Christian Authors: Antiphon 9 (2005) 167-206. – Id., The Changing Meaning of *Sacramentum*: Historical Sketches: ib. 11 (2007) 245-279. – A. de Veer, Le sacrement de mariage: BA 23 (1974) 675-683. – M. Villette, *Foi et sacrement. Du Nouveau Testament à Saint Augustin*, Paris 1959. – U. Wickert, *Sacramentum Unitatis. Ein Beitrag zum Verständnis der Kirche bei Cyprian*, Berlin/New York 1971.

Robert Dodaro

Sacramentum corporis et sanguinis Christi

Dieser Artikel befaßt sich schwerpunktmäßig mit der Eucharistietheologie des A. Übergreifende terminologische Aspekte sowie die vora. Theologie der Eucharistie sind im Artikel ↗Eucharistia, die liturgische Feier der Eucharistie, ihre Struktur, Elemente und deren Deutung im Artikel ↗Sacrificium offerre behandelt.

I. Kontexte der a. Eucharistietheologie. – A. bietet in seinen Werken keine systematische Darstellung der Theologie der Eucharistie; vielmehr ist hierfür auf zahlreiche Aussagen aus verschiedenen Kontexten und Zeiten seines Wirkens zurückzugreifen. Teils stehen sie in exegetischen Zusammenhängen; teils haben sie ihren Platz in den Kontroversen mit dem Manichäismus, dem Donatismus und dem Pelagianismus. Vor allem aber liegt den Ausführungen zur Eucharistietheologie die Liturgie mit ihren Riten und Texten zugrunde, so daß man bei A. weithin von einer ‹liturgischen Theologie› der Eucharistie sprechen kann; andere pastorale Kontexte kommen ebenso hinzu wie gewisse Einflüsse aus der popularen Frömmigkeit. Wichtig sind vor allem *ciu.* 10, *Io. eu. tr.* 26sq., *ep.* 98 und die Predigten über das Vaterunser (*s.* 56-59) sowie für die Neugetauften (z.B. *s.* 227.229.272; *s. Guelf.* 7) [1]. Die vielfältige Terminologie, die A. in seinen Ausführungen zur Eucharistie verwendet [2], geht unter anderem auf deren verschiedene Kontexte zurück oder will jeweils bestimmte theologische Akzente setzen. Mit seiner Begrifflichkeit hat A. die weitere Eucharistietheologie mitgeprägt.

A. ist mit der vorgängigen und zeitgenössischen Eucharistielehre vertraut, aus der westlichen Tradition besonders mit den Afrikanern ↗Tertullian, ↗Cyprian und ↗Optat von Mileve und deren eucharistischem Realismus; außerdem greift er auf ↗Hilarius von Poitiers, ↗Ambrosius, der ebenfalls eine realistische Sicht der Eucharistie vertritt, und ↗Hieronymus zurück, über den ihm vor allem die breitere kirchliche Überlieferung vermittelt wurde [3]. Doch geht A. über diese theologischen Entwürfe hinaus, ohne daß seine Eucharistietheologie in allem abschließend ausgearbeitet ist. Auch hat die Forschung oft Fragestellungen späterer Epochen, besonders im Zusammenhang konfessioneller Auseinandersetzungen, in sie hineingelegt, was mitunter zu divergierenden oder gar widersprüchlichen Auffassungen geführt hat [4].

Anmerkungen. – [1] Thematische Quellensammlungen bieten LANG, *Textus* (lat.); SOLANO 105-284 (lat.-span.); DI NOLA, *Monumenta* 173-398 (ital., mit guter Einführung ib. 173-194); cf. id., *Dottrina* (lat.-ital.; Einführung ib. 9-38); GROSSI (Ed.), *Sant' Agostino.* Zu den Kontexten insgesamt DE LUIS VIZCAÍNO 15-21 (ib. 55-143 ein Kommentar zu den wichtigsten Quellen für die a. Eucharistietheologie); speziell zu den eucharistischen Katechesen GARCÍA ALVAREZ, *Catéchèses.* – [2] Zur Terminologie vor A. cf. MAYER, *Eucharistia* 1155sq. Zu A.s Terminologie ib. sowie FRIES 140sq. – [3] Zur theologischen Tradition vor A. cf. ADAM, *Eucharistielehre* (1908) 8-61; MAYER, *Eucharistia* 1151-1154; BETZ 47-52.142-150. – [4] Cf. bereits ADAM, *Eucharistielehre* (1908) 1-7; GEISELMANN 36-43. Ein Musterbeispiel ist BAREILLE 1173-1179. Konfessionell begründete Kontroversen sind bis in die 2. Hälfte des 20. Jh.s zu beobachten.

II. Die Eucharistie als ‹sacramentum›. – 1. Terminologische Beobachtungen.

– Die Eucharistie hat innerhalb des weit gefaßten a. Konzepts von ↗‹sacramentum› eine zentrale Rolle inne. Zu ihrer Bezeichnung benutzt A. häufig kombinierte Begriffe, so etwa ‹sacramentum corporis et sanguinis Christi/domini› [5], mit Wiederholung von ‹sacramentum› in *ep.* 98,9 («sacramentum corporis Christi … sacramentum sanguinis Christi»), verschiedentlich auch verkürzt zu ‹sacramentum corporis Christi/domini› [6]. Andere geläufige Ausdrücke sind ‹sacramentum/-a altaris› [7], ‹sacramentum sanctae mensae› (*pecc. mer.* 1,26) und ‹sacramentum mensae dominicae› (*s.* 227; *s. Guelf.* 7,1). Mit Rücksicht auf ihren Gedächtnischarakter nennt A. die Eucharistiefeier das ‹sacramentum memoriae› (*c. Faust.* 20,21). In *ps. c. Don.* 263u verweist er auf das Abendmahl Jesu mit den Jüngern als ‹primum sacramentum cenae›. Weitere Genitiv-Konstruktionen sind, bezogen auf die eucharistischen Gaben, ‹panis et calicis sacramentum› (*c. Faust.* 20,13), ‹sacramentum caelestis panis› (*s.* 351,7) oder ‹sacramentum panis› (*cons. eu.* 3,72) [8]. Jeweils in liturgischem Zusammenhang steht für die Eucharistie in *inq. Ian.* 1,4.8 und *ep.* 149,16 der absolute Begriff ‹tantum sacramentum›, wodurch A. ihre herausragende Bedeutung im Leben der Kirche und der einzelnen Gläubigen unterstreicht. Diese terminologische Breite und Vielfalt zeigt die Tiefe und das Gewicht des a. Verständnisses von ‹sacramentum› im Zusammenhang der Eucharistie an [9].

Anmerkungen. – [5] Cf. *doctr. chr.* 2,4. Weitere Belege: *trin.* 3,10; *adn. Iob* 36.38; *ciu.* 16,37; *c. adu. leg.* 1,52; *ep.* 44,10; *Io. eu. tr.* 62,2; *ep. Io. tr.* 7,6; *en. Ps.* 68,1,2. In *qu. eu.* 2,38,5 im Plural: «in sacramentis corporis et sanguinis eius»; cf. *Dulc. qu.* 1,14; *en. Ps.* 21,1,26. In *doctr. chr.* 3,13 mit der Variante «baptismi sacramentum et celebratio corporis et sanguinis domini». In *inq. Ian.* (= *ep.* 54.55) 1,1 spricht A. von der «communicatio corporis et sanguinis ipsius (sc. Christi)». – [6] Z.B. *s. dom. m.* 2,25sq.; *adn. Iob* 38; *pecc. mer.* 1,34; *ciu.* 21,20.25; *ep.* 36,28; *en. Ps.* 68,2,6; *s.* 354,2; auch adjektivisch: ‹sacramentum dominici corporis› (*s. dom. m.* 2,27). – [7] Cf. *uirg.* 46; *Gn. litt.* 11,40,54; *Cresc.* 3,24; *ciu.* 10,6; *correct.* (= *ep.* 185) 24; *s.* 59,6; 95,7; 226; 228,3 (mit Ergänzung von ‹sacri›); 351,10; 352,8; cf. auch ‹altaris communicatio› (*ep. Io. tr.* 3,5). –

[8] Cf. *correct.* 50. In *qu. eu.* 1,43 findet sich auch der Begriff ‹uini sacramentum›; ansonsten steht das eucharistische Brot stärker im Fokus als der Wein. – [9] Zur Entwicklung dieser Terminologie cf. MCWILLIAM 497-501. Zum Ganzen cf. DE LUIS VIZCAÍNO 157-205.

2. Zeichen und Bezeichnetes der Eucharistie.

– Die Eucharistie gehört zu jenen wenigen ‹sacramenta› des Neuen Bundes, die nicht auf der Überlieferung der Kirche, sondern auf der Hl. Schrift selbst beruhen (*inq. Ian.* 1,1). Den Zeichencharakter weist A. einerseits der Eucharistie insgesamt zu, andererseits speziell den eucharistischen Gaben von Brot und Wein (↗Signum-res). Generell gilt für A., daß das sichtbare Zeichen eine unsichtbare Wirklichkeit bezeichnet, so daß eine Ähnlichkeit, jedoch keine volle Identität zwischen dem Zeichen und dem Bezeichneten besteht (↗Similitudo-dissimilitudo). Zwar bezieht A. in *ciu.* 10,5 eine entsprechende Aussage auf die Opfer des Alten Bundes («sacrificium ergo uisibile inuisibilis sacrificii sacramentum, id est sacrum signum est»); jedoch gilt diese Aussage generell für alle ‹sacramenta›, auch die des Neuen Bundes und der Kirche. In *s.* 272 wendet A. in eucharistischem Kontext seine Zeichenlehre auf die Eucharistie an: «dicuntur sacramenta, quia in eis aliud uidetur, aliud intellegitur. quod uidetur, speciem habet corporalem, quod intellegitur, fructum habet spiritualem». Der rituelle Vollzug der Eucharistiefeier sowie das Brot und der Wein der Eucharistie sind sichtbare Zeichen einer unsichtbaren Wirklichkeit, die eine geistliche Frucht schenkt. Deshalb besteht zwischen den eucharistischen Gaben als dem Bezeichnenden und ‹res› oder ↗‹ueritas› [10] als dem Bezeichneten eine wesenhafte Ähnlichkeit (‹similitudo›), wobei das Bezeichnete geistig-geistlicher Natur ist [11]. Diese dem Sakrament der Eucharistie innewohnende ‹res ipsa› ist die göttliche Heilswirklichkeit und die Gnadengabe, die der Empfänger daraus erhält. Letztlich ist es Christus selbst, in dem alle ‹sacramenta› konvergieren [12].

Allerdings wirkt die göttliche Kraft nicht allein aus sich heraus, vielmehr hängt ihre Wirkung in den Empfängern vom rechten Gebrauch der im Sakrament geschenkten ↗‹uirtus› ab. Den Gerechten gereicht sie zum Heil, die Unwürdigen aber führt sie ins Verderben [13]. Das Essen und Trinken des Leibes und Blutes Christi allein reicht nicht aus, um seine Frucht zu empfangen, sondern entscheidend ist die wahre Teilnahme am Geist Christi, die sich in der Zugehörigkeit zum Leib Christi, der Kirche, zeigt [14]. Damit sieht A. zwischen dem äußeren Vorgang des Essens und Trinkens und den eucharistischen Zeichen einerseits und der durch diese bezeichneten inneren Wirklichkeit andererseits eine Spannung. Diese führt dazu, daß jene, die nicht am Geist Christi, der nur in der Kirche wirkt, teilhaben, weil sie außerhalb der Kirche stehen, die ‹res ipsa› nicht erlangen können; vielmehr ziehen sie sich durch die Teilnahme am Sakrament das Gericht zu (cf. *1 Cor* 11,29; *correct.* 50). Häretiker und Schismatiker können zwar das ‹sacramentum› im Leib und Blut Christi essen und trinken, aber es gereicht ihnen nicht zum Nutzen, da sie vom Leib Christi getrennt sind; nur ‹catholici› empfangen die ‹res ipsa› [15]. Allerdings müssen auch diese rein und würdig sein (*Io. eu. tr.* 26,18). Demnach ist für A. die Wirkung der Eucharistie nicht per se durch den Empfang der eucharistischen Gestalten gegeben, sondern sie entfaltet sich erst in den Empfängern [16]; deren Leben im Geist und deren innere Disposition beim Eucharistieempfang, aufgrund derer sie die hinter den äußeren Zeichen stehende tiefere Wahrheit erkennen und den Leib und das Blut Christi geistig-geistlich zu sich nehmen, sind Voraussetzung, daß sie die göttliche Gnadengabe als solche erhalten [17]. Der Geist bewirkt die innige Verbindung mit Christus und untereinander; er ermöglicht, daß aus dem ‹sacramentum› der Eucharistie der lebendige Leib Christi wird und lebt [18]. Der Eucharistieempfang ist letztlich das geistig-geistliche Essen des ‹homo interior› [19].

Anmerkungen. – [10] Cf. ‹res ipsa› als das Eigentliche im Gegensatz zum äußeren Zeichen (*correct.* 50); ähnlich die Gegenüberstellung: «non sacramento tenus, sed re uera corpus Christi manducare et eius sanguinem bibere» (*ciu.* 21,25); in *s.* 131,1 mit dem Gegensatzpaar ‹uisibiliter – spiritualiter›, wobei die eigentliche ‹Wahrheit› im ‹Spirituellen› liegt: «si quod in sacramento uisibiliter sumitur, in ipsa ueritate spiritualiter manducetur, spiritualiter bibatur»; cf. van der Lof 299sq.; Garrido Sanz 528sq. Zu ‹ueritas› in diesem Zusammenhang cf. Sambor 440-444. – [11] *Ep.* 98,9: «si enim sacramenta quandam similitudinem rerum earum, quarum sacramenta sunt, non haberent, omnino sacramenta non essent. ex hac autem similitudine plerumque iam ipsarum rerum nomina accipiunt. sicut ergo secundum quendam modum sacramentum corporis Christi corpus Christi est, sacramentum sanguinis Christi sanguis Christi est, ita sacramentum fidei fides est»; cf. Camelot, Sacramentum 434sq. – [12] Cf. Camelot, Sacramentum 443-445; van Bavel 126-128; Sambor 438-448. – [13] *Bapt.* 3,15: «ipsa eius sanctitas pollui non potest et sacramento suo diuina uirtus adsistit siue ad salutem bene utentium siue ad perniciem male utentium». Mit Verweis auf *en. Ps.* 77,2 («gratia, quae sacramentorum uirtus est») versteht Berrouard (²1988) 836, diese ‹uirtus› als ‹gratia›. – [14] *Io. eu. tr.* 27,11: «ut carnem Christi et sanguinem Christi non edamus tantum in sacramento, quod et multi mali; sed usque ad spiritus participationem manducemus et bibamus, ut in domini corpore tamquam membra maneamus, ut eius spiritu uegetemur» (cf. ib. 26,18; 27,6). – [15] *Ciu.* 21,25; cf. *Io. eu. tr.* 26,13.15; cf. Hofmann 408sq.; Lienhard 186sq.; speziell zu den Donatisten Burns 14-16. – [16] Cf. Betz 151sq.; Berrouard, Eucharistie sacrement. – [17] Cf. Berrouard, Etre sacramentel (²1988) 826sq.; Sambor 469-471 zu ‹manducatio› der Eucharistie als ‹participatio› an der sakramentalen Gnade. – [18] Cf. *Io. eu. tr.* 27,11; zum einigenden Wirken des Geistes *s.* 71,18; cf. Berrouard, Eucharistie sacrement 831sq.; Kilmartin 175sq.; Burns 11-14. – [19] Cf. Fries 159-167.

3. Die eine neue Wirklichkeit stiftende Kraft des Wortes. – Damit im Sakrament aus den Gaben von Brot und Wein Leib und Blut Christi werden, ist ein das ‹sacramentum› als Heilsgabe interpretierendes, performatives Wort verlangt: «non enim omnis panis, sed accipiens benedictionem Christi, fit corpus Christi» (*s.* 234,2) [20]; der Begriff ‹benedictio Christi› (↗Benedicere, benedictio) hebt das Handeln Christi selbst hervor. Ähnlich sagt A. in *Io. eu. tr.* 80,3 in Bezug auf das Taufwasser über das Zustandekommen des Sakraments: «accedit uerbum ad elementum, et fit sacramentum» (cf. ib. 15,4) [21]. Bezogen auf die eucharistischen Gaben von Brot und Wein betont er analog in *s.* 229,1 die eine neue Wirklichkeit stiftende Kraft des Wortes [22]; das Wort drückt den Glauben der Kirche aus. Dabei meint ↗‹uerbum› hier aber nicht nur das vom Bischof oder Presbyter vorgetragene Eucharistiegebet oder einzelne Teile davon, sondern impliziert ebenfalls das Handeln Christi selbst, was auch vorausgesetzt wird, wenn A. vom ↗‹uerbum dei›, d.h. Christus, spricht, durch das Brot und Wein geheiligt sind [23]. Christus selbst erscheint also als der im Wort Handelnde, wenn die eucharistischen Gaben zu seinem Leib und Blut werden [24]. A. definiert dabei keine bestimmten Worte mit konsekratorischer Wirkung, doch legen Wendungen, die auf die Evangeliumsgemäßheit des Eucharistiegebets oder einzelner seiner Abschnitte hinweisen (z.B. *c. litt. Pet.* 2,69: «precem sacerdotis uerbis et mysteriis euangelicis conformatam»), nahe, daß ähnlich wie bei Ambrosius [25] die sogenannten ‹Einsetzungsworte› bereits eine hervorgehobene Stellung hatten [26]. Allerdings liegt bei A. keine Engführung darauf vor; vielmehr unterstreicht er ebenfalls das mit den Augen nicht sichtbare Wirken des Hl. Geistes bei der Heiligung von Brot und Wein, was auf eine epikletische Aussage in der ‹prex mystica›, dem Eucharistiegebet, hindeutet [27]. Selbst wenn einige der zitierten Aussagen sowie Begriffe wie ‹consecratio›, ‹sanctificatio› (↗Sanctus (sanctificatio, sanctitas)) oder ‹benedictio› der Gaben von Brot und Wein, die durch den Geist kraft des vom Vorsteher gesprochenen Wortes geschieht, eine realpräsentische Vorstellung der Eucharistie nahelegen [28], überwiegt bei A. ein geistiges, im Zusammenhang seines Zeichenbegriffs symbolisches Eucharistieverständnis. Dabei schließen sich die beiden theologischen Verstehensweisen nicht gegenseitig aus, sondern sind komplementär [29]. Hingegen polemisiert A. im Anschluß an *Io* 6 klar gegen eine materialistische Sicht, der zufolge in der Eucharistie Fleisch und Blut des irdischen Jesus gegessen und getrunken würden [30].

Anmerkungen. – [20] Cf. *ep.* 36,28; 149,16. – [21] Cf. LIENHARD 181-183. – [22] Ib.: «panis est et uinum: sed iste panis et hoc ui-num accedente uerbo fit corpus et sanguis uerbi». – [23] Ib. 227: «panis ille quem uidetis in altari sanctificatus per uerbum dei, corpus est Christi. calix ille, immo quod habet calix, sanctifi-catum per uerbum dei, sanguis est Christi»; cf. *s. Guelf.* 7,1: «... panis est et uinum: accedit sanctificatio, et panis ille erit corpus Christi, et uinum illud erit sanguis Christi. hoc facit nomen Chris-ti, hoc facit gratia Christi». Ausführlich zu *s. Guelf.* 7,1 ADAM, Eucharistielehre (1936), besonders 247-256. – [24] Cf. CAMELOT, Sacramentum 440-443. In *bapt.* 6,47 äußert sich A. ähnlich im Zusammenhang der Taufe, indem er vom Handeln Gottes im sakramentlichen Vollzug spricht: «... deus adest euangelicis uer-bis suis, sine quibus baptismus Christi consecrari non potest, et ipse sanctificat sacramentum suum»; cf. ADAM, *Eucharistielehre* (1908) 104sq. Auf andere Weise spricht A. vom Handeln und der Gegenwart Christi in der Eucharistiefeier, wenn dieser in der Evangelienverkündigung zu den Gläubigen als der Erhöhte spricht, der als ‹ueritas› schlechthin in der Kirche gegenwärtig ist; cf. *Io. eu. tr.* 30,1. Zum dynamischen Verhältnis von Brot und Wort Gottes cf. GESSEL, Brotcharakter; FRIES 133-139; SAMBOR 237-319 (Wort Gottes als Teilhabe am göttlichen Leben). – [25] *Sacr.* 4,4,14-19; 4,5,22sq.; *myst.* 9,52-54.58. – [26] Cf. BRINKTRINE 414-416.425. In *c. Faust.* 20,13 spricht A. von einer ‹gewissen› Konsekration: «noster autem panis et calix non quilibet ... sed certa consecratione mysticus fit nobis». – [27] *Trin.* 3,10: «prece mystica consecratum ... non sanctificatur ... nisi operante inui-sibiliter spiritu dei»; cf. SALAVILLE 273sq.; CAMELOT, Sacramen-tum fidei 895sq.; KLÖCKENER, Eucharistisches Hochgebet (1989) 490sq.; id., Eucharistisches Hochgebet (2005) 91-94; id., Sacri-ficium offerre 7sq. Anders LECORDIER 6; BOBRINSKOY, Eucharistie 351-353; id., Esprit 294-296. Zum Wirken des Geistes bei der ‹consecratio› cf. ADAM, *Eucharistielehre* (1908) 110sq. – [28] A. gebraucht jedoch niemals ‹mutare›, ‹transformare› oder ein Äquivalent, mehrfach hingegen das eher blasse Verb ‹fieri›; cf. LIENHARD 186. «Über das Verhältnis der Elemente (von Brot und Wein) zum eucharistischen Christus, d.h. über die Frage der Wesensverwandlung (machte sich A.) noch keinerlei Gedan-ken» (HOFMANN 398); cf. ib. 401-404; ADAM, *Eucharistielehre* (1908) 103-121; id., Eucharistielehre (1936) 242-247. Eine singu-läre Interpretation der ‹sanctificatio› (*ep.* 149,16) in diesem Kontext bietet SAGE, Supplices, besonders 253-259. – [29] Cf. BOYER 127-129; LECORDIER 28-39 und PHILIPS 133-145 (beide mit nachdrücklicher Betonung eines eucharistischen Realismus); CAMELOT, Réalisme; VAN DER MEER 330-335; VAN DER LOF; BETZ 150sq.; GARRIDO SANZ; BONNER, Church 451sq.; PASQUATO 52-63; RUANO DE LA HAZA, Sacramento 146-151; MORIONES 449-465; BAUMANN 21sq. – [30] Cf. *Io. eu. tr.* 11,5; 27,5; *en. Ps.* 33,1,8; 54,23; cf. BERROUARD, Etre sacramentel (1977) 704-707; id., Etre sacra-mentel (²1988) 824sq.; BOYER 129-131; BURNS 7.

4. Die typologische Deutung von Manna und Eucharistie als ‹sacramenta›.

– Die Eucharistie wurde im Alten Testament unter anderem durch das ‹manna›, das die Israeliten in der Wüste als Brot vom Himmel genährt hat (*Ex* 16), vorausver-kündet. Bei der Auslegung des Wortes Jesu in *Io* 6,49sq. betrachtet A. sowohl das Manna als auch die Eucharistie als ‹sacramenta› und ‹signa›, die je auf ihre Weise dieselbe ‹res› als Heilsgabe Gottes bezeichnen: «‹hic est panis qui de caelo descendit› (ib. 6,50). hunc panem significauit manna, hunc panem significauit altare dei. sacramenta illa fue-runt; in signis diuersa sunt; in re quae significatur paria sunt» (*Io. eu. tr.* 26,12). Das ‹manna› stellt

allerdings nur einen Schatten (↗‹umbra›) dar, das Brot der Eucharistie hingegen die Wahrheit (‹ueri-tas›; ib. 26,13). Diese ‹ueritas› oder ‹res› besteht in Christus, der sich in *Io* 6 als das wahre Brot vom Himmel, das in der Eucharistie gereicht wird, ge-offenbart hat [31]. Auch wenn die Christen die Eu-charistie als eine sichtbare Speise und damit als ein ‹sacramentum› empfangen, wie es die Israe-liten analog beim Manna taten, so trägt die Eucha-ristie über die äußere Gestalt hinaus eine ‹uirtus› in sich, die das von Jesus verheißene ewige Leben schenkt: «aliud est sacramentum, aliud uirtus sa-cramenti» (*Io. eu. tr.* 26,11); die Eucharistie vermit-telt damit dem Empfänger eine heilbringende Gna-de [32], die allerdings den dem Empfang vorausge-henden Glauben verlangt [33]. In diesem Glauben wird Christus beim Brechen des eucharistischen Brotes (cf. *Lc* 24) erkannt; auch wenn er nicht mit den Augen sichtbar ist, ist er nicht abwesend; der Glaubende findet und erkennt ihn beim Essen des gebrochenen Brotes (*s.* 235,3) [34]. Entscheidend ist letztlich beim Eucharistieempfang, in Christus zu bleiben und ihn bleibend in sich zu haben: «hoc est ergo manducare illam escam, et illum bibere potum, in Christo manere, et illum manentem in se habere» (*Io. eu. tr.* 26,18; cf. ib. 27,6).

Anmerkungen. – [31] Cf. BERROUARD, Réflexion 832-835; FRIES 155-158; DE LUIS VIZCAÍNO 235-237. – [32] Cf. BERROUARD, Réflexion 836-840; id., Commentaire 812-814; LIENHARD 184; HOFMANN 394. – [33] Cf. CAMELOT, Sacramentum fidei 894sq.; BOYER 132-136; DODARO 1274sq. – [34] Cf. BIZZOZERO 131sq.

5. Die Notwendigkeit der Zeichen der Euchari-stie.

– Zwar betont A. das geistige Verständnis der Eucharistie als ‹sacramentum›; aber er gleitet nicht in eine spiritualistische Sicht ab. Vielmehr unterstreicht er die Notwendigkeit der liturgischen ‹signa›, der Zeichen, Riten und Worte der Eucha-ristie und ihrer Feier. Durch die Zeichen wird die Heilswirklichkeit Gottes in den ‹sacramenta› je neu konstituiert. Unter den Bedingungen der Kirche in dieser Zeit sind sie notwendig, damit die Getauf-ten Anteil an der Erlösung in Christus erhalten. Die häufigen mystagogischen Auslegungen der Eucharistiefeier und anderer Riten für die Neuge-tauften wie auch bei sonstigen Gelegenheiten ver-deutlichen, welch hohe Bedeutung A. den Zeichen im liturgischen Vollzug beimißt [35]. Das schließt auch die materielle und sichtbare eucharistische Speise ein (*en. Ps.* 98,9) [36], ohne deren Empfang die Teilhabe an der Heilszuwendung Gottes un-vollständig bleibt.

Anmerkungen. – [35] Cf. KNOP, besonders 110-123; ↗Cultus. – [36] Cf. BERROUARD, Etre sacramentel (²1988).

*III. Die Eucharistie als Christusanamnese. –
1. Vergegenwärtigung der Heilsgeschichte in Christus.* – Mit der Bezeichnung der Eucharistie als ‹sacramentum corporis et sanguinis Christi› verweist A. auf deren christologisches Fundament. Zum einen zeigt sich dies darin, daß nach A. Christus selbst in der Eucharistiefeier handelt (siehe oben II 3). Zum anderen gibt dieses ‹sacramentum› Anteil an der Erlösungswirklichkeit in Christus. Das vergangene Heilshandeln Gottes in Christus wird anamnetisch aufgrund der Gnade in der Eucharistiefeier vergegenwärtigt; die Mitfeiernden erhalten Anteil daran: «quod accipitis, uos estis, gratia qua redempti estis» (*s. Guelf.* 7,1). In dieser Perspektive kann A. die Eucharistie in der Zeit der Kirche auch ‹sacramentum memoriae› (*c. Faust.* 20,21), d.h. Gedächtnis des im Leiden Christi vollzogenen Opfers, nennen [37]. Damit verbindet er in gleicher Weise die eschatologische Erwartung; Teilhabe an der Erlösungswirklichkeit Christi in der Eucharistie bedeutet auch, ihm auf seinem Weg in den Himmel, den er als Auferstandener und Erhöhter vorausgegangen ist und wo er gemäß dem Glaubensbekenntnis zur Rechten Gottes des Vaters sitzt, zu folgen [38]. Die Eucharistie trägt selbst diese Verheißung in sich. Insofern kommen hier der Symbolcharakter der Eucharistie und die durch sie bewirkte heilsgeschichtliche Realität, in die die Kirche als ganze, aber auch jeder einzelne Gläubige mit hineingenommen wird, zusammen [39].

Anmerkungen. – [37] Zur Entwicklung des ↗‹memoria›-Begriffs bei A. cf. McWilliam 501-504. – [38] *S.* 227: «quo iuit caput nostrum? ... ‹tertia die resurrexit a mortuis, ascendit in caelum, sedet ad dexteram patris› (*Symb.* 5-7). ergo in caelo caput nostrum»; cf. García Alvarez, Eucharistie 26-28. Zur eschatologischen Ausrichtung der Eucharistie cf. *en. Ps.* 33,1,6; cf. Bergeron 113sq.; Fries 252-269; Sambor 434-437; de Luis Vizcaíno 251-258. – [39] Cavadini interpretiert *conf.* 9-13 insgesamt aus einer eucharistischen Perspektive und bezieht auch das Schöpfungsgedächtnis und die eschatologische Vollendung mit ein.

2. Die Identität zwischen den eucharistischen Gaben und Christus. – Wiederholt kommt A. darauf zu sprechen, daß die Zeichen der Eucharistie, Brot und Wein, nach dem Vollzug des heiligen Wortes Christus selbst darstellen, ja eine Identität besteht [40]. Christus gibt den Gläubigen jenen Leib zu essen, in dem er so viel gelitten hat, und sein Blut zu trinken (*en. Ps.* 33,2,25). Es ist derselbe Leib, den er beim letzten Mahl selbst in Händen getragen und den Jüngern gereicht (*s.* 112,4; *en. Ps.* 33,1,10; 33,2,2) und der am Kreuz gehangen hat (*ib.* 100,9). So schenkt die Eucharistie gemäß johanneischer Theologie (*Io* 6,53sq.) das ewige Leben (*Io. eu. tr.* 26,15). In dieser Hinsicht kann man von einem realsymbolischen Charakter der Eucharistie

bei A. sprechen. Jedoch geht es ihm im engeren Sinn nicht um das, was in der späteren Theologie als ‹Realpräsenz› bezeichnet wird, und jeder Ausdruck eines eucharistischen Realismus bei A. [41] hat immer zugleich die mindestens ebenso wichtige symbolische Sichtweise mit in den Blick zu nehmen.

Dabei besteht für A. allerdings kein Widerspruch zwischen verschiedenen Aspekten eucharistischer Theologie, wie besonders *Io. eu. tr.* 26,15 zeigt: Dort geht A. einerseits von der Identität der eucharistischen Speise von Brot und Wein mit dem Leib und Blut Christi aus («in hoc uero cibo et potu, id est corpore et sanguine domini»); andererseits stellen diese Speise und dieser Trank die ‹societas corporis et membrorum suorum› dar, d.h. die heilige Kirche im umfassenden Sinn, der die Lebenden genauso wie die verherrlichten Heiligen angehören. Außerdem bezeichnet dieses ‹sacramentum› die Einheit der Gläubigen im gemeinschaftlichen Empfang von Leib und Blut Christi; es wird den Gläubigen in der Feier auf dem Altar, der ‹mensa dominica›, bereitet und von eben diesem Tisch gereicht [42].

Die Gegenwart Christi in den eucharistischen Gestalten bedeutet gemäß der a. Christologie die Präsenz des ‹totus Christus›, im Anschluß an die paulinische Theologie (*1 Cor* 12; *Eph* 4,15sq.; 5,23) also die Einheit von Haupt und Gliedern. Die in der Eucharistie geschenkte Einheit mit Christus ist demnach nicht denkbar ohne die Einheit der Kirche, die in der Eucharistie konkret gelebt wird [43]. Der Begriff ‹totus Christus› ist also nicht nur ein theologisches Konzept, sondern eine liturgische und ekklesiale Realität. Vor allem in den eucharistischen Predigten an die Neugetauften kommt A. in verschiedenen Facetten auf dieses Thema zu sprechen, etwa in *s.* 227: «panis ille quem uidetis in altari sanctificatus per uerbum dei, corpus est Christi. calix ille, immo quod habet calix, sanctificatum per uerbum dei, sanguis est Christi. per ista uoluit dominus Christus conmendare corpus et sanguinem suum quem pro nobis fudit in remissionem peccatorum. si bene accepistis, uos estis quod accepistis». Es besteht also eine Identität zwischen den eucharistischen Gestalten und Christus selbst; er selbst wird in einem sakramentalen Vorgang gegessen, was möglich ist, weil es sich um den auferstandenen und erhöhten Christus handelt, der denen, die sein Fleisch in der Brotsgestalt essen, das Leben schlechthin schenkt [44]. Zugleich werden die Gläubigen durch den Eucharistieempfang mit Christus eins, wobei auch hier der ‹totus Christus› als nachösterliche Größe im Blick ist; das verdeutlicht A. (außerhalb eines eucharistischen Zusammenhangs) in *Io. eu. tr.* 21,8 [45]. Zu dieser umfassenden Sicht der

Präsenz Christi in den eucharistischen Gestalten bekennen sich die Gläubigen mit ihrem ↗‹Amen›, mit dem sie dem vom Priester oder Bischof vorgetragenen Eucharistiegebet zustimmen (s. 229,3) [46]. Beim Eucharistieempfang selbst unterstreichen sie gemäß dem altkirchlichen Grundsatz, daß die Liturgie den Glauben konstituiert [47], abermals diesen Glauben, indem sie auf die Spendeformel ↗‹Corpus Christi› und ‹Sanguis Christi› jeweils mit ihrem ‹Amen› antworten [48] und sich dadurch zu ihrer Teilhabe am Leib und Blut Christi sowie an der Gemeinschaft der Kirche bekennen [49], die im soteriologischen Geschehen des Kreuzestodes Jesu ihren Grund hat [50].

Anmerkungen. – [40] Beispielsweise *Io. eu. tr.* 26,17-19; 27,11; 47,2; *ep.* 98,9; *en. Ps.* 33,2,2; *s.* 56,15; 227; 229,3; 272; *s. Guelf.* 7,1; *s. Wilm.* 9,2. – [41] SAGE, Eucharistie 209-213 listet alle Stellen auf, die für einen ausgeprägten eucharistischen Realismus des A. sprechen; cf. GEISELMANN 36-38; GESSEL, *Gemeinschaft* 173-176; RUANO DE LA HAZA, Sacramento 151-157; POTTEAU; SAMBOR 438-444. – [42] Cf. BERROUARD, Corps; ALBARIC 95-97. – [43] Cf. HOFMANN 397-401; ADAM, Eucharistielehre (1936) 262-267; GESSEL, *Gemeinschaft* 190-195; ZUMKELLER 126sq.; PASQUATO 55-61; MADEC, *Patrie* 105-110; FRIES 203-225. – [44] *S. Mai* 129,1: «norunt fideles quemadmodum manducent carnem Christi … per partes manducatur, et manet integer totus; per partes manducatur in sacramento, et manet integer totus in caelo, manet integer totus in corde tuo»; cf. BIZZOZERO 129sq.; SAMBOR 442-444. – [45] Ib.: «ergo gratulemur et agamus gratias, non solum nos christianos factos esse, sed Christum … admiramini, gaudete, Christus facti sumus. si enim caput ille, nos membra; totus homo, ille et nos». – [46] Zum Dienst des Bischofs oder Priesters bei der Eucharistiefeier cf. GENN 226-242. – [47] Cf. das auf den Satz «ut legem credendi lex statuat supplicandi» Prospers von Aquitanien (*auct. de grat.* 8) zurückgehende Theologumenon ‹lex orandi lex credendi›; auch A. argumentiert häufig gegen seine Gegner mit dem Wahrheitsgehalt der Liturgie. Dazu umfassend KNOP 33-136. – [48] Ib. 272; cf. KLÖCKENER, Corpus. – [49] Cf. GESSEL, *Gemeinschaft* 137-140; SAMBOR 472-481. – [50] Cf. KLÖCKENER, Amen 286.

IV. Eucharistie und Kirche. – 1. Die Eucharistie als Sakrament der Zugehörigkeit zur Kirche als ‹corpus Christi›. – Im Rahmen seiner mit der Christologie eng verbundenen Ekklesiologie betrachtet A. die Kirche mit Christus, dem Haupt, und den Gläubigen, seinen Gliedern (cf. *1 Cor* 12; *Rm* 12), als ‹Christus totus› [51]. Dabei ist der biblische Begriff des ‹corpus Christi› (*1 Cor* 12) zentral. Für A. gehören der Empfang von Leib und Blut Christi und die Zugehörigkeit zur Kirche als Leib Christi untrennbar zusammen. Das eucharistische Mysterium setzt sich gleichsam im Mysterium der Kirche fort. Durch die Taufe (↗Baptismus) werden die Menschen Glieder des ‹corpus Christi›; durch die Eucharistie wird diese Zugehörigkeit zu Christus selbst sowie zu seinem Leib, der Kirche, vertieft. Insofern ist die Eucharistie das Sakrament, das der in der Taufe grundgelegten Christuszugehörigkeit Bestand verleiht und deshalb nicht nur liturgisch in

den Initiationsriten der Osternacht oder zu anderen Zeiten, sondern auch im theologischen Denken A.s nicht von der Taufe zu trennen ist [52]. Mehrfach betrachtet A. die Eucharistie gar wie die Taufe als heilsnotwendig [53]; die Aussage erklärt sich primär durch die pelagianischen Auseinandersetzungen [54], wobei A. die Zusammengehörigkeit von Taufe und erstem Eucharistieempfang prinzipiell, auch bei Kleinkindern, voraussetzt: «ut habeant in se uitam» (*s.* 174,7; *pecc. mer.* 1,27) [55]. Die Existenz im Leib Christi geht aus dem Geist Christi hervor; sie verwirklicht in besonderer Weise die Einheit untereinander und wird von Glaube, Hoffnung und Liebe getragen. A. formuliert dies zugespitzt, wenn er in *Io. eu. tr.* 26,13 von der Eucharistie als Opfer Christi an den Vater in Gemeinschaft mit der Kirche sagt: «o sacramentum pietatis! o signum unitatis! o uinculum caritatis!» [56]. Anknüpfend an *1 Cor* 10,17 hebt A. hervor, daß die Teilhabe an der Eucharistie gleichzeitig zum Verbleib im Leib Christi verpflichtet; so wird die Eucharistie zum ‹panis concordiae› (*Io. eu. tr.* 26,14; cf. *s.* 227).

In den eucharistischen Predigten an die Neugetauften thematisiert A. diesen Sachverhalt regelmäßig und verdeutlicht die Spannung zwischen der dem Eucharistieempfang vorausgehenden Zugehörigkeit zum Leib Christi und deren je neuer Verwirklichung durch das Essen und Trinken des Leibes und Blutes Christi in der Eucharistiefeier: «si bene accepistis, uos estis quod accepistis» (ib.; cf. *s. Guelf.* 7,1). Noch deutlicher heißt es in *s.* 272: «si ergo uos estis corpus Christi et membra, mysterium uestrum in mensa dominica positum est: mysterium uestrum accipitis. ad id quod estis, amen respondetis». Damit wird eine doppelte Wirklichkeit ausgedrückt: Im Leib und Blut Christi empfangen die Getauften das, was sie durch die Taufe schon sind: Leib Christi. Zugleich sind sie das, was sie empfangen, und sie bekennen sich dazu mit ihrem ‹Amen›. Die Eucharistie ist demnach das ‹sacramentum›, die darstellende Verwirklichung der Kirche als Leib Christi [57], für die wiederum unter Christus, dem Haupt, durch das Wirken des Geistes Einheit und Liebe konstitutiv sind [58]. Diese Wirklichkeit besteht schon, und die Gläubigen sind seit ihrer Taufe in sie hineingenommen. Mit Rückgriff auf das paulinische Bild vom Leib und den Gliedern ist die Frucht der Eucharistie, daß die Gläubigen in Christus bleiben, wenn sie dessen Glieder sind, und Christus in ihnen bleibt, so daß sie zu seinem Tempel werden [59]. Mögen weltweit auch viele Brotlaibe auf den Altären liegen, so bilden sie alle doch nur ein einziges Brot: die Kirche als den einen Leib Christi in vielen Gliedern [60]. Zugleich entwickelt sich diese Wirklichkeit auf die eschatologische ‹glorificatio› hin

[61]. Diese bereits existierende und zugleich je neu zu bewirkende Einheit im Leib Christi wird in den eucharistischen Gestalten von Brot und Wein dargestellt, die einem auch sonst aus der altkirchlichen Theologie bekannten Bild zufolge aus vielen Körnern und Trauben gewonnen und zu Einem zusammengebracht werden [62]. So verdeutlichen das eucharistische Brot und der eucharistische Wein die ‹concordia caritatis›, die im Leib Christi zur Einheit beiträgt, und sind selbst ‹mysterium unitatis› [63].

Anmerkungen. – [51] Cf. García Alvarez, Catéchèses 82-87; Barros 221-265; Pasquato; Madec, Christus 879-882; ↗Ecclesia, 2,701-703. – [52] Cf. García Alvarez, Catéchèses 78sq. – [53] Z.B. *Io. eu. tr.* 26,15 im Anschluß an *Io* 6,54sq. – [54] Cf. *pecc. mer.* 1,27.34; cf. Adam, *Eucharistielehre* (1908) 156-159; id., Eucharistielehre (1936) 252sq.; Berrouard, Nécessité 816sq.; Gessel, *Gemeinschaft* 157.172. – [55] Cf. Plagnieux, Royaume 703sq. – [56] Cf. Berrouard, O sacramentum, der im ersten Glied der Aufzählung eine Aussage primär über die Inkarnation bzw. die Kirche und damit vorrangig einen Ausdruck der göttlichen Güte, im zweiten über die Eucharistie und im dritten eine antidonatistische Wendung sieht. Folliet 519-532 und Neusch, *Splendeur* 59-68 sehen im ersten Glied die Hingabe Christi und, damit verbunden, der Kirche an Gott (↗Pietas); dann wären in dem Ausruf über die Eucharistie deren Opferdimension, deren ekklesiale Einbindung und im letzten Ziel in der Liebe zum Nächsten angesprochen (cf. Folliet 532; Neusch, *Splendeur* 68). Cf. eine ähnliche Wortkombination, bezogen auf die Eucharistie, in *s.* 272: «intellegite et gaudete; unitas, ueritas, pietas, caritas. unus panis: quis est iste unus panis? unum corpus multi». Cf. in eschatologischer Perspektive *Io. eu. tr.* 26,17. Mit anderen Akzenten van Bavel 131-133; Torio Esteban. – [57] Cf. van der Lof 300-302; Grossi, Eucaristia 264-269; Traets 156-169; Larrínaga 213-226; Fries 223. – [58] Cf. Folgado Flórez; Burns 5-14; Spinks 86-88. – [59] *Io. eu. tr.* 27,6: «manemus autem in illo, cum sumus membra eius; manet autem ipse in nobis, cum sumus templum eius». – [60] *S. Guelf.* 7,1; cf. *1 Cor* 10,17 und 12,27. Cf. Hofmann 401-404; Sambor 444-447. – [61] *Io. eu. tr.* 26,15: «hunc itaque cibum et potum societatem uult intellegi corporis et membrorum suorum, quod est sancta ecclesia in praedestinatis et uocatis, et iustificatis, et glorificatis sanctis, et fidelibus eius». – [62] Cf. zuerst *Didache* 9,4; dasselbe Motiv bei Cyprian, *epist.* 63,4; 69,2; bei A. auch in *s.* 227; 229,1. Cf. Berrouard, Symbolisme; Kilmartin 176. – [63] *S. Guelf.* 7,2: «quomodo autem de singulis granis in unum congregatis et quodam modo sibimet consparsione commixtis fit unus panis, sic fit unum corpus Christi concordia caritatis». Im folgenden entwickelt A. das Bild weiter auch für die vielen Trauben, aus denen der eine Wein gewonnen wird. Cf. auch *s.* 227; 272; *Io. eu. tr.* 26,17; *bapt.* 7,98 (mit Bezug auf Cypr. *epist.* 69,5); cf. Gessel, *Gemeinschaft* 181-184.

2. Eucharistie und Buße.

– Das Verhältnis von Eucharistie und Buße ist mehrschichtig. Zunächst hat dem Eucharistieempfang eine entsprechende Disposition der Gläubigen vorauszugehen, die unter anderem das Freisein von Sünden bedeutet [64]. Wer zur Eucharistie hinzutritt, hat gemäß *Mt* 22,1-13 das ‹Hochzeitskleid› zu tragen, d.h., er soll – gemäß *1 Tm* 1,5 – von der Liebe zu Christus und zu den Nächsten erfüllt sein, ein gutes Gewissen und Glauben haben [65].

Sodann ist die Eucharistie selbst aber auch ein Mittel zur Vergebung der täglichen Sünden, eine

↗‹medicina quotidiana› (*s.* 17,5) [66]; im Vaterunser (↗Oratio dominica), das dem Kommunionempfang vorausgeht, bitten die Gläubigen bei der fünften Bitte, die A. besonders im Blick auf die Eucharistie deutet, um die Vergebung der Schuld. Diese kann aber nur erlangt werden, wenn die Gläubigen selbst auch anderen Verzeihung gewähren. Dadurch wird ihnen je neu die Teilnahme am Leib und Blut Christi und an der eucharistischen Gemeinschaft ermöglicht [67].

Ausgeschlossen von der Eucharistiegemeinschaft sind hingegen jene, die einem Bußverfahren unterworfen sind, was A. mit eucharistisch geprägten Begriffen umschreibt: vorübergehende Trennung ‹a sacramento altaris› (ib. 352,8), ‹a societate altaris› (*ep.* 153,6) oder ‹a pane quotidiano› (*s.* 56,12). Ziel des Verfahrens ist die Heilung, d.h. die Wiederaufnahme in die Gemeinschaft der Kirche, die A. immer als eucharistische Gemeinschaft versteht, weshalb er die Versöhnung auch als ‹altaris reconciliatio› (*ep.* 153,7) bezeichnet [68].

Anmerkungen. – [64] *Io. eu. tr.* 26,11: «panem caelestem spiritaliter manducate, innocentiam ad altare apportate». – [65] Cf. *s.* 90,3.5sq.9; 95,5-7; cf. Adam, *Eucharistielehre* (1908) 87-90; Berrouard, Apportez 809sq.; Brigué; Gessel, *Gemeinschaft* 168-170; Bergeron 116; Drobner 169-171; Fries 167-183; Sambor 474-477; de Luis Vizcaíno 258-271. – [66] Zur Eucharistie als ‹medicina› cf. Fries 248-252. – [67] Z.B. ib. 57,8; cf. auch ib. 17,5; cf. Klöckener, Oratio dominica 341sq.344sq.; Messner 432sq. Das gleichzeitige Schlagen an die Brust als Ausdruck der Bußbereitschaft bezeugen *ep.* 265,8 und *s.* 351,6. – [68] Cf. Messner 440-442. Zum Ausschluß von der Eucharistiegemeinschaft in verschiedenen Fällen von Exkommunikation cf. Munier, ↗Paenitentia, ↗Peccatum.

3. Die Arkandisziplin.

– Die volle Zugehörigkeit zur Kirche durch die Initiationssakramente galt in der Alten Kirche als Voraussetzung für die Teilnahme an den sakramentlichen Riten und deren umfassende Kenntnis. Diese Arkandisziplin wurde zu A.s Zeit und in seinem Umfeld weiterhin praktiziert [69]; neben den Taufriten betraf sie die Eucharistie nach ihrem theologischen Verständnis und ihrem rituellen Vollzug [70]. Wenn es um die Eucharistie geht, differenziert A. in seinen Predigten zwischen Katechumenen und anderen Nichtgetauften sowie den gänzlich Eingegliederten, denen das volle Verständnis mancher Glaubensinhalte und gottesdienstlichen Handlungen vorbehalten ist: «norunt fideles», heißt es etwa in *s.* 4,31 in eucharistischem Kontext [71]. Die eucharistischen Katechesen nach der Initiation in der Osternacht dienten dazu, die gefeierten ‹sacramenta› den Neugetauften nach und nach zu erschließen und somit zu einer verständigen Teilnahme an der Eucharistie zu führen [72], wie es dem a. Konzept der geistiggeistlichen Durchdringung der ‹sacramenta› entspricht [73]. Es geht für A. nicht nur um die kirchliche Diszplin, sondern um den Zusammenhang von Eucharistie und Kirchenzugehörigkeit sowie um eine anthropologisch-pädagogische Frage, indem die Erwartung der Teilnahme und des vollen Verständnisses nämlich das Verlangen nach den ‹sacramenta› selbst wecken soll. Daß die Katechumenen bei der Eucharistiefeier nicht anwesend sein dürfen, reicht sogar über den Tod hinaus und hat zur Konsequenz, daß sie nicht dort begraben werden dürfen, wo für die Getauften die Eucharistie gefeiert wird (*s. Dolbeau* 7).

Anmerkungen. – [69] Cf. PERLER; POWELL; SAMBOR 426-430. Zur Problematik des Konzepts der Arkandisziplin JACOB. – [70] *En. Ps.* 103,1,14: «quid est quod occultum est, et non publicum in ecclesia? sacramentum baptismi, sacramentum eucharistiae». – [71] Cf. ib. 132,1; 307,3; *en. Ps.* 21,2,28; *gr. et pecc. or.* 2,33: «christianis fidelibus notissimum»; cf. PLAGNIEUX, Témoignage; MADEC, *Patrie* 105; id., Christus 863sq.; ↗Catechumenus, 1,789sq., ↗Fidelis. – [72] Cf. POQUE 55-115; SAGE, Eucharistie 222-227; HARMLESS 197-200 (Arkandisziplin).369-398 (Mystagogie). – [73] *Inq. Ian.* 1,6: «ut iam non quo modo faciendum sed quo modo sacramentum intellegendum sit».

V. Die Eucharistie als Opfer. – A. steht mit seiner Bezeichnung und Interpretation der Eucharistie als ↗‹sacrificium› in einer theologischen Tradition, die bis in das Neue Testament und die älteste Zeit der Kirche zurückreicht, in Nordafrika durch Tertullian und besonders durch Cyprian ausgeprägt wurde, aber auch durch die stärker kultische Sicht der Liturgie im 4. Jh. an Einfluß gewann. Dabei vertritt A. eine komplementäre Sicht der verschiedenen theologischen Zugänge zur Eucharistie; Einseitigkeiten, wie sie teilweise Ergebnis späterer theologischer Entwicklungen und Kontroversen sind, sind ihm fremd [74].

Der Begriff ‹sacrificium› und damit verbundene Ausdrücke stehen bei A. vielfach für die Eucharistiefeier (z.B. *c. Faust.* 20,18; *praes. dei* (= *ep.* 187) 21). Als Kombinationen finden sich unter anderem ‹sacrificium christianorum› (*c. Faust.* 20,18), ‹sacrificium corporis (et sanguinis) Christi (offerre)› [75], ‹oblatio sacrificii› (ib. 20,21) und ‹uerissimum et singulare sacrificium› (*spir. et litt.* 18) [76]. In *en. Ps.* 21,2,28 wird die Eucharistie in mehrfacher Hinsicht als Opfer bezeichnet: «sacrificium pacis, sacrificium caritatis, sacrificium corporis sui norunt fideles». Das häufig begegnende Wortfeld ‹oblatio/ offerre› kann sowohl die Eucharistiefeier als ganze wie auch die Gabendarbringung ausdrücken [77].

Für das Opferverständnis ist vor allem *ciu.* 10 von Bedeutung, wo A. einen spirituellen Opferbegriff entwickelt, der sich vom alttestamentlichen Opferkult sowie von paganen Vorstellungen und Praktiken absetzt und die Liebe zu Gott als einzig möglichen und darzubringenden Kult betrachtet

(ib. 10,3) [78]. Unmittelbar eucharistische Konnotationen gebraucht A., wenn er darlegt, daß das geistige Opfer der Demut und des Lobpreises auf dem Altar des Herzens Gott dargebracht wird [79]. Das eigene Bemühen des Menschen spielt dabei eine wichtige Rolle. Den spirituellen Opferbegriff wendet A. ib. 10,5sq. unmittelbar auf die Eucharistie an. Demnach bedarf Gott des Opfers der Menschen nicht, vielmehr nützt es den Menschen (ib. 10,5). Den Zusammenhang von äußerer Opferhandlung und innerer Wirklichkeit erklärt A. dahingehend, daß das sichtbare Opfer Zeichen (‹sacramentum› und ‹sacrum signum›) des unsichtbaren, inneren Opfers ist [80]. Ausgehend von der allgemeinen Definition des Opfers, das in jedem Werk der Liebe zu Gott und zu den Mitmenschen und des Erbarmens besteht, wenn es von der Gemeinschaft der Kirche und vom Einzelnen allein auf Gott als das letzte Gut bezogen ist [81], sieht A. in der Eucharistie dieses Opfer verwirklicht. Christus steht dabei im Zentrum; auf ihn und sein Lebensopfer ist das gesamte Opferkonzept bezogen. Bezeichnet wird im eucharistischen Opfer im Anschluß an *Rm* 12,5 die Einheit des Leibes Christi [82]. Insofern kann A. davon sprechen, daß in der Eucharistie die Kirche in dem, was sie Gott darbringt, selbst dargebracht wird [83]. Doch hat diese Darbringung ihren Ursprung in der Selbsthingabe Christi am Kreuz, der zugleich Priester und Opfergabe ist [84]; insofern ist die Eucharistie Frucht der Erniedrigung Christi, des ‹Christus humilis›, und nimmt die Teilnehmer an der Eucharistie selbst mit in diese Demut hinein [85]. Somit ist die Eucharistie für A. ein dynamisches Geschehen, das nicht nur die Vereinigung der Gläubigen mit Christus zum Ziel hat, sondern auch deren Lebensänderung einschließt [86]. Im ‹sacramentum cotidianum› begeht die Kirche dieses Opfer [87]. Das Kreuzesopfer Christi war einmalig; im Gedenken daran begeht die Kirche täglich neu die Hingabe Christi und erneuert damit in den Gläubigen auch die ursprüngliche Gnadengabe der Taufe [88]. Das Kreuzesopfer Christi wurde allerdings schon im Alten Testament vorausgebildet [89], und nach der Himmelfahrt Christi, in der Zeit der Kirche also, wird es als Gedächtnis des Leidens Christi vollzogen [90]. So sind im eucharistischen Opfer die verschiedenen Zeitebenen des Handelns Gottes in Vergangenheit und Gegenwart miteinander verschränkt. In allem geht es um ein einziges Opfer, das zugleich das Opfer Christi als des Hauptes, das Opfer der Kirche als dessen Leib und das Opfer, das in der Eucharistie dargebracht wird, ist [91].

Auch wenn die Eucharistie anlaßbezogen an Festen der Apostel und Märtyrer zu deren Gedächtnis gefeiert wird (↗Festa sanctorum et martyrum), ist immer Gott allein der Adressat des eucharistischen Opfers der Kirche, nicht etwa einer der Heiligen [92].

Zum eucharistischen Opfer gehört allerdings nicht allein die Darbringung der Kirche, wenn sie das Gedächtnis des Opfers Christi im Gebet und Ritus begeht; vielmehr ist auch der Empfang des Leibes und Blutes Christi durch die Gläubigen ein konstitutiver Akt dieses Opfergeschehens; beide bilden eine untrennbare Einheit [93]. Hierdurch erhalten die Gläubigen Anteil am Kreuzesopfer Christi [94].

Das biblische und altkirchlich bekannte Motiv der Eucharistie als Opfer des Lobes (*Ps* 49,14; *Hbr* 13,15) findet sich ebenfalls bei A., besonders prägnant in *c. adu. leg.* 1,37: «quod est autem sacratius laudis sacrificium quam in actione gratiarum?» (cf. *ep.* 36,18) und, verbunden mit der die Eucharistie charakterisierenden Danksagung, in *spir. et litt.* 22: «sacrificio laudis actionisque gratiarum» (cf. ib. 18; *gr. t. nou.* 48). Die Sicht der Eucharistie als Opfer der Danksagung wird vielfach in den liturgischen Texten, die A. mystagogisch erschließt, thematisiert [95], besonders in der Akklamation ↗‹Sursum cor› zu Beginn des Eucharistiegebets. Doch spielt die Eucharistie als Lobopfer im Gesamt der eucharistischen Opfertheologie des A. eine nachrangige Rolle [96].

Anmerkungen. – [74] Cf. SAGE, Eucharistie 216-222; DUGMORE 27-34; FRANKOVICH; FRIES 273-329; DE LUIS VIZCAÍNO 205-230. – [75] *Cresc.* 1,32; *ciu.* 22,8; *an. et or.* 1,14. – [76] Zur Opferterminologie mit Hinweis auf den weiteren, jedoch nicht immer theologisch aussagekräftigen Gebrauch von ‹sacrificium› im eucharistischen Zusammenhang (‹sacrificare›: *ep.* 43,21; ‹sacrificium noui testamenti›: *gr. t. nou.* (= *ep.* 140) 46.48; ‹sacrificium secundum ordinem Melchisedech›: *en. Ps.* 106,13; 109,17) cf. ZERFASS, Sacrificium 1320sq. – [77] Belege bei KLÖCKENER, Sacrificium offerre 1-3. Cf. BERGER 276sq. s.v. Augustinus. In *en. Ps.* 75,15 wird die Opferterminologie im Satz «nonne quotidie nobis Christus immolatur?» auf die Eucharistiefeier angewandt. – [78] Cf. LÉCUYER; STUDER; BONNER, Doctrine; JONES; FRIES 285-297. – [79] Ib.: «cum ad illum sursum est, eius est altare cor nostrum …; ei sacrificamus hostiam humilitatis et laudis in ara cordis igne feruidam caritatis». – [80] Ib.: «sacrificium ergo uisibile inuisibilis sacrificii sacramentum, id est sacrum signum est». Zur Interpretation cf. auch LAFONT 195-201, der hier zunächst keinen unmittelbaren eucharistischen Zusammenhang sieht. – [81] Ib. 10,6: «proinde uerum sacrificium est omne opus, quo agitur, ut sancta societate inhaereamus deo, relatum scilicet ad illum finem boni, quo ueraciter beati esse possimus». – [82] *Ciu.* 10,6: «hoc est sacrificium christianorum: multi unum corpus in Christo». – [83] *Ciu.* 10,6: «quod etiam sacramento altaris fidelibus noto frequentat ecclesia, ubi ei demonstratur, quod in ea re, quam offert, ipsa offeratur»; cf. ib. 10,20; cf. LAFONT 204-206. – [84] *S. Dolbeau* 23,23: «ipse sacerdos, ipse sacrificium»; cf. *en. Ps.* 33,1,6 in Verbindung mit ib. 33,2,2; der dort kommentierte Vers «mutauit uultum suum» (*Ps* 33,1) wird eucharistisch gedeutet: Christus wird Opfergabe und Priester zugleich; cf. BERGERON 107-109; FRANKOVICH 91-129; cf. auch MADEC, *Patrie* 98-104; id., *Christus* 863; FRIES 308-312. Die Differenzierung der Rolle Gottes des Vaters und Christi schlägt sich in der liturgischen Sprache nieder, wenn die am Altar gesprochenen Vorsteherge-

bete immer an Gott den Vater zu richten sind; cf. NEUNHEUSER 107-117; KLÖCKENER, Sacrificium offerre 7sq. – [85] Cf. ADAM, *Eucharistielehre* (1908) 91-95; GESSEL, *Gemeinschaft* 176-178; BERGERON 109-111; JONES 158-165; MAYER, Humiliatio 449-455; FRIES 183-202. – [86] Cf. VAN BAVEL 128-131. – [87] *Ciu.* 10,20: «cuius rei sacramentum cotidianum esse uoluit ecclesiae sacrificium, quae cum ipsius capitis corpus sit, se ipsam per ipsum discit offerre»; cf. HOFMANN 395sq.; CAMELOT, Sacramentum 446sq.; LAFONT 206sq.; BONNER, Church 457. – [88] *En. Ps.* 75,15; cf. BIZZOZERO 126sq. – [89] Cf. auch die Rolle des Melchisedech als Vorausbild des Hohenpriesters Christi; cf. KLÖCKENER, Melchisedech 1247sq.; BONNER, Doctrine 105-109. – [90] *C. Faust.* 20,21: «huius sacrificii caro et sanguis ante aduentum Christi per uictimas similitudinem promittebatur, in passione Christi per ipsam ueritatem reddebatur, post ascensum Christi per sacramentum memoriae celebratur». – [91] *Ep.* 98,9; cf. LÉCUYER 909sq.; LAFONT 207sq.; FRANKOVICH 96sq.; BONNER, Church 456sq.; RUANO DE LA HAZA, Cuerpo 372-376.383-387; JONES 139-144; MORIONES 467-485; SAMBOR 448-453; SCHLESINGER 148-151. – [92] Cf. *s.* 273,7; *s. Dolbeau* 26,47; *c. Faust.* 20,21; *ciu.* 8,27; 22,10; cf. LAPOINTE 199-201; KLÖCKENER, Hochgebet (2005) 94sq.; id., *Festa* 1285-1287; id., *Martyres* 1193sq. – [93] *C. Faust.* 20,18: «unde iam christiani peracti eiusdm (sc. Christi) sacrificii memoriam celebrant sacrosancta oblatione et participatione corporis et sanguinis Christi»; cf. *Io. eu. tr.* 26,15; *qu. eu.* 2,33,3. – [94] Cf. DUGMORE 29.33; VAN DER LOF 300-302; FRANKOVICH 136-140. – [95] Z.B. *s.* 227; cf. *spir. et litt.* 18; cf. KLÖCKENER, Gratias 270sq.273sq. – [96] In *en. Ps.* 102,4 ist der eucharistische Bezug nicht eindeutig; anders DUGMORE 28. Zum ganzen KLÖCKENER, Sacrificium offerre 8-10.

VI. Wirkungen der Eucharistie. – 1. Eucharistie und Nächstenliebe.

– Die Teilnahme an der Eucharistie verpflichtet die Getauften zu einer dem Evangelium entsprechenden Lebensführung. Wenn der Empfang der Eucharistie bedeutet, daß sich die Gläubigen ganz mit Christus identifizieren und mit ihm eins werden, ist ebenfalls die für Christus in der Inkarnation charakteristische Haltung der Demut Voraussetzung und zugleich Frucht der Teilnahme am eucharistischen ‹corpus Christi› [97]. In diesem irdischen Leben ist die Eucharistie auch die Speise auf dem Weg zur Ewigkeit, deren ↗‹dispensatio› an die Gläubigen nicht mehr notwendig sein wird, wenn sie zur ewigen Anschauung Christi, des Wortes, gelangt sind (*s.* 264,5; cf. ib. 57,7) [98].

Über die Eucharistiefeier hinaus haben sich die Christen der empfangenen Gabe durch ihre Lebensführung aus dem Glauben und durch ihr Verhalten dem Nächsten gegenüber als würdig zu erweisen [99]. Wie für alles, was den ‹cultus› betrifft, gilt für A. die Einheit von Eucharistie und Verwirklichung des ethischen Anspruchs christlicher Existenz. In der Eucharistiefeier selbst kommt dies besonders im Friedensgruß ↗‹Pax uobiscum› und im nachfolgenden Friedenskuß der Gläubigen untereinander zum Ausdruck, die A. in diesem Sinn den Gläubigen erschließt [100]. Friede und Liebe, die in Christus begründet sind, müssen die Beziehung der Getauften zur Gemeinschaft der Kirche, aber auch die mitmenschlichen Beziehungen prägen [101]. «Die Gemeinschaft, die durch die Feier der Eucharistie ständig neu entsteht, hat ihren Ursprung ganz und gar in dem, dessen Leib sie empfängt und dessen Leib sie durch diesen Empfang ständig wird» [102]. In diesem Sinn ist die Eucharistie eine ‹spiritalis alimonia›, die nicht nur körperlich, sondern als ‹panis cotidianus› auch mit dem Geist empfangen werden muß [103]. Die Konsequenzen daraus reichen bis hin zur Feindesliebe, wie A. wiederholt bei der Vaterunser-Auslegung verdeutlicht [104].

Von spezifischer Relevanz ist der einheits- und gemeinschaftsstiftende Charakter der Eucharistie auch für die monastische Gemeinschaft des A., die regelmäßig, wohl täglich [105], dieses Sakrament feierte, Leib und Blut Christi empfing und daraus gemäß der klösterlichen Regel lebte [106].

Anmerkungen. – [97] *En. Ps.* 33,2,10sq.; ↗Humiliatio, humilitas. – [98] Cf. Bizzozero 132sq. – [99] *Correct.* 24: «conuiuium domini unitas est corporis Christi non solum in sacramento altaris sed etiam ‹in uinculo pacis› (*Eph* 4,3)». – [100] Ib. 227; 229,3; *c. litt. Pet.* 2,53; *en. Ps.* 124,10; cf. Klöckener, Pax uobiscum 574. In *s.* 272 folgert A.: «qui accipit mysterium unitatis, et non tenet uinculum pacis, non mysterium accipit pro se, sed testimonium contra se». – [101] Cf. hierzu den oben zitierten Ruf: «o sacramentum pietatis! o signum unitatis! o uinculum caritatis!» (*Io. eu. tr.* 26,13). Ratzinger 292 sieht in diesem Zusammenhang das Neue bei A. darin, daß er die «Gedankenreihen von sacrificium, corpus (eucharistisch-ekklesiologisch) und caritas … in eine echte innere Einheit» zusammenholt; cf. Gessel, *Gemeinschaft* 204-206; Sambor 477-481; ↗Caritas, ↗Pax. – [102] Mayer, Feier 101sq. – [103] Ib. 57,7: «sed si accipiamus illum non solum uentre, sed et mente»; cf. *s. Guelf.* 7,1. – [104] Z.B. *s. dom. m.* 2,29; *s.* 56,14-16; cf. Klöckener, Oratio dominica 341sq. – [105] Cf. de Margerie 508-513; Fries 341-346; Klöckener, Sacrificium offerre 3. – [106] Cf. de Margerie 513-530; ↗Monasterium.

2. Die Eucharistie als Stärke der Märtyrer. – A.

sieht in der Eucharistie die Speise, die den Märtyrern (↗Martyres, martyrium) die Kraft verliehen hat, ihre Qualen zu ertragen und Christus treu zu bleiben [107]. Der eucharistische Kelch wird für die Märtyrer zum Kelch des Heiles, der sie ganz auf Christus ausrichtet und auch größtes menschliches Leid einschließlich der Trennung von ihren Familien zu überwinden hilft [108]. Der Kelch der Eucharistie, den die Märtyrer getrunken haben, gereicht ihnen zum ewigen Leben (*c. litt. Pet.* 2,110) [109]. Da in der Eucharistie je neu die Einheit der Kirche gelebt und verdichtet wird, ist es konsequent, darin der Märtyrer zu gedenken; die Eucharistie verleiht auch den Gläubigen die Kraft, ihre Treue zu Christus nach deren Vorbild zu bewahren.

Anmerkungen. – [107] Der Diakon Laurentius habe sein langsames Sterben ausgehalten, «quia bene manducauerat et bene biberat, tamquam illa esca saginatus et illo calice ebrius, tormenta non sensit» (*Io. eu. tr.* 27,12), d.h., daß er die Eucharistie in ihrem geistlichen Sinn so zu sich genommen hat, so daß die Einheit mit Christus nicht zerbrochen werden konnte; cf. Kilmartin 178sq. – [108] *En. Ps.* 35,14; 74,12; *s.* 284,2; *s. Mai* 158 auct.

7; cf. Klöckener, Martyres 1188-1190. – [109] Cf. Berrouard, Etre sacramentel (1977) 709sq.717; id., Eucharistie et force; Fries 265-269.

3. Die Eucharistie für die Verstorbenen. – Die

Einbindung der Eucharistie feiernden Gemeinde in die Kirche als ganze wird im Eucharistiegebet in der namentlichen Nennung, der ‹recitatio› (*s.* 273,7), von Lebenden, Märtyrern und Verstorbenen zum Ausdruck gebracht [110]. Während die Märtyrer als ‹aduocati› der Kirche bei Gott des fürbittenden Gebetes nicht bedürfen, sich hingegen die Kirche ihrem Gebet anempfiehlt [111], gedenkt die Kirche der übrigen Verstorbenen; die Eucharistie ist ein Bittopfer für sie. Das Beispiel ↗Monnicas, die vor ihrem Tod um nichts anderes bittet, als daß ihrer am Altar gedacht werde, sowie A.s Auslegung dieser Bitte erweisen die Eucharistiefeier als den eigentlichen Ort des Gedächtnisses der Verstorbenen [112]. Im Gedächtnis der Kirche und mit Christus als ↗‹mediator›, der das Gebet vor Gott hinträgt, werden die Verstorbenen mit in das gefeierte Erlösungswerk Christi einbezogen, kommt ihnen die barmherzige Zuwendung Gottes zu und wird zugleich die eschatologische Hoffnung auf ihre Teilhabe an der ‹aeterna Hierusalem› (*conf.* 9,37) bekundet [113]. Die Eucharistie wird zum ‹sacrificium pretii nostri› (ib. 9,32.36), zum einzigen Opfer der Erlösung [114], das zur Vergebung der Sünden der Lebenden wie der Verstorbenen dargebracht wird [115]. So verwirklicht sich die eucharistische Gemeinschaft der Kirche, die ihren Platz nicht nur im Zusammenhang von Tod und Begräbnis, sondern auch an den Anniversarien des Todestages hat [116], über den Tod hinaus. Nichtgetaufte, Häretiker und Schismatiker können nicht in dieses Gedenken eingeschlossen werden. Wenn das Gedächtnis im eucharistischen Opfer zugleich als fürbittendes Eintreten der Kirche für die Verstorbenen bei Gott verstanden wird, wird dadurch dessen Barmherzigkeit erwirkt, die größer ist, als es die Verstorbenen wegen ihrer Sünden verdient hätten [117]. Wie schon der Empfang der Eucharistie nicht aus sich allein heraus wirkt, sondern eine entsprechende Disposition und Lebensweise der Gläubigen verlangt, so gilt ähnlich für die Verstorbenen, daß das Opfer für jene, die gut gelebt haben, den Charakter von ‹gratiarum actiones› annimmt (↗Gratias agere); für die weniger Guten ist es ein Versöhnungsopfer (‹propitiationes›); Verstorbenen, die als schlechte Menschen gelebt haben, bietet es keine Hilfe; in dem Fall ist es allein eine Tröstung für die Lebenden [118].

Anmerkungen. – [110] Cf. Saxer 162-165; Klöckener, *Recitatio* 196-199; id., Sacrificium offerre 8-10. – [111] Cf. ib. 285,5; *ciu.* 20,9; *Io. eu. tr.* 84,1; cf. Lapointe 189-197; Klöckener, Martyres 1193sq. – [112] *Conf.* 9,27.32.36sq. – [113] Cf. CAVADINI 89-92; FITZGERALD 152-154. – [114] *Cresc.* 1,30: ‹unicum sacrificium pro salute nostra›. – [115] *C. ep. Pel.* 3,16: «uerum et unicum sacrificium pro peccatis»; cf. *en. Ps.* 129,7. – [116] Cf. SAXER 157-159. – [117] *S.* 172,2; *ench.* 110; *cura mort.* 3.22; cf. Dulc. A. *Dulc. qu.* 2,1. Als Beispiel für das Verständnis der Eucharistie als Bittopfer über die Verstorbenenbitte hinaus (Befreiung von einem Dämon) cf. *ciu.* 22,8. Cf. allgemein *gr. t. nou.* 61: «uota uero sua sacrificium uult intelligi corporis sui, quod est fidelium sacramentum». – [118] *Ench.* 110; *cura mort.* 22; cf. ib. 6; *s.* 172,2; *ciu.* 21,24; cf. ADAM, *Eucharistielehre* (1908) 78-80; BONNER, *Understanding* 42-44.52-54; KLÖCKENER, *Recitatio* 196-199; id., *Cura* 179sq.; ROSE 30-33.109-113.560-567.

Bibliographie. – K. ADAM, *Die Eucharistielehre des hl. Augustin*, Paderborn 1908. – Id., Zur Eucharistielehre des heiligen Augustinus: *Gesammelte Aufsätze zur Dogmengeschichte und Theologie der Gegenwart*, Augsburg 1936, 237-267 (ThQ 112 (1931) 490-536). – M. ALBARIC, Une catéchèse eucharistique. Le sermon 227: *Saint Augustin et la Bible*, Paris 1986, 87-98. – G. BAREILLE, Eucharistie d'après les Pères: DThC 5,1 (1924) 1121-1183. – P.C. BARROS, *«Commendatur vobis in isto pane quomodo unitatem amare debeatis». A eclesiologia eucarística nos Sermones ad populum de Agostinho de Hipona e o movimento ecumênico*, Roma 2002. – P. BATIFFOL, *L'Eucharistie. La présence réelle et la transsubstantiation*, Paris 1913. – N. BAUMANN, ‹Symbolismus› und ‹Metabolismus›. Zur theologischen Deutung der eucharistischen Elemente in der Alten Kirche: ThG(B) 61 (2018) 16-28. – T.J. VAN BAVEL, Das Sakrament der Eucharistie bei Augustinus: Cor unum 39 (1981) 121-135. – P.F. BEATRICE, Culte chrétien: AthAg(Fr.) 412-423. – R. BERGER, *Die Wendung «offerre pro» in der römischen Liturgie*, Münster 1965. – R. BERGERON, La doctrine eucharistique de l'*Enarr. in Ps. XXXIII* d'Augustin: REAug 19 (1973) 101-120. – M.-F. BERROUARD, Pour une réflexion sur le «sacramentum» augustinien. La manne et l'Eucharistie dans le *Tractatus XXVI, 11-12 in Iohannis Evangelium: Forma futuri. Studi in onore del Cardinale M. Pellegrino*, Torino 1975, 830-844. – Id., L'être sacramentel de l'eucharistie selon saint Augustin. Commentaire de Jean VI,60-63 dans le *Tractatus XXVII,1-6 et 11-12 in Iohannis Evangelium*: NRT 99 (1977) 702-721. – Id., «Apportez à l'autel votre innocence»: BA 72 (²1988) 809sq. – Id., Le commentaire eucharistique de 1 Cor., 10,3-4: ib. 811-814. – Id., Du corps eucharistique à l'Eglise sainte: ib. 817-819. – Id., L'être sacramentel de l'eucharistie: ib. 824-827. – Id., Eucharistie et force des martyrs: ib. 834-836. – Id., L'eucharistie sacrement de communion par la participation à l'Esprit du Christ: ib. 830-832. – Id., Nécessité de l'eucharistie pour la vie éternelle: ib. 815-817. – Id., O sacramentum pietatis, o signum unitatis, o uinculum caritatis: ib. 814sq. – Id., Le symbolisme du pain et du vin: ib. 822sq. – J. BETZ, *Eucharistie. In der Schrift und Patristik* (Handbuch der Dogmengeschichte IV. Sakramente. Eschatologie, Faszikel 4a), Freiburg/Basel/Wien 1979. – A. BIZZOZERO, *Il mistero pasquale di Gesù Cristo e l'esistenza credente nei Sermones di Agostino*, Frankfurt a.M. 2010. – O. BLANK, *Die Lehre des hl. Augustin vom Sakramente der Eucharistie. Dogmengeschichtliche Studie*, Paderborn 1906. – B. BOBRINSKOY, Saint Augustin et l'eucharistie: PeP 52 (1972) 346-353. – Id., L'Esprit du Christ dans les sacrements chez Jean Chrysostome et Augustin: *Communion du Saint-Esprit*, Bégrolles-en-Mauge 1992, 279-311 (*Jean Chrysostome et Augustin. Actes du Colloque de Chantilly, 22-24 septembre 1974* (éd. par C. KANNENGIESSER), Paris 1975, 247-279). – G. BONNER, The Church and the Eucharist in the Theology of St Augustine: *God's Decree and Man's Destiny. Studies on the Thought of Augustine of Hippo*, London 1987, VI, 448-461. – Id., The Doctrine of Sacrifice: Augustine and the Latin Patristic Tradition: *Sacrifice and Redemption. Durham Essays in Theology* (ed. by S.W. SYKES), Cambridge 1991, 101-117. – Id., Augustine's Understanding of the Church as a Eucharistic Community: *Saint Augustine the Bishop. A Book of Essays* (ed. by F. LEMOINE/ C. KLEINHENZ), New York/London 1994, 39-63. – C. BOYER,

L'eucharistie selon saint Augustin: Augustinus 12 (1967) 125-138. – L. BRIGUÉ, Les dispositions à la communion chez saint Augustin: RechSR 29 (1939) 385-428. – J. BRINKTRINE, Die sakramentale Form der Eucharistie nach der Lehre der abend- und morgenländischen Väter: ThGl 43 (1953) 411-425. – J.P. BURNS, The Eucharist as the Foundation of Christian Unity in North African Theology: AugStud 32 (2001) 1-23. – P.T. CAMELOT, Réalisme et symbolisme dans la doctrine eucharistique de S. Augustin: RSPhTh 31 (1947) 394-410. – Id., «Sacramentum fidei»: AM 2,891-896. – Id., «Sacramentum». Notes de théologie sacramentaire augustinienne: RThom 57 (1957) 429-449. – J.C. CAVADINI, Eucharistic Exegesis in Augustine's *Confessions*: AugStud 41 (2010) 87-108. – G. DI NOLA, *La dottrina eucaristica di Sant'Agostino: Edizione bilingue. Introduzione, note et versione italiana*, Roma 1997. – Id., *Monumenta eucharistica. La testimonianza dei Padri della Chiesa 2. V secolo*, Roma 1997. – R. DODARO, Sacramentum: AL 4 (2012-2018) 1258-1289. – A.F. DONEGAN, *St. Augustine and the Real Presence*, Washington, D.C. 1952. – H.R. DROBNER, Die österliche Eucharistie bei Augustinus: *Surrexit Dominus vere. Die Gegenwart des Auferstandenen in seiner Kirche. Festschrift für Erzbischof Dr. J.J. Degenhardt*, Paderborn 1995, 159-171. – C.W. DUGMORE, *Sacrament and Sacrifice in the Early Fathers*: JEH 2 (1951) 24-37. – A. FITZGERALD, San Agustín y la Eucaristía. La presencia de la iglesia: *San Augustín: 1650 aniversario de su nacimiento* (ed. por V.D. CANET VAYÁ), Madrid 2004, 141-156. – S. FOLGADO FLÓREZ, La Eucaristía «sacramentum unitatis» en la eclesiología de San Agustín: CDios 177 (1964) 607-634. – G. FOLLIET, Une définition augustinienne du sacrement de l'eucharistie. *O sacramentum pietatis! O signum unitatis! O uinculum caritatis! (Tractatus in Iohannis Euangelium* 26,13): RAg 45 (2004) 519-552 (EcOr 21 (2004) 331-363). – L.F. FRANKOVICH, *Augustine's Theory of Eucharistic Sacrifice*, Diss. Milwaukee, Wis. 1976. – T. FRIES, *Eucharistische Spiritualität bei Augustinus von Hippo*, Würzburg 2016. – J. GARCÍA ALVAREZ, L'eucharistie, sacrement de la communauté: CPEg 77 (2000) 25-35. – Id., Les catéchèses eucharistiques de S. Augustin: ib. 91 (2003) 78-88. – A. GARRIDO SANZ, Realismo y simbolismo eucarístico agustiniano (Comentario al c. VI de s. Juan: In Joann. Evang. Tractatus 25-27): EstAg 14 (1979) 521-540. – J. GEISELMANN, *Die Eucharistielehre der Vorscholastik*, Paderborn 1926. – F. GENN, *Trinität und Amt nach Augustinus*, Einsiedeln 1986. – W. GESSEL, *Eucharistische Gemeinschaft bei Augustinus*, Würzburg 1966. – Id., Der Brotcharakter des Wortes Gottes in seiner gemeinschaftwirkenden und einheitstiftenden Funktion nach Augustinus: StPatr 11 (1972) 322-327. – V. GROSSI, L'Eucaristia in S. Agostino: *L'Eucaristia nei Padri della Chiesa*, Roma 1998, 261-270. – Id. (Ed.), *Sant'Agostino. L'Eucarestia corpo della Chiesa*, Roma ³2005. – A.-G. HAMMAN, Eucharistie I. Mystère eucharistique: DSp 4,2 (1961) 1553-1586, besonders 1576-1578. – W. HARMLESS, *Augustine and the Catechumenate. Revised Edition*, Collegeville, Minn. 2014. – F. HOFMANN, *Der Kirchenbegriff des hl. Augustinus in seinen Grundlagen und in seiner Entwicklung*, München 1933. – M. HUFTIER, Eucharistie et charité dans saint Augustin: ASeign 55 (1962) 69-90. – P. JACKSON, Eucharistie: AthAg(Fr.) 579-585. – C. JACOB, *«Arkandisziplin», Allegorese, Mystagogie. Ein neuer Zugang zur Theologie des Ambrosius von Mailand*, Frankfurt a.M. 1990. – D. JONES, The verum sacrificium of Christ and of Christians in *De civitate Dei* 10: Eucharist, Christology, and Christian identity: *Celebrating the Eucharist: Sacrifice and Communion. Proceedings of the Fifth Fota International Liturgical Conference, 2012* (ed. by G. DEIGHAN), Wells 2014, 135-172. – E.J. KILMARTIN, The Eucharistic Gift: Augustine of Hippo's Tractate 27 on John 6:60-72: *Preaching in the Patristic Age. Studies in honor of W.J. Burghardt*, Mahwah, N.J. 1989, 162-182. – M. KLÖCKENER, Amen: AL 1 (1986-1994) 285-287. – Id., Das eucharistische Hochgebet bei Augustinus. Zu Stand und Aufgaben der Forschung: *Signum pietatis. Festgabe für C.P. Mayer zum 60. Geburtstag*, Würzburg 1989, 461-495. – Id., Die *recitatio nominum* im Hochgebet nach Augustins Schriften: *Gratias agamus. Studien zum eucharistischen Hochgebet.*

(Festschrift) für B. Fischer, Freiburg/Basel/Wien 1992, 183-210. – Id., Corpus Christi! Amen – Sanguis Christi! Amen: AL 2 (1996-2002) 20sq. – Id., Cura mortuorum: ib. 175-182. – Id., Festa sanctorum et martyrum: ib. 1281-1305. – Id., Gratias agere: ib. 3 (2004-2010) 270-274. – Id., Martyres, martyrium: ib. 1185-1196. – Id., Melchisedech: ib. 3 (2004-2010) 1246-1249. – Id., *Das Eucharistische Hochgebet in der nordafrikanischen Liturgie der christlichen Spätantike: Prex Eucharistica 3. Studia 1. Ecclesia antiqua et occidentalis* (hrsg. von A. GERHARDS/H. BRAKMANN/M. KLÖCKENER), Fribourg 2005, 43-128. – Id., Oratio dominica: AL 4 (2012-2018) 337-347. – Id., Pax uobiscum, ib. 573sq. – Id., Sacrificium offerre: ib. 5 (2019sqq.) 1-15. – J. KNOP, *Ecclesia orans. Liturgie als Herausforderung für die Dogmatik*, Freiburg/Basel/Wien 2012. – J.A. KRET, Saint Augustine's Thought on the Reception of the Eucharist: Tagastan 23,3 (1962) 42-52. – G. LAFONT, Le sacrifice de la Cité de Dieu. Commentaire au *De Civitate Dei* Livre X, ch. I à VII: RSR 53 (1965) 177-219. – H. LANG (Ed.), *S. Aurelii Augustini Episcopi Hipponensis Textus Eucharistici Selecti*, Bonn 1933. – G. LAPOINTE, *La célébration des martyrs en Afrique d'après les sermons de saint Augustin*, Montréal 1972. – I. LARRÍNAGA, La eucaristía en San Agustín: *San Agustín un hombre para hoy. Congreso Agustiniano de Teología 1650 aniversario del nacimiento de san Agustín. Buenos Aires, 26-28 de agosto de 2004* 1, Buenos Aires 2006, 207-226. – G. LECORDIER, *La doctrine de l'Eucharistie chez saint Augustin*, Paris 1930. – J. LÉCUYER, Le sacrifice selon saint Augustin: AM 2, 905-914. – J.T. LIENHARD, *Sacramentum* and the Eucharist in St. Augustine: Thomist 77 (2013) 173-192. – L.-J. VAN DER LOF, Eucharistie et présence réelle selon saint Augustin (à propos d'un commentaire sur «De ciuitate Dei» X,VI): REAug 10 (1964) 295-304. – P. DE LUIS VIZCAÍNO, *La Eucaristía según San Agustín. Ver, creer, entender*, Guadarrama (Madrid) 2017. – G. MADEC, Christus: AL 1 (1986-1994) 845-908. – Id., *La patrie et la voie. Le Christ dans la vie et la pensée de saint Augustin*, Paris 1989. – B. DE MARGERIE, Eucharistie et communauté dans le contexte de la Règle de saint Augustin: Aug(L) 41 (1991) 507-530. – C. MAYER, Die Feier der Eucharistie als Selbstdarstellung der Kirche nach der Lehre des hl. Augustinus: *Der hl. Augustinus als Seelsorger. Augustinus-Colloquium 20.-24. Mai 1991* (hrsg. v. T. HANDGRÄTINGER), St. Ottilien 1993, 94-102 (Cor unum 38 (1980) 66-73). – Id., Eucharistia: AL 2 (1996-2002) 1151-1157. – Id., Humiliatio, humilitas: ib. 3 (2004-2010) 443-456. – J. McWILLIAM, Weaving the Strands Together. A Decade in Augustine's Eucharistic Theology: Aug(L) 41 (1991) 497-506. – F. VAN DER MEER, *Augustinus der Seelsorger. Leben und Wirken eines Kirchenvaters*, Köln ³1958. – R. MEßNER, Paenitentia: AL 4 (2012-2018) 413-446. – F. MORIONES, *Teología de San Agustín*, Madrid 2004. – C. MUNIER, Excommunicatio: AL 2 (1996-2002) 1169-1174. – B. NEUNHEUSER, «Cum altari adsistitur semper ad Patrem dirigatur oratio». Der canon 21 des Konzils von Hippo 393, seine Bedeutung und Nachwirkung: Aug 25 (1985) 105-119. – M. NEUSCH, Le sacrement de l'Eucharistie: ItinAug 46 (2011) 17-23. – Id., *Saint Augustin. Splendeur et misère de l'homme*, Paris 2011. – O. PASQUATO, Eucaristia e Chiesa in Agostino: EL 102 (1988) 46-63. – O. PERLER, Arkandisziplin: RAC 1 (1950) 667-676. – G. PHILIPS, Le sacrifice eucharistique dans la tradition africaine: REcL 22 (1930/1931) 15-29.137-154 (*XXe Congrès eucharistique international, Carthage 1930, Actes et documents*, Tunis 1931, 120-145). – J. PLAGNIEUX, Le Royaume et la Vie: le Baptême et l'Eucharistie: BA 22 (1975) 702-704. – Id., Un témoignage inattendu de réalisme eucharistique: ib. 733sq. – S. POQUE, *Augustin d'Hippone, Sermons pour la Pâque* (SC 116), Paris ²2003. – N. POTTEAU, Compréhension augustinienne de l'Eucharistie: ItinAug 46 (2011) 9-16. – D. POWELL, Arkandisziplin: TRE 4 (1979) 1-8. – J. RATZINGER, *Volk und Haus Gottes in Augustins Lehre von der Kirche: Gesammelte Schriften* 1, Freiburg/Basel/Wien 2011, 41-418 (St. Ottilien 1992 (München 1954)). – H. VAN REISEN, Tot heerlijk brood gebakken: Aspecten van Augustinus' visie op de eucharistie: *Zijn lichaam worden. Leven uit de rijkdom van de eucharistie* (ed. C. CASPERS/A. LEYS/P. VERSNEL-MERGAERTS), Heeswijk 2013, 23-31. – P.J. ROSE, *A Commentary on Augustine's De cura pro mortuis gerenda. Rhetoric in Practice*, Leiden/Boston, Mass. 2013. – P.-A. RUANO DE LA HAZA, La Eucaristía, sacramento del Cuerpo Místico: Augustinus 37 (1992) 371-387. – Id., El sacramento de la Eucaristía en san Agustín: ib. 145-168. – A. SAGE, Saint Augustin et la prière du Canon: «Supplices te rogamus…»: REByz 11 (1953) 252-265. – Id., L'Eucharistie dans la pensée de saint Augustin: REAug 15 (1969) 209-240. – S. SALAVILLE, L'épiclèse africaine: EOr 39 (1940-42) 268-282. – P. SAMBOR, *La participation sacramentelle: une entrée dans la dynamique de la vie divine d'après les Sermons au Peuple de saint Augustin*, Münster 2017. – V. SAXER, *Morts, martyrs, reliques en Afrique chrétienne aux premiers siècles. Les témoignages de Tertullien, Cyprien et Augustin à la lumière de l'archéologie africaine*, Paris 1980. – E.R. SCHLESINGER, The Sacrificial Ecclesiology of *City of God* 10: AugStud 47 (2016) 137-155. – J. SOLANO, *Textos Eucarísticos Primitivos. Edición bilingüe de los contenidos en la Sagrada Escritura y los Santos Padres, con introducciones y notas 2. Hasta el fin de la época patrística (s. VII-VIII)*, Madrid 1954. – B.D. SPINKS, *Do This in Remembrance of Me. The Eucharist from the Early Church to the Present Day*, London 2013. – B. STUDER, Das Opfer Christi nach Augustins «De Civitate Dei» X,5-6: *Lex orandi lex credendi. Miscellanea in onore di P. C. Vagaggini*, Roma 1980, 93-107. – A. TORIO ESTEBAN, La eucaristía en San Agustín: TyV 29 (1988) 171-198. – R. DE LA TORRE VARGAS, La eucaristía, sacramento de comunión en San Agustín: RelCult 51 (2005) 845-870. – C. TRAETS, The Eucharist and Christian Community. Some Pauline and Augustinian Evidence: LouvSt 12 (1987) 152-171. – T. VIÑAS ROMÁN, La eucaristía en la palabra y en la vida de san Agustín: CDios 213 (2000) 125-147. – M.M. WILDEN, *Die Lehre des heiligen Augustinus vom Opfer der Eucharistie. Eine patristische Studie*, Schaffhausen 1864. – A. ZERFASS, Sacrificium: AL 4 (2012-2018) 1312-1322. – A. ZUMKELLER, Das liturgische Gebet nach der Auffassung und Praxis des hl. Augustinus: Cor unum 42 (1984) 124-139.

MARTIN KLÖCKENER

Sacrificium

I. Allgemeines – II. Auseinandersetzung mit vor- und außerchristlichen Opfern – 1. Strikte Ablehnung der paganen Opfer – 2. Typologische Bedeutung der alttestamentlichen Opfer – III. Christliche Theologie des Opfers – 1. Spiritualisiertes Opferverständnis – 2. Christologisches Opferverständnis – 3. Christologie und Ekklesiologie – 4. Die Eucharistie als Opfer

I. Allgemeines. – Opferpraktiken, durch die Gegenstände oder Lebewesen ihrer alltäglichen Bestimmung enthoben und, üblicherweise in einem Akt der Vernichtung, der Gottheit zugeeignet werden, sind ein verbreitetes Phänomen der Religionsgeschichte [1]. A. war auf verschiedenen Ebenen damit konfrontiert [2]: per Anschauung mit den auf dem Rückzug befindlichen Kultpraktiken der paganen römischen Religion (und ihrer philosophischen Kritik), durch Lektüre der Bibel und theologischer Literatur mit dem gewesenen Opferkult am Jerusalemer Tempel sowie wiederum durch Anschauung mit dem zitierenden Rückbezug darauf im zeitgenössischen Judentum, schließlich durch das Neue Testament und seine Rezeption in der christlichen Literatur und Terminologie mit der Inanspruchnahme biblischer Opfermotivik als Interpretament des Kreuzestodes Jesu sowie christlicher Existenz, speziell der Feier der Eucharistie. Den theologischen Maßstab zur Bewertung der Opferpraxis findet A. in der einzigartigen Selbstdarbringung des Mensch gewordenen Gottessohnes: «ut quoniam quattuor considerantur in omni sacrificio: cui offeratur, a quo offeratur, quid offeratur, pro quibus offeratur; idem ipse unus uerusque mediator per sacrificium pacis reconcilians nos deo unum cum illo maneret cui offerebat, unum in se faceret pro quibus offerebat, unus ipse esset qui offerebat et quod offerebat» (*trin.* 4,19) [3].

Aus diesem Kriterium ergibt sich für A. eine gestufte Wertung: Während er die heidnischen Opfer als dämonische Verzerrung [4] der Gottesverehrung brandmarkt, mißt er den alttestamentlichen Opfern eine positive heilsgeschichtliche Funktion als zeichenhafte Vorausdarstellung des wahren Opfers bei [5]. Daraus folgt, daß der heidnische Opferkult jedenfalls zu unterbinden ist, während die auf göttlicher Weisung beruhenden Opferpraktiken des Jerusalemer Tempels für die neutestamentlichen Judenchristen zwar nicht nötig, aber auch nicht unheilvoll waren (s. *Dolbeau* 10,6; ↗Templum). Letztere konnten schon deshalb nicht dämonischer Natur sein, weil Christus sich sonst nicht in ihre Tradition gestellt hätte (*c. adu. leg.* 1,38). Dennoch sind auch sie durch Christus definitiv überholt (*en. Ps.* 103,4,3) und gehören einem vergangenen Weltzeitalter an (*Gn. adu. Man.* 1,40).

Anmerkungen. – [1] Zum Opferbegriff allgemein cf. z.B. Seiwert; zur Erstorientierung hinsichtlich des antiken Kontextes und der christlichen Theologie des Opfers vor A. cf. Daly/Nesselrath 143–189. – [2] Entsprechend verwendet er eine vielfältige, ihm aus den unterschiedlichen Kontexten vertraute Opferterminologie. Während die Begriffe s. (ca. 1220 Belege für s., 250 für ‹sacrificare›) und ‹oblatio› (gut 70 Belege) sowohl den Vorgang als auch den Gegenstand des Opfers bezeichnen können, stehen ‹hostia› und ‹uictima› primär für Lebewesen als Opfermaterie, ‹munus› tendenziell für eine sächliche bzw. geistige Opfergabe, ‹immolatio› für den mit dem Opfer verbundenen Tötungsakt. – [3] Cf. Lécuyer 905–912; Franz 39–48. – [4] *C. Faust.* 22,17: «sacrilega imitamenta». – [5] *C. Faust.* 22,17: «ueri sacrificii …. religiosa praedicamenta». Cf. ib. 20,18, wo die Stufung besonders deutlich ausgeführt ist: Auf der niedrigsten Stufe stehen die den Dämonen zugeordneten heidnischen Opfer, auf der mittleren Stufe die jüdische Opfer in ihrer Zeichenhaftigkeit, die auf das wahre Opfer Christi verweist, welches wiederum in der Kirche durch die Feier der ‹sacrosancta oblatio› (Eucharistie) vergegenwärtigt wird; cf. ferner ib. 32,13; s. *Dolbeau* 23,16.

II. Auseinandersetzung mit vor- und außerchristlichen Opfern. – 1. Strikte Ablehnung der paganen Opfer.

– A. ist davon überzeugt, daß kultische Verehrung, Opfer eingeschlossen, allein dem einen Gott gebührt (↗Cultus). Demgegenüber richtet sich das heidnische Opferwesen auf Schöpfungswirklichkeiten (*ciu.* 7,27). A. problematisiert, daß

es sich an Dämonen richtet, die im Unterschied zu den guten Engeln Verehrung für sich selbst einfordern [6]. Diese Mißachtung der Seinsordnung führt dazu, daß die heidnischen Kultübungen ihrerseits dämonisch sind (ib. 10,16) [7]: Äußerlich betrachtet identische Vollzüge müssen je nach Adressaten entweder als ‹uera ↗religio› gelten, wenn sie dem einen Gott gewidmet sind, oder als ‹noxia ↗superstitio› [8], wenn sie falschen Göttern dienen [9]. In Anspielung auf Phänomene wie den Heroenkult kritisiert A., daß auch verstorbene Menschen von Heiden mit Opfern verehrt wurden (ib. 18,18; *en. Ps.* 105,26). Die Nutzlosigkeit paganer Kulte (s. *Dolbeau* 26,63) diskutiert A. vor allem im Zusammenhang seiner Auseinandersetzung mit dem Vorwurf, deren Unterbindung durch die christlichen Kaiser sei für den politischen und militärischen Niedergang des Römischen Reiches, insbesondere die Plünderung Roms durch die Westgoten im Jahr 410, verantwortlich (*ciu.* 1,36; 2,2; 4,2): Schon in früheren Zeiten, als die heidnischen Opfer noch in ihrer Blüte standen, kam es zu gravierenden Einschnitten (ib. 2,22; 3,12) wie dem Fall Sagunts an Hannibal (ib. 3,20) oder der fatalen Auseinandersetzung zwischen Octavian und Antonius (ib. 3,31). Der durch den paganen Kult nicht verhinderte Fall Trojas hatte die Flucht der römischen Götter überhaupt erst erforderlich gemacht [10], und die Stadt Rom brannte schon vor der Wende zum Christentum zweimal (s. 296,9). So ist A. überzeugt: «non in istis sacrificiis est ista temporalis salus» (ib. 105,13). Ihr kaiserliches Verbot hält er daher für berechtigt; verschiedentlich nimmt er zu politischen Maßnahmen gegen die heidnischen Opfer positiv Stellung [11]. Für Christen ist die Trennung von Götzenopfern, da diese Ausdruck der ‹impietas› sind (cf. *c. Iul.* 6,61), notwendige Voraussetzung für den Zutritt zur Taufe (*f. et op.* 18).

Anmerkungen. – [6] Ib. 10,16; *en. Ps.* 96,12; 135,3 (unter Bezugnahme auf *1 Cor* 10,20); s. *Dolbeau* 26,34 (unter Heranziehung von *Rm* 1,23-25); ↗Daemon(es). – [7] Cf. *en. Ps.* 94,6; s. 24,2: Die Heiden werden dadurch selbst zum s. für den Teufel. – [8] Cf. dazu auch *conf.* 4,3. – [9] *Qu. c. pag.* (= *ep.* 102) 18; cf. s. 159,2: An Räucherwerk und Fleisch als Schöpfungsgaben kann man sich legitimerweise (‹licite›) erfreuen, im Kontext heidnischen Opfer jedoch wird diese Freude illegitim (‹illicite›). – [10] S. 81,9; ↗Di gentium, ↗Idolum, ↗Paganus, ↗Simulacrum. – [11] Cf. *c. ep. Parm.* 1,15; *ep.* 93,10; *en. Ps.* 103,4,4.

2. Typologische Bedeutung der alttestamentlichen Opfer.

– Im Unterschied zu heidnischen Opfern beruhten die Opfer am Jerusalemer Tempel auf göttlicher Weisung: Obwohl Gott ihrer nicht bedurfte, setzte er sie zum Nutzen der Menschen ein (*adn. Iob* 35; *ep.* 138,6). Steht die Deutung bis zu diesem Punkt durchaus im Einklang mit dem

Selbstverständnis der alttestamentlichen Kultvorschriften – die Opferbestimmungen stellen als Bestandteil der von Gott gewährten guten Lebensordnung (Tora) einen Weg zur Verfügung, objektive Störungen im Verhältnis zwischen Gott und Menschen zu bereinigen [12] –, situiert A. diesen Nutzen konkret in der typologischen Bedeutung des Tempelkults [13]. Die Konzentration des (nachexilischen) Opferwesens auf den Sühnegedanken läßt es als schattenhafte Vorausdarstellung Christi, des einzigen wahren Mittlers (↗Mediatio, mediator), erscheinen, der allein die Versöhnung zwischen Gott und Mensch, zwischen Himmlischem und Irdischem, bringen konnte [14]: Die Kulteinrichtungen am Jerusalemer Tempel erweisen sich in dieser Perspektive als ankündigende Zeichen [15] und Prophetie (*ciu.* 18,11), als ‹figurae› (z.B. *c. Faust.* 16,10; 18,6), ‹praefiguratio› (z.B. *diu. qu.* 49) und ‹umbrae futurorum› [16]. Diese christologische Typologie unterlegt A. nicht nur sämtlichen Ausprägungen des Tempelopfers [17], sondern auch den einschlägigen Erzählungen der Ur- und Patriarchengeschichte, insbesondere dem Opfer ↗Abels (*c. Faust.* 12,9) [18] und der Bindung Isaaks (*s.* 2,8) (↗Isaac), wobei entweder Isaak (*Io. eu. tr.* 9,12) oder der Widder (*ciu.* 16,32) oder beide [19] als Typoi Christi interpretiert werden [20].

Aus der typologischen Lesart folgt für A. einerseits, daß die alttestamentlichen Opfer für Christen bedeutsam bleiben (*adu. Iud.* 3) [21]. Andererseits legt er dar, wie sich das Christentum von der alttestamentlichen Kultpraxis absetzt und diese überbietet, wobei er der Argumentation des *Hebräerbriefs* mit seiner Gegenüberstellung von levitischem Priestertum und Hohepriestertum Christi nach der Ordnung Melchiseks folgt [22]. Das alttestamentliche Opferwesen konnte aus den Sünden nicht herausführen (*ciu.* 20,26); erst das Blut des Neuen Bundes reinigt von dem, wovon kein s. reinigen konnte [23]. Dementsprechend sind die von der Tora geregelten Opfer mit der Zerstörung des Tempels untergegangen (*ep.* 137,16), während die an keinen bestimmten Ort gebundenen christlichen Opfer in ihrem Rückbezug auf Christus weiterbestehen [24]. Damit sind die körperlich-sichtbaren Signifikanten ihren geistig-göttlichen Signifikaten gewichen [25], deren Gedächtnis in der Feier der Eucharistie jedoch erneut eine sichtbare Gestalt gewinnt [26].

Anmerkungen. – [12] Cf. zusammenfassend Deissler 25-27; Nordhofen 64; Hieke 135sq. und passim. – [13] *C. adu. leg.* 2,37; *qu. c. pag.* 17; cf. *s. Dolbeau* 23,20: «deus bonorum tuorum non eget. noli ergo credere quod talibus sacrificiis egeat deus tuus, sed quid doceant, quid significent quaere. antea uictimis fundebatur sanguis, quia uera una uictima fundendus praenuntiabatur sanguis, sanguis domini tui, sanguis pretium tuum, sanguis quo

tui debiti chirographum deleretur, id est tui peccati uetustas aboleretur. uentum est, fusus est, ipse offertur». – [14] *Ench.* 33.62; *qu.* 3,57,2; ↗Figura(e), ↗Typus, ↗Vmbra. – [15] *Cons. eu.* 1,20: «praenuntiando Christo»; *ciu.* 7,32: «ea significata et praenuntiata sunt, quae propter aeternam uitam fidelium in Christo et impleta credimus et impleri cernimus et implenda confidimus»; ↗Praedicta-impleta, ↗Signum-res. – [16] Z.B. *spir. et litt.* 36; *qu.* 4,53; *Io. eu. tr.* 28,9. – [17] *En. Ps.* 74,12: «sacrificium uictimarum et pecorum magnum habet sacramentum; sed in omnibus illis generibus sacrificiorum intellegitur unum illud sacrificiis et unica uictima in cruce dominus; pro quibus omnibus sacrificium unum nos habemus, quia et illa figurabant haec, id est, illis haec figurabantur». – [18] Die Erzählung von Kain und Abel zieht A. auch heran, um zu verdeutlichen, daß beim Opfer die innere Haltung wichtiger ist als das äußere Tun: «non intendit deus ad manus; sed in corde uidit» (*ep. Io. tr.* 5,8), ↗Foris-intus. – [19] *C. Faust.* 12,25; *en. Ps.* 30,2,2,9; *s.* 19,3. – [20] Typologisch mit Bezug auf Christus interpretiert A. auch Opfer, von denen im weiteren Verlauf der alttestamentlichen Geschichte die Rede ist, z.B. *qu.* 6,23 (zu *Ios* 22,27); 7,36 (zu Gedeon in *Idc* 6,21sq.); 7,49,4sq. (zu ib. 11,29-31). – [21] Allerdings findet diese Bedeutsamkeit in der typologischen Deutung ebenso Begründung wie Grenze: Jenseits der Typologie spielen die Opfergesetze für den christlichen Glauben keine Rolle mehr (*qu.* 4,53). Sie dürfen von Christen nicht «ad litteram id est ad uerbum» (*util. cred.* 9; ↗Littera-spiritus) gelesen werden. Es hätte keinen Sinn, sie weiter zu praktizieren, weil ihre figurative Relevanz im Selbstopfer Christi erfüllt ist (*c. Faust.* 19,10). Auch Jesus selbst erkannte den Opferdienst nur an, solange er sein wahres Opfer in der Passion noch nicht dargebracht hatte (*qu. eu.* 2,3). – Zur pädagogisch-präfigurativen Deutung der alttestamentlichen Opfer cf. A. cf. Benin 9-15.19sq. – [22] Cf. dazu z.B. *en. Ps.* 33,1,5-7; 33,2,2; *s. Dolbeau* 23,19; ↗Melchisedech. – [23] *Pecc. mer.* 1,54; *adult. coniug.* 2,5; cf. *c. Faust.* 22,14; *en. Ps.* 129,3; ↗Purgatio, ↗Vetus-nouus. – [24] *Simpl.* 1,2,19; *ciu.* 17,5; 18,35; *s. Caillau* 2,11,8.10. – [25] *Cat. rud.* 35; *c. adu. leg.* 1,30.37; *en. Ps.* 49,16; *s.* 4,8. – [26] *S. Denis* 3,2: «Christus ergo dominus noster, qui obtulit sacrificium pro nobis quod nascendo accepit ex nobis, princeps sacerdotum factus in aeternum, sacrificandi dedit ordinem quem uidetis, corporis utique et sanguinis sui».

III. Christliche Theologie des Opfers. – 1. Spiritualisiertes Opferverständnis. – Schon innerhalb des Alten Testaments gibt es ein spiritualisiertes Verständnis des Opfers. Die prophetische Opferkritik nimmt Anstoß am Fehlen jener inneren Gesinnung, die die äußere Opferpraxis tragen müßte; geht es aber im Kern um die innere Haltung gegenüber Gott (und dem Nächsten, besonders dem Bedürftigen), kann in einem weiteren Schritt der Opferbegriff metaphorisiert werden, wie es inneralttestamentlich etwa in der Rede vom Opfer des Lobes (*Ps* 49,14.23), der Bußgesinnung (ib. 50,19) oder des Gebets (ib. 140,2) geschieht. Christliche Autoren ziehen diese Linie weiter aus [27]. Im Rahmen einer ausführlichen Erörterung der Opferthematik in *ciu.* 10 [28] hebt A. hervor, daß die einzelnen biblischen Opferarten jeweils nach einer spirituellen Interpretation verlangen (ib. 10,5) [29]: Materielle Opfer sind grundsätzlich sichtbare Zeichen des inneren Opfers, das Gott eigentlich erwartet [30], letztlich der Selbsthingabe (ib. 10,19) [31]. Kriterium des wahren Opfers ist daher die innere Hinordnung einer Handlung auf Gott [32].

Diese Grundüberzeugung entfaltet A. in unterschiedliche Richtungen. Besonders häufig kommt er auf das Lobopfer zu sprechen, das die Kirche durch und in Christus überall auf der Welt Gott darbringt (*c. adu. leg.* 1,39) [33], nicht zu Gottes, sondern zum eigenen Nutzen und Heil [34]. Es besteht in der inneren Haltung einer Liebe, die Gott ohne Berechnung entgegengebracht wird (*en. Ps.* 53,10; cf. ib. 134,11) und die sich in Lobpreis und Danksagung verbal (*spir. et litt.* 22) [35], darüber hinaus aber auch existentiell in der gesamten Lebensführung ausdrücken muß [36].

Neben dem Lobopfer spricht A. im einzelnen besonders von den Opfern der Barmherzigkeit als tätiger Nächstenliebe [37], des fürbittenden Gebets [38], der Bereitschaft, Vergebung zu erbitten und zu gewähren, wie sie in der Vergebungsbitte des Vaterunsers zur Sprache kommt [39], der Buße und Demut [40], aber auch des Fastens (*ep.* 36,18) und allgemein der guten Werke (*s. Dolbeau* 16,9). Eine besondere Rolle spielt das Motiv des inneren Opfers in den ↗*Confessiones*, die A. im ganzen als s. begreift (ib. 5,1; 11,3; 12,33) und in denen er eigene Gefühlsregungen (ib. 8,28; 9,10) und solche seiner Mutter (ib. 5,13) als s. beschreibt.

Im Alten Testament bezieht A., abgesehen von *Mal* 1,10sq. mit der Rede vom reinen Opfer [41], die wesentlichen Inspirationen für sein spirituelles Opferkonzept aus dem Psalter, speziell *Ps* 4,6 [42], 42,4 (*en. Ps.* 42,5), 49,14 [43], 50,18sq. [44], 55,12 [45], 103,34 (ib. 103,4.18), 106,22 (ib. 106,11), 115,17 (*conf.* 9,1; *en. Ps.* 115,8) und 140,2 (ib. 85,20; 140,5). Aus dem Neuen Testament werden die einschlägigen Aussagen zum Opfer der Christen aufgegriffen, das in der Hingabe ihrer selbst [46] bzw. in Lobopfer und tätiger Nächstenliebe besteht [47].

A. ist sich der differenzierten Typologie alttestamentlicher Opfer bewußt [48] und macht diese für seine geistliche Deutung fruchtbar. Besonders den Umstand, daß beim Brandopfer (‹holocaustum›) die Opfermaterie (im Unterschied zum Schlachtopfer) vollständig verbrannt wurde, weiß er vielfältig auszudeuten: als das Entflammen der Liebe, die alles durchdringt [49], als das Feuer der Weisheit (ib. 50,23), als die Überwindung der Sterblichkeit durch das göttliche Feuer (ib. 65,18) und als die restlose Selbsthingabe an Gott [50].

Anmerkungen. – [27] Cf. ALBERTINE 35-41; speziell zu A.s Verhältnis zur älteren lateinischen Patristik cf. BONNER. – [28] Cf. dazu LAFONT; STUDER; NEUSCH 124-138; LETTIERI 155-162; TESKE, Definition; JONES. – [29] In *qu.* 2,127 erläutert A. anhand von *Ex* 29,18, daß die stehende Wendung vom Gott gefälligen ‹odor suauitatis› spirituell zu verstehen sei, da Gott keine Nase habe. – [30] Ib. 10,5: «sacrificium ergo uisibile inuisibilis sacrificii sacramentum, id est sacrum signum est». – [31] *En. Ps.* 41,17: «intus habeo uictimam quam immolem»; ib. 50,21: «noli extrinsecus pecus quod mactes inquirere, habes in te quod occidas»;

nach *s. Lambot* 24,2 ist das kostbarste Opfer, das der Mensch bringen kann, er selbst als ↗‹imago dei›. In *s.* 48,2 wird *Mi* 6,6-8 herangezogen, um die Aufforderung ‹offer te› inhaltlich zu füllen. – [32] Ib. 10,6: «proinde uerum sacrificium est omne opus, quo agitur, ut sancta societate inhaereamus deo, relatum scilicet ad illum finem boni, quo ueraciter beati esse possimus». – [33] Cf. TESKE, Sacrifice 258. – [34] *Adu. Iud.* 8; *en. Ps.* 39,4; 102,4. – [35] Der Lobpreis kann freilich auch die Fassungskraft menschlicher Worte sprengen: «immolamus hostiam iubilationis, immolamus hostiam laetitiae, hostiam gratulationis, hostiam gratiarum actionis, quae uerbis explicari non potest» (*en. Ps.* 26,2,12 zu *Ps* 26,6); ↗Laus (laudatio). – [36] *En. Ps.* 49,23, entfaltet ib. 49,29sq. – [37] ↗‹Misericordia›: *ciu.* 20,24; *s.* 259,3 bzw. ↗‹eleemosyna›: *en. Ps.* 44,27; *s.* 42,1: «deus nos quaerit, non nostra. sed sacrificium christiani est eleemosina in pauperem». – [38] *Ep.* 20,2; 21,6; 41,2; *s. Denis* 13,10: «inuicem nobis necessariae sunt orationes pro inuicem, quia ipsae orationes pro inuicem caritate conflantur, et hoc sacrificium tamquam de ara pietatis suauissime fragrat domino»; ↗Oratio (deprecatio). – [39] *Ep.* 177,16; *Io. eu. tr.* 7,11; *s.* 386,1. – [40] *En. Ps.* 95,9; *s.* 393,4. Der Kontext von *s.* 393,4 ist der Ausruf Davids ‹peccaui› nach dem Ehebruch mit Batseba: «sunt tres syllabae: ‹peccaui› (*2 Rg* 12,13); sed in tribus syllabis, flamma sacrificii cordis ascendit in caelum». Neben verschiedenen Ausdrucksformen der täglichen Buße (z.B. *s.* 351,6) kann A. mit Anspielung auf *Ps* 50,19 auch die kanonische Buße als s. bezeichnen (*nat. b.* 48; *ep.* 93,42; *s. Caillau* 2,11,5); ↗Paenitentia. – [41] Anspielungen *ciu.* 19,23; 20,25; *adu. Iud.* 12sq. – [42] *Mag.* 2; *gr. t. nou.* (= *ep.* 140) 77; *en. Ps.* 4,7. – [43] *C. litt. Pet.* 2,191; *en. Ps.* 49,21: das Lobopfer als inneres Geschehen auf der ‹ara conscientiae›. – [44] Z.B. *conf.* 7,27; *en. Ps.* 146,5; *s.* 19,3. – [45] *En. Ps.* 55,19: «de cordis arca profer laudis incensum, de cellario bonae conscientiae profer sacrificium fidei». – [46] *Rm* 12,1: *ciu.* 10,6; *Rm* 15,16: *exp. prop. Rm.* 83. – [47] *Hbr* 13,(15-)16 in *ciu.* 10,5. – [48] Cf. die Passagen zu den Opfergesetzen der Tora in *qu.*, zusammenfassend ib. 3,26. – [49] Ib. 64,4: «incipiamus ardere caritate, donec totum mortale consumatur»; cf. ib. 49,15; ↗Caritas, ↗Ignis. – [50] Ib. 137,2: «nihil in me relinquatur mihi … totus in te aestuem».

2. Christologisches Opferverständnis. – Im Neuen Testament stellt die Kategorie des Opfers eines von mehreren Interpretamenten für die Heilsbedeutung des Todes Jesu dar [51]. Wesentlicher Anknüpfungspunkt ist das Verständnis der Opfer am Zweiten Tempel als Medium der Sühne im Sinne einer auf Gottes Initiative und gnädiger Stiftung beruhenden Wiederherstellung gestörter Beziehungen zwischen Gott und Mensch. Daher nehmen Paulus in *Rm* 3,25 mit dem Bild von der Einsetzung Christi als ἱλαστήριον (Deckplatte der Bundeslade im Allerheiligsten des Jerusalemer Tempels) sowie *Hbr* speziell auf das Ritual des Versöhnungstags Bezug (cf. *Lv* 16) und führt Paulus in *2 Cor* 5,21 aus, Gott habe ↗Christus zur ἁμαρτία (Sündopfer, cf. *Lv* 4sq.) gemacht. Die letztgenannte Paulusstelle ist bei A., besonders in den nach 415 entstandenen Schriften, der meist zitierte neutestamentliche Bezugstext für das Verständnis des Opfercharakters des Kreuzestodes: A. versteht die alttestamentlichen Sündopfer [52] als Typoi der aus der Knechtschaft der Sünde erlösenden Selbsthingabe Christi [53]. Christus, der Priester nach der Ordnung Melchisedeks, ist zugleich die Opfergabe (cf. *Hbr* 7) und erlangt im einmaligen Akt seiner Selbstdarbringung die Vergebung der Sünden [54], und zwar aller Sünden aller Menschen (*adn. Iob* 1). Voraussetzung dieses ‹s. crucis› war die Inkarnation (*en. Ps.* 84,13) [55]. Nach Tod und Auferstehung bringt Christus im Himmel die Opfer der Gläubigen dar (ib. 19,10), namentlich die «sacrificia precum» (*qu. eu.* 1,34; ↗Preces). Auf der Ebene des kirchlichen Vollzugs bilden diese Opfergaben das in *Mal* 1,10sq. verheißene reine Opfer, das an die Stelle der alttestamentlichen Opferhandlungen getreten ist (*Cresc.* 3,72; *ciu.* 18,35) und das eine Opfer Christi vergegenwärtigt [56].

Verschiedentlich zieht A. *Ps* 140,2 zur Deutung des Kreuzesopfers heran. Die Worte vom Erheben der Hände (ib.) werden auf die am Kreuz ausgebreiteten Arme Christi bezogen (*en. Ps.* 64,6; *s.* 342,1), die Bezeichnung des Opfers als ‹s. uespertinum› (*Ps* 140,2) deutet nach A. in eschatologischer Perspektive auf den Untergang des alten Lebens hin, das in der Auferstehung dem Aufgang neuen Lebens Platz macht (*s.* 342,5; cf. *en. Ps.* 140,5). Der Christ soll sich dem Opfer Christi anschließen [57]. Die ‹oratio›, die aus dem reinen Herzen kommt, gleicht dabei dem Weihrauch, der auf dem Altar angezündet wird (ib.).

Anmerkungen. – [51] Cf. ZIMMERMANN. – [52] *C. mend.* 31: «sacrificia pro peccatis peccata appellata sunt». – [53] *C. ep. Pel.* 3,16; *c. Iul.* 5,45; *Io. eu. tr.* 41,5sq.; cf. *gr. et pecc. or.* 2,37; *qu.* 4,12; *c. Max.* 1,2; *ench.* 41; *gr. t. nou.* 73; *s.* 134,5; 152,11 (hier zusätzlich verknüpft mit *Eph* 5,2); 155,8. – [54] *Diu. qu.* 61,2; *ciu.* 7,31; 10,22; cf. *c. Faust.* 19,7; ferner *en. Ps.* 64,6, wo ausgehend von *Ps* 64,4 erläutert wird, daß Christus am Kreuz in einem endgültigen Jom Kippur durch den zerrissenen Vorhang in das Allerheiligste eingetreten ist (cf. auch *en. Ps.* 138,1). – [55] Sie erfolgte, damit Christus ein Opfer werden konnte, um die Menschen von den Sünden zu reinigen (*ciu.* 10,24: «propter sacrificium nostrae purgationis»); cf. *en. Ps.* 129,7: «in ipsa carne uictima factus est, holocaustum factus est, sacrificium factus est; in passione factus est»; cf. ib. 149,6. – [56] Wie A. in *c. Faust.* hervorhebt, präfigurierten die alttestamentlichen Opfer das eine Opfer Christi (ib. 6,5: «unum sacrificium, cuius nunc memoriam celebramus»); cf. *diu. qu.* 61,2: «mundatio peccatorum, quam dominus oblatione holocausti sui, quod in ueteri sacerdotio figurabatur, impleuit, et holocausti eius imaginem ad memoriam passionis suae in ecclesia celebrandam dedit». – [57] *S.* 342,5: «inhaereamus illi: nobiscum offeratur, qui pro nobis oblatus est».

3. Christologie und Ekklesiologie. – A.s auf der paulinischen Leib-Christi-Ekklesiologie beruhendes Konzept des ‹totus Christus› bezieht die Kirche in das christologische Opferverständnis ein. ↗‹Sacramentum› des Priestertums Christi, das sich durch die Identität von Opferndem (‹offerens›) und Opfer (‹oblatio›) auszeichnet, ist «ecclesiae sacrificium, quae cum ipsius capitis corpus sit, se ipsam per ipsum discit offerre» (*ciu.* 10,20; ↗Ecclesia, ↗Sacerdos, sacerdotium). Wenn A. vom ‹s. corporis Christi› spricht, ist dies nicht auf den liturgischen Vollzug

der Eucharistie (↗Sacrificium offerre) einzuschränken (cf. unten III 4): In letzterem wird vielmehr der grundlegende ekklesiologische Sachverhalt zum Ausdruck gebracht, daß in der existentiellen Selbsthingabe des Leibes Christi aus Haupt und Gliedern [58] die alttestamentlichen Opfer als ‹uerba promissiua› erfüllt sind (*en. Ps.* 39,12). Die ↗‹ciuitas dei›, bestehend aus Menschen und Engeln, die Gott anhängen, ist daher «uiuum sacrificium eius uiuumque templum eius» (*ciu.* 12,9) [59]. Für die Getauften bedeutet dies, daß sie im Diesseits ihr ganzes Leben durch Gebet und gute Werke in der Nachfolge der Selbsthingabe Christi gestalten müssen (*en. Ps.* 62,13). In eschatologischer Perspektive wird das ‹spiritale s., sempiternum s. laudis› durch Christus, den ewigen Hohenpriester, dargebracht auf dem ewigen Altar, der in der «pacata mens iustorum» (ib. 117,22) besteht. Ihre exemplarische Verwirklichung findet die christliche Selbsthingabe an Gott im Martyrium [60].

Anmerkungen. – [58] Das ‹s. corporis Christi› ist an die Eingliederung in Christus gebunden (*an. et or.* 2,15.21); cf. auch *en. Ps.* 26,2,2. – [59] Cf. ib. 18,54: Während die ‹ciuitas terrena› falschen Göttern opfert, ist die ‹ciuitas caelestis› selbst ‹uerum s.› des wahren Gottes; cf. DALY 151; MADEC 239sq. – [60] Vom Altar am Ort der Hinrichtung Cyprians, der sich selbst Gott geopfert hat, spricht A. als Tisch (*s.* 310,2: «mensa Cypriani»), auf dem Gott auch nun das Opfer dargebracht wird (ib.: «in qua sacrificium deo, cui et ipse oblatus est, offeratur»). Gerne interpretiert A. das Martyrium anhand des Pauluswortes in *2 Tm* 4,6: «ego enim iam immolor» (z.B. *s.* 298,3; 299,3; *s. Dolbeau* 4,4; *s. Guelf.* 23,5); ↗Martyres, martyrium.

4. Die Eucharistie als Opfer. – Die Bezeichnung der Eucharistiefeier als Opfer ist durch *Did.* 14 (mit ausdrücklicher Bezugnahme auf *Mal* 1,11) schon für die neutestamentliche Zeit belegt und erlangte ab dem 4. Jh. im Zuge der verstärkten Rezeption alttestamentlicher Konzepte von Kult und Tempel, wie sie nicht nur im Christentum, sondern parallel auch im Judentum zu beobachten ist, wachsende Bedeutung. A. mißt ihr verschiedene Konnotationen bei [61]. Zunächst verbindet er, wie schon die frühen christlichen Theologen, die Eucharistie mit dem biblischen Motiv des Lobopfers [62]. Sodann spielt eine Rolle, daß es bei der Eucharistie um die Anamnese eines Ereignisses geht, das aufgrund des Sühnecharakters seinerseits als Opfer bezeichnet wird (cf. oben III 2) [63]. Wohl nicht zufällig verknüpft A. daher mehrfach den Erlösungsgedanken mit der eucharistischen Opferterminologie [64]. Außerdem verdichtet sich in der Benennung der Eucharistie als s. ihre Eigenschaft als realsymbolischer Ausdruck der Selbsthingabe des ‹totus Christus› (cf. oben III 3) [65]. Schließlich fällt auf, daß A. mehrfach im Zusammenhang mit der Fürbitte für Verstorbene von der Eucharistie als s. spricht [66].

In anderen Fällen ist mit der Bezeichnung der Eucharistiefeier als s. (*praes. dei* 21), ‹sacrificare› (*ep.* 43,21), ‹s. corporis (et sanguinis) Christi (offerre)› (*Cresc.* 1,32; *ciu.* 22,8) [67] (↗Sacramentum corporis et sanguinis Christi), ‹s. noui testamenti› (*gr. t. nou.* 48) oder ‹s. secundum ordinem Melchisedech› [68] anscheinend keine spezielle opfertheologische Aussageabsicht verbunden; vielmehr zeigt sich aus der Verwendung dieser Formulierungen, daß A. mit etablierter eucharistischer Terminologie umgeht [69]. In diesem Sinne kann nicht nur der Vollzug, sondern auch die eucharistische Materie s. genannt werden [70].

Im Sinne seiner Überzeugung, daß Opfer nur dem einen Gott dargebracht werden dürfen (cf. oben II), stellt A. klar, daß auch die als s. bzw. ‹oblatio› verstandene Eucharistie als Kultvollzug ausnahmslos an Gott gerichtet ist. Dies gilt auch dann, wenn ihre Feier mit dem Gedächtnis von Heiligen bzw. Märtyrern verbunden ist (*s.* 273,7; *s. Dolbeau* 26,47): Das Opfer besteht in der (Selbst-)Darbringung des Leibes Christi, dem auch diese selbst angehören (*ciu.* 22,10) [71]. Daß Christen keine Opfer an Märtyrer, heilige Seelen oder Engel richten (*c. Faust.* 20,21), entspricht nicht nur der Schöpfungsordnung (*ciu.* 10,17; *qu. c. pag.* 20), sondern auch der Intention der Heiligen selbst (*s. Dolbeau* 26,13; cf. *s.* 326,2).

Anmerkungen. – [61] Cf. WILDEN; DUGMORE; FRANKOVICH 32-129; FRIES 273-329. – [62] *C. adu. leg.* 1,37: «quod est autem sacratius laudis sacrificium quam in actione gratiarum?». Cf. auch den Anklang an *Mal* 1,11 in *s. Denis* 3,1 (die Eucharistie als ‹mundum et facile s.›). Zum theologiegeschichtlichen Hintergrund cf. FRANK; GESTEIRA GARZA; MESSNER 131-151. – [63] *C. Faust.* 6,5; *diu. qu.* 61,2 (zitiert oben [56]). Zur Einordnung des Gedankens in die Entwicklung der a. Zeichentheorie cf. MCWILLIAM; zum Kontext cf. MAYER, besonders 149-278.350-415. – [64] So in *conf.* 9,32, wo es um die Eucharistiefeier am aufgebahrten Leichnam seiner Mutter geht: «cum offeretur pro ea sacrificium pretii nostri»; cf. auch *Cresc.* 1,30, wo Leib und Blut Christi als ‹unicum s. pro salute nostra› tituliert werden. – [65] *Praes. dei* (= *ep.* 187) 20: «huius corporis caput est Christus, huius corporis unitas nostro sacrificio commendatur»; cf. SAGE 256sq. – [66] Z.B. *ench.* 110; *cura mort.* 3.22; *s.* 172,2. – [67] Cf. *an. et or.* 1,14: «sacrificium corporis dominici offertur». – [68] *En. Ps.* 106,13; *ep.* 109,17. Hier geht es jeweils um den Gegensatz zwischen dem Fortbestand dieses Opfers und dem Untergang der aaronitischen Opfer. – [69] Cf. ROETZER 95-97. – [70] *Io. eu. tr.* 118,5 («sacrificium quo aluntur»); *s.* 227 (das Eucharistiegebet als ‹sanctificatio sacrificii dei›). – [71] Cf. ib. 10,25: «nec eis sacrificemus, sed cum ipsis sacrificium simus deo».

Bibliographie. – R. ALBERTINE, Selected Survey of the Theme «Spiritual Sacrifice» to Augustine: EL 104 (1990) 35-50. – S.D. BENIN, Sacrifice as Education in Augustine and Chrysostom: ChH 52 (1983) 7-20. – G. BONNER, The Doctrine of Sacrifice. Augustine and the Latin Patristic Tradition: *Church and Faith in the Patristic Tradition. Augustine, Pelagianism, and Early Christian Northumbria*, Aldershot 1996, 101-117 (*Sacrifice and Redemption. Durham Essays in Theology* (ed. by S.W. SYKES), Cambridge 1991, 101-117). – R.J. DALY, Sacrifice in Origen and Augustine. Comparisons and Contrasts: StPatr 19 (1989) 148-153. –

Id./T. NESSELRATH, Opfer: RAC 26 (2015) 143-206. – A. DEISSLER, Das Opfer im Alten Testament: *Das Opfer Jesu Christi und seine Gegenwart in der Kirche. Klärungen zum Opfercharakter des Herrenmahles* (hrsg. von K. LEHMANN/E. SCHLINK), Freiburg/Göttingen 1983, 17-35. – C.W. DUGMORE, Sacrament and Sacrifice in the Early Fathers: JEH 2 (1951) 24-37. – K.S. FRANK, Zum Opferverständnis in der Alten Kirche. Ein Diskussionsbeitrag: *Das Opfer Jesu Christi und seine Gegenwart in der Kirche. Klärungen zum Opfercharakter des Herrenmahles* (hrsg. von K. LEHMANN/E. SCHLINK), Freiburg/Göttingen 1983, 40-50. – L.F. FRANKOVICH, *Augustine's Theory of Eucharistic Sacrifice*, Diss. Milwaukee, Wis. 1976. – E. FRANZ, *Das Opfersein Christi und das Opfersein der Kirche. Der Opferbegriff Augustins als Beitrag zum Verständnis der Eucharistie in den Konvergenzerklärungen von Lima 1983*, Frankfurt a.M. et al. 1988. – T. FRIES, *Eucharistische Spiritualität bei Augustinus von Hippo*, Würzburg 2016. – M. GESTEIRA GARZA, La eucaristía como sacrificio incruento en la tradición patrística: EE 64 (1989) 401-431. – T. HIEKE, *Levitikus. Erster Teilband: 1-15*, Freiburg et al. 2014. – D. JONES, The *verum sacrificium* of Christ and of Christians in De civitate Dei 10: Eucharist, Christology, and Christian identity: *Celebrating the Eucharist: Sacrifice and Communion. Proceedings of the Fifth Fota International Liturgical Conference* (ed. by G. DEIGHAN), Wells 2014, 135-172. – G. LAFONT, Le sacrifice de la Cité de Dieu. Commentaire au De Civitate Dei livre X, ch. I à VII: RechSR 53 (1965) 177-219. – J. LÉCUYER, Le sacrifice selon saint Augustin: AM 2,905-914. – G. LETTIERI, Sacrificium civitas est. Sacrifici pagani e sacrificio cristiano nel *De Civitate Dei* di Agostino: ASEs 19 (2002) 127-166. – G. MADEC, Le livre X du *De civitate Dei*: Le sacrifice des chrétiens: *Lettura del De Civitate Dei Libri I-X. Lectio Augustini XV-XVI-XVII. Settimana Agostiniana Pavese (1999-2001)* (SEAug 86), Roma 2003, 235-246. – C.P. MAYER, *Die Zeichen in der geistigen Entwicklung und in der Theologie Augustins 2. Die antimanichäische Epoche*, Würzburg 1974. – J. MCWILLIAM, Weaving the Strands Together. A Decade in Augustine's Eucharistic Theology: *Collectanea Augustiniana. Mélanges T.J. van Bavel 2*, Leuven 1990 (= Aug(L) 41 (1991)), 497-506. – R. MESSNER, Unterschiedliche Konzeptionen des Meßopfers im Spiegel von Bedeutung und Deutung der Interzessionen des römischen Canon missae: *Das Opfer – Biblischer Anspruch und liturgische Gestalt* (hrsg. von A. GERHARDS/K. RICHTER), Freiburg/Basel/Wien 2000, 128-184. – M. NEUSCH, Une conception chrétienne du sacrifice. Le modèle de saint Augustin: *Le sacrifice dans les religions*, Paris 1994, 117-138. – J. NORDHOFEN, *Durch das Opfer erlöst? Die Bedeutung der Rede vom Opfer Jesu Christi in der Bibel und bei René Girard*, Wien/Berlin/Münster 2008. – W. ROETZER, *Des heiligen Augustinus Schriften als liturgie-geschichtliche Quelle. Eine liturgie-geschichtliche Studie*, München 1930. – A. SAGE, Saint Augustin et la prière du canon: «Supplices te rogamus…»: REByz 11 (1953) 252-265. – H. SEIWERT, Opfer: HRWG 4 (1998) 268-284. – B. STUDER, Das Opfer Christi nach Augustins «De Civitate Dei» X,5-6: *Lex orandi lex credendi. Miscellanea in onore di P. Cipriano Vagaggini*, Roma 1980, 93-107. – R.J. TESKE, Sacrifice in Augustine's *Contra aduersarium legis et prophetarum*: StPatr 33 (1997) 255-259. – Id., The Definition of Sacrifice in the *De ciuitate Dei*: *Augustine of Hippo: Philosopher, Exegete and Theologian. A Second Collection of Essays*, Milwaukee, Wis. 2009, 253-269. – M.M. WILDEN, *Die Lehre des heiligen Augustinus vom Opfer der Eucharistie. Eine patristische Studie*, Schaffhausen 1864. – R. ZIMMERMANN, Die neutestamentliche Deutung des Todes Jesu als Opfer. Zur christologischen Koinzidenz von Opfertheologie und Opferkritik: KuD 51 (2005) 72-99.

ALEXANDER ZERFAß

Meritum
Metallum
Miles
Militia christiana
Mille
Minister, ministerium
Mirabilia, miraculum
Miseri, miseria
Misericordia
Modus
Monachus
Monasterium
Monnica
Morbus
Mores
Moribus ecclesiae catholicae et de moribus
    Manicheorum (De –)
Mors, mortalitas
Mos maiorum
Motus
Moyses
Mulier
Multitudo
Multum ↗Vnum – multum
Mundus
Muscipula
Musica
Musica (De –)
Mutabile – inmutabile
Mysterium
Narratio
Natiuitas Christi (natalis domini)
Natura
Natura boni (De –)
Natura et gratia (De –)
Nauigius
Nebridius
Necessitas
Negotium ↗Otium – negotium
Nequitia
Nescio quem Donatistam (Contra –)
Nihil
Nisi credideritis, non intellegetis ↗Esaias
Noe
Noli foras ire ↗Foris – intus
Nomen
Nosse ↗Notitia (nosse)
Nota, notarius
Notitia (nosse)
Nouatiani, Nouatianus
Nouerim me, nouerim te
Nouus ↗Vetus – nouus
Nox ↗Dies, dies – nox

Numerus
Nummularius
Nunc – tunc
Nuptiae
Nuptiis et concupiscentia (De –)
Oboedientia
Octauae
Octo Dulcitii quaestionibus (De –)
Octo quaestionibus ex ueteri testamento (De –)
Oculus
Odium
Officium
Oleum, oliua
Operatio, opus
Opere monachorum (De –)
Opinio
Optatus episcopus Mileuitanus
Optatus episcopus Tamugadensis
Opus ↗Operatio, opus
Oraculum
Oratio, orator
Oratio (deprecatio)
Oratio dominica
Orbis terrarum
Ordinatio
Ordine (De –)
Ordines
Ordo
Ordo amoris
Origenes
Origine animae (De –) (= *ep.* 166)
Origo
Orosius
Ostia
Otium – negotium
Ouis
Paenitentia
Paganus
Palaestina
Paracletus
Paradisus
Parmenianus
Pars – totum
Partem Donati (Contra –)
Participatio
Paruuli
Pascha
Passio ↗Affectus (passio, perturbatio)
Passio domini (dominica)
Passio Perpetuae et Felicitatis
Passiones martyrum
Pastor
Pater

Patientia

Patientia (De –)

Patria

Patriarchae

Patricius

Pauci

Paulinus diaconus

Paulinus Nolanus

Paulus apostolus

Paupertas

Pax

Pax uobiscum

Peccatorum meritis et remissione et de baptismo
paruulorum (De –)

Peccatum

Peccatum originale

Pecunia

Pecus

Pelagius, Pelagiani

Pentecoste

Peregrinatio, peregrinus

Perfectio

Perfectione iustitiae hominis (De –)

Persecutio

Perseuerantia

Persona

Perturbatio ↗Affectus (passio, perturbatio)

Petilianus

Petrus apostolus

Phantasia, phantasma

Philo Alexandrinus

Philosophia

Philosophia (De –)

Photiniani, Photinus

Pietas

Pinianus

Piscis

Plato, Platonici

Platonicorum libri

Plebs ↗Populus (plebs)

Plenitudo

Ploratio

Plotinus

Poena

Poeta

Pomum

Pondus

Ponticianus

Populus (plebs)

Porphyrius

Possidius

Potentia

Potestas

Potus ↗Cibus – potus

Praeceptum

Praedestinatio

Praedestinatione sanctorum (De –)

Praedicamentum (categoria)

Praedicatio

Praedicta – impleta

Praemium

Praescientia

Praesentia dei (De –) (= *ep.* 187)

Praesumptio

Praeuaricatio

Preces

Presbyter, presbyterium

Principium

Priscillianistae, Priscillianus

Priscillianistas (Contra –)

Proba

Probationes et testimonia contra Donatistas

Professio

Promissio(nes) (promissa, promissor)

Prophetae, prophetia

Propositum

Proprium ↗Commune – proprium

Prosper

Prouerbium, Prouerbia (*Prv*)

Prouidentia

Prouidentia dei (De –) (= *s. Dolbeau* 29)

Proximus

Prudentia

Psalmi

Psalmus contra partem Donati

Pudicitia, pudor

Pulchritudo, pulchrum

Pulchro et apto (De –)

Purgatio

Pythagoras

Quadragesima, quadraginta dies

Quaestio (quaerere)

Quaestiones (in heptateuchum)

Quaestiones et responsiones

Quaestiones euangeliorum

Quaestiones expositae contra paganos numero
sex (= *ep.* 102)

Quaestiones XVI in Matthaeum

Qualitas

Quantitas

Quid sunt regna nisi magna latrocinia

Quies, requies

Quinquaginta dies

Quoduultdeus

Ratio

Reatus

Rebaptizare

Reconciliatio ↗Paenitentia

Rectitudo

Redemptio, redemptor

Reditus, regressus

Referre ad

Refrigerium
Regeneratio
Regio dissimilitudinis
Regnum
Regressus ↗Reditus, regressus
Regula (Augustini)
Regula, regula fidei
Religio
Reliquiae (martyrum)
Renouatio
Requies ↗Quies, requies
Res ↗Signum – res
Rescriptum
Responsiones ↗Quaestiones et responsiones
Respublica
Resurrectio
Rethorica (De –)

Retractationes
Retributio
Reuelatio
Rex
Rhetorica (De –) ↗Rethorica (De –)
Ritus
Rogatistae
Roma
Romanianus Thagastensis
Rufinus
Sabbatum
Sacerdos, sacerdotium
Sacramenta ex latere Christi
Sacramentum
Sacramentum corporis et sanguinis Christi
Sacrificium

IEREMIAS

23,29

Der lesende Augustinus

Augustinus-Lexikon

Herausgegeben von / Edited by / Edité par

Robert Dodaro, Cornelius Mayer, Christof Müller

In Verbindung mit / In association with / En association avec

**Isabelle Bochet, Michael Cameron, François Dolbeau,
Volker Henning Drecoll, Therese Fuhrer, Alfons Fürst,
Wolfgang Hübner, Martin Klöckener, James J. O'Donnell,
Alfred Schindler (†), Christian Tornau, Konrad Vössing**

Redaktion / Redaction / Rédaction

Andreas E.J. Grote

Vol. 4

Verlag / Publishers / Editions

Schwabe Verlag

2012-2018

Unter der Verantwortung der
Akademie der Wissenschaften und der Literatur, Mainz.
Gefördert mit Mitteln des Bundesministeriums
für Bildung und Forschung, Bonn,
und des Bayerischen Staatsministeriums
für Wissenschaft, Forschung und Kunst, München,
sowie der Deutschen Augustinerordensprovinz, Würzburg.

Sämtliche Artikel im *Augustinus-Lexikon*
haben ein Peer-Review-Verfahren durchlaufen.

Bibliografische Information der Deutschen Nationalbibliothek
Die Deutsche Nationalbibliothek verzeichnet diese Publikation in der Deutschen Nationalbibliografie;
detaillierte bibliografische Daten sind im Internet über http://dnb.dnb.de abrufbar.

Frontispiz: Der lesende Augustinus. Vitale da Bologna, 14. Jh., Basilica di Santa Maria dei Servi,
Bologna; Abbildung aus *Sant'Agostino. Esposizioni sui Salmi* 1 (Nuova Biblioteca Agostiniana 3,25),
Roma (Città Nuova Editrice) 1967, nach p. 1046.
Gesamtherstellung: Die Medienmacher AG, Muttenz, Schweiz
Printed in Switzerland
ISBN (Gesamtwerk) 978-3-7965-0854-7
ISBN (vol. 4) 978-3-7965-3723-3

rights@schwabe.ch
www.schwabeverlag.ch

VORWORT

In der Vollendung des vierten Bandes biegt das internationale und interdisziplinäre Forschungsprojekt *Augustinus-Lexikon* (AL) nunmehr auf die ‹Zielgerade› seines Ende der 70er Jahre des vergangenen Jahrhunderts begonnenen Laufes von ‹A› nach ‹Z› ein. Dank einiger Veränderungen in den Redaktionsroutinen und dank einer Erweiterung des Herausgebergremiums – nach der Kooptierung des Kirchenhistorikers Alfons Fürst (Münster) und des Altphilologen Christian Tornau (Würzburg) wurden zusätzlich der Theologe Michael Cameron (Portland, Oreg.) und der Althistoriker Konrad Vössing (Bonn) gewonnen – vermochte das Projekt unter seiner neuen Leitung die Anstrengungen und Energien zu einem spürbaren ‹Endspurt› zu vermehren und zu bündeln, wobei etliche Rezensionen und mehrere Evaluationen weiterhin die hohe Qualität der Artikel, ihrer Aufbereitung und ihrer Präsentation attestieren. Diese Qualität, die sich nicht zuletzt der Umsicht und Sorgfalt des Leitenden Redaktors Andreas E.J. Grote verdankt, wurde unlängst durch die Aufnahme des AL bzw. seiner Projektleitung in die ‹Patristische Kommission› der *Deutschen Akademien-Union* eindrucksvoll bestätigt und besiegelt.

An dieser Stelle ist auch postum Dank zu sagen für ihr jahrelanges Engagement den Mitherausgebern Alfred Schindler (Zürich) und Antonie Wlosok (Mainz). Insbesondere jedoch ist dem Initiator des AL-Projekts, Cornelius P. Mayer OSA, für seine Leistung zu danken. Er hat mit Vollendung des dritten AL-Bandes und nach rund drei Jahrzehnten die Projektleitung in die Hände der bisherigen Mitherausgeber Robert Dodaro OSA (Roma) und Christof Müller (Würzburg) übergeben, firmiert neben diesen indes weiterhin als dritter Hauptherausgeber.

Mit Abschluß dieses vierten Bandes macht der *Schwabe Verlag* das bisher erarbeitete Lexikon als ‹AL-online› in Form einer strukturierten Datenbank auch im Internet zugänglich. Die Darstellung der Artikel ist für PC wie für mobile Endgeräte optimiert. Eine intelligente und filterbare Volltextsuche wird Fundstellen und Verweise auf verwandte Lemmata anzeigen. Die Artikel sind nicht nur exportier- und ausdruckbar, sondern können auch leicht in gängigen Literaturverwaltungssystemen zitiert werden. Lemmata- und Autorenregister werden eine schnelle Navigation ermöglichen. Bei Fertigstellung der letzten AL-Doppelfaszikel werden dann auch diese online gestellt werden.

In der Geschichte der enzyklopädischen Werke folgten über Jahrhunderte hinweg dem Abschluß der Artikelerstellung die ebenso mühsamen wie verdienstvollen Arbeiten an den ‹Registern›. Das AL wird für dieses Modul neue, digitale Wege beschreiten. Während die ersten, rudimentären Stufen einer Digitalisierung des AL noch Teil des Projektetats sind und über die das Projekt nach wie vor vorbildlich betreuende *Akademie der Wissenschaften und der Literatur* in Mainz finanziert werden, haben sich die öffentlichen Geldgeber hinsichtlich einer Weiterverarbeitung dieser Digitalisate zu einer TEI/XML-Datenbank und hinsichtlich deren differenzierter Erschließung und ‹Lemmatisierung› nach modernsprachlichen Kategorien leider von ihrem Engagement zurückgezogen.

Damit die ‹Schätze› des AL indes kein Arkanum bleiben, sondern eine möglichst breite wissenschaftliche und nichtwissenschaftliche Öffentlichkeit ‹bereichern›, hat sich das *Zentrum für Augustinus-Forschung an der Universität Würzburg* (ZAF) mit seinen stets zuverlässigen Kooperationspartnern, dem das AL mustergültig edierenden *Schwabe Verlag* in Basel und dem *Center for Digital Humanities* der Universität Trier, auf den Weg gemacht, das dringende Desiderat eines ‹digitalen AL-Schlüssels› in den kommenden Jahren mit eigener Expertise zu realisieren.

In finanzieller Hinsicht darf das ZAF sich zum ‹Schmieden› des ‹Schlüssels› dabei der Solidarität insbesondere derjenigen Institutionen erfreuen, denen das AL bereits von Anbeginn an zu größtem Dank verpflichtet ist: dem *Augustinerorden* – zumal in Gestalt der Deutschen Ordensprovinz mitsamt seiner *Bibliotheca Augustiniana* und jetzt auch der Römischen Ordenszentrale in Verbindung mit dem *Istituto Patristico Augustinianum* – sowie der *Gesellschaft zur Förderung der Augustinus-Forschung e.V.* Die vereinte Anstrengung wird dafür Sorge tragen, daß das ‹Finale› des *Augustinus-Lexikons* dem doppelten Anspruch des lateinischen ‹finis› gerecht wird: als ‹Ende› und ‹Abschluß› wie auch als ‹Ziel› und ‹Vollendung›. Zugleich wird so ein großer Schritt zur Vernetzung des AL mit dem digitalen Volltext Augustins, dem *Corpus Augustinianum Gissense* (CAG), sowie mit dem *Augustinus-Literatur Portal* getan.

Robert Dodaro
Christof Müller

PREFACE

In completing this fourth volume, the *Augustinus-Lexikon* (AL), an international and interdisciplinary research project, makes the turn into the ‹homestretch› of the race from ‹A› to ‹Z› that began at the end of the 70s of the last century. We have changed our editorial processes and expanded our editorial board, first by co-opting the church historian Alfons Fürst (Münster) and the classical philologist Christian Tornau (Würzburg), then adding the theologian Michael Cameron (Portland, Oreg.) and the ancient historian Konrad Vössing (Bonn). As a result, the project under new leadership has been able to gather and concentrate the effort and energy for a pronounced ‹finishing kick›. Meanwhile, reviews and project evaluations have attested to the high quality of the articles, their preparation, and their presentation. This quality, depending in no small measure on the good judgment and attention to detail of the managing editor Andreas E.J. Grote, has been recently and impressively confirmed and sealed by the acceptance of the AL and its project leadership into the ‹Patristic Commission› of the *Union of German Academies*.

Here we should also express our gratitude posthumously to our fellow editors Alfred Schindler (Zürich) and Antonie Wlosok (Mainz) for their engagement over many years. Special thanks for his achievement go as well to the founder of the AL project, Cornelius P. Mayer OSA. With the conclusion of the third volume of the AL and after some three decades of project leadership, he handed over direction to the current co-directors, Robert Dodaro OSA (Rome) and Christof Müller (Würzburg), while continuing as effectively a third chief editor.

With the completion of this fourth volume, the publisher *Schwabe* is making the previously completed AL available on the Internet as ‹AL-online›, in the form of a structured database. Articles will be formatted for use on computers and mobile devices; a full text ‹smart search› will link references and search terms to the relevant lemmata. Articles can be exported and printed but can also easily be cited in current bibliographical management systems. Indices of lemmata and authors will also facilitate speedy navigation. When the last double fascicles of the AL are completed, they will also be placed online.

In the history of encyclopedic works over the centuries, the preparation of the articles is always followed by the equally wearying but highly useful task of preparing the ‹Indices›. For this phase, the AL charts new, digital paths. While the first, rudimentary steps for digitizing the AL remains part of the project budget and will be financed by the still exemplary support of the *Mainz Academy of Sciences and Literature*, when it comes to further work on turning the digitized AL into a TEI/XML-database and further work on lemmatization and modern language search terms, the public funders have unfortunately withdrawn from their commitment.

So to keep the ‹treasures› of the AL from being hidden away but instead to enable them to enrich the broadest possible scholarly and general publics, the *Center for Augustinian Research of the University of Würzburg* (*Zentrum für Augustinus-Forschung*: ZAF), along with its ever-reliable partners in cooperation, the AL's exemplary publisher, the publisher *Schwabe* in Basel, and the *Center for Digital Humanities* of the University of Trier, have set out to realize the pressing need for digital keys to the AL's treasures in coming years, relying on their own expertise.

From a financial point of view, in forging these keys, the ZAF is happy that it can rely on the solidarity especially of those institutions for whose support the AL has been deeply grateful from the outset: the *Order of Saint Augustine*, especially the German Province of the order along with its *Bibliotheca Augustiniana* and also the Roman headquarters of the Order together with the *Istituto Patristico Augustinianum*, as well as the *Society for the Promotion of Augustinian Research*. Their united effort will take care that the ‹finale› of the *Augustinus-Lexikon* will answer to the double sense of the Latin ‹finis›: an ‹end› and a ‹conclusion›, but also a ‹goal› and a ‹fulfillment›. A major step in networking the AL is being made alongside the digitized full text of Augustine, the *Corpus Augustinianum Gissense* (CAG) and the *Augustine Literature Portal*.

Robert Dodaro
Christof Müller

PRÉFACE

Avec l'achèvement de son quatrième tome, le projet de recherche interdisciplinaire et international de l'*Augustinus-Lexikon* (AL) entre désormais dans l'ultime ligne droite de son parcours de ‹A› à ‹Z›, commencé dans les années 70 du dernier siècle. Grâce à quelques changements dans les pratiques de la rédaction et à un élargissement du comité éditorial – après cooptation d'un historien de l'Église, Alfons Fürst (Münster), et d'un philologue classique, Christian Tornau (Wurtzbourg), furent adjoints en supplément un théologien, Michael Cameron (Portland, Orégon), et un historien de l'Antiquité, Konrad Vössing (Bonn) – le projet a pu, sous sa nouvelle direction, accroître ses efforts et concentrer ses énergies à l'approche du ‹sprint› final, d'autant plus que diverses recensions et plusieurs évaluations attestent la haute qualité des articles, de leur préparation et de leur présentation. Cette qualité, dont le mérite revient en premier lieu au soin et à l'acribie du rédacteur en chef, Andreas E.J. Grote, fut récemment constatée et confirmée de façon claire par l'enregistrement d'AL et de sa direction de projet dans le cadre de la ‹Commission patristique› de l'*Union des Académies allemandes*.

En ce lieu, il convient aussi de remercier deux coéditeurs défunts, en raison de leur engagement durant de nombreuses années, Alfred Schindler (Zurich) et Antonie Wlosok (Mayence). D'autres remerciements, encore plus vifs, sont dus à l'initiateur du projet de l'*Augustinus-Lexikon*, Cornelius P. Mayer OSA, pour son activité. A l'achèvement du troisième volume et au bout d'environ trente ans, il a remis la direction du projet entre les mains de Robert Dodaro OSA (Rome) et Christof Müller (Wurtzbourg), jusque-là coéditeurs, tout en continuant d'opérer à leur côté comme troisième éditeur en chef.

Avec la clôture de ce quatrième tome, la maison d'édition *Schwabe* rend accessibles aussi sur Internet les volumes parus, en tant qu'‹AL-online›, sous la forme d'une base de données structurée. La présentation des articles a été optimisée pour PC comme pour des dispositifs mobiles. Une recherche en plein texte, intelligente et dotée de filtres, permettra d'afficher des références ainsi que des renvois aux lemmes apparentés. Les articles sont non seulement exportables et imprimables, mais ils peuvent aussi facilement être traités par les logiciels courants de gestion de références. Des index de lemmes et d'auteurs rendront possible une navigation rapide. Une fois achevé le dernier fascicule double de l'*Augustinus-Lexikon*, ces derniers seront aussi accessibles en ligne.

Dans l'histoire des encyclopédies, pendant des siècles, l'achèvement de la rédaction des articles a été suivi du travail, aussi pénible que méritoire, de la confection des tables. L'*Augustinus-Lexikon* prendra à cet égard un chemin nouveau, de type numérique. Tandis que les premières étapes, rudimentaires, d'une numérisation d'AL font encore partie du budget du programme et seront financées par l'*Académie des Sciences et Lettres de Mayence* qui a toujours suivi le projet de façon exemplaire, les bailleurs de fonds publics se sont hélas retirés de leur engagement en ce qui concerne d'une part la transformation ultérieure de cette numérisation en base de données TEI/XML, d'autre part son exploitation et sa lemmatisation différenciées d'après les catégories conceptuelles des langues modernes.

Afin toutefois que les trésors d'AL ne restent pas enfouis, mais soient exploités par un public, spécialiste ou non, aussi large que possible, le *Zentrum für Augustinus-Forschung* (ZAF) de l'Université de Wurtzbourg, avec ses partenaires constamment fidèles, à savoir la maison d'édition *Schwabe* de Bâle, qui publie AL de façon exemplaire et le *Center for Digital Humanities* de l'Université de Trèves, s'est engagé sur la voie qui conduit, dans les prochaines années, à réaliser avec sa propre expertise l'accès numérique à l'*Augustinus-Lexikon*, ‹clef› indispensable et attendu.

Du point de vue financier, pour forger cette ‹clef›, le ZAF se réjouit de pouvoir compter sur la solidarité notamment des institutions auxquelles AL est, depuis l'origine, redevable d'une très grande gratitude: d'une part l'*Ordre des Augustins* – à travers la Province allemande de l'Ordre et sa *Bibliotheca Augustiniana* et désormais aussi son siège romain en liaison avec l'*Istituto patristico Augustinianum* –, d'autre part la *Gesellschaft zur Förderung der Augustinus-Forschung e.V.* Leurs efforts conjugués veilleront à ce que la phase finale de l'*Augustinus-Lexikon* satisfasse au double sens du mot latin ‹finis›: à savoir aussi bien ‹fin› et ‹clôture› que ‹but› et ‹parachèvement›. En même temps, il sera fait un grand pas vers l'interconnection d'AL avec la base numérisée en plein texte d'Augustin, le *Corpus Augustinianum Gissense* (CAG), comme avec le Portail de bibliographie augustinienne, *Augustinus-Literatur Portal*.

Robert Dodaro
Christof Müller

Abkürzungen. – A. = Augustin(us)
A.s = Augustins
a. = augustinisch

Das *Lemma* wird im neusprachlichen Kontext immer durch den Anfangsbuchstaben, die mit A beginnenden Lemmata durch die ersten beiden Buchstaben abgekürzt.

Beispiel: al. = Allegoria.

Die *Abkürzungen der Werktitel Augustins* sowie die *Abkürzungen der biblischen Schriften* und die *Abkürzungen des rabbinischen Schrifttums* sind pp. XI-XXXIV und XXXV zusammengestellt.

Bei *Werken lateinischer Schriftsteller* sind die Abkürzungen des Thesaurus linguae latinae ((D. KRÖMER/C.G. VAN LEIJENHORST), *Thesaurus linguae latinae. Index librorum, scriptorum, inscriptionum, ex quibus exempla afferuntur*, Lipsiae ²1990), bei *Werken griechischer Schriftsteller* die von H.G. LIDDELL/R. SCOTT/H.S. JONES/ R. MCKENZIE, *A Greek-English Lexicon. With a Revised Supplement*, Oxford 1996, sowie die von G.W.H. LAMPE, *A Patristic Greek Lexicon*, Oxford 1961, benützt. In diesen Wörterbüchern nicht aufgeführte Titel sind entsprechend abgekürzt und pp. XXXVI-XL verzeichnet.

Die *Abkürzungen für Serien und Zeitschriften, Ausgaben, Lexika, Sammel- und Standardwerke* sind pp. XLI-LXIV aufgelöst.

Für *sonstige Abkürzungen* werden die vom Lateinischen abgeleiteten Formen verwendet: art. cit. (= im zitierten Artikel); c. (= Kapitel); cf. (= vergleiche); ib. (= ebenda); id. bzw. ead. (= vom gleichen Verfasser); l.c. (= am angeführten Ort); n. bzw. nn. (= Anmerkung[en]); p. bzw. pp. (= Seite[n]); sq. (= folgend). Außer den genannten sind die in deutscher Sprache üblichen Abkürzungen wie Bd., Jh., bzw., z.B. benutzt.

In den *Anmerkungen* werden bei Zitaten oder Verweisen auf Sekundärliteratur nur der Name des Autors und die Seiten- bzw. Spaltenzahl angegeben. Der vollständige Titel findet sich in der *Bibliographie* am Ende des Artikels. Sind mehrere Werke des gleichen Autors zitiert, ist dem Namen ein dem Titel entnommenes charakteristisches Stichwort hinzugefügt.

Zitate. – Texte A.s und anderer Autoren (ausgenommen griechische) stehen in Anführungszeichen. Einzelne, seien es in der lateinischen, seien es in einer anderen Fremdsprache zitierte

Wörter sowie einzelne Begriffe und übernommene Wendungen sind in halbe Anführungszeichen gesetzt.

Bei der Zählung von Büchern bzw. Kapiteln, Paragraphen, Versen werden ausschließlich arabische Ziffern verwendet.

Bei der Aufteilung von Gliederungseinheiten gilt die Regel, daß Aufgliederung von absteigenden Einheiten (Buch, Kapitel, Abschnitt) durch Komma, von gleichen Einheiten durch Punkt, sonst immer durch Semikolon gekennzeichnet ist.

Beispiele: *Acad.* 2,13.16 (= Abschnitt 16 des gleichen 2. Buches); 3,14; *beata u.* 26.28; *mag.* 7.

Ist die Erwähnung einer textkritischen Ausgabe erforderlich, so ist sie nach der Stellenangabe in Klammern gesetzt.

Zitation augustinischer Texte. – Allgemein wird auf Kapitelnummern verzichtet und nur die Paragraphennummer angegeben: z.B. *Acad.* 3,14, nicht *Acad.* 3,7,14. Ist dagegen die Kapitel- bzw. quaestio- oder sermo-Nummer unentbehrlich oder ist die Paragraphennummer eine Unterteilung der Kapitelnummer, so sind beide Nummern angegeben.

Beispiele: *en. Ps.* 90,2,11 (= *Enarratio* zu *Psalm* 90, sermo 2, Paragraph 11); *retr.* 1,5,3 (= *Retractationes* Buch 1, Kapitel 5, Paragraph 3); *Simpl.* 2,1,4 (= *Ad Simplicianum* Buch 2, Kapitel 1, Paragraph 4).

Da bei *c. ep. Man.*, *Gn. litt.* und *Gn. litt. inp.* in der jeweiligen CSEL-Ausgabe die Paragraphenzählung fehlt, werden in den genannten Werken sowohl die Kapitel- als auch die Paragraphennummern nach PL angegeben.

Beispiele: *c. ep. Man.* 34,38; *Gn. litt.* 9,17,32; *Gn. litt. inp.* 16,57.

Die in der CCL- bzw. CSEL-Ausgabe zu *exp. prop. Rm.*, *lib. arb.* und *retr.* neu eingeführten Zählungen sind nicht übernommen.

Die *Orthographie* der benutzten Ausgaben ist grundsätzlich beibehalten, doch ist kleines v durchweg als u geschrieben.

Zitation anderer antiker Texte. – Bei Prosawerken ist in der Regel auf die Kapitelangabe verzichtet und nur der Paragraph angegeben: z.B. Cic. *fin.* 5,96, nicht *fin.* 5,32,96. Konventionelle Zählungen bestimmter Autoren (z.B. Platon und Aristoteles) sind jedoch beibehalten.

Beispiele: Pl. *Phd.* 90c; Arist. *Metaph.* 5,16, 1021b12-14.

Abbreviations. – A.   = Augustinus, Augustine
          A.'s   = Augustine's
          Augn. = Augustinian

The abbreviated *article-title* is, except in Latin quotations, identified by its initial letter; article-titles beginning with A are identified by the first two letters.

Example: al. = Allegoria.

The *abbreviations of titles of Augustine's works* and the *abbreviations for books of the Bible*, as well as the *abbreviations for rabbinic texts*, are given on pp. XI-XXXIV and XXXV.

For *works of Latin authors* the abbreviations of the Thesaurus linguae latinae ((D. KRÖMER/ C.G. VAN LEIJENHORST), *Thesaurus linguae latinae. Index librorum, scriptorum, inscriptionum, ex quibus exempla afferuntur*, Lipsiae ²1990) are used; for *works of Greek authors* those of H.G. LIDDELL/ R. SCOTT/H.S. JONES/R. MCKENZIE, *A Greek-English Lexicon. With a Revised Supplement*, Oxford 1996, as well as of G.W.H. LAMPE, *A Patristic Greek Lexicon*, Oxford 1961. – Titles which are not listed in these works of reference are similarly abbreviated and listed on pp. XXXVI-XL.

The *abbreviations for series and periodicals, editions, encyclopaedias, dictionaries, miscellanea, and standard works* are given on pp. XLI-LXIV.

In the case of *other abbreviations* the forms derived from the Latin are used: art. cit. (= in the article cited); c. (= chapter); cf. (= compare); ib. (= in the same work); id. or ead. (= by the same author); l.c. (= in the passage already quoted); n. or nn. (= note[s]); p. or pp. (= page[s]); sq. (= following). Apart from these, the standard abbreviations current in English, such as ed., e.g., etc., vol., are employed.

Quotations from, or references to, secondary literature in the *notes* give only the author's name and the page or column number(s). The full title is given in the *bibliography* at the end of the article. If more than one work of the same author is cited, the particular work referred to is specified by the addition of an identifying keyword taken from the title.

Quotations. – Texts of A. and other authors are, with the exception of Greek quotations, in double quotation marks. Individual quoted words, whether in Latin or in another foreign language, as well as individual terms and adopted phrases, are in single quotation marks.

For the numbering of books, chapters, paragraphs, and verses only arabic numerals are used.

The rule for the subdivision of units of text is: the comma distinguishes units at different levels in descending order (book, chapter, paragraph), the full point distinguishes units of the same kind. In other cases the semi-colon is employed.

Examples: *Acad.* 2,13.16 (= paragraph 16 of the same book 2); 3,14; *beata u.* 26.28; *mag.* 7.

Where mention of a critical edition is necessary it is given after the textual reference in brackets.

Citation of Texts of Augustine. – Chapter numbers are in general omitted and only the paragraph numbers given: e.g. *Acad.* 3,14, not *Acad.* 3,7,14. Where, however, the chapter or quaestio or sermo number is indispensable, or where the paragraph number is a subdivision of the chapter number, both numbers are given.

Examples: *en. Ps.* 90,2,11 (= *Enarratio* on *Psalm* 90, sermo 2, paragraph 11); *retr.* 1,5,3 (= *Retractationes* Book 1, chapter 5, paragraph 3); *Simpl.* 2,1,4 (= *Ad Simplicianum* Book 2, chapter 1, paragraph 4).

In the cases of *c. ep. Man.*, *Gn. litt.*, and *Gn. litt. inp.*, where the paragraph numbers are omitted in the CSEL editions, both the chapter and the paragraph numbers (as in PL) are given.

Examples: *c. ep. Man.* 34,38; *Gn. litt.* 9,17,32; *Gn. litt. inp.* 16,57.

The system of numbering newly introduced in the CCL and/or CSEL editions of *exp. prop. Rm.*, *lib. arb.* and *retr.* is not adopted.

The *orthography* of the editions used is generally maintained, but lower-case v is written as u throughout.

Citation of other Ancient Texts. – In prose works the chapter number is in general omitted and only the paragraph number given: e.g. Cic. *fin.* 5,96 and not *fin.* 5,32,96. The conventional numbering of certain authors (e.g. Plato and Aristotle) is, however, retained.

Examples: Pl. *Phd.* 90c; Arist. *Metaph.* 5,16, 1021b12-14.

INDICATIONS D'UTILISATION

Abréviations. – A. = Augustin
a. = augustinien

Le *lemme* est régulièrement abrégé, dans le texte de l'article, par son initiale. Toutefois les lemmes commençant par A sont abrégés par leurs deux premières lettres.

Exemple: al. = Allegoria.

Les *abréviations des œuvres d'Augustin* ainsi que les *abréviations des ouvrages bibliques* et les *abréviations des textes rabbiniques* sont rassemblées aux pp. XI-XXXIV et XXXV.

Pour les *œuvres des auteurs latins*, on utilisera les abréviations du Thesaurus linguae latinae ((D. KRÖMER/C.G. VAN LEIJENHORST), *Thesaurus linguae latinae. Index librorum, scriptorum, inscriptionum, ex quibus exempla afferuntur*, Lipsiae ²1990); pour les *œuvres des auteurs grecs* les abréviations de H.G. LIDDELL/R. SCOTT/H.S. JONES/R. MCKENZIE, *A Greek-English Lexicon. With a Revised Supplement*, Oxford 1996, et celles de G.W.H. LAMPE, *A Patristic Greek Lexicon*, Oxford 1961. Les titres non cités dans ces dictionnaires sont abrégés comme il convient et catalogués ci-dessous aux pp. XXXVI-XL.

Les *abréviations des collections, périodiques, éditions, dictionnaires, recueils et ouvrages de référence* sont expliquées aux pp. XLI-LXIV.

Pour le reste, on se servira des abréviations courantes dérivées du latin: art. cit. (= dans l'article cité); c. (= chapitre); cf. (= comparer); ib. (= au même endroit); id., ead. (= du même auteur); l.c. (= à l'endroit cité); n., nn. (= note[s]); p., pp. (= page[s]); sq. (= suivant[e]); et autres formes en usage (comme éd., etc., s., vol.).

Dans les *notes*, on donnera seulement, lors des citations ou des renvois aux études critiques, le nom de l'auteur et le numéro correspondant à la page ou à la colonne. Le titre complet se trouve dans la *bibliographie* à la fin de l'article. Si plusieurs œuvres du même auteur sont citées, on joint au nom de l'auteur un terme caractéristique emprunté au titre de l'œuvre concernée.

Citations. – Les textes d'A. et d'autres auteurs, à l'exception des textes grecs, sont cités entre guillemets. Les mots isolés, cités en latin ou dans une autre langue étrangère, ainsi que les notions et tournures isolées, qu'on a incorporé au texte, sont mis entre demi-guillemets.

Dans la numérotation des livres, des chapitres, des paragraphes et des versets, on n'utilise que les chiffres arabes.

La séparation des éléments constituant une même référence se fait d'après la règle suivante: on sépare par une virgule les éléments différents (livre, chapitre, paragraphe). On sépare par un point les éléments identiques (par ex. deux chapitres d'un même livre). On sépare par un point-virgule deux références complètes différentes.

Exemples: *Acad.* 2,13.16 (= paragraphe 16 du même livre 2); 3,14; *beata u.* 26.28; *mag.* 7.

Si la mention d'une édition critique est nécessaire, elle est placée entre parenthèses après la référence.

Citations de textes augustiniens. – Généralement, on omet la mention du chapitre et on ne donne que le chiffre du paragraphe. Par ex.: *Acad.* 3,14, et non *Acad.* 3,7,14. En revanche, si le numéro du chapitre, de la question ou du sermon est indispensable, ou si le numéro du paragraphe est une subdivision du chapitre, il faut donner les deux numéros.

Exemples: *en. Ps.* 90,2,11 (= *Enarratio in Ps.* 90, sermo 2, paragraphe 11); *retr.* 1,5,3 (= *Retractationes*, livre 1, chapitre 5, paragraphe 3); *Simpl.* 2,1,4 (= *Ad Simplicianum*, livre 2, chapitre 1, paragraphe 4).

Etant donné que l'édition du CSEL a omis les mentions des paragraphes pour *c. ep. Man.*, *Gn. litt.* et *Gn. litt. inp.*, on indiquera pour ces œuvres aussi bien les chiffres des chapitres que ceux des paragraphes selon l'édition de la PL.

Exemples: *c. ep. Man.* 34,38; *Gn. litt.* 9,17,32; *Gn. litt. inp.* 16,57.

Les nouvelles numérotations introduites dans les éditions du CCL et du CSEL pour *exp. prop. Rm.*, *lib. arb.* et *retr.* ne sont pas reprises.

L'*orthographe* des éditions utilisées est conservée pour l'essentiel. Toutefois, le v minuscule est toujours écrit u.

Citations d'autres textes anciens. – On omet normalement l'indication du chapitre des textes en prose et on ne donne que le chiffre correspondant au paragraphe. Par exemple: Cic. *fin.* 5,96, et non *fin.* 5,32,96. Toutefois, les numérotations conventionnelles correspondant à certains auteurs, comme Platon et Aristote, sont conservées.

Exemples: Pl. *Phd.* 90c; Arist. *Metaph.* 5,16, 1021b12-14.

AL-Abk. / AL Abbr. / Abr. de l'AL	Titel / Title / Titre	Ausgabe / Edition / Edition	AL-Abk. / AL Abbr. / Abr. de l'AL	Titel / Title / Titre	Ausgabe / Edition / Edition
Acad.	De Academicis libri tres	FUHRER/ADAM 3-84 [2]	corrept.	De correptione et gratia liber unus	CSEL 92,219-280 [23]
c. Adim.	Contra Adimantum Manichei discipulum liber unus	CSEL 25,1,115-190 [3] [a]	Cresc.	Ad Cresconium grammaticum partis Donati libri quattuor	CSEL 52,325-582 [24]
adm.	Admonitio Donatistarum de Maximianistis liber unus (deperditus)			Cresconii uerba = Cresc. A. Cresc. 3,30 = Gest. conc. Cirt. A.	
adn. Iob	Adnotationes in Iob liber unus	CSEL 28,2,509-628 [4]		Cresc. 3,30	
c. adu. leg.	Contra aduersarium legis et prophetarum libri duo	CCL 49,35-131 [5]		3,62; 4,5.47 = Postul. ap. procos. A. Cresc. 3,62; 4,5.47	
	Aduersarii uerba = Aduers. A. c. adu. leg.			3,81 = Epist. imp. Constant. A. Cresc. 3,81 (= Epist. imp. Constant. A. ep. 88,4)	
adult. coniug.	De adulterinis coniugiis libri duo	CSEL 41,347-410 [6]		4,58 = Gest. ap. Seran. procos. A. Cresc. 4,58	
agon.	De agone christiano liber unus	CSEL 41,101-138 [7]		Sententiae concilii Bagaiensis = Conc. Bagai. a. 394 [25]	
an. et or.	De anima et eius origine libri quattuor	CSEL 60,303-419 [8]	cura mort.	De cura pro mortuis gerenda ad Paulinum episcopum liber unus	CSEL 41,621-660 [26]
	Victoris uerba = Vinc. Vict. A. an. et or.		dial.	De dialectica	PINBORG 83-120 [27]
an. quant.	De animae quantitate liber unus	CSEL 89,131-231 [9]	disc. chr.	De disciplina christiana	CCL 46,207-224 [28]
arithm.	De arithmetica (deperditus)		diu. qu.	De diuersis quaestionibus octoginta tribus liber unus	CCL 44A,11-249 [29]
bapt.	De baptismo libri septem	CSEL 51,145-375 [10]	diuin. daem.	De diuinatione daemonum liber unus	CSEL 41,599-618 [30]
beata u.	De beata uita liber unus	FUHRER/ADAM 87-113 [11]	doctr. chr.	De doctrina christiana libri quattuor	SIMONETTI 6-362 [31]
b. coniug.	De bono coniugali liber unus	CSEL 41,187-231 [12]	c. Don.	Contra Donatistas liber unus	CSEL 104,325-374 [32]
b. uid.	De bono uiduitatis	CSEL 41,305-343		Sententia concilii Bagaiensis = Conc. Bagai. a. 394 [33]	
breuic.	Breuiculus conlationis cum Donatistis libri tres	CSEL 104,269-307 [13]	duab. an.	De duabus animabus liber unus	CSEL 25,1,51-80 [34]
	Donatistarum uerba = Donatist. A. breuic.		Dulc. qu.	De octo Dulcitii quaestionibus liber unus	CCL 44A,253-297 [35]
cat. rud.	De cathecizandis rudibus liber unus	CCL 46,121-178 [14]		Dulcitii quaestiones = Dulc. A. Dulc. qu.	
cath. fr.	Ad catholicos fratres liber unus	CSEL 52,231-322 [15]	Emer.	Gesta cum Emerito Donatistarum episcopo liber unus	CSEL 53,181-196
	Donatistarum uel Petiliani uerba = Donatist. A. cath. fr.			5.7 = ep. 128	
c. Cent.	Contra quod attulit Centurius a Donatistis liber unus (deperditus)			Sententiae concilii Bagaiensis = Conc. Bagai. a. 394 [36]	
ciu.	De ciuitate dei libri uiginti duo	CCL 47,1-314; 48,321-866 [16]	Emer. Don.	Ad Emeritum episcopum Donatistarum post conlationem liber unus (deperditus)	
	Epistula pp. III-IV edita = ep. 1A*		en. Ps.	Enarrationes in Psalmos	CCL 38,1-616; 39,623-1417; 40,1425-2196 [37]
	Haud genuinus uidetur (sed ante Eugipp. exc. Aug. confectus) ‹breuiculus› = ciu. breu. [17]			1-32 (expositiones)	CSEL 93,1A,67-409 [38]
conf.	Confessionum libri tredecim	CCL 27,1-273 [18]		18-32 (sermones)	CSEL 93,1B,33-313 [39] (olim en. Ps. 25,2 nunc s. Weidm. 16 (= s. 166A))
conl. Max.	Conlatio cum Maximino Arrianorum episcopo	CCL 87A,383-470 [19]		51-60	CSEL 94,1,51-423 [40]
	Maximini uerba = Maximin. A. conl. Max.			65	MÜLLER 48-100 [41]
cons. eu.	De consensu euangelistarum libri quattuor	CSEL 43,1-62.81-418 [20]		101-109	CSEL 95,1,25-348 [42]
	Haud genuina (sed ante Eugipp. exc. Aug. confecta) ‹capitula› (‹quaestiones›) = cons. eu. cap. [21]			110-118	CSEL 95,2,13-210
				119-133	CSEL 95,3,37-340 [43]
cont.	De continentia liber unus	CSEL 41,141-183 [22]		134-140	CSEL 95,4,23-228 [44]
correct.	De correctione Donatistarum liber unus (= ep. 185)	CSEL 57,1-44		141-150	CSEL 95,5,25-304 [45]

AL-Abk. AL Abbr. Abr. de l'AL	Titel Title Titre	Ausgabe Edition Edition	AL-Abk. AL Abbr. Abr. de l'AL	Titel Title Titre	Ausgabe Edition Edition
	Oratio A. ascripta (quae genuina uidetur?) (CSEL 95,5, p. 304,25 app. orit.) = *en. Ps.* orat. 36,2,20 = *Epist.* Maxim. A. en. Ps. 36,2,20 (praeter ipsius A. recitantis uerba)		71		CSEL 34,2,248-255
			73		CSEL 34,2,263-278 [53]
			74		CSEL 34,2,279
			76		CSEL 34,2,324-328
			77		CSEL 34,2,329-330
			78		CSEL 34,2,331-345
			79		CSEL 34,2,345-346
			80		CSEL 34,2,346-349
ench.	*De fide spe et caritate liber unus*	CCL 46,49-114 [46]	82		CSEL 34,2,351-387
ep.	*Epistulae* [47]		83		CSEL 34,2,388-392 [48]
1		CSEL 34,1,1-3	84		CSEL 34,2,392-393
2		CSEL 34,1,3-4	85		CSEL 34,2,394-395
3		CSEL 34,1,4-9	86		CSEL 34,2,396-397
4		CSEL 34,1,9-11	87		CSEL 34,2,397-406 [48]
7		CSEL 34,1,13-18 [48]	88		CSEL 34,2,407-419
9		CSEL 34,1,20-22	89		CSEL 34,2,419-425
10		CSEL 34,1,22-25 [48]	91		CSEL 34,2,427-435 [54]
11		CSEL 34,1,25-28	92		CSEL 34,2,436-444
12		CSEL 34,1,29	92A		CSEL 34,2,444-445
13		CSEL 34,1,30-32	93		CSEL 34,2,445-496 [50]
14		CSEL 34,1,32-35	95		CSEL 34,2,506-513
15		CSEL 34,1,35-36	96		CSEL 34,2,514-516
17		CSEL 34,1,39-44	97		CSEL 34,2,516-520
18		CSEL 34,1,44-45 [49]	98		CSEL 34,2,520-533
19		CSEL 34,1,46-47	99		CSEL 34,2,533-535 [50]
20		CSEL 34,1,47-49 [48]	100		CSEL 34,2,535-538
21		CSEL 34,1,49-54	101		CSEL 34,2,539-543
22		CSEL 34,1,54-62	102	= *Quaestiones expositae contra paganos numero sex (qu. c. pag.)*	CSEL 34,2,544-578 [50]
23		CSEL 34,1,63-73			
26		CSEL 34,1,83-88	104		CSEL 34,2,582-595 [54]
27		CSEL 34,1,95-102	105		CSEL 34,2,595-610
28		CSEL 34,1,103-113	106		CSEL 34,2,610-611
29		CSEL 34,1,114-122	108		CSEL 34,2,612-634 [48]
31		CSEL 34,2,1-8	110		CSEL 34,2,638-642 [48]
33		CSEL 34,2,18-23	111		CSEL 34,2,642-657 [55]
34		CSEL 34,2,23-27	112		CSEL 34,2,657-659
35		CSEL 34,2,27-31	113		CSEL 34,2,659-660
36		CSEL 34,2,31-62 [50]	114		CSEL 34,2,660-661
37		CSEL 34,2,63-64 [51]	115		CSEL 34,2,661-662
38		CSEL 34,2,64-66	116		CSEL 34,2,663
40		CSEL 34,2,69-81	118		CSEL 34,2,665-698 [56]
41		CSEL 34,2,81-84	120		CSEL 34,2,704-722 [57]
42		CSEL 34,2,84	122		CSEL 34,2,742-744
43		CSEL 34,2,85-109 [48]	124		CSEL 44,1-2
44		CSEL 34,2,109-121	125		CSEL 44,3-7
45		CSEL 34,2,122-123	126		CSEL 44,7-18
47		CSEL 34,2,129-136	127		CSEL 44,19-29 [50]
48		CSEL 34,2,137-140	128	= *Emer.* 5.7	CSEL 44,30-34 58]
49		CSEL 34,2,140-142	129		CSEL 44,34-39 [59]
50		CSEL 34,2,143	130		CSEL 44,40-77
51		CSEL 34,2,144-149	131		CSEL 44,77-79
52		CSEL 34,2,149-151	132		CSEL 44,79-80
53		CSEL 34,2,152-158	133		CSEL 44,80-84
54.55	= *Ad inquisitiones Ianuarii libri duo (inq. Ian.)*	CSEL 34,2,158-168.169-213 [48]	134		CSEL 44,84-88
			137		CSEL 44,96-125 [60]
56		CSEL 34,2,213-215	138		CSEL 44,126-148
57		CSEL 34,2,215-216	139		CSEL 44,148-154
58		CSEL 34,2,216-219	140	= *De gratia testamenti noui ad Honoratum liber unus (gr. t. nou.)*	CSEL 44,155-234 [50]
59		CSEL 34,2,219-220			
60		CSEL 34,2,221-222			
61		CSEL 34,2,222-224	141	= *Conc. Zert.* a. 412 A. ep. 141	CSEL 44,235-246 [61]
62		CSEL 34,2,224-226	142		CSEL 44,247-250
63		CSEL 34,2,226-229	143		CSEL 44,250-262
64		CSEL 34,2,229-232	144		CSEL 44,262-266
65		CSEL 34,2,232-234 [52]	145		CSEL 44,266-273 [50]
66		CSEL 34,2,235-236	146	= *gest. Pel.* 52	CSEL 44,273-274 [62]
67		CSEL 34,2,237-239	147	= *De uidendo deo liber unus (uid. deo)*	CSEL 44,274-331
69		CSEL 34,2,243-246 [50]			
70		CSEL 34,2,246-247			

AL-Abk. AL Abbr. Abr. de l'AL	Titel Title Titre	Ausgabe Edition Edition	AL-Abk. AL Abbr. Abr. de l'AL	Titel Title Titre	Ausgabe Edition Edition
148		CSEL 44,332-347	232		CSEL 57,511-517
149		CSEL 44,348-380	233		CSEL 57,517-518
150		CSEL 44,380-382	235		CSEL 57,521-523
151		CSEL 44,382-392 [48]	236		CSEL 57,523-525
153		CSEL 44,395-427	237		CSEL 57,526-532
155		CSEL 44,430-447 [63]	238		CSEL 57,533-556
157		CSEL 44,449-488	239		CSEL 57,556-559
159		CSEL 44,497-502	241		CSEL 57,560-562
162		CSEL 44,511-520	242		CSEL 57,563-567
164		CSEL 44,521-541	243		CSEL 57,568-579
166	= *De origine animae* (*orig. an.*)	CSEL 44,545-585	244		CSEL 57,580-581
167	= *De sententia Iacobi* (*sent. Iac.*)	CSEL 44,586-609	245		CSEL 57,581-583
169		CSEL 44,611-622	246		CSEL 57,583-585
170		CSEL 44,622-631	247		CSEL 57,585-589
171		CSEL 44,631-632	248		CSEL 57,589-591
171A		CSEL 44,632-636 [64]	249		CSEL 57,592-593
173		CSEL 44,640-648	250		CSEL 57,593-598
173A		WSt 84 (1971) 230-232	(250A	(= *ep.* 1*,5)	CSEL 57,598-599)
174	= *trin.* prol.	CSEL 44,650-651 [65]	251		CSEL 57,599-600
175	= *Conc. Carth.* a. 416 A. *ep.* 175	CSEL 44,652-662 [50]	252		CSEL 57,600
176	= *Conc. Mileuit.* a. 416 A. *ep.* 176	CSEL 44,663-668	253		CSEL 57,600-601
177		CSEL 44,669-688 [50]	254		CSEL 57,601-602
178		CSEL 44,689-691	255		CSEL 57,602-603
179		CSEL 44,691-697	256		CSEL 57,603
180		CSEL 44,697-700	257		CSEL 57,604
184A		CSEL 44,732-736 [66]	258		CSEL 57,605-610
185	= *De correctione Donatistarum liber unus* (*correct.*)	CSEL 57,1-44	259		CSEL 57,611-615
			261		CSEL 57,617-620
185A		CSEL 57,44	262		CSEL 57,621-631
186		CSEL 57,45-80	263		CSEL 57,631-634
187	= *De praesentia dei ad Dardanum liber unus* (*praes. dei*)	CSEL 57,81-119	264		CSEL 57,635-638
			265		CSEL 57,638-646
188		CSEL 57,119-130	266		CSEL 57,647-650
189		CSEL 57,131-137	267		CSEL 57,651 [76]
190		CSEL 57,137-162	268		CSEL 57,652-654
191		CSEL 57,162-165	269		CSEL 57,654-655
192		CSEL 57,165-167	5	= Nebrid. A. *ep.* 5	CSEL 34,1,11
193	(193,9-13 = *Dulc. qu.* 3,2-6)	CSEL 57,167-175	6	= Nebrid. A. *ep.* 6	CSEL 34,1,11-13
194		CSEL 57,176-214	8	= Nebrid. A. *ep.* 8	CSEL 34,1,18-19
196		CSEL 57,216-230	16	= Max. Madaur. A. *ep.* 16	CSEL 34,1,37-39
197		CSEL 57,231-235	24	= Paul. Nol. *epist.* 3	CSEL 34,1,73-78 [77]
199 [67]		CSEL 57,243-292	25	= Paul. Nol. *epist.* 4	CSEL 34,1,78-83 [78]
200		CSEL 57,293-295 [68]	26 app.	= Licent. *carm. ad Aug.*	Cutino 97-102 [79]
202A		CSEL 57,302-315 [69]	30	= Paul. Nol. *epist.* 6	CSEL 34,1,123-125 [80]
203		CSEL 57,315-317	32	= Paul. Nol. *epist.* 7+8	CSEL 34,2,8-18 [81]
204		CSEL 57,317-322	39	= Hier. *epist.* 103	CSEL 34,2,67-68 [82]
205		CSEL 57,323-339 [70]	46	= Public. A. *ep.* 46	CSEL 34,2,123-129
206		CSEL 57,340	68	= Hier. *epist.* 102	CSEL 34,2,240-243 [83]
207		CSEL 57,341-342	72	= Hier. *epist.* 105	CSEL 34,2,255-262 [84]
208		CSEL 57,342-347	75	= Hier. *epist.* 112	CSEL 34,2,280-324 [85]
209		CSEL 57,347-353	81	= Hier. *epist.* 115	CSEL 34,2,350-351 [86]
210		CSEL 57,353-356	88,2	= Anulin. A. *ep.* 88,2	CSEL 34,2,408 [87]
211	(211,1-4 = *reg. 1*)	CSEL 57,356-371 [71]	88,4	= *Epist. imp.* Constant. A. *ep.* 88,4 (= *Epist. imp.* Constant. A. *Cresc.* 3,81)	CSEL 34,2,410-411 [88]
212		CSEL 57,371-372			
213		CSEL 57,372-379			
214		CSEL 57,380-387			
215		CSEL 57,387-396	90	= Nectar. A. *ep.* 90	CSEL 34,2,426-427 [89]
215A		CSEL 58,XCIII	94	= Paul. Nol. *epist.* 45	CSEL 34,2,497-505 [90]
217		CSEL 57,403-425	103	= Nectar. A. *ep.* 103	CSEL 34,2,578-581 [89]
218		CSEL 57,425-428	107	= Max. A. *ep.* 107	CSEL 34,2,611-612
219		CSEL 57,428-431 [72]	109	= Seu. A. *ep.* 109	CSEL 34,2,634-638
220		CSEL 57,431-441	117	= Diosc. A. *ep.* 117	CSEL 34,2,663-664 [91]
222		CSEL 57,446-449 [73]	119	= Consent. A. *ep.* 119	CSEL 34,2,698-704 [92]
224		CSEL 57,451-454 [74]	121	= Paul. Nol. *epist.* 50	CSEL 34,2,723-742 [93]
227		CSEL 57,481-483	123	= Hier. *epist.* 142	CSEL 34,2,745-746 [94]
228		CSEL 57,484-496 [75]	135	= Volus. A. *ep.* 135	CSEL 44,89-92
229		CSEL 57,497-498	136	= Marcell. A. *ep.* 136	CSEL 44,93-96
231		CSEL 57,504-510			

AL-Abk. AL Abbr. Abr. de l'AL	Titel Title Titre	Ausgabe Edition Edition
152	= Macedon. A. *ep.* 152	CSEL 44,393-395
154	= Macedon. A. *ep.* 154	CSEL 44,428-430 [95]
156	= Hil. A. *ep.* 156 [96]	CSEL 44,448-449
158	= Euod. A. *ep.* 158	CSEL 44,488-497
160	= Euod. A. *ep.* 160	CSEL 44,503-506
161	= Euod. A. *ep.* 161	CSEL 44,507-511
163	= Euod. A. *ep.* 163	CSEL 44, 520-521
165	= Hier. *epist.* 126	CSEL 44,541-545 [97]
168	= Timas. A. *ep.* 168 = *gest. Pel.* 48	CSEL 44,610-611 [98]
172	= Hier. *epist.* 134	CSEL 44,636-639 [99]
181	= *Epist. pontif.* 321 A. *ep.* 181	CSEL 44,701-715
182	= *Epist. pontif.* 322 A. *ep.* 182	CSEL 44,715-723
183	= *Auell.* 41	CSEL 44,724-730 [100]
184	= *Epist. pontif.* 297 A. *ep.* 184	CSEL 44,731
190,23	= *Epist. pontif.* 343 A. *ep.* 190,23	CSEL 57,158-160
195	= Hier. *epist.* 141	CSEL 57,214-216 [101]
198	= Hesych. A. *ep.* 198	CSEL 57,235-242
201	= *Edict. imp.* Honor. Theod. A. *ep.* 201	CSEL 57,296-299
202	= Hier. *epist.* 143	CSEL 57,299-301 [102]
216	= Valent. A. *ep.* 216	CSEL 57,396-402
221	= Quodu. A. *ep.* 221	CSEL 57,442-446 [103]
223	= Quodu. A. *ep.* 223	CSEL 57,449-451 [104]
225	= Prosp. *epist.* 1	CSEL 57,454-468
226	= Hil. A. *ep.* 226 [105]	CSEL 57,468-481
230	= Dar. A. *ep.* 230	CSEL 57,499-503
234	= Longin. A. *ep.* 234	CSEL 57,519-521
240	= Pascent. A. *ep.* 240	CSEL 57,559-560
260	= Audax A. *ep.* 260	CSEL 57,616-617
270	= Anon. A. *ep.* 270	CSEL 57,655-656 [106]
ep.	*Epistulae ab I. Divjak repertae (asterisco designatae)*	
1*		CSEL 88,3-6 [107]
1A*		CSEL 88,7-9 [108]
2*		CSEL 88,9-21 [109]
3*		CSEL 88,21-25 [110]
4*		CSEL 88,26-29 [111]
5*		CSEL 88,29-31 [112]
6*		CSEL 88,32-38 [113]
7*		CSEL 88,39-40 [114]
8*		CSEL 88,41-42 [115]
9*		CSEL 88,43-45 [116]
10*		CSEL 88,46-51 [117]
13*		CSEL 88,80-82 [118]
14*		CSEL 88,83 [119]
15*		CSEL 88,84-86 [120]
16*		CSEL 88,86-87 [121]
17*		CSEL 88,88 [122]
18*		CSEL 88,89-90 [123]
19*		CSEL 88,91-93 [124]
20*		CSEL 88,94-112 [125]
21*		CSEL 88,112-113 [126]
22*		CSEL 88,113-119 [127]
23*		CSEL 88,120-121 [128]
23A*		CSEL 88,121-125 [129]
24*		CSEL 88,126-127 [130]
25*		CSEL 88,128 [131]
26*		CSEL 88,129-130 [132]
28*		CSEL 88,133-137 [133]
29*		CSEL 88,137-138 [134]
11*	= Consent. A. *ep.* 11*	CSEL 88,51-70 [135]
12*	= Consent. A. *ep.* 12*	CSEL 88,70-80 [136]
15*,2	= Alyp. A. *ep.* 15*,2	CSEL 88,84 [137]
27*	= Hier. A. *ep.* 27*	CSEL 88,130-133 [138]

AL-Abk. AL Abbr. Abr. de l'AL	Titel Title Titre	Ausgabe Edition Edition
c. ep. Don.	*Contra epistulam Donati heretici liber unus* (deperditus)	
ep. Io. tr.	*In epistulam Iohannis ad Parthos tractatus decem*	PL 35,1977-2062 [139]
c. ep. Man.	*Contra epistulam Manichaei quam uocant fundamenti liber unus*	CSEL 25,1,193-248 [140] [b]
	Manichaei uerba = Manich. A. *c. ep. Man.* (= Manich. *epist. fund.* frgg. 1-11 FELDMANN)	
c. ep. Parm.	*Contra epistulam Parmeniani libri tres*	CSEL 51,19-141 [141]
	Parmeniani uerba = Parm. A. *c. ep. Parm.*	
	Sententiae concilii Bagaiensis = *Conc. Bagai.* a. 394 [142]	
c. ep. Pel.	*Contra duas epistulas Pelagianorum libri quattuor* 1,1-3 = Bonif. I *epist.* 6	CSEL 60,423-570 [143]
	Iuliani sociorumque uerba = Iulian. A. *c. ep. Pel.* [144]	
ep. Rm. inch.	*Epistulae ad Romanos inchoata expositio liber unus*	CSEL 84,145-181 [145]
exc. urb.	*De excidio urbis Romae*	CCL 46,249-262 [146]
exp. Gal.	*Expositio epistulae ad Galatas liber unus*	CSEL 84,55-141 [147]
exp. Iac.	*Expositio epistulae Iacobi ad duodecim tribus* (deperdita) [148]	
exp. prop. Rm.	*Expositio quarundam propositionum ex epistula apostoli ad Romanos*	CSEL 84,3-52 [149] [c]
c. Faust.	*Contra Faustum Manicheum libri triginta tres*	CSEL 25,1,251-797 [150]
	Fausti uerba = Faust. A. *c. Faust.*	
c. Fel.	*Contra Felicem Manicheum libri duo*	CSEL 25,2,801-852 [151]
	Felicis uerba = Fel. A. *c. Fel.*	
	Epistulae Manichaei initium (1,1) = Manich. A. *c. Fel.* 1,1	
f. et op.	*De fide et operibus liber unus*	CSEL 41,35-97
f. et symb.	*De fide et symbolo liber unus*	CSEL 41,3-32 [152]
f. inuis.	*De fide rerum inuisibilium*	CCL 46,1-19 [153]
c. Fort.	*Acta contra Fortunatum Manicheum liber unus*	CSEL 25,1,83-112 [154]
	Fortunati uerba = Fort. A. *c. Fort.*	
c. Gaud.	*Contra Gaudentium Donatistarum episcopum libri duo*	CSEL 53,201-274 [155]
	Gaudentii epistularum fragmenta = Gaud. A. *c. Gaud.*	
	Sententiae concilii Bagaiensis = *Conc. Bagai.* a. 394 [156]	
geom.	*De geometrica* (deperditus)	
gest. Pel.	*De gestis Pelagii liber unus*	CSEL 42,51-122 [157]
	48 = Timas. A. *ep.* 168	
	52 = *ep.* 146	
	Caelestii uerba = Caelest. A. *gest. Pel.*	
	Pelagii uerba = Pelag. A. *gest. Pel.*	

AL-Abk. AL Abbr. Abr. de l'AL	Titel Title Titre	Ausgabe Edition Edition	AL-Abk. AL Abbr. Abr. de l'AL	Titel Title Titre	Ausgabe Edition Edition
Gn. litt.	*De Genesi ad litteram libri duodecim* Haud genuina (sed ab Eugipp. *exc. Aug.* confecta uidentur) ‹capitula› = *Gn. litt.* cap. [159]	CSEL 28,1,3-435 [158] [b]	*c. mend.* *mor.*	*Contra mendacium liber unus* *De moribus ecclesiae catholicae et de moribus Manicheorum libri duo*	CSEL 41,469-528 [182] CSEL 90,3-156 [183]
Gn. litt. inp.	*De Genesi ad litteram liber unus inperfectus*	CSEL 28,1,459-503 [160] [b]	*mus.* *nat. b.*	*De musica libri sex* *De natura boni liber unus*	CSEL 102,69-233 [184] CSEL 25,2,855-889 [185]
Gn. adu. Man.	*De Genesi aduersus Manicheos libri duo*	CSEL 91,67-172 [161]		Manichaei uerba = Manich. A. *nat. b.*	
gramm. ars	*De grammatica: Ars ... pro fratrum mediocritate breuiata*	Bonnet 1-49 [162]	*nat. et gr.*	*De natura et gratia liber unus* Pelagii uerba = Pelag. A. *nat. et gr.*	CSEL 60,233-299 [186]
gramm. reg.	*De grammatica: Regulae*	Martorelli 5-145 [163]	*c. n. Don.*	*Contra nescio quem Donatistam liber unus (deperditus)*	
gr. et lib. arb.	*De gratia et libero arbitrio liber unus*	PL 44,881-912	*nupt. et conc.*	*De nuptiis et concupiscentia ad Valerium libri duo*	CSEL 42,211-319 [187]
gr. et pecc. or.	*De gratia Christi et de peccato originali libri duo* Caelestii uerba = Caelest. A. *gr. et pecc. or.* Pelagii uerba = Pelag. A. *gr. et pecc. or.*	CSEL 42,125-206 [164]		Epistula pp. 209-210 edita = *ep.* 200 Iuliani uerba = Iulian. A. *nupt. et conc.* [188]	
gr. t. nou.	*De gratia testamenti noui ad Honoratum liber unus (= ep. 140)*	CSEL 44,155-234 [50]	*op. mon.*	*De opere monachorum liber unus*	CSEL 41,531-596
haer.	*De haeresibus ad Quoduultdeum liber unus* Epistulae pp. 273-275.276-277. 278-279.280-281 editae = Quodu. A. *ep.* 221; *ep.* 222; Quodu. A. *ep.* 223; *ep.* 224 Appendix (pp. 349-351) = Ps. A. *haer.* app. [166]	CCL 46,286-345 [165]	*ord.* *orig. an.* *pat.* *c. p. Don.*	*De ordine libri duo* *De origine animae (= ep. 166)* *De patientia liber unus* *Contra partem Donati libri duo (deperditi)*	Fuhrer/Adam 117-183 [189] CSEL 44,545-585 CSEL 41,663-691 [190]
c. Hil.	*Contra Hilarum liber unus (deperditus)*		*pecc. mer.*	*De peccatorum meritis et remissione et de baptismo paruulorum ad Marcellinum libri tres*	CSEL 60,3-151 [191]
imm. an.	*De immortalitate animae liber unus*	CSEL 89,101-128 [167]		Pelagii sectatorumque uerba = Pelag. A. *pecc. mer.*	
inq. Ian.	*Ad inquisitiones Ianuarii libri duo (= ep. 54.55)*	CSEL 34,2,158-168.169-213 [48]	*perf. iust.*	*De perfectione iustitiae hominis liber unus*	CSEL 42,3-48 [192]
Io. eu. tr.	*In Iohannis euangelium tractatus CXXIV*	CCL 36,1-688 [168]		Caelestii uerba = Caelest. A. *perf. iust.*	
adu. Iud.	*Aduersus Iudaeos*	PL 42,51-64 [169]	*perseu.*	*De dono perseuerantiae liber ad Prosperum et Hilarium secundus*	PL 45,993-1034 [193]
c. Iul.	*Contra Iulianum libri sex* Iuliani uerba = Iulian. A. *c. Iul.* [171] Reticii uerba (1,7) = Retic. A. *c. Iul.* 1,7	PL 44,641-874 [170]	*phil.* *praed. sanct.*	*De philosophia (deperditus)* *De praedestinatione sanctorum liber ad Prosperum et Hilarium primus*	PL 44,959-992
c. Iul. imp.	*Contra Iulianum opus imperfectum* Iuliani uerba = Iulian. A. *c. Iul. imp.* [174] Reticii uerba (1,55) = Retic. A. *c. Iul. imp.* 1,55	CSEL 85,1,3-506 [172]; 85,2,3-464 [173]	*praes. dei* *c. Prisc.* *prob. et test.*	*De praesentia dei ad Dardanum liber unus (= ep. 187)* *Contra Priscillianistas liber unus* *Probationum et testimoniorum contra Donatistas liber unus (deperditus)*	CSEL 57,81-119 CCL 49,165-178.180 [194]
lib. arb.	*De libero arbitrio libri tres*	CSEL 74,3-154 [175] [c]	*prou. dei*	*De prouidentia dei (= s. Dolbeau 29)*	Dolbeau, *Préd.* (233)-(240) (cf. *s. frg.* 1) [195]
c. litt. Pet.	*Contra litteras Petiliani libri tres* Petiliani uerba = Petil. A. *c. litt. Pet.* Sententiae concilii Bagaiensis = Conc. Bagai. a. 394 [177]	CSEL 52,3-227 [176]	*ps. c. Don.* *pulch.* *qu.* *qu. eu.*	*Psalmus contra partem Donati* *De pulchro et apto (deperditus)* *Quaestionum libri septem* *Quaestiones euangeliorum libri duo*	Anastasi 44-70 [196] CCL 33,1-377 [197] CCL 44B,1-118 [198]
loc.	*Locutionum libri septem*	CCL 33,381-465 [178]		Appendix (pp. 119-140) = *qu. Mt.*	
mag.	*De magistro liber unus*	CCL 29,157-203 [179]	*qu. Mt.*	*Quaestiones XVI in Matthaeum [17,2 et 3-5] (p. 140 n.) = qu. uet. t.* prol. et 1-3	CCL 44B,119-140 [199]
Max.	*De Maximianistis contra Donatistas liber unus (deperditus)*		*qu. c. pag.*	*Quaestiones expositae contra paganos numero sex (= ep. 102)*	CSEL 34,2,544-578 [50]
c. Max. *mend.*	*Contra Maximinum Arrianum* *De mendacio liber unus*	CCL 87A,491-692 [180] CSEL 41,413-466 [181]			

AL-Abk. AL Abbr. Abr. de l'AL	Titel Title Titre	Ausgabe Edition Edition
qu. uet. t.	De octo quaestionibus ex ueteri testamento prol. et 1-3 = qu. Mt. [17,2 et 3-5]	CCL 33,469-472 [200]
reg. 1	Regula: Obiurgatio (= ep. 211,1-4)	VERHEIJEN 105-107 [201]
reg. 2	Regula: Ordo monasterii	VERHEIJEN 148-152 [201]
reg. 3	Regula: Praeceptum	VERHEIJEN 417-437 [202]
retr.	Retractationum libri duo Appendicula (Hipponensis) operum post retr. conscriptorum (p. 143 et [203]) = retr. app. [204]	CCL 57,(1-)5-143 [203] [d]
rhet.	De rethorica	GIOMINI 35-76
c. Sec.	Contra Secundinum Manicheum liber unus Secundini epistula = Secundin. epist. [206]	CSEL 25,2,905-947 [205]
sent. Iac.	De sententia Iacobi (= ep. 167)	CSEL 44,586-609
s.	Sermones [207]	
1		CCL 41,3-6 [208]
2		CCL 41,9-16 [209]
2A	= s. Weidm. 4	
3		RB 84 (1974) 250 (= s. frg. Verbr. 1)
4		CCL 41,20-48 [208]
(4A	= s. frg. Verbr. 2-3: cf. s. Dolbeau 22)	
5		CCL 41,50-60 [210]
6		CCL 41,62-67 [208]
7		CCL 41,70-76 [211]
8 auct.		CCL 41,79-99 (= s. Frangip. 1) [212]
9		CCL 41,105-151 [213]
10		CCL 41,153-159 [208]
11		CCL 41,161-163 [212]
12		CCL 41,165-174 [214]
13		CCL 41,177-183 [215]
14		CCL 41,185-191 [216]
14A	= s. Dolbeau 20	
15		CCL 41,193-201 [217]
15A	= s. Denis 21	
16		CCL 41,213-216 [218]
16A	= s. Denis 20	
16B	= s. Mai 17	
17		CCL 41,237-243 [219]
18		CCL 41,245-250 [220]
19		CCL 41,252-258 [221]
20		CCL 41,261-267 [222]
20A	= s. Lambot 24	
20B	= s. Dolbeau 28	
21		CCL 41,276-286 [223]
22		CCL 41,289-301 [224]
22A	= s. Mai 15	
23		CCL 41,309-319 [225]
23A	= s. Mai 16	
23B	= s. Dolbeau 6	
24		CCL 41,326-333 [226]
25		CCL 41,335-339 [227]
25A	= s. Morin 12	
26		CCL 41,348-359 [228]
27		CCL 41,361-366 [229]
28		CCL 41,368-371 [230]
28A	= s. Dolbeau 9 (cf. s. Fransen 1; s. frg. Verbr. 4)	
29		CCL 41,373-376 [231]
29A	= s. Denis 9	

AL-Abk. AL Abbr. Abr. de l'AL	Titel Title Titre	Ausgabe Edition Edition
29B	= s. Dolbeau 8	
30		CCL 41,382-389 [232]
31		CCL 41,391-396 [233]
32		CCL 41,398-411 [234]
33		CCL 41,413-416 [235]
33A	= s. Denis 23	
34		CCL 41,424-427 [236]
35		CCL 41,429-431
36		CCL 41,434-443
37		CCL 41,446-473 [237]
38		CCL 41,476-487
39		CCL 41,489-492 [238]
(40	cf. s. 339)	
41		CCL 41,495-502
42		CCL 41,504-506 [239]
43		CCL 41,508-512 [240]
45		CCL 41,515-526 [241]
46		CCL 41,529-570 [242]
47		CCL 41,572-604 [243]
48		CCL 41,606-611 [243]
49		CCL 41,614-623 [243]
49A	= s. frg. Verbr. 5	
50		CCL 41,625-633 [244]
51		CCL 41Aa,9-50 [245]
52		CCL 41Aa,58-81 [246]
53		CCL 41Aa,88-104 [247]
53A	= s. Morin 11	
54		CCL 41Aa,130-135 [248]
55		CCL 41Aa,142-146 [249]
56		CCL 41Aa,153-171
57		CCL 41Aa,178-191
58		CCL 41Aa,199-213 [245]
59 auct.		CCL 41Aa,221-227 (= s. Poque 1) [250]
59A	= s. Weidm. 5	
60 auct.		CCL 41Aa,236-247 (= s. Lambot 19)
60A	= s. Mai 26	
61		CCL 41Aa,265-276 [251]
61A	= s. Wilm. 12	
61B	= s. Weidm. 3	
62		CCL 41Aa,296-314 [252]
62A	= s. Morin 6	
63		CCL 41Aa,328-329 [253]
63A	= s. Mai 25	
63B	= s. Morin 7	
64 auct.		CCL 41Aa,353-360 (= s. Lambot 12)
64A	= s. Mai 20	
65		CCL 41Aa,375-384
65A	= s. Etaix 1	
66		CCL 41Aa,408-412
67		CCL 41Aa,420-430 [254]
68 auct.		CCL 41Aa,437-453 (= s. Mai 126) [255]
69		CCL 41Aa,460-464 [256]
70		CCL 41Aa,470-474 [222] [257]
70A	= s. Mai 127	
71		IPM 45 (2006) 177-238 [258]
(72		Forma fut. 800-804: cf. s. Dolbeau 16) [259]
72 auct.	= s. Dolbeau 16	
72A	= s. Denis 25	

AL-Abk. / AL Abbr. / Abr. de l'AL	Titel / Title / Titre	Ausgabe / Edition / Edition
73		PL 38,470-472
73A	= s. Caillau 2,5	
74		PL 38,472-474
75		PL 38,475-479 [260]
76		*Eulog.* 56-63 [261]
77		PL 38,483-490
77A	= s. Guelf. 33	
77B	= s. Morin 16	
77C	= s. frg. Verbr. 7	
78		PL 38,490-493
79		PL 38,493
79A	= s. Lambot 17	
80		PL 38,493-498 [240]
81		PL 38,499-506
82		PL 38,506-514 [262]
83		PL 38,514-519 [263]
84		*AevInter* 71-73
85		PL 38,520-523
86		PL 38,523-530
87		PL 38,530-539
88		RB 94 (1984) 74-101 [264]
89		Aug(L) 66 (2016) 34-41 [265]
90		PL 38,559-566
90A	= s. Dolbeau 11	
91		PL 38,567-571
92		PL 38,572-573 [222]
93		PL 38,573-580
94		PL 38,580-581
94A	= s. Caillau 2,6	
95		PL 38,581-584
96		PL 38,584-589 [266]
97		RB 78 (1968) 216-219
97A	= s. Casin. 2,114-115	
98		PL 38,591-595 [267]
99		PL 38,595-602
100		RB 104 (1994) 79-83 [268]
101 auct.		SPM 1 (1950) 44-53 (= s. Wilm. 20)
102		PL 38,611-613
103		PL 38,613-616
104 auct.		SPM 1 (1950) 54-60 (= s. Guelf. 29) [245]
105		PL 38,618-625 [269]
105A	= s. Lambot 1	
106		PL 38,625-627
107		PL 38,627-632
107A	= s. Lambot 5	
108		PL 38,632-636
109		PL 38,636-638
110 auct.		PL 38,638,41-44 [270] + MA 1,640-644 (= s. Morin 13)
110A	= s. Dolbeau 17	
111 auct.		RB 57 (1947) 112-116 (= s. Lambot 18 auct.) [271]
112		IPM 45 (2006) 241-254 [272]
112A	= s. Caillau 2,11	
112B	= s. Weidm. 17	
113		PL 38,648-652 [273]
113A	= s. Denis 24	

AL-Abk. / AL Abbr. / Abr. de l'AL	Titel / Title / Titre	Ausgabe / Edition / Edition
113B	= s. Mai 13	
114		RB 73 (1963) 23-28
114A	= s. Frangip. 9	
114B	= s. Dolbeau 5	
115		PL 38,655-657 [274]
116		PL 38,657-661
117		RB 124 (2014) 227-253 [275]
118		PL 38,671-673
119		PL 38,673-676
120		PL 38,676-678
121		SC 116 (1966) 222-232
122		PL 38,680-684
123		PL 38,684-686
124		PL 38,686-688
125		PL 38,688-698 [245]
125A	= s. Mai 128	
126		RB 69 (1959) 183-190
127		PL 38,705-713 [245]
128		PL 38,713-720 [276]
129		PL 38,720-725
130		PL 38,725-728
130A	= s. Dolbeau 19	
131		Aug(L) 54 (2004) 65-77
132		PL 38,734-737
132A	= s. Mai 129	
133		Aug(L) 66 (2016) 44-52 [265]
134		PL 38,742-746 [277]
135		PL 38,746-750 [278]
136		PL 38,750-754
136A	= s. Mai 130	
136B	= s. Lambot 10	
136C	= s. Lambot 11	
137		PL 38,754-763 [279]
138		PL 38,763-769
139		APP 421-429
139A	= s. Mai 125	
140		PL 38,773-775
140A	= s. Mai, post s. 174	
141		PL 38,776-778
(142		MA 1,695-705 (= s. Wilm. 11))
142 auct.	= s. Wilm. 11 + s. Partoens 1	
142 auct. post s.	= s. Dolbeau 7	
143		PL 38,784-787
144		PL 38,787-790
145		Aug(L) 66 (2016) 55-62 [265]
145A	= s. Casin. 2,136	
146		PL 38,796-797
147		PL 38,797-799
147A	= s. Denis 12	
148		PL 38,799-800
149		PL 38,800-807 [245]
150		REAug 45 (1999) 39-49 [280]
151		CCL 41Ba,13-30 [281]
152		CCL 41Ba,33-46 [281]
153		CCL 41Ba,49-72 [281]
154		CCL 41Ba,75-101 [281]
154A	= s. Morin 4	
155		CCL 41Ba,105-131 [281]
156		CCL 41Ba,135-161 [281]

AL-Abk. AL Abbr. Abr. de l'AL	Titel Title Titre	Ausgabe Edition Edition
157		CCL 41Bb,9-16
158		CCL 41Bb,23-34
159		CCL 41Bb,40-50 [282]
159A	= s. Dolbeau 13	
159B	= s. Dolbeau 21	
160		CCL 41Bb,107-116 [283]
161		CCL 41Bb,123-137
162		CCL 41Bb,148-158
		(cf. s. frg. Verbr. 10)
162A	= s. Denis 19	
162B	= s. frg. Verbr. 11 (s. 392,1)	
162C	= s. Dolbeau 10	
163		CCL 41Bb,218-233 [284]
163A	= s. Morin 10	
163B	= s. Frangip. 5	
164		CCL 41Bb,262-276
164A	= s. Erfurt 4	
auct.		
165		CCL 41Bb,293-306 [285]
166		CCL 41Bb,313-316
166A	= s. Weidm. 16 (olim en. Ps. 25,2) [286]	
167		CCL 41Bb,353-364
167A	= s. frg. Verbr. 12-13	
168		CCL 41Bb,381-391 [287]
169		CCL 41Bb,400-425 [288]
170		CCL 41Bb,434-448 [289]
171		CCL 41Bb,457-463 [290]
172		CCL 41Bb,478-483
173		CCL 41Bb,494-499 [291]
174		CCL 41Bb,508-519 [292]
175		CCL 41Bb,526-536
176		CCL 41Bb,545-557 [293]
(176A	= s. frg. Verbr. 14: cf. s. Dolbeau 10)	
177		CCL 41Bb,567-582
178		CCL 41Bb,594-611 [245]
179		CCL 41Bb,619-628
179A	= s. Wilm. 2	
180		CCL 41Bb,657-684 [294]
181		CCL 41Bb,690-700
182		CCL 41Bb,706-714 [295]
183		CCL 41Bb,721-733 [295]
184		SPM 1 (1950) 74-76
185		PL 38,997-999
186		PL 38,999-1000
187		PL 38,1001-1003
188		PL 38,1003-1005
189 auct.		MA 1,209-211
		(= s. Frangip. 4)
190		PL 38,1007-1009 [296]
191		PL 38,1009-1011 [297]
192		PL 38,1011-1013 [298]
193		PL 38,1013-1015
194		PL 38,1015-1017
195		PL 38,1017-1019
196		PL 38,1019-1021
196A	= s. Etaix 2	
(197	= s. frg. Verbr. 15-20: cf. s. Dolbeau 26)	
(198		PL 38,1024-1026: cf. s. Dolbeau 26) [299]
198 auct.	= s. Dolbeau 26	
(198A	= s. frg. Verbr. 21-23: cf. s. Dolbeau 26)	

AL-Abk. AL Abbr. Abr. de l'AL	Titel Title Titre	Ausgabe Edition Edition
199		PL 38,1026-1028
200		PL 38,1028-1031
201		PL 38,1031-1033 [300]
202		PL 38,1033-1035
203		PL 38,1035-1037
204		AugBible 77-79
204A	= s. Etaix 4	
204B	= s. Weidm. 6	
204C	= s. Weidm. 7	
204D	= s. Weidm. 8	
205		PL 38,1039-1040
206		PL 38,1041-1042
207		IPM 53 (2009) 33-37 [301]
208		PL 38,1044-1046
209		PL 38,1046-1047 [245]
210		PL 38,1047-1054
211		SC 116 (1966) 154-172 [302]
211A	= s. frg. Verbr. 24-25 (cf. s. Casin. 1,161-162)	
212		SC 116 (1966) 174-184
213 auct.		MA 1,441-450 (= s. Guelf. 1)
214		RB 72 (1962) 14-21 [303]
214A	= s. Dolbeau 1	
215		RB 68 (1958) 18-25
216		PL 38,1076-1082
217 auct.		MA 1,596-601 (= s. Morin 3)
218 auct.		Aug 34 (1994) 364-369 (= s. Etaix 5) (cf. s. frg. Verbr. 27)
218A	= s. frg. Verbr. 26.28	
218B	= s. Guelf. 2	
218C	= s. Guelf. 3	
219		PL 38,1087-1088 [245]
220		PL 38,1089
221 auct.		SC 116 (1966) 210-220 (= s. Guelf. 5)
222		PL 38,1091
223		PL 38,1092-1093
223A	= s. Denis 2	
223B	= s. Guelf. 4	
223C	= s. Guelf. 6	
223D	= s. Wilm. 4	
223E	= s. Wilm. 5	
223F	= s. Wilm. 6	
223G	= s. Wilm. 7	
223H	= s. Wilm. 14	
223I	= s. Wilm. 15	
223J	= s. Wilm. 16	
223K	= s. Wilm. 17	
224		RB 79 (1969) 200-205
(225		PL 38,1096-1098)
225 auct.	= s. Weidm. 9	
226		PL 38,1098-1099
227		SC 116 (1966) 234-242
228		PL 38,1101-1102
228A	= s. frg. Verbr. 29	
228B	= s. Denis 3	
229 auct.		MA 1,29-32 (= s. Denis 6)
229A	= s. Guelf. 7	
229B	= s. Guelf. 8	
229C	= s. Wilm. 8	

AL-Abk. AL Abbr. Abr. de l'AL	Titel Title Titre	Ausgabe Edition Edition	AL-Abk. AL Abbr. Abr. de l'AL	Titel Title Titre	Ausgabe Edition Edition
229D	= *s. Wilm.* 9		(263A	= *s. Mai* 98)	
229E	= *s. Guelf.* 9		264		PL 38,1212-1218
229F	= *s. Guelf.* 10		265		PL 38,1219-1224
229G	= *s. Guelf.* 11		265A	= *s. Liver.* 8	
229H	= *s. Guelf.* 12		265B	= *s. Casin.* 2,76-77	
229I	= *s. Mai* 86		265C	= *s. Guelf.* 20	
229J	= *s. Guelf.* app. 7		265D	= *s. Morin* 17	
229K	= *s. Guelf.* 13		265E	= *s. Lambot* 16	
229L	= *s. Guelf.* 14		265F	= *s. Lambot* 25	
229M	= *s. Guelf.* 15		266		PL 38,1225-1229 [306]
229N	= *s. Guelf.* 16		267		PL 38,1229-1231
229O	= *s. Guelf.* 17		268		PL 38,1231-1234
229P	= *s. Lambot* 3		269		PL 38,1234-1237
229R	= *s. frg. Lambot* 1		270		PL 38,1237-1245 [307]
229S	= *s. frg. Lumbot* 2		271		PL 38,1245-1246
229T	= *s. frg. Lambot* 3		272		PL 38,1246-1248
229U	= *s. frg. Lambot* 4		272A	= *s. frg. Verbr.* 38	
229V	= *s. frg. Lambot* 5-7		(272B	= *s. Mai* 158: cf. *s. Dolbeau* 31)	
230		PL 38,1103-1104 [304]	272B auct.	= *s. Dolbeau* 31	
231		SC 116 (1966) 244-258	272C	= *s. Weidm.* 10	
232		SC 116 (1966) 260-278	273		PL 38,1247-1252
233		PL 38,1112-1115	274		PL 38,1252-1253
234		PL 38,1115-1117	275		PL 38,1254-1255
235		RB 67 (1957) 137-140	276		PL 38,1255-1257
236		PL 38,1120-1122	277		PL 38,1257-1268
237		SC 116 (1966) 280-292	277A	= *s. Caillau* 1,47	
238		PL 38,1125-1126	278		PL 38,1268-1275
239		PL 38,1127-1130	279(1-13)		PL 38,1275-1280
240		PL 38,1130-1133 [305]			+ MA 1,589-593
241		PL 38,1133-1138			(= *s.* 279 + *s. Morin* 1)
242		PL 38,1139-1143	280		PL 38,1281-1284
242A	= *s. Mai* 87		281		PL 38,1284-1285
243		PL 38,1143-1147 [245]	(282		PL 38,1285-1286) [308]
244		PL 38,1147-1151	282 auct.	= *s. Erfurt* 1	
245		PL 38,1151-1153	(283		*FructCent* 110-113: cf. *s. Dolbeau* 15) [309]
246		SC 116 (1966) 294-306			
247		PL 38,1156-1158	283 auct.	= *s. Dolbeau* 15	
248		PL 38,1158-1161	284		PL 38,1288-1293
249		PL 38,1161-1163	285		Sacris erudiri 56 (2017) 79-88
250		SC 116 (1966) 308-324	286		PL 38,1297-1301
251		PL 38,1167-1171	287		PL 38,1301-1302
252		PL 38,1171-1179	288		PL 38,1302-1308 [310]
252A	= *s. Wilm.* 13		289		PL 38,1308-1312
253		SC 116 (1966) 326-336	290		PL 38,1312-1316
254		RB 79 (1969) 63-69 (= *s. Wilm.* 3)	291		PL 38,1316-1319
255		PL 38,1186-1190	292		PL 38,1319-1327
255A	= *s. Wilm.* 18 + *s. Mai* 92		293		Aug 57 (2017) 434-466
256 auct.		PL 38,1190-1193 + MA 1,719,19-22 (= *s.* 256 + *s. Wilm.* 19)	(293A	= *s. Frangip.* 7: cf. *s. Dolbeau* 3)	
			293A auct.	= *s. Dolbeau* 3	
257		SC 116 (1966) 338-342	293B	= *s. Frangip.* 8	
258		SC 116 (1966) 344-350	293C	= *s. Mai* 101	
259		PL 38,1196-1201	293D	= *s. Guelf.* 22	
260		PL 38,1201-1202	293E	= *s. Caillau* 1,57	
260A	= *s. Denis* 8		294		PL 38,1335-1348 [245]
260B	= *s. Mai* 89		(295		PL 38,1348-1352)
260C	= *s. Mai* 94		295 auct.	= *s. Weidm.* 11	
260D	= *s. Guelf.* 18		296 auct.		MA 1,401-412 (= *s. Casin.* 1,133-138)
260E	= *s. Guelf.* 19				
261		SPM 1 (1950) 88-94	297		PL 38,1359-1365
262		PL 38,1207-1209	298		SPM 1 (1950) 95-99
(263		MA 1,507-509 (= *s. Guelf.* 21))	298A	= *s. Weidm.* 12	
263 auct.	= *s. Dolbeau* 32				

AL-Abk. AL Abbr. Abr. de l'AL	Titel Title Titre	Ausgabe Edition Edition	AL-Abk. AL Abbr. Abr. de l'AL	Titel Title Titre	Ausgabe Edition Edition
299		Aug 57 (2017) 467-489 [245]	329		PL 38,1454-1456
			330		PL 38,1456-1459
(299A	= *s. Mai* 19: cf. *s. Dolbeau* 4)		331		PL 38,1459-1461
299A auct.	= *s. Dolbeau* 4		332		PL 38,1461-1463
299B	= *s. Guelf.* 23		(333		PL 38,1463-1467) [317]
299C	= *s. Guelf.* 24		334(1-4)		PL 38,1467-1469
299D	= *s. Denis* 16				+ RB 51 (1939) 21 n.
299E	= *s. Guelf.* 30				21-23
299F	= *s. Lambot* 9				(= *s.* 334 + *s. Lambot* 14)
300		PL 38,1376-1380 [311]			[318]
301		PL 38,1380-1385	335		PL 38,1470-1471
301A	= *s. Denis* 17		335A	= *s. Frangip.* 6	
302		SPM 1 (1950) 100-111 [312]	335B	= *s. Guelf.* 31	
			335C	= *s. Lambot* 2	
302 post *s.*	= *s. Guelf.* 25		335D	= *s. Lambot* 6	
303		PL 38,1393-1395	335E	= *s. Lambot* 7	
304		PL 38,1395-1397	(335F	= *s. Lambot* 14 (cf. *s. frg. Verbr.*	
305		PL 38,1397-1400		41-42): cf. *s.* 334) [318]	
305A	= *s. Denis* 13		335G	= *s. Lambot* 15	
306		Sacris erudiri 56 (2017) 100-111	335H	= *s. Lambot* 26	
			335I	= *s. Lambot* 27	
306A	= *s. Morin* 14		335J	= *s. Lambot* 29	
306B	= *s. Denis* 18		335K	= *s. Lambot* 21	
306C	= *s. Morin* 15		335L	= *s. Lambot* 22	
306D	= *s. Lambot* 8		335M	= *s. Lambot* 23	
306E	= *s. Dolbeau* 18		335N	= *s. Weidm.* 18	
306F	= *s. Morin* 18		336(1-5)		PL 38,1471-1475
307		PL 38,1406-1407	337		PL 38,1475-1478 [245]
308		PL 38,1408-1410	338		PL 38,1478-1479
308A	= *s. Denis* 11		339 auct.		SPM 1 (1950) 112-122
309		PL 38,1410-1412			(= *s.* 339 + *s.* 40
310		PL 38,1412-1414			= *s. Frangip.* 2) [319]
311		PL 38,1414-1420	340A	= *s. Guelf.* 32	
312		PL 38,1420-1423 [313]	(341		PL 39,1493-1501:
313		PL 38,1423-1425			cf. *s. Dolbeau* 22) [320]
313A	= *s. Denis* 14		341 auct.	= *s. Dolbeau* 22	
313B	= *s. Denis* 15		341A	= *s. Mai* 22	
313C	= *s. Guelf.* 26		342		PL 39,1501-1504 [321]
313D	= *s. Guelf.* 27		343		RB 66 (1956) 28-38 [245]
313E	= *s. Guelf.* 28		344		PL 39,1512-1517
313F	= *s. Denis* 22		345 auct.		MA 1,201-209
313G	= *s. Erfurt* 6 [314]				(= *s. Frangip.* 3)
313H	= *s. Morin* 2 [314]		346		PL 39,1522-1524
314		PL 38,1425-1426	(346A	= *s. Caillau* 2,19: cf. *s. Dolbeau* 5)	
315		PL 38,1426-1431	346B	= *s. Mai* 12	
316		PL 38,1431-1434 [315]	346C	= *s. Caillau* 2,92	
317(1-6)		PL 38,1435-1437	347		PL 39,1524-1526
		+ RB 44 (1932) 204-205	348		PL 39,1526-1529
		(= *s.* 317 + *s. Wilm.* 21	(348A	= *s. frg.* 2 (cf. *s. frg. Verbr.* 44):	
		= *s. Casin.* 1,144-146)		cf. *s. Dolbeau* 30)	
318		PL 38,1437-1440	348A auct.	= *s. Dolbeau* 30	
319		PL 38,1440-1442 [316]	349		PL 39,1529-1533
319A	= *s. frg. Verbr.* 40		350		PL 39,1533-1535 [322]
319B	= *s. Weidm.* 13		350A	= *s. Mai* 14	
320		PL 38,1442	350B	= *s. Haffner* 1	
321		PL 38,1443	(350C	= *s. Etaix* 3: cf. *s. Haffner* 1)	
322		PL 38,1443-1445	350D	= *s. Erfurt* 2	
323		PL 38,1445-1446	350E	= *s. Erfurt* 3	
324		PL 38,1446-1447	350F	= *s. Erfurt* 4	
325		PL 38,1447-1449	351		PL 39,1535-1549 [323]
326		PL 38,1449-1450	352		PL 39,1549-1560
327		PL 38,1450-1451	352A	= *s. Dolbeau* 14	
328 auct.		RB 51 (1939) 15-20 (= *s. Lambot* 13)	353		PL 39,1560-1563
			354		PL 39,1563-1568

AL-Abk. AL Abbr. Abr. de l'AL	Titel Title Titre	Ausgabe Edition Edition
354A	= *s. Dolbeau* 12	
355		SPM 1 (1950) 124-131
356		SPM 1 (1950) 132-143
357		PL 39,1582-1586 [324]
358		SPM 1 (1950) 144-149
358A	= *s. Morin* 5	
359		PL 39,1590-1598 [325]
359A	= *s. Lambot* 4	
359B	= *s. Dolbeau* 2	
(360		DOLBEAU, *Préd.* (303)-(304) (RB 105 (1995) 295-296))
360A	= *s. Dolbeau* 24	
360B	= *s. Dolbeau* 25	
360C	= *s. Dolbeau* 27	
361		PL 39,1599-1611
362		PL 39,1611-1634 [326]
362A	= *s. Erfurt* 5	
363		PL 39,1634-1638
363A	= *s. Weidm.* 14	
363B	= *s. Weidm.* 15	
367		PL 39,1650-1652 [327]
369		RB 79 (1969) 124-128
370(2-4)		PL 39,1657-1659 [328]
373		PL 39,1663-1666
(374		PL 39,1666-1668: cf. *s. Dolbeau* 23) [329]
374 auct.	= *s. Dolbeau* 23	
375		PL 39,1668-1669
375A	= *s. Denis* 4	
375B	= *s. Denis* 5	
375C	= *s. Mai* 95	
376		PL 39,1669 [330]
376A		PL 39,1669-1671 [331]
377		PL 39,1672-1673
378		PL 39,1673-1674
379 auct.		RB 59 (1949) 62-68 (= *s. Lambot* 20)
380		REAug 61 (2015) 256-270
381		PL 39,1683-1684
386		PL 39,1695-1697
389		RB 58 (1948) 43-52 [332]
390		PL 39,1705-1706
392(2-6)		PL 39,1710-1713 [333]
393		RechAug 28 (1995) 82-83 [334]
395		PL 39,1716-1717
396		PL 39,1717-1718
s. Caillau	*Sermones* ab A.B. Caillau et B. Saint-Yves editi	
1,47		MA 1,243-245 (= *s.* 277A)
1,57		MA 1,245-247 (= *s.* 293E) (cf. *s. frg. Verbr.* 39)
2,5		MA 1,248-251 (= *s.* 73A)
2,6		MA 1,252-255 (= *s.* 94A)
2,11		MA 1,256-264 (= *s.* 112A)
(2,19		MA 1,265-271 (= *s.* 346A): cf. *s. Dolbeau* 5) [335]
(2,33		CAILLAU/SAINT-YVES 2,44-45 (= *s. Weidm.* 15))
(2,71		CAILLAU/SAINT-YVES 2,130 (= *s. Weidm.* 12))
2,92		MA 1,272-274 (= *s.* 346C)

AL-Abk. AL Abbr. Abr. de l'AL	Titel Title Titre	Ausgabe Edition Edition
s. Casin.	*Sermones* in bibliotheca Casinensi editi	
1,133-138	= *s.* 296 auct.	
1,144-146	= *s.* 317	
1,161-162	= *s. frg. Verbr.* 25	
2,76-77		MA 1,413-415 (= *s.* 265B)
2,114-115		MA 1,416-418 (= *s.* 97A) (cf. *s. Dolbeau* 25,18.20.21) [336]
2,136 [337]		MA 1,418-419 (= *s.* 145A)
s. Denis	*Sermones* a M. Denis editi	
2		MA 1,11-17 (= *s.* 223A) [204]
3		MA 1,18-20 (= *s.* 228B)
4		MA 1,21-22 (= *s.* 375A)
5		MA 1,23-29 (= *s.* 375B)
6	= *s.* 229 auct.	
8		MA 1,35-38 (= *s.* 260A)
9		CCL 41,378-380 (= *s.* 29A) [338]
11		MA 1,43-50 (= *s.* 308A)
12		MA 1,50-55 (= *s.* 147A)
13		MA 1,55-64 (= *s.* 305A)
14		MA 1,65-70 (= *s.* 313A)
15		MA 1,70-74 (= *s.* 313B)
16		MA 1,75-80 (= *s.* 299D)
17		MA 1,81-89 (= *s.* 301A)
18		MA 1,90-97 (= *s.* 306B) [339]
19		CCL 41Bb,163-179 (= *s.* 162A)
20		CCL 41,218-229 (= *s.* 16A) [340]
21		CCL 41,203-211 (= *s.* 15A) [341]
22		MA 1,133-135 (= *s.* 313F)
23		CCL 41,418-422 (= *s.* 33A) [342]
24		MA 1,141-155 (= *s.* 113A)
25		MA 1,155-164 (= *s.* 72A)
s. Dolbeau	*Sermones* a F. Dolbeau editi [207]	
1		REAug 35 (1989) 432 (= *s.* 214A)
2	(= *s. Mogunt.* 5)	DOLBEAU, *Vingt-six* 328-344 (= REAug 38 (1992) 63-79) (= *s.* 359B) [343]
3	(= *s. Mogunt.* 7)	DOLBEAU, *Vingt-six* 484-495 (= REAug 39 (1993) 384-395) (= *s.* 293A auct.) (cf. *s. Frangip.* 7 = *s. Mai* 18) [344]
4	(= *s. Mogunt.* 9)	DOLBEAU, *Vingt-six* 511-520 (= REAug 39 (1993) 411-420) (= *s.* 299A auct.) (cf. *s. Mai* 19) [345]
5	(= *s. Mogunt.* 12)	DOLBEAU, *Vingt-six* 435-449 (= REAug 39 (1993) 73-87) (= *s.* 114B) (cf. *s. Caillau* 2,19) [346]
6	(= *s. Mogunt.* 13)	DOLBEAU, *Vingt-six* 459-468 (= REAug 39 (1993) 97-106) (= *s.* 23B) [347]

AL-Abk. / AL Abbr. / Abr. de l'AL	Titel / Title / Titre	Ausgabe / Edition / Edition
7	(= s. Mogunt. 15)	DOLBEAU, Vingt-six 302-303 (= REAug 37 (1991) 294-295) (cf. s. 142; s. Wilm. 11; s. Partoens 1)
8	(= s. Mogunt. 21)	DOLBEAU, Vingt-six 23-28 (= RB 101 (1991) 244-249) (= s. 29B) [348]
9	(= s. Mogunt. 24)	DOLBEAU, Vingt-six 30-35 (= RB 101 (1991) 251-256) (= s. 28A) (cf. s. Fransen 1 = s. frg. Verbr. 4) [349] [207]
10	(= s. Mogunt. 27)	DOLBEAU, Vingt-six 45-56 (= RB 102 (1992) 52-63) (= s. 162C) (cf. s. frg. Verbr. 14) [350]
11	(= s. Mogunt. 40)	DOLBEAU, Vingt-six 59-67 (= RB 102 (1992) 66-74) (= s. 90A) [351]
12	(= s. Mogunt. 41)	DOLBEAU, Vingt-six 77-84 (= RB 102 (1992) 275-282) (= s. 354A) (cf. s. frg. Verbr. 46) [352]
13	(= s. Mogunt. 42)	DOLBEAU, Vingt-six 90-99 (= RB 102 (1992) 288-297) (= s. 159A) [353]
14	(= s. Mogunt. 44)	DOLBEAU, Vingt-six 107-114 (= RB 103 (1993) 313-320) (= s. 352A) [354]
15	(= s. Mogunt. 45)	DOLBEAU, Vingt-six 196-203 (= AB 110 (1992) 282-289).625-626 (= s. 283 auct.) (cf. s. 283) [355]
16	(= s. Mogunt. 46-47)	DOLBEAU, Vingt-six 121-132 (= RB 103 (1993) 327-338) (= s. 72 auct.) (cf. s. 72) [356]
17	(= s. Mogunt. 48)	DOLBEAU, Vingt-six 140-147 (= RB 104 (1994) 41-48) (= s. 110A) [357]
18	(= s. Mogunt. 50)	DOLBEAU, Vingt-six 210-218 (= AB 110 (1992) 296-304) (= s. 306E) [358]
19	(= s. Mogunt. 51)	DOLBEAU, Vingt-six 155-165 (= RB 104 (1994) 56-66) (= s. 130A) [359]
20	(= s. Mogunt. 52)	DOLBEAU, Vingt-six 168-171 (= RB 104 (1994) 69-72) (= s. 14A) [357]
21	(= s. Mogunt. 54)	DOLBEAU, Vingt-six 279-296 (= REAug 37 (1991) 271-288) (= s. 159B) [360]
22	(= s. Mogunt. 55)	DOLBEAU, Vingt-six 553-578 (= REAug 40 (1994) 171-196) (= s. 341 auct.) (cf. s. 341; s. frg. Verbr. 2-3) [361]
23	(= s. Mogunt. 59)	DOLBEAU, Vingt-six 593-615 (= VL.AGLB 24,2 (1993) 537-559) (= s. 374 auct.) (cf. s. 374) [362]
24	(= s. Mogunt. 60)	DOLBEAU, Vingt-six 232-242 (= REAug 37 (1991) 42-52) (= s. 360A) [363]
25	(= s. Mogunt. 61)	DOLBEAU, Vingt-six 248-267 (= REAug 37 (1991) 58-77) (= s. 360B) (cf. s. Casin. 2,114-115) [364]
26	(= s. Mogunt. 62)	DOLBEAU, Vingt-six 366-417 (= RechAug 26 (1992) 90-141) (= s. 198 auct.) (cf. s. 198; s. frg. Verbr. 15-20. 21-23) [365] [207]
27	(= s. Mogunt. 63)	DOLBEAU, Vingt-six 311-314 (= REAug 37 (1991) 303-306) (= s. 360C) [366]
28		DOLBEAU, Préd. (174)-(182).(193) (= s. 20B) [367]
29	= prou. dei	
30		DOLBEAU, Préd. (257)-(267) (= s. 348A auct.) (cf. s. frg. Verbr. 44) [368]
31		DOLBEAU, Préd. (292)-(298) (= s. 272B auct.) (= s. Mai 158 auct.) (cf. s. 272B; s. Mai 158) [369]
32		MA 1,507-509 + 1,347-350 (s. Guelf. 21 + s. Mai 98) (= s. 263 auct.) [370]
s. Erfurt	Sermones Erfordienses Bibliothecae Amplonianae ab I. Schiller, D. Weber, C. Weidmann editi [207]	
1	(= s. Weidm. 1)	WSt 121 (2008) 260-264 (= s. 282 auct.) [371]
2	(= s. Weber 1)	WSt 122 (2009) 184-188 (= s. 350D) [372]
3	(= s. Weidm. 2)	WSt 122 (2009) 195-200 (= s. 350E) [373]
4	(= s. Schiller 1)	WSt 122 (2009) 207-213 (= s. 350F = s. 164A auct. = s. Lambot 28 auct.) [374]
5	(= s. Schiller 2)	WSt 121 (2008) 271-274 (= s. 362A) [375]
6	(= s. Weber 2)	WSt 121 (2008) 283-284 (= s. 313G) [376]
s. Etaix	Sermones a R. Etaix editi	
1		CCL 41Aa,391-401 (= s. 65A)
2		ETAIX 435-437 (= REAug 26 (1980) 70-72) (= s. 196A) [377]
(3		REAug 28 (1982) 253-254 (= s. 350C) (cf. s. Haffner 1)) [245]
4		ETAIX 380 (= RB 98 (1988) 12) (= s. 204A)
5	= s. 218 auct.	
s. Frangip.	Sermones ab O.F. Frangipane editi	
1	= s. 8 auct.	
2	= s. 339 auct.	
3	= s. 345 auct.	
4	= s. 189 auct.	
5		CCL 41Bb,248-256 (= s. 163B)

AL-Abk. / AL Abbr. / Abr. de l'AL	Titel / Title / Titre	Ausgabe / Edition / Edition
6		MA 1,219-222 (= s. 335A)
(7		MA 1,223-226 (= s. 293A): cf. s. *Dolbeau* 3) [378]
8		MA 1,227-231 (= s. 293B)
9		MA 1,232-237 (= s. 114A)
s. *Fransen*	*Sermo* ab I. Fransen editus	
(1		RB 84 (1974) 252 (= s. *frg. Verbr.* 4) (= s. 28A): cf. s. *Dolbeau* 9) [379]
s. *frg.*	*Sermonum* fragmenta	
(1		REAug 41 (1995) 22-23: cf. *prou. dei* (= s. *Dolbeau* 29)) [380]
(2		CSEL 9,1,899-903 (= s. 348A) (cf. s. *frg. Verbr.* 44): cf. s. *Dolbeau* 30) [381]
s. *frg. Lambot*	*Sermonum* fragmenta a C. Lambot edita	
1		RB 79 (1969) 208 (= s. 229R) (cf. s. *frg. Verbr.* 30)
2		RB 79 (1969) 208-209 (= s. 229S) (cf. s. *frg. Verbr.* 31) [382]
3		RB 79 (1969) 209-210 (= s. 229T) (cf. s. *frg. Verbr.* 32)
4		RB 79 (1969) 210-211 (= s. 229U) (cf. s. *frg. Verbr.* 33)
5-7		RB 79 (1969) 211-213. 213-214.214 (= s. 229V) (cf. s. *frg. Verbr.* 34-36)
s. *frg. Verbr.*	*Sermonum* fragmenta a P.-P. Verbraken edita	
1	= s. 3	
(2-3		RB 84 (1974) 251 (= s. 4A): cf. s. *Dolbeau* 22) [383]
(4		RB 84 (1974) 252 (= s. *Fransen* 1) (= s. 28A): cf. s. *Dolbeau* 9) [379]
5		RB 84 (1974) 252-253 (= s. 49A)
(6		cf. RB 84 (1974) 253: s. *Mai* 25)
7		RB 84 (1974) 253 (= s. 77C)
(8		cf. RB 84 (1974) 254: s. 111)
(9		cf. RB 84 (1974) 254: s. *Mai* post s. 174)
(10		cf. RB 84 (1974) 254: s. 162)
11		CCL 41Bb,189-190 (s. 392,1) (= s. 162B) [384]
12-13		CCL 41Bb,371-372 (= s. 167A)
(14		RB 84 (1974) 256 (= s. 176A): cf. s. *Dolbeau* 10) [385]
(15-20		RB 84 (1974) 256-259 (= s. 197): cf. s. *Dolbeau* 26) [299]
(21-23		RB 84 (1974) 259-260 (= s. 198A): cf. s. *Dolbeau* 26) [299]
24-25		RB 84 (1974) 260-261 (cf. s. *Casin.* 1,161-162) (= s. 211A)
26.28		RB 84 (1974) 262 (= s. 218A)
(27		RB 84 (1974) 262: cf. s. 218 auct.) [386]
29		RB 84 (1974) 263 (= s. 228A)
(30		cf. RB 84 (1974) 263: s. *frg. Lambot* 1)
(31		cf. RB 84 (1974) 263: s. *frg. Lambot* 2)
(32		cf. RB 84 (1974) 263: s. *frg. Lambot* 3)
(33		cf. RB 84 (1974) 264: s. *frg. Lambot* 4)
(34-36		cf. RB 84 (1974) 264: s. *frg. Lambot* 5-7)
(37		cf. RB 84 (1974) 264: s. *Lambot* 16)
38		RB 84 (1974) 264-265 (= s. 272A)
(39		cf. RB 84 (1974) 265: s. *Caillau* 1,57)
40		RB 84 (1974) 265-266 (= s. 319A)
(41-42		cf. RB 84 (1974) 266: s. *Lambot* 14: cf. s. 334) [318]
(43		cf. RB 84 (1974) 266: s. *Lambot* 15)
(44		cf. RB 84 (1974) 267: s. *frg.* 2: cf. s. *Dolbeau* 30) [381]
(45		cf. RB 84 (1974) 267: s. *Haffner* 1)
(46		RB 84 (1974) 267 (= s. 354A): cf. s. *Dolbeau* 12,12) [387]
(47		cf. RB 84 (1974) 267 (= s. 358A): s. *Morin* 5)
s. *Guelf.*	*Sermones* Moriniani ex collectione Guelferbytana	
1	= s. 213 auct.	
2		MA 1,450-452 (= s. 218B)
3		RB 87 (1977) 223-225 (= s. 218C)
4		MA 1,455-456 (= s. 223B)
5	= s. 221 auct.	
6		MA 1,460-462 (= s. 223C)
7		MA 1,462-464 (= s. 229A)
8		MA 1,464-466 (= s. 229B)
9		MA 1,466-471 (= s. 229E)
10		MA 1,471-473 (= s. 229F)
11		MA 1,474-478 (= s. 229G)
12		MA 1,479-483 (= s. 229H)
13		MA 1,483-485 (= s. 229K)
14		MA 1,485-488 (= s. 229L)

AL-Abk. / AL Abbr. / Abr. de l'AL	Titel / Title / Titre	Ausgabe / Edition / Edition
15		MA 1,488-491 (= s. 229M)
16		MA 1,492-494 (= s. 229N)
17		MA 1,495-498 (= s. 229O)
18		MA 1,499-501 (= s. 260D)
19		MA 1,502-503 (= s. 260E)
20		MA 1,504-506 (= s. 265C) [388]
(21	= s. 263; cf. s. Dolbeau 32)	
22		MA 1,510-515 (= s. 293D) [241]
23		MA 1,516-521 (= s. 299B)
24		MA 1,521-527 (= s. 299C)
(25	cf. s. 302)	
26		MA 1,529-531 (= s. 313C)
27		MA 1,531-535 (= s. 313D)
28		MA 1,535-543 (= s. 313E)
29	= s. 104 auct.	
30		MA 1,550-557 (= s. 299E)
31		MA 1,557-562 (= s. 335B)
32		MA 1,563-575 (= s. 340A)
33		MA 1,576-581 (= s. 77A)
app. 7		MA 1,581-585 (= s. 229J)
s. Haffner	*Sermo* a F. Haffner editus	
1		Aug 52 (2012) 271-278 (= s. 350B) (cf. s. frg. Verbr. 45) (cf. s. Etaix 3)
s. Jensen	*Sermones* a B.M. Jensen editi	
1	= s. Weidm. 5	
2	= s. Weidm. 17	
3	= s. Weidm. 18	
s. Lambot	*Sermones* a C. Lambot editi [389]	
1		PLS 2,744-749 (= s. 105A) [245]
2		PLS 2,750-755 (= s. 335C)
3		PLS 2,756-758 (= s. 229P)
4		PLS 2,759-769 (= s. 359A)
5		PLS 2,770-777 (= s. 107A) [390]
6		PLS 2,777-780 (= s. 335D)
7		PLS 2,781-785 (= s. 335E)
8		PLS 2,785-788 (= s. 306D)
9		PLS 2,788-792 (= s. 299F)
10		PLS 2,792-795 (= s. 136B)
11		REAug 24 (1978) 89-91 (= s. 136C) [245]
12	= s. 64 auct.	
13	= s. 328 auct.	
(14		RB 51 (1939) 21 nn. 21-23 (= s. 335F) (cf. s. frg. Verbr. 41-42): cf. s. 334) [318]
15		PLS 2,803-805 (= s. 335G) (cf. s. frg. Verbr. 43)
16		PLS 2,805-807 (= s. 265E) (cf. s. frg. Verbr. 37)
17		PLS 2,808-809 (= s. 79A) [391]
18 auct.	= s. 111 auct.	
19	= s. 60 auct.	
20	= s. 379 auct.	
21		PLS 2,817-821 (= s. 335K) [245]
22		PLS 2,821-822 (= s. 335L)
23		RB 59 (1949) 78-80 (= s. 335M)
24		CCL 41,269-274 (= s. 20A) [392]
25		PLS 2,828-830 (= s. 265F)
26		PLS 2,830-831 (= s. 335H)
27		PLS 2,832-834 (= s. 335I)
(28		RB 66 (1956) 156-158 (= s. 164A))
28 auct.	= s. Erfurt 4	
29		PLS 2,839-840 (= s. 335J)
s. Liver.	*Sermo* a F. Liverani editus	
8		MA 1,391-395 (= s. 265A)
s. Mai	*Sermones* ab A. Mai editi	
(10		Aug(L) 60 (2010) 189-192) [393]
12		MA 1,285-287 (= s. 346B)
13		MA 1,288-291 (= s. 113B)
14		MA 1,292-296 (= s. 350A)
15		CCL 41,303-306 (= s. 22A) [394]
16		CCL 41,321-323 (= s. 23A) [395]
17		CCL 41,231-234 (= s. 16B) [396]
(18		NPB 1,38-40 (= s. 293A): cf. s. Dolbeau 3)
(19		MA 1,307-310 (= s. 299A): cf. s. Dolbeau 4) [397]
20		CCL 41Aa,365-368 (= s. 64A)
22		MA 1,314-316 (= s. 341A)
25		CCL 41Aa,336-339 (= s. 63A) (cf. s. frg. Verbr. 6)
26		CCL 41Aa,253-257 (= s. 60A)
(54		NPB 1,106-108 (= s. Weidm. 12))
86		MA 1,324-327 (= s. 229I)
87		MA 1,327-330 (= s. 242A)
89		MA 1,330-332 (= s. 260B)
(92		MA 1,332-333: s. Wilm. 18 + s. Mai 92
94		MA 1,333-339 (= s. 260C)
95		MA 1,340-346 (= s. 375C)
(98		MA 1,347-350 (= s. 263A); cf. s. Dolbeau 32)
101		MA 1,351-352 (= s. 293C) [398]
(117		NPB 1,245-247 (= s. Weidm. 15))
125		MA 1,353-355 (= s. 139A) [399]
126	= s. 68 auct.	
127		CCL 41Aa,480-483 (= s. 70A) [245]
128		MA 1,370-375 (= s. 125A)
129		MA 1,375-377 (= s. 132A)
130		MA 1,377-379 (= s. 136A)
(158		MA 1,380-385 (= s. 272B): cf. s. Mai 158 auct.)
158 auct.	= s. Dolbeau 31	
post s. 174		MA 1,386 (= s. 140A) (cf. s. frg. Verbr. 9)

AL-Abk. AL Abbr. Abr. de l'AL	Titel Title Titre	Ausgabe Edition Edition
s. Mogunt.	= Sermones Moguntini a F. Dolbeau editi (s. Dolbeau)	
s. Morin	Sermones a G. Morin editi	
(1		MA 1,589-593: cf. s. 279)
2		MA 1,594-595 (= s. 313H) [314]
3	= s. 217 auct.	
4		CCL 41Ba,175-180 (= s. 154A) [281]
5		MA 1,606-607 (= s. 358A) (cf. s. frg. Verbr. 47)
6		CCL 41Aa,320-322 (= s. 62A) [400]
7		CCL 41Aa,345-346 (= s. 63B) [401]
10		CCL 41Bb,240-242 (= s. 163A)
11		CCL 41Aa,111-123 (= s. 53A) [402]
12		CCL 41,341-345 (= s. 25A) [403]
13	= s. 110 auct.	
14		MA 1,645-646 (= s. 306A)
15		MA 1,646-653 (= s. 306C)
16		MA 1,653-658 (= s. 77B)
17		MA 1,659-664 (= s. 265D)
18		ETD 309 n. 2 (= s. 306F) [404]
s. Partoens	Sermones a G. Partoens editi	
1		Aug(L) 60 (2010) 130-135 (= s. Wilm. 11 auct.) (cf. s. 142; s. Dolbeau 7) [405]
2	= s. Weidm. 11	
3		IPM 72 (2017) 314-315
s. Placent.	= Sermones Placentini a C. Weidmann et B.M. Jensen editi (s. Weidm.)	
s. Poque	Sermo a S. Poque editus	
1	= s. 59 auct.	
s. Schiller	Sermones ab I. Schiller editi	
1	= s. Erfurt 4	
2	= s. Erfurt 5	
s. Weber	Sermones a D. Weber editi	
1	= s. Erfurt 2	
2	= s. Erfurt 6	
s. Weidm.	Sermones a C. Weidmann editi [207]	
1	= s. Erfurt 1	
2	= s. Erfurt 3	
3		CSEL 101,53-58 (= s. 61B) [406]
4		CSEL 101,23-28 (= s. 2A) [407]
5	(= s. Jensen 1 = s. Placent. 1)	CSEL 101,39-44 (= s. 59A) [408]
6		CSEL 101,67-73 (= s. 204B) [409]
7		CSEL 101,82-88 (= s. 204C) [410]
8		CSEL 101,95-100 (= s. 204D) [411]
9		CSEL 101,111-118 (= s. 225 auct.) [412]
10		CSEL 101,128-133 (= s. 272C) [413]
11	(= s. Partoens 2)	CSEL 101,142-150 (= s. 295 auct.) [414]
12		CSEL 101,159-162 (= s. 298A = s. Caillau 2,71 = s. Mai 54) [415]
13		CSEL 101,176-185 (= s. 319B) [416]
14		CSEL 101,199-202 (= s. 363A) [417]
15		CSEL 101,212-216 (= s. 363B = s. Caillau 2,33 = s. Mai 117) [418]
16		CSEL 93,1B,73-92 (− s. 166A; olim en. Ps. 25,2) [419]
17	(= s. Jensen 2 = s. Placent. 2)	REAug 63 (2017) 257-265 (= s. 112B) [420]
18	(= s. Jensen 3 = s. Placent. 3)	REAug 63 (2017) 267 (= s. 335N) [421]
s. Wilm.	Sermones ab A. Wilmart editi	
2		CCL 41Bb,634-643 (= s. 179A)
3	= s. 254	
4		MA 1,684-685 (= s. 223D)
5		MA 1,685-687 (= s. 223E)
6		MA 1,688-689 (= s. 223F)
7		MA 1,689-691 (= s. 223G)
8		MA 1,691-692 (= s. 229C)
9		MA 1,693-694 (= s. 229D)
(11	= s. 142)	
11 auct.	= s. Partoens 1 (cf. s. Dolbeau 7)	
12		CCL 41Aa,282-288 (= s. 61A)
13		MA 1,712-715 (= s. 252A)
14		MA 1,716-717 (= s. 223H)
15		MA 1,717-718 (= s. 233I)
16		MA 1,718 (= s. 223J)
17		MA 1,718-719 (= s. 223K)
18 + s. Mai 92		MA 1,719.332-333 (= s. 255A)
(19		MA 1,719,19-22: cf. s. 256 auct.)
20	= s. 101 auct.	
(21		RB 44 (1932) 204-205: cf. s. 317)
c. s. Arrian.	Contra sermonem Arrianorum liber unus	CCL 87A,183-256 [422]
	Sermo Arrianus = Serm. Arrian. [423]	
s. Caes. eccl.	Sermo ad Caesariensis ecclesiae plebem	CSEL 53,167-178 [424]
s. dom. m.	De sermone domini in monte libri duo	CCL 35,1-188 [425]
Simpl.	Ad Simplicianum libri duo	CCL 44,7-91 [426]
	Epistula pp. 3-4 edita = ep. 37	
sol.	Soliloquiorum libri duo	CSEL 89,3-98 [9] [427]
spec.	Speculum	CSEL 12,3-285 [428]
spir. et litt.	De spiritu et littera ad Marcellinum liber unus	CSEL 60,155-229 [429]
symb. cat.	De symbolo ad catechumenos	CCL 46,185-199 [430]

AL-Abk.	Titel	Ausgabe
AL Abbr.	Title	Edition
Abr. de l'AL	Titre	Edition

trin.	*De trinitate libri quindecim*	CCL 50,(3-)25-380; 50A,381-535 [431]
	trin. prol. = *ep.* 174 ‹Breuiculus› (genuinus) (pp. 3-23) = *trin.* breu. [432]	
uera rel.	*De uera religione liber unus*	CCL 32,187-260 [433]
uers. mens.	*Versus in mensa*	PELLEGRINO 122 [434]
uers. Nab.	*Versus de s. Nabore*	PLS 2,356-357 [435]
uid. deo	*De uidendo deo liber unus* (= *ep.* 147)	CSEL 44,274-331
uirg.	*De sancta uirginitate liber unus*	CSEL 41,235-302 [436]
un. bapt.	*De unico baptismo contra Petilianum ad Constantinum liber unus* Petiliani uerba = Petil. A. *un. bapt.*	CSEL 53,3-34 [437]
util. cred.	*De utilitate credendi liber unus*	CSEL 25,1,3-48 [438]
util. ieiun.	*De utilitate ieiunii*	CCL 46,231-241 [439]

[1] Erstellt auf der Grundlage von K.H. CHELIUS, Verzeichnis der Werke Augustins: AL 1 (1986-1994) XXVI-XLII, worauf für Abkürzung und Nachweis der Titel generell verwiesen sei. Die ausgewählten Ausgaben liegen als die derzeit maßgebenden kritischen Editionen sowohl dem AL wie dem CAG-online (CAG 3) nach derzeitigem Stand (2018) zugrunde. (Cf. auch E. DEKKERS/AE. GAAR, *Clauis patrum latinorum*, Steenbrugis ³1995, 97-134 (-153); H.J. FREDE, *Kirchenschriftsteller. Verzeichnis und Sigel*, Freiburg ⁴1995, 198-259 (-304).1049; id. (†), *Kirchenschriftsteller … Aktualisierungsheft 1999/Compléments 1999* par R. GRYSON, Freiburg 1999, 45-49 (-52); R. GRYSON, *Répertoire général des auteurs ecclésiastiques latins de l'antiquité et du haut moyen âge* 1, Freiburg ⁵2007, 207-271 (-316) sowie (D. KRÖMER/ C.G. VAN LEIJENHORST,) *Thesaurus linguae latinae. Index librorum, scriptorum, inscriptionum, ex quibus exempla afferuntur*, Lipsiae ²1990, 20-28 (-32).) Angegeben sind dazu jeweils die innerhalb einer augustinischen Schrift eine besondere Rolle spielenden nichtaugustinischen Texte und deren Zitationsweise (z.B. die Anführung des Gegners: Fausti uerba = Faust. A. *c. Faust.*). Die Anmerkungen enthalten in den meisten Fällen auf die angegebenen Ausgaben bezügliche ‹Corrigenda› und ‹Errata›, die im CAG bereits berücksichtigt und verbessert sind (wie auch Druckfehler darüber hinaus), andere Ausgaben und kritische Beiträge, die dazu zu vergleichen sind, oder auch Angaben von Quellensammlungen der nichtaugustinischen Texte oder Verweise. Die Anmerkungen [a] – [d] beziehen sich auf die im AL vorgenommene Zitierweise der betreffenden Werke (cf. ib. 4,VIII). Im CAG erscheinen, um mehrfache Wiedergabe zu vermeiden, die ganzzeilig eingeklammerten Texte nicht, die durch Neufunde in einem erweiterten Text vorgefunden worden sind, was außer für *ep.* 250A = *ep.* 1*,5 für mehrere *s(ermones)* zutrifft (cf. [207]). Die Abkürzungen sind die des AL (4,XLI-LXIV), wozu noch die folgenden kommen:

Based on K.H. CHELIUS, List of Augustine's Works: AL 1 (1986-1994) XXVI-XLII, to which readers are referred for the abbreviations and full titles. The selected editions form the basis of the AL, the CAG-online (CAG 3) in its present form (2018), as they are currently regarded as the definitive critical editions. (Cf. also E. DEKKERS/AE. GAAR, *Clauis patrum latinorum*, Steenbrugis ³1995, 97-134 (-153); H.J. FREDE, *Kirchenschriftsteller. Verzeichnis und Sigel*, Freiburg ⁴1995, 198-259 (-304).1049; id.

(†), *Kirchenschriftsteller … Aktualisierungsheft 1999/Compléments 1999* par R. GRYSON, Freiburg 1999, 45-49 (-52); R. GRYSON, *Répertoire général des auteurs ecclésiastiques latins de l'antiquité et du haut moyen âge* 1, Freiburg ⁵2007, 207-271 (-316) and (D. KRÖMER/C.G. VAN LEIJENHORST,) *Thesaurus linguae latinae. Index librorum, scriptorum, inscriptionum, ex quibus exempla afferuntur*, Lipsiae ²1990, 20-28 (-32).) Certain texts not by Augustine but by his adversaries are included with Augustine's writings where they are important, along with their form of citation (e.g. reference to an adversary: Fausti uerba = Faust. A. *c. Faust.*). In most cases the notes contain ‹Corrigenda› and ‹Errata› referring to the editions mentioned which have already been taken into account and corrected in the CAG (and also printer's errors over and above these), other editions and critical articles which can be compared with them, or also details of sources of non-Augustinian texts or other references. The symbols [a] – [d] refer to the citation of the works in question used in the AL (cf. ib. 4,IX). To avoid constant repetition, the texts entirely in brackets, which are ones recently discovered in more extended manuscript form, do not appear in the CAG. This applies to several *s(ermones)*, as well as to *ep.* 250A = *ep.* 1*,5 (cf. [207]). The abbreviations are those of the AL (4,XLI-LXIV), plus the following:

Nomenclature établie sur la base de la ‹Liste des Œuvres d'Augustin›: AL 1 (1986-1994) XXVI-XLII, dressée par K.H. CHELIUS, à laquelle on se référera d'ordinaire pour les abréviations et indications des titres. Les éditions choisies sont celles qui sont considérées actuellement comme les éditions critiques de référence, tant pour l'AL que pour le CAG-online (CAG 3) en son état actuel (2018). (Voir aussi E. DEKKERS/AE. GAAR, *Clauis patrum latinorum*, Steenbrugis ³1995, 97-134 (-153); H.J. FREDE, *Kirchenschriftsteller. Verzeichnis und Sigel*, Freiburg ⁴1995, 198-259 (-304).1049; id. (†), *Kirchenschriftsteller … Aktualisierungsheft 1999/Compléments 1999* par R. GRYSON, Freiburg 1999, 45-49 (-52); R. GRYSON, *Répertoire général des auteurs ecclésiastiques latins de l'antiquité et du haut moyen âge* 1, Freiburg ⁵2007, 207-271 (-316) ainsi que (D. KRÖMER/C.G. VAN LEIJENHORST,) *Thesaurus linguae latinae. Index librorum, scriptorum, inscriptionum, ex quibus exempla afferuntur*, Lipsiae ²1990, 20-28 (-32).) Sont aussi indiqués régulièrement les textes non augustiniens qui jouent un rôle particulier dans l'écrit d'Augustin, ainsi que la manière de les citer (par ex. la mention de l'adversaire: Fausti uerba = Faust. A. *c. Faust.*). Les notes contiennent dans la plupart des cas les ‹Corrigenda› et ‹Errata› concernant les éditions indiquées; ils sont repris et corrigés dans le CAG (y compris les fautes d'impression). Les notes signalent en outre d'autres éditions, ainsi que des articles de critique textuelle qui sont à consulter à ce sujet, ou encore les indications de recueils des textes non augustiniens ou d'autres références. Les notes [a] – [d] se rapportent aux modes de citation des œuvres concernées utilisés dans l'AL (cf. ib. 4,X). Dans le CAG, pour éviter de nombreuses répétitions, ne sont pas repris les fragments (dont toutes les lignes sont imprimées entre parenthèses) qui, par de nouvelles découvertes, se retrouvent dans un texte augmenté; c'est le cas, outre l'*ep.* 250A = *ep.* 1*,5, de nombreux *s(ermones)* (cf. [207]). Les abréviations sont celles de l'AL (4,XLI-LXIV); on y ajoute les suivantes:

ABULESZ	= P. ABULESZ, *S. Aurelii Augustini De Genesi contra Manicheos libri duo, De octo quaestionibus ex ueteri testamento*, Diss. Wien 1972
AevInter	= *Aevum inter utrumque. Mélanges offerts à G. Sanders*, Steenbrugis/The Hague 1991
ANASTASI	= R. ANASTASI, *Aurelii Augustini Psalmus contra partem Donati*, Padova 1957
AugBible	= *Saint Augustin et la Bible*, Paris 1986
BALDASSARRI	= M. BALDASSARRI, *Aurelio Agostino, I principii della dialettica*, Como 1985

BASTIAENSEN = A.A.R. BASTIAENSEN, *Vita di Cipriano, Vita di Ambrogio, Vita di Agostino*, Milano ²1981

BAZANT-HEGEMARK = J.L. BAZANT-HEGEMARK, *Aurelii Augustini Liber ad Orosium contra Priscillianistas et Origenistas, Sermo aduersus Iudaeos, Liber de haeresibus ad Quoduultdeum*, Diss. Wien 1969

BONNET = G. BONNET, *Abrégé de la grammaire de Saint Augustin*, Paris 2013

CAILLAU/SAINT-YVES = A.B. CAILLAU/B. SAINT-YVES, *Sancti Aurelii Augustini Hipponensis episcopi operum supplementum continens sermones ineditos ...*, Parisii 1836

Catal. = *Catalogus verborum quae in operibus sancti Augustini inveniuntur* 1-13, Eindhoven 1976-1993

CICCARESE = M.P. CICCARESE, *Il Contra aduersarium legis et prophetarum di Agostino*: AANL.M 8,25,3 (1981) 283-425

CorGrat = *Corona gratiarum. Miscellanea ... E. Dekkers ... oblata* 1, Brugge/'s Gravenhage 1975

CUTINO = M. CUTINO, *Licentii carmen ad Augustinum*, Catania 2000

DOLBEAU, Préd. = F. DOLBEAU, *Augustin et la prédication en Afrique. Recherches sur divers sermons authentiques, apocryphes ou anonymes*, Paris 2005

DOLBEAU, Vingt-six = F. DOLBEAU, *Augustin d'Hippone, Vingt-six sermons au peuple d'Afrique*, Paris ²2009

DROBNER, Überlieferung = H.R. DROBNER, *Augustinus von Hippo: Sermones ad populum. Überlieferung und Bestand – Bibliographie – Indices*, Leiden/Boston, Mass./Köln 2000

DROBNER, Überlieferung: Suppl. = H.R. DROBNER, *Augustinus von Hippo: Sermones ad populum. Überlieferung ...: Supplement 2000-2010*, Frankfurt a.M. et al. 2010

ETAIX = R. ETAIX, *Homéliaires patristiques latins*, Paris 1994

Eulog. = *Eulogia. Mélanges offerts à A.A.R. Bastiaensen*, Steenbrugis/The Hague 1991

FELDMANN = E. FELDMANN, *Die «Epistula Fundamenti» der nordafrikanischen Manichäer*, Altenberge 1987

Forma fut. = *Forma futuri. Studi in onore ... M. Pellegrino*, Torino 1975

FructCent = *Fructus centesimus. Mélanges offerts à G.J.M. Bartelink*, Steenbrugis/Dordrecht 1989

FUHRER/ADAM = T. FUHRER/S. ADAM, *Aurelius Augustinus. Contra Academicos, De beata vita, De ordine*, Berlin/Boston 2017

GIOMINI = R. GIOMINI, *A. Augustinus, «De rhetorica»*: SLI 4 (1990) 7-82

Homo sp. = *Homo spiritalis. Festgabe für L. Verheijen*, Würzburg 1987

KEIL = H. KEIL, *Grammatici latini* 5, Hildesheim 1961 (Lipsiae 1868)

LESOUSKY = M.A. LESOUSKY, *The De Dono Perseverantiae of Saint Augustine*, Washington, D.C. 1956

MARTORELLI = L. MARTORELLI, *Ps. Aurelii Augustini Regulae*, Hildesheim 2011

McDONALD = M.F. McDONALD, *Saint Augustine's De Fide Rerum Quae Non Videntur*, Washington, D.C. 1950

MECHLINSKY = L. MECHLINSKY, *Der modus proferendi in Augustins sermones ad populum*, Paderborn et al. 2004

MÜLLER = H. MÜLLER, *Eine Psalmenpredigt über die Auferstehung. Augustinus, Enarrationes in Psalmum 65* (SAW 653), Wien 1997

NPB = A. MAI, *Nova Patrum Bibliotheca* 1. *Sancti Augustini novi ex codicibus Vaticanis sermones*, Romae 1852

O'BRIEN = F. O'BRIEN, *Sancti Aurelii Augustini Sermo «De patientia»*, Washington, D.C. 1970

O'DONNELL = J.J. O'DONNELL, *Augustine, Confessions* 1-3, Oxford 1992

PELLEGRINO = M. PELLEGRINO, *Possidio, Vita di S. Agostino*, Alba 1955

PIERI = B. PIERI, *Aurelii Augustini Sermo CCCII. Testo, traduzione e commento*, Bologna 1998

PINBORG = B. DARRELL JACKSON/J. PINBORG, *Augustine, De Dialectica*, Dordrecht/Boston, Mass. 1975

RIESE = A. RIESE, *Anthologia latina* 1,2, Amsterdam 1964 (Lipsiae ²1906)

Scrinium Berol. = *Scrinium Berolinense*, Berlin 2000

SIMONETTI = M. SIMONETTI, *Sant'Agostino, L'istruzione cristiana*, Milano 1994

SKUTELLA = M. SKUTELLA/H. JUERGENS/W. SCHAUB, *S. Aureli Augustini Confessionum libri XIII*, Stutgardiae 1996 (ib. ²1969)

STEIN = M. STEIN, *Manichaica Latina 2. Manichaei epistula fundamenti. Text, Übersetzung, Erläuterungen*, Paderborn 2002

Studi Arnaldi = *Studi sulle società e le culture del Medioevo per Girolamo Arnaldi* 1-2, (Firenze) 2002

VERHEIJEN = L. VERHEIJEN, *La Règle de saint Augustin* 1, Paris 1967

WEBER = C.F. WEBER, *Aurelii Augustini Ars grammatica breuiata*, Marburgi 1861

WOLFSKEEL = C.W. WOLFSKEEL, *De immortalitate animae van Aurelius Augustinus ... bestaande uit een inleiding, gevolgt door een vertaling en een commentaar*, Diss. Utrecht 1973

ZEGG = A. ZEGG, *S. Aurelii Augustini De sermone domini in monte libri duo*, Diss. Wien 1969

[2]   Cf. ib. XLV-XLVIII; cf. *ThesAug* A(1),XXXVII.
[3]   Cf. ib. 25,2,995-996; cf. F. DOLBEAU, Sacris erudiri 45 (2006) 202; *ThesAug* A(1),XXXVII. Cf. FREDE 198; GRYSON 1,207; B. ALEXANDERSON, Aug 48 (2008) 264.
[4]   Cf. ib. 668; F. DOLBEAU, Sacris erudiri 45 (2006) 207-208; *ThesAug* A(1),XLI. Cf. SLA Verz. 4.
[5]   Ib. 179-180; *ThesAug* A(1),XLVI. Cf. CICCARESE 307-390. Cf. J.-B. BOUHOT, REAug 32 (1986) 287.
[6]   Cf. ib. XXXXVII; *ThesAug* A(1),XXXVII.
[7]   Cf. ib. XXXXVII; *ThesAug* A(1),XXXVII. Cf. SLA Verz. 2.16.
[8]   Cf. ib. 739. Cf. G. DE PLINVAL, REAug 11 (1965) 292.
[9]   Cf. SLA Verz. 1.12.16.
[10] Cf. *ThesAug* A(1),XXXVIII. Cf. SLA Verz. 4; B. ALEXANDERSON, ElAnt 5,3 (2000).
[11] Cf. ib. XLV-XLVIII; cf. *ThesAug* A(1),LV-LVI.
[12] Cf. ib. XXXXVII; *ThesAug* A(1),XXXIX.
[13] Cf. ib. 261-267; cf. *Catal.* 8,IV; *ThesAug* A(1),XXXVIII (pro ‹226› legendum ‹266›).
[14] Cf. *ThesAug* A(1),XXXVIII. Cf. G. MADEC, BA 11,1 (²1991) 44-230.
[15] Cf. ib. 601; *ThesAug* A(1),XXXVIII. Cf. B. ALEXANDERSON, ElAnt 5,3 (2000).
[16] Cf. *Catal.* 7,V-VI; *ThesAug* A(1),XXXVIII-XXXIX; REAug 35 (1989) 304-305. Cf. F. CHATILLON, REL 33 (1955) 75-76; M.P.J. VAN DEN HOUT, Aug(L) 6 (1956) 848; J.B. BAUER, *Scholia biblica et patristica*, Graz 1972, 243-244 (Hermes 93 (1965) 133-134); J. DOIGNON, *Hommages à R. Schilling*, Paris 1983, 277-285; O. GARCÍA DE LA FUENTE/V. POLENTINOS FRANCO, AMal 11 (1988) 39-71; SLA Verz. 4; B. ALEXANDERSON, ElAnt 3,7 (1997); N. JACOBY, *Philologischer Kommentar zu Augustins De civitate Dei, Buch I*, Frankfurt a.M. 2004; C. GNILKA, Hermes 132 (2004) 255-256; id., WSt 118 (2005) 139-157; G. RAVENNA, ITriest 7 (2008) 117-129; B. ALEXANDERSON, Aug 50 (2010) 491-541; A. PÉREZ

Vega/P. Toribio Pérez, *San Agustín. La Ciudad de Dios. Libros VI-VIII*, Madrid 2013.

[17]   Ib. 47,V-XLV. Cf. G.J.P. O'Daly, AL 1 (1986-1994) 976-977; Frede 200; Gryson 1,210.

[18]   Cf. *Catal.* 6,IV; *ThesAug* A(1),XXXIX. Cf. Skutella 1-371; O'Donnell 1,3-205; 2.3 passim; M. Simonetti, *Sant'Agostino, Confessioni* 1-5, Milano 1992-1997, 1,6-110; 2,6-136; 3,6-156; 4,6-160; 5,6-142; B. Löfstedt, SO 56 (1981) 105-108; M. Simonetti, Aug 33 (1993) 434-436; id., *Paideia cristiana. Studi in onore di M. Naldini*, Roma 1994, 76-85; SLA Verz. 3; D.L. Ross, Hermes 125 (1997) 252-253; SLA Verz. 11; H. Tränkle, Hermes 127 (1999) 208-236; SLA Verz. 15; B. Alexanderson, ASSLG 42 (2003); id., SEAug 85 (2003) 31-34; V. Di Muro, ib. 395-413; C. Gnilka, VigChr 59 (2005) 178-186; V. Lomiento, Auctores nostri 2 (2005) 115-128; E. Gallicet, QDFLTC N.S. 6 (2007) 95-109; C. Gnilka, BzA 254 (2009) 99-103; id., Hermes 137 (2009) 386-388.

[19]   Cf. ib. 471-487.719-726; R. Gryson, *Littérature arienne latine* 1. *Débat de Maximinus avec Augustin …*, Louvain-la-Neuve 1980, IX.207-212 («Corrections apportées au texte des Mauristes»); R. Vander Plaetse/A. Schindler, AL 1 (1986-1994) 1210sq. Cf. J.T. Lienhard, StPatr 36 (2001) 23-27; D. Weber, ZAC 16 (2012) 379-382.

[20]   Cf. *ThesAug* A(1),XL.

[21]   Ib. 63-80. Cf. Frede 208; Gryson 1,217; CPL³ 107.

[22]   Cf. *ThesAug* A(1),XXXIX. Cf. SLA Verz. 2; F. Dolbeau, RechAug 34 (2005) 162-170.

[23]   G. Folliet, Aug(L) 51 (2001) 57-63.

[24]   Cf. ib. 601; ib. 53,447. Cf. SLA Verz. 4; B. Alexanderson, ElAnt 5,3 (2000).

[25]   Cf. CSEL 53,276-278.

[26]   Cf. ib. XXXXVII; P. Rose, *A Commentary on Augustine's De cura pro mortuis gerenda*, Leiden/Boston, Mass. 2013, XVIII-XX.passim.

[27]   Cf. *ThesAug* A(1),XL. Cf. Baldassarri 28-76.

[28]   Cf. *ThesAug* A(1),XL. Cf. SLA Verz. 13.14.

[29]   Cf. F. Dolbeau, Sacris erudiri 45 (2006) 204-205. Cf. *ThesAug* A(1),LII.

[30]   Cf. ib. XXXXVII.

[31]   Cf. ib. XLIII.367-578 (‹Commento›); F. Dolbeau, Sacris erudiri 45 (2006) 196-197; M. Simonetti, Aug 35 (1995) 549-565. Cf. CCL 32,1-167 (cf. *ThesAug* A(1),XL); CSEL 80,3-169; W.M. Green, REAug 8 (1962) 225-231; C. Schäublin, WSt 87 (1974) 173-181; SLA Verz. 2.

[32]   Cf. ib. 311-322.

[33]   Cf. CSEL 53,277.

[34]   Cf. ib. 25,2,995.

[35]   Cf. *ThesAug* A(1),LI.

[36]   Cf. CSEL 53,276-278.

[37]   (²1990). Cf. *Catal.* 2,V; 3,IV; 4,IV; *ThesAug* A(1),XLVII-LI; cf. BA 57 (553-623: «Notes complémentaires»); P. Zahn, *Scrinium Berol.* 234-245; SLA Verz. 16.17; REAug 35 (1989) 306-307. Cf. J.H. Baxter, ALMA 23 (1953) 5-6; V. Bulhart, RB 67 (1957) 220-221; H. Silvestre, RechThAM 31 (1964) 129-130; F. Capponi, Latomus 42 (1983) 887-892; M. Simonetti, *Mémorial J. Gribomont*, Roma 1988, 521-533; A. Schindler, AL 2 (1996-2002) 248 n. 17; D. Weber, AugStud 27 (1996) 47-58; SLA Verz. 3.11; C. Weidmann, SAW 655 (1998); SLA Verz. 13.14; C. Weidmann, SEAug 68 (2000) 233-243; H. Müller, WSt 115 (2002) 293-314.

[38]   C. Weidmann, SEAug 68 (2000) 233-243; id., SAW 693 (2002) 105-124; B. Alexanderson, Aug 44 (2004) 423-435; id., ib. 47 (2007) 179-191.

[39]   Cf. B. Alexanderson, Aug 52 (2012) 561-569.

[40]   Cf. H. Müller, WSt 115 (2002) 293-314; ead., ib. 116 (2003) 173-189; F. Andrei, Scriptorium 56 (2002) 316-320; B. Alexanderson, Aug 47 (2007) 299-309.

[41]   Cf. ib. 102-135.

[42]   Cf. B. Alexanderson, REAug 58 (2012) 173-175 (= Aug 55 (2015) 292-296); M. Dulaey, ib. 388-389.

[43]   Cf. M. Simonetti, Aug 41 (2001) 93-98; F. Gori, ib. 99-112; B. Alexanderson, ib. 42 (2002) 187-204; J.B. Bauer, SAW 693

(2002) 141-145; F. Gori, ib. 125-140; A. Primmer, ib. 147-192; F. Gori, Aug 42 (2002) 315-346.

[44]   Cf. B. Alexanderson, Aug 44 (2004) 145-153.

[45]   Cf. M. Dulaey, REAug 52 (2006) 487-488; B. Alexanderson, Aug 47 (2007) 312-319; F. Gori, ib. 48 (2008) 211-220.

[46]   Cf. *ThesAug* A(1),XL; REAug 35 (1989) 305. Cf. SLA Verz. 5.

[47]   Cf. CCL 31,3-265; 31A,3-328; 31B,3-294. Cf. CPL³ 102.

[48]   Cf. SLA Verz. 5.

[49]   Cf. SLA Verz. 15.

[50]   Cf. *ThesAug* A(1),XL; BA 20B (2016) 222-396.

[51]   Cf. CCL 44,3-4. Cf. A. Mutzenbecher, Sacris erudiri 18 (1967/68) 449.

[52]   Cf. SLA Verz. 14.

[53]   Cf. A. Vaccari, *Scritti di erudizione e di filologia* 2, Roma 1958, 211-218; SLA Verz. 5.

[54]   Cf. *ThesAug* A(1),XL. Cf. H. Huisman, *Augustinus' briefwisseling met Nectarius*, Amsterdam 1956.

[55]   Cf. *ThesAug* A(1),XL. Cf. SLA Verz. 5.

[56]   Cf. *ThesAug* A(1),XL. Cf. J.H. Koopmans, *Augustinus' briefwisseling met Dioscorus*, Amsterdam 1949; SLA Verz. 12.

[57]   Cf. SLA Verz. 14.

[58]   Cf. ib. 53,185-187.188-189.189-190; *Gest. conl. Carth.* 1,16 (CCL 149A, pp. 63-66).

[59]   Cf. *Gest. conl. Carth.* 1,18 (CCL 149A, pp. 67-71).

[60]   Cf. J. Vallejo, Emerita 15 (1947) 149-154; A.-M. La Bonnardière, REAug 15 (1969) 63-65; SLA Verz. 5.

[61]   Cf. *retr.* 2,40.

[62]   Cf. ib. 42,105-106.

[63]   Cf. F. Dolbeau, RechAug 34 (2005) 160-161.

[64]   Cf. Primas. *in apoc.* 5 (CCL 92,78-81 (cf. ib. pp. 80,417-418)).

[65]   Cf. CCL 50,25-26.

[66]   Cf. D. Weber, WSt 105 (1992) 155-172.

[67]   = «De fine saeculi» (cf. *ciu.* 20,5).

[68]   Cf. ib. 42,209-210.

[69]   Cf. D. Weber, WSt 105 (1992) 155-172.

[70]   Cf. SLA Verz. 16.

[71]   Cf. Verheijen 105-107.

[72]   Cf. CCL 64,104-106.

[73]   Cf. CCL 46,276-277.

[74]   Cf. CCL 46,280-281; SLA Verz. 6.

[75]   Cf. Possid. *uita Aug.* 30,3-51 (pp. 160-188 Pellegrino; 212-234 Bastiaensen).

[76]   Cf. SLA Verz. 6.

[77]   Cf. ib. 29,13-18.

[78]   Cf. ib. 29,18-24.

[79]   Cf. CSEL 34,1,89-96. Cf. A.K. Clarke, StPatr 8 (TU 93) (1966) 171-175; D. Shanzer, REAug 37 (1991) 110-143.

[80]   Cf. ib. 29,39-42.

[81]   Cf. ib. 29,42-52.

[82]   Cf. ib. 55,237-238.

[83]   Cf. ib. 55,234-236.

[84]   Cf. ib. 55,242-246.

[85]   Cf. ib. 55,367-393.

[86]   Cf. ib. 55,396-397. Cf. ib. 56,2,302.

[87]   Cf. *Gest. conl. Carth.* 3,216.220 (CCL 149A, pp. 232-233.233-234).

[88]   Cf. ib. 52,485-487.

[89]   Cf. H. Huisman, *Augustinus' briefwisseling met Nectarius*, Amsterdam 1956.

[90]   Cf. ib. 29,379-387.

[91]   Cf. J.H. Koopmans, *Augustinus' briefwisseling met Dioscorus*, Amsterdam 1949.

[92]   Cf. J. Amengual i Batle, *Els orígens del cristianisme a les Balears e il seu desenvolupament fins a l'època musulmana* 2, Palma de Mallorca 1992, 68-78.

[93]   Cf. ib. 29,404-423.

[94]   Cf. ib. 56,291-292.

[95]   Cf. Possid. *uita Aug.* 20,3-5 (pp. 116 Pellegrino; 182-184 Bastiaensen).

[96]   = Hil. Syracusanus.

[97]   Cf. ib. 56,142-145.

[98] Cf. ib. 42,102-103.
[99] Cf. ib. 56,261-263.
[100] Cf. ib. 35,1,92-96.
[101] Cf. ib. 56,290-291.
[102] Cf. ib. 56,292-294.
[103] Cf. CCL 60,489-491.
[104] Cf. CCL 60,491-492.
[105] = Hil. Gallus.
[106] Cf. M.L. COLKER, RechThPhM 67 (2000) 195-217; F. DOLBEAU, REAug 47 (2001) 431-432.
[107] Cf. BA 46B (1987) 42-52. Cf. A. GABILLON, *Lettres* 39; A. PRIMMER, ib. 44-46; C. SCHÄUBLIN, ib. 356.359; SLA Verz. 6.
[108] Cf. BA 46B (1987) 54-58; CCL 50,III-IV. Cf. SLA Verz. 6.
[109] Cf. BA 46B (1987) 60-92. Cf. R. BRAUN, *Lettres* 33-35; A. PRIMMER, ib. 46-57; C. SCHÄUBLIN, ib. 355-359; SLA Verz. 6.
[110] Cf. BA 46B (1987) 94-106. Cf. A. GABILLON, *Lettres* 39; A. PRIMMER, ib. 57-58; SLA Verz. 6.
[111] Cf. BA 46B (1987) 108-116. Cf. A. PRIMMER, *Lettres* 58-59; C. SCHÄUBLIN, ib. 355.
[112] Cf. BA 46B (1987) 118-124. Cf. A. PRIMMER, *Lettres* 59; C. SCHÄUBLIN, ib. 357-359; SLA Verz. 6.
[113] Cf. BA 46B (1987) 126-144. Cf. A. PRIMMER, *Lettres* 60; C. SCHÄUBLIN, ib. 356-357.359.361-362; SLA Verz. 6.
[114] Cf. BA 46B (1987) 146-150. Cf. R. BRAUN, *Lettres* 34; A. PRIMMER, ib. 60-61; SLA Verz. 6.
[115] Cf. BA 46B (1987) 152-156. Cf. SLA Verz. 6.17.
[116] Cf. BA 46B (1987) 158-164. Cf. A. PRIMMER, *Lettres* 61-64; SLA Verz. 6.
[117] Cf. BA 46B (1987) 166-182. Cf. R. BRAUN, *Lettres* 34; E. DUTOIT, ib. 37; A. GABILLON, ib. 39-40; A. PRIMMER, ib. 64-66; C. SCHÄUBLIN, ib. 359-363; SLA Verz. 6.16.
[118] Cf. BA 46 B (1987) 256-260. Cf. R. BRAUN, *Lettres* 35.
[119] Cf. BA 46B (1987) 262. Cf. C. SCHÄUBLIN, *Lettres* 359-360.
[120] Cf. BA 46B (1987) 264-268. Cf. A. GABILLON, *Lettres* 40-41; A. PRIMMER, ib. 70-71; C. SCHÄUBLIN, ib. 359-360; SLA Verz. 7.
[121] Cf. BA 46B (1987) 270-274. Cf. A. PRIMMER, *Lettres* 71-72; SLA Verz. 7.
[122] Cf. BA 46B (1987) 276-278.
[123] Cf. BA 46 B (1987) 280-284. Cf. A. PRIMMER, *Lettres* 72-73; C. SCHÄUBLIN, ib. 360; SLA Verz. 7.
[124] Cf. BA 46B (1987) 286-290. Cf. CSEL 56,2,312.
[125] Cf. BA 46B (1987) 292-342. Cf. E. DUTOIT, *Lettres* 37-38; A. PRIMMER, ib. 73; C. SCHÄUBLIN, ib. 359-360.362-363; SLA Verz. 7.
[126] Cf. BA 46B (1987) 344.
[127] Cf. BA 46B (1987) 346-364. Cf. A. PRIMMER, *Lettres* 73-74; C. SCHÄUBLIN, ib. 356-357.363; SLA Verz. 7.
[128] Cf. BA 46B (1987) 366-368. Cf. SLA Verz. 7.
[129] Cf. BA 46B (1987) 370-380. Cf. A. PRIMMER, *Lettres* 75-77; SLA Verz. 7.
[130] Cf. BA 46B (1987) 382-386. Cf. A. GABILLON, *Lettres* 41; SLA Verz. 7.
[131] Cf. BA 46B (1987) 388. Cf. SLA Verz. 7.
[132] Cf. BA 46B (1987) 390-392. Cf. C. SCHÄUBLIN, *Lettres* 359.362-363.
[133] Cf. BA 46B (1987) 402-412. Cf. A. PRIMMER, *Lettres* 79; C. SCHÄUBLIN, ib. 356-357.363; SLA Verz. 7.
[134] Cf. BA 46B (1987) 414-416. Cf. R. BRAUN, *Lettres* 35; C. SCHÄUBLIN, ib. 363; SLA Verz. 7.
[135] Cf. BA 46B (1987) 184-228; J. AMENGUAL I BATLE, *Els orígens del cristianisme a les Balears e il seu desenvolupament fins a l'època musulmana* 2, Palma de Mallorca 1992, 184-228. Cf. R. BRAUN, *Lettres* 34-35; A. PRIMMER, ib. 66-68; SLA Verz. 6.7.
[136] Cf. BA 46B (1987) 230-254; J. AMENGUAL I BATLE, *Els orígens del cristianisme a les Balears e il seu desenvolupament fins a l'època musulmana* 2, Palma de Mallorca 1992, 230-354. Cf. A. PRIMMER, *Lettres* 68-70; SLA Verz. 7.
[137] Cf. BA 46B (1987) 264-266.
[138] Cf. BA 46B (1987) 394-400. Cf. E. DUTOIT, *Lettres* 38; A. GABILLON, ib. 41-42; A. PRIMMER, ib. 77-79; C. SCHÄUBLIN, ib. 360-361; P. NAUTIN, REAug 36 (1990) 298-299; SLA Verz. 7; CSEL 56,2,312.

[139] Cf. *ThesAug* A(1),LVII-LXV («Divergences *PL-CC* ... L'édition de W.J. Mountain (à paraître dans le *CC*, 37)»); CLCLT; cf. BA 76 (2008) 62-430 (435-516: «Notes complémentaires»); A. PIRAS, VigChr 50 (1996) 266-273.
[140] Cf. ib. 25,2,996; *ThesAug* A(1),XLI. Cf. F. DOLBEAU, Sacris erudiri 45 (2006) 264-265; SLA Verz. 15.
[141] Cf. SLA Verz. 4.16; B. ALEXANDERSON, ElAnt 5,3 (2000) 2-6.
[142] Cf. CSEL 53,276.
[143] Cf. ib. 739; B. ALEXANDERSON, ElAnt 5,3 (2000).
[144] Cf. CCL 88,336-340.396-398.405 (Index).
[145] Cf. J. ROUSSELET, REAug 18 (1972) 237-239; F. DOLBEAU, Sacris erudiri 45 (2006) 203; SLA Verz. 2.
[146] Cf. *ThesAug* A(1),LVI; WSt Beih. 10 (1988) 25.
[147] Cf. ib. XXVII-XXIX. Cf. J. ROUSSELET, REAug 18 (1972) 239-246; SLA Verz. 11.
[148] F. DOLBEAU, Sacris erudiri 45 (2006) 208.
[149] Cf. J. ROUSSELET, REAug 18 (1972) 233-236; SLA Verz. 2.
[150] Cf. ib. 25,2,996-997 (374,11: pro ‹praedicabant› legendum ‹praedicabunt›); *ThesAug* A(1),XL-XLI. Cf. J. HAMMERSTAEDT, AL 2 (1996-2002) 149 n. 51; SLA Verz. 3.11.15; M. PUELMA, MH 58 (2001) 176; B. ALEXANDERSON, Aug 48 (2008) 265-279.
[151] Cf. ib. 997; B. ALEXANDERSON, Aug 48 (2008) 279-280.
[152] Cf. ib. XXXXVII; *ThesAug* A(1),XLI; A. SCHINDLER, AL 2 (1996-2002) 1315 n. 19.
[153] Cf. MCDONALD 80-114.
[154] Cf. SLA Verz. 14; cf. CFM.SL 2,14-44 (cf. et 15-45 («Traduction») ac 49-71 («Notes complémentaires et Bibliographies selectives»)); B. ALEXANDERSON, Aug 48 (2008) 259-264.
[155] Cf. ib. 447; *ThesAug* A(1),XLI. Cf. SLA Verz. 5; B. ALEXANDERSON, ElAnt 5,3 (2000).
[156] Cf. CSEL 53,276-277.
[157] Cf. ib. XXXI (118,25: corrigendum «... diuersitatem gratiarum quam ...»); *ThesAug* A(1),XLI. Cf. G. DE PLINVAL, REAug 11 (1965) 291-292; SLA Verz. 5.
[158] Cf. ib. XXII; *ThesAug* A(1),XLI. Cf. SLA Verz. 4; J.H. TAYLOR, Speculum 25 (1950) 87-93; B. ALEXANDERSON, Sacris erudiri 41 (2002) 113-135; C. SCHUBERT, WSt 117 (2004) 201-208.
[159] Cf. M.M. GORMAN, REAug 26 (1980) 89-90; CSEL 28,1,436-456. Cf. M.M. GORMAN, l.c. 99-101; FREDE 210; GRYSON 1,220.
[160] Cf. ib. XXII; F. DOLBEAU, Sacris erudiri 45 (2006) 198-199. Cf. M.M. GORMAN, RechAug 20 (1985) 73-75.75-83; SLA Verz. 2.
[161] Cf. ABULESZ 3-114. Cf. P.A. HOLSON, LCM 15 (1990) 36-37; D. WEBER, WSt 111 (1998) 211-230; M.M. GORMAN, REAug 47 (2001) 303-311; R. JAKOBI, Aug 44 (2004) 437-442.
[162] Cf. ib. VII-LII.51-90. Cf. V. HUNINK, BMCR 2014.03.61; L. MUNZI, Gnomon 87 (2015) 608-614. Olim uerba secundum capitula et paragraphos editionis C.F. WEBER allata sunt (prol.-11,4).
[163] Cf. ib. 4-144 (‹traduzione›).147-336 (‹commento›). Olim uerba secundum paginas et lineas editionis H. KEIL allata sunt.
[164] Cf. ib. XXXI; *ThesAug* A(1),XLI.
[165] Cf. *ThesAug* A(1),XLI. Cf. BAZANT-HEGEMARK 75-177; F. DOLBEAU, Sacris erudiri 45 (2006) 197-198; F. MARX, CSEL 38,XIV; SLA Verz. 5; B. ALEXANDERSON, Aug 48 (2008) 300-304.
[166] Cf. FREDE 211; GRYSON 1,220-221; CPL³ 127.
[167] F. DOLBEAU, Sacris erudiri 45 (2006) 199-200. Cf. J.-P. BOUHOT, REAug 33 (1987) 332-333; SLA Verz. 1; WOLFSKEEL passim (‹commentaar›).
[168] Cf. *Catal.* 1,4-5; *ThesAug* A(1),XLI-XLV; REAug 35 (1989) 305; 39 (1993) 485. Cf. M.-F. BERROUARD, BA 71 (²1993) 126-832; 72 (1977) 70-712; 73A (1988) 116-454; 73B (1989) 10-396; 74A (1993) 56-396; 74B (1998) 68-432; M.P.J. VAN DEN HOUT, Aug(L) 5 (1955) 296-308; E. DES PLACES, Biblica 37 (1956) 367-368; G. FOLLIET, REAug 5 (1959) 153-155; P. NEMESHEGY, ib. 34 (1988) 78-79; SLA Verz. 12.16; B. ALEXANDERSON, ElAnt 5,1 (1999).
[169] Cf. BAZANT-HEGEMARK 24-63.
[170] Cf. *ThesAug* A(1),XLV; D. WEBER, SAW 693 (2002) 197-199; SLA Verz. 16; cf. B. ALEXANDERSON, StPatr 49 (2010) 319-324.
[171] Cf. CCL 88,340-396.406-411 (Index).
[172] F. DOLBEAU, Sacris erudiri 45 (2006) 195-196. Cf. *ThesAug* A(1),XLV. Cf. SLA Verz. 5.14.17; D. WEBER, SAW 693 (2002)

196-197.199-209; B. ALEXANDERSON, WSt 121 (2008) 285-298; id., StPatr 49 (2010) 319-324.

[173] F. DOLBEAU, Sacris erudiri 45 (2006) 195-196. Cf. *ThesAug* A(1),XLV; B. ALEXANDERSON, WSt 121 (2008) 285-298; id., StPatr 49 (2010) 319-324.

[174] Cf. CCL 88,335.336-398.411 (Index).

[175] Cf. CCL 29,211-321 (cf. REAug 17 (1971) 331; *ThesAug* A(1),XLVI; REAug 35 (1989) 305-306); G. MADEC, BA 6 (³1976) 190-528; W.M. GREEN, RPh 28 (1954) 21-29; M. PONTIFEX, ACW 22 (1955) 231-283; M. PELLEGRINO, RFIC 36 (1958) 186-188; P.G. WALSH, JThS 23 (1972) 254-255; G. MADEC, REAug 20 (1974) 82-87; SLA Verz. 1; B. ALEXANDERSON, Aug 48 (2008) 287-295.

[176] Cf. ib. 601; B. ALEXANDERSON, ElAnt 5,3 (2000).

[177] Cf. CSEL 53,276-277.

[178] Cf. *Catal.* 9,VIII; *ThesAug* A(1),XLVI; C. WEIDMANN, REAug 53 (2007) 136-138.

[179] Cf. REAug 17 (1971) 330; *ThesAug* A(1),XLVI; REAug 35 (1989) 306. Cf. CSEL 77,1,3-55; G. MADEC, BA 6 (³1976) 42-152; A. MURA, *S. Agostino, Il Maestro*, Roma 1965, 23.26-134; T. FUHRER, AOW 11 (2002) 106-107.112-194.

[180] Cf. ib. 693-701.727-732. Cf. *ThesAug* A(1),XLVI. Cf. J.T. LIENHARD, StPatr 36 (2001) 23-27; D. WEBER, ZAC 16 (2012) 379-382.

[181] F. DOLBEAU, Sacris erudiri 45 (2006) 205-206. Cf. *ThesAug* A(1),XLVI; A. STÄDELE, AOW 50 (2013) 9-14.

[182] Cf. ib. XXXXVII; ib. 42,XXXI; *ThesAug* A(1),XXXIX; A. STÄDELE, AOW 50 (2013) 9-14.

[183] Cf. J.B. BAUER, AAW 127 (1990) 51-52. Cf. SLA Verz. 13; B. ALEXANDERSON, Aug 48 (2008) 298-300.

[184] Cf. *ThesAug* A(1),XLVII.

[185] Cf. ib. 997; *ThesAug* A(1),XXXVIII; B. ALEXANDERSON, Aug 48 (2008) 280.

[186] Cf. ib. 739; *ThesAug* A(1),XLVII. Cf. SLA Verz. 15.16.

[187] Cf. ib. XXXI; *ThesAug* A(1),XLVII. Cf. SLA Verz. 5.16.

[188] Cf. CCL 88,335.340-396.405-406 (Index).

[189] Cf. ib. XLV-XLVIII; cf. *ThesAug* A(1),XLVII.

[190] Cf. *ThesAug* A(1),XLVII. Cf. O'BRIEN 71-119; F. DOLBEAU, RechAug 34 (2005) 170-175.

[191] Cf. ib. 739; *ThesAug* A(1),XLVII; SLA Verz. 17.

[192] Cf. ib. XXXI; *ThesAug* A(1), XLVII; SLA Verz. 16.

[193] Cf. LESOUSKY 104-216; SLA Verz. 15.

[194] Cf. BAZANT-HEGEMARK 1-21; M. KUDELLA, AOW 50 (2013) 300-304.

[195] Cf. ib. (220)-(222).(228)-(229).(207); id., REAug 41 (1995) 281-288.268.276-277; id., ib. 25.

[196] Cf. ib. 97-98. Cf. J.H. BAXTER, Sacris erudiri 4 (1952) 18-26; W. BULST, *Hymni latini antiquissimi LXXV, psalmi III*, Heidelberg 1956, 197-198; D. NORBERG, SIFC 27/28 (1956) 315-317.

[197] F. DOLBEAU, Sacris erudiri 45 (2006) 204-205. Cf. *Catal.* 9,VIII; *ThesAug* A(1),LI-LII. Cf. SLA Verz. 5.16.

[198] Cf. *ThesAug* A(1),LI; REAug 35 (1989) 307. Cf. SLA Verz. 3; C. WEIDMANN, REAug 53 (2007) 120-122.136-138.

[199] F. DOLBEAU, Sacris erudiri 45 (2006) 208-209.

[200] F. DOLBEAU, Sacris erudiri 45 (2006) 209-210. Cf. *Catal.* 9,VIII; *ThesAug* A(1),LII. Cf. ABULESZ 117-125; R. JAKOBI, Aug 48 (2008) 205-210.

[201] Cf. FREDE 220; GRYSON 1,230; CPL³ (596-)597.

[202] Cf. *ThesAug* A(1),LIII. Cf. FREDE 220; GRYSON 1,230; CPL³ (596-)597.

[203] F. DOLBEAU, Sacris erudiri 45 (2006) 193-195. Cf. *ThesAug* A(1),LIII. Cf. MUTZENBECHER, REAug 30 (1984) 61-62; SLA Verz. 5.

[204] Sc. *retr.*, *spec.*, *praed. sanct.* + *perseu.*, *haer.*, *c. Max.* (+ *conl. Max.*), *c. Iul. imp.* Cf. A. MUTZENBECHER, REAug 30 (1984) 60-83.

[205] Cf. ib. 28,1,XXII. Cf. SLA Verz. 3.12; B. ALEXANDERSON, Aug 48 (2008) 280-286; M. KUDELLA, AOW 22 (2010) 164-183.

[206] CSEL 25,2,893-901; B. ALEXANDERSON, Aug 48 (2008) 280-286; M. KUDELLA, AOW 22 (2010) 164-183.

[207] Die Aufzählung der einzelnen Sermones folgt in der Reihenfolge und Zählung P.-P. VERBRAKEN, *Etudes critiques sur les Sermons authentiques de saint Augustin*, Steenbrugis/Hagae Comitis

1976, (43-)53-196; cf. id., Mise à jour du Fichier signalétique des Sermons de saint Augustin: *AevInter* 483-490 (mit neuen Texten). Cf. auch H.R. DROBNER, A*ugustinus von Hippo, Sermones ad populum. Überlieferung und Bestand, Bibliographie – Indices*, Leiden/Boston, Mass./Köln 2000 und id., *Augustinus von Hippo, Sermones ad populum. Überlieferung ... Supplement 2000-2010*, Fankfurt a.M. et al. 2010 (cf. F. DOLBEAU, REAug 46 (2000) 326-330). – Für die von F. DOLBEAU 1990 in der Handschrift Mainz, Stadtbibliothek I 9 (1470) neu gefundenen Sermones cf. id., Les sermons de saint Augustin découverts à Mayence. Un premier bilan: DOLBEAU, *Préd.* (3)-(21), besonders (18)-(21) und (609)-(611). In den angegebenen Ausgaben sind die neuen Sermones vorläufig noch nach der Anordnung der Handschrift selbst (‹Mayence 5›, usw.) benannt; Bezeichnung nach ihrem Entdecker und dessen Numerierung bei G. MADEC, Les Sermons Dolbeau: REAug 38 (1992) 389-391 (cf. auch FREDE 247-250; GRYSON 1,257-262; DOLBEAU, *Vingt-six* (s. unten) 643-644) (Ausgabe in einem Band der früher einzeln edierten 26 Sermones mit früherer und neuer Paginierung sowie mit ‹Addenda et corrigenda›: *Augustin d'Hippone, Vingt-six sermons au peuple d'Afrique. Retrouvés à Mayence, édités et commentés par* F. DOLBEAU, Paris 1996; cf. id., Addenda et Corrigenda à Augustin, *Vingt-six sermons ...*: DOLBEAU, *Préd.* (606)) (hinzugekommen s. Dolbeau 28-30, die nicht aus Mainz stammen) (cf. id., *Augustin d'Hippone, Vingt-six sermons ... Mise à jour bibliographique 1996-2000*, Paris 2001; cf. id., Les Sermons augustiniens de Mayence: bilan des travaux et mise à jour bibliographique (1996-2005): DOLBEAU, *Préd.* (587)-(606); H. MARTI, Liste der ‹Mainzer› Predigten Augustins: VIEG Beih. 59 (2003) 145-150). Cf. auch F. DOLBEAU, «Seminator uerborum». Réflexions d'un éditeur de sermons d'Augustin: DOLBEAU, *Préd.* (71)-(87) und (614)-(615); id., Die in Mainz wiederentdeckten Predigten Augustins: VIEG Beih. 59 (2003) 1-19. – Ausgeschlossen als unecht (nach VERBRAKEN) sind die s. 44, 333, 340, 360 (cf. DOLBEAU, *Préd.* (301)-(315)), 364, 365, 366, 368, 371, 372, 382, 383, 384, 385, 387, 388, 391, 394 und der erste Paragraph von 370 sowie auch s. *Caillau* 2,60 (= s. 236A), dessen augustinischer Umfang unsicher und dessen Text stark verderbt ist (FREDE 235.281.287; GRYSON 1,245-246.293. 298; *ThesAug* A(1),XIX.XXIX). – Für die von I. SCHILLER, D. WEBER, C. WEIDMANN 2007 in der Handschrift der Sammlung ‹Bibliotheca Amploniana› der Universitäts- und Forschungsbibliothek Erfurt/Gotha, Dep. Erf. CA. 12° 11 (12. Jh.), sechs neu gefundenen Sermones cf. I. SCHILLER/D. WEBER/C. WEIDMANN, Sechs neue Augustinuspredigten. Teil 1 mit Edition dreier Sermones: WSt 121 (2008) 227-284 (ib. 229 einleitende Aufstellung mit der Bezeichnung als s. *Erfurt* (1-6) und der Einordnung in die Zählung der Mauriner); ead./ead./id., ... Teil 2 mit Edition dreier Sermones zum Thema Almosen: ib. 122 (2009) 171-213; ead./ead./id., Die neuen Erfurter Augustinuspredigten: J. PILVOUSEK/F. RÖMER (Hrsg.), *Die Bibliothek des Amplonius Rating de Berka und ihre verborgenen Schätze*, Würzburg 2010, 37-66; zur handschriftlichen Grundlage cf. I. SCHILLER, *Überlieferung* 10,2,252-254; cf. auch D. WEBER/ C. WEIDMANN, WHB 49 (2007) 30-39; J. AÑOZ, Augustinus 54 (2009) 13-32; id., ib. 55 (2010) 9-29. – Zu den s. *Weidm.* 3-15 und zur Frage ihrer Authentizität allgemein cf. CSEL 101,1-13. Cf. auch J.J. O'DONNELL, BMCR 2016.04.12; F. DOLBEAU, REAug 62 (2016) 448-451. – Im CAG erscheinen, um mehrfache Wiedergabe zu vermeiden, die ganzzeilig eingeklammerten Texte nicht, die durch Neufunde in einem erweiterten Text vorgefunden worden sind, was außer durch andere besonders durch s*(ermones)* Dolbeau geschehen ist (z.B., besonders Fragmente natürlich, sind s. *Fransen* 1 (= s. *frg. Verbr.* 4) (= s. 28A) in s. *Dolbeau* 9,2 (= s. 28A) oder s. 282 in s. *Erfurt* 1 (= s. 282 auct.) enthalten oder s. *frg. Verbr.* 15-20.21-23 (= s. 197,1-6; 198A,1-3) aus s. *Dolbeau* 26,30-35.60.15.44-45.53.21.49-50.53.49 (= s. 198 auct.) exzerpiert).

The list of the individual sermons follows the order and numbering of P.-P. VERBRAKEN, *Etudes critiques sur les Sermons authentiques de saint Augustin*, Steenbrugis/Hagae Comitis 1976, (43-)

53-196; cf. id., Mise à jour du Fichier signalétique des Sermons de saint Augustin: *AevInter* 483-490 (with new texts). Cf. also H.R. DROBNER, *Augustinus von Hippo, Sermones ad populum. Überlieferung und Bestand, Bibliographie – Indices*, Leiden/Boston, Mass./Köln 2000 and id., *Augustinus von Hippo, Sermones ad populum. Überlieferung … Supplement 2000-2010*, Fankfurt a.M. et al. 2010 (cf. F. DOLBEAU, REAug 46 (2000) 326-330). – For the sermons discovered by F. DOLBEAU in 1990 in the Mainz manuscript Stadtbibliothek I 9 (1470) cf. id., Les sermons de saint Augustin découverts à Mayence. Un premier bilan: DOLBEAU, *Préd.* (3)-(21), especially (18)-(21) and (609)-(611). In the editions mentioned, the new sermons are for the time being still named in the order given in the manuscript itself (‹Mayence 5›, etc.). Description and number according to the finder in G. MADEC, Les Sermons Dolbeau: REAug 38 (1992) 389-391 (cf. also FREDE 247-250; GRYSON 1,257-262; DOLBEAU, *Vingt-six* (see below) 643-644) (Edition in one volume of the 26 sermons which were formerly edited singly, with the old and new pagination and ‹Addenda et corrigenda›: *Augustin d'Hippone, Vingt-six sermons au peuple d'Afrique. Retrouvés à Mayence, édités et commentés par* F. DOLBEAU, Paris 1996; cf. id., Addenda et Corrigenda à Augustin, *Vingt-six sermons …*: DOLBEAU, *Préd.* (606)) (without *s. Dolbeau* 28-30, which do not come from Mainz) (cf. id., *Augustin d'Hippone, Vingt-six sermons … Mise à jour bibliographique 1996-2000*, Paris 2001; cf. id., Les Sermons augustiniens de Mayence: bilan des travaux et mise à jour bibliographique (1996-2005): DOLBEAU, *Préd.* (587)-(606); H. MARTI, Liste der ‹Mainzer› Predigten Augustins: VIEG Beih. 59 (2003) 145-150). Cf. also F. DOLBEAU, «Seminator uerborum». Réflexions d'un éditeur de sermons d'Augustin: DOLBEAU, *Préd.* (71)-(87) and (614)-(615); id., Die in Mainz wiederentdeckten Predigten Augustins: VIEG Beih. 59 (2003) 1-19. – S. 44, 333, 340, 360 (cf. DOLBEAU, *Préd.* (301)-(315)), 364, 365, 366, 368, 371, 372, 382, 383, 384, 385, 387, 388, 391, 394 and the first paragraph of *s.* 370 have been excluded as inauthentic (according to VERBRAKEN), as has *s. Caillau* 2,60 (= *s.* 236A) where the extent to which it is Augustinian is uncertain and the text extremely corrupt (FREDE 235. 281.287; GRYSON 1,245-246.293.298; *ThesAug* A(1),XIX.XXIX). – For the six sermons discovered in 2007 by I. SCHILLER, D. WEBER and C. WEIDMANN in the ‹Bibliotheca Amploniana› of the Erfurt University Library (MS Dep. Erf. CA 12° 11; 12th cent.), see I. SCHILLER/D. WEBER/C. WEIDMANN, Sechs neue Augustinuspredigten. Teil 1 mit Edition dreier Sermones: WSt 121 (2008) 227-284 (ib. 229 for a summary table listing the texts as *s. Erfurt* (1-6) and assigning numbers in the Maurist reckoning); ead./ead./ id., … Teil 2 mit Edition dreier Sermones zum Thema Almosen: ib. 122 (2009) 171-213; ead./ead./id., Die neuen Erfurter Augustinuspredigten: J. PILVOUSEK/F. RÖMER (Hrsg.), *Die Bibliothek des Amplonius Rating de Berka und ihre verborgenen Schätze*, Würzburg 2010, 37-66; for the manuscript see I. SCHILLER, *Überlieferung* 10,2,252-254; see also D. WEBER/C. WEIDMANN, WHB 49 (2007) 30-39; J. AÑOZ, Augustinus 54 (2009) 13-32; id., ib. 55 (2010) 9-29. – For the *s. Weidm.* 3-15 and for the general question of their authenticity cf. CSEL 101,1-13. Cf. also J.J. O'DONNELL, BMCR 2016.04.12; F. DOLBEAU, REAug 62 (2016) 448-451. – To avoid constant repetition, the texts entirely in brackets, which are ones recently discovered in more extended manuscript form, do not appear in the CAG. This has happened particularly as a result of *s(ermones) Dolbeau*, apart from others (e.g., fragments are of course affected: thus *s. Dolbeau* 9,2 (= *s.* 28A) includes *s. Fransen* 1 (= *s. frg. Verbr.* 4) (= *s.* 28A); *s. Dolbeau* 26,30-35.60.15.44-45.53.21.49-50.53.49 (= *s.* 198 auct.) contains *s. frg. Verbr.* 15-20.21-23 (= *s.* 197,1-6; 198A,1-3) or *s. Erfurt* 1 (= *s.* 282 auct.) contains *s.* 282).

La liste et la numérotation des sermons sont celle de P.-P. VERBRAKEN, *Etudes critiques sur les Sermons authentiques de saint Augustin*, Steenbrugis/Hagae Comitis 1976, (43-)53-196; voir aussi id., Mise à jour du Fichier signalétique des Sermons de saint Augustin: *AevInter* 483-490 (avec de nouveaux textes).

Voir aussi H.R. DROBNER, *Augustinus von Hippo, Sermones ad populum. Überlieferung und Bestand, Bibliographie – Indices*, Leiden/Boston, Mass./Köln 2000 et id., *Augustinus von Hippo, Sermones ad populum. Überlieferung … Supplement 2000-2010*, Fankfurt a.M. et al. 2010 (voir F. DOLBEAU, REAug 46 (2000) 326-330). – Pour les sermons nouvellement découverts par F. DOLBEAU (1990) dans le manuscrit de Mayence, Stadtbibliothek I 9 (1470), voir id., Les sermons de saint Augustin découverts à Mayence. Un premier bilan = DOLBEAU, *Préd.* (3)-(21), particulièrement (18)-(21) et (609)-(611). Dans les éditions indiquées ces nouveaux sermons sont encore couramment désignés suivant leur ordre dans le manuscrit (‹Mayence 5› etc.). Désignation et numérotation sous le nom du découvreur par G. MADEC, Les Sermons Dolbeau: REAug 38 (1992) 389-391 (voir aussi FREDE 247-250; GRYSON 1,257-262; DOLBEAU, *Vingt-six* (ci-dessous) 643-644) (Edition en un volume des 26 sermons auparavant publiés séparément, avec paginations ancienne et nouvelle, ainsi que des ‹Addenda et corrigenda›: *Augustin d'Hippone, Vingt-six sermons au peuple d'Afrique. Retrouvés à Mayence, édités et commentés par* F. DOLBEAU, Paris 1996; cf. id., Addenda et Corrigenda à Augustin, *Vingt-six sermons …*: DOLBEAU, *Préd.* (606)) (ne sont pas repris les *s. Dolbeau* 28-30, qui ne proviennent pas du manuscrit de Mayence) (voir id., *Augustin d'Hippone, Vingt-six sermons … Mise à jour bibliographique 1996-2000*, Paris 2001; cf. id., Les Sermons augustiniens de Mayence: bilan des travaux et mise à jour bibliographique (1996-2005): DOLBEAU, *Préd.* (587)-(606); H. MARTI, Liste der ‹Mainzer› Predigten Augustins: VIEG Beih. 59 (2003) 145-150). Voir aussi F. DOLBEAU, «Seminator uerborum». Réflexions d'un éditeur de sermons d'Augustin: DOLBEAU, *Préd.* (71)-(87) et (614)-(615); id., Die in Mainz wiederentdeckten Predigten Augustins: VIEG Beih. 59 (2003) 1-19. – Sont exclus comme inauthentiques (suivant VERBRAKEN) les *s.* 44, 333, 340, 360 (cf. DOLBEAU, *Préd.* (301)-(315)), 364, 365, 366, 368, 371, 372, 382, 383, 384, 385, 387, 388, 391, 394 et le premier paragraphe de *s.* 370, ainsi que le *s. Caillau* 2,60 (= *s.* 236A), dont l'étendue de ce qui est authentiquement augustinien est incertaine et dont le texte est fortement corrumpu (FREDE 235.281.287; GRYSON 1,245-246.293.298; *ThesAug* A(1),XIX.XXIX). – Pour les six nouveaux sermons, trouvés en 2007 par I. SCHILLER, D. WEBER et C. WEIDMANN, dans un manuscrit de la collection ‹Amploniana› d'Erfurt/Gotha, Universitäts- und Forschungsbibliothek, Dep. Erf. CA. 12° 11 (XIIe s.), cf. I. SCHILLER/D. WEBER/C. WEIDMANN, Sechs neue Augustinuspredigten. Teil 1 mit Edition dreier Sermones: WSt 121 (2008) 227-284 (ib. 229, en introduction, présentation des textes sous leur appellation de *s. Erfurt* (1-6) et sous des numéros intercalés dans le classement des Mauristes); ead./ead./id., … Teil 2 mit Edition dreier Sermones zum Thema Almosen: ib. 122 (2009) 171-213; ead./ead./id., Die neuen Erfurter Augustinuspredigten: J. PILVOUSEK/F. RÖMER (Hrsg.), *Die Bibliothek des Amplonius Rating de Berka und ihre verborgenen Schätze*, Würzburg 2010, 37-66; pour le manuscrit voir I. SCHILLER, *Überlieferung* 10,2,252-254; voir aussi D. WEBER/C. WEIDMANN, WHB 49 (2007) 30-39; J. AÑOZ, Augustinus 54 (2009) 13-32; id., ib. 55 (2010) 9-29. – Pour les *s. Weidm.* 3-15 et pour la question de leur authenticité en général, cf. CSEL 101,1-13. Cf. aussi J.J. O'DONNELL, BMCR 2016.04.12; F. DOLBEAU, REAug 62 (2016) 448-451. – Dans le CAG, pour éviter de nombreuses répétitions, ne sont pas repris les fragments qui, par de nouvelles découvertes, se retrouvent dans un contexte élargi, ce qui est le cas, entre autres, de plusieurs *s(ermones) Dolbeau* (par ex., le fragment *s. Fransen* 1 (= *s. frg. Verbr.* 4) = *s.* 28A) = *s. Dolbeau* 9,2 (= *s.* 28A); ou les *s. frg. Verbr.* 15-20.21-23 (= *s.* 197,1-6; 198A,1-3) tirés du *s. Dolbeau* 26,30-35.60.15.44-45.53.21.49-50.53.49 (= *s.* 198 auct.) ou *s.* 282 en *s. Erfurt* 1 (= *s.* 282 auct.)).

[208]   Cf. REAug 10 (1964) 194; *Catal.* 8,III; *ThesAug* A(1),LIII.

[209]   Cf. *Catal.* 8,III; *ThesAug* A(1),LIII. Cf. SLA Verz. 14.

[210]   Cf. *Catal.* 8,III; *ThesAug* A(1),LIII. Cf. H.R. DROBNER, Patrologia 35 (2016) 137.

[211] Cf. REAug 10 (1964) 194; *Catal.* 8,III; *ThesAug* A(1),LIII. Cf. SLA Verz. 8.16.17.
[212] Cf. REAug 10 (1964) 194; 35 (1989) 307. Cf. SLA Verz. 8.
[213] Cf. REAug 10 (1964) 194; *Catal.* 8,III; *ThesAug* A(1),LIII. Cf. SLA Verz. 8.16.17; H.R. DROBNER, Patrologia 35 (2016) 137.
[214] Cf. REAug 10 (1964) 194; *Catal.* 8,III; *ThesAug* A(1),LIII; REAug 35 (1989) 307; MECHLINSKY 25.29.38.67.30.39.69.70-71; A.A.R. BASTIAENSEN, Gnomon 78 (2006) 609-610; G. PARTOENS, VigChr 60 (2006) 464-469.
[215] Cf. *Catal.* 8,III; *ThesAug* A(1),LIII. Cf. SLA Verz. 14; H.R. DROBNER, Patrologia 35 (2016) 137.182sq.
[216] Cf. *Catal.* 8,III; *ThesAug* A(1),LIII. Cf. SLA Verz. 14; H.R. DROBNER, Patrologia 35 (2016) 137sq.182sq.244.
[217] Cf. *Catal.* 8,III; *ThesAug* A(1),LIII. Cf. SLA Verz. 14; H.R. DROBNER, Patrologia 35 (2016) 138.182sq.306.
[218] Cf. *Catal.* 8,III; *ThesAug* A(1),LIII. Cf. SLA Verz. 14; H.R. DROBNER, Patrologia 35 (2016) 138sq.393sq.
[219] Cf. *Catal.* 8,III; H.R. DROBNER, Patrologia 35 (2016) 139.491-493.
[220] H.R. DROBNER, Patrologia 35 (2016) 139sq.527sq.
[221] Cf. *Catal.* 8,III; *ThesAug* A(1),LIV; H.R. DROBNER, Patrologia 35 (2016) 140.551.
[222] Cf. ib. 523-525; CEC 19 (2004) 430-447.388-390; H.R. DROBNER, Patrologia 35 (2016) 140.589sq.
[223] Cf. *Catal.* 8,III; *ThesAug* A(1),LIV; H.R. DROBNER, Patrologia 35 (2016) 141.673sq.
[224] Cf. *Catal.* 8,III. Cf. SLA Verz. 14; H.R. DROBNER, Patrologia 35 (2016) 141.714-716.
[225] Cf. ib. 523-525; CEC 19 (2004) 430-447.388-390; H.R. DROBNER, Patrologia 35 (2016) 141.772-774.
[226] Cf. ib. 523-525; CEC 19 (2004) 430-447.388-390; H.R. DROBNER, Patrologia 35 (2016) 142.878sq.
[227] Cf. *Catal.* 8,III; *ThesAug* A(1),LIV; H.R. DROBNER, Patrologia 35 (2016) 142.911.
[228] Cf. *Catal.* 8,III; *ThesAug* A(1),LIV; H.R. DROBNER, Patrologia 35 (2016) 142sq.957sq.
[229] Cf. SLA Verz. 8.15; H.R. DROBNER, Patrologia 35 (2016) 995sq.
[230] Cf. *Catal.* 8,III; *ThesAug* A(1),LIV; H.R. DROBNER, Patrologia 35 (2016) 143.1020sq.
[231] Cf. H.R. DROBNER, Patrologia 35 (2016) 143.1073.
[232] Cf. *Catal.* 8,III; *ThesAug* A(1),LIV; H.R. DROBNER, Patrologia 35 (2016) 143.1132sq.
[233] Cf. H.R. DROBNER, 35 (2016) 143sq.1163sq.
[234] Cf. *Catal.* 8,III; *ThesAug* A(1),LIV; cf. H.R. DROBNER, Patrologia 35 (2016) 144.1187sq.
[235] Cf. *Catal.* 8,III; *ThesAug* A(1),LIV; H.R. DROBNER, Patrologia 35 (2016) 144.1245sq.
[236] Cf. H.R. DROBNER, Patrologia 35 (2016) 1285.
[237] Cf. *Catal.* 8,III; *ThesAug* A(1),LIV; H.R. DROBNER, Patrologia 35 (2016) 144.
[238] Cf. *Catal.* 8,III; *ThesAug* A(1),LIV; cf. H.R. DROBNER, Patrologia 28 (2013) 88-97.
[239] Cf. H.R. DROBNER, Patrologia 28 (2013) 97-100.
[240] Cf. REAug 35 (1989) 307.
[241] Cf. *Catal.* 8,III; *ThesAug* A(1),LIV. Cf. SLA Verz. 8.11.
[242] Cf. *Catal.* 8,IV; *ThesAug* A(1),LIV; H.R. DROBNER, Patrologia 35 (2016) 144sq.
[243] Cf. *Catal.* 8,IV; *ThesAug* A(1),LIV; H.R. DROBNER, Patrologia 35 (2016) 145.
[244] Cf. *Catal.* 8,IV. Cf. SLA Verz. 8; H.R. DROBNER, Patrologia 28 (2013) 100-104.
[245] Cf. *ThesAug* A(1),LV; cf. G. PARTOENS, RechAug 35 (2007) 189-237.
[246] Cf. RB 74 (1964) 15-35; AB 100 (1982) 265-269.
[247] Cf. H.R. DROBNER, Patrologia 28 (2013) 104-107.
[248] Cf. ib. 497-499; G. PARTOENS, RechAug 35 (2007) 189-237.
[249] Cf. ib. 500-502; G. PARTOENS, RechAug 35 (2007) 189-237; H.R. DROBNER, Patrologia 28 (2013) 107-109.
[250] Cf. H.R. DROBNER, Patrologia 28 (2013) 109-114.
[251] Cf. ib. 503-507; G. PARTOENS, RechAug 35 (2007) 189-237.

[252] Cf. ib. 523-525; CEC 19 (2004) 430-447.388-390. Cf. H.R. DROBNER, Patrologia 28 (2013) 114-116.
[253] Cf. ib. 508-515; G. PARTOENS, RechAug 35 (2007) 189-237.
[254] Cf. ib. 516-520; G. PARTOENS, RechAug 35 (2007) 189-237; H.R. DROBNER, Patrologia 28 (2013) 117-123.
[255] Cf. *ThesAug* A(1),LV. Cf. P.-I. FRANSEN, RB 104 (1994) 87.
[256] Cf. ib. 521-522; G. PARTOENS, RechAug 35 (2007) 189-237.
[257] Cf. ib. 523-525; G. PARTOENS, RechAug 35 (2007) 189-237; H.R. DROBNER, Patrologia 28 (2013) 123-128.
[258] Cf. ib. 255-256; G. PARTOENS, RechAug 35 (2007) 189-237; H.R. DROBNER, Patrologia 28 (2013) 129-136.
[259] Cf. DOLBEAU, *Vingt-six* 114-115.
[260] Cf. SLA Verz. 11; H.R. DROBNER, Patrologia 28 (2013) 145-146.
[261] Cf. H.R. DROBNER, Patrologia 28 (2013) 147-151.
[262] Cf. H.R. DROBNER, Patrologia 28 (2013) 151-155.
[263] Cf. H.R. DROBNER, Patrologia 28 (2013) 155-165.
[264] Cf. H.R. DROBNER, Patrologia 28 (2013) 165-174.
[265] Cf. ib. 30-31.
[266] Cf. REAug 30 (1984) 327; 35 (1989) 307.
[267] Cf. H.R. DROBNER, Patrologia 28 (2013) 174-178.
[268] Cf. H.R. DROBNER, Patrologia 28 (2013) 179-182.
[269] Cf. W. HÜBNER, WSt 120 (2007) 247-258; H.R. DROBNER, Patrologia 28 (2013) 183-195.
[270] «De arbore ficulnea … audite». Cf. D. DE BRUYNE, RB 43 (1931) 247-248; H.R. DROBNER, Patrologia 28 (2013) 196-200.
[271] Cf. V. BULHART, RB 61 (1951) 260.
[272] Cf. ib. 256.264-266; G. PARTOENS, RechAug 35 (2007) 189-237.
[273] Cf. *ThesAug* A(1),LV; cf. G. PARTOENS, RechAug 35 (2007) 189-237; H.R. DROBNER, Patrologia 28 (2013) 200-205.
[274] Cf. H.R. DROBNER, Patrologia 28 (2013) 206-211.
[275] Cf. ib. 220-224.
[276] Cf. H.R. DROBNER, Patrologia 28 (2013) 212-217.
[277] Cf. H.R. DROBNER, Patrologia 28 (2013) 217-223.
[278] Cf. H.R. DROBNER, Patrologia 28 (2013) 223-228.
[279] Cf. SLA Verz. 13.
[280] Cf. H.R. DROBNER, Patrologia 26 (2012) 154-155.162-186.
[281] Cf. G. PARTOENS, RB 113 (2003) 56-70; id., SEAug 90 (2004) 673-691; id., RechAug 35 (2007) 189-237.
[282] Cf. SLA Verz. 15.
[283] Cf. SLA Verz. 15; H.R. DROBNER, Patrologia 28 (2013) 229-232.
[284] Cf. G. PARTOENS, RB 115 (2005) 270-285.
[285] Cf. G. PARTOENS, ZAC 13 (2009) 494-512.
[286] Cf. Possid. *indic.* 10[4],1; 10[6],98 (MA 2, pp. 181.199).
[287] Cf. S. BOODTS, RB 123 (2013) 214-247; ead., StPatr 70 (2013) 465-476; H.R. DROBNER, Patrologia 28 (2013) 233-241.
[288] Cf. S. BOODTS/M. TORFS/G. PARTOENS, Aug(L) 59 (2009) 11-44; G. PARTOENS, IPM 53 (2009) 69-95.
[289] Cf. S. BOODTS, Sacris erudiri 50 (2011) 185-225; ead., StPatr 70 (2013) 465-476.
[290] Cf. S. BOODTS, StPatr 70 (2013) 465-476.
[291] Cf. SLA Verz. 17; H.R. DROBNER, Patrologia 28 (2013) 242-246.
[292] Cf. *ThesAug* A(1),LV; REAug 35 (1989) 307.
[293] Cf. G. PARTOENS, REAug 49 (2003) 85-122; S. BOODTS, StPatr 70 (2013) 465-476.
[294] Cf. S. BOODTS, RechAug 37 (2013) 1-50.
[295] Cf. S. BOODTS, Aug(L) 65 (2015) 11-42.
[296] Cf. B.M. PEEBLES, *CorGrat* 343-350.
[297] Cf. H.R. DROBNER, Patrologia 28 (2013) 249-253.
[298] Cf. R. ETAIX, RechAug 26 (1992) 145; H.R. DROBNER, Patrologia 28 (2013) 254-258.
[299] Cf. DOLBEAU, *Vingt-six* 346-347.634.
[300] Cf. H.R. DROBNER, Patrologia 28 (2013) 259-262.
[301] C. WEIDMANN, IPM 53 (2009) 11-32.
[302] Cf. H.R. DROBNER, Patrologia 28 (2013) 262-265.
[303] Cf. REAug 35 (1989) 299 n. 4.
[304] Cf. H.R. DROBNER, Patrologia 28 (2013) 266-268.
[305] Cf. MECHLINSKY 167-168.210; A.A.R. BASTIAENSEN, Gnomon 78 (2006) 610; G. PARTOENS, VigChr 60 (2006) 464-469.
[306] Cf. MECHLINSKY 98.117.104; A.A.R. BASTIAENSEN, Gnomon 78 (2006) 610-611; G. PARTOENS, VigChr 60 (2006) 464-468.468-469.

[307]   Cf. H.R. DROBNER, Patrologia 28 (2013) 269-270.
[308]   Cf. DOLBEAU, *Préd.* (337)-(354); id., REAug 51 (2005) 380; B.D.
        SHAW, P&P 139 (1993) 3-45; K. STEINHAUSER, StPatr 33 (1997)
        244-249; J. DIVJAK/W. WISCHMEYER, WSt 114 (2001) 613-627;
        C. WEIDMANN, ib. 121 (2008) 251 n. 53.
[309]   Cf. DOLBEAU, *Vingt-six* 189-191.624-626.
[310]   Cf. W.H. SHEWRING, RB 44 (1932) 264.
[311]   Cf. SLA Verz. 11.
[312]   Cf. PIERI 46-80; H. MÜLLER, Gnomon 75 (2003) 170-171.
[313]   Cf. SLA Verz. 13.
[314]   Cf. I. SCHILLER/D. WEBER/C. WEIDMANN, WSt 121 (2008) 229.240.
[315]   Cf. H.R. DROBNER, Patrologia 28 (2013) 270-277.
[316]   Cf. I. VAN WINDEN, VigChr 56 (2002) 165-166.
[317]   = Caesarii episcopi Arelatensis *sermo* 226 (CCL 104,892-897
        quem Augustini *s.* 333 deperditi paragraphis 1-5, additis e suo
        6-7, usum esse censent inter alios GRYSON 1,252; DROBNER, *Über-
        lieferung* 37.183; at cf. denuo E. HILL, Works(NY) 3,9 (1994) 202
        et n. 1; J. YATES, IPM 53 (2009) 97-119, nominatim 108-109 et
        n. 26).
[318]   Cf. DOLBEAU, *Vingt-six* 222-224.624.
[319]   Cf. F. DOLBEAU, REAug 41 (1995) 28 n. 43.
[320]   Cf. DOLBEAU, *Vingt-six* 527-531.
[321]   Cf. SLA Verz. 15.
[322]   Cf. F. DOLBEAU, RechAug 34 (2005) 160.
[323]   Cf. F. DOLBEAU, RechAug 34 (2005) 176-190.
[324]   Cf. SLA Verz. 15.
[325]   Cf. O. HILTBRUNNER, *Latina Graeca*, Bern 1958, 138.
[326]   Cf. M. MARIN, VetChr 22 (1985) 324-325.
[327]   Cf. H.R. DROBNER, Patrologia 28 (2013) 279-282.
[328]   Cf. [204] (*s.* 370,1). Cf. H.R. DROBNER, Patrologia 28 (2013) 283-
        289.
[329]   Cf. DOLBEAU, *Vingt-six* 580-582.641.
[330]   = *s.* 376,1.
[331]   = *s.* 376,2-4.
[332]   Cf. SLA Verz. (13.)15.
[333]   *S.* 392,1 = *s. frg. Verbr.* 11 (= *s.* 162B). Cf. H.R. DROBNER, Patro-
        logia 28 (2013) 292-300.
[334]   Cf. ib. 86-87.89-91. Cf. E. REBILLARD, ib. 66-68.
[335]   Cf. DOLBEAU, *Vingt-six* 422-424.637.
[336]   Cf. DOLBEAU, *Vingt-six* 243.627.
[337]   Correctum pro 3,136.
[338]   Cf. *Catal.* 8,III; *ThesAug* A(1),LIV; H.R. DROBNER, Patrologia
        35 (2016) 143.1093.
[339]   Cf. SLA Verz. 15.
[340]   Cf. *Catal.* 8,III; *ThesAug* A(1),LIII. Cf. SLA Verz. 14; H.R. DROB-
        NER, Patrologia 35 (2016) 139.413-415.
[341]   Cf. *Catal.* 8,III; *ThesAug* A(1),LIII. Cf. SLA Verz. 14; H.R. DROB-
        NER, Patrologia 35 (2016) 138.345-347.
[342]   Cf. *Catal.* 8,III; *ThesAug* A(1),LIV; H.R. DROBNER, Patrologia
        35 (2016) 144.1265.
[343]   Cf. ib. 633. Cf. H. MÜLLER(A. PRIMMER), *AugPréd* 115 n. 6; ead.,
        ib. 122; B. LÖFSTEDT, Sacris erudiri 38 (1998/1999) 282.284.
[344]   Cf. ib. 525 n. 2; 639.
[345]   Cf. ib. 639. Cf. B. LÖFSTEDT, Sacris erudiri 38 (1998/1999) 282.
[346]   Cf. ib. 637-638. Cf. H. MÜLLER, *AugPréd* 120.
[347]   Cf. ib. 638. Cf. B. LÖFSTEDT, Sacris erudiri 38 (1998/1999) 283;
        H.R. DROBNER, Patrologia 35 (2016) 834.
[348]   Cf. ib. 618. Cf. H.R. DROBNER, Patrologia 35 (2016) 1109.
[349]   Cf. ib. 618-619. Cf. H. MÜLLER(A. PRIMMER), *AugPréd* 120-121.
[350]   Cf. ib. 619-620; cf. CCL 41Bb,196-209. Cf. H. MÜLLER, *AugPréd*
        115; ead.(A. PRIMMER), ib. 118-119; H. TRÄNKLE, SAW 693 (2002)
        89-104.
[351]   Cf. ib. 620. Cf. H. MÜLLER, *AugPréd* 115-116.117.119; B. LÖFSTEDT,
        Sacris erudiri 38 (1998/1999) 282.
[352]   Cf. ib. 621. Cf. B. LÖFSTEDT, Sacris erudiri 38 (1998/1999) 283;
        H. MÜLLER, WSt 112 (1999) 146-147.147-149.
[353]   Cf. ib. 621-622; cf. CCL 41Bb,57-68. Cf. H. MÜLLER, *AugPréd* 119.
[354]   Cf. ib. 622. Cf. H. MÜLLER, *AugPréd* 121; B. LÖFSTEDT, Sacris eru-
        diri 38 (1998/1999) 282.
[355]   Cf. ib. 624-626.

[356]   Cf. ib. 622. Cf. H. MÜLLER, *AugPréd* 116.120.121; H.R. DROBNER,
        Patrologia 28 (2013) 136-145.
[357]   Cf. ib. 623. Cf. B. LÖFSTEDT, Sacris erudiri 38 (1998/1999) 281.283.
[358]   Cf. ib. 626. Cf. H. MÜLLER, *AugPréd* 117-118.123-124; B. LÖF-
        STEDT, Sacris erudiri 38 (1998/1999) 281; H. MÜLLER, WSt 112
        (1999) 150.
[359]   Cf. H. MÜLLER, *AugPréd* 121-122.123; B. LÖFSTEDT, Sacris erudiri
        38 (1998/1999) 281.282.283; H. MÜLLER, WSt 112 (1999) 149-150.
[360]   Cf. ib. 631-632; cf. CCL 41Bb,74-97. Cf. H. MÜLLER, *AugPréd*
        120.125-127; B. LÖFSTEDT, Sacris erudiri 38 (1998/1999) 282-284.
[361]   Cf. ib. 640. Cf. B. LÖFSTEDT, Sacris erudiri 38 (1998/1999) 282.284;
        H. MÜLLER, WSt 112 (1999) 144-146; H.R. DROBNER, Patrologia
        28 (2013) 277-278.
[362]   Cf. ib. 641. Cf. B. LÖFSTEDT, Sacris erudiri 38 (1998/1999) 282.284;
        H. MÜLLER, WSt 112 (1999) 150-151.
[363]   Cf. ib. 270.628. Cf. H. MÜLLER, *AugPréd* 116-117; B. LÖFSTEDT,
        Sacris erudiri 38 (1998/1999) 282.283.
[364]   Cf. ib. 270-271.628-629. Cf. H. MÜLLER, *AugPréd* 117.124-125;
        ead.(A. PRIMMER), ib. 122; B. LÖFSTEDT, Sacris erudiri 38 (1998/
        1999) 282.283.
[365]   Cf. ib. 635-636. Cf. SLA Verz. 12; B. LÖFSTEDT, Sacris erudiri 38
        (1998/1999) 284; H.R. DROBNER, Patrologia 22 (2010) 111-113.122-
        228.
[366]   Cf. ib. 632. Cf. B. LÖFSTEDT, Sacris erudiri 38 (1998/1999) 282-
        283.
[367]   Cf. ib. (163)-(168).(183)-(187).(189)-(192).(194)-(197).(198)-(200);
        F. DOLBEAU, REAug 40 (1994) 290-298.279-284.299-303; id., ib. 49
        (2003) 289.285-288.290-293.
[368]   Cf. ib. (241)-(256).(271)-(274).(269)-(271).(274)-(276); F. DOL-
        BEAU, RechAug 28 (1995) 53-63.37-52; G. PARTOENS, Aug(L) 50
        (2000) 175-195.
[369]   Cf. ib. (277)-(291); F. DOLBEAU, REAug 44 (1998) 196-202.181-
        195.203.
[370]   Cf. F. DOLBEAU, *«Studium in libris». Mélanges en l'honneur de
        J.-L. Charlet*, Paris 2016, 225-243.
[371]   Cf. ib. 257-259; cf. PL 38,1285-1286.
[372]   Cf. ib. 181-183.
[373]   Cf. ib. 192-193.
[374]   Cf. ib. 204-205.
[375]   Cf. ib. 269-270.
[376]   Cf. ib. 229.240.
[377]   Cf. H.R. DROBNER, Patrologia 22 (2010) 77-78.82-88.
[378]   Cf. DOLBEAU, *Vingt-six* 472-474.638.
[379]   Cf. DOLBEAU, *Vingt-six* 28.
[380]   Cf. F. DOLBEAU, ib. 25.29-30; id., ib. 269.
[381]   Cf. F. DOLBEAU, REAug 41 (1995) 32-34; id., RechAug 28 (1995)
        37-38.
[382]   Cf. *ThesAug* A(1),LV (pro ‹208› legendum ‹209›).
[383]   Cf. DOLBEAU, *Vingt-six* 533-536.
[384]   Cf. H.R. DROBNER, Patrologia 28 (2013) 290-291.
[385]   Cf. DOLBEAU, *Vingt-six* 37-38.
[386]   Cf. R. ETAIX, Aug 34 (1994) 360-361.
[387]   Cf. DOLBEAU, *Vingt-six* 69.
[388]   Cf. H.R. DROBNER, Patrologia 28 (2013) 128-129.
[389]   Cf. (P.-P. VERBRAKEN), RB 79 (1969) 46-52.
[390]   Cf. SLA Verz. 17.
[391]   Cf. J. LEMARIÉ, REAug 24 (1978) 98-100.
[392]   Cf. SLA Verz. 8.15; H.R. DROBNER, Patrologia 35 (2016) 140.617.
[393]   G. MORIN, MA 1,727 eundemque sequentes I. MACHIELSEN,
        CPPM 1A,1615; A. HAMMAN, PLS 2,1123-1124; GRYSON 1,306
        ceteraque enchiridia ad *s.* pertinentia; at cf. denuo dubitanter
        reclamantes F. DOLBEAU, RB 107 (1997) 277 n. 47; id., REAug
        43 (1997) 403; C. WEIDMANN, Aug(L) 60 (2010) 173-188.
[394]   Cf. *Catal.* 8,III; *ThesAug* A(1),LIV; H.R. DROBNER, Patrologia
        35 (2016) 141.475.753.
[395]   Cf. *Catal.* 8,III; H.R. DROBNER, Patrologia 35 (2016) 141.475.815.
[396]   Cf. *Catal.* 8,III. Cf. SLA Verz. 14; H.R. DROBNER, Patrologia 35
        (2016) 139.475.
[397]   Cf. DOLBEAU, *Vingt-six* 496-497.
[398]   Cf. SLA Verz. 8.15.

[399] Cf. SLA Verz. 16.
[400] Cf. L. De Coninck/B. Coppieters/R. Demeulenaere, Sacris eruditi 38 (1998/1999) 240-242.
[401] Cf. L. De Coninck/B. Coppieters/R. Demeulenaere, Sacris eruditi 38 (1998/1999) 243-244.
[402] Cf. ib. 489-496. Cf. IPM 45 (2006) 145-171.255.257-259; G. Partoens, RechAug 35 (2007) 189-237.
[403] Cf. H.R. Drobner, Patrologia 35 (2016) 142.935.
[404] Cf. P.-P. Verbraken, Aug(L) 40 (1990) 65-66.
[405] Cf. ib. 119-129.
[406] Cf. ib. 47-51; C. Weidmann, WSt 124 (2011) 231-250. CPPM 1A,1946; Gryson 1,360: CAE s Vi.
[407] Cf. ib. 17-21. Cf. Gryson 1,359: CAE s Et 10.
[408] Cf. ib. 31-37. Cf. B.M. Jensen, IPM 75 (2017) 169-181.
[409] Cf. ib. 63-66. Cf. CPPM 1A,916; 1B,6185; Gryson 1,279: PS-AU s 131 (CPL 248).
[410] Cf. ib. 77-80. Cf. CPPM 1A,917; 1B,6186; Gryson 1,279: PS-AU s 132 (CPL 249).
[411] Cf. ib. 91-94. Cf. CPPM 1A,1983; 1B,6187; Gryson 1,314.149: PS-AU s Mor = AN h Vind 11 (CPL 247).
[412] Cf. ib. 103-109.
[413] Cf. ib. 121-126. Cf. CPPM 1A,968; 1B,4842.4876; Gryson 1,497. 501: FU s 8 = PS-FU s 50 (CPL 838).
[414] Cf. ib. 137-140.
[415] Cf. ib. 153-158. Cf. CPPM 1A,1377.1660; Gryson 1,307.294: PS-AU s Mai 54 = PS-AU s Cai II,71.
[416] Cf. ib. 165-173. Cf. CPPM 1A,1000; 1B,4795.5566.6082; Gryson 1,283.500: PS-AU s 215 = PS-FU s 2.
[417] Cf. ib. 189-198. Cf. CPPM 1A,1834; Gryson 1,287: PS-AU s Bar (CPL 1155g).
[418] Cf. ib. 205-210. Cf. CPPM 1A,1339.1726; Gryson 1,310.292: PS-AU s Mai 117 = PS-AU s Cai II,33.
[419] = CCL 41Bb,322-341. Cf. C. Weidmann, REAug 56 (2010) 173-196; cf. [286].
[420] Cf. ib. 244-256.
[421] Cf. ib. 266-271.
[422] Cf. ib. 257-260.716-718; cf. CSEL 92,47-113 + C. Weidmann, WSt 119 (2006) 178 (‹prologus›); D. Weber, ZAC 16 (2012) 379-382.
[423] Cf. ib. 176-179.715; cf. CSEL 92,33-45 + C. Weidmann, WSt 119 (2006) 178 (‹prologus›). Cf. R. Kany, ZAC 6 (2002) 165-167.
[424] Cf. B. Alexanderson, ElAnt 5,3 (2000).
[425] Cf. *ThesAug* A(1),LV. Cf. Zegg 1-190; B. Löfstedt, Orpheus 9 (1988) 96-97.
[426] Cf. *ThesAug* A(1),LII.
[427] Cf. F. Dolbeau, Sacris eruditi 45 (2006) 199-200.
[428] Cf. ib. LI-LII; *ThesAug* A(1),LV. Cf. Frede 258; Gryson 1,315.
[429] Cf. ib. 739. Cf. SLA Verz. 4.12.
[430] Cf. *ThesAug* A(1),XXXIX-XL.
[431] Cf. *Catal.* 5,IV; *ThesAug* A(1),LV (pro ‹311› legendum ‹331›). Cf. F. Dolbeau, Sacris eruditi 45 (2006) 206-207; R. Kany, REAug 38 (1992) 291-294; SLA Verz. 3.4.11; B. Alexanderson, ElAnt 4,2 (1998); SLA Verz. 12.13.14; G. Braga/B. Pirone/S. Scarcia Amoretti, *Studi Arnaldi* 1,57-84.

[432] Cf. Frede 258; Gryson 1,316; M.M. Gorman, REAug 26 (1980) 99 n. 31.
[433] Cf. *ThesAug* A(1),LIII. Cf. CSEL 77,2,3-81; G. Folliet, REAug 10 (1964) 191-192; W. Hensellek/P. Schilling, *Vorarbeiten zu einem Augustinus-Lexikon. A13 = De vera religione. Werksindex*, Wien 1980, (XXIV).(XXV)-(XXVIII); SLA Verz. 1.2; B. Alexanderson, Aug 48 (2008) 295-297.
[434] Cf. Possid. *uita Aug.* 22,6. Cf. Riese 1,2,40 (*Anth.* 487d); Bastiaensen 188.415.
[435] Cf. Riese 1,2,8 (*Anth.* 484a); Y. Duval, *Loca sanctorum Africae* 1, Rome 1982, 182-183; G. Sanders, *FructCent* 297-313.
[436] Cf. ib. XXXXVII; *ThesAug* A(1),LV.
[437] Cf. ib. 447. Cf. B. Alexanderson, ElAnt 5,3 (2000).
[438] Cf. ib. 25,2,995; *ThesAug* A(1),XXXIX. Cf. W. Hensellek/P. Schilling, *Vorarbeiten zu einem Augustinus-Lexikon. A14 = De utilitate credendi. Werksindex*, Wien 1977,(XX); J. Clemence/J. Pegon, BA 8 (²1982) 199-204; G. Madec, ib. 521-522; SLA Verz. 2.
[439] Cf. *ThesAug* A(1),XLI. Cf. C. Mohrmann, VigChr 8 (1954) 125-126; SLA Verz. 5.

[a] Gezählt wird nach PL, da in der CSEL-Ausgabe die Unterteilung einzelner Kapitel in Paragraphen fehlt. / Numbered according to PL, as in the CSEL edition individual chapters are not divided into paragraphs. / On fait référence à la PL, parce que dans l'édition du CSEL manque la subdivision des chapitres en paragraphes.
[b] Da in der CSEL-Ausgabe Paragraphenzählung fehlt, werden sowohl Kapitel- als auch Paragraphennummern nach PL angegeben (cf. AL 4,VIII). / As paragraph numbers are not given in the CSEL edition, chapter and paragraph numbers are given in accordance with PL (cf. AL 4,IX). / Du fait que, dans l'édition du CSEL, manque la numérotation des paragraphes, on donne les numéros des chapitres et des paragraphes suivant la PL (cf. AL 4,X).
[c] Gezählt wird nach PL, die abweichend davon in der CSEL-Ausgabe eingeführte neue Zählung wird nicht übernommen (cf. AL 4,VIII). / Numbered according to PL: the new numbering introduced in the CSEL edition, which differs from PL, has not been adopted (cf. AL 4,IX). / Numérotation suivant la PL, sans reprendre la numérotation différente introduite dans l'édition du CSEL (cf. AL 4,X).
[d] Gezählt wird nach PL, die abweichend davon in der CCL-Ausgabe eingeführte neue Zählung wird nicht übernommen (cf. AL 4,VIII). / Numbered according to PL: the new numbering introduced in the CCL edition, which differs from PL, has not been adopted (cf. AL 4,IX). / Numérotation suivant la PL; la numérotation différente introduite dans l'édition du CCL n'est pas prise en compte (cf. AL 4,X).

Karl Heinz Chelius (†)
Andreas E.J. Grote

ABKÜRZUNGEN DER BIBLISCHEN SCHRIFTEN
ABBREVIATIONS FOR BOOKS OF THE BIBLE
ABRÉVIATIONS DES OUVRAGES BIBLIQUES

Gn	Genesis	*Mi*	Micha
Ex	Exodus	*Na*	Naum
Lv	Leuiticus	*Hab*	Habacuc
Nm	Numeri	*So*	Sophonias
Dt	Deuteronomium	*Agg*	Aggaeus
Ios	Iosue	*Za*	Zacharias
Idc	Iudicum	*Mal*	Malachias
Rt	Ruth	*1-2 Mcc*	Macchabaeorum
1-4 Rg	Regum		
1-2 Par	Paralipomenon		Euangelium secundum
1-2 Esr	Esras	*Mt*	Matthaeum
Tb	Tobias	*Mc*	Marcum
Idt	Iudith	*Lc*	Lucam
Est	Ester	*Io*	Iohannem
Iob	Iob	*Act*	Actus apostolorum
Ps	Psalmi		Epistulae Pauli ad
Prv	Prouerbia	*Rm*	Romanos
Ecl	Ecclesiastes	*1-2 Cor*	Corinthios
Ct	Canticum canticorum	*Gal*	Galatas
Sap	Sapientia	*Eph*	Ephesios
Ecli	Sirach (Ecclesiasticus)	*Phil*	Philippenses
Is	Isaias	*Col*	Colossenses
Ier	Ieremias	*1-2 Th*	Thessalonicenses
Lam	Lamentationes	*1-2 Tm*	Timotheum
Bar	Baruch	*Tit*	Titum
Ez	Ezechiel	*Phlm*	Philemonem
Dn	Daniel	*Hbr*	Hebraeos
Os	Osee	*Iac*	Epistula Iacobi
Ioel	Iohel	*1-2 Pt*	Epistulae Petri
Am	Amos	*1-3 Io*	Epistulae Iohannis
Abd	Abdias	*Iud*	Epistula Iudae
Ion	Ionas	*Apc*	Apocalypsis

ABKÜRZUNGEN DES RABBINISCHEN SCHRIFTTUMS [1]
ABBREVIATIONS FOR RABBINIC TEXTS [1]
ABRÉVIATIONS DES TEXTES RABBINIQUES [1]

Mischna, Tosefta, Talmud / Mishnah, Tosefta, Talmud / Mishna, Tosefta, Talmud

San	*Sanhedrin*

Midrashim, Targumim, Sammelwerke / Midrashim, Targumim, Miscellanea / Midrashim, Targumim, Recueils

b	*Talmud Bavli*
MTeh	*Midrash Tehillim (Shoher Tov)*
SifDev	*Sifre Devarim*

[1] Cf. FJB 2 (1974) 67-71; IATG³ XXXIXsq.

ABKÜRZUNGEN GRIECHISCHER UND LATEINISCHER SCHRIFTSTELLER UND IHRER WERKE (ERGÄNZENDES VERZEICHNIS) [1]
ABBREVIATIONS FOR GREEK AND LATIN WRITERS AND THEIR WORKS (SUPPLEMENTARY LIST) [2]
ABRÉVIATIONS DES AUTEURS GRECS ET LATINS ET DE LEURS ŒUVRES (LISTE COMPLÉMENTAIRE) [3]

Aesch.	Aeschylus Tragicus
Alb.	Albinus
Did.	*Didascalicus*
Ambr.	Ambrosius episcopus Mediolanensis
hymn.	*Hymni* (Ambrosio a Fontaine ascripti)
in Is.	*Expositio in Isaiam*
phil.	cf. *sacr. regen.*
sacr. regen.	*De sacramento regenerationis siue de philosophia*
Ambrosiast.	Ambrosiaster
in 1 Cor.	*In epistulam ad Corinthios I*
in 2 Cor.	*In epistulam ad Corinthios II*
in Eph.	*In epistulam ad Ephesios*
quaest. test.	*Quaestiones ueteris et noui testamenti*
quaest. test. app. *nou.*	*Quaestionum ueteris et noui testamenti* appendix *(quaestiones noui testamenti)*
in Rm.	*In epistulam ad Romanos*
Arist.	Aristoteles
Phil.	*De philosophia*
Protr.	*Protrepticus*
Aur. Bonif. I *epist.*	Aurelii Carthaginiensis ad Bonif. I *epistula*
Aur. Caelestin. I *epist.*	Aurelii Carthaginiensis ad Caelestin. I *epistula*
Auson.	D. Magnus Ausonius Burdigalensis
epist.	*Epistulae*
griph.	*Griphus ternarii numeri* (Epistula ad Symmachum)
ordo	*Ordo urbium nobilium*
technop.	*Technopaegnion*
Ps.-Bas.	[Basilius]
adu. Man.	*Aduersus Manichaeos*
Ps. Basil.	[Basilii]
adu. Man. A. c. Iul.	*Aduersus Manichaeos* libri uerba ab A. *c. Iul.* allata
Beda	Beda Venerabilis
in Ct.	*Commentarius in Canticum Canticorum*
in epist. cath.	*In epistulas septem catholicas*
hom.	*Homiliae*
retract. in Act.	*Retractatio in actus apostolorum*
Bonif. I	Bonifatius I papa
epist.	*Epistulae*
Ps. Bonif. com. Ps. A. *ep.*	[Bonifatii comitis Africae] ad [A.] *epistulae*
Breu. Hippon.	*Breuiarium Hipponense*
Caelest.	Caelestius Pelagianus
lib. fid.	*Libellus fidei*
Caelestin. I	Caelestinus I papa
epist.	*Epistulae*
Canon. Ap.	*Canones in causa Apiarii*

Chrys.   Chrysostomus, Joannes
    ep. Olymp.   *Epistula ad Olympiadem*
Cic.   Cicero
    Hort.   *Hortensius*
Conc. Ancyr.   *Concilium Ancyranum*
Conc. Carth. a. … A. *ep.*   *Concilii Carthaginiensis* a. … habiti inter Augustinianas seruata *epistula*
Conc. Carth. a. … Aur. *epist.* *Concilii Carthaginiensis* a. … habiti ab Aurelio aliisque conscriptae *epistulae*
Conc. Constant.   *Concilium Constantiense*
Conc. Ilib.   *Concilium Iliberritanum*
Conc. Serd.   *Concilium Serdicense*
Conc. Tolet.   *Concilium Toletanum*
Conc. Trident.   *Concilium Tridentinum*
Conc. Vienn.   *Concilium Viennense*
Conc. Zert.   *Concilium Zertense*
Consul. ital.   *Consularia italica*
Crispin. A. *Cresc.*   Crispini Calamensis episcopi uerba ab A. *Cresc.* allata

D. T.   Dionysius Thrax
    Gramm.   *Ars grammatica*
Damas.   Damasus papa
    epist.   *Epistulae*
Dep. mart.   *Depositio martyrum* (corporis Chronographi anni 354 pars)
Didym.   Didymus Alexandrinus (uel Caecus)
    spir.   *De spiritu sancto*

Edict. imp. Honor. Theod.   *Edictum imperatorum* Honorii et Theodosii
    A. *ep.*   inter A. *ep.* receptum
    Zosim. *epist.*   inter Zosim. *epist.* receptum
Epist. imp. Constant. ad   *Epistula imperatoris* Constantini Magni ad Alexandrum Alexandrinum
    Alex. et Ar.   episcopum et Arium presbyterum
Epist. pontif. A. *ep.*   *Epistulae pontificum Romanorum* ad A. scriptae uel inter Augustinianas
                                      seruatae
Eu. Phil.   *Euangelium apocryphum Philippi*
Eu. uer.   *Euangelium ueritatis*
Eus.   Eusebius Caesariensis
    chron.   *Chronica*

Fortunat. Aquil.   Fortunatianus episcopus Aquileiensis
    in euang.   *Commentarius in euangelia* (sc. in Matthaeum, in Lucam, in Iohannem)
                                      (cod. Köln, Erzbischöfliche Diözesan- und Dombibliothek 17)

Gal.   Galenus medicus
    Plac. Hp. Pl.   *De placitis Hippocratis et Platonis*
Gelas. I   Gelasius I papa
    epist.   *Epistulae*
Geront.   Gerontius
    u. Mel.   *Vita Melaniae*
Gest. conc. Aquil.   *Gesta concilii Aquileiensis*
Gest. conc. Cirt. A. *Cresc.*   *Gesta concilii Cirtensis* apud A. *Cresc.* seruata
Gest. conl. Carth.   *Gesta conlationis Carthaginiensis*
Gest. conl. Carth. cap.   *Gesta conlationis Carthaginiensis* capitula
Gest. ap. Seran. procos.   *Gesta apud Seranum proconsulem* apud A. *Cresc.* seruata
    A. *Cresc.*
Gr. Nyss.   Gregorius Nyssenus
    tr. sp.   *De tridui inter mortem et resurrectionem domini nostri Iesu Christi spatio*
                                      (uulgo *In Christi resurrectionem* 1)

Greg. Ilib.   Gregorius Iliberritanus episcopus
  tract.   *Tractatus (Origenis) de libris sanctarum scripturarum*

Hier. A. *ep.*   Hieronymi ad A. uel inter Augustinianas seruatae *epistulae*
Hincm. Rem.   Hincmarus Remensis archiepiscopus
  pred.   *De predestinatione dei et libero arbitrio*
Hipp.   Hippolytus Romanus
  Cant.   *Interpretatio Cantici canticorum* (uersionis ibericae (sc. ponticae))
  Chron.   *Chronicon*

Indic. Cypr.   *Indiculum Caecilii Cypriani*
      (Canon Mommsenianus)
Indic. Wirceb.   *Indiculum Wirceburgense*
Innoc. I   Innocentius I papa
  epist.   *Epistulae*
Innoc. I A. *ep.*   Innocentii I papae ad A. aliosque uel inter Augustinianas seruatae
      A. aliorumque ad Innoc. I *epistulae*
Innoc. I Hier. *epist.*   Innocentii I papae ad Hier. uel inter Hieronymianas seruatae *epistulae*
Iren.   Irenaeus Lugdunensis
  demonstr.   *Demonstratio apostolicae praedicationis (Epideixis)*
      (uersionis armeniacae)
Isoc.   Isocrates
  Or.   *Orationes*
Iulian.   Iulianus Aeclanensis
  b. const.   *De bono constantiae*
  in Ct.   *Commentarius in canticum canticorum*
  dict.   *Dicta in quadam disputatione publica*
  epist. ad Rom.   *Epistula ad Romanos*
  epist. ad Ruf.   *Epistula ad Rufum Thessalonicensem*
  epist. ad Val.   *Epistula ad Valerium comitem*
  epist. ad Zosim.   *Epistula ad Zosimum papam*
  ad Flor.   *Libri VIII ad Florum*
  ad Turb.   *Libri IV ad Turbantium*
Iuo   Iuo Carnotensis
  pan.   *Panormia*

Kal. Carth.   *Kalendarium antiquissimum ecclesiae Carthaginiensis*

Manich.   Manichaeus
  epist. fund.   *Epistula fundamenti*
Marcell.   Marcellus memorialis
  capit.   *Capitula* (sc. *Gest. conl. Carth.*)

Noris   Henricus Norisius
  hist. pelag.   *Historia pelagiana*
Nouatian.   Nouatianus presbyter Romanus
  pudic.   *De bono pudicitiae*
  spect.   *De spectaculis*

Pamph. Caes.   Pamphilus Caesariensis
  apol. Orig.   *Apologia pro Origene*
Pass. Marc.   *Passio Marculi sacerdotis Donatistae* (BHL 5271)
Pass. Sals.   *Passio Salsae uirginis Tipasitanae* (BHL 7467)
Paul. Nol. A. *ep.*   Paulini Nolani ad A. uel inter Augustinianas seruatae *epistulae*

Pelag.	Pelagius haereticus
	Expositio in epistulam Pauli ad
in 1 Cor.	*Corinthios I*
in 2 Cor.	*Corinthios II*
in Eph.	*Ephesios*
in Gal.	*Galatas*
in Phil.	*Philippenses*
in 1 Tim.	*Timotheum I*
lib. arb.	*Pro libero arbitrio*
lib. fid.	*Libellus fidei*
nat.	*De natura*
trin.	*De trinitate*
Petr. Lomb.	Petrus Lombardus
sent.	*Sententiarum libri IV*
Petr. Sic.	Petrus Siceliotes
h. Man.	*Historia Manichaeorum*
Ph.	Philo Iudaeus
Abr.	*De Abrahamo*
Aet.	*De aeternitate mundi*
All.	*Legum allegoriae*
Anim.	*De animalibus*
Cher.	*De Cherubim*
Conf.	*De confusione linguarum*
Decal.	*De decalogo*
Fug.	*De fuga et inuentione*
Gig.	*De gigantibus*
Her.	*Quis diuinarum rerum heres sit*
Imm.	*Quod deus sit immutabilis*
Jos.	*De Josepho*
Migr.	*De migratione Abrahami*
Mut.	*De mutatione nominum*
Op.	*De opificio mundi*
Praem.	*De praemiis et poenis*
Prou.	*De prouidentia*
Quaest. in Gn.	*Quaestiones in Genesin*
Sacr.	*De sacrificiis Abelis et Caini*
Som.	*De somniis*
Spec.	*De specialibus legibus*
VMos.	*De uita Mosis*
Phot.	Photius
c. Man.	*Contra Manichaeos*
Plu.	Plutarchus Biographus et Philosophus
Adulat.	*De adulatore et amico*
An. procr.	*De animae procreatione in Timaeo*
Curios.	*De curiositate*
Inim. util.	*De capienda ex inimicis utilitate*
Porph.	Porphyrius
Fr.	*Fragmenta*
Imag.	*De imaginibus*
Phil. or.	*De philosophia ex oraculis haurienda*
Regr. an.	*De regressu animae*
Precept. can. Ptol.	Preceptum canonis Ptolomei
Primian. A. *breuic.*	Primiani Carthaginiensis episcopi uerba ab A. *breuic.* allata
Primian. A. *c. Don.*	Primiani Carthaginiensis episcopi uerba ab A. *c. Don.* allata
Quesnell.	*Collectio Quesnelliana*

Reg. eccl. Carth. exc.	*Registri ecclesiae Carthaginiensis excerpta*
Remig. Lugd.	Remigius Lugdunensis episcopus
script. uer.	*De tenenda immobiliter scripturae ueritate*
Rufin. Syr.	Rufinus Syrus Pelagianus
fid.	*Liber de fide*
Sen.	Seneca (philosophus)
superst.	*De superstitione*
Sor.	Soranus
Gyn.	*Gynaecia*
Testim. Pl.	Testimonia Platonica
Thom. Aq.	Thomas Aquinas
spirit. creat.	*De spiritualibus creaturis*
S. th.	*Summa theologiae*
Trad. apost.	*Traditio apostolica* (uersionum orientalium)
Varro	Varro
ant. rer. diu.	*Antiquitates rerum diuinarum*
cult. deor.	*Curio de cultu deorum*
discipl.	*Disciplinarum libri*
gent. pop. Rom.	*De gente populi Romani*
phil.	*De philosophia*
Vincent. Ler.	Vincentius Lerinensis
obiect.	*Obiectiones*
Zos. Hist.	Zosimus Historicus
Zosim.	Zosimus papa
epist.	*Epistulae*
tract.	*Epistula tractoria*

ABKÜRZUNGEN FÜR SERIEN UND ZEITSCHRIFTEN, AUSGABEN, LEXIKA, SAMMEL- UND STANDARDWERKE

ABBREVIATIONS FOR SERIES AND PERIODICALS, EDITIONS, ENCYCLO-PAEDIAS, DICTIONARIES, MISCELLANEA, AND STANDARD WORKS

ABRÉVIATIONS DES COLLECTIONS, PÉRIODIQUES, ÉDITIONS, DICTIONNAIRES, RECUEILS ET OUVRAGES DE RÉFÉRENCE

AAAd	Antichità Altoadriatiche
AAAH	Acta Antiqua Academiae Scientiarum Hungaricae
AAF	Annales Academiae Scientiarum Fennicae
AAG	Abhandlungen der Akademie der Wissenschaften in Göttingen. Philologisch-Historische Klasse
AAH	Abhandlungen der Heidelberger Akademie der Wissenschaften. Philosophisch-Historische Klasse
AAMz	Abhandlungen der Akademie der Wissenschaften und der Literatur in Mainz. Geistes- und sozialwissenschaftliche Klasse
AANL	Atti dell'Accademia Nazionale dei Lincei
–.M	– Memorie. Classe di Scienze Morali, Storiche e Filologiche
–.P	– Problemi attuali di scienza e di cultura
–.R	– Rendiconti. Classe di Scienze Morali, Storiche e Filologiche
AASS	Acta sanctorum
AAST	Atti dell'Accademia delle Scienze di Torino
AAW	Anzeiger der Österreichischen Akademie der Wissenschaften. Philosophisch-Historische Klasse
AB	Analecta Bollandiana
ABenR	American Benedictine Review
ABG	Archiv für Begriffsgeschichte
AC	Antiquité classique
Academia(N)	Academia. Journal of the Nanzan Academic Society. Humanities and Social Sciences
ACan	Année canonique
ACEEC	Actas del Congreso Español de Estudios Clásicos
ACF	Annuaire du Collège de France
AClass	Acta classica. Proceedings of the Classical Association of South Africa
ACO	Acta conciliorum oecumenicorum (1,)1-4 (ed. E. Schwartz/J. Straub); 2,1-2 (ed. R. Riedinger), Berolini 1914-1992
ACPQ	American Catholic Philosophical Quarterly
ACR	Australasian Catholic Record
ACW	Ancient Christian Writers, Westminster, Md./London
AD	Ars disputandi. The Online Journal for Philosophy and Religion (http://www.arsdisputandi.org (ISSN 1566-5399))
AE	Année épigraphique
AEcR	American Ecclesiastical Review
AEPHE	Annuaire de l'Ecole pratique des Hautes Etudes
–.R	– Section des Sciences religieuses
AevAnt	Aevum antiquum
Aevum	Aevum. Rassegna di scienze storiche, linguistiche e filologiche
AFG(P)	Annali della Facoltà di Giurisprudenza, Perugia
AFLF(B)	Annali della Facoltà di Lettere e Filosofia, Bari
AFLF(C)	Annali della Facoltà di Lettere e Filosofia, Cagliari
AFLF(N)	Annali della Facoltà di Lettere e Filosofia, Napoli
AFLNice	Annales de la Faculté des Lettres et Sciences humaines de Nice
AFLT	Annales publiées par la Faculté des Lettres et Sciences humaines de Toulouse
AFTC	Anales de la Facultad de Teología (de la) Universidad Católica de Chile

AGG	Abhandlungen der Gesellschaft der Wissenschaften zu Göttingen. Philosophisch-Historische Klasse
AH	*Augustin Handbuch* (hrsg. von V.H. DRECOLL), Tübingen 2007
AHC	Annuarium historiae conciliorum
AHDL	Archives d'histoire doctrinale et littéraire du Moyen Age
AHES	Annales d'histoire économique et sociale
AHIg	Anuario de historia de la Iglesia
AHR	The American Historical Review
AIPHOS	Annuaire de l'Institut de Philologie et d'Histoire Orientales et Slaves
AIVS	Atti dell'Istituto Veneto di Scienze, Lettere ed Arti
–.M	– Classe di scienze morali, lettere ed arti
AJE	Anuario Jurídico Escurialense
AJJ	The American Journal of Jurisprudence
AJPh	American Journal of Philology
AJTh	American Journal of Theology
AKG	Archiv für Kulturgeschichte
AL	Augustinus-Lexikon
ALG	Sankt Augustinus. Der Lehrer der Gnade, Würzburg
– Proleg.	– Prolegomena
ALMA	Archivum latinitatis medii aevi
ALW	Archiv für Liturgiewissenschaft
AM	*Augustinus Magister (Congrès International Augustinien, Paris, 21-24 septembre 1954) 1-3*, Paris 1954-1955
AMal	Analecta Malacitana. Revista de la Sección de Filología de la Facultad de Filosofía y Letras
Ambrosius	Ambrosius. Bollettino liturgico ambrosiano
AnchBD	The Anchor Bible Dictionary
AncHist	Ancient History. Resources for Teachers
AncSoc	Ancient Society
ANDRESEN, *Bibliographia*	C. ANDRESEN, *Bibliographia augustiniana*, Darmstadt ²1973
Angelicum	Angelicum. Periodicum trimestre Pontificiae Studiorum Universitatis a Sancto Thoma Aquinate in Urbe
Anima	Anima. Vierteljahresschrift für praktische Seelsorge
Anregung	Anregung. Zeitschrift für die Höhere Schule
ANRW	Aufstieg und Niedergang der römischen Welt
AntAfr	Antiquités africaines
Anthropotes	Anthropotes. Rivista di studi sulla persona e la famiglia
Antike	Antike. Zeitschrift für Kunst und Kultur des klassischen Altertums
Antiphon	Antiphon. A Journal for Liturgical Renewal
AntJ	Antiquaries Journal, being the Journal of the Society of Antiquaries of London
Antonianum	Antonianum. Periodicum trimestre editum cura professorum Pontificii Athenaei Antoniani de Urbe
AntTard	Antiquité tardive. Revue internationale d'histoire et d'archéologie (IVe-VIIIe s.)
AOH	Acta Orientalia Academiae Scientiarum Hungaricae
AOW	Augustinus. Opera – Werke, Paderborn
APAB	Abhandlungen der Preußischen Akademie der Wissenschaften. Philosophisch-Historische Klasse
Apeiron	Apeiron. A Journal for Ancient Philosophy and Science
APhC	Annales de philosophie chrétienne
APISSL(N)	Annali del Pontificio Istituto Superiore di Scienze e Lettere «S. Chiara», Napoli
Apocrypha	Apocrypha. Revue internationale des littératures apocryphes / International Journal of Apocryphal Literatures
Apollinaris	Apollinaris. Commentarius Instituti Utriusque Iuris. Pontificia Universitas Lateranensis

APP	*Augustin philosophe et prédicateur. Hommage à G. Madec. Actes du colloque international organisé à Paris les 8 et 9 septembre 2011* (éd. par I. BOCHET), Paris 2012
APQ	American Philosophical Quarterly
APraem	Analecta Praemonstratensia
ArAg	Archivo Agustiniano
ARelG	Archiv für Religionsgeschichte
ARID	Analecta Romana Instituti Danici
ArPh	Archives de philosophie
ArRom	Archivum romanicum
ArSoc	The Aristotelian Society. Supplementary Volume: The Symposia Read at the Joint Session of the Aristotelian Society and the Mind Association
ARSP	Archiv für Rechts- und Sozialphilosophie
AS	Sankt Augustinus. Der Seelsorger, Würzburg
ASAB	Annales de la Société (Royale) d'Archéologie de Bruxelles
ASAL	Abhandlungen der Sächsischen Akademie der Wissenschaften zu Leipzig. Philologisch-Historische Klasse
ASeign	Assemblées du Seigneur. Catéchèse des dimanches et des fêtes
ASEs	Annali di storia dell'esegesi
Asia Major	Asia Major. Published by the Institute of History and Philology of the Academia Sinica
ASNSP	Annali della Scuola Normale Superiore di Pisa. Classe di Lettere e Filosofia
Asprenas	Asprenas. Rivista di teologia
ASSLG	Acta Regiae Societatis Scientiarum et Litterarum Gothoburgensis. Humaniora
ASt	Archiv für Stenographie
AST	Analecta Sacra Tarraconensia
ATh	Année théologique
AThA	Année théologique augustinienne
AthAg	Augustine through the Ages. An Encyclopedia
AthAg(Fr.)	Saint Augustin – la Méditerranée et l'Europe. IVe-XXIe siècle. Edition française
AthAg(It.)	Agostino. Dizionario enciclopedico. Edizione italiana
Athenaeum	Athenaeum. Studi periodici di letteratura e storia dell'antichità
AThR	Anglican Theological Review
ATT	Archivio Teologico Torinense
AU	Der altsprachliche Unterricht
AuA	Antike und Abendland
AuC	Antike und Christentum
– Erg.-Bd.	– Ergänzungsband
Auctores nostri	Auctores nostri. Studi e testi di letteratura cristiana antica
Aug	Augustinianum. Periodicum quadrimestre Collegii Internationalis Augustiniani
AugAfer	*Augustinus Afer. Saint Augustin: africanité et universalité (Actes du colloque international Alger-Annaba, 1-7 avril 2001)* 1-2, Fribourg 2003
AugHer	Augustinian Heritage
Aug(L)	Augustiniana. Tijdschrift voor de studie van Sint Augustinus en de Augustijnenorde
AugPan	Augustinian Panorama
AugPréd	*Augustin prédicateur (395-411). Actes du Colloque International de Chantilly (5-7 septembre 1996)* (éd. par G. MADEC), Paris 1998
AugStud	Augustinian Studies
Augustinus	Augustinus. Revista trimestral publicada por los Padres Agustinos Recoletos
AurAug	*Aurelius Augustinus. Die Festschrift der Görres-Gesellschaft zum 1500. Todestage des heiligen Augustinus* (hrsg. von M. GRABMANN/J. MAUSBACH), Köln 1930
AW	Antike Welt. Zeitschrift für Archäologie und Kulturgeschichte
Axes	Axes. Recherches pour un dialogue entre christianisme et religions
BA	Bibliothèque augustinienne. Œuvres de saint Augustin, Paris
BAAl	Bulletin d'archéologie algérienne
BAC	Biblioteca de autores cristianos, Madrid

BAGB	Bulletin de l'Association Guillaume Budé
BALAC	Bulletin d'ancienne littérature et d'archéologie chrétienne
BAr	Bulletin de l'Arelan
BASP	Bulletin of the American Society of Papyrologists
VAN BAVEL/ VAN DER ZANDE	T. VAN BAVEL/F. VAN DER ZANDE, *Répertoire bibliographique de saint Augustin 1950-1960*, Steenbrugis/Hagae Comitis 1963
BAW	Bibliothek der Alten Welt, Zürich/Stuttgart/München
BCTH	Bulletin Archéologique du Comité des Travaux Historiques et Scientifiques
BeO	Bibbia e Oriente
BFCL	Bulletin des facultés catholiques de Lyon
BHH	Biblisch-historisches Handwörterbuch (hrsg. von B. REICKE/L. ROST)
BHL	*Bibliotheca hagiographica latina antiquae et mediae aetatis* (ed. socii Bollandiani) 1-2 (SHg 6), Bruxellis 1992 (1898-1901.²1949). Supplementum (SHg 12), ib. ²1911. Novum Supplementum (ed. H. FROS) (SHg 70), ib. 1986
Biblia Aug.	A.-M. LA BONNARDIÈRE, *Biblia Augustiniana*, Paris
Biblica	Biblica. Commentarii editi cura Pontificii Instituti Biblici
BIF(Ma)	Bollettino dell'Istituto di Filosofia, Università degli Studi di Macerata
Bijdr.	Bijdragen. Tijdschrift voor philosophie en theologie
BiLe	Bibel und Leben
BiLi	Bibel und Liturgie
Bilychnis	Bilychnis. Rivista di studi religiosi
BioPh	Biology and Philosophy
BJ	Bonner Jahrbücher des Rheinischen Landesmuseums in Bonn und des Rheinischen Amtes für Bodendenkmalpflege im Landschaftsverband Rheinland und des Vereins von Altertumsfreunden im Rheinlande
BJRL	Bulletin of the John Rylands Library
BKV[1]	Bibliothek der Kirchenväter, 1. Auflage, Kempten
BKV[2]	Bibliothek der Kirchenväter, 2. Auflage, Kempten/München
BL	Bibel-Lexikon (hrsg. von H. HAAG)
BLAISE/CHIRAT	A. BLAISE/H. CHIRAT, *Dictionnaire latin-français des auteurs chrétiens*, Turnhout ³1967
BLE	Bulletin de littérature ecclésiastique
BLR	The Bodleian Library Record
BM	Bulletin monumental
BMCR	Bryn Mawr Classical Review (http://bmcr.brynmawr.edu)
BOAR(N)	Boletín oficial de la Provincia de Agustinos Recoletos de San Nicolás de Tolentino de las Islas Filipinas
BPl	Bibliothèque de la Pléiade, Paris
BR	Biblical Research
BRAH	Boletín de la Real Academia de la Historia
BS	Bibliotheca sacra. A Theological Quarterly
BSGL	Berichte über die Verhandlungen der Königlichen Sächsischen Gesellschaft der Wissenschaften zu Leipzig. Philologisch-Historische Klasse
BSL	Bulletin de la Société de Linguistique de Paris
BSNAF	Bulletin de la Société nationale des Antiquaires de France
BStL	Bollettino di studi latini
BThB	Biblical Theology Bulletin. A Journal of Bible and Theology
BullAug	Bulletin augustinien (ATh; AThA; REAug)
Burgense	Burgense. Collectanea scientifica
BuW	Bibliothek und Wissenschaft
BWA	Basic Writings of Saint Augustine, New York
ByZ	Byzantinische Zeitschrift
Byzantina	Byzantina. Epistēmonikon organon Kentru Byzantinōn Ereunōn Philosophikēs Scholēs Aristoteleiu Panepistēmiu
BzA	Beiträge zur Altertumskunde
BZThS	Bonner Zeitschrift für Theologie und Seelsorge

CAG	Corpus Augustinianum Gissense a C. Mayer editum (CD-ROM), Basel [1]1996
– (augm.)	Corpus Augustinianum Gissense a C. Mayer editum (augmentatum augmentandumque)
CAG 2	Corpus Augustinianum Gissense a C. Mayer editum (CD-ROM), Würzburg [2]2004
– Handbuch	– Handbuch/Manual/Manuel/Manual, Würzburg [2]2004
– Manual	
– Manuel	
– Manual	
CAG-online	Corpus Augustinianum Gissense a C. Mayer editum (Version 3.0 – Online-Ressource: www.cag-online.net), Würzburg 2013
CAGr	Commentaria in Aristotelem graeca
CAr	Cahiers archéologiques
Casiciaco	Casiciaco. Revista de los profesos Agustinos de la Provincia del Santisimo Nombre de Jesús de Filipinas
Cath.	Catholicisme. Hier, aujourd'hui, demain
Cath(M)	Catholica. Vierteljahrsschrift für Kontroverstheologie
CBQ	Catholic Biblical Quarterly
CBTEL	Cyclopaedia of Biblical, Theological, and Ecclesiastical Literature
CCA	Corpus Christianorum. Series Apocryphorum, Turnhout
CCARB	Corsi di cultura sull'arte ravennate e bizantina
CCC	Civiltà classica e cristiana
CCER	Cahiers du Cercle Ernest Renan pour libres recherches d'histoire du Christianisme
CCG	Corpus Christianorum. Series Graeca, Turnhout
CCHag	Corpus Christianorum. Hagiographies (Histoire internationale de la littérature hagiographique latine et vernaculaire en Occident des origines à 1500), Turnhout
CCHL(P)	*Catalogus codicum hagiographicorum latinorum antiquiorum saeculo XVI qui asservantur in Bibliotheca nationali Parisiensi* 1-4 (SHg 2,1-4), Bruxellis 1889-1893
CCist	Collectanea Cisterciensia
CCL	Corpus Christianorum. Series Latina, Turnhout
CCM	Corpus Christianorum. Continuatio Mediaevalis, Turnhout
CCR	Canadian Catholic Review
CDios	Ciudad de Dios. Revista agustiniana de cultura e investigación
CEA	Cahiers des études anciennes
CEC	Collection d'études classiques
CEDAC	Bulletin du Centre d'études et de documentation archéologique de la Conservation de Carthage
CFC	Cuadernos de Filología Clásica
– EL	– Estudios latinos
CFM	Corpus fontium Manichaeorum
– SC	– Series Coptica
– SL	– Series Latina
CFont	Les Cahiers de Fontenay
CGL	*Corpus Glossariorum Latinorum* (ed. G. Goetz) 1-7, Amsterdam 1965 (Lipsiae 1888-1923)
ChH	Church History
Chiron	Chiron. Mitteilungen der Kommission für Alte Geschichte und Epigraphik des Deutschen Archäologischen Instituts
CHist	Cahiers d'histoire. Lyon, Grenoble, Clermont, Saint-Etienne, Chambéry
Chora	χώρα/Chora. Revue d'études anciennes et médiévales
CHR	The Catholic Historical Review
CHRÊSIS	ΧΡΗΣΙΣ/CHRÊSIS. Die Methode der Kirchenväter im Umgang mit der antiken Kultur
CIA	*Congresso Internazionale su S. Agostino nel XVI centenario della conversione, Roma, 15-20 settembre 1986. Atti* 1-3, Roma 1987

CIF(M)	Contributi dell'Istituto di Filosofia dell'Università Cattolica del Sacro Cuore (Milano)
CIL	Corpus inscriptionum latinarum, Berlin
CILP	Conférences de l'Institut de Linguistique de l'Université de Paris
CiSt	Cistercian Studies (Quarterly). Bulletin of Monastic Spirituality
Cîteaux	Cîteaux. Commentarii Cistercienses
CivCatt	La civiltà cattolica
CJ	The Classical Journal
CJos	Cahiers de joséphologie
CLA	E.A. Lowe, *Codices Latini Antiquiores. A Palaeographical Guide to Latin Manuscripts prior to the Ninth Century* 1-11. Supplement, Oxford 1934-1972
ClB	Classical Bulletin
CLCLT	CETEDOC Library of Christian Latin Texts. Base de données pour la tradition occidentale latine, Turnhout ⁴2000
CLCLT-5	Library of Latin texts. CLCLT: Database for the Western Latin tradition. Centre Traditio Litterarum Occidentalium, Turnhout 2002; cf. LLT-A
CleR	Clergy Review
ClF	Classical Folia. Studies in the Christian Perpetuation of the Classics
ClV	Classical (News and) Views. Echos du monde classique
ClW	The Classical Weekly / Classical World
C&M	Classica et mediaevalia. Revue danoise d'histoire et de philologie
CMC	*Der Kölner Mani-Kodex: Über das Werden seines Leibes. Kritische Edition aufgrund der von A. Henrichs und L. Koenen besorgten Erstedition* (hrsg. und übersetzt v. L. Koenen/C. Römer), Opladen 1988
CMech	Collectanea Mechliniensia
CNJ	Cahiers de la nouvelle journée
CodMan	Codices manuscripti. Zeitschrift für Handschriftenkunde
COeD	*Conciliorum oecumenicorum decreta* (ed. Istituto per le Scienze religiose), Bologna ³1973
CollAug	J.C. Schnaubelt/F. Van Fleteren (Ed.), *Collectanea Augustiniana. Augustine: «Second Founder of the Faith»*, New York 1990
– *Exegete*	*Collectanea Augustiniana. Augustine: Biblical Exegete* (ed. by F. Van Fleteren/ J.C. Schnaubelt), New York 2001
– *Iconography*	*Collectanea Augustiniana. Augustine in Iconography: History and Legend* (ed. by J.C. Schnaubelt/F. Van Fleteren), New York 1999
– *Mystic*	*Collectanea Augustiniana. Augustine: Mystic and Mystagogue* (ed. by F. Van Fleteren/J.C. Schnaubelt/J. Reino), New York 1994
– *Presbyter*	*Collectanea Augustiniana. Augustine: Presbyter Factus Sum* (ed. by J.T. Lienhard/ E.C. Muller/R.J. Teske), New York 1993
CollLat	Collection Latomus
Com(US)	Communio: International Catholic Review
CompAug	*A Companion to Augustine* (ed. by M. Vessey), Chichester/Malden, Mass. 2012
Compostellanum	Compostellanum. Revista de la Archidiócesis de Santiago de Compostela
Conc(D)	Concilium. Internationale Zeitschrift für Theologie (Deutsche Ausgabe)
Concordia	Concordia. Revista internacional de filosofía
ConcordVulg	B. Fischer, *Novae concordantiae bibliorum sacrorum iuxta vulgatam versionem critice editam* 1-5, Stuttgart/Bad Cannstatt 1977
Conférence(M)	Conférence. Revue semestrielle, Meaux (ISSN 1269-0732)
ConfLing(P)	Conférences de l'Institut de Linguistique de l'Université de Paris
Convivium (Torino)	Convivium. Rivista di lettere, filosofia e storia
Cor unum	Cor unum. Mitteilungen an die deutsche Augustinerfamilie
CPEg	Connaissance des pères de l'église
CPG	M. Geerard/F. Glorie, *Clauis Patrum Graecorum* 1-5, Turnhout 1974-1987
– Suppl.	M. Geerard/J. Noret/F. Glorie/J. Desmet, *Clauis Patrum Graecorum. Supplementum*, Turnhout 1998

CPh	Classical Philology
CPhSt	Les cahiers philosophiques de Strasbourg
CPL	E. DEKKERS/AE. GAAR, *Clauis patrum latinorum*, Steenbrugis ²1961; ib. ³1995
CPPM	J. MACHIELSEN, *Clauis patristica pseudepigraphorum medii aeui* 1-3, Turnhout 1990-2003
CQ	Classical Quarterly
CR	The Classical Review
CRAI	Comptes rendus des séances de l'Académie des Inscriptions et Belles-Lettres
CrCr	Cross and Crown. A Thomistic Quarterly of Spiritual Theology
CRDAC	Atti del Centro Ricerche e Documentazione sull'Antichità classica
CRéc	Cahiers de la réconciliation
CrSt	Cristianesimo nella storia. Ricerche storiche, esegetiche, teologiche
CSCO	Corpus scriptorum christianorum orientalium, Louvain
CSEL	Corpus scriptorum ecclesiasticorum latinorum, Wien/Salzburg/Berlin/Boston, Mass.
CT	*Concilium Tridentinum. Diariorum, actorum, epistularum, tractatuum nova collectio* (ed. Societas Goerresiana) 1-13, Friburgi Br. 1963-1967 (ib. 1901-1938)
CTun	Cahiers de Tunisie
CuestTeol	Cuestiones teológicas Medellín
CUFL	Collection des universités de France. Série latine
CuMon	Cuadernos monasticos
CuPen	Cuadernos de pensamiento
CuSFil	Cuadernos salmantinos de filosofía
CuW	Christentum und Wissenschaft
DACL	Dictionnaire d'archéologie chrétienne et de liturgie
DAGR	Dictionnaire des antiquités grecques et romaines
DAnt	Dictionnaire de l'Antiquité
DB	Dictionnaire de la Bible
– Suppl.	– Supplément
Dcom	Doctor communis. Acta et commentationes Pontificiae Academiae Romanae S. Thomae Aquinatis
DDC	Dictionnaire de droit canonique
DEBl	Deutsch-evangelische Blätter
DENZINGER/ SCHÖNMETZER	H. DENZINGER/A. SCHÖNMETZER, *Enchiridion symbolorum, definitionum et declarationum de rebus fidei et morum*, Barcinone/Friburgi Brisgoviae/ Romae ³⁶1976
DHA	Dialogues d'histoire ancienne
DHGE	Dictionnaire d'histoire et de géographie ecclésiastiques
Diaconat aujourd'hui	Diaconat aujourd'hui, Avignon
Dialectica	Dialectica. Revue internationale de philosophie de la connaissance
Dialogue	Dialogue. Revue canadienne de philosophie
Didaskaleion	Didaskaleion. Studi di letteratura e storia cristiana antica
Didaskalia	Didaskalia. Revista da Faculdade de Teologia de Lisbõa
Dionysius	Dionysius, Halifax, Nova Scotia
DIP	Dizionario degli istituti di perfezione
DissAb	Dissertation Abstracts
Divinitas	Divinitas. Pontificiae Academiae Theologicae Romanae commentarii
DLS	Demografia, literatura i societat
DNP	Der Neue Pauly. Enzyklopädie der Antike
– Suppl.	– Supplemente
DOP	Dumbarton Oaks Papers
Dox. gr.	H. DIELS, *Doxographi graeci*, Berolini ⁴1965
DPAC	Dizionario patristico e di antichità cristiane
DPhAnt	Dictionnaire des philosophes antiques
DPhV	Dissertationes philologae Vindobonenses

DPRS	Dimensioni e problemi della ricerca storica
DR	Downside Review. A Quarterly of Catholic Thought and of Monastic History
DSBP	Dizionario di spiritualità biblico-patristica
DSp	Dictionnaire de spiritualité, ascétique et mystique
DSTFM	Documenti e studi sulla tradizione filosofica medievale
DSTradF	Documenti e studi sulla tradizione filosofica medievale
DT	Divus Thomas. Jahrbuch für Philosophie und spekulative Theologie
DT(P/B)	Divus Thomas: Commentarium de philosophia et theologia
DThC	Dictionnaire de théologie catholique
DTT	Dansk teologisk tidsskrift
DVLG	Deutsche Vierteljahresschrift für Literaturwissenschaft und Geistesgeschichte
EAA	Enciclopedia dell'arte antica, classica e orientale
EBerb	Encyclopédie berbère
ECarm	Ephemerides Carmeliticae
ECl	Estudios Clásicos
EcOr	Ecclesia orans. Periodica de scientiis liturgicis
Educadores	Educadores. Revista de la Federación Española de Religiosos de Enseñanza
EE	Estudios eclesiásticos. Revista trimestral de investigación e información teológica
EEC	Encyclopedia of Early Christianity. Second Edition
EeT(O)	Eglise et théologie, Ottawa
EF	Enciclopedia filosofica
EHLD	Etudes d'histoire littéraire et doctrinale
EkklPh	ΕΚΚΛΗΣΙΑΣΤΙΚΟΣ ΦΑΡΟΣ / Ekklēsiastikos Pharos
EL	Ephemerides liturgicae
ElAnt	Electronic Antiquity: Communicating the Classics (http://scholar.lib.vt.edu/ejournals/ElAnt/ (ISSN 1320-3606))
EME	Early Medieval Europe
Emerita	Emerita. Revista de lingüística y filología clásica
EncFr	Encyclopédie française
EncPh	Encyclopedia of Philosophy
EncRel(E)	The Encyclopedia of Religion (ed. by M. ELIADE)
EOMIA	C.H. TURNER, *Ecclesiae occidentalis monumenta iuris antiquissima. Canonum et conciliorum graecorum interpretationes latinae* 1-2, Oxonii 1899-1934
EOr	Echos d'Orient. Revue d'histoire, de géographie et de liturgie orientales
Eos	Eos. Commentarii Societatis Philologae Polonorum
EP	Enciclopedia dei Papi
EPh	Les Etudes philosophiques
EphMar	Ephemerides Mariologicae
Eranos	Eranos. Acta philologica Suecana
ERE	Encyclopaedia of Religion and Ethics
ErJb	Eranos-Jahrbuch
ERNOUT/MEILLET	A. ERNOUT/A. MEILLET, *Dictionnaire étymologique de la langue latine*, Paris ⁴1979
EscrVedat	Escritos del Vedat
Espíritu	Espíritu. Cuadernos del Instituto filosófico de Balmesiana
EstAg	Estudio agustiniano
EstB	Estudios bíblicos
EstMar	Estudios marianos
EstTrin	Estudios Trinitarios
EtCarm	Etudes carmélitaines
ETD	G. MORIN, *Etudes, textes, découvertes* 1, Abbaye de Maredsous/Paris 1913
EThL	Ephemerides theologicae Lovanienses
EtMar	Etudes mariales
ETR	Etudes théologiques et religieuses
EU	Encyclopaedia universalis
EuA	Erbe und Auftrag. Benediktinische Monatsschrift

Euntes docete	Euntes docete. Commentaria Urbaniana
Euphrosyne	Euphrosyne. Revista de filología clásica
EvQ	Evangelical Quarterly
EvTh	Evangelische Theologie
EWNT	Exegetisches Wörterbuch zum Neuen Testament (hrsg. von H. BALZ/G. SCHNEIDER)
ExDiss(Pna)	Excerpta e dissertationibus in sacra theologia (Universidad de Navarra, Pamplona)
ExPhil	Excerpta Philologica. Revista de Filología Griega y Latina de la Universidad de Cádiz
Expositor	Expositor, London
FaCh	The Fathers of the Church, Washington, D.C.
Faventia	Faventia. Revista del Departament de Ciències de l'Antiguitat i de l'Edat Mitjana (Universitat Autònoma de Barcelona)
FC	Fontes Christiani, Freiburg/Turnhout
F&F	Forschungen und Fortschritte
FHG	K. MÜLLER, *Fragmenta historicorum graecorum* 1-5, Frankfurt a.M. 1975 (Parisiis 1841-1870)
Fichier	*Fichier Augustinien.* Institut des Etudes Augustiniennes, Paris, Auteurs 1-2. Matières 1-2. Supplément 1, Boston, Mass. 1972-1981
FilLet	Filologia e letteratura
FilVit	Filosofia e vita. Quaderni trimestrali di orientamento formativo
FIRA	S. RICCOBONO/G. BAVIERA/V. ARANGIO-RUIZ, *Fontes iuris Romani anteiustiniani* 1-3, Florentiae 1941-1943
FJB	Frankfurter Judaistische Beiträge
FKTh	Forum Katholische Theologie
Florilegium	Florilegium. Canadian Society of Medievalists / Société canadienne des médiévistes
FlorPatr	Florilegium patristicum tam veteris quam medii aevi auctores complectens
FORCELLINI	*Lexicon totius latinitatis ab* AE. FORCELLINI … *lucubratum, deinde a* I. FURLANETTO … *emendatum et auctum, nunc vero curantibus* F. CORRADINI *et* I. PERIN *emendatius et auctius melioremque in formam redactum* 1-6, Bononiae 1965 (Patavii ⁴1940)
Fortunatae	Fortunatae. Revista Canaria de filologia, cultura y humanidades clasicas
Foundations	Foundations. A Baptist Journal of History and Theology
FPL	W. MOREL/K. BÜCHNER/J. BLÄNSDORF (Ed.), *Fragmenta poetarum Latinorum epicorum et lyricorum*, Berolini/Noui Eboraci ⁴2011
Francia	Francia. Forschungen zur westeuropäischen Geschichte
FREDE	H.J. FREDE, *Kirchenschriftsteller. Verzeichnis und Sigel*, Freiburg ⁴1995; id. (†), *Kirchenschriftsteller … Aktualisierungsheft 2004 / Compléments 2004* par R. GRYSON, Freiburg 2004 (cf. GRYSON)
FrLev	Franciscaans(ch) Leven
FS	Franziskanische Studien
FZMw	Frankfurter Zeitschrift für Musikwissenschaft (http://www.fzmw.de)
FZPhTh	Freiburger Zeitschrift für Philosophie und Theologie
GCS	Die griechischen christlichen Schriftsteller der ersten drei Jahrhunderte, Leipzig/Berlin
GdK	Gottesdienst der Kirche. Handbuch der Liturgiewissenschaft
GFA	Göttinger Forum für Altertumswissenschaft
GGA	Göttingische Gelehrte Anzeigen
GIF	Giornale Italiano di Filologia. International Studies of Ancient Sources And Their Contexts
GLCP	Graecitas et latinitas Christianorum primaeva
– Suppl.	– Supplementa
GLM	A. RIESE, *Geographi latini minores*, Hildesheim/Zürich/New York 1995 (Heilbronnae 1878)
Glotta	Glotta. Zeitschrift für die griechische und lateinische Sprache

GM	Giornale di metafisica
GNO	Gregorii Nysseni Opera, Leiden
Gnomon	Gnomon. Kritische Zeitschrift für die gesamte klassische Altertumswissenschaft
GOTR	The Greek Orthodox Theological Review
Graphè	Graphè. Centre de recherches Lectures de l'Ecriture
GrB	Grazer Beiträge. Zeitschrift für die klassische Altertumswissenschaft
GrBl	Gregoriusblatt. Offizielles Organ der Internationalen Gesellschaft für Erneuerung der Katholischen Kirchenmusik
Gregorianum	Gregorianum. Commentarii de re theologica et philosophica editi a professoribus Pontificiae Universitatis Gregorianae
GregPa	Grēgorios ho Palamas. Ekklēsiastikon periodikon
GRYSON	R. GRYSON, *Répertoire général des auteurs ecclésiastiques latins de l'antiquité et du haut moyen âge* 1-2, Freiburg ⁵2007 (cf. FREDE)
GuL	Geist und Leben. Zeitschrift für christliche Spiritualität (bis 1944: ZAM)
GW	*Gesamtkatalog der Wiegendrucke* 3, Stuttgart ²1968
Gymnasium	Gymnasium. Zeitschrift für Kultur der Antike und humanistische Bildung
HAGENDAHL	H. HAGENDAHL, *Augustine and the Latin Classics* 1-2, Göteborg 1967
HATCH/REDPATH	E. HATCH/H.A. REDPATH, *A Concordance to the Septuagint and the Other Greek Versions of the Old Testament (Including the Apocryphal Books)* 1-2 Supplement, Graz 1983-1984 (Oxford 1897-1906)
HDG	Handbuch der Dogmengeschichte
HE	History of Education
Helikon	Helikon. Rivista di tradizione e cultura classica
Helmantica	Helmantica. Revista de humanidades clásicas
Hermeneus	Hermeneus. Tijdschrift voor antieke cultuur
Hermes	Hermes. Zeitschrift für klassische Philologie
HeT	Humanística e teologia
HEUMANN/SECKEL	H. HEUMANN/E. SECKEL, *Handlexikon zu den Quellen des römischen Rechts*, Graz ¹¹1971 (Jena ⁹1907)
HeyJ	Heythrop Journal. A Quarterly/Bimonthly Review of Philosophy and Theology
HibJ	Hibbert Journal. A Quarterly Review of Religion, Theology and Philosophy
Historia	Historia. Zeitschrift für alte Geschichte
History	History. The Quarterly Journal of the Historical Association
HJb	Historisches Jahrbuch der Görres-Gesellschaft
HLL	Handbuch der lateinischen Literatur der Antike
HoLiKo	Homiletisch-liturgisches Korrespondenzblatt
HPhG	Handbuch philosophischer Grundbegriffe
HPR	Homiletic and Pastoral Review
HRWG	Handbuch religionswissenschaftlicher Grundbegriffe
HSPh	Harvard Studies in Classical Philology
HT	History Today
HThG	Handbuch theologischer Grundbegriffe (hrsg. von H. FRIES)
HThR	Harvard Theological Review
HTS	Hervormde Teologiese Studies
HUCA	Hebrew Union College Annual
Hum(B)	Humanitas. Rivista mensile di cultura (Brescia)
HUSLit	Hiroshima University Studies. Literature Department
HVj	Historische Vierteljahresschrift
HWPh	Historisches Wörterbuch der Philosophie
HWRh	Historisches Wörterbuch der Rhetorik
HZ	Historische Zeitschrift
IATG	S.M. SCHWERTNER, *Internationales Abkürzungsverzeichnis für Theologie und Grenzgebiete. Zeitschriften, Serien, Lexika, Quellenwerke mit bibliographischen Angaben*, Berlin/New York ²1992

IATG³	S.M. Schwertner, *IATG³ – Internationales Abkürzungsverzeichnis für Theologie und Grenzgebiete. Zeitschriften, Serien, Lexika, Quellenwerke mit bibliographischen Angaben*, Berlin/Boston, Mass. ³2014
ICS	Illinois Classical Studies
ICUR.NS	I.B. de Rossi/A. Silvagni/A. Ferrua, *Inscriptiones Christianae urbis Romae septimo saeculo antiquiores. Nova series* 1-10, Romae 1922-1992
IGF	Indogermanische Forschungen
IJPhR	International Journal for Philosophy of Religion
IKaZ	Internationale Katholische Zeitschrift «Communio»
IKZ	Internationale Kirchliche Zeitschrift
ILAfr	R. Cagnat/A. Merlin/L. Chatelain, *Inscriptions latines d'Afrique*, Paris 1923
ILAlg	S. Gsell/G. Pflaum, *Inscriptions latines de l'Algérie* 1-2, Paris/Alger 1922-1976
ILCV	E. Diehl/J. Moreau/H.-I. Marrou, *Inscriptiones latinae christianae veteres* 1-4, Dublin 1970 (Berolini 1961-1967)
ILS	H. Dessau, *Inscriptiones latinae selectae* 1-3, Berolini 1892-1916
ILTun	A. Merlin, *Inscriptions latines de la Tunisie*, Paris 1944
Immanuel	Immanuel. A Semi-Annual Bulletin of Religious Thought and Research in Israel
IMU	Italia medioevale e umanistica
InfLitt	Information littéraire
Interpretation	Interpretation. A Journal of Bible and Theology
IntSymp	*Internationales Symposion über den Stand der Augustinus-Forschung vom 12. bis 16. April 1987… Gießen*, Würzburg 1989
IPhQ	International Philosophical Quarterly
IPM	Instrumenta patristica et mediaeualia. Research on the Inheritance of Early and Medieval Christianity
Irénikon	Irénikon. Revue des Moines de Chevetogne trimestrielle
IRMA	Ius Romanum medii aevi
IRTrip	J.M. Reynolds/J.B. Ward Perkins, *Inscriptions of Roman Tripolitania*, Rome 1952
Istina	Istina, Paris
IStPh	International Studies in Philosophy
IThQ	Irish Theological Quarterly
ItinAug	Itinéraires Augustiniens
ITriest	Incontri triestini di filologia classica
IUC	In unum congregati. Jahrbuch der Österreichischen Augustiner-Chorherren Kongregation
Iura	Iura. Rivista internazionale di diritto romano e antico
I&V	Ideas y Valores
JAAR	Journal of the American Academy of Religion
JApplPh	Journal of Applied Philosophy
JbAC	Jahrbuch für Antike und Christentum
– Erg.-Bd.	– Ergänzungsband
JbBTh	Jahrbuch für Biblische Theologie
JBL	Journal of Biblical Literature
JbLW	Jahrbuch für Liturgiewissenschaft
JBR	Journal of Bible and Religion
JbUAug	Jahrbuch der Universität Augsburg
JC	Jus canonicum
JChS	Journal of Church and State
JCPh	Jahrbücher für Classische Philologie
JECS	Journal of Early Christian Studies
JEH	Journal of Ecclesiastical History
JES	Journal of Ecumenical Studies
JFSR	Journal of Feminist Studies in Religion
JHI	Journal of the History of Ideas
JHPh	Journal of the History of Philosophy

JHS	Journal of Hellenic Studies
JLH	Jahrbuch für Liturgik und Hymnologie
JLO	Jaarboek voor liturgie-onderzoek
JLT	(Journal of) Literature & Theology
JMedH	Journal of Medieval History
JNWSL	Journal of Northwest Semitic Languages
JPR	Journal of Philosophical Research
JR	Journal of Religion
JRE	Journal of Religious Ethics
JRelS	Journal of Religious Studies, Cleveland, Oh.
JRH	Journal of Religious History
JRS	Journal of Roman Studies
JRT	Journal of Religious Thought
JSJ	Journal for the Study of Judaism in the Persian, Hellenistic and Roman Period
JSNT	Journal for the Study of the New Testament
JSSR	Journal for the Scientific Study of Religion
JThS	Journal of Theological Studies
Judaica	Judaica. Beiträge zum Verständnis des jüdischen Schicksals in Vergangenheit und Gegenwart
Jurist	Jurist. Studies in Church Law and Ministry
JWCI	Journal of the Warburg and Courtauld Institute
Kairos	Kairos. Zeitschrift für Religionswissenschaft und Theologie
Kairos(T)	Kairos. Revue de la Faculté de Philosophie de l'Université de Toulouse-Le Mirail
Kampf/Dialog	*Kampf oder Dialog? Begegnung von Kulturen im Horizont von Augustins ‹De ciuitate dei›. Conflict/Dialogue? Augustine's Engagement with Cultures in ‹De ciuitate dei›* (hrsg. von C. MÜLLER/R. DODARO/A.D. FITZGERALD), Würzburg 2015
KantSt	Kant-Studien. Philosophische Zeitschrift der Kant-Gesellschaft
Karthago	Karthago. Revue d'archéologie africaine
Keph.	H.J. POLOTSKY/A. BÖHLIG/W.-P. FUNK, *Kephalaia* 1-2 (Manichäische Handschriften der Staatlichen Museen Berlin 1), Stuttgart 1940-2000
KeTh	Kerk en theologie
Klio	Klio. Beiträge zur alten Geschichte
KlP	Der Kleine Pauly. Lexikon der Antike
Koinonia	Κοινωνία. Organo dell'Associazione di Studi Tardoantichi
Ktèma	Ktèma. Civilisation de l'Orient, de la Grèce et de Rome antique
KuD	Kerygma und Dogma
Kyrios	Kyrios. Vierteljahresschrift für Kirchen- und Geistesgeschichte Osteuropas
Labeo	Labeo. Rassegna di diritto romano
LACL	Lexikon der antiken christlichen Literatur, 1. Auflage
LACL³	Lexikon der antiken christlichen Literatur, 3. Auflage
Lampas	Lampas. Tijdschrift voor classici
LAMPE	G.W.H. LAMPE, *A Patristic Greek Lexicon*, Oxford 1961
Langages	Langages, Paris
Laós	Laós. Rivista di scienze religiose e umanistiche
Lateranum	Lateranum. Facultas Theologica Pontificii Athenaei Lateranensis
Latinitas	Latinitas. Commentarii linguae latinae excolendae
Latomus	Latomus. Revue d'études latines
Laur	Laurentianum. Commentarii trimestres cura Collegii Internationalis S. Laurentii a Brindisi Fratrum Minorum Capuccinorum in Urbe
LAW	Lexikon der Alten Welt
LCC	Library of Christian Classics
LCI	Lexikon der christlichen Ikonographie
LCL	Loeb Classical Library, Cambridge, Mass./London

LCM	Liverpool Classical Monthly
LCQ	Lutheran Church Quarterly
LdQR	The London Quarterly Review
LEC	Les études classiques
Leidschrift	Leidschrift. Historisch Tijdschrift
Lettres	*Les lettres de saint Augustin découvertes par Johannes Divjak. Communications présentées au colloque des 20 et 21 septembre 1982*, Paris 1983
LEWIS/SHORT	C.T. LEWIS/C. SHORT, *A Latin Dictionary Founded on Andrews' Edition of Freund's Latin Dictionary. Revised, Enlarged, and in Great Part Rewritten*, Oxford 1993 (ib. 1879)
LibAnt	Libya Antiqua. Annual of the Department of Antiquities of Libya
LibArEp	Libyca. Bulletin du Service des Antiquités. Archéologie, épigraphie
LIDDELL/SCOTT/ JONES/MCKENZIE	H.G. LIDDELL/R. SCOTT/H.S. JONES/R. MCKENZIE, *A Greek-English Lexicon. With a Revised Supplement*, Oxford 1996
LiEd	Liberal Education
LiLe	Liturgisches Leben
LIMC	Lexicon iconographicum mythologiae classicae
LitWo	Liturgisch woordenboek
LivWo	The Living Word
LiZs	Liturgische Zeitschrift
LJb	Liturgisches Jahrbuch
LLT-A	Library of Latin Texts. Series A, Turnhout 2002sqq.; cf. CLCLT-5
LMA	Lexikon des Mittelalters
LO	Lex orandi
LouvSt	Louvain Studies
LThK	Lexikon für Theologie und Kirche, 2. Auflage
LThK³	Lexikon für Theologie und Kirche, 3. Auflage
LThPh	Laval théologique et philosophique
LV	Lumen Vitae. International Review of Religious Education
LV(L)	Lumière et vie. Revue de formation doctrinale chrétienne
MA	*Miscellanea Agostiniana. Testi e studi pubblicati a cura dell'ordine eremitano di s. Agostino nel XV centenario dalla morte del santo dottore* 1-2, Roma 1930-1931
MAge	Moyen Age. Revue trimestrielle d'histoire et de philologie
MAI	Mémoires présentés par divers savants à l'Académie des Inscriptions et Belles-Lettres
Maia	Maia. Rivista di letterature classiche
MAN	Mededelingen van de Koninklijke Nederlandse Akademie van Wetenschappen. Afdeling Letterkunde
MANSI	J.D. MANSI, *Sacrorum conciliorum nova et amplissima collectio* 1-53, Florentiae 1759-1827
MarL	Marienlexikon
Mayéutica	Mayéutica. Revista semestral de los Agustinos Recoletos
MaynR	Maynooth Review
MBAH	Münsterische Beiträge zur antiken Handelsgeschichte
MCM	Miscellanea classico-medievale. Quaderni predipartimento di civiltà classica e del medioevo
MD	Maison-Dieu. Revue de pastorale liturgique
Meander	Meander. Revue de civilisation du monde antique
Mediaevalia	Mediaevalia. A Journal of Mediaeval Studies
Mediævalia(P)	Mediævalia. Textos e estudos
Médiévales	Médiévales. Langue, Textes, Histoire
Medioevo	Medioevo. Rivista di storia della filosofia medievale
MEFR	Mélanges d'archéologie et d'histoire de l'Ecole Française de Rome
MEFRA	Mélanges de l'Ecole Française de Rome. Antiquité
MEFRM	Mélanges de l'Ecole Française de Rome. Moyen âge, temps modernes

MetPhil	Metaphilosophy
MGG	Musik in Geschichte und Gegenwart
MGH	Monumenta Germaniae historica
– AA	– Auctores antiquissimi
– GPR	– Gesta pontificum Romanorum
MGWJ	Monatsschrift für Geschichte und Wissenschaft des Judentums
MH	Museum Helveticum. Schweizerische Zeitschrift für klassische Altertumswissenschaft
MichAcad	Michigan Academician. Papers of the Michigan Academy of Science, Arts, and Letters
MiHiEc	Miscellanea Historiae Ecclesiasticae
Mikael	Mikael. Revista del Seminario de Paraná
MillSt	Milltown Studies
Mind	Mind. A Quarterly Review of Psychology and Philosophy
MIOF	Mitteilungen des Instituts für Orientforschung
MLH	Museum Lessianum. Section historique
MLJb	Mittellateinisches Jahrbuch
MM	Miscellanea mediaevalia
Mnemosyne	Mnemosyne. Bibliotheca classica batava
MoBi	Monde de la Bible
ModCh	Modern Churchman
ModSch	Modern Schoolman. A Quarterly Journal of Philosophy
Monist	The Monist. A Quarterly Magazine devoted to the Philosophy of Science
Montalbán	Montalbán. Universidad Católica Andrés Bello, Facultad de Humanidades y Educación, Instituto de Investigaciones Históricas (Caracas)
Month	The Month. A Review of Christian Thought and World Affairs
MPhTh	Medieval Philosophy and Theology
MS	Mediaeval Studies
MSL	Mémoires de la Société de Linguistique de Paris
MSN	The Manichaean Studies Newsletter
MSNAF	Mémoires de la Société nationale des Antiquaires de France
MSR	Mélanges de science religieuse
MTh	Melita theologica
MThZ	Münchener theologische Zeitschrift
MTS	Music Theory Spectrum
Muséon	Le Muséon. Revue d'études orientales
Musica	Musica. Zweimonatsschrift für alle Gebiete des Musiklebens
NAG	Nachrichten der Akademie der Wissenschaften in Göttingen. Philologisch-Historische Klasse
NAKG	Nederlands(ch) archief voor kerkgeschiedenis
NAW	Nieuw archief voor wiskunde
NBA	Nuova biblioteca agostiniana. Opere di sant'Agostino. Edizione latino-italiana, Roma
NBL	Neues Bibel-Lexikon (hrsg. von M. GÖRG/B. LANG)
NCE	New Catholic Encyclopedia
NClio	Nouvelle Clio. Revue mensuelle de la découverte historique
NCMar	Nouveaux cahiers marials
NDid	Nuovo didaskaleion
NDL	Nuovo dizionario di liturgia (a cura di D. SARTORE/A.M. TRIACCA)
NDLaw	The Notre Dame Lawyer. A Quarterly Law Review
NDPAC	Nuovo dizionario patristico e di antichità cristiane
NedThT	Nederlands(ch) theologisch tijdschrift
NGG	Nachrichten von der Gesellschaft der Wissenschaften zu Göttingen. Philologisch-Historische Klasse

Nicolaus	Nicolaus. Rivista storico-teologica dei PP. Domenicani della Basilica di San Nicola (Bari)
NJA	Neue Jahrbücher für das klassische Altertum, Geschichte, deutsche Literatur und für Pädagogik
NJPhP	Neue Jahrbücher für Philologie und Pädagogik
NKZ	Neue kirchliche Zeitschrift
NPNF	A Select Library of the Nicene and Post-Nicene Fathers of the Christian Church, Oxford
NRP	Nuova rivista pedagogica
NRTh	Nouvelle revue théologique
NSchol	New Scholasticism
NThT	Nieuw theologisch tijdschrift
NTS	New Testament Studies
N&V(S)	Nova et vetera. Revue catholique pour la Suisse romande
OC	Orientalia christiana. Pontificio Istituto Orientale
OCD²	*The Oxford Classical Dictionary* (ed. by N.G.L. Hammond/H.H. Scullard), Oxford ²1970
ODCC	The Oxford Dictionary of the Christian Church, 3rd Edition
ÖAKR	Österreichisches Archiv für Kirchenrecht
OED	The Oxford English Dictionary
– Suppl.	– Supplement
Œuvres compl. (B)	Œuvres complètes de saint Augustin, Bar-le-Duc
Œuvres compl. (P)	Œuvres complètes de saint Augustin, Paris
OGE	Ons geestelijk erf. Tijdschrift voor de geschiedenis van de vroomheid in de Nederlanden
OGHRA	*The Oxford Guide to the Historical Reception of Augustine* 1-3 (ed. by K. Pollmann in collaboration with W. Otten), Oxford 2013
OLD	Oxford Latin Dictionary (ed. by P.G.W. Glare), Oxford 1968-1982
OLZ	Orientalistische Literaturzeitung
Onoma	Onoma. Bibliographical and Information Bulletin
Opus	Opus. Rivista internazionale per la storia economica e sociale dell'antichità
OrdCan	Ordo canonicus. Studia canonicialia cura Confoederationis Canonicorum Regularium S. Augustini edita
ORPB	Oberrheinisches Pastoralblatt
Orpheus	Orpheus. Rivista di umanità classica e cristiana
OrphVoc	Orphea voce. Cahiers du Groupe de Recherches sur la Poésie Latine
OrSyr	L'Orient syrien
OSAPh	Oxford Studies in Ancient Philosophy
PAC	cf. PCBE 1
PACPhA	Proceedings of the American Catholic Philosophical Association. Annual Meeting
PAHAN	Publications de l'Association Historique de l'Afrique du Nord
PaMe	Patristica et Mediaevalia
PAPhS	Proceedings of the American Philosophical Society
PastB	Pastor bonus. Zeitschrift für kirchliche Wissenschaft und Praxis
Patrologia	Patrologia. Beiträge zum Studium der Kirchenväter
PBACAPh	Proceedings of the Boston Area Colloquium in Ancient Philosophy
PCA	Proceedings of the Classical Association
PCBE	*Prosopographie chrétienne du Bas-Empire* 1: A. Mandouze, *Prosopographie de l'Afrique chrétienne (303-533)*, Paris 1982 (= PAC) 2: C. Pietri (†)/L. Pietri (Dir.), *Prosopographie de l'Italie chrétienne (313-604)* 1-2, Rome 1999-2000 (= PIC)
PCPS	Proceedings of the Cambridge Philological Society
PE	Patres ecclesiae

PeAg	Percorsi Agostiniani. Rivista degli Agostiniani d'Italia
Pensamiento	Pensamiento. Revista de investigación e información filosófica
PeP	Parole et Pain
PERLER/MAIER	O. PERLER/J.-L. MAIER, *Les voyages de saint Augustin*, Paris 1969
PerPhil	Perspektiven der Philosophie. Neues Jahrbuch
Pforte	Pforte. Monatsschrift für Kultur
PG	Patrologiae cursus completus. Series graeca. Accurante J.-P. MIGNE, Paris
P&H	Poetik und Hermeneutik
Phase	Phase. Revista de pastoral litúrgica
PhB	Philosophische Bibliothek, Leipzig/Hamburg
Phil(A)	Φιλοσοφία. Επετηρίς του Κέντρου Ερεύνης της Ελληνικής Φιλοσοφίας (Ακαδημία Αθηνών) / Philosophia. Yearbook of the Research Center for Greek Philosophy at the Academy of Athens
Phil(Me)	Philosophía. Revista del Instituto di Filosofía, Universidad Nacional de Cuyo, Mendoza (Argentina)
Philologus	Philologus. Zeitschrift für klassische Philologie
Philosophiques	Philosophiques. Revue de la Société de Philosophie du Québec
Philotheos	Philotheos. International Journal for Philosophy and Theology
PhInq	Philosophical Inquiry
PhJb	Philosophisches Jahrbuch der Görres-Gesellschaft
Phoenix	Phoenix. The Journal of the Classical Association of Canada
PhQ	Philological Quarterly
PhR	Philosophische Rundschau
PhRev	Philosophical Review
Phronesis	Phronesis. A Journal for Ancient Philosophy
PhSt(M)	Philosophical Studies (Maynooth)
PhTh	Philosophy & Theology. Marquette University Journal
PhW	Philologische Wochenschrift
PIC	cf. PCBE 2
PiccBA	Piccola Biblioteca Agostiniana
PL	Patrologiae cursus completus. Series latina. Accurante J.-P. MIGNE, Paris
PLomb	Pier Lombardo. Rivista di teologia, filosofia e varia cultura
PLRE	*The Prosopography of the Later Roman Empire* 1: A.H.M. JONES/J.R. MARTINDALE/J. MORRIS, *A.D. 260-395*, Cambridge 1971 2: J.R. MARTINDALE, *A.D. 395-527*, Cambridge 1980
PLS	Patrologiae cursus completus. Series latina. Supplementum. Accurante A. HAMMAN, Paris
PMM	Plainsong and Medieval Music
POC	Proche-Orient chrétien
Poetica	Poetica. Zeitschrift für Sprach- und Literaturwissenschaft
Polis	Polis. Revista de ideas y formas políticas de la Antigüedad Clásica
PolT	Political Theory. An International Journal of Political Philosophy
PP	La parola del passato. Rivista di studi antichi
P&P	Past and Present. A Journal of Scientific History
PPhil	Prima Philosophia
PPMRC	Proceedings of the PMR Conference. Annual Publication of the Patristic, Mediaeval and Renaissance Conference
PrAg	Presenza Agostiniana. Rivista bimestrale de PP. Agostiniani Scalzi
ProEccl	Pro ecclesia. A Journal of Catholic and Evangelical Theology
Prudentia	Prudentia. A Journal devoted to the Intellectual History of the Hellenistic and Roman Periods
Ps.-bk.	C.R.C. ALLBERRY, *A Manichaean Psalm-book* 2 (Manichaean Manuscripts in the Chester Beatty Collection 2), Stuttgart 1938
PSB	Princeton Seminary Bulletin
–.SI	– Supplementary Issue
PSP	Pisma Starochrześcijańskich Pisarzy, Warszawa

PSV	Parola, spirito e vita
PThR	Princeton Theological Review
PTS	Patristische Texte und Studien
PVS	Proceedings of the Virgil Society
Pyrenae	Pyrenae. Crònica arqueològica
QAL	Quaderni di archeologia della Libia
QDFLTC	Quaderni del Dipartimento di Filologia, Linguistica e Tradizione Classica «Augusto Rostagni»
QFIAB	Quellen und Forschungen aus italienischen Archiven und Bibliotheken
QS	Quaderni di Storia. Rassegna di antichità
QU	Quaderni dell'umanesimo
Quaestio	Quaestio. Annuario di storia della metafisica
Quatre fl.	Les Quatre fleuves. Cahiers de recherche et de réflexion religieuses
QUCC	Quaderni Urbinati di Cultura Classica
QuLi	Questions liturgiques
QVetChr	Quaderni di Vetera Christianorum
RAAN	Rendiconti dell'Accademia di Archeologia, Lettere e Belle Arti di Napoli
RAC	Reallexikon für Antike und Christentum
– Suppl.	– Supplement-Lieferung
RAEspir	Revista agustiniana de espiritualidad
RAfr	Revue africaine
RAg	Revista agustiniana
RAM	Revue d'ascétique et de mystique
RAp	Revue apologétique
RAr	Revue archéologique
RAug	Revue augustinienne
RB	Revue bénédictine de critique, d'histoire et de littérature religieuses
RBi	Revue biblique
RBK	Reallexikon zur byzantinischen Kunst
RBPh	Revue belge de philologie et d'histoire
RCCM	Rivista di cultura classica e medioevale
RCF	Revue du clergé français
RCHL	Revue critique d'histoire et de littérature
RCIC	Revista católica internacional «Communio»
RCJ	Rencontre Chrétiens et Juifs
RCT	Revista de cultura teológica
RDC	Revue de droit canonique
RDM	Revue des deux mondes
RE	Paulys Realencyclopädie der classischen Altertumswissenschaft. Neue Bearbeitung begonnen von G. Wissowa
– Suppl.	– Supplementband
REA	Revue des études anciennes
Reality	Reality. A Yearly Journal of Historical and Scientific Studies in Theology and Philosophy
REAug	Revue des études augustiniennes (et patristiques)
REB	Revista eclesiástica brasileira
REByz	Revue des études byzantines
RechAug	Recherches augustiniennes (et patristiques)
RechPh	Recherches de philosophie
RechSR	Recherches de science religieuse
RechThAM	Recherches de théologie ancienne et médiévale
RechThPhM	Recherches de théologie et philosophie médiévales
RechTr	Recherches & Travaux. UFR de Lettres Classiques et Modernes
REcL	Revue ecclésiastique de Liège

Recollectio	Recollectio. Annuarium historicum Augustinianum
RecrSac	Recrutement sacerdotal
REDC	Revista española de derecho canónico
REJ	Revue des études juives
REL	Revue des études latines
RelCult	Religión y cultura
RelSt	Religious Studies: An International Journal for the Philosophy of Religion
Renovatio	Renovatio. Rivista di teologia e cultura
REspir	Revista de espiritualidad
Résurrection	Résurrection. Revue de doctrine chrétienne
RET	Revista española de teología
REThK	Realencyklopädie für protestantische Theologie und Kirche
RevBíb	Revista bíblica
RevSR	Revue des sciences religieuses
RExp	Review and Expositor
RF(T/B)	Rivista di filosofia, Torino/Bologna
RFIC	Rivista di filologia e di istruzione classica
RF(M)	Revista de filosofía, Madrid
RFNS	Rivista di filosofia neo-scolastica
RGG	Die Religion in Geschichte und Gegenwart, 3. Auflage
RGG⁴	Religion in Geschichte und Gegenwart, 4. Auflage
RH	Revue historique
RHDFE	Revue historique de droit français et étranger
RHE	Revue d'histoire ecclésiastique
Rhetorica	Rhetorica. A Journal of the History of Rhetoric
RHLR	Revue d'histoire et de littérature religieuses
RhM	Rheinisches Museum für Philologie
RHPhR	Revue d'histoire et de philosophie religieuses
RHR	Revue de l'histoire des religions
RHT	Revue d'histoire des textes
RICP	Revue de l'Institut Catholique de Paris
RicRel	Ricerche religiose. Rivista trimestrale di Studi storico-religiosi
RicSRel	Ricerche di storia religiosa
RIDA	Revue internationale des droits de l'antiquité
RIFD	Rivista internazionale di filosofia del diritto
RIL	Rendiconti dell'Istituto Lombardo. Classe di Lettere, Scienze morali e storiche
RIM	Rivista italiana di musicologia
RIPh	Revue internationale de philosophie
RISG	Rivista italiana per le scienze giuridiche
RITh	Revue internationale de théologie / Internationale theologische Zeitschrift / International theological review
RivAC	Rivista di archeologia cristiana
RivLi	Rivista liturgica
RMAL	Revue du moyen-âge latin
RMet	Review of Metaphysics
RNum	Revue numismatique
RöHM	Römische historische Mitteilungen
RomBarb	Romanobarbarica. Contributi allo studio dei rapporti culturali tra mondo latino e mondo barbarico
RomF	Romanische Forschungen
Rosetta	The Rosetta Journal. Papers of the Department of Classics, Ancient History and Archaeology at the University of Birmingham
RP	The Review of Politics
RPA	Revue pratique d'apologétique
RPARA	Rendiconti della Pontificia Accademia Romana di Archeologia
RPF	Revista portuguesa de filosofia

RPFE	Revue philosophique de la France et de l'étranger
RPGA	Revista de psicología general y aplicada
RPh	Revue de philologie, de littérature et d'histoire anciennes
RPL	Revue philosophique de Louvain
RPLitt	Res Publica Litterarum. Studies in the Classical Tradition
RQ	Römische Quartalschrift für christliche Altertumskunde und Kirchengeschichte
RQH	Revue des questions historiques
RRFC	Rivista Rosminiana di filosofia e cultura
RSA	Rivista storica dell'antichità
RSCST	Rivista storico-critica delle scienze teologiche
RSDI	Rivista di storia del diritto italiano
RSF	Rivista di storia della filosofia
RSJB	Recueils de la Société Jean Bodin pour l'histoire comparative des institutions
RSLR	Rivista di storia e letteratura religiosa
RSPhTh	Revue des sciences philosophiques et théologiques
RSSC(W)	Research Studies of the State College of Washington
RTeol	Rassegna di teologia
RThL	Revue théologique de Louvain
RThom	Revue thomiste
RThPh	Revue de Théologie et de Philosophie
RTK	Roczniki teologiczno-kanoniczne
RT(Lu)	Rivista teologica di Lugano
RTLi	Revista teológica Limense
RTM	Rivista di teologia morale
RTun	Revue tunisienne
Rudiae	Rudiae. Ricerche sul mondo classico
RueDes	Rue Descartes. Collège Internationale de Philosophie
RUMa	Revista de la Universidad de Madrid
RUO	Revue de l'Université d'Ottawa
RWK	Religion, Wissenschaft, Kultur. Vierteljahresschrift der Wiener Katholischen Akademie
SAB	Sitzungsberichte der Preußischen Akademie der Wissenschaften. Philosophisch-Historische Klasse
SABATIER	P. SABATIER, *Bibliorum sacrorum latinae versiones antiquae, seu vetus italica* 1-3, Turnhout 1981 (Remis 1743)
SAC	Studi di antichità cristiana
SacDoctr	Sacra doctrina. Quaderni periodici di teologia e di filosofia dello studio generale dominicano di Bologna
Sacris erudiri	Sacris erudiri. Jaarboek voor godsdienstwetenschappen
Saeculum	Saeculum. Jahrbuch für Universalgeschichte
SAH	Sitzungsberichte der Heidelberger Akademie der Wissenschaften. Philosophisch-Historische Klasse
SAJP	South African Journal of Philosophy
Salesianum	Salesianum. Rivista trimestrale di teologia, pedagogia, filosofia e diritto canonico
Salmanticensis	Salmanticensis. Commentarius de sacris disciplinis
SAM	Sitzungsberichte der Bayerischen Akademie der Wissenschaften. Philosophisch-Historische Klasse
SAPF	Święty Augustyn Pisma Filozoficzne, Warszawa
Sapientia	Sapientia. Revista tomista de filosofía
Sapienza	Sapienza. Rivista di filosofia e di teologia dei Domenicani d'Italia
SAW	Sitzungsberichte der Österreichischen Akademie der Wissenschaften. Philosophisch-Historische Klasse
SBF	Studii Biblici Franciscani liber annuus

SBFFBU.A	Sborník Prací Filozofické Fakulty Brněnské Univerzity. Řada Jazykovědná (A) (= Studia Minora Facultatis Philosophicae Universitatis Brunensis. Series Linguistica)
SbWGF	Sitzungsberichte der Wissenschaftlichen Gesellschaft an der Johann Wolfgang Goethe-Universität Frankfurt a.M.
SC	Sources chrétiennes, Paris
ScCatt	La Scuola Cattolica. Rivista di scienze religiose
ScEc	Sciences ecclésiastiques. Revue philosophique et théologique
ScEs	Science et esprit
Scholastik	Scholastik. Vierteljahresschrift für Theologie und Philosophie
SchZu	Schönere Zukunft. Katholische Wochenschrift für Religion und Kultur, Soziologie und Volkswirtschaft
SCI	Scripta Classica Israelica. Yearbook of the Israel Society for the Promotion of Classical Studies
Scientia	Scientia, Valetta, Malta
SCO	Studi classici e orientali
Scriptorium	Scriptorium. Revue internationale des études relatives aux manuscrits / International Review of Manuscript Studies
ScrTh	Scripta theologica
SDHI	Studia et documenta historiae et iuris
SEAug	Studia Ephemeridis Augustinianum
Semiotica	Semiotica. Revue publiée par l'Association internationale de sémiotique
SEstRom	Semanas de Estudios Romanos
SHg	Subsidia hagiographica
SicGymn	Siculorum gymnasium. Rassegna semestrale della Facoltà di Lettere e Filosofia dell'Università di Catania
SIFC	Studi italiani di filologia classica
Sigma	Sigma. Rivista di letteratura. Quadrimestrale
Sileno	Sileno. Rivista di studi classici e cristiani
SJOT	Scandinavian Journal of the Old Testament
SJP	Salzburger Jahrbuch für Philosophie und Psychologie
SJTh	Scottish Journal of Theology
SK	Singende Kirche. Zeitschrift für katholische Kirchenmusik
SKGG	Schriften der Königsberger Gelehrten Gesellschaft. Geisteswissenschaftliche Klasse
SKZ	Schweizerische Kirchenzeitung
SLA	W. HENSELLEK/P. SCHILLING, *Specimina eines Lexicon Augustinianum* Lfg. 1-17, Wien 1987-2004
– Verz.	– Lfg. 10 (1996). Verzeichnis der von den Lexikographen der SLA vorgenommenen Textänderungen gegenüber den Referenzausgaben in den SLA-Lieferungen 1 bis 10
– Verz. 11-17	– Lfg. 11-17 (1997-2004). Verzeichnis der von den Lexikographen der SLA vorgenommenen Textänderungen gegenüber den Referenzausgaben in den SLA-Lieferungen 11 bis 17
SLI	Studi latini e italiani
SLS	Studia Latina Stockholmiensia
SM	Speech Monographs
SMSR	Studi e materiali di storia delle religioni
SMT	Studies in Medieval Thought
SO	Symbolae Osloenses
SOAJP	Second Order. An African Journal of Philosophy
Sobornost	Sobornost. The Journal of the Fellowship of St. Alban and St. Sergius
SocRes	Social Research. The International Quarterly of the Social Sciences
Sokrates	Sokrates, Berlin
SOUTER	*A Glossary of Later Latin to 600 A.D.* (compiled by A. SOUTER), Oxford 1949
Southern JPh	The Southern Journal of Philosophy

SP	Studies in Philology
SPaBl	Schlesisches Pastoralblatt
Speculum	Speculum. Journal of Mediaeval Studies
Speling	Speling. Tijdschrift voor bezinning
SpicBec	Spicilegium Beccense
SpirLitt	*Spiritus et Littera. Beiträge zur Augustinus-Forschung. Festschrift … C.P. Mayer* (hrsg. von G. FÖRSTER/A.E.J. GROTE/C. MÜLLER), Würzburg 2009
SPM	Stromata patristica et mediaevalia, Utrecht
SpOr	Spiritualité orientale
SPOS	Sanctorum patrum opuscula selecta, Oeniponti
Sprachkunde	Sprachkunde. Zeitschrift zur Pflege und Förderung des Sprachstudiums
SR	Studies in Religion / Sciences Religieuses
SSen	Studi Senesi
SSPh	Salzburger Studien zur Philosophie
SSRel(N)	Studi storici e religiosi (Napoli)
StAmbr	Studia Ambrosiana
StC	Studia catholica
StCAA	Studies in Cistercian Art and Architecture
StCan	Studia canonica
StChH(L)	Studies in Church History. Ecclesiastical History Society
StEv	Studia evangelica
StGen	Studium generale
STh	cf. SvTK
StL	Staatslexikon. Recht, Wirtschaft, Gesellschaft
StLA	Studien der Luther-Akademie
StLi	Studia liturgica
StMed	Studi medievali
StMisc	Studi miscellanei
StMon	Studia monastica
StMor	Studia moralia
StOr	Studia Orientalia
StPat	Studia Patavina. Rivista di scienze religiose
StPatr	Studia patristica
StPh	Studia philosophica, Basel
StRo	Studi Romani
StSass	Studi sassareci
StStR	Studi storico-religiosi
StTard	Studi Tardoantichi
StTh	Studia theologica cura Ordinum Theologorum Scandinavicorum edita
StTom	Studi tomistici
Studium(R)	Studium. Rivista bimestrale di cultura, Roma
StZ	Stimmen der Zeit
Le Supplément	Le Supplément, Paris
SVF	H. VON ARNIM, *Stoicorum veterum fragmenta* 1-4, Stutgardiae 1978-1979 (Lipsiae 1903-1924)
SvTK	Svensk teologisk kvartalskrift
SVTQ	St Vladimir's Theological Quarterly
Symbolon	Symbolon. Jahrbuch für Symbolforschung
Tabl. Alb.	C. COURTOIS/L. LESCHI/C. PERRAT/C. SAUMAGNE, *Tablettes Albertini. Actes privés de l'époque vandale*, Paris 1952
Tagastan	The Tagastan. A Review of Augustinian Spirituality and Tradition
TAPhA	Transactions and Proceedings of the American Philological Association
TBLNT	Theologisches Begriffslexikon zum Neuen Testament. Neubearbeitete Ausgabe
TCz	Teologia i Człowiek
TE	Teología espiritual

Temps réfl.	Le temps de la réflexion
Teología	Teología. Revista de la Facultad de Teología de la Pontifica Universidad Católica Argentina
Ter	Teresianum. Ephemerides Carmeliticae
TG	Tijdschrift voor geschiedenis
THAT	Theologisches Handwörterbuch zum Alten Testament (hrsg. von E. JENNI/ C. WESTERMANN) (⁶2004)
ThB	Theologische Beiträge
Theoforum	Theoforum. Faculté de Théologie, Ottawa
Theology	Theology. A Monthly Journal of Historic Christianity
Theotokos	Theotokos. Ricerche interdisciplinari di Mariologia
ThesAug	*Thesaurus Augustinianus* (curante CETEDOC) A, (1)-(2) (Thesaurus patrum latinorum), Turnhout 1989
ThG(B)	Theologie der Gegenwart. Informationsorgan über wissenschaftliche und praktische Theologie
ThGl	Theologie und Glaube. Zeitschrift für den katholischen Klerus
ThJber	Theologischer Jahresbericht
ThLZ	Theologische Literaturzeitung
Thomist	The Thomist. A Speculative Quarterly Review of Theology and Philosophy
Thought	Thought. A Review of Culture and Idea
ΘΠ	Thêta-Pi. A Journal for Greek and Early Christian Philosophy
ThPh	Theologie und Philosophie
ThPQ	Theologisch-praktische Quartalschrift
ThQ	Theologische Quartalschrift
ThR	Theologische Rundschau
ThRv	Theologische Revue
ThSt	Theological Studies. Theological Faculties of the Society of Jesus in the United States
ThStKr	Theologische Studien und Kritiken
ThV	Theologische Versuche
ThWAT	Theologisches Wörterbuch zum Alten Testament (hrsg. von G.J. BOTTERWECK/ H. RINGGREN)
ThWNT	Theologisches Wörterbuch zum Neuen Testament (hrsg. von G. KITTEL)
ThZ	Theologische Zeitschrift
TJT	Toronto Journal of Theology
TLL	Thesaurus linguae latinae
– Onom.	– Onomasticon
Traditio	Traditio. Studies in Ancient and Medieval History, Thought and Religion
TRE	Theologische Realenzyklopädie
TrinJ	Trinity Journal. A Journal of Student Scholarship
TThZ	Trierer theologische Zeitschrift
TU	Texte und Untersuchungen zur Geschichte der altchristlichen Literatur
Tyche	Tyche. Beiträge zur Alten Geschichte, Papyrologie und Epigraphik
TyV	Teología y Vida
UCPPh	University of California Publications in Classical Philology
UDR	University of Dayton Review
Überlieferung	M. OBERLEITNER/F. RÖMER/J. DIVJAK/R. KURZ/D. WEBER/C. WEIDMANN/ M.T. WIESER/S. JANNER/R. JUROT/I. SCHILLER/I. GALYNINA/F. LACKNER/ A. OROSZ/D. WELTIN/E. MADAS, *Die handschriftliche Überlieferung der Werke des heiligen Augustinus* 1-11, Wien 1969-2010
Unitas	Unitas. Monatsschrift des Verbandes der Wissenschaftlichen Katholischen Studentenvereine Unitas
Univ(SF)	Universidad. Publicación de la Universidad Nacional del Litoral (Santa Fé)
US	Una Sancta. Zeitschrift für ökumenische Begegnung

VCr	Vita cristiana. Rivista bimestrale ascetico-mistica
VD 16	*Verzeichnis der im deutschen Sprachbereich erschienenen Drucke des XVI. Jahrhunderts* 1,1, Stuttgart 1983
VDI	Vestnik drevnej istorii / Revue d'histoire ancienne / Journal of ancient history
Verbum Caro	Verbum Caro. Revue théologique et ecclésiastique œcuménique
Versus	Versus. Quaderni di studi semiotici
VetChr	Vetera Christianorum
VIEG	Veröffentlichungen des Instituts für Europäische Geschichte Mainz. Abteilung für abendländische Religionsgeschichte
– Beih.	– Beiheft
VigChr	Vigiliae christianae
ViHo	Vivens homo. Rivista teologica fiorentina
VIR	*Vocabularium iurisprudentiae Romanae* 1-5, Berolini 1903-1987
VitaLat	Vita Latina
VL	Vetus latina. Die Reste der altlateinischen Bibel, Freiburg
–.AGLB	– Aus der Geschichte der lateinischen Bibel
Voces	H.J. SIEBEN, *Voces. Eine Bibliographie zu Wörtern und Begriffen aus der Patristik (1918-1978)*, Berlin/New York 1980
VoxPatr	Vox patrum. Międzywydziałowy zakład badán nad antykiem chrześcijańskim
VP	Vita e pensiero. Rassegna italiana di cultura
VS	H. DIELS/W. KRANZ, *Die Fragmente der Vorsokratiker* 1-3, Berlin [6]1951-1952
VSo	Vita sociale
VSp	Vie spirituelle
– Suppl.	– Supplément
VWP	Vierteljahrsschrift für wissenschaftliche Pädagogik
WA	MARTIN LUTHER, Werke. Kritische Gesamtausgabe 1sqq., Weimar 1883sqq.
WALDE/HOFMANN	A. WALDE/J.B. HOFMANN, *Lateinisches etymologisches Wörterbuch* 1-3, Heidelberg [5]1982 (ib. [4]1965)
WAPh	*Wörterbuch der antiken Philosophie* (hrsg. von C. HORN/C. RAPP), München 2002
WHB	Wiener humanistische Blätter
WJA	Würzburger Jahrbücher für die Altertumswissenschaft
WKPh	Wochenschrift für Klassische Philologie
Works(E)	The Works of Aurelius Augustine, Edinburgh
Works(NY)	The Works of Saint Augustine. A Translation for the 21st Century, New York
Works(T)	Augusutinusu chosakushu [The Collected Works of Saint Augustine], Tokyo
W&Sp	Word and Spirit. A Monastic Review
WSt	Wiener Studien. Zeitschrift für Klassische Philologie und Patristik
– Beih.	– Beiheft
WThJ	The Westminster Theological Journal
WuD	Wort und Dienst. Jahrbuch der Theologischen Schule / Kirchlichen Hochschule Bethel
WW	Wissenschaft und Weisheit
WZHalle	Wissenschaftliche Zeitschrift der Martin-Luther-Universität Halle-Wittenberg. Gesellschafts- und sprachwissenschaftliche Reihe
WZRostock	Wissenschaftliche Zeitschrift der Universität Rostock. Gesellschafts(- und sprach)-wissenschaftliche Reihe
ZAC	Zeitschrift für Antikes Christentum / Journal of Ancient Christianity
ZAM	Zeitschrift für Aszese und Mystik (ab 1947: GuL)
ZARB	S.M. ZARB, *Chronologia operum s. Augustini secundum ordinem Retractationum digesta*, Romae 1934
ZAW	Zeitschrift für die alttestamentliche Wissenschaft
ZDMG	Zeitschrift der Deutschen Morgenländischen Gesellschaft
ZDVKW	Zeitschrift des deutschen Vereins für Kunstwissenschaft
ZfB	Zentralblatt für Bibliothekswesen

ZKG	Zeitschrift für Kirchengeschichte
ZKTh	Zeitschrift für katholische Theologie
ZMR	Zeitschrift für Missionswissenschaft und Religionswissenschaft
ZNW	Zeitschrift für die neutestamentliche Wissenschaft und die Kunde der älteren Kirche
ZPE	Zeitschrift für Papyrologie und Epigraphik
ZPhF	Zeitschrift für philosophische Forschung
ZPPs	Zeitschrift für Parapsychologie und Grenzgebiete der Psychologie
ZRGG	Zeitschrift für Religions- und Geistesgeschichte
ZSRGK	Zeitschrift der Savigny-Stiftung für Rechtsgeschichte. Kanonistische Abteilung
ZSRGR	Zeitschrift der Savigny-Stiftung für Rechtsgeschichte. Romanistische Abteilung
ZSTh	Zeitschrift für systematische Theologie
ZThK	Zeitschrift für Theologie und Kirche
ZWTh	Zeitschrift für wissenschaftliche Theologie